Deutsches Historisches Institut Warschau
Quellen und Studien

Band 38

2020

Harrassowitz Verlag · Wiesbaden

Dariusz Adamczyk

# Monetarisierungsmomente, Kommerzialisierungszonen oder fiskalische Währungslandschaften?

## Edelmetalle, Silberverteilungsnetzwerke und Gesellschaften in Ostmitteleuropa (800-1200)

2020
Harrassowitz Verlag · Wiesbaden

Bibliografische Information der Deutschen Nationalbibliothek
Die Deutsche Nationalbibliothek verzeichnet diese Publikation in der Deutschen Nationalbibliografie; detaillierte bibliografische Daten sind im Internet über http://dnb.de abrufbar.

Bibliographic information published by the Deutsche Nationalbibliothek
The Deutsche Nationalbibliothek lists this publication in the Deutsche Nationalbibliografie; detailed bibliographic data are available on the internet at http://dnb.de.

Informationen zum Verlagsprogramm finden Sie unter
http://www.harrassowitz-verlag.de


Gedruckt auf alterungsbeständigem Papier.
Druck und Verarbeitung: Memminger MedienCentrum AG
Printed in Germany

ISSN 0947-4226
ISBN 978-3-447-11464-6

# Inhalt

# Danksagung

Die vorliegende Monografie entstand am Deutschen Historischen Institut Warschau. Die zügige Durchführung des Forschungsvorhabens wäre ohne die freundliche Unterstützung des Institutsdirektors, Prof. Dr. Miloš Řeznik, nicht möglich gewesen. Verbunden bin ich Małgorzata Sparenberg (Warschau), die die Redaktion des Manuskripts sowie die Erstellung des Orts- und Personennamenverzeichnisses übernommen hat. Lech Rowiński (Warschau) war wiederum für die professionelle Zeichnung der Karten zuständig. Nicht zuletzt gebührt ein besonderer Dank Katarzyna, die die häufige, durch Archiv- und Bibliotheksaufenthalte verursachte Abwesenheit des Unterzeichneten tapfer ertragen hat.

Das Projekt wurde durch die Deutsche Forschungsgemeinschaft (DFG) gefördert – Projektnummer 311062651.

Warschau, 31. Januar 2020 Dariusz Adamczyk

# 1. Fragestellung

Eines der interessantesten Phänomene in der frühmittelalterlichen Geschichte des östlichen Europa stellen zahlreiche Funde ebenso von Münzen und Hacksilber wie in Form von Schmuck, Barren und Gusskuchen dar. Allein in Polen wurden mehrere Hundert Schätze sowie etliche Einzelstücke, die aus Siedlungen, Burgwällen und Gräberfeldern stammen, freigelegt bzw. zufällig entdeckt und ins 9. bis 12. Jahrhundert datiert. Sie vermitteln den Eindruck, dass die Nutzung von Edelmetallen als Zahlungsmittel sowie die Ausbreitung des Marktes und einer ökonomischen Handlungslogik im Leben der betreffenden Gesellschaften weit fortgeschritten waren. Doch das Vorkommen von Silber muss nicht automatisch auf Monetarisierung und Kommerzialisierung schließen lassen.

Wir sollten uns der Tatsache bewusst sein, dass zwischen den numismatischen Erklärungsansätzen, die häufig a priori von monetären Funktionen der Edelmetalle ausgehen, und der anthropologisch geprägten Geschichtsforschung, die in erster Linie auf die gesellschaftlichen, kulturellen und fiskalischen Konstellationen der Silberverwendung abhebt, eine tiefe Asymmetrie besteht. Folgerichtig ist es ratsam, das Thema in einen breiteren Zusammenhang einzubeziehen und zuerst diejenigen Grundgedanken unter die Lupe zu nehmen, die den gesamten Bereich der Ökonomie als integralen, jedoch nicht isolierten Bestandteil der Gesellschaft betrachten. Karl Polanyi hat schon vor vielen Jahren darauf hingewiesen, dass die wirtschaftliche Tätigkeit des Menschen in der Regel in seine Sozialbeziehungen eingebettet ist: „Sein Tun gilt nicht der Sicherung seines individuellen Interesses an materiellem Besitz, sondern der Sicherung seines gesellschaftlichen Rangs, seiner gesellschaftlichen Ansprüche und seiner gesellschaftlichen Wertvorstellungen. Er schätzt materielle Güter nur insoweit, als sie diesem Zweck dienen.“[1]

Demnach beruhten vormoderne Wirtschaftssysteme auf den Prinzipien der Reziprozität und Redistribution oder aber der Haushaltung bzw. einer Kombination aller drei.[2] Konsequenterweise stellten Märkte für Polanyi keine Institutionen, die ausschließlich innerhalb einer Wirtschaft fungierten, sondern Treffpunkte des Fernhandels dar. Lokalmärkte hingegen sollen kaum von Bedeutung gewesen sein.[3] Der Außenhandel wiederum trug ursprünglich eher den Charakter von Abenteuern, Forschungsreisen, Jagdzügen, Piraterie und Krieg als von Tauschgeschäften.[4]

Für Georges Duby bildeten im frühen Mittelalter Rauben und Schenken zwei Seiten derselben Medaille, zwei sich ergänzende Handlungen, „die den Güteraustausch weitgehend bestimmten“. Somit „war das gesamte Sozialgefüge durch und durch von einer intensiven Zirkulation der Geschenke und Gegengeschenke, der zeremoniellen und sakralen Gaben geprägt“.[5] Die Grenze zwischen kriegerischer Aktion – von modernen Historikern als die Fortsetzung der Politik mit

---

1 Karl Polanyi, The Great Transformation. Politische und ökonomische Ursprünge von Gesellschaften und Wirtschaftssystemen, Wien 1977, S. 68.

2 Ebd., S. 79.

3 Ebd., S. 82.

4 Ebd., S. 84.

5 Georges Duby, Krieger und Bauern. Die Entwicklung der mittelalterlichen Wirtschaft und Gesellschaft bis um 1200, Frankfurt am Main 1984, S. 64.

anderen Mitteln bezeichnet – und Plünderung habe es so nicht gegeben.[6] Erst seit dem ausgehenden 11. Jahrhundert zeichneten sich eine stärkere Entfaltung des Geldwesens, das auch Bauern erfasst hat, und kommerzielle Blüte ab – wohlgemerkt geht Duby vom französischen Beispiel aus.[7] Und selbst noch dann kam dem Schatz eine zentrale Funktion zu – wenngleich sich im Vergleich mit dem frühen Mittelalter seine Verwendung gewandelt hat: „Der Vorrat an Edelmetallen war kein Schmuck mehr, sondern ein Werkzeug. Er bestand zum größten Teil aus Münzen, die gezählt und für neuen Gewinn verwendet werden konnten."[8]

Die klassische Untersuchung von Gaben als Formen und Funktionen des Austausches in archaischen Gesellschaften hat Marcel Mauss vorgelegt.[9] Er hob Kollektive – Clans, Stämme und Familien – als Akteure und Träger von gegenseitigen Interaktionen hervor. Dabei war das „[...] Motiv dieser übertriebenen Gaben und dieser rücksichtslosen Konsumtion, dieser unsinnigen Verluste und Eigentumszerstörungen [...] in keiner Weise uneigennützig, vor allem nicht in den Potlatsch-Gesellschaften. Zwischen Häuptlingen und Vasallen und deren Dienern etabliert sich mittels solcher Gaben die Hierarchie."[10] Die Gesellschaften strebten Mauss zufolge nach sozialer, animalischer Überlegenheit, die darin bestand, „[...] der Erste, Schönste, Erfolgreichste, Stärkste und Reichste" zu sein.[11]

Auf einen anderen Aspekt des Gabentausches wies Gerd Althoff hin. Zum Kontext gehört hier das breite Spektrum ritueller Akte, das sich aus Zurschaustellung, Repräsentation und Zeremoniell, Begrüßung und Abschied, Rang sowie verschiedenen Formen der Ehrung zusammensetzte, die wiederum die öffentliche Kommunikation innerhalb der ottonischen Gesellschaft ausmachten.[12] Somit scheinen sie sowohl den Kern als auch die äußere Hülle der Machtausübung dargestellt zu haben. Freilich: Sosehr die Rituale signifikant sein mögen, wären sie – zumindest bei den östlichen Nachbarn der Sachsen – nicht viel wert gewesen, wenn die Herrschaftselite sie nicht durch die Vergabe von Edelmetallen „gestützt" hätte. Denn die Gaben aus dem Schatz – wie Matthias Hardt bemerkt hat – „dienten dem König zur Herstellung des Konsenses mit der Kriegergefolgschaft", und „der Schatz ermöglichte auf diese Weise die ständig notwendige Reproduktion der Königs- und Fürstenherrschaft durch die Redistribution der aus der königlichen Stellung gewonnenen Ressourcen, die Schaffung symbolischen Kapitals und die Beteiligung der Krieger am Erfolg des Königtums".[13]

Ein Teil der kulturanthropologischen Forschung geht davon aus, dass die Ursprünge des Marktes aus dem „Geist" des Fernhandels hervorgegangen sind. In die Fußstapfen des Karl Polanyi tritt hier Horst Kurnitzky, der in der Formalisierung und Systematisierung des Austausches eine Folge des Strebens erkennt, jede Aggression, Raub oder Diebstahl zu vermeiden, die er übrigens bei allen dem eigentlichen Handel vorausgehenden sozialen Verkehrsformen von Gaben und Gegengaben beobachtet.[14] Damit ist seine Überzeugung verbunden, dass die

6 Ebd., S. 64 f.

7 Ebd., S. 235.

8 Ebd., S. 330.

9 Marcel Mauss, Die Gabe. Form und Funktion des Austauschs in archaischen Gesellschaften, Frankfurt am Main 1990.

10 Ebd., S. 170.

11 Ebd., S. 171.

12 Gerd Althoff, Die Macht der Rituale. Symbolik und Herrschaft im Mittelalter, Darmstadt 2003; Ders., Die Ottonen. Königsherrschaft ohne Staat, Stuttgart u. a. 2000, S. 245.

13 Matthias Hardt, Gold und Herrschaft. Die Schätze europäischer Könige und Fürsten im ersten Jahrtausend, Berlin 2004, S. 302.

14 Horst Kurnitzky, Der heilige Markt, Frankfurt am Main 1994, S. 34 f.

Entstehung der Märkte zuerst auf Gräberfeldern erfolgte – dort wo sie Sicherheit durch ihren Schutzpatron, letztendlich die „verbindende und vermittelnde Kraft des Gottes überhaupt", genossen.[15]

Der Autor dieser Zeilen hat wiederum die Herrschaftsbildungen im östlichen Europa aus fiskal-kommerziellen Motiven heraus untersucht und sie in einen Zusammenhang mit den inter- und transkontinentalen Edelmetallströmen gebracht.[16] Die Bedeutung des Fernhandels im Übergangsprozess „von Gesellschaften ohne Staat zu verstaatlichten Gesellschaften" hat ebenfalls Christian Lübke hervorgehoben.[17] Schließlich hat Charlotte Warnke eine Darstellung der Anfänge des Fernhandels in Polen zwischen 900 und 1025 vorgelegt, ohne sie jedoch implizit mit der Entwicklung politischer Strukturen zu verbinden.[18]

Ein anderer Forschungsansatz führt die Ursprünge des Geldes auf die Logik und Bedürfnisse der Verwaltung zurück. Untersuchungen zur Geschichte der sumerischen und babylonischen Palastökonomien zeigen, dass Silber als ein Wertstandard neben anderen innerhalb der Wirtschaftsverwaltung von Großhaushalten verwendet wurde und Geld das allgemeine Mittel der Erfüllung von Verpflichtungen darstellte.[19] Und obwohl Edelmetalle im überregionalen Handel eine relevante Rolle spielten, ist „das Bedürfnis nach Äquivalenzrechnungen offenbar wesentlich innerhalb der Buchführung der immer differenzierter werdenden Verwaltung entstanden, wie die Ansätze zur Äquivalenzbildung auch in den Verwaltungen zeigen, die mit Silber gar nichts zu tun hatten".[20]

Aber selbst in späteren Gesellschaften müssen Geld und Märkte in einen breiteren Kontext eingebettet werden. So bezeichnet Jacques Le Goff, der einer Studie von Anita Guerreau-Jalabert folgt, die Nutzung von Münzen in mittelalterlichen Systemen als Gabenökonomien.[21] Dieser These zufolge seien Handel und materieller Wohlstand in Wertesysteme einzubinden, die immer *caritas* unterliegen, die wiederum soziale Bande zwischen Mensch und Gott sowie zwischen allen Menschen einer Gesellschaft zementierten.[22]

Die von Le Goff angestellten Überlegungen betreffen Westeuropa besonders zurzeit der sog. kommerziellen Revolution des 13. Jahrhunderts, desto problematischer erscheint es, die systematische Ausbreitung von monetär-kommerziellen Denkweisen und Einstellungen, die nicht einmal in ökonomisch entwickelteren Regionen zum Tragen kamen, auf das östliche Europa im frühen und hohen Mittelalter zu projizieren, wo noch auf Tributen und Raub beruhende Systeme überwogen. Deren Logik hat Douglas C. North auf den Punkt gebracht: „Throughout

15 Ebd., S. 38.

16 Dariusz Adamczyk, Silber und Macht. Fernhandel, Tribute und die piastische Herrschaftsbildung in nordosteuropäischer Perspektive (800-1100), Wiesbaden 2014.

17 Christian Lübke, Fremde im östlichen Europa. Von Gesellschaften ohne Staat zu verstaatlichten Gesellschaften (9.-11. Jahrhundert), Köln u. a. 2001.

18 Charlotte Warnke, Die Anfänge des Fernhandels in Polen 900-1025, Würzburg 1964.

19 Claus Thomasberger / Klaus Voy, Geldtheorie und Geldgeschichte. Überlegungen zum Zusammenhang beider, angeregt durch Simmels Versuch, der Ausgrenzung der Geschichte aus der theoretischen Geldforschung entgegenzutreten, in: Georg Simmels Philosophie des Geldes. Einhundert Jahre danach, hg. von Jürgen G. Backhaus / Hans-Joachim Stadermann, Marburg 2000, S. 217-270, hier S. 266 f.

20 Ebd., S. 267.

21 Jacques Le Goff, Średniowiecze i pieniądze. Esej z antropologii historycznej [Das Mittelalter und das Geld. Ein anthropologisch-historischer Essay], Warszawa 2011, S. 179 f.

22 Ebd., S. 181.

most of history, the state has acted more like the Mafia than an organization that was concerned with economic growth."[23]

Aus den obigen Ausführungen geht also die Erkenntnis hervor, dass die Entwicklung der Märkte und die Nutzung von Edelmetallen keineswegs isoliert von gesellschaftlichen, politischen, fiskalischen und kulturellen Prozessen betrachtet werden können. Wir müssen stets die außermonetären Kontexte im Blick behalten und verschiedene Mentalitäten von Menschen, die sich nicht ausschließlich nach der ökonomischen Verwertungslogik orientierten, berücksichtigen. Von zentraler Bedeutung erscheint folglich die Frage, welche Funktionen Münzen und Hacksilber, Hals- und Armreife oder Barren und Stangen im Austausch erfüllten. Beschränkte sich ihre Verwendung lediglich auf eine Prestigeökonomie und die Fernhandels- bzw. Regionalmärkte, oder zirkulierten sie ebenfalls im lokalen Handel? Wie kann man den Grad der Monetarisierung messen und ab wann von einer Kommerzialisierung sprechen? Welche Entwicklungen in welchen Regionen hat es zwischen dem 9. und dem späten 12. Jahrhundert gegeben? Deuten Funde von fragmentiertem Silber, entdeckt weit weg von Handelsemporien, auf ökonomische Funktionen hin, oder müssen wir nach anderen Erklärungsmustern für das Zerteilen von Münzen und Schmuck suchen? Und schließlich: War die Monetarisierung ein linearer Prozess, oder wies sie mehr Brüche als Kontinuitäten auf?

23 Douglas North, Institutions, Transaction Costs, and the Rise of Merchant Empires, in: The Political Economy of Merchants Empires, hg. von James D. Tracy, Cambridge 1991, S. 22-40, hier S. 24.

# 2. Forschungsstand, Quellen und Methode

Wie positioniert sich die numismatische Forschung zu den oben gestellten Fragen? Die Debatte kreist primär um die Ursachen der Schatzdeponierung.[1] Besonders intensiv erscheint seit den 1950er/1960er Jahren die Diskussion in Polen, wo sich zwei konträre Meinungen gegenüberstanden. So betonte Stanisław Tabaczyński bei der Hortung die Funktion der Wertbewahrung, wohingegen er dem Silber als Geldmittel eher eine untergeordnete Rolle zuschrieb. Folgerichtig hätten die Edelmetalle bis zur zweiten Hälfte des 11. Jahrhunderts die Regionalmärkte kaum erfasst und seien in die Zirkulation überwiegend über den Fernhandel gelangt, der sich in den Händen der Elite befand.[2] Auf der anderen Seite fasste Ryszard Kiersnowski die Schätze – mitsamt den Einzelmünzfunden in den Siedlungsschichten und auf Gräberfeldern – als Ausdruck eines inneren Silberumlaufs spätestens seit dem ausgehenden 10. Jahrhundert auf. Im Gegensatz zu Tabaczyński sah er die wichtigste Funktion des Geldes nicht in der Thesaurierung, sondern betrachtete die deponierten Edelmetalle als einen wesentlich geringeren Teil der gesamten Münzmasse.[3] Die weiteren Diskussionen über die kommerzielle Rolle und Bedeutung von Silber verliefen grundsätzlich in den oben geschilderten Bahnen. Władysław Łosiński hat darauf hingewiesen, dass der Grad der Silberthesaurierung in zwei unterschiedlichen Konstellationen auftreten konnte: sowohl bei einer starken „Schrumpfung des Zuflusses als auch in Perioden seiner Intensivierung bei gleichzeitiger ungünstiger Konjunktur auf zumindest einigen Fernhandelsmärkten". Beide Optionen zeigten somit die sekundäre Funktion der Deponierung von Edelmetallen im Verhältnis zu ihren Eigenschaften als Zahlungsmittel. Łosiński hat zudem die Kommerzialisierung der Münzverwendung zu differenzieren versucht. Er unterschied dabei zwischen Pommern, wo sich die (allerdings zunächst rudimentären) Marktverhältnisse bereits im frühen 9. Jahrhundert herausgebildet hatten, und Zentralpolen mit einer tributär orientierten Wirtschaftsweise. In der letzterwähnten Region konnten sich die Marktverhältnisse – so Łosiński – erst in der zweiten Hälfte des 11. Jahrhunderts durchsetzen.[4] Weniger skeptisch ist

---

1 Vera Jammer, Die Anfänge der Münzprägung im Herzogtum Sachsen (10. und 11. Jahrhundert), Hamburg 1952, S. 39-43; Mårten Stenberger, Die Schatzfunde Gotlands der Wikingerzeit, Bd. 1: Text, Stockholm 1958, S. 307 ff.; Ryszard Kiersnowski, Pieniądz kruszcowy w Polsce wczesnośredniowiecznej [Das Metallgeld im frühmittelalterlichen Polen], Warszawa 1960, S. 470-480; Warnke, Die Anfänge (wie Anm. 18, Kap. 1), S. 20-24; Gert Hatz, Handel und Verkehr zwischen dem Deutschen Reich und Schweden in der späten Wikingerzeit. Die deutschen Münzen des 10. und 11. Jahrhunderts in Schweden, Lund 1974, S. 145-161; Stanisław Tabaczyński, Archeologia średniowieczna. Problemy, źródła, metody, cele badawcze [Mittelalterliche Archäologie. Probleme, Quellen, Methoden, Forschungsziele], Wrocław 1987, S. 179-190; Stanisław Suchodolski, Kultowa czy ekonomiczna geneza skarbów epoki wikingów? [Die kultische oder die ökonomische Genese der Schätze in der Wikingerzeit?], in: Biuletyn Numizmatyczny 3 (2003), 331, S. 185-196.

2 Stanisław Tabaczyński, Rozwój stosunków towarowo-pieniężnych w Polsce wczesnośredniowiecznej [Die Entwicklung der Geld- und Warenwirtschaft im frühmittelalterlichen Polen], Warszawa-Wrocław 1957, S. 281 f.; Ders., Z badań nad wczesnośredniowiecznymi skarbami srebrnymi Wielkopolski [Forschungen über die frühmittelalterlichen Silberschätze Großpolens], Warszawa-Wrocław 1958, S. 42 ff., S. 55.

3 Kiersnowski, Pieniądz (wie Anm. 1), S. 428 f., 435 f.

4 Władysław Łosiński, Chronologia napływu najstarszej monety arabskiej na terytorium Europy [Die Chronologie des Zustroms ältester arabischer Münze nach Europa], in: Slavia Antiqua 31 (1988), S. 93-176; Ders., Funkcja tezauryzacji kruszcu srebrnego w gospodarce wczesnośredniowiecznej

hier Stanisław Suchodolski, der diese Prozesse anhand des Zerteilungsgrades von Silber wie der Einzelmünzfunde auf Gräberfeldern – zumindest in Zentralpolen, aber auch in Schlesien – in der zweiten Hälfte des 10. Jahrhunderts aufkommen sieht.[5]

In den letzten Jahren flammte die Debatte in Polen entlang der eingefahrenen Argumentationsstränge, wenngleich mit einigen erfrischenden Elementen, erneut auf. In aller Kürze kann sie auf die Dichotomie Markt versus Magie und Macht gebracht werden. Eröffnet hat die Diskussion der polnische Archäologe Przemysław Urbańczyk, dem zufolge die Zirkulation der Luxusgüter der Bestimmung der Machtverhältnisse diente. Der Umlauf von Edelmetallen wies somit strategische Bedeutung auf und stellte einen wichtigen Faktor der Machtrepräsentation und des gesellschaftlichen Status dar. Dennoch differenziert Urbańczyk: In Systemen, in denen nicht Marktmechanismen, sondern die Aufrechterhaltung hierarchischer Gesellschaftsstrukturen vorherrschten, lässt sich die ökonomische Ebene kaum von der symbolisch-magischen trennen. *Homo oeconomicus* und *Homo symbolicus* waren – so Urbańczyk – zwei komplementäre Sphären der menschlichen Mentalität, eine anthropologische Konstante. Das ändert jedoch nichts an seiner Einschätzung, dass die Zerteilung von Silbermünzen und -schmuck aus magisch-rituellen Motiven heraus stattgefunden hat und als bewusste Zerstörung des formell-symbolischen Wertes der Silbergegenstände aufgefasst werden kann.[6]

Auch Jacek Kowalewski[7] und Władysław Duczko[8] hoben – freilich aus verschiedenen methodologischen und geografischen Perspektiven (westslawischer Raum bzw. Skandinavien) – die kultischen Umstände bzw. Kontexte der Thesaurierung von Edelmetallen hervor, ohne allerdings ökonomische Funktionen bzw. prestigerelevante Faktoren gänzlich auszublenden. Symptomatisch ist hier der Titel des genannten Aufsatzes von Duczko: „Sammeln, entwerten, verstecken und vergessen".

Gehen die oben geschilderten Konzepte von archäologischen, anthropologischen oder kulturphilosophischen Überlegungen aus, so legt die numismatische Zunft stärkeres Gewicht auf die ökonomischen Motive der Schatzbildung. Für Mateusz Bogucki diente die Thesaurierung

---

[Die Thesaurierungsfunktion von Silber in der Wirtschaft des frühen Mittelalters], in: Wiadomości Numizmatyczne (weiter WN) 36 (1992), 1-2, S. 27-36, hier S. 35; Ders., Miejsce Pomorza i Wielkopolski w kształtowaniu się gospodarki towarowo-pieniężnej w Polsce wczesnofeudalnej [Die Stellung Pommerns und Großpolens in der Entwicklung der Geld- und Warenwirtschaft im frühfeudalen Polen], in: Slavia Antiqua 37 (1996), S. 163-180; Ders., W sprawie rozwoju gospodarki towarowo-pieniężnej na ziemiach polskich we wczesnym średniowieczu w kontekście dziejów obrotu pieniężnego w strefie nadbałtyckiej [Zur Entwicklung der Geld- und Warenwirtschaft in polnischen Gebieten im Kontext des Geldumlaufs im Ostseeraum], Teil I, in: Archeologia Polski 35 (1990), 1, S. 287-309.

5 Stanisław Suchodolski, Jeszcze o początkach gospodarki towarowo-pieniężnej na ziemiach polskich [Noch einmal über den Beginn der Geld- und Warenwirtschaft in polnischen Gebieten], in: WN 39 (1995), 1-2, S. 67-71.

6 Przemysław Urbańczyk, Wczesnośredniowieczne skarby złomu srebrnego [Die frühmittelalterlichen Silberschrottschätze], in: Moneta mediaevalis. Studia numizmatyczne i historyczne ofiarowane Profesorowi Stanisławowi Suchodolskiemu w 65. rocznicę urodzin [Moneta mediaevalis. Numismatische und historische Studien, präsentiert zum 65. Geburtstag von Professor Stanisław Suchodolski], hg. von Ryszard Kiersnowski u. a., Warszawa 2002, S. 209-224; Ders., Kto deponował skarby zdeprecjonowanego srebra i dlaczego? [Wer deponierte Schätze mit entwertetem Silber und warum?], in: WN 48 (2004), 2, S. 167-179.

7 Jacek Kowalewski, Dlaczego, czy jak deponowano skarby we wczesnym średniowieczu? [Warum oder wie deponierte man Schätze im frühen Mittelalter?], in: WN 48 (2004), 2, S. 181-191.

8 Władysław Duczko, Zebrać, zdeprecjonować, schować i zapomnieć. O skarbach srebrnych Skandynawii okresu wikingów [Sammeln, entwerten, verstecken und vergessen. Über Silberschätze in Skandinavien zur Wikingerzeit], in: WN 49 (2005), 2, S. 205-217.

der Akkumulation und Sicherung des Vermögens, obgleich er andere Beweggründe wie Bedrohung durch Kriege, kultische Handlungen oder Prestige nicht absolut ausschließen will.[9] Ebenfalls bleibt Stanisław Suchodolski ob der „magisch-rituellen" Thesen skeptisch, erkennt jedoch an, dass „die Anzahl der Schätze, die nicht aus ökonomischen Motiven heraus entstanden sind, doch höher war als ursprünglich gedacht".[10] Schließlich bietet Jacek Gruszczyński einen komparativen Ansatz, der das Hortungsverhalten in Pommern, Gotland und Mittelschweden miteinander vergleicht und regionale Unterschiede ausarbeitet. So soll die Anzahl der *emergency hoards*, jener Depots, die aufgrund politischer Turbulenzen und Bedrohungen verborgen wurden, in Mittelschweden und besonders in Pommern ziemlich hoch gewesen sein. Dem gegenüber stand die Entwicklung auf Gotland, wo bei der Deponierung von Edelmetallen gesellschaftlichen und symbolischen Praktiken eine wesentliche Bedeutung zukam.[11]

Archäologische Belege zeigen, dass sich die Einzelfunde von Denaren aus Burgwällen, umliegenden Siedlungen und Gräberfeldern in den drei letzten Dekaden des 11. Jahrhunderts deutlich häufen. Die numismatische Forschung interpretiert diese Tatsache als Schlüsselargument, das die immer intensiver werdende Monetarisierung der von den Piasten kontrollierten Gebieten bestätigt – eine Monetarisierung, die sich einigen Wissenschaftlern zufolge mit der Emission eigener Denare und der Nachprägungen westeuropäischer Münzen an der Wende vom 10. zum 11. Jahrhundert zu entwickeln begann.[12]

Andererseits wurde richtigerweise darauf hingewiesen, dass in mehreren numismatischen Publikationen, welche Polen betreffen, Monetarisierung sehr eng behandelt wird, nämlich als die Einspeisung von Edelmetallen als Zahlungsmittel in den inneren Umlauf einer Gesellschaft. Man sei zwar bemüht gewesen, die geografische Zuordnung der Übergänge zu Geldtransaktionen vorzunehmen, dabei sei jedoch weder über den Grad der Monetarisierung der einzelnen Wirtschaftssektoren noch über die Nachfrage nach Silber in verschiedenen Gesellschaftsschichten reflektiert worden.[13] Es hat den Anschein, dass genauso wenig die ver-

9 Mateusz Bogucki, Dlaczego we wczesnym średniowieczu powstawały skarby złomu srebrnego? [Warum entstanden im frühen Mittelalter Schätze aus Silberschrott?], in: WN 48 (2004), 1, S. 49-75; Ders., Główne etapy upieniężnienia rynków na ziemiach polskich we wczesnym średniowieczu [Die Hauptphasen der Monetarisierung in polnischen Gebieten im frühen Mittelalter], in: Upieniężnienie. Kiedy moneta staje się pieniądzem [Monetarisierung. Wann wird Münze zum Geld?], hg. von Muzeum Miejskie w Nowej Soli, Nowa Sól 2011, S. 67-88.

10 Suchodolski, Kultowa czy ekonomiczna (wie Anm. 1), S. 194.

11 Jacek Gruszczyński, Viking Silver, Hoards and Containers. The Archaeological and Historical Context of Viking-Age Silver Coin Deposits in the Baltic c. 800-1050, New York 2019.

12 Neulich Bogucki, Główne (wie Anm. 9), besonders S. 85 f. Etliche Numismatiker gehen bei der Beschreibung bestimmter Eigenschaften von Münzen bzw. Münzfragmenten a priori von Handelstransaktionen aus: zum Beispiel Piotr Chabrzyk, Echa niemieckich kryzysów na Pomorzu. Zjawisko zahamowania napływu srebra w 2. połowie XI wieku na podstawie wybranych skarbów [Der Widerhall deutscher Krisen in Pommern. Das Phänomen der Verringerung des Silberzuflusses in der zweiten Hälfte des 11. Jahrhunderts im Lichte ausgewählter Schatzfunde], in: Moneta czasów kryzysu, moneta czasów pomyślności [Die Münze der Krisenzeiten, die Münze der Prosperitätszeiten], hg. von Borys Paszkiewicz, Nowa Sól 2015, S. 119-127, hier S. 123 f.; Witold Nakielski, Polskie emisje denarów krzyżowych – reakcją na przemiany gospodarcze i kryzys polityczny Cesarstwa 2. połowy XI wieku. Polskie krzyżówki w świetle skarbu ze Środy Wielkopolskiej [Polnische Emissionen von Kreuzdenaren als Reaktion auf ökonomische Veränderungen und die politische Krise des römisch-deutschen Reiches in der zweiten Hälfte des 11. Jahrhunderts. Polnische Kreuzdenare im Lichte des Schatzes von Środa Wielkopolska], in: Ebd., S. 129-152, hier S. 134 f.

13 Piotr Guzowski, Upieniężnienie gospodarki polskiej na przełomie średniowiecza i czasów nowożytnych [Die Monetarisierung der polnischen Wirtschaft an der Wende des Mittelalters und der Frühen Neuzeit], in: Upieniężnienie (wie Anm. 9), S. 103-116, hier S. 103 f., S. 108 (kritisch gegenüber den Thesen von

schiedenen Ebenen dessen analysiert wurden, was eigentlich den Markt in weitgehend autarken Systemen ausmacht.[14] Auch Untersuchungen, die der Autor dieser Zeilen durchgeführt hat, lassen in Bezug auf die lineare Entwicklung der Nutzung von Edelmetallen als Zahlungsmittel, die mehr oder weniger automatisch und konsequent von primitiveren Formen (z. B. einer Hacksilberwirtschaft) zur vollständigen Monetarisierung (also einer Münzökonomie) geführt hätte, Vorsicht walten – eine Deutung, die wohl jeglichen historischen Realitäten in Mitteleuropa selbst im 11. und 12. Jahrhundert fernliegt.[15] Nur am Rande sei hinzugefügt, dass die Anzahl der Einzelfunde von Denaren aus den ins 12. Jahrhundert datierten Burgwällen und benachbarten Siedlungen zurückgeht – und nicht, wie die Wachstumslogik nahelegen würde, zunimmt (Teil II, Unterkapitel 4.3.).[16]

Auf ein breites Spektrum von Funktionen, darunter die symbolische Dimension in ihren gesellschaftlich-kulturellen Zusammenhängen, verwies zuletzt Wojciech Dzieduszycki. Folgende Aspekte der Silberhortung hat er hervorgehoben: Prestige (davon sollen Halsringe, Armreife, Halsketten usw. zeugen); Distribution und Redistribution (Verteilung, Geschenke, Potlatch); bewusste Entfernung von Edelmetallen aus dem Umlauf, um das Prestige durch die begrenzte Zirkulation von wertvollen Gegenständen zu schützen (demnach bedrohten die Überschüsse die Autarkie einer Gesellschaft); Erfordernisse einer Normierung der gesellschaftlichen Organisation (Thesaurierung diente folglich der Anhäufung von wertvollen Gegenständen, um Austausch zu betreiben, Verträge zu schließen und Abgaben zu leisten). Dzieduszycki erwähnte außerdem Kultfunktionen, Kriegsbedrohung und ökonomische Motive.[17]

Grundsätzlich liegen die Unterschiede zwischen den genannten Autoren eher in der Gewichtung der einzelnen Motive der Silberhortung als in einer entschiedenen Ablehnung eines der Gegenkonzepte – schließlich beteuern alle an der Diskussion Beteiligten, dass sie keineswegs der Entweder-oder-Haltung anhingen. Ins Auge fällt allerdings, dass die Analyse der Chronologie und der Geografie der Silberdeponierung (mit Ausnahme von Gruszczyńskis Arbeit) viel zu kurz kommt, um maßgebende Antworten zu bieten.

Konzeptionell reihen sich diejenigen deutschen Archäologen, welche die Prozesse der Silberdeponierung und -thesaurierung untersuchen, in die numismatische Schule ein. So ent-

---

Stanisław Suchodolski, Zasoby pieniężne „szarego człowieka" w Polsce wczesnośredniowiecznej [Die Geldressourcen des „einfachen Menschen" im mittelalterlichen Polen], in: Człowiek w społeczeństwie średniowiecznym [Der Mensch in der mittelalterlichen Gesellschaft], hg. von Muzeum Miejskie w Nowej Soli, Warszawa 1997, S. 151-158).

14 Dariusz Adamczyk, Fernhandelsemporien, Herrschaftszentren, Regional- und Lokalmärkte: Die ökonomischen Funktionen von Silber, oder: Wie lässt sich der Grad der Monetarisierung in den frühmittelalterlichen Gesellschaften des Ostseeraumes „messen"?, in: Economies, Monetisation and Society in the West Slavic Lands 800-1200 AD, hg. von Mateusz Bogucki / Marian Rębkowski, Szczecin 2013, S. 115-136, hier S. 116 f.

15 Dariusz Adamczyk, Koniunkturalne cykle czy strukturalne załamania? Sieci redystrybucji srebra a fluktuacje w jego imporcie do Europy Środkowej i Wschodniej w IX-XI wieku [Konjunkturelle Zyklen oder strukturelle Brüche? Die Verteilungsnetzwerke von Silber und die Fluktuationen in seinem Import nach Mittel- und Osteuropa im 9.-11. Jahrhundert], in: Moneta czasów (wie Anm. 12), S. 95-118. Ein wenig optimistischer erscheint hier, zumindest bezüglich der Emission von Brakteaten im 12. Jahrhundert, Piotr Guzowski, Karolińska rewolucja gospodarcza na Wschodzie Europy (do k. XII w.) [Die karolingische Revolution im Osten Europas bis zum Ende des 12. Jahrhunderts], in: Granica wschodnia cywilizacji zachodniej w średniowieczu [Die östliche Grenze der westlichen Zivilisation im Mittelalter], hg. von Zbigniew Dalewski, Warszawa 2014, S. 115-167, zum Beispiel S. 156 f.

16 Bogucki, Główne (wie Anm. 9), S. 82, Karte 4.

17 Wojciech Dzieduszycki, Kruszce w systemach wartości i wymiany społeczeństwa Polski wczesnośredniowiecznej [Die Edelmetalle in Werte- und Tauschsystemen der frühmittelalterlichen Gesellschaft Polens], Poznań 1995.

warf Heiko Steuer anhand der Waagen- und Gewichtsfunde eine Chronologie der Hacksilber- und Gewichtsgeldwirtschaft im Ostseeraum, die sich im späten 9. Jahrhundert herausgebildet haben und im Laufe des 11.-12. Jahrhunderts von einer Münzwirtschaft abgelöst worden sein soll.[18] Die Erforschung der Silberschatz- und Einzelfunde im elbslawischen Raum bzw. im sächsisch-slawischen Grenzland wurde von weiteren Archäologen fortgesetzt.[19] Dabei hat Christoph Kilger den Begriff „Monetarität" geprägt, um „wesensverschiedene, monetäre Ausdrucksformen", also die vermeintliche Dichotomie zwischen Hacksilberökonomie und Münzwirtschaft, zu überwinden.[20] Skeptischer bezüglich der kommerziellen Funktionen von Edelmetallen scheint im deutschsprachigen Bereich einzig Hendrik Mäkeler zu sein.[21]

Da fast die Hälfte aller Schatzfunde der Wikingerzeit in Skandinavien entdeckt wurde und dort in jener Periode wichtige Handelsemporien bzw. Zentralplätze bestanden, verwundert es nicht, dass die Forschung den dahinterstehenden ökonomischen und gesellschaftlichen Prozessen große Aufmerksamkeit schenkt. Hier lassen sich – genauso wie in der polnischen Historiographie – zwei große Stränge unterscheiden: Während einige Numismatiker und Archäologen die geldwirtschaftlichen Kontexte betonen,[22] verweisen etliche Gelehrten auf die Notwendigkeit einer Einbettung der Silberökonomien in einen breiten gesellschaftlichen Zusammenhang.[23] Ins Auge sticht, dass sowohl in der polnischen als auch in der deut-

18 Heiko Steuer, Geldgeschäfte und Hoheitsrechte zwischen Ostseeländern und islamischer Welt, in: Zeitschrift für Archäologie 12 (1978), S. 255-260; Ders., Gewichtsgeldwirtschaft im frühgeschichtlichen Europa – Feinwaagen und Gewichte als Quelle zur Währungsgeschichte, in: Untersuchungen zu Handel und Verkehr der vor- und frühgeschichtlichen Zeit in Mittel- und Nordeuropa, Teil IV, hg. von Klaus Düwel u. a., Göttingen 1987, S. 405-527.

19 Sebastian Brather, Frühmittelalterliche Dirham-Schatz- und Einzelfunde im südlichen Ostseeraum. Die Anfänge der Gewichtsgeldwirtschaft bei den Westslawen, in: Archäologie als Sozialgeschichte. Studien zu Siedlung, Wirtschaft und Gesellschaft im frühgeschichtlichen Mitteleuropa. Festschrift für Heiko Steuer, hg. von Dems. u. a., Rahden/Westf. 1999, S. 179-197; Ders., Silver, Weights and Scales around the Baltic, 8th to 11th Centuries, in: Trade and Communication Networks of the First Millennium AD in the Northern Part of Central Europe. Central Places, Beach Markets, Landing Places and Trading Centres, hg. von Babette Ludowici u. a., Hannover 2010, S. 143-164; Christoph Kilger, Pfennigmärkte und Währungslandschaften. Monetarisierungen im sächsisch-slawischen Grenzland, ca. 965-1120, Stockholm 2000; Jens Schneeweiss, Münz- und Gewichtsgeldwirtschaft an der westlichen Peripherie der slawischen Welt, in: Economies (wie Anm. 14), S. 237-265; Ralf Wiechmann, Edelmetalldepots der Wikingerzeit in Schleswig-Holstein. Vom „Ringbrecher" zur Münzwirtschaft, Neumünster 1996; Ders., Kupfer und Messing statt Silber. Münzimitationen des 11. und 12. Jahrhunderts aus Nordostdeutschland, in: Economies (wie Anm. 14), S. 267-312; Volker Hilberg, Silver Economies of the Ninth and Tenth Centuries AD in Hedeby, in: Silver Economies, Monetisation and Society in Scandinavia AD 800-1100, hg. von James Graham-Campbell u. a., Aarhus 2011, S. 203-225.

20 Christoph Kilger, Monetarität und Monetarisierung – Verschiedene Stellungnahmen zur Einführung und Ausübung einer Münzgeldwirtschaft im Deutschen Reich und im elbslawischen Raum während des 11. Jahrhunderts, in: The European Frontier. Clashes and Compromises in the Middle Ages, hg. von Jörn Staecker, Lund 2004, S. 221-232.

21 Hendrik Mäkeler, Wikingerzeitlicher Geldumlauf im Ostseeraum – Neue Perspektiven, in: Quaestiones Medii Aevi Novae 10 (2005), S. 121-149.

22 Zum Beispiel Brita Malmer, South Scandinavian Coinage in the Ninth Century, in: Silver Economy in the Viking Age, hg. von James Graham-Campbell / Gareth Williams, Walnut Creek 2007, S. 13-27; Birgitta Hårdh, Viking-Age Silver from Hoards and Cultural Layers, in: Silver Economies (wie Anm. 19), S. 281-296; Kenneth Jonsson, Sweden in the Tenth Century: a Monetary Economy?, in: Ebd., S. 245-257; Ingrid Gustin, Coin Stock and Coin Circulation in Birka, in: Ebd., S. 227-244.

23 Vgl. Dagfinn Skre, Commodity Money, Silver and Coinage in Viking-Age Scandinavia, in: Silver Economies (wie Anm. 19), S. 67-91; Søren M. Sindbæk, Networks and nodal points: the emergence of

schen und skandinavischen Historiographie der Schwerpunkt eher auf der letzten Phase der Silberverwendung in der jeweiligen Region liegt – weniger hingegen auf der Untersuchung der historischen Prozesse, die hinter dem Zufluss und der Zirkulation von Edelmetallen standen, und der Herausbildung der Silberverteilungsnetzwerke zwischen den Münzproduzenten im Nahen Osten und in Zentralasien bzw. in Deutschland oder England einerseits und ihren Abnehmern in Ost-, Nord- und Ostmitteleuropa andererseits. Im Sinne historischer Numismatik haben das am Beispiel „Russlands", genauer der Handelssysteme der Chasaren, der Rus' und der Volgabulgaren, in zahlreichen Texten zwei amerikanische Forscher unternommen.[24] So haben sie weniger der Grad der Silberfragmentierung, der Anteil an nichtmonetärem Edelmetall in Schätzen oder grundsätzlich die Einzelfunde von Münzen interessiert, sondern die Chronologie und die regionalen Strukturen der in den Depots befindlichen Prägungen, die sie – freilich unter Einbeziehung archäologischer Befunde – in die historischen Entwicklungsprozesse einzuordnen versuchten.

Schließlich dürfen wir nicht jene Ansätze vergessen, die die Monetarisierungsprozesse aus der Perspektive der – zumindest nördlich der Alpen – am meisten entwickelten Regionen beleuchten. Exemplarisch sei hier Jim L. Bolton erwähnt, der in seinen Arbeiten die Frage nach der Chronologie der Monetarisierung in England aufwirft. Zu diesem Zweck formuliert er vier Indikatoren:

1. Die ausreichende Anzahl von Münzen im Umlauf (im Falle der weniger entwickelten Ökonomien überhaupt die Notwendigkeit der Nachfrage nach Edelmetallgeld);
2. Die Steigerung der Lese- und Rechenkompetenzen nicht nur in Städten, sondern ebenfalls im agrarischen Hinterland;
3. Das standardisierte Waagen- und Münzeinheitssystem, das den Kauf von Gütern und Land auf dem Territorium des gesamten Staates ermöglichte;
4. Die allgemeine Nutzung des Kredits, dessen Zurückzahlung vom Recht gewährleistet wurde.[25]

Die Anwendung dieser Indikatoren auf das England des 11.-12. Jahrhunderts verleitete Bolton zum folgenden Kommentar: „The late Anglo-Saxon and the Anglo-Norman economy would certainly have failed all these tests"; höchstens könne man von einer Wirtschaft mit monetarisierten Elementen sprechen, während die vollständige Ausbildung einer Geldwirtschaft

towns in early Viking Age Scandinavia, in: Antiquity 81 (2007), S. 119-132.

24 Vgl. zum Beispiel Thomas S. Noonan, When and how dirhams first reached Russia, in: Cahiers du monde 21 (1980), S. 401-469; Ders., Why Dirhams First Reached Russia. The Role of Arab-Khazar Relations in the Development of the Earliest Islamic Trade with Eastern Europe, in: Archivum Eurasiae Medii Aevi 4 (1984), S. 151-282; Ders., Why the Vikings First Came to Russia, in: Jahrbücher für Osteuropäische Geschichte 34 (1986), S. 321-348; Ders., Volga Bulgharia's Tenth-Century Trade with Samanid Central Asia, in: Archivum Eurasiae Medii Aevi 11 (2000-2001), S. 140-218; Roman K. Kovalev, What does historical numismatics suggest about the monetary history of Khazaria in the ninth century? – Question revisited, in: Archivum Eurasiae Medii Aevi 13 (2004), S. 97-129; Ders., Creating Khazar identity through coins. The special issue dirhams of 837/8, in: East Central and Eastern Europe in the Early Middle Ages, hg. von Florin Curta, Ann Arbor 2005, S. 220-253; Roman K. Kovalev / Alexis C. Kaelin, Circulation of Arab Silver in Medieval Afro-Eurasia, in: History Compass 5 (2007), 2, S. 560-580.

25 Jim L. Bolton, Money in the Medieval English Economy, 973-1489, Manchester 2012, S. 133. In Bezug auf Polen grundsätzlich Sławomir Gawlas, Komercjalizacja jako mechanizm europeizacji peryferii na przykładzie Polski [Die Kommerzialisierung als Mechanismus der Europäisierung einer Peripherie am Beispiel Polens], in: Ziemie polskie wobec Zachodu. Studia nad rozwojem średniowiecznej Europy [Polnische Gebiete und der Westen. Studien zur Entwicklung des mittelalterlichen Europa], hg. von Roman Czaja u. a., Warszawa 2006, S. 25-116.

erst an der Schwelle zum 14. Jahrhundert stattgefunden habe.[26] Sodann müssen wir gestehen, dass der Autor – um einen umgangssprachlichen Ton anzuschlagen – die Meßlatte ziemlich hoch gehängt hat: Welche Gesellschaft nördlich der Alpen hätte sie schon überspringen können? Abgesehen davon gehörte England zu den am besten kommerzialisierten Gesellschaften Nordeuropas. Um 1087 sollen dort etwa 9 Mio. Pennies zirkuliert haben – bei einer Bevölkerung, je nach Schätzung, zwischen 1,5 und 2,25 Mio.[27] Das Domesday Book listet dabei 112 so genannte *boroughs* bzw. Städte (ohne London) mit jeweils 1.000 bis 5.000 Einwohnern auf; zudem nennt sie 59 Märkte. Diese Zahlen lassen die Annahme zu, dass im ausgehenden 11. Jahrhundert ca. zehn Prozent der englischen Bevölkerung in Städten lebten.[28] London zählte damals rund 10.000 Einwohner, Winchester 6.000-8.000 und regionale Zentren wie York, Lincoln, Norwich und Thetford je 4.000-5.000.[29]

Wir sollten ebenfalls einige Forschungsergebnisse aus dem Bereich der Frühen Neuzeit zur Kenntnis nehmen. Ihnen zufolge wurden Edelmetalle zwischen dem 16. und dem 18. Jahrhundert in mehreren europäischen und asiatischen Gesellschaften nicht nur als Geld eingesetzt, sondern erfüllten ein breites Spektrum von Funktionen: von der verschwenderischen Zurschaustellung der Eliten und Höfe bis hin zu fiskalisch-politischen Verwendungen.[30] Laut einer Schätzung in Bezug auf das Jahr 1751 sollen die Horte in Neapel sogar den vierfachen Wert der in Zirkulation befindlichen Edelmetallmenge betragen haben.[31] Laurence Fontaine hat darauf hingewiesen, dass im frühneuzeitlichen Europa der Kapitalismus neben einer Gabenökonomie bestand. Sie kommentiert wie folgt:

> The border between gift and market was far from watertight, with the two categories constantly overlapping each other in modern Europe. Secondhand objects were used as an alternative currency to feed multiple markets. Everywhere, monetary practices, which led people to hoard their money rather than to let it circulate, as well as the lack of cash, had allowed an economy based on the circulation of goods to develop. In urban exchanges, bartering was still largely prevalent not only among traders, as we saw in Chapter 4, but also among peasants because there were many who paid peddlers with their harvest or the produce of their home based industry.[32]

Diese unterschiedlichen Denk- und Herangehensweisen in Einklang zu bringen, also zwischen dem Zufluss von Edelmetallen, das heißt der äußeren Zirkulation, und dem innergesellschaftlichen Umlauf zu unterscheiden, ist das Ziel des vorliegenden Vorhabens. Der Autor dieser Zeilen hat in dieser Hinsicht bislang zwei Aspekte erforscht: Zum einen hat er in seiner Habilitationsschrift die enorme Bedeutung von Edelmetallen, die sie offenbar bei der Herrschaftsbildung in Nordosteuropa im frühen Mittelalter gespielt haben, kontextualisiert.[33] Zum anderen hat er eine regional, chronologisch und nach Fern-, Regional- und Lokalhandel differenzierende Analyse der Kommerzialisierungs- und Monetarisierungsprozesse

26 Bolton, Money (wie Anm. 25), S. 133, 187.
27 Ebd. S. 107.
28 Ebd. S. 117 f.
29 Jim L. Bolton, The Medieval English Economy 1150-1500, London 1980, S. 12 f.
30 Vgl. Charles P. Kindleberger, Spenders and Hoarders: the World Distribution of Spanish American Silver, 1550-1750, Singapore 1989, in: Ders., Historical Economics. Art or Science?, Berkeley 1990, S. 35-85.
31 Ebd., S. 55.
32 Laurence Fontaine, The Moral Economy. Poverty, Credit, and the Trust in Early Modern Europe, New York 2014, S. 254.
33 Adamczyk, Silber und Macht (wie Anm. 16, Kap. 1).

in Zentralpolen und Pommern durchgeführt, die als auszubauende Grundlage für eine weitere Recherche dienen kann.[34]

Dessen ungeachtet fehlt noch eine Studie, die die oben angesprochenen Zusammenhänge in chronologischer – über vier Jahrhunderte hinweg – wie auch unter dem Aspekt der Geografie – zwischen den einzelnen Regionen Polens differenzierend und unter komparativer Einbeziehung der benachbarten Räume im Westen (elbslawische Gebiete), Osten (Ukraine und Russland) und Norden (Dänemark und Schweden) – systematisch untersucht. Hier soll das Forschungsprojekt ansetzen. Es umfasst zwei Schritte:

- Als erstes sind die Netzwerke der Silberredistribution, also Geflechte, die verschiedene Gesellschaften über kommerzielle, fiskalische, politische, kulturelle oder andere Interaktionsformen miteinander verknüpften, zu rekonstruieren. Dies soll geschehen, indem die Chronologie und die Geografie der Funde skizziert und ihre archäologischen Kontexte aufgezeigt werden und schließlich die Einordnung in den historischen Zusammenhang anhand schriftlicher Quellen vorgenommen wird. Konsequenterweise ist hier auf sämtliche Akteure, die den Münztransfer im östlichen Europa organisierten, einzugehen: Dazu gehören die Bevölkerungsgruppen innerhalb der Großregion um die Ostsee, die sich von Dänemark und Schleswig-Holstein im Westen über Mecklenburg-Vorpommern, Pommern und das Baltikum bis hin nach Nordwestrussland im Osten erstreckt, im Norden die Skandinavische Halbinsel erfasst, im Süden hingegen nach Zentralpolen ausgreift, ebenso wie die Chasaren und Volgabulgaren, die Kiever Rus' sowie die entlang der südlichen Ost-West-Handelsachse operierenden Fernhändlergemeinschaften. Dabei ist die Erweiterung der geografischen Perspektive in diesem Teil der Untersuchung aus zwei Gründen ergiebig, ja notwendig: Zum einen ermöglicht sie es, die Einbeziehung der ostmitteleuropäischen Gesellschaften in die inter- und transkontinentalen Handelsströme in einem größeren Zusammenhang zu betrachten und damit die verschiedenen Logiken und Logistiken des Silbertransfers zu erkennen; zum anderen hilft sie zu begreifen, inwieweit die Monetarisierungs- und Kommerzialisierungsprozesse des frühen und hohen Mittelalters linear verliefen und wo sie Strukturbrüche aufwiesen.

  Des Weiteren werden die Verteilungsnetzwerke der einheimischen Denare zu berücksichtigen sein, die sich seit dem 11. Jahrhundert in verschiedenen Regionen Polens und Mitteleuropas herausbildeten und die sich teilweise von jenen der Fremdmünzen unterschieden.

  Sodann ist geplant, die Ergebnisse in einer Strukturanalyse der Netzwerke im westlichen Eurasien zusammenzufassen und in vier thematischen Blöcken – über den chronologischen und geografischen Rahmen hinausgehend – darzulegen. Die vier Komponenten enthalten folgende Inhalte: die Logiken des Silbertransfers und die Infrastrukturen der Münzverteilung; interpersonale Beziehungen und Verflechtungen; die Dauer als Kategorie konjunktureller Rhythmen und struktureller Brüche; schließlich die Funktionen von Edelmetallen.
- Zweitens soll der Frage nachgegangen werden, wie sich die Monetarisierungsprozesse fassbar machen lassen. Mit welchen Instrumenten und Indikatoren können sie bewertet werden? Es steht fest, dass die Verwendung von Silber ein regional und zeitlich differenziertes Phänomen war und selbst in benachbarten Regionen unterschiedlich verlaufen konnte. Um dieser Komplexität Rechnung zu tragen, müssen die Entwicklungen in ihrem jeweiligen historischen Kontext aufgefasst und nicht monokausal und eindimensional, sondern mittels eines Bündels von Indikatoren erklärt werden. Folgende sind als besonders relevant zu erachten: Fundort (Emporium, Burgwall, Agrarsiedlung); Dichte und Umfang der Schatzfunde;

34 Ders., Fernhandelsemporien (wie Anm. 14).

Dichte der Einzelfunde; Grad der Münz- und Silberfragmentierung; Vorkommen von Gewichten und Waagen; Anteil an nichtmonetärem Silber (z. B. Schmuck); die chronologische und regionale Struktur der in den Schatzfunden befindlichen Münzen; einheimische Münzprägung; schlussendlich Kontexte der Silbergenerierung, die ein breites Spektrum beinhalten: exogene Impulse wie die Nachfrage nach bestimmten Gütern, endogene Impulse wie Bevölkerungsdichte, politische Faktoren wie die Entstehung von Macht- und Herrschaftszentren sowie mentale Einstellungen, die sich in magischen und rituellen Funktionen niederschlugen.

Das heißt aber nicht, dass alle hier genannten Indikatoren zum gleichen Zeitpunkt und am gleichen Ort auftreten mussten. Wichtig erscheint hier die Häufung mehrerer von ihnen in der konkreten historischen Konstellation. Außerdem ist zwischen den verschiedenen Handelsarten zu unterscheiden: dem Fernhandel, dem regionalen Austausch und den lokalen Märkten. Wie kann man sie definieren?

1. Unter Fernhandel werden trans- und interkontinentale Verbindungen und Wechselbeziehungen zwischen zwei oder mehreren Gruppen von Akteuren aufgefasst: Dazu gehören zum Beispiel die Kontakte der Netzwerke der Rus' von Staraja Ladoga mit dem chasarischen Khaganat und dem Kalifat oder jene Geflechte, die die jüdischen, arabischen und chasarischen Fernhändler mit verschiedenen lokalen Gemeinschaften im ostmitteleuropäischen Binnenland verknüpften;
2. Ein regionaler Handel spiegelte den Austausch zwischen einem Emporium und dessen weitem Hinterland, zwischen verschiedenen Handelssiedlungen und Marktorten innerhalb einer Großregion (wie des Ostseeraumes) oder aber zwischen den angrenzenden Gesellschaften bzw. Reichen (z. B. den Sachsen, Elbslawen und Polanen in Großpolen) wider;
3. Und schließlich fand der lokale Waren- und Geldverkehr zwischen benachbarten Siedlungen, Burgwällen und Dörfern statt, die eine Art Binnenmarkt bildeten. Die Entstehung der Nah- und Lokalmärkte setzte eine komplexere Arbeitsteilung voraus. In diesem Falle muss geprüft werden, ob die Emission von Imitationen den Übergang zu solchen Binnenmärkten markierte.

Zu beachten ist allerdings, dass die oben angeführten Zirkulationssphären sich bisweilen überschneiden und die Grenzen zwischen ihnen fließend sein konnten.

Die geografische Einordnung wird sich in diesem Teil der Untersuchung auf die Regionen des heutigen Polen beschränken, jedoch dort wo das sinnvoll und ergiebig erscheint, um die benachbarten Gebiete erweitert.

Der chronologische Kern der Monografie umfasst die Zeitspanne von ca. 800 bis ca. 1200. Den Schatzfunden mit der jüngsten Münze, Terminus post quem (weiter: tpq.), nach zu urteilen tauchten die ersten Depots im östlichen Europa um 800 auf, kurz danach begegnen sie ebenfalls im polnischen Teil der Ostseeküste. Hier entstand in Janów Pomorski/Truso bereits zu diesem Zeitpunkt ein Handelsemporium, das im Hinblick auf die hohe Anzahl der Streufunde in der Siedlung selbst wie auf mehrere Horte in der Region Ermland-Masuren für diese Phase beispiellos erscheint. Die Münzimporte dominierten die Währungslandschaften Polens (ebenso wie weite Teile des östlichen Europa) bis zum ausgehenden 11. Jahrhundert. Die Zeit zwischen ca. 1100 und 1200 markiert den zweiten Punkt auf der Zeitachse. Damals fanden Prozesse statt, die die gesellschaftlichen, fiskalischen und ökonomischen Parameter massiv verändert haben: Zum einen versiegte der Silberzufluss aus dem sächsischen Raum; zum anderen erreichte die eigene, von der einheimischen Elite betriebene Münzprägung respektable Dimensionen, was zu einer Endogenisierung und Regionalisierung der Silberabschöpfung führte.

Die Hauptquelle der Untersuchung im ersten Teil der vorliegenden Studie stellen grundsätzlich Horte von mindestens fünf Münzen bzw. Münzfragmenten dar, die in verschiedenen Teilen Ost-, Nord- und Mitteleuropas bis ca. 2018 entdeckt und zuverlässig datiert werden konnten. Eine solche quantitative Auswahl der Funde bleibt zwar immer willkürlich, ist dennoch für eine halbwegs exakte zeitliche Klassifizierung methodisch sinnvoll und plausibel. Dabei sind kleinere Depots bzw. Einzelfunde von Interesse und werden überall dort beachtet, wo sie besondere Verdichtungen – zum Beispiel in Handelsemporien und an Zentralplätzen wie Truso bzw. Uppåkra, in Burganlagen wie Jaromarsburg am Kap Arkona, schließlich auf Gräberfeldern wie Verchnyj Saltov – aufweisen und somit eine genauere Bestimmung ermöglichen. Sie werden nach chronologischen und geografischen Kriterien entlang der Zuflussphasen zugeordnet.[35] Gleichzeitig erfogt eine Rekonstruierung und Kontextualisierung der Silberverteilungsnetzwerke im 9.-12. Jahrhundert. Eine Schwierigkeit bestand hier darin, dass zurzeit noch keine Kataloge publiziert vorliegen, die alle bislang in Europa gemachten Münzfunde von Dirhems bzw. westlichen Prägungen enthalten.[36]

Dem zweiten Teil der Studie liegen sowohl die Schatz- als auch die Einzelfunde zugrunde, die in Polen bis 2018 gemacht wurden. Ihre Analyse soll anhand der aktualisierten Inventare ebenso nach regionalen wie nach chronologischen Kriterien mittels eines Bündels von Indikatoren stattfinden.

35 Zu methodologischen Fragen der Silberströme und -zirkulation am Beispiel arabischer Münzen und zur Aussagekraft der Schatzfunde für die wirtschaftsgeschichtliche Analyse grundsätzlich Brather, Frühmittelalterliche Dirham (wie Anm. 19). Die Inventare mit Silberfunden aus Polen befinden sich in den folgenden Arbeiten: Jacek Slaski / Stanisław Tabaczyński, Wczesnośredniowieczne skarby srebrne Wielkopolski – Materiały [Die frühmittelalterlichen Silberschätze Großpolens – Materialien], Warszawa-Wrocław 1959; Teresa Kiersnowska / Ryszard Kiersnowki, Wczesnośredniowieczne skarby srebrne z Pomorza. Materiały [Die frühmittelalterlichen Silberschätze aus Pommern. Materialien], Warszawa-Wrocław 1959; Marian Haisig u. a., Wczesnośredniowieczne skarby srebrne z Małopolski, Śląska, Warmii i Mazur. Materiały [Die frühmittelalterlichen Silberschätze aus Kleinpolen, Schlesien, Ermland und den Masuren. Materialien], Wrocław u. a. 1966; Anatol Gupieniec u. a., Wczesnośredniowieczne skarby srebrne z Polski Środkowej, Mazowsza i Podlasia. Materiały [Die frühmittelalterlichen Silberschätze aus Mittelpolen, Masowien und Podlasien. Materialien], Wrocław u. a. 1965. Außerdem: Skarby wczesnośredniowieczne z obszaru Polski. Atlas [Die frühmittelalterlichen Schätze in Polen. Atlas], hg. von Leszek Gajewski u. a., Wrocław u. a. 1982. Im Jahre 2013 wurde am Institut für Archäologie und Ethnologie der Polnischen Akademie der Wissenschaften in Warschau ein auf vier Jahre angelegtes Projekt gestartet, das alle frühmittelalterlichen Silberfunde aus Polen neu katalogisieren soll. Sämtliche Inventare sind bereits erschienen. Vgl. Frühmittelalterliche Münzfunde aus Polen. Inventar (weiter FMP), Bde. 1-5, hg. von Mateusz Bogucki u. a., Warszawa 2013-2017.

36 Die Veröffentlichung eines Kataloges, der alle arabischen Münzfunde im westlichen Eurasien mit zumindest fünf Dirhems aus dem Zeitraum von 700 bis 1100 enthalten soll, durch Thomas S. Noonan und nach seinem Tod durch Roman K. Kovalev verzögert sich seit 1992. Sehr wertvoll war allerdings für die vorliegende Untersuchung der Artikel von Kovalev / Kaelin, Circulation (wie Anm. 24), in dem die Verfasser alle Münzfunde mit mindestens fünf Dirhems aus dem westlichen Eurasien nach Dekaden und der Anzahl der Prägungen einordnen. Vgl. auch Brather, Frühmittelalterliche Dirham (wie Anm. 19). Westliche Münzfunde wurden hingegen nach Landkategorien erfasst und publiziert. Vgl. Kilger, Pfennigmärkte (wie Anm. 19); Hatz, Handel (wie Anm. 1); Cecilia von Heijne, Särpräglat. Vikingatida och tidigmedeltida myntfynd från Danmark, Skåne, Blekinge och Halland (ca 800-1130), Stockholm 2004.

# Teil I
# Die Silberverteilungsnetzwerke in ihren handelsgeschichtlichen, fiskalischen und gesellschaftlichen Kontexten

Wie definiert man Netzwerke? Zweifellos erlebt dieser Begriff seit einigen Jahren eine Hochkonjunktur. Ob der Terminus dem globalen Trend der digitalen Vernetzung nur folgt[1] und somit einfach eine Modeerscheinung unter vielen ist oder ob er eher als eine sinnvolle Analyseeinheit für die Erforschung vergangener Gesellschaften taugt, bleibt dahingestellt. Die Mediävistik hat jedenfalls dieser Entwicklung Rechnung getragen und Beziehungsgeflechte zum Gegenstand der Wissenschaft gemacht.[2] Entwickelt wurden Fragestellungen vorwiegend am spätmittelalterlichen Material, wo die Quellenbasis breiter ist, in geringerem Maße an früh- und hochmittelalterlichen Zugängen. Zu den thematischen Gebieten gehört vor allem die personengeschichtliche Forschung, die sich zu familien- und dynastiegeschichtlichen Fragen erweitert und auf personale Strukturen hochmittelalterlicher Herrschaft rekurriert,[3] aber auch die regionalen Adelsgemeinschaften einbezieht.[4] Ein besonderes Feld ist hierbei die Analyse dynastischer Heiratspolitik, die in den letzten Jahren über rein genealogisch interessierte Herangehensweisen hinausging und neue Einsichten in durch Eheschließungen konstruierte adelige Beziehungsgeflechte vermitteln konnte.[5]

Eine zweite Gruppe stellen Studien über Austauschformen und Netzwerkstrukturen aus dem Bereich der Kirchengeschichte dar.[6] Dabei wird nach den persönlichen Netzwerken ein-

---

1 Vgl. Manuel Castells, Der Aufstieg der Netzwerkgesellschaft, Opladen 2001.

2 Die folgenden drei Absätze beruhen auf dem Text von Dariusz Adamczyk / Norbert Kersken, Fernhändler, Dynasten, Kleriker – ökonomische, politische und geistige Netzwerke des piastischen Polen, in: Fernhändler, Dynasten, Kleriker. Die piastische Herrschaft in sozialen und kontinentalen Beziehungsgeflechten vom 10. bis zum frühen 13. Jahrhundert, hg. von Dens., Wiesbaden 2015, S. 7-13.

3 Claudia Garnier, Amicus amicis, inimicus inimicis. Politische Freundschaft und fürstliche Netzwerke im 13. Jahrhundert, Stuttgart 2000; Robert Gramsch, Das Reich als Netzwerk der Fürsten. Politische Strukturen unter dem Doppelkönigtum Friedrichs II. und Heinrichs (VII.) 1225-1235, Ostfildern 2013; Ders., Autorität im Netzwerk der Fürsten. Friedrich II. und Heinrich (VII.) im Anerkennungswettstreit (1231-1235), in: Autorität und Akzeptanz. Das Reich im Europa des 13. Jahrhunderts, hg. von Hubertus Seifert u. a., Ostfildern 2013, S. 43-64; Holger Kruse, Der burgundische Hof als soziales Netz, in: Francia 29 (2002), 1, S. 229-255.

4 Manfred Wassner, „Min lieb vetter“ und der Fürstendienst: das verwandtschaftliche Netzwerk der Familie Speth am württembergischen Hof im 15. Jahrhundert, in: Gelungene Anpassung? Adelige Antworten auf gesellschaftliche Wandlungsvorgänge vom 14. bis zum 16. Jahrhundert, hg. von Horst Carl / Sönke Lorenz, Ostfildern 2005, S. 201-216; Jan Habermann, Verbündete Vasallen. Die Netzwerke von Grafen und Herren am Nordwestharz im Spannungsgefüge zwischen rivalisierenden Fürstgewalten (ca. 1250-1400), Norderstedt 2011; Kommunikationsnetze des Ritteradels im Reich um 1500, hg. von Joachim Schneider, Stuttgart 2012; Niklas Konzen, Hans von Rechberg und sein Netzwerk als Fehdehelfer des Heinrich von Eisenburg, ca. 1451-53. Eine prosopographische Analyse, in: Fehdeführung im spätmittelalterlichen Reich. Zwischen adeliger Handlungslogik und territorialer Verdichtung, hg. von Julia Eulenstein u. a., Affalterbach 2013, S. 221-248.

5 Hier sind vor allem zwei wegweisende Untersuchungen für das späte und das hohe Mittelalter zu nennen: Karl-Heinz Spiess, Familie und Verwandtschaft im deutschen Hochadel des Spätmittelalters. 13. bis Anfang des 16. Jahrhunderts, Stuttgart 1993; Tobias Weller, Die Heiratspolitik des deutschen Hochadels im 12. Jahrhundert, Köln 2004.

6 Zentrum und Netzwerk. Kirchliche Kommunikationen und Raumstrukturen im Mittelalter, hg. von Gisela Drossbach / Hans-Joachim Schmidt Berlin u. a. 2008.

zelner Kleriker gefragt,[7] die sich im 15. Jahrhundert zu Beziehungsgeflechten von Gelehrten entwickelten,[8] oder nach den weitläufigen Netzwerken, die durch die Strukturen der religiösen Orden ausgebildet wurden.[9] Politische und religiöse Vernetzungen beeinflussten auch die Ausbreitung von Heiligenkulten[10] oder häretischer Bewegungen.[11]

Auffällig zahlreich sind schließlich Arbeiten über die Wirtschafts-, Handels- und Stadtgeschichte. Hier wurden personale Zusammenhänge städtischer Gesellschaften, vor allem in

7 Ian Stuart Robinson, The friendship network of Gregory VII, in: History. The Journal of the Historical Association 63 (1978), S. 1-22; Robert Gramsch-Stehfest, Der Erfurter Propst Heinrich von Gerbstedt (gest. 1451) und seine „römischen Netzwerke", in: Jahrbuch für Erfurter Geschichte 2 (2007), S. 31-62; Ders., Pariser Studienkollegen und römische Verbindungen. Das Personen-Netzwerk um Erzbischof Albrecht II., in: Aufbruch in die Gotik. Der Magdeburger Dom und die späte Stauferzeit. Landesausstellung Sachsen-Anhalt aus Anlass des 800. Domjubiläums, Bd. 1: Essays, hg. von Matthias Puhle / Kulturhistorisches Museum Magdeburg, Mainz 2009, S. 384-391.

8 Jürgen Geiss, Netzwerke spätmittelalterlicher Rechtsgelehrter im Ostseeraum. Beobachtungen zur Büchersammlung des Greifswalder Juristen Johannes Meilof, in: Baltische Studien NF 91 (2005), S. 61-78; Claudia Märtl, Frühhumanisten in Regensburg. Das Netzwerk des Eneas Silvius Piccolomini, in: Kleine Regensburger Literaturgeschichte, hg. von Rainer Barbey / Erwin Petzi, Regensburg 2014, S. 122-128.

9 Für die Hirsauer Benediktiner: Felix Heinzer, Klösterliche Netzwerke und kulturelle Identität – Die Hirsauer Reform des 11./12. Jahrhunderts als Vorläufer spätmittelalterlicher Ordensstrukturen, in: Kulturtopographie des deutschsprachigen Südwestens im späteren Mittelalter. Studien und Texte, hg. von Barbara Fleith / René Wetzel, Tübingen 2009, S. 127-140; für die Zisterzienser etwa: Marek Tamm, Communicating crusade. Livonian mission and the Cistercian network in the thirteenth century, in: Ajalooline Ajakiri 3/4 (2009), S. 341-372; für die Kartäuser: Kartäusisches Denken und daraus resultierende Netzwerke vom Mittelalter bis zur Neuzeit, Bd. 1-5, hg. von Meta Niederkorn-Bruck, Salzburg 2012; für den Deutschen Orden: Herrschaft, Netzwerke, Brüder des Deutschen Ordens in Mittelalter und Neuzeit, hg. von Klaus Militzer, Weimar 2012; für die Bettelorden: Thomas Ertl, Netzwerke des Wissens. Die Bettelorden, ihre Mobilität und ihre Schulen, in: Aufbruch in die Gotik (wie Anm. 7), S. 312-323; Robert Šimunek, Soziale Netzwerke geistlicher Institutionen im Spätmittelalter. Das Beispiel der Minoriten- und Franziskanerklöster in Böhmen, in: Ecclesia als Kommunikationsraum in Mitteleuropa (13. bis 16. Jahrhundert), hg. von Eva Doležalová / Robert Šimunek, München 2011, S. 147-184.

10 Thomas Bauer, Heiligenverehrung und Raum. Allgemeine Grundlagen und Entwicklung, Methoden der Erforschung am Beispiel des Raumes zwischen Schelde, Maas und Rhein, in: L'évangélisation des régions entre Meuse et Moselle et la fondation de l'abbaye d'Echternach (Ve - IXe siècle), hg. von Michel Polfer, Luxembourg 2000, S. 147-188; Dieter Hägermann, Heilige, Heiligenverehrung und Mobilität im Frühmittelalter zu Lande und zu Wasser, in: Deutsches Schiffahrtsarchiv 25 (2002), S. 181-195; Hedwig Röckelein, Reliquientranslationen nach Sachsen im 9. Jahrhundert. Über Kommunikation, Mobilität und Öffentlichkeit im Frühmittelalter, Stuttgart 2002; Roman Michałowski, Die Heiligenkulte sowie die staatlichen und ethnischen Grenzen: Polen und die Nachbarländer vom 10. bis zum 14. Jahrhundert, in: Grenzräume und Grenzüberschreitungen im Vergleich. Der Osten und der Westen des mittelalterlichen Lateineuropa, hg. von Klaus Herbers / Nikolas Jaspert, Berlin 2007, S. 339-360; Der Kult des Apostels Jakobus d.Ä. in norddeutschen Hansestädten, hg. von Hedwig Röckelein, Tübingen 2005; Christine L. Walsh, The Cult of St Katherine of Alexandria in Early Medieval Europe, Aldershot u. a. 2007; Dies., Medieval Saints' Cults as International Networks. The Example of the Cult of St Katherine of Alexandria, in: International Religious Networks, hg. von Jeremy Gregory / Hugh McLeod, Woodbridge, Suffolk u. a. 2012, S. 1-8; Anne J. Duggan, Religious Networks in Action: The European Expansion of the Cult of St Thomas of Canterbury, in: Ebd., S. 20-43.

11 Paweł Kras, Husyci w piętnastowięcznej Polsce [Die Hussiten im Polen des 15. Jahrhunderts], Lublin 1998; Yannick Pouviet, Montaillou. Netzwerke der Katharer im beginnenden Spätmittelalter, in: Gesellschaftliche Umbrüche und religiöse Netzwerke. Analysen von der Antike bis zur Gegenwart, hg. von Daniel Bauerfeld / Lukas Clemens, Bielefeld 2014, S. 155-172.

den großen Reichsstädten wie etwa Köln,[12] Augsburg[13] oder Regensburg,[14] rekonstruiert. Eine zentrale Rolle nimmt die Erforschung der Netzwerke des europäischen Handels,[15] überwiegend im südlichen Ostseeraum, ein.[16] Hervorzuheben sind für das spätere Mittelalter die hansischen Beziehungsgeflechte.[17] Aus diesem Bereich kamen auch Warnungen ob eines unter Umständen viel zu lässigen Umgangs mit dem Terminus Netzwerk, die sich in der ein wenig floskelhaft anmutenden Feststellung vereinigen, dass der gegenseitige Kontakt zweier Menschen noch kein Netz, sondern eine lineare Verbindung darstelle, und dass die zufällige Interaktion zweier oder dreier Menschen noch kein Netzwerk ausmache.[18] Wenig hilfreich für die vorliegende Studie erscheint die Erkenntnis, dass ein Netzwerk „neither possesses hierarchical levels nor is controlled from headquarters“.[19] Sosehr diese Einsicht für die Untersuchung der Späthanse fruchtbar sein mag, wird sie die Silbertransfers des 9. bis 12. Jahrhunderts kaum erhellen können – besonders wenn wir bedenken, dass die Macht- und Herrschaftsverhältnisse die Zirkulation von Edelmetallen essenziell stimulierten.

12 Peter Hesse, Netzwerke in den Reichsbeziehungen der Stadt Köln im späten Mittelalter, in: Kommunikation und Konfliktaustragung. Verfassungskultur als Faktor politischer und gesellschaftlicher Machtverhältnisse, hg. von Werner Daum u. a., Berlin 2010, S. 251-264.

13 Augsburger Netzwerke zwischen Mittelalter und Neuzeit. Wirtschaft, Kultur und Pilgerfahrten, hg. von Klaus Herbers / Peter Rückert, Tübingen 2009.

14 Jörg Oberste, Macht und Memoria. Religiöses Leben und soziale Netzwerke des Regensburger Patriziates im späten Mittelalter, in: Regensburg im Spätmittelalter, hg. von Peter Schmid, Regensburg 2007, S. 25-48; Sandra Lehner, Das Patriziat im Wandel. Identitätsbildung, Abgrenzung und Netzwerke im frühen 14. Jahrhundert am Beispiel der Regensburger Familien Auer und Gumprecht, Regensburg 2009.

15 Netzwerke im europäischen Handel des Mittelalters, hg. von Gerhard Fouquet / Hans-Jörgmin Gilomen, Ostfildern 2010; Commercial Networks and European Cities 1400-1800, hg. von Andrea Caracausi / Christof Jeggle, London 2014.

16 Nikolaj A. Makarov, Traders in the Forest. The Northern Periphery of Rus' in the Medieval Trade Network, in: Pre-modern Russia and its World: Essays in Honor of Thomas S. Noonan, hg. von Kathryn Louise Reyerson, Wiesbaden 2006, S. 115-134; Søren M. Sindbæk, Close Ties and Long-range Relations. The Emporia Network in Early Viking-Age Exchange, in: The Viking Age. Ireland and the West. Proceedings of the XVth Viking Congress, Cork, 18.-27. August 2005, hg. von John Sheehan / Donnchádh Ó Corráin, Dublin 2010, S. 430-440; Raumbildung durch Netzwerke? Der Ostseeraum zwischen Wikingerzeit und Spätmittelalter aus archäologischer und geschichtswissenschaftlicher Perspektive, hg. von Sunhild Kleingärtner / Gabriel Zeilinger, Bonn 2012.

17 Anke Greve, Brügger Hoteliers und hansische Kaufleute: Ein Netzwerk vorteilhafter Handelsbeziehungen oder programmierte Interessenkonflikte?, in: Hansekaufleute in Brügge, hg. von Werner Paravicini u. a., Bd. 4, Frankfurt am Main u. a. 2000, S. 151-161; Mike Burkhardt, Der hansische Bergenhandel im Spätmittelalter. Handel – Kaufleute – Netzwerke, Köln u. a. 2009; Rolf Hammel-Kiesow, „Herren der Hanse“, ökonomische Netzwerke und Proto-Globalisierung. Das Bild von der Hanse im frühen 21. Jahrhundert, in: Dortmund und die Hanse. Fernhandel und Kulturtransfer, hg. von Thomas Schilp / Barbara Welzel, Bielefeld 2012, S. 17-32; Anna Paulina Orlowska, Handel in einem Kaufmannsnetz. Der Danziger Johann Pyre, in: Vertraute Ferne. Kommunikation und Mobilität im Hanseraum, hg. von Joachim Mähnert / Stephan Selzer, Husum 2012, S. 32-39; Steffen Stuth, Rostock. Eine Stadt im Netzwerk der Hanse, in: Mittelalterliche astronomische Großuhren, hg. von Manfred Schukowski u. a., Leipzig 2014, S. 27-38.

18 Carsten Jahnke, Handelsnetze im Ostseeraum, https://suche.gmx.net/web?origin=serp_sf_atf&q=carsten+jahnke%2C+handelsnetze+im+ostseeraum%2C+in%3A, S. 189-212, hier S. 189 f. (Zugriff am 2.11.2016).

19 Ulf Christian Ewert / Stephan Selzer, Commercial Super Trust or Virtual Organisation? An Institutional Economics Interpretation of the Late Medieval Hanse. Working Paper prepared for the Eighth European Historical Economics Society Conference, to be held at the Graduate Institute Geneva, Switzerland, 4.-5. September 2009, http://graduateinstitute.ch/files/live/sites/iheid/files/sites/international_history_politics/users/stefano_ugolini/public/papers/Ewert.pdf, S. 1-26, hier S. 3 (Zugriff am 2.11.2016).

Schlussendlich hat die Archäologie begonnen, den Begriff „Netzwerk“ auf ihre Forschungsfelder zu beziehen, die sowohl regional-lokal[20] als auch überregional ausgerichtet sind.[21] Søren M. Sindbæk will sogar – der Bruno Latours Akteur-Netzwerk-Theorie folgend – ein ganzes Spektrum aus „pots, people, kingdoms, ships or seascapes“ in seine Überlegungen zur Genese der Handelsemporien in der Wikingerzeit eingebettet wissen.[22] Interessanterweise finden die Edelmetalle in seiner Studie kaum Beachtung.

Das zeigt noch einmal die Notwendigkeit, eine analytische Kategorie zu konstruieren, die sich methodisch ganz gezielt auf die Silberverteilungsnetzwerke in ihren jeweiligen historischen Realitäten bezieht. Demnach sind die Beziehungsgeflechte in Raum und Zeit zu kontextualisieren. In der vorliegenden Monografie werden Netzwerke pragmatisch definiert: als Gruppen von Akteuren, die Systeme bzw. (Infra)Strukturen schufen, die dem Transfer und Umlauf von Silber dienten. Dabei wiesen sie eine Vielfalt von Formen auf, die gleichfalls die Versorgung mit den benötigten Tauschgütern umfassten.

---

20 Vgl. Sarah Nelly Friedland, Network Analysis in Slavic Archaeology: An Example from the Plön Area in Wagria (Schleswig-Holstein), in: Landscapes and Societies in Medieval Europe East of the Elbe, hg. von Sunhild Kleingärtner u. a., Toronto 2013, S. 139-170.

21 Vgl. Sindbæk, Networks (wie Anm. 23, Kap. 2).

22 Ebd., S. 120.

# 1. Chronologie und Geografie der Netzwerke im westlichen Eurasien

Im 8.-9. Jahrhundert existierten im westlichen Eurasien drei große Imperien, die zugleich die zivilisatorischen Kernräume darstellten, die über ihre eigenen Handels- und Austauschzonen verfügten: das Kalifat, das Oströmische Reich und das Frankenreich. Der Handel zwischen diesen Weltreichen und den Gesellschaften Ost-, Mittel- und Nordeuropas bestand grundsätzlich in den Ausfuhren von Luxusgütern und Edelmetallen und den Einfuhren von Rohstoffen (Pelzen, Wachs, Honig, Holz) und Sklaven. Doch wenn man der Anzahl und Häufigkeit der Münzfunde im östlichen Europa nach urteilen will, sticht die islamische Welt deutlich hervor: Nahezu die gesamte im „Barbaricum" gefundene und dem 9. Jahrhundert zugeordnete Silbermasse setzt sich aus arabischen Dirhems zusammen.

Zuerst ist also die Frage zu beantworten, wann und warum die Münzströme ihren Anfang genommen haben. Warum kamen die Handelsimpulse ursprünglich aus dem Kalifat? Es ist allgemein bekannt, dass die islamische Welt seit dem 7.-8. Jahrhundert, insbesondere aber nach der Machtübernahme durch die Abbasiden, eine starke wirtschaftliche Dynamik entwickelte, der die sog. islamische Agrarrevolution zugrunde lag, die wiederum Urbanisierungsprozesse in Gang setzte und eine Weiterentwicklung der bereits bestehenden Städte sowie Erweiterung der gewerblichen Produktion ermöglichte. Hinzu kam die Erschließung oder Beherrschung der Silberminen im Mittleren Osten durch die Abbasiden. Die Gesamteinnahmen des Kalifats in Dirhems bezeugen nachdrücklich das Ausmaß der Silberproduktion: In den Jahren 788 und 795 beliefen sie sich auf jeweils 479,5 Mio. bzw. 467,2 Mio. Münzen, im Jahr 800 betrugen sie 520,3 Mio., um im Jahre 814 immerhin noch 417,0 Mio. zu erreichen.[23] All diese Faktoren trugen erheblich zur Wiederbelebung und Ausweitung des westasiatischen Fern-, Regional- und Lokalhandels bei. Dabei unterhielten die islamischen Nahostgebiete Kontakte nicht nur mit den anderen Zivilisationszentren der Alten Welt, Indien, China und Byzanz, sondern knüpften auch Verbindungen mit Regionen, die ihnen ökonomisch, sozial und politisch unterlegen waren und deshalb als Peripherie bezeichnet werden können. Zur Peripherie gehörten Subsahara-Afrika, woher Sklaven, Gold, Holz und Elfenbein bezogen wurden, diejenigen Territorien in Zentralasien, die nomadische Turkvölker bewohnten und unter anderem Sklaven lieferten, sowie Südwesteuropa, das Menschen, Holz und Waffen ausführte.[24] Eine ähnliche Rolle im islamischen Handelssystem sollten die Gesellschaften des östlichen Europa einnehmen.

Mit der abbasidischen Machtübernahme und der Gründung der neuen Metropole Bagdad um 760 kam es außerdem zu einer machtpolitischen und ökonomischen Verlagerung aus dem östlichen Mittelmeerraum in den südlichen Irak und in den iranischen Osten, die wiederum mit einer beispiellosen Blüte dieser Regionen einherging und zugleich die Nachfrage nach verschiedensten Gütern stimulierte. Hier spielten nicht zuletzt kulturelle Verschiebungen eine Rolle: Die Abbasiden zum Beispiel lernten Pelze schätzen, wohingegen die Ommayaden sie verachteten.[25] Die steigende Nachfrage nach Fellen und Sklaven im vorderasiatischen Raum beschleunigte die kommerzielle Expansion des Islam in den Nordkaukasus und von dort aus unter Einbeziehung des

23 Peter Feldbauer, Die islamische Welt 600-1250. Ein Frühfall von Unterentwicklung? Wien 1995, S. 299.

24 Maurice Lombard, Blütezeit des Islam. Eine Wirtschafts- und Kulturgeschichte 8.-11. Jahrhundert, Frankfurt am Main 1992, S. 218-234.

25 Kovalev / Kaelin, Circulation (wie Anm. 24, Kap. 2), S. 569.

chasarischen Khaganats, das die Steppen zwischen Volga, Don und teilweise Dnepr kontrollierte, nach Osteuropa. Solange aber der chasarisch-arabische Konflikt im Kaukasus die Handelsrouten unsicher machte, konnte der interregionale Austausch nicht in Schwung kommen. Erst im späten 8. Jahrhundert, nachdem die Kriege zwischen Arabern und Chasaren beigelegt worden waren, intensivierten sich die Handelskontakte und setzte der erste Dirhemzustrom ein.[26]

In der Folge bildeten sich nördlich des Kalifats zu jener Zeit verschiedene Netzwerke der Silber- und Warenverteilung – also über kommerzielle und fiskalisch-politische Interaktionen miteinander besonders stark verknüpfte Gruppen von Akteuren – heraus (Karte 1).

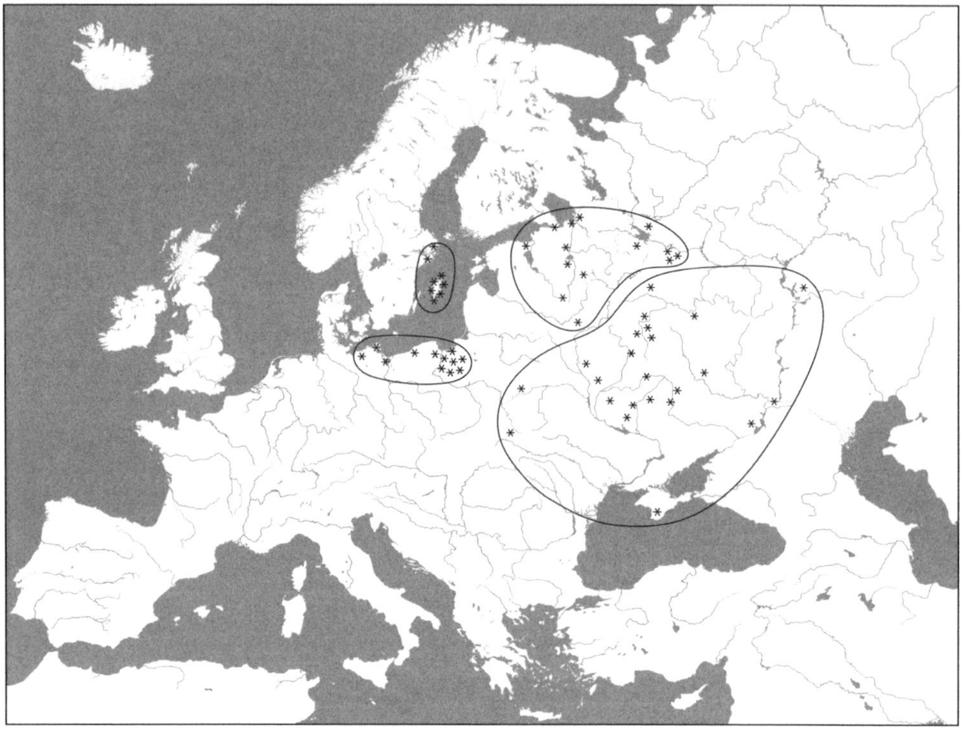

Karte 1: Dirhemverteilungsnetzwerke in der ersten Hälfte des 9. Jahrhunderts
Sternchen: Schatzfunde von 786/787 bis 839/840

## 1.1. Chasaren und Wikinger als Hauptakteure im 9. Jahrhundert

### 1.1.1. Der Karawanen- und Tributhandel der Chasaren

Mit dem Aufstieg des Abassiden-Kalifats haben sich die politischen, ökonomischen und kulturellen Koordinaten im nordwestlichen Abschnitt der Seidenstraße deutlich geändert. Die neuen Konstellationen regten die Chasaren zur Expansion in die osteuropäische Waldsteppen- und Waldzone an. Um das Jahr 800 umfasste ihr Reich den Nordkaukasus, Teile der Krim so-

26 NOONAN, Why Dirhams First (wie Anm. 24, Kap. 2).

wie im asovschen und kaspischen Raum Zentren wie Samkerc (Tmutorakan), Samandar und die Hauptstadt Itil im Volgadelta, identifiziert in der Ortschaft Samosdelka. Im Laufe des 9. Jahrhunderts dehnte sich das Khaganat auf die Mittel- bzw. Oberläufe von Volga, Don und Donec aus. Zu einer Verschiebung des Interessenschwerpunktes von Kaukasien in die ukrainisch-russische Steppe, von der die nördlich lebenden Bevölkerungsgruppen leichter besteuert und für einen regelmäßigen Handel erschlossen werden konnten, veranlasste die Chasaren nicht zuletzt die im Kalifat seit dem späten 8. Jahrhundert zunehmende Nachfrage nach Waldprodukten.[27]

Die Geografie der frühen Dirhemhorte entlang der Flüsse Don, Oskol und Donec stimmt mit der Lokalisierung der sog. weißen, aus Kalkstein und Lehmziegeln gebauten Festungen, Siedlungen und Kamelknochenfunde bzw. Kamelzeichnungen überein (Karte 2).

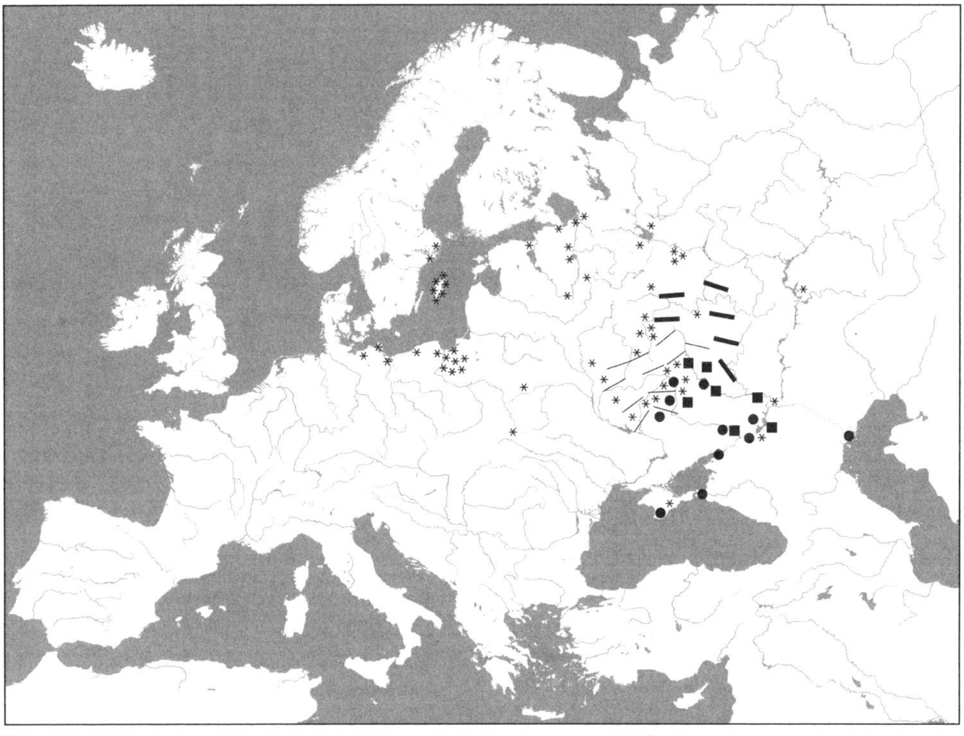

Karte 2: Infrastruktur der chasarischen Netzwerke in der ersten Hälfte des 9. Jahrhunderts
Punkte – Forts und Siedlungen der Kultur von Saltov-Majaki (chasarisches Khaganat); dünne Striche – slawische Siedlungen der Kultur von Romny-Borševo; dicke Striche – finno-ugrische Siedlungen; Quadrate – Funde von Kamelknochen bzw. Zeichnungen von Kamelen; Sternchen: Schatz- und Einzelfunde von Dirhems

In ihrem Einzugsgebiet schufen die Chasaren bereits im 8.-9. Jahrhundert ein komplexes System von Forts und regionalen Machtzentren, die die Handelsrouten schützten, als Stationen für Karawanen dienten und schließlich geeignete Stützpunkte zur Verteilung der bei den slawischen und finno-ugrischen Bevölkerungsgruppen der Waldsteppen- und Waldzone eingetriebenen Tribute boten.

27 Zum Gesamtbild grundsätzlich Boris Zhivkov, Khazaria in the Ninth and Tenth Centuries, Leiden 2015; T. M. Kalinina u. a., Chasaria v kroskul'turnom prostranstve [Chasarien im transkulturellen Raum], Moskva 2014.

Grundsätzlich sind zwei Hauptsiedlungsräume zu unterscheiden, die sich archäologisch mit der Kultur von Saltov-Majaki decken: Der eine entstand im Kernbereich Chasariens am unteren Don; der zweite Cluster hingegen entwickelte sich an der nördlichen Peripherie des Khaganats im mittleren Donbecken, am oberen Donec und an seinem linken Nebenfluss, dem Oskol.

Den absoluten Knotenpunkt stellten zwei Festungen am unteren Don dar. Innerhalb des Kastells von Čimliansk am rechten Flussufer wurden Knochen von Kamelen und Maultieren gefunden. Zudem entdeckten die Archäologen dort einen Schatz mit 48 sassanidischen Drachmen und arabischen Dirhems, der womöglich kurz nach 800 unter die Erde kam. Die Steinfestung Sarkel (*weißer Turm*) auf der gegenüberliegenden Donseite wiederum errichteten die Chasaren mithilfe byzantinischer Ingenieure um 839/840 – vielleicht nachdem das Čimliansker Fort von den Magyaren angegriffen worden war. Bereits in den frühesten Schichten der Burganlage erscheinen Kamelknochen sowie die auf einem Knochengegenstand eingravierte Graffitizeichnung eines Maultieres. Interessanterweise entstanden in Sarkel zu jener Zeit zwei Karawansereien, die zu den ältesten außerhalb der islamischen Welt gehören. Die Tatsache, dass sie fast ein Viertel der Gesamtfläche von etwa 2,5 Hektar bildeten, weist ausdrücklich auf die Bedeutung dieses Handelszentrums im Karawanenverkehr zwischen verschiedenen Teilen des westlichen Eurasiens hin. Sodann wurden Kamelknochen in der Siedlung Karnauchovo, nördlich von Sarkel, freigelegt.[28]

Ein weiteres chasarisches Fort existierte im Dondelta in der Ortschaft Semikarakory. Roman K. Kovalev zufolge konnte es als kommerzieller Dreh- und Angelpunkt entlang der Don-Krim-Route fungiert haben.[29] Aus Krivianskaja, ca. 70 km südlich von Semikarakory, stammt ein Hort von 83 Dirhems, deren jüngstes Exemplar in das Jahr 805/806 datiert. Und schließlich werden in den von den Chasaren kontrollierten Teilen der Krim Münzfunde gemeldet (z. B. Bakla 813/814).[30]

Knapp 600 km nördlich von Sarkel entstand ein zweiter Verdichtungsraum aus Forts und Siedlungen, die archäologisch der Kultur von Saltov-Majaki zugeordnet werden können.[31] Die meisten der 24 bislang bekannten Steinfestungen entlang des mittleren Don, der Tichaja Sosna, des mittleren und oberen Oskol sowie des Donec wurden zwischen der zweiten Hälfte des 8. und dem 9. Jahrhundert erbaut. Verschiedene Bevölkerungsgruppen, überwiegend aber iranische Alanen und Alttürkisch sprechende Protobulgaren, lebten dort und kontrollierten die Region. Das relativ dichte und gut strukturierte System von Burgwällen bot nicht nur den Bewohnern der umliegenden Siedlungen Schutz, sondern stellte zugleich ein kommerzielles Netzwerk von befestigten Handelsstationen dar, die den Karawanenverkehr erleichterten. Die auf einem Knochengegenstand eingravierte Zeichnung aus einer Grabanlage auf dem Friedhof

28 Svetlana A. Pletnjova, Sarkel i „šelkovyi put'" [Sarkel und die Seidenstraße], Voronež 1996, u. a. S. 55, 129 f.; Roman K. Kovalev, Commerce and Caravan Routes Along the Northern Silk Road (Sixth-Ninth Centuries) – Part I: The Western Sector, in: Archivum Eurasiae Medii Aevi 14 (2005), S. 55-105, hier S. 81-85. Grundsätzlich zur Kultur von Saltov-Majaki Svetlana A. Pletnjova, Ot kočevij k gorodam. Saltovo-Majackaja kul'tura [Von Nomaden zu Städten. Die Kultur von Saltov-Majaki], Moskva 1967.

29 Kovalev, Commerce (wie Anm. 28), S. 82, Fußnote 121.

30 Adamczyk, Silber und Macht (wie Anm. 16, Kap. 1), S. 65 f., Tab. 36, Nr. 4 und 30.

31 Svetlana A. Pletnjova, Na slavjano-chazarskom pograniče. Dmitrievskij archeologičeskij kompleks [Im chasarisch-slawischen Grenzland. Der archäologische Komplex von Dmitrievskoe], Moskva 1989; Majackoe gorodišče [Das Fort von Majackoe], hg. von Svetlana A. Pletnjova, Moskva 1984; V. K. Micheev, Podonie v sostave Chazarskogo Kaganata [Das Dongebiet im chasarischen Khaganat], Charkov 1985; Thomas S. Noonan, The Khazar Economy, in: Archivum Eurasiae Medii Aevi 9 (1995-1997), S. 253-318; Kovalev, Commerce (wie Anm. 28), S. 86-92.

von Podgorovsk im mittleren Oskolgebiet, der ins 8.-9. Jahrhundert datiert wird, zeigt ein zweihöckriges Kamel, das den Karren zieht und von einem Mann geführt wird. Ein ähnliches Graffito fanden die Archäologen in der Steinfestung von Majackoe am mittleren Don. An diesem Ort wurden zudem Knochen von Maultieren ausgegraben. Dass die Kaufmannskarawanen die Donroute benutzten, illustrieren ebenfalls Kamelknochen aus den befestigten slawischen Siedlungen Titčicha und Bol'šoe Borševo – einige Kilometer nördlich von Majackoe –, die beide im 8.-10. Jahrhundert bestanden. Unweit von Bol'šoe Borševo, in der Ortschaft Devica, wurde ein Schatz von 323 Münzen entdeckt. Etwa 27 Prozent seines Inhalts bildeten Dirhemimitationen, die den Chasaren zugeschrieben und in die Zeit um 837/838 eingeordnet werden konnten.[32]

Ein weiteres frühes Silberdepot lokalisierte man am oberen Oskol, nordöstlich des Forts von Dmitrievskoe.[33] Die in dem Hort von Zavališino befindlichen Dirhems (tpq. 809/810) indizieren ebenso wie etliche Artefakte aus den Katakomben bei Dmitrievskoe, zum Beispiel silbernes Zaumzeug oder ein in China im 8.-9. Jahrhundert hergestellter Bronzespiegel, einen Wohlstand, der nur entlang der Karawanenroute zustandegekommen sein kann. Schlussendlich seien Münzfunde aus den Begräbnisstätten von Verchnyj Saltov und Netailovo am oberen Donec erwähnt. In den etwa 1.000 bislang untersuchten Gräbern von Verchnyj Saltov aus dem 8.-9. Jahrhundert wurden – neben mehreren Seidenfragmenten, Glas-, Karneol-, Bergkristall- und Bernsteinperlen oder Schmuckstücken aus Bronze bzw. Silber – mindestens 150 arabische Prägungen freigelegt. Aus Netailovo wiederum stammen 21 Exemplare, darunter Dirhems und byzantische Goldsolidi datiert in die Zeit von ca. 700 bis 815, sowie Seidentuche und Pelze. Die beiden letzteren dienten dort zum Einwickeln der Leichen.[34] In der Region um Charkov wurde zudem ein Schatz von 72 Dirhems registriert (Lipcy 810/811).[35] Roman K. Kovalev zufolge sei es durchaus möglich, dass „[...] this burial complex along the upper Northern Donets belonged to people who were situated on a major caravan route and were responsible for the collection of tolls in the form of silks and coins from the passing traffic".[36] Dabei fiel das gesamte Siedlungsareal von Verchnyj Saltov mit ca. 120 Hektar imposant aus.[37]

Wenn wir berücksichtigen, dass die Chasaren seit den 820er Jahren, aber besonders intensiv um 837/838 Dirhems nachprägten, dann liegt die Bedeutung der Silbermünzen für die politische Ökonomie des Khaganats auf der Hand.[38] Gert Rispling schätzt anhand des bislang zugänglichen Materials, dass womöglich etwa fünf Prozent aller im 9. Jahrhundert emittierten Dirhems

32 Ebd., S. 88, 91; Majackoe gorodišče (wie Anm. 31), S. 79 f.; Adamczyk, Silber und Macht (wie Anm. 16, Kap. 1), S. 66, Tab. 36, Nr. 29.

33 Ebd., Tab. 36, Nr. 7.

34 Kovalev, Commerce (wie Anm. 28), S. 90; Pletnjova, Na slavjano-chazarskom (wie Anm. 31), S. 79, 81, 84, 88, 91, 113; V. S. Aksjonov, Bogatoe katakombnoe zachoronenie s Verchne-Saltovskovo IV mogil'nika [Eine reiche Grabanlage aus Verchnyj Saltov (Begräbnisstätte 4)], in: Drevnosti, 2014-2015, S. 288-305, hier S. 294 f.; A. A. Laptev, Monety v saltovskich pamiatnikach verchnego Podoncov'ia (Verchne-Saltovskij IV-ij katakombnyj i Netailovskij gruntovoj mogil'niki) [Münzen aus den Grabanlagen des oberen Dongebietes], in: Meždunarodnaja naučnaja konferencija „RASMIR". Vostočnaja numismatika, Kiev 2013, S. 114-120.

35 Zeno.ru. Oriental Coins Database, https://zeno.ru/showgallery.php?cat=8706 (Zugriff am 3.06.2019).

36 Kovalev, Commerce (wie Anm. 28), S. 90.

37 Jarosław Dudek, Chazarowie. Polityka – kultura – religia. VII – XI wiek [Die Chasaren. Politik – Kultur – Religion. 7.-11. Jahrhundert], Warszawa 2016, S. 152.

38 Kovalev, What does historical (wie Anm. 24, Kap. 2); Ders., Creating Khazar (wie Anm. 24, Kap. 2).

Imitationen darstellten, deren Ausprägung vermutlich im Khaganat stattfand.[39] Umstritten bleibt, ob sie vorwiegend fiskalisch-ideologisch-symbolischen Zwecken dienten oder auch wichtige kommerzielle Funktionen erfüllten. Für die erste Option sprechen die Inschriften *Land der Chasaren* und *Moses ist der Botschafter Gottes* sowie die Tamga-Symbole.[40] Zugleich machte die arabische Schrift die Nachprägungen von den Originalen für die „Barbaren" ununterscheidbar, sodass sie bis nach Nordrussland und an die Ostsee ausgeführt werden konnten.

Nur am Rande ergibt sich, dass die Ethnien der Saltov-Majaki-Kultur das Silber nicht allein zur Emission eigener Münzen und zur Entlohnung der Krieger bzw. Söldner verwendeten.[41] Sie fertigten aus dem Edelmetall ebenfalls Schmuck an – darauf verweisen unter anderem Ohrringe, Zaumzeug, Gürtel und Säbelortbänder.[42]

Die Steinfestungen in der Waldsteppenzone fungierten keineswegs einzig als Handels- und Mautstationen, sondern auch (wenn nicht sogar vorwiegend) als Stützpunkte, von denen aus die Chasaren den benachbarten Stämmen Tribute auferlegen konnten. Die Entfernung zwischen Verchnyj Saltov, Dmitrievskoe und Majackoe einerseits und den slawischen bzw. finnougrischen Siedlungsclustern entlang der linken Nebenflüsse des Dnepr, Vorskla, Psjol, Sula und Desna, darüber hinaus entlang des Sejm sowie der mittleren und oberen Oka andererseits betrug durchschnittlich 150 bis 400 km – also weniger als die Entfernung zwischen den ersteren und den Forts von Sarkel und Čimliansk (hier 550-600 km). Thomas S. Noonan brachte die historischen Konstellationen auf den Punkt: „Similarly, the right to collect the Khazar tribute from the peoples of the forest-steppe and forest zones probably brought with it the chance to trade with these people for their best furs, furs which normally were not part of the tribute."[43]

Wir dürfen davon ausgehen, dass es in erster Linie die jüdischen, als Radhaniten bekannten Kaufleute waren, die diesen Handel trieben und gleichzeitig mithalfen, den Chasaren-Tribut einzusammeln. Zumindest Teile der Elite des Khaganats konvertierten zwischen ca. 800 und 838 zum mosaischen Glauben, was nicht zuletzt mit kommerziellen Interessen zusammenhing und chronologisch mit dem frühen Silberzustrom harmonierte.[44] Besonders jene chasarischen Nachprägungen arabischer Dirhems, die die Inschrift *Moses ist der Botschafter Gottes* trugen, spiegelten diese ideologische und politische Umwandlung wider.[45] Freilich lässt sich eine Mitwirkung der in Sarkel und Itil niedergelassenen armenischen, arabischen und persischen oder der einheimischen turksprachigen bzw. alanischen Fernhändler nicht ausschließen.

---

39 Gert Rispling, Osteuropäische Nachahmungen islamischer Münzen, in: Sylloge der Münzen des Kaukasus und Osteuropas im Orientalischen Münzkabinett Jena 1, hg. von Stefan Heidemann / Norbert Nebes, Wiesbaden 2005, S. 172-225, besonders S. 176-179; Ingmar Jansson, Wikingerzeitlicher orientalischer Import in Skandinavien, in: Oldenburg – Wolin – Staraja Ladoga – Novgorod – Kiev. Handel und Handelsverbindungen im südlichen und östlichen Ostseeraum während des frühen Mittelalters, Mainz 1988, S. 564-647, hier S. 571.

40 Rispling, Osteuropäische (wie Anm. 39), S. 176-179; Kovalev, What does historical (wie Anm. 24, Kap. 2), S. 112-115.

41 Dieter Ludwig, Struktur und Gesellschaft des Chazaren-Reiches im Licht der schriftlichen Quellen, Münster 1982, S. 290 f.

42 Pletnjova, Na slavjano-chazarskom (wie Anm. 31), u. a. S. 79, 81; grundsätzlich Csanád Bálint, Die Archäologie der Steppe. Steppenvölker zwischen Volga und Donau vom 6. bis zum 10. Jahrhundert, Wien-Köln 1989, S. 44-71, 117 f.

43 Noonan, Why Dirhams First (wie Anm. 24, Kap. 2), S. 280.

44 Kovalev, Creating Khazar (wie Anm. 24, Kap. 2).

45 Rispling, Osteuropäische Nachahmungen (wie Anm. 39), S. 176-179; Kovalev, What does historical (wie Anm. 24, Kap. 2), S. 112-115.

Zwischen den chasarischen Trägern der Kultur von Saltov-Majaki und den Ostslawen, die mit den archäologischen Gruppen von Romny-Borševo identifiziert werden, bestanden enge politische und ökonomische Beziehungen. Im Süden erreichten die Slawen den Oberlauf des Donec sowie den Mittellauf des Don (ungefähr bis zur Mündung des Voronež-Flusses), wobei einzelne Dörfer sogar am Unterlauf des Don entstanden. Sicherlich erleichterten diese Kolonisten Interaktionen mit denjenigen slawischen Clans und Stämmen, die nördlich des eigentlichen Khaganats lebten.

So konnten sie als wege- und sprachkundige Führer die von Verchnyj Saltov ausgehenden Karawanen zu den Siedlungsclustern entlang der Flüsse Vorskla, Psjol und Sula begleiten. In der eine Fläche von etwa 140 mal 60 Metern umfassenden Burgsiedlung Novotroickoe am mittleren Psjol wurde – neben einem kleinen Dirhemdepot, das aus zehn Exemplaren bestand (tpq. 818/819) – zum überwiegenden Teil fragmentierter Schmuck vom Typ der Saltov-Majaki-Kultur gefunden. Gussformen und Tiegel zur Verarbeitung von Metallen in zwei Werkstätten weisen darauf hin, dass die dortige Bevölkerung Münzen wie andere importierte Silberartefakte einschmolz und aus dem Rohstoff dann Fingerringe und Armreife anfertigte. Mehrere Haushalte verfügten über Silberschmuck. Gelochte oder mit Ösen versehene Prägungen konnten wiederum als Anhänger an Halsketten getragen werden. Aus der Umgebung der Siedlungskammer bei Sumy, ebenfalls im Flussgebiet des Psjol, stammt zudem der Schatzfund von Nižnaja Syrovatka (tpq. 812/813), der 206 Dirhems enthielt. Schließlich wurde am Psjol der „Gorochov-Hort" mit gut 2.000 arabischen Münzen (davon 234 publiziert) verborgen; er datiert in die Zeit um 811/812. Die Chronologie beider Depots entspricht in etwa dem Niedergang der slawischen Kultur von Volyncevo, die durch jene von Romny-Borševo abgelöst wurde. Der Volyncevo-Gruppe wird unter anderem der Burgwall von Bitica in der Sumy-Region mit nomadischen Elementen in Gestalt von Waffen und jurtenähnlichen Häusern zugeordnet. Sie indizieren, dass die Chasaren (oder in ihrem Namen die Protobulgaren), die eine halbnomadische Lebensweise führten, im frühen 9. Jahrhundert den Ort als Stützpunkt zur Eintreibung von Abgaben nutzten. Der Zerfall der Volyncevo-Kultur würde demnach mit Machtverschiebungen zusammenhängen, die auf die Neustrukturierung der Chasaren-Tribute infolge des einsetzenden Dirhemzustroms zurückgingen. Des Weiteren beinhaltete der in Ivachniki im Sulagebiet entdeckte Silberschatz, der womöglich um 830-840 unter die Erde kam, verschiedene Schmuckformen und -stile, die sich vier archäologischen Kreisen zurechnen lassen: den oben erwähnten slawischen von Volyncevo und Romny-Borševo bzw. dem chasarisch-alanisch-protobulgarisch geprägten von Saltov-Majaki sowie der sog. Nord-Östlichen Gruppe (deren Spuren wir in Verchnyj Saltov anhand der Artefakte aus einem Grab registrieren), identifiziert mit finnougrischen Stämmen und den Krivičen.[46] Der multikulturelle Charakter des Fundes deutet somit auf einen internen Silberumlauf unter den einzelnen Sippen der Waldsteppen- und Waldzone hin.

46 Ivan I. Ljapuškin, Slavjane Vostočnoj Evropy nakanune drevnerusskogo gosudarstva (VIII - 1ja pol. IX v.) [Die Slawen Osteuropas vor der Entstehung des altrussischen Staates. 8. - erste Hälfte des 9. Jahrhunderts], Leningrad 1968, S. 146 f. und 153; N. E. Persov, Otnositel'naja chronologija žilišč gorodišča Novotroickogo [Die ungefähre Chronologie der Haushalte der Burgsiedlung von Novotroickoe], in: Vestnik Moskovskogo Gosudarstennogo Universiteta 4 (1991), S. 77-87; Carsten Goehrke, Russischer Alltag. Eine Geschichte in neun Zeitbildern, Bd. 1: Vormoderne, Zürich 2003, S. 45, 49; Igor' G. Dobrovol'skij, Kufičeskije monety klada F. V. Gorochova [Kufische Münzen des Gorochov-Schatzfundes], in: Trudy Gosudarstvennogo Ėrmitaža [Arbeiten der Staatlichen Eremitage] 94 (2018), S. 238-245; Aleksej Komar, Ivachnikovskij klad (Vremja sokrytja i kul'turnyje svjazi kompleksa) [Der Schatz von Ivachniki. Zeit der Deponierung und kulturelle Verbindungen des Fundes], in: Stratum Plus. Archaeology and Cultural Anthropology 18 (2017), 5, S. 113-131; V. S. Aksjonov / A. A. Laptev, K voprosu o slavjano-saltovskich kontaktach (na primere katakomby

Der ältesten ostslawischen Chronik – der „Povest' vremennych let" – zufolge bewohnten die Region entlang der Flüsse Psjol und Sula Severjanen, die Tribute an die Chasaren entrichteten: zum Jahr 859 aller Wahrscheinlichkeit nach *po bele* i *veverica ot dyma* (vom Rauchfang).[47] *Veverica* kann man als Eichhörnchen[48] übersetzen. Doch der Begriff sollte nicht allzu wörtlich ausgelegt werden. Denn die zahlreichen Überreste von Mardern, Bibern und Rotfüchsen in den Siedlungen der Waldsteppenzone[49] zeigen deutlich, dass viele Stämme ihre Tribute an die Chasaren auch in dieser Form geleistet haben werden. *Veverica* stellte ferner in der kurzen Version der „Russkaja Pravda" die kleinste Geldeinheit dar.[50] In diesem Sinn würde dieser Begriff ein beliebiges Fell im für jede Feuerstelle umgerechneten Wert eines Eichhörnchens bezeichnen.

Der Begriff *bela* ruft hingegen mehr Kontroversen hervor. Die Übertragung im Sinne von *belka*, also russisch Eichhörnchen, kann man ausschließen, weil diese Bedeutung im altrussischen Geldsystem des 10.-12. Jahrhunderts die Termini *veverica* und *vekša*[51] besetzen. Dem Wortursprung – weiße, weiß – nach konnte *bela* das Winterfell eines Hermelins (im Norden Osteuropas auch eines Wiesels) oder eine Silbermünze widerspiegeln. Da es unwahrscheinlich erscheint, dass so weit im Süden lebende Bevölkerungsgruppen einen regelmäßigen Tribut in Form von Hermelinfellen entrichteten, dürfte es sich eher um eine Silbermünze gehandelt haben.[52] Einigen Interpretationen zufolge meinte die hebräische Bezeichnung für „weiß", *she-*

---

No. 93 mogil'nika y s. Verchnyj Saltov) [Zur Frage der Kontakte zwischen den Slawen und der Saltov-Kultur anhand der Grabanlage Nr. 93 aus der Begräbnisstätte von Verchnyj Saltov], in: Drevnosti, 2009, S. 242-258.

47 Povest' vremennych let [Erzählung der vergangenen Jahre], 2 Bde., hg. von Dmitrij S. Lichačev u. a., Moskva-Leningrad 1950, Bd. 1, S. 18; Bd. 2, S. 233 f.; Povest' vremennych let, übersetzt und kommentiert von Dems., hg. von Michail B. Sverdlov, Sankt Petersburg 1996, S. 149, S. 397; Powieść minionych lat [Erzählung der vergangenen Jahre], in: Kroniki staroruskie [Altrussische Chroniken], übersetzt von Edward Goranin u. a., hg. von Franciszek Sielicki, Warszawa 1987, S. 26. In drei von vier Texten der aus dem Nordosten Russlands stammenden Handschriftengruppe (Lavrent'evskij-, Radzivil- und Akademičeskaja-Handschrift) der Nestorchronik steht *pobeleiveverice*, was zwei Lesarten zulässt: sowohl „po belei veverice", wie u. a. in der Polnoe sobranie russkich letopisej (weiter PSRL), Bd. 1, 2. Aus., Moskva 1926, S. 19, als auch „po bele i veverice", wie u. a. in der Laurentius-Ausgabe von Adrianova-Peretc, Lichačev und Romanov, Bd. 2, S. 233 f. Die Troickaja-Chronik schreibt *po bele i po veverice*, was Lichačevs Version unterstützen würde. In der Ipat'evskaja- und Chlebnikovskaja-Chronik, die die zweite Handschriftengruppe bilden und aus dem Südwesten Russlands stammen, steht *po bele. i veverice*, was eigentlich den Sachverhalt entscheidet (s. PSRL, Bd. 2, 2. Aus., Moskva 1908, S. 14). Auch in der deutlich später entstandenen Nikonchronik (die allerdings auf ältere Quellen zurückgreift), PSRL, Bd. 9, St. Petersburg 1862, S. 8, steht unter dem Jahr 859 *po bele i veverice* bzw. *po bele.* Ebenso die Troickij-Handschrift des als „Načalnyj svod" bekannten Textes lässt keine Zweifel zu und schreibt *po belki i veverice* (Novgorodskaja pervaja letopis starševo i mladševo isvodov, Moskva-Leningrad 1950, S. 514; deutsche Übersetzung: Die Nestorchronik, hg. von Ludolf Müller, München 2001).

48 Vgl. Słownik Staropolski [Altpolnisches Wörterbuch], Bd. 10, hg. von Stanisław Urbańczyk, Wrocław u. a. 1990, Heft 3 (63), S. 207.

49 Ljapuškin, Slavjane (wie Anm. 46), S. 140, 153.

50 Rossijskoe zakonodatel'stvo X-XI vekov [Russlands Gesetzbuch des 10.-11. Jahrhunderts], Bd. 1, hg. von Oleg I. Čistjakov / Valentin L. Janin, Moskva 1984, S. 49, 152.

51 Ebd., S. 49, 152 und 428. In den Novgoroder Birkenrindentexten erscheint *veverica* als Geldeinheit bis zum 12. Jahrhundert. Im 13. Jahrhundert kommt sie nicht mehr vor, dafür taucht der Begriff *bela* auf. Vielleicht löste damals *bela* das Wort *veverica* als Eichhörnchen ab. Jacek Adamczyk, Płacidła w Europie Środkowej i Wschodniej w średniowieczu [Das Ersatzgeld in Mittel- und Osteuropa im Mittelalter], Warszawa 2004, S. 170 f.

52 Als „pure white silver coin" im Gewicht von 3,41 g bezeichnet *bela* Omeljan Pritsak (allerdings ohne Belege), The Origins of the Old Rus Weights and Monetary Systems. Two Studies in Western Eurasia Metrology and Numismatics in the Seventh to Eleventh Centuries, Cambridge, Massachusetts 1998, S. 43 f., 48 f., 53. Laut Valentin Janin stellte *bela* im Novgoroder Geldsystem seit ca. 1300 eine Geldeinheit im Wert von 1,90 g Silber dar. Valentin L. Janin, Grundfesten der Wirtschaft. Geld und Geldsysteme im mittelalterlichen

*leg*, zugleich den arabischen Dirhem.[53] „Weiße" Dirhems wurden auch Münzen genannt, die muslimische Kaufleute nach „Russland" mitbrachten.[54] *Bela* hätte folgerichtig die slawische Entsprechung dargestellt, was angesichts der Rolle, die die jüdischen Radhaniten und die Araber im Osteuropa-Handel spielten, nicht überrascht.[55] Nur am Rande sei erwähnt, dass die byzantinische Münze *aspron trachy*[56] aus dem späten 11. Jahrhundert sowie die spätmittelalterlichen Münztypen *albus* (lateinisch)[57] und *Witte* (niederdeutsch)[58] dem Wortursprung nach alle ebenfalls auf „weiß" zurückgehen.[59]

Eine Reihe von slawischen, genauso den Severjanen zuzuordnenden Siedlungen zog sich entlang der Flüsse Sejm und Desna, die von der Steinfestung Dmitrievskoe leicht erreicht werden konnten. In den Regionen um Kursk, Brjansk und Černigov wurden frühe Dirhemhorte lokalisiert, die den Transfer von Silber ausdrücklich bestätigen (entsprechend Kremlevskoe 812/813, Nižnyje Novoselki 811/812 und Paristovka 795/796?).[60] Die Schatzfunde von Jarylovići 820/821 und Litvinovići 823/824 illustrieren wiederum, dass einige Fernhändler zum unteren und mittleren Sož weiterreisten, wo die sog. Radimičen lebten.[61] Wenn wir der oben zitierten altrussischen Chronik in ihrem Eintrag zum Jahr 885 Glauben schenken, zahlten sie den Chasaren als Tribut je einen *ščljag*: eine Silbermünze (oder aber eine Münzeinheit von 20 g Silber).[62]

Die dritte Option, slawische oder finnougrische Bevölkerungsgruppen zu erreichen, bot die Donroute. Von Majackoe begaben sich die Karawanen über Borševo (wo Kamelknochen freigelegt wurden) entweder zu den Siedlungsnestern in den Regionen um Tula und Kaluga oder zu denjenigen um Rjazan' und dann weiter zu dem linken Nebenfluss der Oka, der Moskva. Mehrere Dirhemfunde bestätigen die Nutzung dieser Wege (Lapotkovo und Tula oblast' jeweils 816/817, Chitrovka I 810/811, Koz'elsk 815/816 bzw. Borki I 816/817 und Gluchovo 811/812).[63] Hier ragt besonders der Hort aus der frühmittelalterlichen Siedlung von Koz'elsk heraus, der neben 937 Münzen zwei kleine Fragmente eines Armringes bzw. eines Silberdrahtes enthielt. Unter den im Okabecken ansässigen Stämmen befanden sich die sog. Vjatičen. Sie lebten in

Nowgorod, in: Novgorod. Das mittelalterliche Zentrum und sein Umland im Norden Russlands, hg. von Michael Müller-Wille u. a., Neumünster 2001, S. 143-148, hier S. 147.

53 Anatolij P. Novosel'cev, Chazarskoe gosudarstvo i ego rol' v istorii Vostočnoj Evropy i Kavkaza [Das chasarische Reich und seine Rolle in der Geschichte Osteuropas und des Kaukasus], Moskva 1990, S. 117; Vladimir Ja. Petruchin, Khazaria and Rus': An Examination of their Historical Relations, in: The World of the Khazars. New Perspectives; Selected Papers from the Jerusalem 1999 International Khazar Colloquium, hg. von Peter B. Golden u. a., Leiden-Boston 2007, S. 245-268, hier S. 254.

54 Das berichten Ibn Rustah und al-Gardizi, in: Źródła arabskie do dziejów Słowiańszczyzny [Arabische Quellen zur Geschichte der Slawen], hg. von Tadeusz Lewicki u. a., Bd. 2 (2), Wrocław u. a. 1977, S. 33, 92.

55 Ahmad Nazmi, Commercial Relations between Arabs and Slavs (9th-11th Centuries), Warszawa 1998, S. 121-129, 164-182.

56 Warren Treatgold, A History of Byzantine State and Society, Stanford 1997, S. 966.

57 Herrmann Kellenbenz, Deutsche Wirtschaftsgeschichte, Bd. 1, München 1978, S. 197.

58 Michael North, Geldumlauf und Wirtschaftskonjunkturen im südlichen Ostseeraum 1440-1570, Sigmaringen 1990, S. 30.

59 Adamczyk, Silber und Macht (wie Anm. 16, Kap. 1), S. 69-71.

60 Ebd., Tab. 36, Nr. 11 und 13; Thomas S. Noonan, Ninth Century Dirham Hoards from European Russia. A Preliminary Analysis, in: Viking-Age Coinage in Northern Lands. The Sixth Oxford Symposium on Coinage and Monetary History 1, hg. von Mark A. S. Blackburn / David M. Metcalf, Oxford 1981, S. 47-117, Nr. 3. Die Datierung des Hortes von Paristovka ist jedoch unsicher, weil von 800 Dirhems lediglich sieben Exemplare ermittelt werden konnten.

61 Adamczyk, Silber und Macht (wie Anm. 16, Kap. 1), S. 66, Tab. 36, Nr. 21 und 23.

62 PSRL (wie Anm. 47), Bd. 1, S. 24. Zum Begriff *ščljag* siehe Unterkapitel 1.2.2.

63 Adamczyk, Silber und Macht (wie Anm. 16, Kap. 1), S. 66, Tab. 36, Nr. 8, 10, 17, 18, 18a, 19.

relativ dicht bebauten, 2,5 bis 6 Hektar großen Hufendörfern und entrichteten den Chasaren Tribute: laut der „Povest' vremennych let" zum Jahr 859 in derselben Form wie die Severjanen und zum Jahr 964 – wie die Radimičen – je einen *ščljag*, also Schilling, vom Pflug.[64]

Die Zustände in der Waldsteppenzone sollte man sich jedoch nicht allzu statisch vorstellen. Einige Protobulgarengruppen zum Beispiel verließen das Don-Donec-Gebiet und wanderten in die Kama-Region ein. Dort etablierten sie zwischen ca. 750 und 850 eine Variante der Saltov-Majaki-Kultur und machten die einheimischen Sippen dem Khaganat abgabenpflichtig.[65] Der in der Ortschaft Elmed entdeckte Schatz (tpq. 820/821) weist womöglich Verbindungen zu der Karawanenroute entlang des Don auf: Er enthielt mit rund 39 Prozent einen hohen Anteil an nordafrikanischen Prägungen, die nach Osteuropa über den Nordkaukasus und den asovschen Raum flossen. Zudem indizieren die Einzelfunde früher Dirhems sowie Seidenreste und Glasperlen aus Siedlungen und Gräbern, die in das 8.-9. Jahrhundert datieren, dass verschiedene finnougrische Clans in die chasarischen Netzwerke einbezogen wurden – wenngleich etliche der erwähnten Luxusgüter und Münzen in die Kama-Region ebenfalls direkt aus Zentralasien eingeströmt sein dürften. Die Geografie der Horte von Jagošury (tpq. 842/843) und Lešogurt (841/842) markiert eine Verschiebung um die Mitte des 9. Jahrhunderts weg von der unteren Kama hin zu der weiter im Norden gelegenen und im Hinblick auf Pelztiere noch attraktiveren Perm-Region am mittleren und oberen Lauf desselben Flusses. Das Jagošury-Depot gehört mit 1.500 Münzen zu den größten aus der Zeit bis 850. Den enormen Bedarf an Edelmetallen unter den hiesigen Stämmen spiegeln die massiven Permer/Glazover Ringe im Gewicht von 200 bis sogar 400 g wider.[66]

Zusammenfassend ist festzuhalten, dass jüdische, muslimische und chasarische Karawanen in die Waldsteppen- und Waldzone Dirhems transportierten, die die Fernhändler dann bei den einheimischen slawischen und finnougrischen Bevölkerungsgruppen gegen Felle eintauschten – die Überreste von Bibern, Mardern und Füchsen sind in ihren Siedlungen besonders zahlreich vertreten.[67] Sicherlich erfolgte der Silbertransfer nicht nur vertikal entlang der beschriebenen Handelsrouten von Süd nach Nord (und im Falle der slawischen Chasaren-Tribute von Nord nach Süd), sondern auch horizontal zwischen den einzelnen Sippen und lokalen Eliten quer durch die Gebiete der Kultur von Saltov-Majaki wie jener von Romny-Borševo und darüber hinaus. Als immer mehr arabisches Geld in den Dnepr-Oka-Raum floss und infolgedessen dort regionale Dirhemmärkte (die in der Regel Hauptdörfer bzw. Burgwälle der Siedlungskammern darstellten) entstanden, konnte die Naturalabgabe in einen Münztribut überführt werden. Die Geografie und Chronologie der Schätze deuten darauf hin, dass dieser Prozess bereits zwischen

---

64 Roman K. Kovalev / Thomas S. Noonan, Bol'šoi klad dirchemov načala epochi vikingov naidennyi v 2000 g. v g. Kozel'ske/Kalužskoi obl. [Ein großer Schatzfund der frühen Wikingerzeit entdeckt im Jahr 2000 in Kozel'sk], in: Archeologičeskie vesti 10 (2003), S. 149-163; PSRL (wie Anm. 47), Bd. 1, S. 19 und 65. Zur Siedlungslandschaft der Vjatičen vgl. A. V. Grigor'ev, Na Desne i Sejme, v verchov'jach Dona i Oki [Entlang Desna und Sejm, am oberen Don- und Okalauf], in: Rus' v IX-X vekach. Archeologičeskaja panorama [Die Rus' im 9. und 10. Jahrhundert. Archäologisches Panorama], hg. von Nikolaj A. Makarov, Moskva 2012, S. 366-379; Goehrke, Russischer Alltag (wie Anm. 46), S. 46.

65 Evegenij P. Kazakov, Kul'tura rannej Volžskoj Bolgarii. Etapy etnokul'turnoj istorii [Die Kultur der frühen Volgabulgaren. Phasen der ethnisch-kulturellen Geschichte], Moskva 1992, S. 40 f., 53, 258.

66 Roman K. Kovalev, The Infrastructure of the Northern Part of the Fur Road between the Middle Volga and the East during the Middle Ages, in: Archivum Eurasiae Medii Aevi 11 (2000-2001), S. 26-64, hier S. 32 f.; Ders., Commerce (wie Anm. 28), S. 75 f.; Adamczyk, Silber und Macht (wie Anm. 16, Kap. 1), Tab. 24, S. 53; Tab. 40, S. 93, Nr. 2 und 5. Zur Verbreitung der Permer/Glazover Ringe s. Anm. 161.

67 Ljapuškin, Slavjane (wie Anm. 46), S. 140, 153.

815 und 830 begonnen haben könnte. Auf diese Weise verzahnte sich die kommerzielle Logik des Karawanenhandels mit der fiskalischen Logik der (teilweise) monetären Tributerhebung.

Den Schlussmünzen der Funde nach zu urteilen fand die zweite Phase des Silbereinstroms in den späten 860er und den 870er Jahren statt. Entlang der Oka zeigen das unter anderem die Horte von Supruty 866, Mišnevo 868/869, Borki 875, Bobyli 875/876, Chitrovka 876/877 und Železnica 877/878. Der ersterwähnte in Supruty wurde innerhalb eines slawischen Burgwalls deponiert, aus dem außerdem ein Permer Ring, fünf Waagenfragmente, 23 Gewichte sowie chasarische, baltische, finnougrische, mährische und nordische Schmuckstücke bzw. -elemente stammen. Diese Vielfalt signalisiert im Verein mit der strategisch günstigen Lage an der Upa, die den Don mit der Oka verbindet, die zentrale Bedeutung des Forts für den Karawanenhandel in der zweiten Hälfte des 9. Jahrhunderts. Deutlich schwächer hingegen fiel die Funddichte im mittleren Dneprgebiet aus, wo aus dieser Periode bislang nur zwei relativ gut dokumentierte Dirhemschätze entdeckt wurden: Pogrebnoe 875/876 in der Sumy-Region und Poltava 882/883 an der mittleren Vorskla. Die Geografie der chasarischen Netzwerke verlagerte sich folglich an den oberen und mittleren Lauf der Oka. Womöglich hing dieser Prozess mit Verschiebungen in der Steppe entlang des Donec zusammen, die wiederum durch die Sklavenjagden der Ungarn verursacht wurden. Ibn Rustah zufolge überfielen die Magyaren die Slawen und verschleppten die gefangenen Menschen auf die byzantinischen Märkte der Krim.[68] Wenn der Silberzufluss in den Dneprraum irgendwann zwischen ca. 830 und 870 kollabierte, dann mussten die Münztribute wieder in Fellabgaben umgewandelt werden. Ohnehin dürfen wir für das 9. Jahrhundert nicht von stabilen Tributzuständen ausgehen.

Die Tributhoheit der Chasaren endete westlich des Siedlungsgebietes der sog. Poljanen am rechten Ufer des mittleren Dnepr. Dessen ungeachtet deuten zwei Horte an der Pina im oberen Pripjatbecken bzw. im oberen Buggebiet (Horodyszcze 810/811 und Josipyvka 813/814 mit ursprünglich ca. 5.000 Dirhems, knapp 50 km nordöstlich von Lemberg) darauf hin, dass die Fernhändler ihren Aktivitätsradius Richtung Ostmitteleuropa bereits im frühen 9. Jahrhundert ausdehnten. So formierte sich ein äußerer Kreis der chasarischen Netzwerke, der über die Austauschzonen der Tributfahrten hinausging. Links und rechts des Pripjat lebten Dregovičen bzw. Drevljanen, die der Dnepr von den Radimičen und Severjanen trennte, die wiederum den Chasaren tributpflichtig waren. Es kann also sein, dass die Fernhändler, die zugleich als Tributeintreiber fungierten, von den Radimičen und/oder Severjanen direkt ins Pripjatgebiet gelangten. Dass die Bewohner der letzterwähnten Region über Felle verfügten, zeigt die Nachricht der altrussischen Chronik zum Jahr 883, wonach Oleg den Drevljanen einen Tribut *po černe kune*, also je ein Marderfell auferlegt habe.[69] Im oberen Bugraum lebten hingegen Bevölkerungsgruppen, die als Duleben bzw. Bužanen, Volyner, (Weiße) Chorvaten oder Lendzanen bezeichnet wurden. Die Karawanen erreichten diese Region vermutlich über die Wasserstraßen Krim–Schwarzes Meer–Dnestr oder auf dem Landweg – von den Severjanen kommend – quer über den Dnepr. Der Bayerische

68 Grigor'ev, Na Desne (wie Anm. 64), S. 376; Arsenio P. Martinez, Gardizis Two Chapters on the Turks, in: Archivum Euarasiae Medii Aevi 2 (1982), S. 109-217, hier S. 162, Fußnote 48; Petruchin, Khazaria (wie Anm. 53), S. 251.

69 Zum Jahr 883: Povest' vremennych let (wie Anm. 47, PSRL, Bd. 1), S. 24. Zu den Schatzfunden Stanisław Suchodolski (unter Mitarbeit von Dorota Malarczyk), Die Zustromwege der Dirhams nach Polen, in: Magister Monetae. Studies in Honour of Jørgen Steen Jensen, hg. von Michael Andersen u. a., Copenhagen 2007, S. 93-100, hier S. 96-98.

Geograf erwähnt in seiner Beschreibung der Völker nördlich der Donau die *Caziri*.[70] Womöglich erhielt er seine Informationen von den jüdischen Radhaniten, die den Ost-West-Handel bedienten. Der Bericht des Geografen bezieht sich auf die erste Hälfte des 9. Jahrhunderts, sodass die Depots ihre kommerziellen Reisen widerspiegeln könnten.

Weitere Dirhemfunde in den Gebieten westlich der Ortschaften Josipyvka und Horodyszcze erscheinen erst im späten 9. Jahrhundert: in Czechów bei Lublin 882/883 und in Drohiczyn am mittleren Bug 870/871-893/894 – etwa 220 km bzw. ca. 270 km von dem jeweiligen Depot entfernt (Teil II, Unterkapitel 2.1., Tabelle 14).[71] Dass sie auf die Netzwerke der Chasaren zurückzuführen sind, würden zwei Indikatoren bestätigen: Zum einen enthielt der Schatz von Czechów-Lublin, neben gemünztem Silber und einem Barren bzw. einer Stange, Ohrringe im orientalisch-byzantinischen Stil, die zudem Parallelen zu Schmuckstücken aus dem großmährischen Bereich aufweisen. Zweitens besteht der Hort von Drohiczyn zum überwiegenden Teil aus Dirhems, die bis 870/871 geprägt wurden. Nur die Schlussmünze stammt aus einer späteren Zeit, nämlich dem Jahr 893/894. Wenn folglich das Edelmetall kurz nach 870 unter die Erde kam (und erst nach 893/894 um einen Dirhem ergänzt wurde), wäre von mit Chasarien verbundenen Fernhändlern auszugehen. Denn die als Alternative infrage kommenden Netzwerke der Rus' aus dem Kiever Raum werden, zumindest archäologisch, erst um 900 greifbar (Unterkapitel 1.2.3.). Jedenfalls bestand gut 900 km westlich von Lublin, in Raffelstetten, spätestens im frühen 10. Jahrhundert eine Zollstation, die auch jüdische Kaufleute – möglicherweise über die Geflechte des *mercatum Marahorum*[72] – passiert haben sollen, die unter anderem Sklaven mitbrachten.[73] Ob es sich dabei um eine jener Karawanen handelt, die nach Lublin das arabische Silber mitbrachte, bleibt jedoch unverifizierbar.

Wie auch immer: Diese vier Horte stellen nur etwa zehn Prozent aller aus dem 9. Jahrhundert stammenden und dem Aktivitätsradius der chasarischen Netzwerke zugeordneten Dirhemfunde dar. Sie deuten indes eine Ausdehnung der kommerziellen Einflusszone der chasarisch-jüdischen Fernhändler über den mittleren Dnepr hinaus an, obgleich derartige Reisen – wenn man der Anhäufung der Funde westlich dieses Flusses nach urteilen will – nur sporadisch unternommen worden sein dürften.

70 Słowiańszczyzna starożytna i średniowieczna. Antologia tekstów źródłowych [Die antiken und mittelalterlichen Slawen. Anthologie von Quellentexten], hg. von GERARD LABUDA, Poznań 1999, S. 56; CHARLOTTE WARNKE, Der Wachshandel zwischen Ost- und Westeuropa im frühen und hohen Mittelalter, in: Untersuchungen (wie Anm. 18, Kap. 2), S. 542-570, hier S. 562.

71 Vgl. ANDRZEJ CZAPKIEWICZ u. a., Skarb dirhemów arabskich z Czechowa [Der Schatz arabischer Dirhems von Czechów], Warszawa-Wrocław 1957; MARIA CZAPKIEWICZ / FRANCISZEK KMIETOWICZ: Skarb monet arabskich z okolic Drohiczyna nad Bugiem [Der arabische Münzschatz aus der Umgebung von Drohiczyn am Bug], Kraków 1960. Zu den Siedlungen und Stammesburgwällen im mittleren Buggebiet siehe Teil II, Unterkapitel 2.1. Zur Besiedlung Lublins in diesem Zeitraum vgl. ANDRZEJ ROZWAŁKA u. a., The Medieval Urban Centre in Lublin, in: Polish Lands at the Turn of the First and the Second Millennia, hg. von PRZEMYSŁAW URBAŃCZYK, Warsaw 2004, S. 357-382, hier S. 359.

72 Monumenta Germaniae Historica. Capitularia Regum Francorum, Bd. 2, Hannover 1883-1897, Neudruck 1980-1984, Nr. 253; Słowiańszczyzna (wie Anm. 70), S. 116 f.; KRZYSZTOF POLEK, Podstawy gospodarcze państwa Wielkomorawskiego [Die ökonomischen Grundlagen des großmährischen Staates], Kraków 1994, S. 89 f.

73 Monumenta (wie Anm. 72), Nr. 253.

### 1.1.2. Die Transformation der Netzwerke der Rus' vom interkontinentalen Fernhandel zum Raub- und Tributsystem

In Nord- und Zentralrussland hat sich eine andere Logik des Silbertransfers entwickelt. Eine Reihe von Dirhemfunden aus und um Staraja Ladoga sowie entlang der oberen Volga zeigt, dass arabische Münzen in die Regionen nördlich des chasarisch-slawischen Limes einströmten. Erwähnt seien zunächst einmal einige der ältesten Schatzfunde: Staraja Ladoga 786/787, Peterhof 804/805, Cholopyj Gorodok 805/806, Kniaščino 808/809, Demjansk 824/825 und Mšag 825/826 im Norden bzw. Sarskoe Gorodišče I 814/815, Sarskoe Gorodišče II 820er Jahre, Ugodiči 812/813, Zagorode 831/832 und Uglič 832/833 im Volgaraum.[74] Welche historischen Konstellationen trieben diesen Prozess an?

Fangen wir zuerst mit der um 846/847 verfassten Version eines Berichtes des persischen Geografen Ibn Khordhadbeh an, die vielleicht die kommerziellen Landschaften des frühen 9. Jahrhunderts widerspiegelt:

> *Die Rus' sind ein Stamm unter den Saqaliba* [slawische, finnougrische und baltische Bevölkerungsgruppen]*; sie kommen aus den entferntesten Gebieten der Saqlaba* [Osteuropa] *zum Römischen Meer* [Schwarzes Meer] *und verkaufen dort Biber- und (Schwarz-)Fuchsfelle sowie Schwerter. Der Fürst der Rum* [oströmischer Kaiser] *erhebt von ihnen 10 % auf ihre Waren.*
> *Sie* [die Rus'] *kommen auch den Fluss der Saqaliba* [Volga] *herunter und passieren Chamlidsch* [Itil], *die Hauptstadt der Chasaren, wo der Herrscher des Landes einen Zehnt von ihnen erhebt. Dann befahren sie das Meer von Gurgan* [Kaspisches Meer] *und steuern jeden Ort an der Küste an, der sie interessiert* [...] *Von Gurgan aus transportieren sie manchmal ihre Waren auf Kamelen bis Bagdad* [...].[75]

Ibn al-Faqih, dessen Bericht um 902 entstanden ist und der sich an dem oben zitierten Autor stark orientiert, ergänzt:

> *Dann* [nach dem Handel mit Byzanz] *begeben sie sich über das Meer nach Samkerc, der Stadt der Juden* [am Asovschen Meer], *und von da aus kehren sie zurück ins Land der Slawen.*[76]

Ibn Khordhadbeh zeigt überdeutlich, dass die Rus', Nordmänner, die unter den verschiedenen finnougrischen, baltischen oder slawischen Bevölkerungsgruppen in Nordrussland lebten, zu chasarischen Märkten im asovschen Raum bzw. im Volgadelta, zu arabischen Orten im kaspischen Raum und sogar bis nach Bagdad reisten und dabei grundsätzlich zwei Routen benutzten: die eine entlang des Dnepr; und die zweite – dem Übersetzer der obigen Zeilen aus dem Arabischen, Tadeusz Lewicki, zufolge – entlang der Volga. Freilich können wir nicht ausschließen, dass der Fluss der *Saqaliba* (also der Slawen, worunter Araber sehr unterschiedliche Ethnien verstanden haben) ebenfalls den Don beinhalten konnte. Außerdem berichtet Ibn Khordhadbeh, dass die Rus' bestimmte Fellsorten und Schwerter transportierten. Interessanterweise erwähnt er keine Sklaven, obwohl einige den Zeitraum von 811 bis 813 betreffende Hinweise die Anwesenheit von

74 Adamczyk, Silber und Macht (wie Anm. 16, Kap. 1), Tab. 36, S. 65 f.: Nr. 1, 3, 5, 6, 14, 16, 24, 25, 26, 27; ergänzt durch den neu entdeckten Hort von Mšag aus der Region Novgorod: Andrew A. Gomzin, Klad kufičeskich monet 2016 goda iz Novgorodskoj oblasti [Ein Schatzfund arabischer Münzen von 2016 aus der Region Novgorod], in: Pamiatniki srednevekov'oj archeologii Vostočnoj Evropy. K jubileju M. D. Polubojarinovoj [Archeologische Funde aus dem Mittelalter in Osteuropa. Zum Jubiläum von M. D. Polubojarinova], hg. von Archäologisches Institut der Russischen Akademie der Wissenschaften, Moskva 2017, S. 95-104.

75 Źródła arabskie do dziejów Słowiańszczyzny [Arabische Quellen zur Geschichte der Slawen], hg. von Tadeusz Lewicki, Bd. 1, Wrocław 1956, S. 76 f.

76 Źródła arabskie do dziejów Słowiańszczyzny, hg. von Dems., Bd. 2 (1), Wrocław 1969, S. 28 f.

Menschen aus (Ost)Europa in Bagdad bestätigen.[77] Andererseits listet derselbe Autor unter den von jüdischen Radhaniten ins Kalifat verfrachteten Waren Sklaven auf, die aus dem slawischen Raum gekommen sein könnten.[78] Demzufolge: Selbst wenn die Rus' bei ihren Handelsfahrten Menschen ausführten, besteht kein Grund, zumindest wenn wir Ibn Khordhadbeh folgen, anzunehmen, dass sie bereits im frühen 9. Jahrhundert zu ihren wichtigsten Exportgütern gehörten. Wie und wann aber entstanden die Netzwerke der Rus'?

Archäologische Befunde legen nahe, dass die Skandinavier das südliche Ufer des Ladogasees, dort wo der Fluss Volchov in ihn mündet, bereits in den 750er Jahren bereist haben. In den Schichten aus dem späten 8. und frühen 9. Jahrhundert wurden die unbearbeiteten Bernstein- und Glasreste, einige Rohlinge friesisch-skandinavischer Kämme sowie Gussformen gefunden – sie alle deuten auf handwerkliche Aktivitäten hin, die in dieser frühen Phase womöglich von spezialisierten, wandernden Personengruppen betrieben wurden. Hinzu kamen ein skandinavischer (mit Parallelen zu Funden in Gotland und Dänemark) Kasten mit Schmiedewerkzeugen,[79] nordischer Frauenschmuck, Kinderspielzeuge aus Holz, die die sog. fränkischen Schwerter imitierten, und Importe aus dem orientalischen Fernhandel: unter anderem arabische Münzen, kaukasische und zentralasiatische Bergkristall- und Karneolperlen, ein Seidenfragment, eine Muschel aus dem Indischen Ozean und ein Fingerring mit einem Glasstein aus dem Bereich der Kultur von Saltov-Majaki. In der unmittelbaren Umgebung Ladogas bei Plakun entstanden vielleicht schon in der ersten Hälfte des 9. Jahrhunderts Kurgane mit Bootsbestattungen, die auf skandinavischen Ursprung hinweisen. Gräber mit Waffenresten, einem Silberbarren, einer Friesenkanne des Tattinger Typus, Glas-, Karneol- und Bergkristallperlen, Fragmenten friesisch-skandinavischer Kämme sowie Pelzresten deuten einen Reichtum an, der nur durch den Fernhandel erzielt werden konnte.[80]

Seitdem sich die Rus' in Staraja Ladoga (mutmaßlich ab ca. 800) permanent aufgehalten haben, unternahmen sie Handelsfahrten, die Ibn Khordhadbeh beschreibt und die bisweilen erst in Bagdad endeten – zwischen Staraja Ladoga und der Hauptstadt des Kalifats lagen ca. 4.000 km. Zudem bezogen die Nordmänner aus dem weiten Hinterland des Emporiums südöstlich des Ladogasees Pelze, die sie dann gegen arabische Silbermünzen eintauschen konnten. Die Glasperlen skandinavischen und orientalischen Ursprungs, die entlang der Flüsse Mologa und Šeksna oder in der Nähe des Galičsees gefunden wurden, deuten dies an. Es liegt sodann auf der Hand, dass viele dieser Glasperlen in Staraja Ladoga selbst hergestellt wurden. Die erste Glaswerkstatt funktionierte von ca. 780 bis etwa 810. Die zweite wurde an derselben Stelle nach einem Brand um 811-815 gebaut. Hier zählten Archäologen 150 Glasperlen und 153 Bernsteinstücke. In dem benachbarten Gebäudekomplex wurden obendrein mehrere Hundert Glasschlackenfragmente und Reste von Schmelztiegeln sowie geschmolzene bzw. halbverarbeitete Perlen entdeckt. Diese Werkstatt wurde vermutlich bis in die 830er Jahre betrieben. Nach

77 Vgl. Kovalev / Kaelin, Circulation (wie Anm. 24, Kap. 2), S. 571.

78 Ebd.; Źródła arabskie (wie Anm. 75), Bd. 1, S. 74-77.

79 Hajo Vierck, Ein Schmiederplatz aus Alt-Ladoga und der präurbane Handel zur Ostsee vor der Wikingerzeit. Zur frühmittelalterlichen Betriebseinheit von Produktion und Absatz im Metallhandwerk, in: Münstersche Beiträge zur Antiken Handelsgeschichte 2 (1983), 2, S. 3-64. Hinweise auf Gotland auch bei Evgenij N. Nosov, Ein Herrschaftsgebiet entsteht. Die Vorgeschichte der nördlichen Rus und Nowgorods, in: Novgorod. Das mittelalterliche Zentrum (wie Anm. 52), S. 13-75, hier S. 51. Hinweise auf Dänemark bei Władysław Duczko, Viking Rus. Studies on the Presence of Scandinavians in Eastern Europe, Leiden 2004, S. 71.

80 Eduard Mühle, Die städtischen Handelszentren der nordwestlichen Rus'. Anfänge und frühe Entwicklung altrussischer Städte bis gegen Ende des 12. Jhs., Stuttgart 1991, S. 28 f., 34, 41; Tab. 2, S. 35; S. 36; Tab. 3, S. 37.

840, besonders aber zwischen 860/870 und 930, scheint die Glasproduktion in Staraja Ladoga deutlich zurückgegangen zu sein.[81]

Auf der anderen Seite erwarben die Rus' diverse Güter wie Biberfelle oder von Ibn Khordhadbeh erwähnte Schwerter über die Kontakte mit Gesellschaften des Ost- und Nordseeraumes, worauf Dirhemfunde aus dem Emporium von Janów Pomorski/Truso und dessen Hinterland hinweisen (Unterkapitel 1.1.3.).

Die Anwesenheit von Skandinaviern am Oberlauf der Volga bereits im frühen 9. Jahrhundert spiegelt das archäologische Material aus der finnougrischen Siedlung Sarskoe Gorodišče (gut 50 km südwestlich der Volga) wider.[82] In dieser Region besteht die stärkste Konzentration der frühen Dirhemdepots im gesamten oberen Volgaraum. Einige spätere, auf die skandinavische Präsenz hinweisende Funde stammen auch aus dem befestigten Kreml der Stadt Uglič am rechten Volgaufer.[83] In diesem Ort wurde kurz nach 830 ein großer Münzhort vergraben, der aus 1.114 Dirhems bestand. In die inneren Gebiete Russlands lockten die in Staraja Ladoga ansässigen kleinen Gruppen von Nordmännern vermutlich arabische Münzen. In Sarskoe tauschten sie bei der einheimischen Bevölkerung Messer, Äxte und andere Eisenwaren gegen Felle ein, die wiederum das wichtigste Handelsäquivalent für das orientalische Silber darstellten.[84] Simon Franklin und Jonathan Shepard zufolge waren jedoch nicht Skandinavier die *prime movers* des Dirhemhandels im oberen Volgagebiet, sondern die finnougrischen Trapper, die ihre Felle direkt bei den Chasaren verkauften und dafür Münzen erhielten. Die Skandinavier hätten demzufolge die Siedlung in Sarskoe regelmäßig aufzusuchen begonnen, weil es dort neben Pelzen das begehrte Silber gab, und sich somit in die bereits bestehenden Netzwerke der einheimischen Bevölkerungsgruppen eingefügt.[85]

Der zitierte Bericht von Ibn Khordhadbeh lässt die Option zu, dass die Rus' auch im Dneprraum aktiv waren. Der Schatzfund von Kislaja (tpq. 837/838) am oberen Lauf dieses Flusses enthielt 674 Dirhems, darunter chasarische Imitationen und eine Münze, die um 825 in Haithabu (Halbbrakteat) entstand. Gut 260 km nordwestlich vom oberen Dneprgebiet entfernt, etwa auf dem halben Wege nach Pskov, befand sich zu jener Zeit in Gorožane eine Siedlung, in der ein Hort von 49 Dirhems nach 825 verborgen wurde.[86] Außerdem begannen die Rus' spätestens seit den 830er Jahren, die Bewohner des heutigen Estland in ihre Netzwerke einzubinden. Dies bestätigt eines der größten Depots dieser Phase, das in der Ortschaft Kothla (tpq. 837/838)

81 Roman K. Kovalev, The Development and Diffusion of Glassmaking in Pre-Mongol Russia, in: The Prehistory and History of Glassmaking Technology, hg. von Patrick McCray / W. David Kingery, Westerville, Ohio 1992, S. 293-314, hier S. 296 f.

82 A. E. Leont'ev, Skandinavskije vešči v kollektcii sarskogo gorodišča [Skandinavische Artefakte aus Sarskoe], in: Skandinavskij zbornik 26 (1981), S. 144-148; G. L. Novikova, Ščitoobraznyje podveski iz severnoj i vostočnoj Evropy [Schildförmige Anhänger aus Nord- und Osteuropa], in: Istoričeskaja Archeologija. Tradicii i perspektivy. K 80-letju co dnja roždenija Daniila Antonoviča Avdusina [Historische Archäologie. Traditionen und Perspektiven. Zum 80. Geburtstag von Daniil Antonovič Avdusin], hg. von A. E. Leont'ev u. a, Moskva 1998, S. 165-174, hier S. 169.

83 Duczko, Viking Rus (wie Anm. 79), S. 199.

84 Zum Kontext vgl. Noonan, Why the Vikings (wie Anm. 24, Kap. 2).

85 Simon Franklin / Jonathan Shepard, The Emergence of Rus' 750-1200, London-New York 1996, S. 24.

86 Thomas S. Noonan, Ninth Century Dirham Hoards from the South-West Baltic, in: Journal of Baltic Studies 13 (1982), S. 220-244, Nr. 34, S. 97; Vjačeslav Kulešov, Kompleksy monetnych nachodov na poseleni epochi vikingov Gorožane (Novosokolničeskij rajon Pskovskoj oblasti): tipologia i datirovka [Münzfunde aus der Siedlung der Wikingerzeit in Gorožane, Pskovsker Region. Typologie und Datierung], in: 64 archeologičeskij seminar im. akad. V. V. Sedova „Archeologija i istorija Pskova i Pskovskoj zemli", Pskov 10-12 aprelja 2018 goda, S. 1-7.

– nicht weit von der Küste entfernt – deponiert wurde und aus ca. 500 Dirhems bestand. Die Stammeseliten speisten ihre Waldprodukte ins Handelsnetz ein und erhielten dafür die begehrten Silbermünzen. In einer estnischen Burgsiedlung aus dem 8.-9. Jahrhundert wurden neben einem kleinen Dirhemfund mit der Schlussmünze um 808/809 auch Biberknochen entdeckt.[87] Im Raum Velikaja-Peipussee-Narva bis hin zur Küste lebten die Čuden. Aus einer Notiz der „Povest' vremennych let" zum Jahr 859 geht deutlich hervor, dass die Skandinavier in diese Region vorstießen und mit den einheimischen Bevölkerungsgruppen kooperierten.[88]

Aus dem Gesagten geht deutlich hervor, dass die Rus' im frühen 9. Jahrhundert – im Gegensatz zu dem chasarischen Karawanen- und Tributhandel auf der Süd-Nord-Achse – einen interkontinentalen Nord-Süd-Fernhandel entwickelten, der entlang der großen Ströme Osteuropas verlief und über die südlichen Grenzen des chasarischen Khaganats hinausging. Die Rus' unternahmen ihre Handelsfahrten über Tausende Kilometer, weil sie wahrscheinlich über einige wenige Güter verfügten, die sie zudem bei langwierigen Expeditionen in Nordrussland oder durch den Austausch mit den Ostseeanrainern erwerben mussten. Folglich strebten sie danach, die Waren zum bestmöglichen Preis zu verkaufen, indem sie direkte Handelskontakte mit Kunden im kaspischen Raum und im Kalifat knüpften – und unter Umgehung chasarischer Mittelsmänner (Karte 3). Dabei schufen sie in Nord- und Zentralrussland ein kommerzielles Netzwerk, das verschiedene Clans und Stämme einschloss, die die in der arabischen Welt begehrten Güter liefern konnten (und wollten) und in Gegenleistung Glasperlen, Eisenwaren oder auch (seltener) Silbermünzen erhielten. Wenn die Rus' bereits in dieser Phase rudimentäre Herrschaftsstrukturen aufgebaut haben, dann geschah das höchstens entlang der Volchov-Achse. Der in den Annales Bertiniani unter dem Jahr 839 erwähnte und sich auf das *Volk der Sueonen* beziehende *Chagan*-Titel deutet die Herausbildung einer hierarchisch geordneten Machtinstanz womöglich in Staraja Ladoga an.[89] Ob damit eine bewaffnete Fernhändlergemeinschaft gemeint war oder der Bericht auf eine eher politische Organisation, die bei den benachbarten Bevölkerungsgruppen Tribute eintrieb, rekurriert, entzieht sich unserer Kenntnis. Vielleicht haben wir es mit einer Mischform zu tun. Dabei soll in Erinnerung gerufen werden, dass die handwerkliche Produktion, zumindest im Hinblick auf die Herstellung von Glasperlen, die gegen Pelze (die wiederum gegen Dirhems) eingetauscht wurden, in Staraja Ladoga seit den 840er/860er Jahren deutlich zurückging, was eine Verschiebung kommerzieller und gesellschaftlicher Parameter nahelegt.

Das Koordinatensystem hat sich etwa ab der Mitte des 9. Jahrhunderts grundlegend verändert. Die Chronologie der Schatzfunde mit einer Schlussmünze nach 840 zeigt eine massive geografische Verlagerung weg von der chasarischen Einflusszone hin nach Nord- und Zentralrussland (und besonders Gotland). Neben der Anzahl der Depots indiziert ihr Umfang diesen Prozess. Zu den größten in Nordrussland gehören: Baevo/Sobolevo 862/863 (ca. 2.000 Dirhems), Šumilovo 870/871 (1.326) und Ljubyni 873/874 (2.361). Im oberen Volgagebiet stechen folgende Horte hervor: Vyšegša I 841/842 (1.274 Dirhems), Bol'šoe Timerevo I 865/866 (2.761) und Bol'šoe Timerevo II 867/868 (1.500).[90] Bis auf einen Fund wurden sie in den 860er oder 870er Jahren deponiert. Bevor wir uns mit den historischen und gesellschaftlichen Konstellationen befassen, die ihr Vorkommen erklären können, lassen wir den persischen Geografen Ibn Rustah

87 Mateusz Bogucki, The Baltic Emporia and their Hinterland – Comments on Donat Wehners Study of Wolin and Menzlin, in: Trade and Communication (wie Anm. 19, Kap. 2), S. 267-272, hier S. 270.

88 PSRL (wie Anm. 47), Bd. 1, S. 19.

89 Quellen zur Karolingischen Reichsgeschichte, T. 2: Jahrbücher von St. Bertin, hg. von Reinhold Rau, Darmstadt 1992, S. 44 f.

90 Adamczyk, Silber und Macht (wie Anm. 16, Kap. 1), Tab. 40 und 42: S. 93 f. und S. 102-104.

zu Wort kommen, dessen Bericht um 902 entstand, der sich aber wahrscheinlich an einer vielleicht eine Generation älteren Quellenvorlage orientiert:

> *Die Rus' überfallen mit Schiffen die Saqaliba* [slawische, finnougrische und baltische Bevölkerungsgruppen]*; sie entführen diese und bringen zu den Chasaren und Volgabulgaren, um sie dort zu verkaufen. Sie besitzen keine Saatfelder, sondern leben davon, was sie in dem Land der Saqaliba erbeuten.* [...] *Ihre Erwerbstätigkeit besteht aus dem Handel mit Zobeln, grauen Eichhörnchen und sonstigen Pelzen.* [...] *Diese tauschen sie gegen Münzen ein* [...] *Männer tragen Armringe aus Gold.*[91]

Die Unterschiede zu Ibn Khordhadbeh liegen auf der Hand: Sie betreffen sowohl die Art der exportierten Waren als auch den Radius ihrer Reisen – vom Kaspischen Meer und von Bagdad ist nun keine Rede. Am deutlichsten fällt allerdings die Gegenüberstellung der Rus' und der *Saqaliba* ins Auge. Zwischen den ersteren und den slawischen, baltischen oder finnougrischen Bevölkerungsgruppen bestünden derweil starke Hierarchien, die die frühere Quelle nicht konstatiert. Die obige Passage untermauert somit die signifikante Verschiebung der Logik der politischen Ökonomie des Silbertransfers, die die numismatischen und archäologischen Befunde andeuten (dazu mehr unten). Sie spiegelt eindrucksvoll die Transformation des von Ibn Khordhadbeh beschriebenen interkontinentalen Fernhandels im frühen 9. Jahrhundert hin zu einem neuartigen Netzwerk der Rus', das viel stärker auf dem Raub- und Tributhandel beruhte, in der zweiten Hälfte des 9. Jahrhunderts wider.

Wie kam es zu diesem gesellschaftlichen Wandel? Klaus Heller unterscheidet zwischen den im frühen 9. Jahrhundert nach Südosten über das Volgastromsystem expandierenden, ausschließlich ihren kommerziellen Interessen nachgehenden Fernhändlern und Handwerkern aus dem uppländisch-gotländischen Bereich und den professionellen mittelschwedischen Raubkriegern, die seit etwa 860 begannen, in Osteuropa Wikingerzüge zu unternehmen. Diese in Gefolgschaften vereinten, hochmobilen und von Seekönigen angeführten Menschen waren vor allem auf Beute und Tribute aus.[92] Im Gegensatz zu Häuptlingen bzw. Kleinkönigen besaßen etliche von ihnen kein Land in ihrer skandinavischen Heimat.

Für diese neue Generation der Rus' bot sich das gut bekannte Emporium von Staraja Ladoga als Stützpunkt für ihre Raub- und Tributfahrten an. Interessanterweise zeigen die archäologischen Ausgrabungen in Staraja Ladoga Brandspuren aus der Zeit um 863-870. Sie könnten die durch *Rjuriks Berufung* verursachten Turbulenzen um das Jahr 862 widergespiegelt haben. Hierbei war es nicht zuletzt das im osteuropäischen Raum im Umlauf befindliche arabische Silbergeld, das die Wikinger nach Russland lockte, die ihrerseits die alten Netzwerke übernahmen und auf tributärer Basis weiter ausbauten. Dessen ungeachtet errichteten die Rus' im Norden Osteuropas ein neues Machtzentrum. Am Ausfluss des Volchov aus dem Il'mensee entstand um die Mitte oder in der zweiten Hälfte des 9. Jahrhunderts eine befestigte Siedlung, die den Namen Rjurikovo Gorodišče trägt und die vermutlich für den oben zitierten Bericht von Ibn Rustah Pate stand – entspricht doch seine Beschreibung des Rus'-Zentrums auf einer Insel grundsätzlich der geografischen Lage von Rjurikovo. Dass sie von Anfang an wichtige kommerzielle und politische Funktionen erfüllte, belegen das Fundmaterial, die verkehrsgeografisch günstige Lage sowie die Tatsache, dass Rjurikovo sich nicht aus einem dicht besiedelten Umland entwickelte. Das Gebiet um den Ausfluss des Volchov aus dem Il'mensee ermöglichte den Bewohnern des Gorodišče die Kontrolle sowohl der Volchovachse als auch der Zugänge zu

---

91 Źródła arabskie (wie Anm. 54), Bd. 2 (2), S. 40 f.; Martinez, Gardizis (wie Anm. 68), S. 167 f.

92 Klaus Heller, Normannen in Osteuropa, Berlin 1993, S. 32 f.

den Flüssen, entlang derer die obere Volga bzw. der obere Düna-Dnepr-Raum erreicht werden konnten. Folglich diente der Platz als Stützpunkt, von dem aus die Rus' ihre Raubzüge und Tributfahrten organisierten bzw. wo sie Beute und Handelsgut akkumulierten.

In Rjurikovo wurden neben Dirhems und einer byzantinischen Münze eine große Anzahl an mediterranen und nordeuropäischen Glas-, Karneol- bzw. Kristallperlen, Bernsteinprodukte, friesische Kämme, Walnussschalen, skandinavische und orientalische Schmucksachen sowie Feingewichte bzw. Fragmente von Feinwaagen gefunden.[93] Außerdem deuten Schlacken, Tiegelfragmente, Gießlöffel, Halbfertigerzeugnisse und Abfälle aus Bunt- und Edelmetall auf Juwelierhandwerk und andere handwerkliche Aktivitäten hin. Für Skandinavien typische Schmucksachen, Spielsteine und Waffenfunde belegen, dass hier die Nordmänner lebten.[94]

Ein zweiter neuer Handelsplatz entstand ca. 12 km vom oberen Volgalauf.[95] Im Gegensatz zu dem erwähnten Stammeszentrum der Merja in Sarskoe, das gut 50 km von der Volga entfernt lag, kamen die entscheidenden Impulse bei der Herausbildung Timerevos von außen und hingen nicht zuletzt mit der Expansion der Skandinavier im russischen Binnenland zusammen. Die großen, in Timerevo entdeckten und in die 860er Jahre datierten Schatzfunde zeigen eindrucksvoll, dass seine Bewohner über ein beachtliches Vermögen verfügten. Das Silber gehörte vermutlich einer Gruppe der Volga-Wikinger, die es – so wie Ibn Rustah berichtet – bei den an der Kama ansässigen Volgabulgaren oder den Chasaren im Tausch gegen Felle und Sklaven erwarben oder bei den einheimischen finnougrischen Bevölkerungsgruppen als Tribut erpressten. Dass die Merja Edelmetalle anhäuften, unterstreichen die in und um Sarskoe gehobenen Schatzfunde und der Silberschmuck. Außerdem wurde in der Nähe der Handels- und Handwerkssiedlung von Timerevo eine Grabanlage gefunden, deren älteste Schichten ins 9. Jahrhundert datiert werden können und die skandinavische wie finnougrische Elemente enthielten.

Im späten 9. Jahrhundert werden die Rus' die Region um Beloozero erschlossen haben, wovon ein kleiner Dirhemfund sowie andere Importprodukte zeugen. Hier lebte der ostseefinnische Stamm der Ves', der der altrussischen Chronik zufolge den Rus' tributpflichtig war.[96] In Krutik entstand im späten 9. Jahrhundert eine Siedlung, in der auch skandinavische Handwerker fungierten.[97]

Die skandinavische Präsenz im oberen Düna- und Dneprgebiet hingegen erschließt sich aus den archäologischen Funden nicht ganz so deutlich. In Polock an der mittleren Düna wird sie nur namenphilologisch fassbar,[98] und die Handels- und Handwerkssiedlung in Gnezdovo entstand vermutlich erst im ausgehenden 9. Jahrhundert. Dennoch wurden friesisch-nordische Hornkämme, skandinavische Fibeln und Waffenreste in der Siedlung Izborsk südlich vom Peipussee im Flussgebiet der Velikaja entdeckt. Sie deuten eine Erschließung der Route von der Düna über die Velikaja und den Peipussee hin zur südlichen Ostseeküste durch die Skandinavier an.[99] Das Gebiet um den Peipussee bewohnten baltische, ostseefinnische und westslawische Bevölkerungsgruppen, die mit

93 Nosov, Ein Herrschaftsgebiet (wie Anm. 79), S. 63, 65; Mühle, Die städtischen Handelszentren (wie Anm. 80), S. 82.

94 Ebd.

95 Duczko, Viking Rus (wie Anm. 79), S. 190 ff.

96 Nikolaj A. Makarov, Novgorodskaja i rostovo-suzdalskaja kolonizacija v bassejnach ozer Beloe i Lac'a po archeologičeskim dannym [Die Novgoroder und die Rostov-Suzdaler Besiedlung des Weißensee- und Lac'gebietes nach archäologischen Funden], in: Sovetskaja archeologija, 1989, 4, S. 86-102, hier S. 91 f.; PSRL (wie Anm. 47), Bd. 1, S. 19.

97 Nosov, Ein Herrschaftsgebiet (wie Anm. 79), S. 44.

98 Mühle, Die städtischen Handelszentren (wie Anm. 80), S. 207.

99 Duczko, Viking Rus (wie Anm. 79), S. 113, zufolge möglicherweise aus dem dänischen Raum.

dem in der Nestorchronik erwähnten Stamm der Čuden identisch sein dürften. Die Skandinavier sollen von ihnen in der zweiten Hälfte des 9. Jahrhunderts Tribute erhoben haben.[100] Gleichzeitig wurde um 900 der große Burgwall von Iru im Norden Estlands niedergebrannt.[101]

Der Raub- und Tributcharakter der Aktivitäten der neuen Rus'-Generation findet Widerhall nicht nur bei Ibn Rustah, sondern auch in den altrussischen Quellen. Auf die Jahre um 860 beziehen sich die Passagen der Nestorchronik, die berichten, dass die *Varäger* [Skandinavier] *von jenseits des Meeres* von den Čuden, Slovenen, Merja, Ves' und Krivičen einen Tribut erhoben.[102] Nachdem die Wikinger vertrieben worden waren, begannen die Tributpflichtigen sich selbst zu regieren. Da sie jedoch keine Ordnung herstellen konnten, sollen sie sich zu den Rus' begeben haben, die sie um Hilfe baten. Bald kamen drei Brüder samt ihren Sippen nach Russland und begannen, dort zu herrschen: Rjurik in Novgorod (oder richtigerweise, wie aus einer anderen Handschrift der Chronik zu entnehmen ist, in Ladoga), Sineus in Beloozero und Truvor in Izborsk. Nachdem Sineus und Truvor gestorben waren, herrschte Rjurik allein und vergab die „Städte" Polock, Rostov und Beloozero an seine Gefolgsleute. Der Text mutet legendenhaft an, könnte aber einen wahren Kern enthalten haben.

Außerdem legt der Raubzug der Rus' gegen Konstantinopel im Jahr 860 nahe, dass in der zweiten Hälfte des 9. Jahrhunderts ebenfalls der Dneprweg intensiver benutzt wurde. Die Nestorchronik berichtet zum Jahr 862, dass mit Rjurik auch zwei Häuptlinge namens Askold und Dir nach Russland gekommen seien. Mit Rjuriks Erlaubnis fuhren sie am Dnepr entlang und erblickten auf einem Hügel eine kleine Siedlung, die sich Kiev nannte. Als Askold und Dir viele Krieger um sich gesammelt hatten, begannen sie, über Kiev und das Stammesgebiet der Poljanen zu herrschen.[103] Dort belegen jedoch weder archäologische Funde eine skandinavische Präsenz in Kiev vor dem frühen 10. Jahrhundert, noch deuten Horte mit arabischen Münzen auf eine herausgehobene Stellung dieser Siedlung im überregionalen Handelsnetz hin (Unterkapitel 1.2.3.).

Die politische Ökonomie der Rus'-Netzwerke in der zweiten Hälfte des 9. Jahrhunderts beruhte also wesentlich auf der Erpressung und Eintreibung von Tributen bei den einheimischen Bevölkerungsgruppen in Nord- und Zentralrussland sowie der Erbeutung von Menschen, für die sie ebenso wie für Felle Dirhems erhielten. Beutezüge im kaspischen Raum oder gegen Byzanz hingegen stellten – wenn überhaupt – lediglich eine Nebeneinnahmequelle dar. Im 9. Jahrhundert sind zwei solche Raubfahrten belegt: Irgendwann zwischen 864 und 884 überfielen die Wikinger das Ostufer des Kaspischen Meeres[104] und 860 erschien eine Gruppe von Nordmännern vor Konstantinopel.[105]

Demnach etablierten die Rus' in Nord- und Zentralrussland ein effizientes, gut eingespieltes Tribut- und Raubsystem, sodass sie mehr attraktive Felle und Sklaven verkaufen konnten. Auf diese Weise reduzierten sie die Erwerbskosten von Waren, die sie gegen Dirhems eintauschten. Im Gegensatz zu den Rus' im frühen 9. Jahrhundert hatten sie es nicht nötig, langwierige Handelsfahrten zu den Märkten im kaspischen Raum und nach Bagdad zu unternehmen, um Profite zu erzielen. Das könnte erklären, warum die Expeditionen der Rus' in der zweiten Hälfte

100 PSRL (wie Anm. 47), Bd. 1, S. 19.

101 Marika Mägi, Viking Age and Early Medieval Eastern Baltic between the West and the East, in: Taxes, Tributes and Tributary Lands in the Making of the Scandinavian Kingdoms in the Middle Ages, hg. von Steinar Imsen, Trondheim 2011, S. 189-235, hier S. 205.

102 PSRL (wie Anm. 47), Bd. 1, S. 19.

103 Ebd., S. 19 f.

104 Vladimir Minorski, A History of Sharvan and Darband in the 10th-11th Centuries, Cambridge 1958, S. 111.

105 Alexander A. Vasiliev, The Russian Attack on Constantinople in 860, Cambridge 1946.

des 9. Jahrhunderts kürzer wurden und sich vorwiegend auf die Machtbereiche der Chasaren bzw. Volgabulgaren konzentrierten (Karte 3).

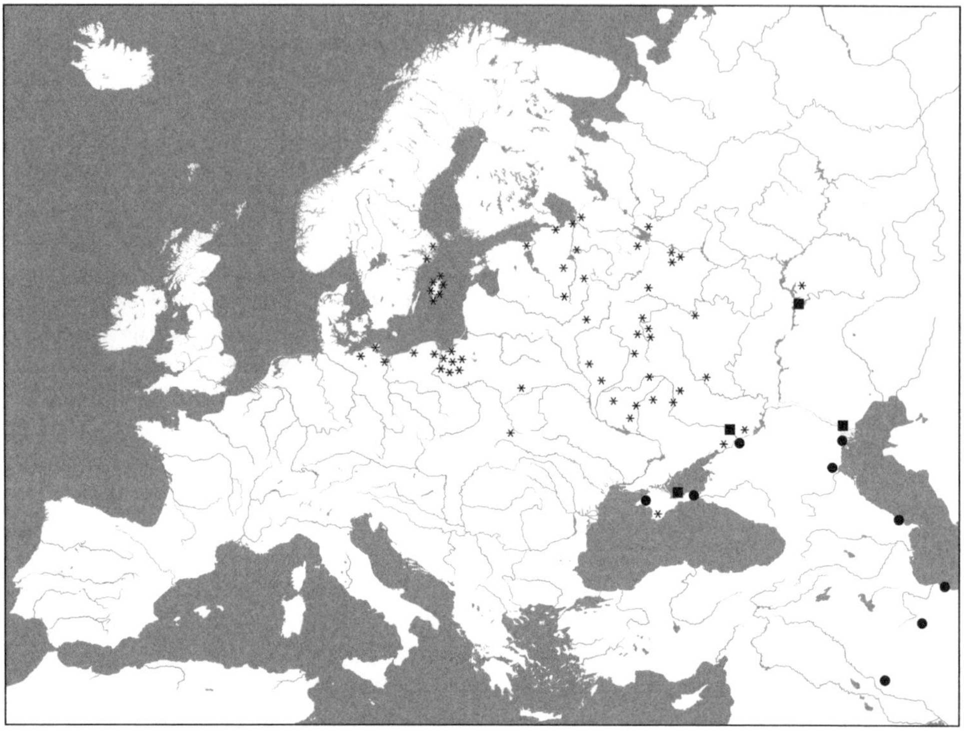

Karte 3: Märkte, die die Rus' im 9. Jahrhundert aufsuchten bzw. aufgesucht haben könnten: nach Ibn Khordhadbeh (Punkte) und Ibn Rustah (Quadrate)

In der zweiten Hälfte des 9. Jahrhunderts scheinen sich zudem die Funktionen von Dirhems innerhalb der Netzwerke der Rus' verändert zu haben: Während sie im frühen 9. Jahrhundert vorwiegend den Fernhändlereliten als begehrtes Handelsgut und als Zahlungsmittel im Austausch mit den Ostseeanrainern dienten, nutzte die neue Generation der Nordmänner in Russland das Silber in erster Linie als Prestigegut, mit dem die Gefolgsleute entlohnt werden konnten und der Reichtum der Warlords – in Form von aus den eingeschmolzenen Münzen hergestelltem Schmuck – demonstriert wurde.

### 1.1.3. Die Verflechtungen der skandinavischen Gemeinschaft von Janów Pomorski/Truso und ihrer Nachfolger an der südwestlichen Ostseeküste – zwischen dem konzentrischen Regional- und Transithandel und multizentrischen Strukturen

Im vorangehenden Unterkapitel wurde darauf hingewiesen, dass die Rus' im frühen 9. Jahrhundert etliche Waren aus dem südlichen Ostseebereich bezogen. Die Geografie und Chronologie der Dirhemfunde lassen besonders die Region um das Emporium von Janów Pomorski hervortreten. Am Drausensee (bei Elbing) ist bereits im späten 8. bis zum frühen 9. Jahrhundert ein skandinavischer Seehandelsplatz entstanden.[106] Aller Wahrscheinlichkeit nach ist dieser Ort mit dem aus Wulfstans Bericht bekannten *port of trade* Truso identisch. Zahlreiche für Skandinavien charakteristische Artefakte – darunter verschiedene Fibeln, Spielsteine, silberne und goldene Fingerringe – bestätigen mit Nachdruck die starke Präsenz von Nordmännern (Teil II, Kapitel 1). Der polnische Archäologe Marek F. Jagodziński erkennt in der Siedlungsarchitektur Parallelen zu Haithabu bzw. Ribe und glaubt, dass hier ein dänischer Handels- und Machtposten bestand.[107] Andererseits gibt es Hinweise darauf, dass der Seehandelsplatz im frühen 9. Jahrhundert vor allem saisonal genutzt und der Austausch womöglich noch in Booten betrieben wurde. Wenn dies zutrifft, dann stellt sich die Frage, wo diese Dänen, die Janów Pomorski regelmäßig aufsuchten, herstammten. Der ungewöhnliche Reichtum an Dirhems in der Siedlung selbst wie in ihrem Hinterland – sowohl in Form von Depots als auch einzelnen Münzen bzw. Münzfragmenten – bei gleichzeitiger Fundarmut in Dänemark deutet in erster Linie auf die jütischen Siedler von Staraja Ladoga hin, die den Ort nutzten, um bei den pruzzischen und slawischen Bevölkerungsgruppen die begehrten Rohstoffe und Menschen zu ergattern. Doch wir dürfen nicht vergessen, dass ca. 8 km nordwestlich von Janów Pomorski, zum Beispiel auf dem Gräberfeld von Elbląg-Pole Nowomiejskie, Artefakte freigelegt wurden, die gotländische und upländische Herkunft nahelegen und teilweise bereits in das 8.-9. Jahrhundert datieren.[108]

Die überwiegend von den Abbasiden im Irak und Iran geprägten Dirhems, freilich ergänzt durch ältere sassanidische und ommayadische Beimischungen, strömten in die Region Ermland-Masuren und nach Pommerellen im frühen 9. Jahrhundert ein. Eine Reihe von Horten mit der Schlussmünze in den 810er/820er Jahren entstand in der Nähe des Emporiums. Die Entfernung zwischen den jeweiligen Schatzfundorten und Truso überschritt grundsätzlich nicht 110 km: Stegna liegt ca. 45 km nordwestlich von Janów Pomorski; Mokajmy-Sójki und Zalewo zwischen ca. 30 bzw. 40 km südlich; Braniewo rund 40 km östlich; und das am meisten entfernte Ramsowo etwa 110 km südöstlich (Tabelle 1). Vielleicht sollten wir hier auch den Fund Pommern IV berücksichtigen, dessen genaue Lokalisierung ungenau ist, der allerdings 55 orientalische Exemplare enthielt, von welchen die Schlussmünze in die Jahre 839/840 datiert. So gravitierten die Dirhemcluster um den kommerziellen Mittelpunkt schlechthin.

---

106 Marek F. Jagodziński, Wczesnośredniowieczna osada rzemieślniczo-handlowa w Janowie Pomorskim nad jeziorem Drużno – poszukiwane Truso? [Die frühmittelalterliche Handwerks- und Handelssiedlung in Janów Pomorski am Drausensee – das gesuchte Truso?], Elbląg 1988; Ders., Truso w świetle nowych odkryć. Uwagi na marginesie badań wczesnośredniowiecznej osady rzemieślniczo-handlowej w Janowie Pomorskim (gmina Elbląg) [Truso im Licht neuer Entdeckungen. Einige Bemerkungen zur Erforschung der frühmittelalterlichen Handwerks- und Handelssiedlung in Janów Pomorski (Gemeinde Elbing)], in: Archeologia Bałtyjska. Materiały z konferencji. Olsztyn, 24-25 kwietnia 1988 roku, hg. von Uniwersytet Warszawski u. a., Olsztyn 1991, S. 136-155; Ders., Truso. Między Weonodlandem a Witlandem [Zwischen Weonodland und Witland], Elbląg 2010.

107 Marek F. Jagodziński, The Settlement of Truso, in: Wulfstan's Voyage. The Baltic Sea Region in the Early Viking Age as Seen from Shipboard, hg. von Anton Englert / Athena Trakadas, Roskilde 2009, S. 182-197, hier S. 193; Mateusz Bogucki, Coin Finds in the Viking-Age Emporium at Janów Pomorski (Truso) and the „Prussian Phenomenon", in: Money Circulation in Antiquity, the Middle Ages and Modern Times. Time, Range, Intensity, hg. von Stanisław Suchodolski (unter Mitarbeit von Mateusz Bogucki), Warsaw-Cracow 2007, S. 79-108, besonders S. 83 f.

108 Ebd., S. 80, 83. Zu dänischen Kontexten in den ältesten Schichten von Staraja Ladoga siehe Duczko, Viking Rus (wie Anm. 79), S. 68, 71, 74; zu gotländischen und mittelschwedischen Artefakten bei Elbing Werner Neugebauer, Truso und Elbing, ein Beitrag zur Frühgeschichte des Weichselmündungsgebietes, in: Studien zur europäischen Vor- und Frühgeschichte, hg. von Martin Claus u. a., Neumünster 1968, S. 222-233, hier S. 224.

| Fundort | Schlussmünze des Fundes | Anzahl der Dirhems bzw. Dirhemfragmente |
|---|---|---|
| Zalewo | 811/812 | 40 |
| Stegna | 811/812 | 17 |
| Krasnołąka | 813/814 | 10 |
| Janów Pomorski I | 815/816 | 16 |
| Braniewo | 816/817 | 47 |
| Mokajmy-Sójki | 817/818 | 124 |
| Ramsowo | 828/829 | 336 |

Tabelle 1: Frühe Schatzfunde aus Janów Pomorski und seinem Hinterland[109]

Die einzigartige Stellung der Nordmänner aus Truso bei der Verteilung von Dirhems entlang der südlichen Ostseeküste illustrieren Einzelfunde, die innerhalb des Emporiums gemacht wurden. Bislang notieren wir 996 arabische Münzen bzw. Münzfragmente – eine Menge, die für den gesamten Ostseebereich der Wikingerzeit außerordentlich erscheint. Hinzu kommen 1.110 Normgewichte, die darauf hindeuten, dass die zahlreichen Dirhemfragmente abgewogen wurden.[110] An einem ähnlichen Seehandelsplatz ca. 500 km westlich von Truso, in Menzlin an der unteren Peene, legten die Archäologen gerade einmal 61 Münzen und nahezu dieselbe Zahl an Normgewichten frei.[111]

Die Geografie der Horte sowie die archäologischen Funde aus Janów Pomorski (näher Teil II, Kapitel 1) lassen die Schlussfolgerung zu, dass die primäre Funktion des Emporiums darin bestand, Dirhems bei der baltisch-pruzzischen und slawischen Bevölkerung des Hinterlandes gegen Rohstoffe, Korn, Salz und Felle einzutauschen, die die Bewohner Trusos wiederum entweder für eigene Zwecke verwendeten bzw. verarbeiteten oder über Staraja Ladoga weiter ins Kalifat ausführten. Archäologisch belegt sind Bernstein und Schwerter, die allerdings in dem Emporium etwas später (als im frühen 9. Jahrhundert) hergestellt wurden.[112] Die Masurische Seenplatte bot attraktive Jagdgebiete für Pelztiere, deren Felle – zum Beispiel des Bibers – besonders wertvoll waren. Nur am Rande ergibt sich, dass Biberfelle und Schwerter von Ibn Khordhadbeh unter den Waren aufgelistet werden, die die Rus' nach Bagdad transportierten (Unterkapitel 1.1.2.). Schließlich dürften Pferde und Sklaven eine Rolle gespielt haben. Der Wulfstan-Bericht hebt die erhebliche Bedeutung von ersteren hervor und schildert die gesellschaftlichen Landschaften im pruzzischen Hinterland wie folgt: *The above-mentioned Estland is*

109 Fundangaben in Tabellen beruhen, falls nicht anderweitig ausgewiesen, auf den Inventaren: FMP, Bde. 1-5.

110 Michał Auch u. a., Osadnictwo wczesnośredniowieczne na stanowisku Janów Pomorski 1 [Die frühmittelalterliche Besiedlung auf der Grabungsstelle Janów Pomorski 1], in: Janów Pomorski. Stan 1. Wyniki ratowniczych badań archeologicznych w latach 2007-2008, Bd. 1 (2): Od późnego okresu wędrówek ludów do nowożytności [Janów Pomorski. Stelle 1. Ergebnisse der Rettungsgrabungen in den Jahren 2007-2008. Von der Spätphase der Völkerwanderung zur Neuzeit], hg. von Mateusz Bogucki / Beata Jurkiewicz, Elbląg 2012, S. 23-232, hier S. 121.

111 Sunhild Kleingärtner, Die frühe Phase der Urbanisierung an der südlichen Ostseeküste im ersten nachchristlichen Jahrtausend, Neumünster 2014, S. 365-367.

112 Marcin Biborski u. a., Sword Parts from a Viking Age Emporium of Truso in Prussia, in: Waffen- und Kostümkunde. Zeitschrift für Waffen- und Kleidungsstücke 52 (2010), 1, S. 19-70.

*very large, and there is very many a town* [or stronghold], *and in each town there is a king... There is very much* [or great] *conflict between them.*[113]

Womöglich dienten die Konflikte unter den Pruzzen dazu, Menschen zu versklaven, die dann an die Skandinavier von Truso verkauft werden konnten. Folglich war es die Nachfrage nach Fellen, Bernstein, Sklaven, Schwertern und Pferden direkt in Staraja Ladoga oder indirekt im Kalifat selbst, die die treibende Kraft für den Einstrom von Dirhems an die südliche Ostseeküste darstellte.

Eine andere Frage ist, warum die Balten und Slawen im Hinterland von Truso arabische Münzen sammelten. Lassen wir noch einmal Wulfstan zu Wort kommen, der die Bestattungsrituale der pruzzischen Häuptlinge wie folgt beschreibt: *Then the same day that they wish to carry him to the funeral pyre, they then divide up his property* [or money], *what there is left over after the drinking and the entertainment, into five or six parts, sometimes into more, according to the amount of property there is.*[114]

Diese Passage deutet an, dass Silber (in Form von Münzen wie Schmuck) als Prestigegut galt und bei Potlatch-Festen Verwendung fand. Bei solchen Zeremonien verteilten die Aristokraten bzw. die Erben eines ranghohen Verstorbenen Geschenke, um ihren sozialen Status aufrechtzuerhalten und zu stärken. Die Redistribution von kostbaren Gütern innerhalb der einzelnen Clans oder zwischen ihnen ermöglichte somit die Festigung der gesellschaftlichen Beziehungen. Sie konnte aber eventuell zur Neuaushandlung von Hierarchien führen, wie Wulfstan am Beispiel eines mit Feierlichkeiten einhergehenden Pferderennens, dessen Sieger die wertvollsten Gegenstände bekam, durchblicken lässt. Die Rituale wurden oft von einer verschwenderischen Zerstörung der angehäuften Reichtümer begleitet, die eine gewisse Lässigkeit im Umgang mit Ressourcen demonstrieren sollte. Marcel Mauss zufolge lag die soziale Funktion der Potlatch-Feste darin, dem „[...] rivalisierenden Häuptling, der zugleich ein Verwandter [...] sein kann, den Rang abzulaufen".[115] Denn „[...] Geben heißt Überlegenheit beweisen, zeigen, daß man mehr ist und höher steht, *magister* ist; annehmen, ohne zu erwidern oder mehr zurückzugeben, heißt sich unterordnen, Gefolge und Knecht werden, tiefer sinken, *minister* werden."[116]

Der Kollaps der Silbernachfrage im Hinterland von Janów Pomorski in den 830er Jahren bedeutet folglich nicht unbedingt, dass diese Logik unterbrochen wurde, sondern dass der Markt für Prestige- und Potlatchgüter bereits nach einer Generation befriedigt werden konnte – da die im frühen 9. Jahrhundert angehäuften Dirhems ohnehin über einen längeren Zeitraum hinweg umliefen (Teil II, Kapitel 1).

Die Netzwerke der skandinavischen Gemeinschaft von Truso schlossen aber nicht nur das pruzzisch-slawische Umland des Emporiums ein, sondern bedienten auch den Transithandel. Dass Wulfstan – ein wahrscheinlich aus England stammender Seefahrer – über Haithabu nach Truso reiste, legt nahe, dass dieser Ort nicht nur für den Austausch mit der Region Pommerellen-Ermland-Masuren von Bedeutung war, sondern ein wichtiges Redistributionszentrum von Waren und Dirhems generell für die Fernhändler aus den westlich des Weichseldeltas gelegenen Handelsplätzen (unter anderem in Pommern, Mecklenburg-Vorpommern und Schleswig-Holstein) darstellte. Des Weiteren zeugen die Reste von Keramik aus Janów Pomorski, die

113 Der Originaltext mit Übersetzung und Kommentar in Janet Bately, Wulfstan's Voyage and his Description of Estland. The Text and the Language of the Text, in: Wulfstan's Voyage (wie Anm. 107), S. 1-28, hier S. 16.

114 Ebd., S. 16 und S. 24 f. (Kommentar zum Begriff „Geld").

115 Mauss, Die Gabe (wie Anm. 9, Kap. 1), S. 24.

116 Ebd., S. 170 f.

vorwiegend in Pommern und Mecklenburg-Vorpommern begegnet, von Kontakten mit Gesellschaften an der südwestlichen Ostseeküste.[117]

Den zahlreichen Einzelfunden von frühen Münzen in dem Emporium selbst sowie der relativ hohen Anzahl von Horten in seinem Hinterland nach zu urteilen, besaß Truso in den ersten Dekaden des 9. Jahrhunderts die Kapazität, als *nodal point*[118] des Dirhemhandels für Bevölkerungsgruppen aus den Siedlungen bzw. Burgwällen Bardy und Kędrzyno bei Kolberg, Menzlin, Ralswiek, Kap Arkona, Rostock-Dierkow oder Groß Strömkendorf/Reric zu fungieren. Folglich wäre davon auszugehen, dass mehrere der in Mittelpommern und Mecklenburg-Vorpommern vorkommenden und noch in der zweiten Hälfte des 9. Jahrhunderts zirkulierenden arabischen Silbermünzen in Janów Pomorski erworben wurden. Sie treten entweder in Form von Depots (z. B. Kretomino 808/809, Grzybowo 815/816, Trzebiatów – Umgebung 831/832, Karnice 867/868, Prerow-Darß 803, Rugard 815/816, Anklam 818/821, Ralswiek 842/847, Pinnow 862/863, Wieschendorf 850-892) oder als Streufunde auf. Doch die Anzahl letzterer ist in keiner dieser Regionen nur vergleichbar so hoch wie im Bereich Pommerellen-Ermland-Masuren.

Zudem können wir nicht ausschließen, dass die Nordmänner von Truso entlang der Weichsel den Westlichen Bug erreichten, um von dort direkte Kontakte mit den ostslawischen Siedlern am linken Ufer des Dnepr zu knüpfen, die wiederum den chasarischen Netzwerken zugeordnet werden können. Die Keramikscherben vom Typ Romny-Borševo aus dem Hafen und vor allem aus dem peripheren Teil des Handelsplatzes von Janów Pomorski sowie die bereits erwähnten Schatzfunde am oberen Pripjat (Horodyszcze) bzw. am oberen Bug (Josipyvka) würden solch eine Option zulassen (Unterkapitel 1.1.1.). Zu beachten ist überdies, dass die Keramik vom Typ Łuka Rajkowiecka sowohl in Janów Pomorski als auch in der Siedlung Drohiczyn-Sowa am mittleren Bug begegnet (und im Osten bis in den mittleren Dneprraum und vereinzelt das Dongebiet reicht).[119] Aus der letzteren Ortschaft stammt ein Dirhemhort mit der Schlussmünze um 870/871 oder 893/894 (Unterkapitel 1.1.1.). Dass die Fernhändler von Truso womöglich den unteren und mittleren Weichsellauf bereisten, zeigt das Depot aus Gzin-Kokocko bei Bromberg, knapp 170 km südwestlich von Janów Pomorski, das aus ca. 250-300 arabischen Prägungen bestand, von denen allerdings nur 19 bekannt sind (tpq. 862-866).[120] Ungeachtet dieser Befunde erscheinen direkte Handelsfahrten ins Khaganat eher vage.

In dem Emporium von Truso entdeckten die Archäologen nicht nur Dirhems, sondern auch westliche Münzen (jene aber nicht im Umland), die grundsätzlich zwischen ca. 650/750 und 860 emittiert wurden. Sie kommen aus Haithabu bzw. Ribe (Sceattas), Friesland, dem fränkischen Reich sowie aus England (Northumbria und Wessex).[121] Freilich fällt ihre Zahl – bislang 13 Exemplare – im Vergleich mit den etwa 1.000 Dirhems ziemlich mager aus.

Gleichwohl ist es sinnvoll, auf die Dynamik der westlichen Flanke der Netzwerke der skandinavischen Gemeinschaft von Janów Pomorski einzugehen. Die Herkunft der Münzen aus Dänemark, England und dem karolingischen Imperium zeigt eine starke Verbindung mit der Nordsee. Die allgemeine politische und sozioökonomische Entwicklung in Westeuropa wurde im 7. Jahrhundert von einer Verschiebung des Schwerpunktes im Merowingerreich nach Austrasien (im nordöstlichen Teil des Staates) geprägt. Im 8. Jahrhundert kam es unter den Karolingern zur Stabilisierung der Königsherrschaft und Ausweitung des fränkischen Machtbereichs. Diese Faktoren begünstig-

117 Auch u. a., Osadnictwo (wie Anm. 110), S. 96.

118 Zum Begriff siehe Sindbæk, Networks (wie Anm. 23, Kap. 2).

119 Auch u. a., Osadnictwo (wie Anm. 110), S. 98, 151.

120 FMP, Bd. 2: Pommern, Nr. 81.

121 Auch u. a., Osadnictwo (wie Anm. 110), S. 120; Bogucki, Monety wczesnośredniowieczne [Frühmittelalterliche Münzen], in: Janów Pomorski (wie Anm. 110), S. 30-39.

ten wiederum den wirtschaftlichen Aufschwung, der sich in der Intensivierung und Belebung der Handelsstraßen zwischen Rhein und Loire widerspiegelte und ebenfalls den Nordseeraum erfasste. Zur Handelsentwicklung trugen hier vor allem die Friesen bei, welche die Rhein-, Maas- und Scheldemündung beherrschten.[122] Ihr Austausch lief über Siedlungen wie Dorestad im Rheindelta oder Domburg auf der Insel Walcheren.[123] Die Franken, Angelsachsen, die selbst aktive Seefahrer waren, Sachsen und Skandinavier gehörten zu den wichtigsten Handelspartnern der Friesen. Das Aufkommen der anglo-friesischen Silbermünzen, der Sceattas, kündigt laut Eugen Ewig „ein Zusammenwachsen der Wirtschaftsräume im Umkreis der Nordsee" an.[124]

Die aus dem 8. Jahrhundert stammenden Sceattas, die in Dänemark – vor allem in der Handelssiedlung Ribe – gefunden wurden, zeigen, dass die Friesen ziemlich früh mit den jütischen Küsten in Verbindung standen.[125] Die in dem Emporium Dorestad bislang entdeckten mindestens 375 Münzen – sowohl die Sceattas als auch die karolingischen Denare – können als ein wichtiges Barometer der Handelsaktivitäten dienen. Demnach fand ein erster Höhepunkt zwischen 790 und 810 statt. Ein kurzer Abschwung setzte nach 814 ein, der Handel stabilisierte sich aber zwischen etwa 820 und 840 auf einem noch höheren Niveau als an der Schwelle zum 9. Jahrhundert. Ein steiler Abstieg folgte um 840, der Kollaps in den 850er/860er Jahren.[126] Diese Entwicklung korrespondierte mehr oder weniger mit den Wikingerüberfällen auf Dorestad in den Jahren 834, 835, 836, 837, 846, 857 und 863.

Andererseits konnte die Herausbildung herrschaftlicher Strukturen in Dänemark die Emission früherer Nachprägungen der karolingischen Dorestad-Denare in Haithabu (808?-825) bzw. Ribe (nach ca. 825) vorangetrieben haben.[127] Sie war von der Zerstörung des Handelsemporiums Reric und der Verschleppung der dortigen Kaufleute nach Haithabu durch den Dänenkönig Godfred im Jahr 808 sowie seinem Überfall auf Friesland zwei Jahre später, bei dem er einen Tribut in Höhe von zumindest 100 Pfund Silber erzwang,[128] begleitet. Vor diesem Hintergrund liegt auf der Hand, dass diese friesisch-dänischen Vernetzungen in der ersten Hälfte des 9. Jahrhunderts Handelsfahrten nach Truso begünstigten und das Vorkommen westlicher Prägungen ebenso wie aus dem karolingischen Reich stammender Amphoren (in denen Wein transportiert werden konnte) und „fränkischer" Schwertknäufe dort erklären würden. Andererseits deutet nichts darauf hin, dass arabische Silbermünzen über den ostseeslawischen Bereich hinausgelangten und den Nordseeraum erfassten.

122 Zu den politischen, gesellschaftlichen und ökonomischen Voraussetzungen im Merowingerreich: Eugen Ewig, Die Merowinger und das Frankenreich, Stuttgart 1988.

123 Herbert Jankuhn, Haithabu. Ein Handelsplatz der Wikingerzeit, Neumünster 1986, S. 17-40.

124 Ewig, Die Merowinger (wie Anm. 122), S. 177. Grundsätzlich Richard Hodges, Dark Age Economics. The Origins of Town and Trade, 600-1000, London-New York 1982 und Michael McCormick, Origins of the European Economy. Communications and Commerce A.D. 300-900, Cambridge-New York 2001.

125 Michael Müller-Wille, Archäologischer Import im Umkreis von Haithabu, in: Die Niederlande und der europäische Nordosten. Ein Jahrtausend weiträumiger Beziehungen (700-1700), hg. von Hubertus Menke, Neumünster 1992, S. 29-50, besonders S. 39; Per Kristian Madsen, Ribe und der Westen. Archäologische Zeugnisse des 8.-11. Jahrhunderts, in: Ebd., S. 73-90.

126 Vgl. Simon Coupland, Carolingian Single Finds and the Economy of the Early Ninth Century, in: The Numismatic Cronicle 170 (2010), S. 287-319, hier Diagramm 1 auf S. 288, S. 289 und Diagramm 15 auf S. 302; Ders., Trading Places. Quentovic and Dorestad reassessed, in: Early Medieval Europe 11 (2002), S. 209-232; Jankuhn, Haithabu (wie Anm. 123), S. 34.

127 Malmer, South Scandinavian Coinage (wie Anm. 22, Kap. 2), S. 13-27; Gareth Williams, Silver Economies, Monetisation and Society. An Overview, in: Silver Economies (wie Anm. 19, Kap. 2), S. 337-372, hier S. 345.

128 Annales Regni Francorum, in: Quellen zur Karolingischen Reichsgeschichte, Teil 1, hg. von Reinhold Rau, Darmstadt 1955, S. 9-155, hier S. 88 f. (Überfall auf Reric); S. 94 f. (Überfall auf Friesland).

Aus der Zeit nach 830 sind Münzhorte im breiten Hinterland von Janów Pomorski äußerst selten. Bislang ist nur der aus 22 Dirhems bestehende Fund Gdańsk – Umgebung II (tpq. 849/850) bekannt.[129] Da unter den in der Region Ermland-Masuren entdeckten Schätzen der jüngste Dirhem das Prägedatum 828/829 (s. Tabelle 1) aufweist, während in Truso selbst vereinzelt noch Prägungen aus der Zeit von ca. 830 bis ca. 870 (Teil II, Kapitel 1) begegnen, ist davon auszugehen, dass der Rückgang der Nachfrage nach Edelmetallen im Umland dem endgültigen Einbruch des Münzeinstroms nach Truso vorausging. Kommerzielle Schwankungen im Fernhandel scheinen hier mit strukturellen Entwicklungen innerhalb der pruzzischen und slawischen Gesellschaften zusammengefallen zu sein. Zudem fand seit den 830er Jahren eine massive Verschiebung der Silberströme statt: weg von Janów Pomorski hin nach Skandinavien, vorwiegend nach Gotland. Die steigende Anzahl von Depositen in Schweden und der Einzelfunde in den Handelsemporien Birka, Kaupang, Uppåkra, aber auch Paviken und Haithabu deutet darauf hin, dass im Ostseeraum neue Netzwerke an Bedeutung gewannen, die die Fernhändler von Truso wegkonkurrierten und den Silbertransfer nach Norden umleiteten. Der Dirhemeinstrom nach Ermland-Masuren ging also bereits nach ein bis zwei Generationen zu Ende.

Wie können wir diesen strukturellen Wandel erklären? Um diese Frage zu beantworten, sind sowohl endogene als auch exogene Faktoren zu beachten. Oben wurde bereits darauf hingewiesen, dass Wulfstan zahlreiche Konflikte zwischen pruzzischen Häuptlingen erwähnt. Unklar bleibt, ob sie als Folgen der Interaktionen mit den Skandinaviern von Truso zu deuten sind und vielleicht von der Nachfrage derselben nach Sklaven angetrieben wurden, oder ob hier innere politische, ökonomische, demografische, ökologische und gesellschaftliche Veränderungen ausschlaggebend waren. Die zuletzt erwähnten Faktoren scheinen zum Beispiel in Pommern und Mecklenburg-Vorpommern eine Rolle gespielt zu haben, wo im ausgehenden 9. Jahrhundert eine Transformation von großen befestigten Siedlungen zu kleineren Ringwällen stattgefunden hat.[130] Es ist wahrscheinlich kein Zufall, dass Funde „fränkischer" Schwerter, die im späten 9. und 10. Jahrhundert hergestellt wurden, sich nun im baltischen Raum häufen.[131] Das Silber scheint durch die technologisch fortgeschrittenen Waffen der Wikingerzeit abgelöst worden zu sein. Generell sollten wir nicht verkennen, dass der Einstrom von Dirhems in pruzzische oder westslawische Siedlungen reduziert werden konnte, weil einerseits die Märkte für Prestige- und Potlatchgüter zu einem bestimmten Zeitpunkt bereits befriedigt waren und weil andererseits lokale Häuptlinge erkannten, dass der Überfluss an Edelmetallen die bestehenden Gesellschaftsstrukturen sprengt, indem er die Autarkie einer Gemeinschaft bedroht. In diesen Zusammenhang gehört womöglich die bewusste Entfernung von Edelmetallen aus dem Umlauf, um das Prestige durch die begrenzte Zirkulation von wertvollen Gegenständen zu schützen (siehe Gotland in Unterkapitel 1.2.7.); all diese Varianten übrigens schließen einander nicht aus. In der Folge jedenfalls hätten die Dirhemsammler aufgehört, Münzen einzutauschen.

Auf der anderen Seite haben wir genug Indizien für Raub- und Beutezüge der Wikinger im südlichen Küstenbereich der Ostsee. Die Vita Anskarii berichtet, dass dänische Gruppen, die mit dem zwischen 845 und 849 in Birka erhobenen Tribut nicht zufrieden waren, einen slawischen Burgwall überfallen und dort *reiche Beute*, darunter *viele Schätze*, gemacht hätten.[132] Im Jahr 852 versuchten

129 FMP, Bd. 2: Pommern, Nr. 62.

130 Łosiński, W sprawie (wie Anm. 4, Kap. 2), S. 299.

131 Heiko Steuer, Der Handel der Wikingerzeit zwischen Nord- und Westeuropa aufgrund archäologischer Zeugnisse, in: Untersuchungen (wie Anm. 18, Kap. 2), S. 113-197, hier S. 154, 157.

132 Rimberts Vita Anskarii, in: Quellen des 9. und 11. Jahrhunderts zur Geschichte der hamburgischen Kirche und des Reiche, hg. von Rudolf Buchner / Werner Trillmich, Darmstadt 1973, S. 15-133, hier S. 62 f.

die Dänen, die Kuren im heutigen Lettland und Litauen auszuplündern, wurden jedoch besiegt.[133] Kurz darauf suchte der schwedische Warlord Olaf dieselben Kuren heim und, im Gegensatz zu den dänischen Wikingern, konnte sie bezwingen. Der Vita Anskarii zufolge legte Olaf ihnen einen Tribut in Höhe von 7.500 Pfund Silber auf, ein Äquivalent von 500.000 Dirhems.[134] Selbst wenn wir diese Summe für unglaubwürdig halten, illustriert diese Geschichte, dass die Nordmänner Slawen und Balten angriffen, um Beute zu machen – darunter in Gestalt von Silber.

Die Anwendung von Gewalt spiegeln womöglich archäologische Befunde wider. In Potzlow, knapp 100 km südlich von dem Seehandelsplatz Menzlin entfernt, wurde ein großer slawischer Burgwall freigelegt, der eine Fläche von 360 mal 230 Metern umfasste. Felix Biermann zufolge suggerieren Brandspuren an den Wällen sowie viele menschliche Knochen, meist Kalotten- und Kieferteile, zudem eine Schädelbestattung, und Militaria ebenso wie ein Dutzend Dirhems vom späten 8. bis ins 10. Jahrhundert in den Gruben und Kulturschichten der Befestigung, dass slawische Häuptlinge in die benachbarten Gebiete einfielen und dort Menschen erbeuteten, um sie dann an der Küste an die Skandinavier zu verkaufen.[135] Genauso gut konnten es aber die Wikinger selbst gewesen sein, die derartige Sklavenjagden unternahmen.

Bei alledem dürfen wir jedoch nicht vergessen, dass Brandspuren mitsamt Pfeilspitzen, die auf eine äußere Gewalteinwirkung hindeuten, in Janów Pomorski/Truso erst aus dem 10. und 11. Jahrhundert stammen.[136] Demnach führte eher die massiv zunehmende Nachfrage nach Edelmetallen in Skandinavien zu einer Umleitung der Dirhemflüsse von Nordrussland nach Gotland und Festland-Schweden und bewirkte somit eine deutliche Verringerung der Münzzufuhr in den südlichen Küstenbereich der Ostsee. Diese Umkehrung hing wiederum mit Verschiebungen in den 830er/840er und dann 860er/870er Jahren zusammen, in deren Folge jeweils neue Einwanderergruppen aus Skandinavien die Kontrolle über Staraja Ladoga erlangten und anderen Akteuren den Zugang zu dem dort existierenden Umschlagplatz offensichtlich einschränkten, schlussendlich gänzlich verwehrten (Unterkapitel 1.1.4.).

Zusammenfassend ist festzuhalten, dass die Nordmännergemeinschaft von Janów Pomorski/Truso im frühen 9. Jahrhundert Silbernetzwerke aufbaute, die sowohl die Region Pommerellen-Ermland-Masuren als auch die Siedlungen im südwestlichen Ostseebereich in die Dirhemverteilung einbezogen. Der konzentrische Regionalhandel mit den baltischen und slawischen Bewohnern des Umlandes ging jedoch bereits nach einer Generation zu Ende, der Transithandel entlang der Küste scheint hingegen noch zumindest weitere 30 Jahre überdauert zu haben (Teil II, Kapitel 1). Ältere Münzen, die in den Ostseeraum in den ersten Jahrzehnten des 9. Jahrhunderts eingeströmt waren, zirkulierten also weiter und wurden nun nach Bardy und Kędrzyno (bei Kolberg), in die Gegend von Danzig oder nach Menzlin reexportiert. Vielleicht gelangte das Silber aus dem Schatz von Ralswiek, der mit 2.200 Dirhems und einem Fragment des sog. Permer Ringes den größten Fund im östlichen Europa aus der Zeit vor 850 (tpq. 842/847) darstellt, über Truso auf die Insel Rügen – bestand doch ein Gutteil der in ihm befindlichen Münzen (ca. 1.800 Exemplare), wie in dem Hafen von Janów Pomorski, aus Bruchstücken (zum Kontext Unterkapitel 1.1.4.).

133 Ebd., S. 94 f.

134 Ebd., S. 94-99.

135 Felix Biermann, Neue völkerwanderungs- und slawenzeitliche Münzfunde aus Brandenburg und ihre wirtschaftsgeschichtliche Aussage, in: Economies (wie Anm. 14, Kap. 2), S. 223-235, hier S. 227 f.

136 Einige Autoren führen den Untergang von Truso auf die Expansion der Piasten zurück. Vgl. Mateusz Bogucki, Viking Age Emporia around the Baltic Sea – a cul-de-sac of the European Urbanization?, in: Making a Medieval Town. Patterns of Early Medieval Urbanization, hg. von Andrzej Buko / Mike McCarthy, Warsaw 2010, S. 151-165, hier S. 162 mit weiteren Literaturhinweisen.

Nichtsdestotrotz konnte kein Seehandelsplatz dieser Zuflussphase eine nur annähernd derartig dominante Stellung im Silberhandel einnehmen wie Truso. Die wenigen Schatz- und Einzelfunde im weiten Hinterland der kommerziell angelegten Siedlungen von Kolberg (Karnice 867/868), Menzlin (Pinnow 862/863) oder Groß Strömkendorf (mit dem knapp 50 km westlich lokalisierten Hort von Wieschendorf 850-892) sind über mehrere Regionen zerstreut und spiegeln schlussendlich die multizentrische Logik unterschiedlicher Akteure wider.

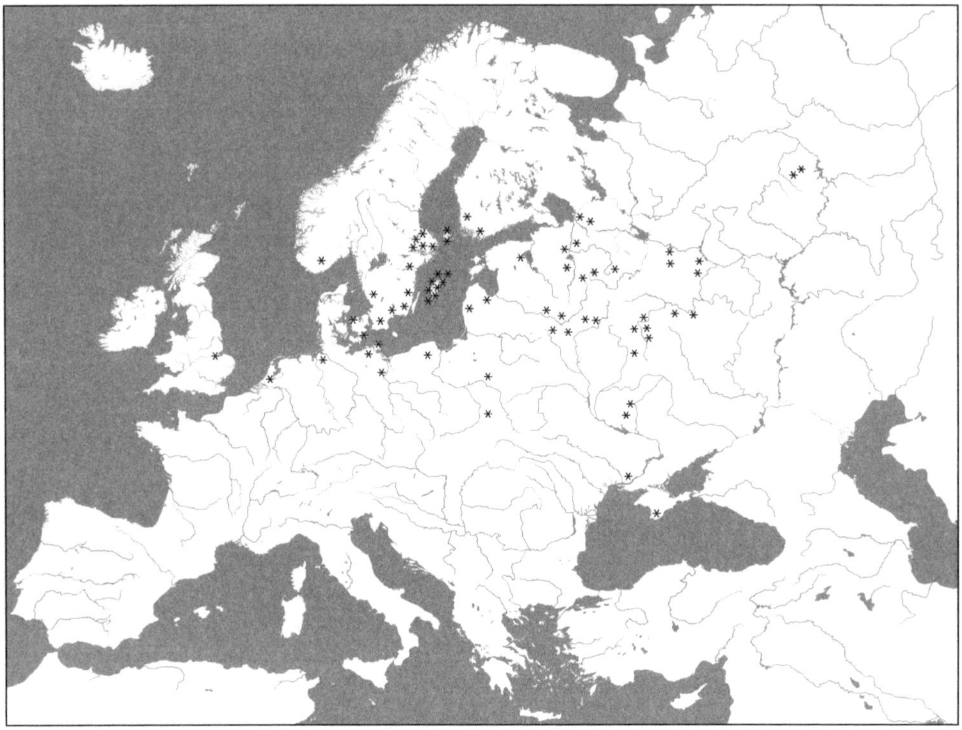

Karte 4: Schatzfunde von mindestens 10 Dirhems aus der Zeit von ca. 840 bis ca. 900

### 1.1.4. Die Netzwerke der Gotländer und Festland-Schweden: Kompetenztransfer und Transithandel versus Raub- und Beuteökonomie

Die Skandinavier, die sich in Staraja Ladoga niedergelassen hatten, brachen die Kontakte mit ihren Heimatländern nicht ab. Zwischen Nordrussland und Gotland bzw. Uppland existierten starke Verbindungen, die ein breites Spektrum an persönlichen Beziehungen von verschiedenen Clans und Häuptlingen wie von Händlern und mobilen Handwerkern beinhalteten.[137] Es ist nicht ausgeschlossen, dass letztere sich in Staraja Ladoga temporär aufhielten und dem Schmiedegewerbe, der Herstellung von Glas- und Bernsteinperlen bzw. der Verarbeitung von Geweih nachgingen. Die Erzeugnisse waren allesamt entweder für die Bewohner des Handelsplatzes oder die benachbarten baltischen und finnougrischen Bevölkerungsgruppen bestimmt, die im Tausch Pelze lieferten, die die Nordmänner wiederum gegen Silbermünzen eintauschen konnten.

137 Grundsätzlich Duczko, Viking Rus (wie Anm. 79); außerdem Vierck, Ein Schmiederplatz (wie Anm. 79).

Auf Gotland entstand bereits im 8.-9. Jahrhundert eine Reihe von Seehäfen und Handelsplätzen, die vielfältige kommerzielle und handwerkliche Aktivitäten entwickelten. Zu einem der größten gehörte Paviken.[138] Weniger bekannt hingegen ist der in jüngerer Zeit entdeckte Siedlungskomplex von Ridanäs/Fröjel, in dessen Nähe zwei in der Wikingerzeit benutzte Friedhöfe freigelegt wurden. Isotopische Analysen ergaben, dass einige Bestattete aus Mittel- und Nordschweden oder Norwegen stammten.[139] Es ist aber davon auszugehen, dass in dieser Phase vorwiegend die Insulaner Nordrussland aufgesucht und Dirhems importiert haben. Das indiziert – neben den Münzdepots – der in die zweite Hälfte des 8. Jahrhunderts datierte Kasten mit Schmiedewerkzeugen aus Staraja Ladoga, der Parallelen zu einem gotländischen Fund aufweist.[140]

Der Transfer technologischer Kompetenzen stellte allerdings nicht die einzige Interaktionsform der gotländischen Netzwerke im Ostseeraum dar. Einige Dirhems wurden als Zahlungsmittel verwendet, mit dem die Nordmänner Waren von der südlichen Ostseeküste – nicht zuletzt Bernstein und Waldprodukte – bezahlten. Darauf verweisen sowohl die frühen Keramikscherben vom Feldberger Typ,[141] die auf Gotland und im uppländischen Birka freigelegt wurden, als auch die ähnliche Struktur einiger Dirhemfunde von der Insel und aus Mecklenburg-Vorpommern. In den Depots von Anklam (818/821) und Visby (816/817) beispielsweise liegt der Anteil nordafrikanischer Münzen bei 40 bzw. 24 Prozent, wohingegen Horte aus der Region Ermland-Masuren diesbezüglich kaum über die 10-Prozent-Marke hinausgehen.[142]

Dass der einigermaßen konstante Zustrom von Dirhems nach Gotland zuerst ziemlich überschaubar blieb, zeigt der Inhalt einer Reihe von frühen Funden: Ockes (813) elf Dirhems; Visby (816/817) 21; Norrgarda-Norrbys I (818/819) 27; und schließlich Prästgarden (824/825) 65. Der erste größere bislang bekannte Schatz erscheint in Väsby (Uppland) und umfasst mindestens 128 arabische Prägungen (825/826-832/833). Väsby lag auf dem Wege zwischen dem Emporium von Birka und dem Machtzentrum in Uppsala. Birka, lokalisiert auf der kleinen Insel Björkö auf dem Mälarsee, gehörte zu den größten Seehandelsplätzen der Ostsee seit der ersten Hälfte des 9. Jahrhunderts.[143] Möglich ist jedoch, dass sich die dortige Gemeinschaft zunächst auf den Austausch mit Westeuropa konzentrierte und die kommerziellen Kontakte mit Staraja Ladoga erst nach 850 ausbaute. Darauf verweist die Verbreitung karolingischer Denare aus der ersten Hälfte des 9. Jahrhunderts sowie ihrer dänischen Nachprägungen in Mittelschweden. Außerdem tauchen solche Münzen in Südschweden, Südnorwegen, Dänemark sowie vereinzelt an der südlichen Ostseeküste auf – insgesamt freilich ist ihre Anzahl im Vergleich mit den Dirhemfunden ziemlich gering.[144] Die Ausgrabungen in Birka zeigen, dass die Interaktionen mit Westeuropa

138 Per Lundström, Paviken bei Västergarn, in: Society and Trade in the Baltic during the Viking Age, hg. von Sven-Olof Lindquist / Birgitta Radhe,Visby 1985, S. 265-269.

139 Emily M. Peschel u. a., Who resided in Ridanäs? A Study of Mobility on a Viking Age Trading Port in Gotland, Sweden, in: Journal of Archaeological Science: Reports 13 (2017), S. 175-184.

140 Vierck, Ein Schmiederplatz (wie Anm. 79).

141 Sebastian Brather, Feldberger Keramik und frühe Slawen. Studien zur nordwestdeutschen Keramik der Karolingerzeit, Bonn 1996, Karte 119 auf S. 164; Heiko Steuer, Die Ostsee als Kernraum des 10. Jahrhunderts und ihre Peripherien, in: Siedlungsforschung 22 (2004), S. 59-88, hier Karte auf S. 82.

142 Adamczyk, Silber und Macht (wie Anm. 16, Kap. 1), S. 53 f., Tab. 25.

143 Holger Arbman, Birka 1: Die Gräber. Text, Stockholm 1943; Björn Ambrosiani / Howard Clarke, Birka and the Beginnings of the Viking Age, in: Studien zur Archäologie des Ostseeraumes. Von der Eisenzeit zum Mittelalter. Festschrift für Michael Müller-Wille, hg. von Anke Wesse, Neumünster 1998, S. 33-38.

144 Jahnkuhn, Haithabu (wie Anm. 123), Karte auf S. 174; Ralf Wiechmann, Hedeby and its Hinterland. A Local Numismatic Region, in: Silver Economy (wie Anm. 22, Kap. 2), S. 29-48. Zum Kontext vgl. Dariusz Adamczyk, Handel fryzyjsko-frankoński, ekspansja wikingów a kwestia napływu kruszców

(wie mit den westslawischen Siedlungen) im 9. Jahrhundert eine wichtige Rolle spielten.[145] Ebenfalls die Vita Anskarii bestätigt starke Verbindungen zwischen den Handelssiedlungen Dorestad, Hamburg, Haithabu und Birka in der ersten Hälfte des 9. Jahrhunderts.[146]

Die Chronologie der Dirhemdepots in Skandinavien (Tabelle 2) weist darauf hin, dass der Silberzustrom dorthin ab ca. 835-840 deutlich zunahm und womöglich mit Verschiebungen zusammenhing, die die Herausbildung neuer Machtkonstellationen in Staraja Ladoga hervorgerufen hatte (Unterkapitel 1.1.2.). Dieser Prozess könnte an diesem Ort die Nachfrage nach nordischen Know-how-Produkten, darunter Waffen und Metallerzeugnissen, generiert und „frische" Handwerkergruppen angelockt haben. Aus der Zeit von 833/834 bis 843/844 – den Schlussmünzen der jeweiligen Horte folgend – sind zehn Schätze bekannt, von denen sieben auf der Insel Gotland lokalisiert wurden. Ein Depot stammt aus Uppland, während zwei Funde auf Finnland entfallen (Festland bzw. Ålandinseln).[147] Sie deuten an, dass die Gotländer oder Svear (Uppländer) nun einige Regionen im östlichen und nördlicheren Skandinavien in ihre Netzwerke einbezogen haben. Sundveda in Uppland (843/844) und Ocksarve auf Gotland (840/841) mit jeweils 482 bzw. 437 Münzen gehören zu den größten Horten dieser Phase in Skandinavien.

Warum aber fand die Verschiebung des Fernhandels weg vom Frankenreich hin zu Staraja Ladoga statt? Der zentrale Unterschied zwischen dem arabischen Handel und dem friesisch-fränkisch-sächsischen Austausch mit den Ostseegesellschaften bestand darin, dass letzterer mit nur wenig Silber abgewickelt wurde. Warum waren die Edelmetalle so wichtig? Das Silber konnte nach Bedarf in kleinere Stücke zerhackt und zu Schmuck verarbeitet oder in Barren eingeschmolzen werden. Man konnte es vergraben und dann ohne Wertverlust ausgraben. Das Silber spiegelte den gesellschaftlichen Status des Besitzers wider und hatte magische Funktionen. Mit Silber konnten die Eliten neue Gefolgsleute gewinnen. Der Zufluss arabischer Münzen bereits im frühen 9. Jahrhundert stimulierte somit nicht nur die Entwicklung regionaler Märkte in der „Barbaricum"-Zone, in der damals keine eigenen Silbervorkommen bekannt und erschlossen waren, sondern begann auch die Machtverhältnisse zu beeinflussen. Als seit den 840er Jahren immer größere Mengen von Dirhems nach Osteuropa flossen und unter den Ostseeanrainern die Begehrlichkeiten weckten, intensivierte sich die Expansion der Wikinger ins russische Binnenland. Je mehr Edelmetalle ein nordischer Häuptling besaß und somit mehr Gefolgsleute anzulocken vermochte, desto stärker gerieten seine Konkurrenten unter Druck, dasselbe zu tun. Dieser Mechanismus hat eine Dynamik erzeugt, der sich die Machtzentren im Norden nicht entziehen konnten. Folgerichtig: Das, was die Gotländer und Svear oder die Dänen und Norweger durch den Handel nicht bekommen konnten, erreichten sie jetzt auf anderen Wegen: erstere im Osten und im Ostseeraum, letztere im Westen. Die Silberströme aus dem Kalifat wirkten also indirekt ebenfalls auf das Verhältnis zwischen Skandinavien und dem Frankenreich ein.

---

do strefy bałtyckiej w IX wieku [Der friesisch-fränkische Handel, die Expansion der Wikinger und die Frage des Zustroms von Edelmetallen in den Ostseeraum im 9. Jahrhundert], in: Średniowiecze polskie i powszechne [Polnisches und allgemeines Mittelalter] 2(6), hg. von Idzi Panic / Jerzy Sperka, Katowice 2010, S. 67-81. Zur Chronologie der Einzelfunde von Dirhems in Birka vgl. Bogucki, Coin Finds (wie Anm. 107), Diagramm auf S. 95.

145 Björn Ambrosiani, Birka im 10. Jahrhundert unter besonderer Berücksichtigung der Ostverbindungen, in: Europa im 10. Jahrhundert. Archäologie einer Aufbruchszeit, hg. von Joachim Henning, Mainz 2008, S. 227-235, hier S. 228.

146 Rimberts Vita Anskarii (wie Anm. 132), S. 40 f., 80 f.

147 Adamczyk, Silber und Macht (wie Anm. 16, Kap. 1), Tab. 42, Nr. 4 und 5.

Eine regelrechte „Explosion" des arabischen Dirhemzuflusses setzte schließlich in den 860er/870er Jahren ein. Während bislang sieben Schatzfunde aus den 850er Jahren bekannt sind, schnellt die Zahl der Horte zwischen 860 und 877 auf 20 hoch. In den drei Jahrzehnten von 850 bis 880 erweiterte sich zugleich der geografische Radius der Silberzirkulation. Einbezogen wurden derweil Västergötland, Gästrikland, Östergötland, Småland, Södermanland, Öland und Südnorwegen. Dabei entstanden in den 860er/870er Jahren enorm große Schätze: Der Fund von Eskedalen in Småland (864/865) enthielt 2.001 Dirhems, und die Depots von Spillings bei Slite (tpq. 867 und 870/871), die in einem Gebäude verborgen wurden, bestanden insgesamt aus knapp 14.300 Münzen (überwiegend Dirhems, aber vereinzelt auch Halbbrakteaten und byzantinischen Prägungen), 486 Arm- und Halsreifen, etwa 80 Barren, 25 Fingerringen sowie etlichen Schmuckbruchstücken – insgesamt 67 kg Edelmetall. Einige Arm- und Halsringe haben gotländische Handwerker angefertigt, andere wiederum weisen Analogien zum südskandinavischen und schottisch-irischen Raum auf. Hinzu kamen etwa 20 kg Bronzeobjekte, die zumeist baltischer Herkunft waren.[148] Es ist eine auffallende Koinzidenz, dass große Horte mit einer Schlussmünze zwischen ca. 865 und 875 vermehrt ebenfalls in Nordrussland und dem mittleren Volgagebiet auftreten, Regionen also, die zu jener Zeit von den Wikingern kontrolliert wurden: Baevo/Sobolevo 862/863 (2.000 Dirhems), Šumilovo 870/871 (1.326), Ljubyni 873/874 (2.361), Bol'šoe Timerevo I 865/866 (2.761) und Bol'šoe Timerevo II 867/868 (1.500) (Unterkapitel 1.1.2.).

| Zeitraum nach der Schlussmünze | Fundzahl |
|---|---|
| 813-825/826-832/833 | 5 (davon 4 Gotland; 1 Festland-Schweden) |
| 833/834-843/844 | 10 (davon 7 Gotland; 1 Festland-Schweden) |
| 850/851-857/858 | 7 (davon 1 Gotland; 4 Festland-Schweden) |
| 859/860-877 | 20 (davon 13 Gotland; 5 Festland-Schweden) |
| 880/881-896/897 | 10 (davon 7 Gotland; 2 Festland-Schweden) |

Tabelle 2: Anzahl der Schatzfunde in Schweden, Finnland und Norwegen aus dem 9. Jahrhundert

Wie lässt sich dieser massive Einstrom von Silber deuten? Geht er auf den Wandel von auf Kompetenztransfer und Transithandel beruhenden Netzwerken hin zu einer Thalassokratie zurück? Peter Sawyer erklärt die zahlreichen Dirhemfunde, vor allem auf Gotland, durch Beutezüge, Erpressungen und Tribute, die die Wikinger unter anderem in Ladoga erhoben haben sollen.[149] Wenn wir die Nachricht der „Povest' vremennych let" wörtlich nehmen, dass die *Varäger von jenseits des Meeres* von den Stämmen Nordrusslands Abgaben eintrieben, dann erschiene seine These plausibel. Es sei auf eine Passage des „Načalnyj svod" verwiesen, der zufolge diese Tribute in

148 The Spillings Hoard – Gotlands Role in Viking Age World Trade, hg. von Ann-Marie Pettersson, Lund 2009; Gert Risplnig / Jonas Rundberg, Sebou – ny myntort i Spillingsskatten, in: Svensk Numismatisk Tidskrift 5 (September 2008), S. 104 f.; Monica Golabiewski Lannby / Gert Rispling, Östersjö – seminarium om Spillingsskatten – världens största vikingatida silverskatt, in: Ebd., S. 106 f.; Jan Peder Lamm, Two Large Silver Hoards from Ocksarve on Gotland. Evidence for Viking Period Trade and Warfare in the Baltic Region, http://mycoinpage.com/SCA/ArmRings/SilverHoardsFromGotland.pdf (Zugriff am 25.10.2009); Ola Korpås u. a., The recently found hoards from Spillings farm on Gotland, Sweden, in: Viking Heritage Magazine 4 (2000), S. 6-8.

149 Peter Sawyer, Kings and Vikings. Scandinavia and Europe AD 700-110, London 1982, S. 5, 125 ff.

Form von Fellen und vielleicht auch Silbermünzen erfolgten.[150] Die oben erwähnten Schatzfunde von Spillings, die mit Abstand zu den größten der Wikingerzeit gehören, könnten auf beeindruckende Weise solch eine Tributbeute widerspiegeln. Allerdings weist die Nestorchronik ausdrücklich darauf hin, dass Rjurik sich in Nordrussland samt seiner Sippe niederließ. Das würde bedeuten, dass er den Gotländern selbst einen Tribut entrichten musste. Die Tatsache, dass in Schweden und insbesondere auf Gotland mehrere Dirhemhorte in den 850er, 880er und 890er Jahren – also zu einer Zeit, aus der in Russland sehr wenige Schatzfunde stammen – vergraben wurden, könnte die These von einer gründlichen Ausraubung der Ladogaregion unterstützen. Sie könnte aber genauso gut andeuten, dass die Wikinger selbst ins russische Landesinnere vorstießen und das Edelmetall nach Skandinavien transferierten. Aus der Zusammensetzung der skandinavischen und russischen Silberfunde von ca. 870 bis ca. 900 geht hervor, dass sie sich von den entsprechenden Horten aus der islamischen Welt deutlich unterscheiden.[151] Die schwedischen Depots aus den 870er Jahren ähneln jedoch stark den russischen Schätzen, was zunächst einmal die Schlussfolgerung zulässt, dass die Wikinger die begehrten Münzen von den einheimischen Bevölkerungsgruppen erpressten. Die schwedischen Funde aus den 880er und 890er Jahren weisen wiederum einen größeren Anteil an neuen Dirhems auf als ihre Pendants in Russland. Das bedeutet, dass die Nordmänner aus Schweden zwischen ca. 880 und ca. 900 die Silbermünzen direkt bei den chasarischen bzw. volgabulgarischen Handelsmittlern erworben und mit den älteren Prägungen vermischt haben müssen. Welche Rolle dabei die Rus' – also die bereits in Russland lebenden Skandinavier – spielten, bleibt unklar. Es kann aber als gesichert gelten, dass einige Wikingergruppen direkt aus dem Norden kamen und von Ladoga bzw. der Gorodišče-Siedlung aus in das osteuropäische Tafelland vorstießen. Sie partizipierten vermutlich an den Tributerhebungen der Rus' und führten gemeinsame Sklavenjagden durch; Felle und Menschen tauschten sie dann bei den Volgabulgaren/Chasaren gegen Silbermünzen ein. Die Transformation der Logik der skandinavischen Netzwerke hin zu einer Raub- und Beuteökonomie und der Wandel der Geflechte der Rus' vom interkontinentalen Fernhandel zum Raub- und Tributsystem bildeten folglich zwei Seiten derselben Medaille.

Die Vita Anskarii listet vier Beispiele aus dem Zeitraum von 845/849 bis 852/853 auf, die bestätigen, dass die Wikinger Beutezüge im südlichen Küstenbereich der Ostsee unternahmen.[152] Ein Bericht bezieht sich auf die Schweden. Nachdem ein dänischer Überfall auf die Kuren gescheitert war, erschien dort kurz danach (852/853) der Svear-Kleinkönig namens Olaf (Unterkapitel 1.1.3.). Er soll von jedem der 15.000 Krieger in der Burg Apulia (Litauen) ein halbes Pfund, also mindestens 100 g Silber, erhalten haben.[153] Wie oben erwähnt, enthielten die gotländischen Schatzfunde von Spillings Schmuck aus Bronze, der für den baltischen Raum kennzeichnend war. Doch ins 9. Jahrhundert datierte Dirhemfunde aus Lettland und Litauen sind spärlich[154] – womöglich weil die lokalen Bevölkerungsgruppen von den Wikingern gründlich ausgeraubt wurden?

---

150 Novgorodskaja pervaja letopis (wie Anm. 47), S. 514; Anatol N. Kirpičnikov, Staraja Ladoga und seine überregionalen Beziehungen. Anmerkungen zur Verbreitung und Verwendung von Dirhems im eurasiatischen Handel, in: Oldenburg – Wolin (wie Anm. 39), S. 307-337, besonders S. 336.

151 Adamczyk, Silber und Macht (wie Anm. 16, Kap. 1), Kapitel 3.2.2.

152 Rimberts Vita Anskarii (wie Anm. 132), S. 94 f.

153 Ebd., S. 94-99.

154 Adamczyk, Silber und Macht (wie Anm. 16, Kap. 1), Tab. 42, S. 104.

Andererseits entrichteten die Gotländer nach der Gutasaga an die Svear einen Tribut in Höhe von 60 Mark Silber jährlich.[155] Falls sich diese Abgaben auf das späte 9. Jahrhundert bezogen, dann würden die Schatzfunde von Spillings dem Tributäquivalent von gut fünf Jahren entsprechen.

Über die Netzwerke der Gotländer und Svear gelangten Dirhems vermutlich nach Südschweden, Norwegen und Dänemark. Die Dänen griffen bei der Versorgung mit Silber bisweilen auf Raub und Plünderung zurück. Sie suchten – wie in Unterkapitel 1.1.3. erwähnt – nicht nur die Kuren (852) heim, sondern überfielen auch das Emporium von Birka, wo sie etwa 20 kg Silber erpresst haben sollen.[156] Da sie aber mit dieser Summe nicht zufrieden waren, wandten sie sich einem slawischen Ort zu und kehrten schließlich *reich an Raubgut* und mit *vielen Schätzen* heim.[157] Nur am Rande: In die Zeit um 850 datieren möglicherweise Brandspuren innerhalb des Seehandelsplatzes von Ralswiek.[158] Aus Ralswiek stammt der größte, in der ersten Hälfte des 9. Jahrhunderts vergrabene Schatz Osteuropas, der Dirhems aus dem gesamten Nahen und Mittleren Osten, Zentralasien und al-Andalus sowie chasarische Imitationen enthielt.[159] Sein Besitzer, ein Fernhändler oder Handwerker, wird infolge des Überfalls verschleppt oder getötet worden sein. Dass westslawische Handelsplätze dänischen Seekönigen zum Opfer fielen, bestätigen die Annales Bertiniani. Zum Jahr 845 berichten sie über einen Wikinger-Überfall auf Hamburg und fügen hinzu, dass die Dänen auf dem Rückweg eine slawische Stadt geplündert hätten. Ob es sich dabei um den in der Vita Anskarii unter dem Jahr 845/849 erwähnten Raubzug gehandelt hat, erscheint vor dem Hintergrund der unterschiedlichen Angaben über die Kontexte (nach dem Überfall auf Birka oder auf Hamburg) fraglich. Auch die These, dass die geplünderte Stadt Schwerin gewesen sei, bleibt im Bereich der Spekulation. Wenn wir allerdings den Hinweis „auf dem Rückwege“ nach der Brandschatzung Hamburgs wörtlich nehmen, dann ist von einem Handelsplatz im südwestlichen Ostseeraum, also vielleicht Ralswiek, auszugehen. Zu genau diesem Zeitpunkt wird auf Falster, schräg gegenüber der Insel Rügen, der Schatz von Sønder Kirkeby mit 97 Dirhems deponiert worden sein. Die Schlussmünze weist das Prägedatum 846/847 aus und entspricht folglich grundsätzlich jener aus dem Ralswieker Fund.[160]

---

155 Guta Saga. The History of the Gotlanders, hg. von Christine Peel, London 1999, S. 7.

156 Rimberts Vita Anskarii (wie Anm. 132), S. 58-61.

157 Ebd., S. 62 f.

158 Joachim Herrmann, Die Slawen in Deutschland. Geschichte und Kultur der slawischen Stämme westlich von Oder und Neiße vom 6. bis 12. Jahrhundert. Ein Handbuch. Veröffentlichungen des Zentralinstituts für Alte Geschichte und Archäologie der Akademie der Wissenschaften der DDR, Bd. 14, Berlin 1985, S. 145; Ders., Rügenslawen, Wilzen und Obodriten, in: Wikinger und Slawen. Zur Frühgeschichte der Ostseevölker, hg. von Dems., Neumünster 1982, S. 292-326, hier S. 313.

159 Aleksej V. Fomin, Überblick und überregionaler Zusammenhang des Münzschatzes von Ralswiek. Originäre Münzstätten und chasarische Nachprägungen, in: Ralswiek auf Rügen. Die slawisch-wikingischen Siedlungen und deren Hinterland IV. Der Silberschatz von 850, hg. von Joachim Herrmann, Schwerin 2006, S. 77-84.

160 Vgl. Hans-Dietrich Kahl, Schwerin, Svarinshaug und die Sclavorum civitas des Prudentius von Troyes – Spuren mecklenburgischer Frühgeschichte in der sog. Liedar-Edda, bei Saxo und in den Annalen von St. Bertin? Beiträge zur Nachricht des Prudentius von Troyes über Normannenkämpfe im Elbgebiet 845, in: Beiträge zur Stadt- und Regionalgeschichte Ost- und Nordeuropas. Herbert Ludat zum 60. Geburtstag, hg. von Klaus Zernack, Wiesbaden 1971, S. 69-131. In dem Burgwall von Schwerinsburg wurden zwar einige nordafrikanische Dirhems aus der zweiten Hälfte des 8. Jahrhunderts entdeckt, diese Ortschaft ist aber mit Schwerin nicht identisch. Vgl. Fred Ruchhöft, Der Burgwall von Schwerinsburg – Ergebnisse systematischer Geländearbeiten. Referat gehalten auf der Konferenz „Der Peeneraum im Frühmittelalter“, Greifswald, 25. Juni 2011; Adamczyk, Silber und Macht (wie Anm. 16, Kap. 1), Tab. 42, S. 104, Nr. 2.

In Dänemark bzw. Nordwestdeutschland wurden nur wenige aus dem 9. Jahrhundert stammende Münzfunde entdeckt, etliche enthielten aber Schmuck und Barren. Das Depot von Rantrum wog insgesamt 1.845 g, jenes von Witzworth ca. 1.800 g – insgesamt also entsprach ihr Wert gut 1.000 Dirhems. Ein in Duesminde auf der Insel Lolland gefundener und ins späte 9. Jahrhundert datierter Hort beinhaltete 23 Silberringe, die gewisse Ähnlichkeiten mit den Halsreifen des Permer Typs aus dem Kamagebiet aufweisen. Die Permer Ringe begegnen – außer in Zentralrussland (wo sie jedoch deutlich schwerer waren) – überwiegend auf Gotland und in Dänemark, vereinzelt und bruchstückhaft auch im westslawischen Raum.[161]

In Norwegen wiederum – entlang der von Ottar befahrenen Route von Kaupang nach Norden – tauchen Schätze mit massiven, in Form und Gewicht standardisierten Hals- und Armringen auf,[162] die möglicherweise aus eingeschmolzenen Dirhems hergestellt wurden. Sie besaßen sicherlich wichtige Prestige- und Repräsentationsfunktionen für die regionalen Häuptlinge. Interessanterweise stammen sie aus einer Zeit, als Harald Schönhaar (ca. 870-933) weite Teile der norwegischen Küste in seinen Einflussbereich einbezog. Die Verfügung über Silber erscheint also ebenfalls hier als ein wichtiger Machtfaktor.

Die historischen Konstellationen zwischen der Volga im Osten und Schleswig bzw. Norwegen im Westen legen folglich nahe, dass der Zufluss von Silber nach Skandinavien seit etwa Mitte des 9. Jahrhunderts zu einem nicht zu unterschätzenden Teil über Tribute (bzw. Beteiligung an deren Eintreibung), Erpressung und Raub erfolgte. Die als Abgaben eingesammelten Waldprodukte ebenso wie erbeutete Menschen konnten dann gegen Dirhems eingetauscht werden. Dabei dürften einige der in Osteuropa und im Ostseeraum ansässigen einheimischen finnougrischen, slawischen und baltischen Bevölkerungsgruppen, die bereits über Münzen verfügten, ihre Tribute an die Nordmänner auch in Form von Silber entrichtet haben. Somit wurde die kommerziell-handwerkliche Logik des Dirhemerwerbs durch eine prädatorische, an der Seeherrschaft orientierte Thalassokratie-Ökonomie abgelöst. Interessanterweise entsprach die Chronologie dieses Wandels im Osten mehr oder weniger dem Muster der Wikinger-Raubzüge im karolingischen Reich, die zwar 834 (mit dem Überfall auf Dorestad) eingesetzt haben, sich jedoch zuerst so gut wie gegen Handelsemporien im Nordseeraum richteten, um ab etwa 850 zu einer systematischeren Ausplünderung der unteren und mittleren Flussläufe des Rheins, der Seine und der Loire übergegangen zu sein.

Wie hat sich diese Transformation auf die innerskandinavische Zirkulation von Edelmetallen ausgewirkt? Es liegt auf der Hand, dass Silber nicht nur die Machtverhältnisse regelte und die gesellschaftlichen Parameter bestimmte. Auf Gotland wurden Dirhems als Rohstoff für die dortige Schmuckindustrie benutzt – das zeigen überdeutlich zahlreiche Armreife und Halsringe, nicht zuletzt aus den Spillings-Horten. Das Bronzematerial aus denselben umfasste Gewandnadeln, Armringe und Halsreife sowie Beschläge in fragmentierter und angeschmolze-

---

161 Heinz Schilling, Lolland – das Tor nach Skandinavien, in: Die Macht des Silbers. Karolingische Schätze im Norden. Katalog zur Ausstellung, hg. von Egon Wamers / Michael Brand, Regensburg 2005, S. 143-148, hier S. 145; Egon Wamers, The Duesminde Hoard, in: Silver Economies (wie Anm. 19, Kap. 2), S. 309-320, hier S. 309; Birgitta Hårdh, Hacksilver and Ingots, in: Means of Exchange. Dealing with Silver in the Viking Age (Kaupang Excavation Project), hg. von Dagfinn Skre, Bd. 2, Aarhus 2008, S. 95-118, hier S. 108-113; Dies., Oriental-Scandinavian Contacts on the Volga, as Manifested by Silver Rings and Weight Systems, in: Silver Economy (wie Anm. 22, Kap. 2), S. 135-147.

162 Christoph Kilger, Wholeness and Holiness. Counting, Weighing und Valuing Silver in the Early Viking Period, in: Means of Exchange (wie Anm. 161), S. 253-325, hier S. 254; Ohthere's Voyages. A 9th-Century Account of Voyages along the Coasts of Norway and Denmark and its Cultural Context, hg. von Janet Bately / Anton Englert, Roskilde 2007.

ner Form, was ihre handwerkliche Weiterverarbeitung nahelegt. Der Fundort befand sich zudem in der Umgebung einer ehemaligen Bucht namens Bogeviken. Zur Wikingerzeit bestand hier eine schiffbare Verbindung zum Meer. Dieser Gesamtkontext suggeriert den gotländischen Lebensstil, der Raub- und Beutezüge im Ausland mit der Verwendung von Edelmetallen als Zahlungsmittel im nautischen Dienstleistungsbereich verknüpfte. Obendrein finden sich an dem größten Seehandelsplatz der Insel, Paviken, Hinweise auf die Schmiedetätigkeit, die Metall- und Bernsteinverarbeitung sowie die Glasherstellung.[163] Hinzu kommen einige Dirhems, die unter anderem im 8.-9. Jahrhundert geprägt wurden.[164]

Über Gotland oder entlang der Küsten gelangten arabische Münzen an Seehandels- bzw. Zentralplätze wie Birka in Uppland, Uppåkra in Schonen, Kaupang in Südnorwegen, Gudme auf der Insel Fünen und Haithabu in Schleswig-Holstein. Grundsätzlich zeigen die dort gemachten Einzelfunde von Dirhems wie westlichen Denaren, dass der Silbereinstrom in zwei Phasen erfolgte: Die erste fand zwischen ca. 820 und 840 statt – hier besonders stark durch karolingische Münzen vertreten. Die zweite wiederum setzte etwa ab der Mitte des 9. Jahrhunderts ein und spiegelt die Umorientierung nach Osteuropa wider.[165] Da im Hinterland dieser Handelssiedlungen – vielleicht mit Ausnahme Upplands – Schatzfunde äußerst selten sind, ist davon auszugehen, dass Dirhems ausschließlich in diesen *ports of trade* benutzt wurden. Von einer asymmetrischen Funktionalität wie in Janów Pomorski/Truso versus Ermland-Masuren während des frühen 9. Jahrhunderts kann hier also keine Rede sein.

Einzig „Splitter" arabischen Silbers fanden Eingang ins Nordseegebiet. Der kleine Hort von Rantrum (tpq. 873), knapp 40 km westlich von Haithabu, bestätigt den im späten 9. Jahrhundert noch recht unregelmäßigen Ost-West-Transfer. Interessant sind in diesem Kontext die Depots von Westerklief auf der Insel Wieringen in Holland, die verschiedene Silberstücke ebenso wie Edelmetalle in nichtmonetärer Form enthielten und vermutlich den dänischen Wikingern um Rorik bzw. Godfred gehörten. Der erste Hort wird in die Zeit um 850 datiert. Er wog ca. 1,5 kg und beinhaltete – neben einigen wenigen Dirhems – überwiegend karolingische Denare sowie Armringe und Barren. Der zweite Schatzfund von 42 vollständigen bzw. 53 fragmentierten Dirhems und etlichen karolingischen Münzen muss hingegen nach 875 vergraben worden sein.[166] Überdies deuten die 124 in Torksey (Ostengland) entdeckten Dirhemfragmente, die

163 LUNDSTRÖM, Paviken (wie Anm. 138).

164 MARK BLACKBURN, The Coin-Finds, in: Means of Exchange (wie Anm. 161), S. 29-74, hier Diagramme auf S. 48.

165 CHRISTOPH KILGER, Kaupang from Afar. Aspects of the Interpretation of Dirham Finds in Northern and Eastern Europe between the Late 8th and Early 10th Centuries, in: Means of Exchange (wie Anm. 161), S. 199-252, hier S. 243; BOGUCKI, Coin Finds (wie Anm. 107), Diagramm 10 auf S. 95; MARK BLACKBURN, Coin Finds from Kaupang. A Viking Emporium on the North Sea, http://www.mcu.es/museos/docs/MC/ActasNumis/Coin_Finds_ fromKaupang.pdf, S. 1143-1149, besonders S. 1145, 1149 (Zugriff am 15.08.2010); SVEND NIELSEN, Urban Economy in Southern Scandinavia in the Second Half of the First Millennium AD, in: The Scandinavians from the Vendel Period to the Tenth Century. An Ethnographic Perspective, hg. von JUDITH JESCH, Woodbridge-Rochester 2002, S. 177-198, hier S. 183.

166 WIECHMANN, Edelmetalldepots (wie Anm. 19, Kap. 2), S. 425, Nr. 33; JAN C. BESTEMAN, Viking Silver Hoard from Westerklief on the Former Isle of Wieringen (Province North Holland) in the Light of the Viking Relations with Frisia, in: In Discussion with the Past. Archeological Studies presented to W. A. van Es, hg. von HERBERT SARFATIJ u. a., Zwolle 1999, S. 253-266; DERS., Nieuwe Vikingvondsten van Wieringen: de zilverschat Westerklief II, in: Middeleeuwse toestanden, archeologie, geschiedenis en monumentenzorg, hg. von PHILLIPUS J. WOLTERING u. a., Hilversum 2002, S. 65-75; DERS., Two Viking Hoards from the former Island of Wieringen (The Netherlands). Viking Relations with Frisia in an Archaeological

spätestens bis 868 geschlagen wurden, ebenfalls auf einen dänischen Kontext hin: Denn dort bestand in den Jahren 872-873 ein Wikingerlager.[167]

Demnach ist festzuhalten, dass in der zweiten Hälfte des 9. Jahrhunderts der Zirkulationsradius von Silber sich erheblich erweiterte. Dabei integrierten die Gotländer und Festland-Schweden die Gesellschaften des westlichen Skandinavien in ihre Netzwerke, die – wie die Dänen – spätestens an der Wende vom 9. zum 10. Jahrhundert ihre eigenen Beziehungsgeflechte hervorbrachten.

## 1.2. Zwischen dem Silber der Samaniden und der Expansion der Ottonen: Beziehungsgeflechte, Machtzentren und Reiche in den 900er bis 970er/980er Jahren

Der arabische Silberstrom verringerte sich deutlich in den 880er und 890er Jahren. Zwei Indikatoren spiegeln diesen Prozess wider: Zum einen sank die Anzahl der Schatzfunde und der im Umlauf befindlichen Dirhems in Russland wie an der südlichen Ostseeküste erheblich. Zum anderen zeigt die Analyse der Zusammensetzung der gefundenen Depots, dass nach 875-880 nur wenige neuere arabische Münzen nach Osteuropa flossen. Auch die Struktur der relativ vielen Horte aus Schweden bestätigt diese Erkenntnis. Auf der anderen Seite wissen wir dank Thomas S. Noonan, dass in den türkischen, irakischen und iranischen Schatzfunden aus dem späten 9. bzw. frühen 10. Jahrhundert die jungen, in den 870er, 880er und 890er Jahren geprägten Münzen überwogen.[168] Dies lässt nur einen Schluss zu: Der Silberzustrom muss irgendwo auf dem Wege zwischen islamischer Welt und dem „Barbaricum" gestört worden sein. Hebräische Quellen können hier behilflich sein, um zu verstehen, was passiert ist. Sie berichten, dass der in den 880er/890er Jahren herrschende Chasarenkhagan einen Krieg gegen ein Bündnis aus Byzantinern, Oğuzen, Pečenegen und einigen nicht näher identifizierbaren Stämmen geführt haben soll. Archäologisch schlugen sich diese Verschiebungen in der Steppe in dem allmählichen Niedergang der Kultur von Saltov-Majaki nieder. Festungen wie Majackoe oder Dmitrievskoe wurden in der ersten Hälfte des 10. Jahrhunderts verlassen, oder ihre Bedeutung ging zurück. Auch die benachbarten, in der Waldsteppenzone lebenden Slawen gerieten unter Druck. Die Burgsiedlung von Novotroickoe oder die Handelsstation von Supruty zum Beispiel weisen im ausgehenden 9. Jahrhundert bzw. um 900-925 Brandspuren auf. Siedler, die sich nicht für die Flucht entschieden, waren nun verstärkten Überfällen aus der Steppe ausgesetzt. In etlichen Siedlungen der Waldsteppenzone sank auch die Anzahl von Münzen und Silberschmuckstücken.[169]

Zugleich erschienen neue Gruppen der Rus' im mittleren Dneprgebiet. Ob sie einen Teil des antichasarischen Bündnisses darstellten, geht aus den Quellen nicht hervor. Die „Povest' vremennych let" berichtet zum Jahr 882 über einen Feldzug des Ladogafürsten Oleg

---

perspective, in: Land, Sea and Home. Settlement in the Viking Period. Proceedings of a Conference on Viking-period Settlement at Cardiff, Juli 2001, hg. von John Hines u. a., Leeds 2004, S. 93-108.

167 Dawn M. Hadley, Julian Daryl Richards, In Search of the Viking Great Army. Beyond the Winter Camps, in: Medieval Settlement Research 33 (2017), S. 1-17, hier S. 2 f.

168 Thomas S. Noonan, The First Major Silver Crisis in Russia and the Baltic, c. 875-c. 900, in: Hikuin 11 (1985), S. 41-50.

169 Zu Turbulenzen in der Steppe anhand hebräischer Quellen: Norman Golb / Omeljan Pritsak, Khazarian Hebrew Documents of the Tenth Century, Ithaca-London 1982, u. a. S. 115, 132-135; aus archäologischer Sicht Franklin / Shepard, The Emergence (wie Anm. 85), S. 98.

nach Kiev. Nach der Unterwerfung dieser Stadt soll er laut der altrussischen Chronik für die Jahre 884 und 885 unter anderem den östlich des mittleren Dnepr lebenden Severjanen bzw. Radimičen Tribute auferlegt haben. Damit hätte Oleg diese Bevölkerungsgruppen aus der chasarischen Einflusszone gelöst (aber nicht unbedingt über seinen Tod hinaus im Kontrollbereich der Rus' fest etabliert). Durchaus vorstellbar ist aber, dass sich eine der Rus'-Gruppen, weil sie eben das Khaganat im Kampf gegen die oben erwähnte Koalition unterstützte, mit Zustimmung der Chasaren am mittleren Dnepr festsetzen konnte. Dass die Lage in der Steppe und Waldsteppe nach wie vor instabil blieb, zeigt der Hinweis der Chronik auf die Magyaren/Ungarn, die im ausgehenden 9. Jahrhundert über Kiev nach Westen gezogen sein sollen.[170]

Als Ausdruck dieser Krise im Silberzufluss erscheint die Armut an Münzfunden mit einem Terminus post quem in den 880er und 890er Jahren in Nordrussland.[171] Nur an der Beresina, dem rechten Nebenfluss des oberen Dnepr, wurde in der Ortschaft Bryli (knapp 400 km südwestlich von Staraja Ladoga) ein Schatz lokalisiert (tpq. 890/891). Interessanterweise liegt der Fundort an einem peripheren Fluss, der nicht zum Bereich des Handelssystems im 9. Jahrhundert gehörte. Was den Schatz aus Bryli auszeichnet, sind ein Schwert und Normgewichte, die nahelegen, dass sein Eigentümer aus Skandinavien gestammt hat. Es sieht danach aus, als ob einige Rus'-Gruppen nach neuen Routen suchten, dank deren sie Nordrussland umgehen konnten.[172] Vielleicht spiegelt die Errichtung eines Burgwalls in der Umgebung einer Siedlung auf einem Hügel neben der Mündung des kleinen Flusses Ladožka in den Volchov im ausgehenden 9. Jahrhundert diese Turbulenzen wider.[173] Manche Historiker sprechen jedenfalls in diesem Zusammenhang vom Untergang des Rus'-Khaganats.[174]

Demnach ist davon auszugehen, dass die Verschiebungen in der Waldsteppenzone und südlichen Waldzone den Fernhandel in Mitleidenschaft zogen und die Netzwerke der Chasaren und Rus' erheblich destabilisierten. Welche Folgen hatten diese Verschiebungen? Thomas S. Noonan schildert die Situation um 900 folgendermaßen:

> Khwarazmian merchants were well aware of the disruption in the export of silver to European Russia via Khazaria and the pent-up demand that existed there. Khwarazm had very close military and economic ties with Khazaria and its merchants must have been aware for some time that the influx of dirhams into the Khaganate had been on the decline since ca. 880. Consequently, once Khwarazm was incorporated into the Samanid lands, its merchants convinced the Samanid rulers that they had to strike large quantities of dirhams to be exported to northern Russia. For their part,

170 Die Nestorchronik (wie Anm. 47), S. 26.

171 Adamczyk, Silber und Macht (wie Anm. 16, Kap. 1), S. 93 f., Tab. 40, zuzüglich des Schatzfundes von Bryli. V. N. Rabtsevich u. a., Bryleŭski skarb [Der Schatzfund von Bryli], Minsk 2011.

172 Marek Jankowiak, Wer brachte im 10. Jahrhundert die Dirhems in die polnischen Gebiete und warum, in: Fernhändler (wie Anm. 2), S. 41-54, hier S. 49 f.

173 Anatol N. Kirpičnikov, Kamennye kreposti Severnoj Rusi. Itogi issledovanja i nekotorie ocenki [Steinfestungen in Nordrussland. Ergebnisse der Forschungen und einige Bewertungen], in: Drevnosti Severo-zapada Rossii (slavjano-finno-ogorskoe vzajmodeistvie, russkije goroda Baltiki) [Altertümer des Nordwestens Russlands (slawisch-finno-ugrische Wechselwirkungen, russische Städte an der Ostsee], hg. von Vadim M. Masson u. a., St. Petersburg 1993, S. 98-114, hier S. 103 f.; Ders., Ladoga – gorod epochi vikingov na evropejskom put'i zapad-vastok [Ladoga – eine Stadt der Wikingerzeit auf dem europäischen West-Ost-Wege], in: Austrvegr 1995, S. 11-14, hier S. 13.

174 Constantine Zuckerman, Deux étapes de la formation de l'ancien état russe, in: Les centres proto-urbains russes entre Scandinavie, Byzance et Orient, hg. von Michel Kazanski u. a., Paris 2000, S. 95-120; Franklin / Shepard, The Emergence (wie Anm. 85), S. 56-61.

> the Transoxiana and Khurasan worked out the infrastructure of this trade, i.e., the mechanics of moving large quantities of dirhams by caravan through an often hostile steppe to Volga Bulgaria where they were sold to Rus' and other traders [...] This, in brief, is how the great trade between the Samanids and Volga Bulgaria began around the year 900.[175]

Im frühen 10. Jahrhundert ist also der „alte" Handel mit dem Nahen Osten durch einen Austausch mit dem Reich der Samaniden in Zentralasien und im Mittleren Osten abgelöst worden, was den Beginn der nächsten und zugleich stärksten Phase des Silberzustroms nach Europa bedeutete. Diese Konjunkturwelle wurde nicht nur durch die direkte Herstellung der Handelskontakte mit den Volgabulgaren begünstigt, sondern auch durch eine Machtverschiebung im Nahen und Mittleren Osten ermöglicht, die mit dem Aufstieg des persischen Geschlechts der Samaniden zusammenhing. Bereits im frühen 9. Jahrhundert bekleideten sie im Dienst der Abbasiden bzw. Tahiriden hohe Funktionen in der Verwaltung der iranischen Provinz, um im Jahre 875 die Gouverneurswürde von Transoxanien zu erringen. Um 900 beherrschten sie Chorasan, zwei Jahre später Tabaristan und brachten somit die wichtigsten Silberminen der Alten Welt unter Kontrolle. Sie betrieben eine geschickte Handelspolitik – Luxusgüterfernhandel und Kontrolle der Sklavenimporte –, die in Verbindung mit der florierenden Landwirtschaft den Ausbau der Städte Buchara, Samarkand und Taschkent sowie den Aufbau eines effizienten Verwaltungsapparats und einer starken Armee erleichterte. Die Samaniden bewirkten hierbei eine Umlenkung der Karawanenwege an die Ostseite des Kaspischen Meeres, wo Chwarism südlich des Aralsees einen Stapelmarkt für den Fernhandel mit Osteuropa darstellte. Von dort aus ging eine Route über die Steppe direkt nach Bolgar an der Kama, wobei eine Abzweigung nach Itil im Volgadelta benutzt wurde. All diese Faktoren stimulierten die wirtschaftliche Entwicklung im islamischen Zentralasien, die wiederum wesentlich zu einer enormen Produktion von Silbermünzen beitrug, die die Märkte Ost-, Nord- und Mitteleuropas überfluteten. Schätzungsweise können etwa 80 Prozent aller bislang gefundenen Dirhems in das 10. Jahrhundert datiert werden.[176]

Wirkten die Dirhems der Samaniden ab ca. 900 auf die Gesellschaften Osteuropas wie ein massives Konjunkturprogramm, das weitgehende Prozesse in Gang setzte, so trug auf der westlichen Seite der eurasischen Interaktionsökumene die Expansion der Ottonen im elbslawischen und dänischen Raum zwischen 928 und 934 zu einer massiven Verschiebung der politischen Koordinaten bei, die wiederum die Herausbildung neuer Netzwerke zwischen Haithabu, Prag, Wollin und Posen stimulierte (Unterkapitel 1.2.4. und 1.2.8.).

In den Jahren 928-929 fand eine Reihe großer Feldzüge unter anderem gegen die Heveller, die Daleminzier, die Redarier und die Böhmen statt.[177] 932 zogen die Sachsen gegen die Niederlausitz und gegen die Milzener, 934 schließlich gegen die Ukraner und die Dänen.[178] Somit erlangte Heinrich I. Zugriff und Einfluss auf alle relevanten und potenziellen Silbernetzwerke der ersten Hälfte des 10. Jahrhunderts zwischen Elbe, Ostsee und Oder: im Nordwesten der Dänen, im Nordosten der Wolliner, im Osten der Polanen/Piasten und im Süden der Böhmen. Im Falle der Wolliner und Polanen/Piasten ging es dabei nicht um die Auferlegung von Tributen, sondern um die Veränderung politischer und ökonomischer Parameter, die durch den Druck der

175 Noonan, Volga Bulgharia's (wie Anm. 24, Kap. 2), S. 157.

176 Vgl. Kovalev / Kaelin, Circulation (wie Anm. 24, Kap. 2), Tab. 3 auf S. 565 f.

177 Regesten zur Geschichte der Slaven an Elbe und Oder (vom Jahr 900 an), Teil II: 900-983, hg. von Christian Lübke, Berlin 1985, Nr. 25, S. 40; Nr. 27, S. 43 f.; Nr. 30, S. 47 f.

178 Ebd., Nr. 36, S. 55; Nr. 37, S. 56; Nr. 42, S. 61; Nr. 43, S. 62.

Sachsen auf die Elbslawen entstand und eine neue gesellschaftliche Dynamik entfaltete, die sich wiederum auf die Machtmechanismen in Pommern und Großpolen auswirkte (Unterkapitel 1.2.4. und 1.2.8.).

Symbolisch kamen die Dirhems der Samaniden und die Expansion der Ottonen zusammen, als die Sachsen etlichen elbslawischen Stämmen Abgaben in Form von Silber auferlegten, das zu diesem Zeitpunkt überwiegend aus zentralasiatischen Minen gestammt haben wird. 965 erhielt das Moritzkloster in Magdeburg den „Zehnt des Silberzinses" von den unterworfenen Stämmen der Ukraner in der Uckermark, der Retschanen am Oberlauf der Havel, der Redarier in Mecklenburg-Strelitz, der Tollenser am Tollensee und der Circipaner im Gebiet zwischen Recknitz, Trebel und Peene;[179] 971 bekam das Bistum Meißen eine Zehntschenkung – neben Honig, Fellen, Sklaven, Kleidung, Schweinen und Getreide – auch in Form von Silber aus den Gauen Daleminzien, Nisan (im Elbtal um Dresden), Diedesa (westlich der Oder zwischen Glogau und unterem Queis) sowie von den Milzenern und Lusici.[180] 973 wird ein Silberzins aus den Gauen der Ukraner, der Retschanen, der Redarier, der Tollenser und der Circipaner gemeldet.[181] Schließlich erhielt das Erzbistum Magdeburg 975 eine Schenkung in Form eines Silberzinses von Stämmen wie oben.[182] Außerdem sollen seit den 950er/960er Jahren Wagrier und Abodriten dem Oldenburger Bischof einen jährlichen Zins gezahlt haben, der aus [...] *einem Maß Korn für jeden Pflug, ferner aus vierzig Bündeln Flachs und zwölf Pfennigen reinen Silbers* bestand. Hinzu kam [...] *ein Pfennig für den, der das Geld einsammelte. Ein slavischer Pflug Landes aber ist, was ein Paar Ochsen oder ein Pferd bearbeitet.*[183]

Horte aus der Umgebung elbslawischer Siedlungen und Ringwälle decken sich grundsätzlich mit Territorien jener Stämme, die Abgaben in Silberform entrichteten (z. B. Dransau in Schleswig-Holstein um 925; Drewelow bei Anklam vor 950; Göritz in der Uckermark um 936; Meschwitz bei Bautzen nach 962; vielleicht Phöben an der Havel 912/913).

Auf welche Münztypen sich die in der Quelle verwendete Bezeichnung *nummi puri argenti*[184] bezog, entzieht sich unserer Kenntnis. Die Zusammensetzung der im elbslawischen Raum bis in die 970er Jahre deponierten Schatzfunde sowie die Tatsache, dass die Ottonen ihre Silberminen im Harz erst um 970 erschlossen haben, weisen darauf hin, dass das Edelmetall für die Sachsentribute zum großen Teil aus dem Kalifat kam.[185] Dies deuten einige ottonische Denare an, deren Silbergehalt zentralasiatische Herkunft aufweist.[186] Womöglich entsprach der

179 Ebd., Nr. 131, S. 183.

180 Ebd., Nr. 161, S. 224.

181 Ebd., Nr. 167, S. 235.

182 Ebd., Nr. 184, S. 257.

183 HELMOLD, Chronik der Slaven, übersetzt von JOHANN CHRISTIAN MORITZ LAURENT / WILHELM WATTENBACH, hg. von ALEXANDER HEINE, Essen-Stuttgart 1986, I/13, S. 59; I/14, S. 62.

184 HELMOLDI Presbyteri Bozoviensis Cronica Slavorum, hg. von BERNHARD SCHMEIDLER, Hannover 1937, I/13, S. 25. Kazimierz Tymieniecki übersetzt *nummus* als Denar: KAZIMIERZ TYMIENIECKI, Kształtowanie się społeczeństwa średniowiecznego [Die Entwicklung der frühmittelalterlichen Gesellschaft], hg. von DEMS., Bd. 2, Poznań 1996, S. 243.

185 JAMMER, Die Anfänge der Münzprägung (wie Anm. 1, Kap. 2), S. 116.

186 GERT HATZ u. a., Otto-Adelheid-Pfennige. Untersuchungen zu Münzen des 10./11. Jahrhunderts, Stockholm 1991, S. 76; zur Problematik des arabischen Silberanteils in karolingischen und ottonischen Denaren siehe HEIKO STEUER u. a., Der Wechsel von Münzgeld- zur Gewichtsgeldwirtschaft in Haithabu um 900 und die Herkunft des Münzsilbers im 9. und 10. Jahrhundert, in: Haithabu und die frühe Stadtentwicklung im nördlichen Europa, hg. von KLAUS BRANDT u. a., Neumünster 2002, S. 133-167, besonders S. 150, 152.

*nummus puri argenti* einer Geldeinheit im Wert eines Pfennigs im Gewicht von ca. 1,5 g, die allerdings in Dirhems umgerechnet wurde, die damals die monetäre Masse dominierten.

Wenden wir uns aber zuerst den Netzwerken an der östlichen Flanke der eurasischen Interaktionsökumene zu, die den Austausch mit den Samaniden direkt organisierten.

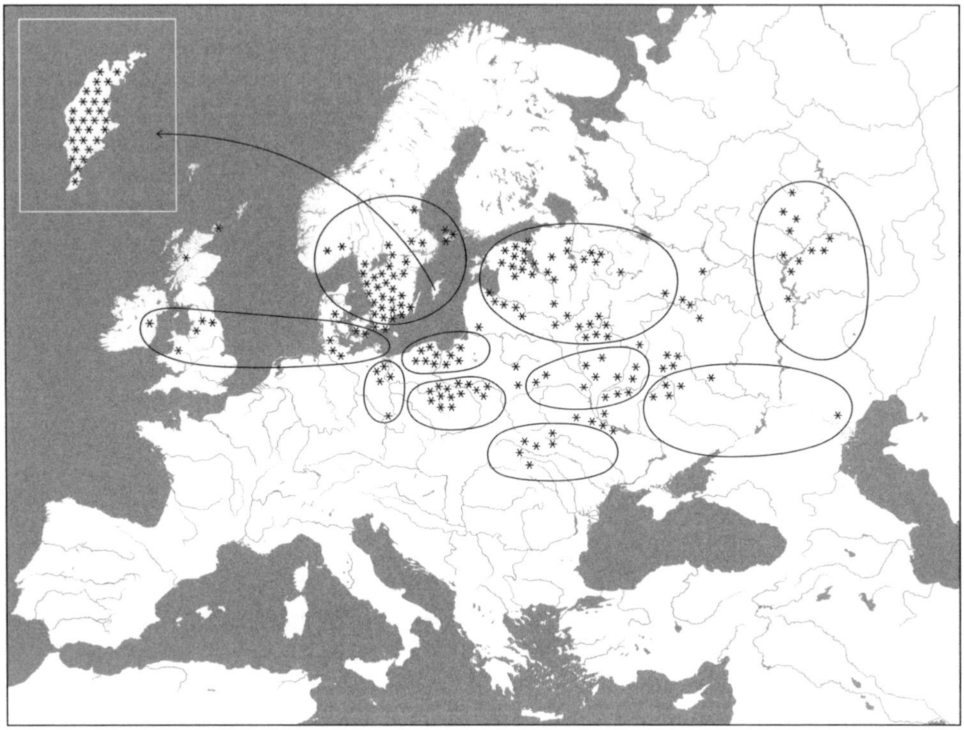

Karte 5: Dirhemverteilungsnetzwerke im 10. Jahrhundert
Sternchen: Schatzfunde von 900 bis 989/990

## 1.2.1. Das Reich der Volgabulgaren als Drehscheibe des interkontinentalen Transit- und des regionalen Tributhandels

Hinter dem Begriff der Volgabulgaren verbergen sich verschiedene Turkvölker, finnougrische Ethnien und sogar iranische Bevölkerungsgruppen, die in das Kamagebiet zwischen der Mitte des 7. Jahrhunderts und zum Teil der zweiten Hälfte des 10. Jahrhunderts eingewandert waren. Den Kern dieses eher locker strukturierten Reiches bildeten im 10. Jahrhundert drei Zentren: Bolgar, Suvar und Biljarsk.

Im Vergleich mit dem 9. Jahrhundert steigt die Anzahl der Dirhemfunde mit der Schlussmünze von ca. 900 bis etwa 990 im Kamagebiet deutlich. Chronologisch scheinen sich dort grundsätzlich zwei Schwerpunkte herauskristallisiert zu haben: Den früheren spiegeln unter anderem die Schatzfunde von Biljarsk (Tatarstan; 906/907), Kazan (913/914), Bondjug (914/915), Bogdanovskoe (Udmurtskaja; 919/920), Matvejevka (925/926) und Bolgary (942) wider; eine zweite Verdichtung fand in den 970er/980er Jahren statt und wird durch folgende Depots illustriert: Semenovo (Tatarstan; 976/977), Rjabinovskoe (Udmurtskaja; 978), Staro-Almetevo

(Tatarstan; 984/985), Tatarskij Tolkiš (Tatarstan; 984/985), Kuznecina (Suvar; 988/989) und Musorki (Stavropol bei Samara; 989/990).

Dennoch: Dass Bolgar an der Kama an der Wende vom 9. zum 10. Jahrhundert zur Drehscheibe des interkontinentalen Transithandels avancierte, bestätigen zwei andere Indikatoren: Zum einen berichtet Ahmed Ibn Fadlan, der das Reich der Volgabulgaren 921/922 aufsuchte, von Karawanen mit 3.000 Packtieren und 5.000 Menschen, die sich von Choresm aus zum mittleren Volgaraum begaben.[187] Wenn wir vorsichtig annehmen, dass jegliche Karawane aus ca. 2.000 Kaufleuten bestand, von denen jeder mindestens 1.000 Dirhems mitbrachte, dann kommen wir auf stattliche 2 Mio. Münzen jährlich.

Zum anderen verweisen numismatische Untersuchungen auf zwei Entwicklungsphasen der einheimischen Münzprägung: Die erste fand vermutlich um 930 statt, als die Volgabulgaren die samanidischen Dirhems nachprägten. Die zweite setzte wiederum mit den Emissionen offizieller Prägungen gegen 950 ein.[188]

Gert Rispling zufolge sind etwa zehn Prozent der islamischen Münzen des 10. Jahrhunderts Imitationen. Die Vorschläge, wo sie geprägt worden sind, schwanken zwischen dem Kalifat selbst und Skandinavien. Dennoch können etwa 80 Prozent der Imitationen des 10. Jahrhunderts den Volgabulgaren zugeschrieben werden.[189] Überraschend ist freilich, dass die meisten Nachprägungen dieser Art nicht in Russland und dem Baltikum gefunden wurden, sondern in Schweden. Außerdem stammen einige Münzen aus Polen, Dänemark, Norwegen und Finnland.[190] Neueste Untersuchungen zeigen zudem, dass zahlreiche Dirhemimitationen in Schatzfunden auftraten, die entlang der Handelsrouten von der Einflusszone des Khaganats im mittleren und oberen Don-Donec-Gebiet über die westliche Ukraine bis nach Masowien deponiert wurden. Einige dieser Dirhemnachprägungen wurden vermutlich seit den 890er Jahren im Khaganat selbst emittiert.[191]

Die meisten Dirhemimitationen der Volgabulgaren wurden mutmaßlich um 930[192] ausgeprägt, in einer Zeit also, als der Löwenanteil des arabischen Silbergeldes nach Skandinavien gelangte, sodass von direkten Kontakten zwischen Gotland bzw. dem schwedischen Festland und dem Volgagebiet ausgegangen werden kann. Sodann tauchen offizielle Münzen der Volgabulgaren, emittiert seit ca. 950, vorwiegend in Schweden auf. Interessanterweise bestand etwa Mitte des 10. Jahrhunderts in Balymery, südlich von Bolgar, ein großer Friedhof, der zahlreiche Grabriten und Artefakte enthielt, die auf die Anwesenheit von Skandinaviern hindeu-

187 Ahmed Zeki Validi Togan, Ibn Fadlans Reisebericht, Leipzig 1939, S. 136 f.

188 Vladislav V. Kropotkin, Bulgarian Tenth-Century Coins, in: Sigtuna Papers. Proceedings of the Sigtuna Symposium on Viking-Age Coinage 1.-4. June 1989, Nova Series 6, hg. von Kenneth Jonsson / Brita Malmer, Stockholm 1990, S. 197-200; Ders., Bulgarskie monety X veka na territorri Drevnej Rusi i Pribaltiki [Die volgabulgarischen Münzen des 10. Jahrhunderts in Altrussland und dem Baltikum], in: Volžskaja Bulgarija i Rus (1986), S. 38-62; Gert Rispling, Islamiska mynt, särskilt volga-bulgariska [Islamische Münzen, besonders volgabulgarische], in: Myntstudier 4 (2005), S. 3-11; Ders., Monetary Circulation in the Ninth and Tenth Centuries. A Short Survey in the Light of Die Studies, in: Money Circulation (wie Anm. 107), S. 51-64, hier Tab. 2 auf S. 53.

189 Ders., Coins with Crosses and Bird Heads – Christian Imitations of Islamic Coins?, in: Fornvännen 82 (1987), S. 75-86.

190 Kropotkin, Bulgarian (wie Anm. 188); Ders., Bulgarskie (wie Anm. 188).

191 Rispling, Islamiska mynt (wie Anm. 188), S. 5. Dazu gehören folgende Horte von Ost nach West: Maloe Borševo 927/928 mit 88 Prozent Imitationen, Bezliudovka 935/936 mit 90 Prozent, Chust (Maramureş) 934/935 mit 34 Prozent sowie Klukowicze 901/902 mit 15 Prozent.

192 Kropotkin, Bulgarian (wie Anm. 188), S. 199.

ten.[193] Ob diese Nordmänner an der Kama als Händler, Handwerker oder Söldner fungierten, entzieht sich unserer Kenntnis. Wir dürfen jedoch nicht automatisch annehmen, dass bei der volgabulgarischen Münzprägung monetär-kommerzielle Motive ausschlaggebend waren. Selbst die Imitationen von Dirhems – wie schon im Falle der Chasaren konstatiert (Unterkapitel 1.1.1.) – konnten dazu gedient haben, verschiedene Stammeseliten zu bestechen und eigene Gefolgsleute zu entlohnen, die sie wiederum auf den Markt von Bolgar brachten, von wo aus die Silberstücke dann nach Nordeuropa ausgeführt wurden.

Das Edelmetall zur Produktion von Münzen bezogen die Volgabulgaren vermutlich nicht zuletzt aus Zollgebühren, die sich auf zehn Prozent des Wertes der nach Bolgar gebrachten Waren beliefen und von choresmischen, arabischen, persischen, armenischen und chasarisch-jüdischen Fernhändlern sicherlich zum überwiegenden Teil in Form von Silber (nicht unbedingt nur Dirhems, sondern auch Barren und Ringen) entrichtet wurden. Die Permer Ringe, die zwischen 100 und 400 g wogen und im Kamagebiet zahlreich begegnen, werden ins 9. Jahrhundert datiert.[194] Ihr Verschwinden aus den Funden ging anscheinend mit der Aufnahme der Emission von Dirhemimitationen einher.

In Bolgar kamen verschiedene Netzwerke zusammen. Entlang der oberen Volga gelangten die Dirhems zum oberen Dneprgebiet oder nach Novgorod und Staraja Ladoga. Entlang der Oka, des rechten Nebenflusses der mittleren Volga, wiederum konnten Kontakte sowohl mit den chasarischen Netzwerken im Don-, Donec- und Sejmbecken als auch mit jenen der Kiever Rus' im mittleren Dneprgebiet geknüpft werden. Der größte bislang in Russland entdeckte Dirhemfund des 10. Jahrhunderts stammt aus Murom an der mittleren Oka. Er enthielt 11.077 Dirhems, von denen die Schlussmünzen in die Zeit um 939/940 eingeordnet wurden, und wog insgesamt 40 kg.[195] Westlich davon, um Rjazan', lässt sich ein starker Cluster mit Schatzfunden ausmachen, der an der Schnittstelle zwischen den Einflusszonen der Chasaren, der Volgabulgaren und – seit den 960er Jahren – ebenfalls der Kiever Rus' lag (z. B. die Horte Gavrilovskoe 915/916, Klejmenovo ca. 923, Borki 975/976, Borki 976/977).

Schließlich vermochten die Volgabulgaren es, eigene Beziehungsgeflechte aufzubauen. Ein Netz archäologisch bezeugter Siedlungen und Forts zog sich entlang der mittleren Volga. Dass sie zugleich als Handelsstationen fungierten, bestätigen Glasperlen, Gewichte und importierte Keramik aus Bolgar bzw. den weiter nordöstlich gelegenen Ortschaften Semenovo und Izmeri. In Biljarsk wurden zudem Kamelknochen und ein Kaufmannsquartier freigelegt.[196] Die Lokalisierung am Zusammenfluss der Volga und Kama ermöglichte den Zugang zu Bevölkerungsgruppen in der gesamten Perm-Ural-Region und erleichterte somit ihre

193 Iskander L. Izmailov, Balymerskij kurgannyj mogil'nik i 'rusy' na Volge. Problemi i diskussii [Das Gräberfeld von Balymery und die Volga-Rus'. Probleme und Disskusionen], in: Velikij volžskij put'. Materialy II-go etapa meždunarodnoj naučno-praktičeskoj konferencii „Velikij Volžskij put'" [Die große Volgaroute. Materialien von der zweiten Etappe der internationalen Konferenz „Die große Volgaroute"], Sankt-Petersburg, Stockholm, Sankt Petersburg, 5.-14. August 2002, hg. von V. V. Chomenko / Rozalinda N. Musina, Kazan 2003, S. 50-70; Roman K. Kovalev, Were there Direct Contacts Between Volga Bulğāria and Sweden in the Second Half of the Tenth Century? The Numismatic Evidence, in: Archivum Eurasiae Medii Aevi 20 (2013), S. 67-102, hier S. 93.

194 Hårdh, Oriental-Scandinavian (wie Anm. 161).

195 Adamczyk, Silber und Macht (wie Anm. 16, Kap. 1), Annex: Russland, Nr. 24.

196 Zusammenfassend Florin Curta, Markets in Tenth-Century al-Andalus and Volga Bulgharia: Contrasting Views of Trade in Muslim Europe, in: Al-Masaq 25 (2013), 3, S. 305-330, hier S. 316-320 (hier auch weitere Literatur). Für die Information bezüglich der Kamelknochen danke ich Błażej Stanisławski vom Institut für Archäologie und Ethnologie der Polnischen Akademie der Wissenschaften in Wrocław.

Einbindung in die Handelsströme ebenso wie in die tributäre Abhängigkeit. Die Volgabulgaren erhoben von den benachbarten Stämmen im Kamagebiet Abgaben höchstwahrscheinlich in Form von Pelzen, die sie dann gegen Silbermünzen eintauschen konnten. An die Chasaren zahlten sie – zumindest um 922 – selbst eine Steuer in Form von Zobelfellen.[197]

Die Schaffung eigener Netzwerke entlang der unteren Kama sowie im Perm-Ural-Raum illustrieren nicht nur Silberfunde, sondern auch zahlreiche Glasperlen. Von der Begräbnisstätte in Tankeev am Zusammenfluss der Volga und Kama, die ins 10. bis frühe 11. Jahrhundert datiert wird, melden Archäologen knapp 10.000 Exemplare. Im Gebiet der Vjatka, des rechten Nebenflusses der Kama, wurden auf dem Tol'enskij Friedhof in 134 Grabanlagen fast 1.900 Glasperlen freigelegt. Der ganze Komplex stammt aus der Zeit zwischen 800 und dem frühen 10. Jahrhundert. Schlussendlich begegnen in der Ortschaft Kichil'komsk im Flussbecken der Vyčegda, des rechten Nebenflusses der Nördlichen Dvina, 218 Gräber, in denen gut 300 Glasperlen entdeckt wurden. Die chronologische Zuordnung der Begräbnisstätte umfasst das 10. und 11. Jahrhundert.[198]

Die Tatsache, dass auf mehreren finnougrischen Friedhöfen im weiten Hinterland der Machtzentren Bolgar, Suvar und Biljarsk Glasperlen auftauchen, bestätigt die Einbeziehung seiner Bewohner in die volgabulgarischen Handelsnetze. Wenn wir uns dabei in Erinnerung rufen, dass nach dem Bericht des Ibn Fadlan eine grüne Glasperle dem Wert eines Dirhems entsprach, dann dürfen die Dimensionen dieser Verflechtungen noch klarer hervortreten.[199]

### 1.2.2. Der Karawanen- und Tributhandel der Chasaren in neuen Konstellationen

Die Chasaren gehörten zu den größten Verlierern der Silberkrise des ausgehenden 9. Jahrhunderts. Dessen ungeachtet gibt es Indizien, dass entlang der Flüsse Don, Donec und Oskol Dirhems nach wie vor die von Slawen und finnougrischen Bevölkerungsgruppen bewohnte Waldsteppen- und Waldzone erreichten. Im 10. Jahrhundert waren es zumindest die Vjatičen, die der altrussischen Chronik zufolge einen *ščljag* vom Pflug als Tribut an die Chasaren entrichteten.[200] Der Begriff *ščljag* stellte die slawisierte Form des Altnordischen *skillingr* dar und wird gängig als Schilling alias Silbermünze übersetzt, obgleich er im karolingisch-nordischen Bereich auch eine Geldeinheit in Höhe von etwa 20 g Silber war. In dem altslawischen, aus Mähren oder Bulgarien stammenden kirchenrechtlichen Kodex „Zakon sudnyj ljudem" taucht der Terminus *Stljaz* als Bezeichnung für *Solidus* (altrussisch *zolotnik*) auf.[201] Da die byzantinische Goldmünze ca. 4,5 g wog und das Gold-Silber-Verhältnis im frühen Mittelalter zwischen 12 zu 1 in Westeuropa bzw. im Kalifat und 18 zu 1 in Ostrom schwankte, muss der *Stljaz* in einigen Regionen des Kontinents einer Geldeinheit von ca. 54 g bis ca. 81 g Silber entsprochen haben.[202]

Zu den schriftlichen Zeugnissen kommen zwei Schatzfunde hinzu, die entlang des Don ausgerechnet in der Nähe jener slawischen Siedlungen gefunden wurden, aus denen Kamelknochen stammen und die im Süden an die Steinfestung von Majackoe grenzten: Titčicha und Borševo

197 Ludwig, Struktur (wie Anm. 41), S. 281.

198 Kovalev, The Infrastructure of the Northern Part (wie Anm. 66), S. 33.

199 Togan, Ibn Fadlans Reisebericht (wie Anm. 187), S. 84.

200 PSRL (wie Anm. 47), Bd. 1, S. 65.

201 Franklin / Shepard, The Emergence (wie Anm. 85), S. 77; Jankuhn, Haithabu (wie Anm. 123), S. 172; Pritsak, The Origins (wie Anm. 52), S. 59. Pritsak geht davon aus, dass im Norden ein Schilling ca. 10 g betrug; Darina Bialeková, Eisenbarren, in: Europas Mitte um 1000, 3 Bde., hg. von Alfried Wieczorek / Hans-Martin Hinz, Bd. 1, Stuttgart 2000, S. 201-202, hier S. 202.

202 Harald Witthöft, Spuren islamischen Einflusses in der Entwicklung des fränkischen Münzwesens des 8. Jahrhundets, in: Orientalische Kultur und Europäisches Mittelalter, hg. von Albert Zimmermann / Ingrid Craemer-Ruegenberg, Berlin-New York 1985, S. 400-420, hier S. 404.

(Unterkapitel 1.1.1.). In dem Hort aus Maloe Borševo befanden sich 106 Münzen (tpq. 927/928), während das Depot von Titčicha 22 Dirhems (922/923) enthielt. Des Weiteren erscheint 125 km westlich der Siedlungen Titčicha und Borševo, im oberen Flussbecken des Donec und Oskol in der Nähe der Steinfestung von Dmitrevskoe, ein großer Schatz von 1092 Dirhems (Bezliudovka 935/936). Interessanterweise weisen die Funde von Maloe Borševo und Bezliudovka zahlreiche Dirhemimitationen auf, die sich auf 88 Prozent bzw. 90 Prozent des jeweiligen Hortinhalts belaufen und in Chasarien und/oder dem Reich der Volgabulgaren nachgeprägt wurden.[203]

Schließlich sollen die Funde von Einzelmünzen und Seidenfragmenten aus dem Friedhof von Verchnyj Saltov erwähnt werden (Unterkapitel 1.1.1.). In ca. 1.000 Grabanlagen entdeckten die Archäologen mehr als 150 Dirhems.[204] Solange jedoch zahlreiche Gräber noch nicht eingehend untersucht wurden, lässt sich nicht feststellen, inwieweit der gesamte Siedlungskomplex von ca. 120 Hektar entlang der Karawanenroute am Donec im 10. Jahrhundert benutzt wurde. Arabische Autoren heben jedenfalls die Bedeutung der Einnahmen der Chasaren-Khagane aus der Kontrolle des Transithandels hervor. So bezieht sich al-Istahris Bericht spätestens auf die 930er Jahre: *Und die Vermögenseinkünfte dieses Königs stammen aus Wegegebühren und dem Zehnten ihrer Waren* [...] *Und die Vermögenseinkünfte kommen von Beobachtungsposten und aus Steuern der Kaufleute, denn sie bewachen die Ankerplätze des Meeres und der Flüsse und erheben deren Abgaben.*[205]

Der Kollaps chasarischer Netzwerke folgte auf Svjatoslavs Feldzug gegen die Festung Sarkel am unteren Don und den Überfall auf die nordkaukasischen Stämme der Jasen und Kasogen im Jahr 965.[206] Dem Bericht des Ibn Hauqal zufolge nahmen die Rus' 968/969 auch die Hauptstadt des Khaganats Itil im Volgadelta sowie die chasarische Stadt Samandar am Kaspischen Meer ein.[207] Die Zerschlagung des Khaganats – wahrscheinlich in Kooperation mit den Oğuzen – kombinierten die Rus' mit Raubzügen gegen die Vjatičen in den Jahren 964 und 966 sowie 981 und 982, denen sie Tribute – wie früher die Chasaren – in Form von Silber auferlegten.[208] Bezeichnenderweise tauchen im Dreieck zwischen dem Sejm-, Desna- und Okagebiet, besonders bei Kursk, mehrere Schatzfunde auf, die irgendwann zwischen den 950er und den 970er Jahren deponiert wurden. Erwähnt seien hier unter anderem: Berjoza I 951/952, Bolšoj Krivec 954/955, Kursk I 954/955, Perevierzievo 958/959, Krasnikovo 968/969, Vtoraja Vorobevka 975/976, Volobuevo 975/976, Židejevka 975/976, Ratmanovo 977/978, Kursk II 970er Jahre.[209] Einige dieser Horte waren recht groß: Die Depots Berjoza I und Kursk II zum Beispiel enthielten jeweils 1.852 bzw. 1.050 Dirhems.

Es scheint, dass diese Schätze den indigenen slawischen Bevölkerungsgruppen gehörten, die das Silber vor den Tributexpeditionen der Kiever Rus' gegen die Vjatičen entlang des Sejm sowie der oberen und mittleren Oka zwischen 964-966 und 981-982 versteckt haben. Sodann

---

203 Rispling, Islamiska mynt (wie Anm. 188), S. 5.

204 Kovalev, Commerce (wie Anm. 28), S. 90.

205 Zitiert nach der Übersetzung bei Ludwig, Struktur (wie Anm. 41), S. 281 f.

206 Die Nestorchronik (wie Anm. 47), S. 79 f. Vgl. auch Grzegorz Rostkowski, Międzynarodowe i wewnętrzne położenie kaganatu chazarskiego w pierwszej połowie X wieku [Die internationale und innere Lage des chasarischen Khaganats in der ersten Hälfte des 10. Jahrhunderts], in: Mazowieckie Studia Humanistyczne 6 (1) (2000), 2, S. 5-24.

207 Dudek, Chazarowie (wie Anm. 37), S. 424; Svetlana A. Pletnjova, Die Chasaren, Wien 1979, S. 139 f.

208 Die Nestorchronik (wie Anm. 47), S. 79 f., 100.

209 Adamczyk, Silber und Macht (wie Anm. 16, Kap. 1), Annex I: Russland: Nr. 27, 43, 46, 47, 50, 52, 58, 63, 64, 66; Valentin P. Lebedev, Dirham Circulation in the Land of Severianie in the 10th c. Referat gehalten auf der Konferenz „Oriental Numismatics Workshop: Monetary Circulation in 10th-c. Northern Europe", Wolfson College Oxford, 1.-2. August 2011, Nr. 15.

stimmt die Chronologie etlicher Depots mit der späten (und zugleich letzten) Phase der Kultur von Saltov-Majaki überein, die in die Jahre 940-965 datiert wird.[210]

Wie aber entstand die Kiever Rus', die die Netzwerke der Chasaren letztendlich zerstörte oder teilweise übernahm?

### 1.2.3. Der Aufstieg der Kiever Rus' aus der Logik des Raub- und Tributhandels

Eine weitere Verdichtung von Dirhemfunden bestand im mittleren Dneprraum. Im Gegensatz zu den Zuflussphasen im 9. Jahrhundert kommen nun jedoch einige Depots nicht ausschließlich vom linken Ufer, sondern aus den Siedlungen, die direkt am Dnepr lagen: vor allem Kiev (Kiev 905/906, Kiev 906/907, Kiev 931/932, Kiev 935/936) und Lubeč (933 und 975/976).[211] Das Silber gelangte dorthin entweder von Bolgar an der Kama und dann entlang der Oka und Desna oder aus dem chasarischen Raum über die Flüsse Don, Donec und Sejm.

Zwei Horte in Kiev wurden gleich in der ersten Dekade des 10. Jahrhunderts deponiert. Einer von ihnen enthielt sechs goldene Armringe, die gewisse Ähnlichkeiten mit dem Schatz von Peenemünde (Mecklenburg-Vorpommern) aufweisen, grundsätzlich aber in Gotland auftraten.[212] Dass arabische Dirhems in Kiev erst im frühen 10. Jahrhundert erschienen, hing mit seiner politischen und ökonomischen Expansion an der Wende vom 9. zum 10. Jahrhundert zusammen. Die archäologischen Funde zeigen einen typisch agrarischen Charakter der zerstreuten Dörfer im Bereich der Stadt Kiev im 9. Jahrhundert. Aus dieser Zeit sind keine Dirhemhorte bekannt. Erst ab ca. 900 verwandelten sich einige von ihnen in einen Siedlungskomplex, der nun kommerziell-politische Funktionen erfüllte. Er verdeutlicht die Entstehung eines multiethnischen Machtzentrums mit slawischen, skandinavischen und sogar ungarischen Elementen.[213] Interessanterweise entstanden etwa zur gleichen Zeit im Dneprgebiet weitere Machtzentren mit einer starken skandinavischen Prägung: Gnezdovo, das den *Weg von den Varägern zu den Griechen* (und selbstverständlich zu den Chasaren und Arabern) bediente, und die Siedlung Černigov an der unteren Desna.

Černigov erlangte Zugriff auf die Handelsrouten, die die Bevölkerungsgruppen des Sejm- und Desnabeckens mit dem oberen Donec- und Donraum verbanden. Etliche Dirhemhorte aus dem frühen 10. Jahrhundert illustrieren den Kontext: zum Beispiel Lisin (913/914), Bobrik (915/916), Šechovcovo (919/920) und Berjoza II (922/923). Das obere und mittlere Sejmgebiet zeichnete sich

210 Attila Türk, Zu den osteuropäischen und byzantinischen Beziehungen der Funde des 10.-11. Jahrhunderts im Karpatenbecken, in: Archäologie der frühen Ungarn. Chronologie, Technologie und Methodik, hg. von Tobias Bendeguz u. a., Mainz 2012, S. 3-28, hier S. 15-17.

211 Zu den Schatzfunden im mittleren Dneprgebiet: Valentin L. Janin, Denežno-vesovye sistemy russkovo srednevekov'ja. Domongolskij period [Die Geld- und Gewichtssysteme des russischen Mittelalters bis zur Mongolenzeit], Moskva 1956, S. 120; Thomas S. Noonan, The Monetary History of Kiev in the Pre-Mongol Period, in: Harvard Ukrainian Studies 11 (1987), S. 384-443, Nr. 17-27, S. 415; Brather, Frühmittelalterliche Dirham (wie Anm. 19, Kap. 2), S. 140, Nr. 426, 427, 441, 445.

212 Duczko, Viking Rus (wie Anm. 79), S. 228.

213 Johann Callmer, The Archaeology of Kiev to the End of the Earliest Urban Phase, in: Harvard Ukrainian Studies 11 (1987), S. 323-364, besonders S. 333; Eduard Mühle, Die Anfänge Kievs (bis ca. 980) in archäologischer Sicht, in: Jahrbücher für Geschichte Osteuropas 35 (1987), S. 80-101; Duczko, Viking Rus (wie Anm. 79), S. 217-238. Aus der Sicht der altrussischen Chronik Oleksiy P. Tolochko, The Primary Chronicle's 'Ethnography' Revisited. Slavs and Varangians in the Middle Dnieper Region and the Origin of the Rus' State, in: Franks, Northmen, and Slavs. Identities and State Formation in Early Medieval Europe, hg. von Ildar Garipzanov u. a., Turnhout 2008, S. 169-188. Zu Genese und Herrschaftsstruktur der Rus' im Lichte der onomastischen und schriftlichen Zeugnisse: Gottfried Schramm, Altrusslands Anfang. Historische Schlüsse aus Namen, Wörtern und Texten zum 9. und 10. Jahrhundert, Freiburg i. Br. 2002, besonders S. 413-430.

übrigens durch eine besondere Siedlungsdichte und Konzentration von Schatzfunden, besonders um Kursk, aus (Unterkapitel 1.2.2.). Die chasarisch-jüdischen Fernhändler bereisten diese Region bereits seit dem frühen 9. Jahrhundert. An der Wende vom 9. zum 10. Jahrhundert ließ sich in Černigov und der benachbarten Siedlung Šestovica eine skandinavische Gruppe nieder.[214] Auf der anderen Seite befinden sich auf einigen in den Grabanlagen entdeckten Artefakten Szenen aus der chasarischen Mythologie, die starke Einflüsse aus dem Bereich des Khaganats zeigen.[215] Der Reichtum an skandinavischer Präsenz in Černigov und Šestovica verleitete Władysław Duczko zu der These, dass hier die Elite eines von Kiev unabhängigen Machtzentrums lebte.[216] Über Černigov erreichten die Händler das Stammesgebiet der Radimičen. Dies bezeugt ein Dirhemschatz, der in der Ortschaft Zveničev (tpq. 951/952) am einzigen Zugang zu den Zamglaj-Sümpfen, über die der Weg zu den Radimičen führte, deponiert wurde. Entlang des Soš registrieren wir weitere Horte: Strupovo (911/912), Gomel (942/943) und Staryj Dedin (978/979).[217]

Die altrussische Chronik bestätigt die archäologischen Quellen. Zum Jahr 882 berichtet sie, dass der aus dem Norden stammende Oleg Smolensk (vermutlich Gnezdovo), Lubeč und Kiev erobert habe.[218] Zwischen 883 und 885 soll er zudem verschiedenen Stämmen am Mittellauf des Dnepr Tribute auferlegt haben: 883 den Drevljanen entlang des Pripjat, 884 den Severjanen, die unter anderem die Region um Černigov bewohnten, und 885 den Radimičen am Soš.[219] Konstantin Porhyrogenitus beschreibt die *poljudia*, also die Tributfahrten der Rus', Mitte des 10. Jahrhunderts wie folgt:

> *The severe manner of life oft these same Russians in winter-time is as follows. When the month of November begins, their chiefs together with all the Russians at once leave Kiev and go off on the „poliudia", which means „rounds", that is, to the Slavonic regions of the Vervians and Drugovicians and Krivicians and Severians and the rest of the Slavs who are tributaries of the Russians. There they are maintained throughout the winter, but then once more, starting from the month of April, when the ice of the Dnieper river melts, they come back to Kiev.*[220]

Grundsätzlich bestanden für die Kiever Rus' drei Optionen, an Dirhems und Luxusgüter zu kommen:

---

214 Volodomir Kovalenko, Černigiv und Šestovica. Kontakte zwischen Slawen und Skandinaviern im östlichen Einzugsgebiet des Dnepr am Ende des 9. und im 10. Jahrhundert, in: Europa im 10. Jahrhundert (wie Anm. 145), S. 237-248.

215 Duczko, Viking Rus (wie Anm. 79), S. 238-246; chasarische Einflüsse, S. 240.

216 Ebd., S. 246.

217 Volodomir Kovalenko u. a., Davnoruskij Zveničev i skarb arabskich dirhemiv [Das altrussische Zveničev und ein Schatzfund arabischer Dirhems], in: Archeologija (Kiew), 1992, 1, S. 67-71.

218 Da auf die Nestorchronik in diesem Abschnitt ziemlich oft Bezug genommen wird und sie in verschiedenen Ausgaben leicht zugänglich ist, beschränke ich mich im Folgenden auf die Jahresangaben ohne die genauen Fußnotenhinweise.

219 Vgl. Dariusz Adamczyk, Orientalno-bałtycki system handlowy a proces kształtowania się Europy Wschodniej w IX i X wieku [Das orientalisch-baltische Handelssystem und die Entwicklung Osteuropas im 9. und 10. Jahrhundert], in: Średniowiecze polskie i powszechne 2, hg. von Idzi Panic / Jerzy Sperka, Katowice 2002, S. 63-88, besonders S. 85 ff.; Ders., Silver, Markets, and States. The Impact of Islamic Trade on Eastern Europe in the Ninth through Eleventh Centuries, in: World History Bulletin 22 (Fall 2006), 2, S. 47-49; Ders., Między Kijowem a Gnieznem. Wybrane aspekty topografii i funkcji arabskiego srebra na ziemiach słowiańskich w X i na początku XI w. [Zwischen Kiev und Gnesen. Ausgesuchte Aspekte der Topografie und Funktionen arabischen Silbers in slawischen Gebieten im 10. und zu Beginn des 11. Jahrhunderts], in: Średniowiecze polskie i powszechne 1(5), hg. von Idzi Panic / Jerzy Sperka, Katowice 2009, S. 66-78, hier S. 67 ff.

220 Constantine Porphyrogenitus, De administrando Imperio, hg. von Gyula Moravcsik / Romilly J. H. Jenkins, Washington 1967, S. 63.

- die als Tribute eingetriebenen Felle, Wachs und Honig in die Handelsnetze einzuspeisen und bei den Chasaren, Volgabulgaren oder Byzantinern einzutauschen;
- Tribute bereits in Form von Silber einzutreiben;
- Beute- und Raubzüge im kaspischen und asovschen Raum zu unternehmen.

Der effizienteste und trotz allem sicherste Weg war der Handel mit Waldprodukten, die als Abgaben erhoben wurden. Aus den arabischen Quellen wissen wir, dass orientalische Fernhändler in Osteuropa verschiedene Felle – darunter Fuchs, Biber, Marder, Eichhörnchen, Zobel, Otter, Hermelin, Wiesel, Hase – kauften sowie Sklaven, Wachs und Honig erwarben.[221] Die „Povest' vremennych let" berichtet mehrmals von verschiedenen Tributen, die die Kiever Rus' eintrieben. Im Jahr 883 soll Oleg den Drevljanen *ein schwarzes Marderfell* auferlegt haben, Igor 914 eine *Abgabe noch schwerer als die Olegs*. Im Zusammenhang mit den Strafexpeditionen Olgas gegen den Stamm der Drevljanen 945-946 spricht die Chronik von Fellen, Honig, Wachs und Sklaven, die sie der Kiever Fürstin anboten, um ihren Zorn zu mildern. Die Errichtung von *otroki* und *pogosty* in Nordrussland und entlang der Desna (zum Jahr 947) durch Olga hatte wiederum zum Ziel, das Tributsystem auf stabilere Grundlagen zu stellen und somit effizienter zu gestalten. Den Reichtum der Rus' in Form von Fellen, Honig, Wachs und Sklaven betont die Quelle noch mehrfach, unter anderem im Kontext von Olgas Reise nach Konstantinopel (unter 955) und von Svjatoslavs Plänen (unter 969), die Hauptstadt von Kiev nach Perejeslavec an der unteren Donau zu verlegen. Die zentrale Bedeutung des Fernhandels für die Rus' unterstreichen die Verträge mit Byzanz, geschlossen 911/912 und 944/945, sowie der um 950 verfasste Bericht des Kaisers Konstantin.[222] Man kann also davon ausgehen, dass die Kiever Rus' von den benachbarten Bevölkerungsgruppen Tribute in Form von Fellen, anderen Waldprodukten und vielleicht auch Sklaven eingetrieben haben, um sie auf arabische und byzantinische Märkte zu bringen.

Dass Tributfahrten, die *poljudia*, sich in regelrechte Raub- und Beutezüge verwandeln konnten, zeigt die folgende Passage in der altrussischen Chronik zum Jahr 945:

> *Und Igor hörte auf sie* [seine Gefolgsleute] *und zog zu den Derevljanen auf Tribut. Und er ersann neuen Tribut, zu dem ersten hinzu, und tat ihnen Gewalt, er und seine Männer* [...] *Und als er zurückging, besann er sich anders und sagte zu seiner Gefolgschaft: Geht mit dem Tribut nach Hause; ich aber kehre um und gehe noch einmal* [auf Tribut]. *Er entließ seine* Gefolgschaft *nach Hause; mit einem kleinen* [Teil] *der Gefolgschaft aber kehrte er wieder um, da er noch mehr Hab und Gut begehrte.*[223]

Den Grund, Igor zu töten, erklärten die Drevljanen seiner Gattin Olga wie folgt: *Deinen Mann haben wir erschlagen; denn dein Mann war wie ein Wolf: raubend und plündernd.*[224]

Derartige Expeditionen boten eine gute Gelegenheit, mit den unterworfenen Bevölkerungsgruppen Handel zu treiben, um Güter zu beziehen, die nicht unbedingt Teil der Abgaben waren. Außerdem konnten die tributpflichtigen Stammesterritorien den Ausgangspunkt für weitere Handels- und Raubfahrten darstellen, die es den Kiever Rus' ermöglichten, mehr Pelze und Sklaven zu erwerben. In diesem Kontext ist nach Gründen zu suchen, warum Dirhems nach Ostpolen flossen. Den Pripjat entlang, wo die oben erwähnten Drevljanen lebten, konn-

221 Źródła (wie Anm. 54), zum Beispiel Bd. 1, S. 76 f., Bd. 2 (2), S. 40 f.; Lutz Richter-Bernburg, Der frühmittelalterliche Handel Nord- und Osteuropas nach islamischen Quellen, in: Untersuchungen (wie Anm. 18, Kap. 2), S. 667-685.

222 Constantine Porphyrogenitus, De administrando (wie Anm. 220).

223 Die Nestorchronik (wie Anm. 47), S. 66 f.

224 Ebd., S. 68.

ten die Münzen dann fast bis zu dessen Quellen und von hier aus über ein Netz kleiner Flüsse zum mittleren Buglauf transportiert werden. Westlich des Dnepr tauchen nun mehrere Horte auf, die im Pripjatgebiet bzw. nördlich und südlich (Wolhynien) davon begegnen: zum Beispiel Lencikovščina (911/912), Antopol (939/940), Horodyszcze II (945/946), Bondari (951/952), Pinsk (965) sowie das ausschließlich aus Schmuck bestehende Depot von Borščevka (950-975).

Mehr als 700 km westlich von Kiev, im Flussbecken des mittleren Bugs, entstand bereits im frühen 10. Jahrhundert ein kleiner Verdichtungscluster von Münzfunden, der vermutlich auf das Wirken der Kiever Rus' zurückgeht (ausführlicher Teil II, Unterkapitel 2.1.). Der größte von ihnen, gefunden in Klukowicze und datiert in die Zeit um 901/902, enthielt 1.508 Prägungen, von denen 943 untersucht wurden, 565 hingegen unbekannt blieben. Etwa 100 km westlich von Klukowicze, in der Nähe der Ortschaft Liw, wurde ein Schatz von 502 Münzen entdeckt, deren jüngste Emissionen aus den Jahren 900/901 stammen. Schließlich taucht in Strękowa Góra, 130 km nordwestlich von Klukowicze, ein Depot von 33 Dirhems (tpq. 900/901) und Silberschmuck auf. Hinzu kommen kleinere Funde mit weniger als zehn Dirhems bzw. mit unbekannten Schlussmünzen sowie eventuell Einzelfunde von Dirhems aus dem Burgwall in Trzcianka, ca. 90 km nordöstlich von Strękowa Góra. In den Horten von Klukowicze und Liw bilden neuere, nach 890 emittierte Dirhems jeweils 80-90 Prozent des Münzstocks (Teil II, Unterkapitel 2.1.). Etwa 70 Prozent machen solche Exemplare in dem Schatz von Kiev (905/906) aus.[225] Wenn wir zudem berücksichtigen, dass Archäologen auf einigen Dirhems aus dem Depot von Klukowicze nordische Runen feststellen konnten, dann dürfen wir von einem Netzwerk der Kiever Rus' ausgehen, das im frühen 10. Jahrhundert geknüpft wurde.[226]

Die nächste Welle des Silbereinstroms folgte nach drei bis vier Dekaden, weist jedoch ein abweichendes geografisch-strukturelles Muster auf. Seit den 930er Jahren erreichten die Dirhems den mittleren Lauf der Weichsel, um schließlich die polanischen Gesellschaften in Zentralpolen zu erfassen (Tabelle 3). Dies illustriert eine Reihe von Schatzfunden (von Ost nach West): Iłów-Miękinki 937/938, Łęczyca I 942/943? (unsichere Datierung, jedoch vermutlich nicht später als Anfang der 940er Jahre), Ochle (an der mittleren Warthe) 936/937, Piwonice (bei Kalisch an der Prosna) 934/935, Dębicz 936/937 bei Giecz und Obra I (an der Obra, dem linken Nebenfluss der Warthe) 941-943 (Teil II, Unterkapitel 2.1. und 2.2.).

| | |
|---|---|
| Schätze östlich der Weichsel in den 900er/920er Jahren | Schätze westlich der Weichsel in den 900er/920er Jahren |
| 4 | – |
| Schätze östlich der Weichsel in den 930er, eventuell frühen 940er Jahren | Schätze westlich der Weichsel in den 930er, eventuell frühen 940er Jahren |
| 1 | 6 |

Tabelle 3: Anzahl der Schatzfunde von den 900er Jahren bis ca. 940

Westlich der Weichsel schlossen sich diesen Dirhemhorten zwei silberne Ketten an, die in den Burganlagen von Tum bei Łęczyca bzw. von Czerchów entdeckt wurden und womöglich

225 Maria Czapkiewicz u. a., Skarb monet arabskich z Klukowicz pow. Siemiatycze [Der arabische Münzschatz von Klukowicze, Kreis Siemiatycze], Wrocław u. a. 1964; FMP, Bd. 3: Masowien, Nr. 66 und 162; Adamczyk, Silber und Macht (wie Anm. 16, Kap. 1), Tab. 28, S. 56.

226 Igor' G. Dobrovol'skij u. a., Graffiti na vostočnych monetach. Drevniaja Rus' i sopredel'nye strany [Graffiti auf orientalischen Münzen. Die alte Rus' und die benachbarten Regionen], Leningrad 1991, S. 108 f.

Analogien zu Schmuck aus dem Gebiet der Kiever Rus' aufweisen. Aus dem Burgwall von Czerchów stammen gleichfalls Pfeilspitzen nordeuropäischer bzw. osteuropäisch-nomadischer Herkunft.[227] Und schlussendlich enthielt der Schatzfund von Psary bei Kalisch Kopfschmuck mit Parallelen unter anderem zum volgabulgarischen Raum.[228]

All diese Funde indizieren, dass aus der Kiever Rus' stammende Fernhändler, Sklavenjäger oder Warlords in die Gebiete westlich der Weichsel vorstießen, wo sich bereits verschiedene Häuptlingtümer etabliert hatten, die wiederum die Fremden mit Sklaven und Pelzen versorgten oder ihnen helfen konnten, Menschen selber zu fangen (Karte 6).

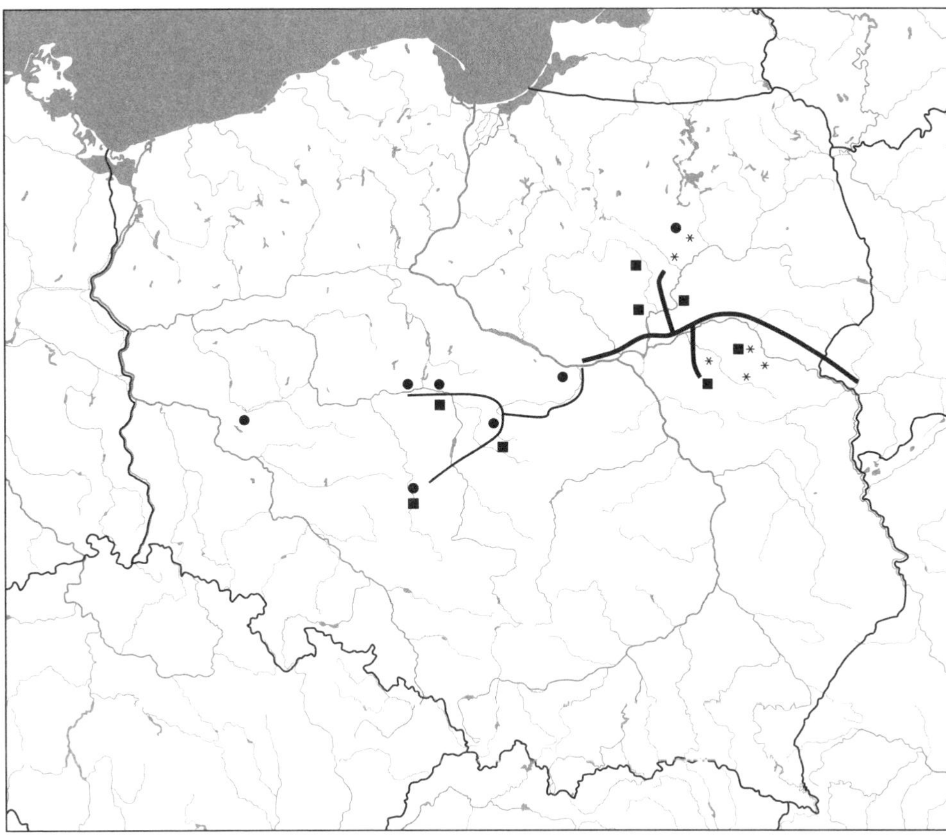

Karte 6: Westliche Flanke der Netzwerke der Kiever Rus'
Quadrate: wichtigere Siedlungen bzw. Stammesburgwälle; fette Linien: Netzwerke in den 900er Jahren; dünne Linien: Netzwerke in den 930er/940er Jahren; Sternchen: Dirhemfunde

227 Michał Kara, Najstarsze państwo Piastów – rezultat przełomu czy kontynuacji? Studium archeologiczne [Der älteste Staat der Piasten – ein Ergebnis des Umbruchs oder der Kontinuität? Eine archäologische Studie], Poznań 2009, S. 310-315, S. 311 f.; Anna Chmielowska / Paweł Marosik, Wczesnośredniowieczne budownictwo obronne między Prosną a Pilicą [Das frühmittelalterliche Verteidigungsbauwesen zwischen Prosna und Pilica], Warszawa 1989, S. 89, 91; zur Archäologie der Burgwälle von Łęczyca und Czerchów vgl. Początki Łęczycy [Die Anfänge von Łęczyca], Bd. 2: Archeologia o początkach Łęczycy [Die Archäologie über die Anfänge von Łęczyca], hg. von Ryszard Grygiel / Tomasz Jurek, Łódź 2014 (Unterkapitel 1.2.4.).

228 Kara, Najstarsze państwo (wie Anm. 227), S. 312.

aus den 900er Jahren (bzw. die dem Anfang des 10. Jahrhunderts zugeordnet werden);
Punkte: Dirhemfunde aus den 930er, eventuell frühen 940er Jahren

Eine andere Möglichkeit für die Kiever Rus', Münzen zu erwerben, bestand in der Eintreibung von Abgaben in Form von Silber. Die bereits zitierte Passage aus der Chronik zum Jahr 885 berichtet, dass Oleg den Radimičen denselben Tribut auferlegte wie früher die Chasaren, nämlich einen Schilling (Unterkapitel 1.1.1.). Die Vjatičen zahlten bis etwa 964 den Chasaren, danach auch der Rus' eine Abgabe in Münzen. Einige Bevölkerungsgruppen vom linken Dneprufer bzw. mittleren und oberen Okagebiet müssen also über Edelmetalle verfügt haben, die sie über die Netzwerke der Chasaren erlangten. Das bestätigen die Dirhemfunde entlang des Sejm, der Desna, des Soš und der Nebenflüsse der Oka, die den hier lebenden Severjanen, Radimičen und Vjatičen gehört haben werden.[229] Interessanterweise stellten abbasidische Münzen den Löwenanteil der Münzmasse in dem großen, knapp 3.000 Münzen umfassenden Schatzfund von Kiev (906/907). Die neu emittierten samanidischen Prägungen (die im ersten Jahrzehnt des 10. Jahrhunderts bereits massenweise zirkulierten und in etlichen Horten überwiegen) waren hingegen nur schwach vertreten. Da die im 9. Jahrhundert im Dneprgebiet thesaurierten Dirhems vom linken Ufer des Flusses stammen, kann man nicht ausschließen, dass sie über die bei den Severjanen bzw. Radimičen eingetriebenen Tribute nach Kiev gelangt sind. Auf der anderen Seite enthielt der Schatzfund von Kiev mit der Schlussmünze um 905/906 vorwiegend neue Dirhems, die indizieren, dass arabische Münzen in die Region am mittleren Dnepr eher über den Handel eingeströmt sein werden.[230]

Der gefährlichste Weg, der zugleich langfristig den geringsten Erfolg versprach, an Silber zu kommen, bestand in der Durchführung von Beute- und Plünderungszügen. Die arabischen Quellen berichten von Raubfahrten der Rus' im kaspischen Raum.[231] Wir kennen zumindest vier solche Expeditionen in der zweiten Hälfte des 9. und der ersten Hälfte des 10. Jahrhunderts: eine während der Regierungszeit von Ibn Zaid in Tabaristan 864-884, des Weiteren 909/910, 913/914 und 943/944. Ob sie entlang der Volga oder über Kiev organisiert wurden, wissen wir nicht. Zumindest die Raubzüge im 10. Jahrhundert könnten ihren Ausgang in Kiev genommen haben. 909/910 plünderte eine aus 16 Schiffen bestehende Flotte die persischen Küsten aus. 913/914 fand ein größerer Raubzug statt, an dem sich 500 Schiffe beteiligt haben sollen. Diese Flotte fuhr mit Erlaubnis der Chasaren aufs Kaspische Meer und raubte eine Reihe von Ortschaften an der südlichen Küste aus. Danach hätten die Rus' die Stadt Baku in Aserbaidschan überfallen, wo sie Teile der Bevölkerung verschleppten. Der Rückweg verwandelte sich jedoch in eine Katastrophe. Muslimische Chasaren griffen sie, nachdem sie von den Plünderungen der Rus' erfahren hatten, im Volgadelta an. Die Rus' wurden besiegt, die Überlebenden von den Burtasen an der Volga aufgerieben. Erfolglos blieb auch der Raubzug im Jahre 943/944. Die Rus' drangen in Aserbaidschan entlang des Flusses Kura ins Landesinnere und nahmen

229 Brather, Frühmittelalterliche Dirham (wie Anm. 19, Kap. 2), zum Beispiel die Schatzfunde: Nr. 433, 438, 449, 456, 474, 480, 497, 500, 505, 507, 511, 519, 520, 522, 525, 528, S. 140 ff. Außerdem N. F. Kotlar, Obrót arabskich dirhemów na terytorium Ukrainy [Der Umlauf arabischer Dirhems auf ukrainischem Territorium], in: WN 14 (1970), 1, S. 19-30.

230 Adamczyk, Silber und Macht (wie Anm. 16, Kap. 1), Annex: Russland, Nr. 3 und 4.

231 Dudek, Chazarowie (wie Anm. 37), S. 417 f.; 424; A. Ju. Jakubowskij, O russko-chazarskich i russko-kavkazskich otnosenijach v IX-X vv. [Über die rus'-chasarischen und die rus'-kaukasischen Beziehungen im 9.-10. Jahrhundert], in: Izvestija ANSSSR. Serija istorii i filozofii 3 (1946), S. 461-472; Ders., Ibn-Miskavejch o pochode rusov v Berdaa v 332 g.-943/4 g. [Ibn Miskavija über den Feldzug der Rus' nach Baarda im Jahr 943/944], in: Vizantijskij vremennik 24 (1926), S. 63-92; Michail I. Artamonov, Istorija chazar [Die Geschichte der Chasaren], Leningrad 1962, S. 370 ff.

die Stadt Barda ein. Den Bewohnern versprachen sie Frieden und Glaubensfreiheit für die Anerkennung ihrer Hoheit und die Entrichtung einer Steuer. Die Symbiose zwischen den Rus' und den Arabern währte allerdings nicht lange. Als es zu Meinungsunterschieden kam, verlangten die Rus' von jedem gefangen genommenen männlichen Muslim 20 Dirhems. Der Ausbruch einer Epidemie zwang die „Barbaren" zum Verlassen der Barda-Region. Was mit ihnen geschah, sagt die Quelle nicht. Vielleicht kamen einige der Rus' mit den Beuteresten nach Kiev zurück.

Aus den hebräischen Quellen geht hervor, dass Kiev bis etwa 930/940 zum Einflussbereich des Khaganats gehörte.[232] Damals soll einer der Rus'-Häuptlinge die Stadt Samkerc (Tmutorakan an der Kertsch-Meerenge) erobert haben. Die Gegenoffensive des Khagans, geführt von Pesach, befreite Samkerc und zwang sogar die Kiever, die chasarische Oberhoheit anzuerkennen und Byzanz anzugreifen. Tatsächlich fand 941 (und dann 944) ein Feldzug gegen Konstantinopel statt. Ob er auf das chasarische Bündnis zurückging, ist unklar. Möglich ist eine andere Erklärung: Vielleicht verschlechterten sich die Beziehungen zwischen der Kiever Rus' und dem Khaganat in den 940er Jahren. Denn solange die Rus' die chasarische Tributhoheit zumindest formal anerkannten, konnte auch der Dirhemhandel problemlos abgewickelt werden. Seit aber die Rjurikiden aufhörten, den Chasaren einen Tribut zu entrichten, verschärfte sich die Situation, was den Austausch benachteiligte. Von einem Kollaps der Handelsbeziehungen in der Waldsteppenzone kann jedoch keine Rede sein, denn am linken Dneprufer deponierte man Dirhems weiterhin im Zeitraum von 940 bis 990.[233] Wenn aber diese Überlegungen zutreffen, verwundern nicht die Feldzüge Igors gegen Konstantinopel in den Jahren 941 und 944. Sie hätten demnach einen Versuch dargestellt, durch die Intensivierung der Kontakte mit Byzanz die aus dem Zusammenbruch des Austausches mit den Chasaren resultierenden Verluste zu kompensieren. Der Handelsvertrag mit Byzanz im Jahr 945 weist freilich für die Rus' einen Rückschritt im Vergleich mit dem von 912 auf. Des Weiteren wurde die Gesandtschaft der Kiever Fürstin Olga nach Konstantinopel um 955 vom oströmischen Kaiser mit Edelmetallen beschenkt: Jeder der engsten Verwandten der Herrscherin soll 30 Goldmünzen erhalten haben; außerdem jeder der sechs weiblichen und acht männlichen Verwandten je 20 und schließlich jeder der 20 Gesandten der anderen Fürsten je zwölf Goldmünzen.[234] Eine byzantinische Goldmünze im Gewicht von ca. 4,5 g entsprach wertmäßig mindestens 54 g Silber, die pro Kopf geschenkten Goldmünzen also jeweils zumindest 540, 360 bzw. 216 Dirhems. Die Zahlen erscheinen jedoch nicht besonders beeindruckend, wenn

---

232 Golb / Pritsak, Khazarian (wie Anm. 169), S. 60-71; Franklin / Shepard, The Emergence (wie Anm. 85), S. 96. Einer der Häuptlinge namens Helge, der in Persien gestorben sein soll, könnte der Fürst von Černigov gewesen sein. Duczko, Viking Rus (wie Anm. 79), S. 211; Nadežda I. Platonova, Oleg i Helgu Kembrižsogo dokumenta. Prodolženie diskussii [Oleg und Helgu im Cambridge-Dokument], in: Ladoga i epocha vikingov. Staroladožkij istoriko-architekturnyi i archeologičeskij muzei-zapovednik [Ladoga und die Wikingerepoche. Das Historisch-Architektonische und Archäologische Museum in Staraja Ladoga], hg. von Dmitrij A. Mačinskij, St. Petersburg 1998, S. 43-46.

233 Golb / Pritsak, Khazarian (wie Anm. 169) und Adamczyk, Silber und Macht (wie Anm. 16, Kap. 1), Annex 1: Russland.

234 Nadežda I. Platonova, Dogovory Rusi i Vizantii i socialnye verchi russkogo obščestva X vieka [Die Verträge zwischen Rus' und Byzanz und die sozialen Eliten der Rus'-Gesellschaft im 10. Jahrhundert], in: Stratum Plus 1 (1999), 5, S. 164-168, besonders S. 166. Grundsätzlich zum Handel mit Byzanz Renate Rolle, Archäologische Bemerkungen zum Warägerhandel, in: Oldenburg – Wolin (wie Anm. 39), S. 472-529.

man bedenkt, dass die Byzantiner den Awaren im späten 6. Jahrhundert jährlich etwa 150.000 Goldmünzen als Tribut zahlten.[235]

Es fällt jedenfalls auf, dass die Feldzüge der Rus' gegen Byzanz nahezu parallel mit ihren Raubzügen im kaspischen und asovschen Raum verliefen: 860 (Byzanz) – 864-884? (Kaspia); 911 (Byzanz) – 909/910 und 913/914 (Kaspia); 941-944 (Byzanz) – 939-943 (Samkerc und Kaspia); 967-971 (Donaubulgaren und Byzanz) – 965/969 (Sarkel und Kaspia); 988 (Cherson) – 986 (Tmutorakan und Kaspia); 1043 (Byzanz) – 1041 (Kaspia).

Diese Parallelität zeigt überdeutlich, welch große Bedeutung die Rus'-Elite dem Erwerb von Edelmetallen bzw. Luxusgütern beimaß und dass sie imstande war, auf sich verändernde Konstellationen zu reagieren und ihre Netzwerke variabel auszurichten.

### 1.2.4. Der Aufstieg der Piasten aus der Logik des Raub- und Tributhandels

Die Bewohner Zentralpolens besaßen schon aus geografischen Gründen nicht die Option, mit dem Kalifat oder Byzanz direkte Kontakte aufzunehmen. Sie waren auf Mittelsmänner angewiesen, die – wie im vorangehenden Unterkapitel geschildert – in den 930er, frühen 940er Jahren den Mittellauf der Weichsel und somit das westliche Masowien erreichten.

Ibrahim ibn Jaqub, einem jüdischen Gesandten aus al-Andalus (Arabisch-Spanien), der um 965 Ostmitteleuropa bereiste, zufolge war das Reich Mieszkos I. die größte slawische Herrschaftsbildung und grenzte im Osten an die Pruzzen.[236] Das würde indizieren, dass die Piasten im dritten Viertel des 10. Jahrhunderts bereits das mittlere Weichselgebiet kontrollierten. Die Analyse der Schatzfunde bestätigt die Vermutung, dass etliche Dirhems nach Zentralpolen auf dem Landweg am Westlichen Bug entlang gelangten.[237] Wie und warum aber veränderten sich die gesellschaftlichen Parameter in Großpolen?

Den deutlichsten Indikator für eine neue Qualität stellten die Burgwälle dar. Nördlich des mittleren Warthelaufs entstanden in einem Rechteck von ca. 50 mal 30 km sechs Festungen: Posen,[238]

---

235 Die Angaben nach Florin Curta, Southeastern Europe in the Middle Ages 500-1250, New York 2006, S. 64. Auch den Hunnen sollen sich die Oströmer 447 zu einer jährlichen Tributzahlung in Höhe von 2.100 Pfund Gold verpflichtet haben. Diese Summe entsprach etwa 690 kg Edelmetall und somit fast genau dem Awarentribut im späten 6. Jahrhundert. Man sollte allerdings bedenken, dass die Staatseinkünfte unter Honorius (395-423) auf etwa 100.069 kg und der Staatsschatz unter Anastasius (491-518) auf 104.800 kg Gold geschätzt werden; 690 kg würden also nicht einmal ein Prozent der finanziellen Kapazitäten des Imperiums ausmachen. Vgl. Peter Guest u. a., The Use and Hoarding of Solidi in the Late Fourth and Fifth Centuries, in: Roman Coins Outside the Empire. Ways and Phases, Contexts and Functions, hg. von Aleksander Bursche u. a., Wetteren 2008, S. 295-307, hier S. 296 f.; Peter Kehne, Auskünfte antiker Schriftquellen zu Umständen und Größenordnungen des Abflusses römischer Münzen ins Barbaricum vom 1.-5. Jahrhundert n. Chr. Eine Problemskizze, in: Ebd., S. 75-88.

236 Relacja Ibrahima Ibn Ja'kuba z podróży do krajów słowiańskich w przekazie Al-Bekriego [Der Bericht Ibrahim Ibn Ja'qubs von der Reise in die slawischen Länder in der Überlieferung von Al-Bekri], hg. von Tadeusz Kowalski, Kraków 1946 (polnische Übertragung), S. 48-54, hier S. 50.

237 Dariusz Adamczyk, Trzecia fala napływu srebra arabskiego a powstanie „państwa" piastowskiego, in: WN 58 (2014), 1-2, S. 33-53, hier S. 42-46.

238 Hanna Kóčka-Krenz u. a., The Beginnings, Development and the Character of the Early Piast Stronghold in Poznań, in: Polish Lands (wie Anm. 71), S. 125-167.

Gnesen,[239] Ostrów Lednicki,[240] Giecz,[241] Moraczewo und Grzybowo.[242] Sie wurden grundsätzlich zwischen den 920er und den 940er Jahren erbaut, gleichwohl gehen die Anfänge einiger von ihnen schon auf das 9. Jahrhundert (wie im Falle von Giecz um 865) zurück. Hinzu kamen einige kleinere Forts entlang der Warthe. Die zentralen Burgwälle unterschieden sich bezüglich ihres Umfangs und ihrer Funktionen deutlich von den sog. Stammesburgen. Sie dienten primär als Herrschafts- und Machtzentren, in denen die Elite Tribute, Beute, Einkünfte aus dem Fernhandel und andere Abgaben sammelte und die es ihr ermöglichten, die lokalen Bevölkerungsgruppen zu kontrollieren. Eine Reihe von Schatzfunden aus Burgwällen oder ihrer Umgebung illustriert den Reichtum der sich formierenden Machtelite (näher Teil II, Unterkapitel 2.2.).

Die Kommunikation zwischen den Burgwällen wurde dadurch erleichtert, dass sie alle (bis auf Gnesen?) mit dem Wassersystem der Warthe verbunden waren. Über den Fluss Główna konnte man von Posen aus Ostrów Lednicki erreichen. Giecz lag an der Moskawa und die Burganlage in Bnin an der Kamionka, die beide direkt in die Warthe mündeten. Auch der Burgwall in Grzybowo war über den Fluss Struga mit dem Warthewassersystem vernetzt. Die Burgwälle im nördlichen Teil Großpolens wiesen Verbindungen zur Warthe über die Flüsse Wełna und Mała Wełna auf, jene im Osten und Nordosten hingegen bildeten einen Teil des Wassersystems der Netze. Kruschwitz (Kruszwica) und Łęczyca schließlich stellten das Bindeglied zur Weichsel dar. Das Kerngebiet der piastischen Herrschaft besaß somit Zugänge zu allen Routen, die im Westen entlang der Oder nach Wollin und im Osten über die Weichsel nach Pommerellen bzw. über den Bug und Pripjat in die Kiever Rus' führten.[243]

Zwischen etwa 940 und 950 errichteten die Piasten den Burgwall in Ląd, direkt an der mittleren Warthe, und bauten die Burganlage in Giecz aus. Zugleich betrieben sie in Zentral-, aber auch im südlichen Großpolen eine intensive Besiedlungspolitik und griffen nach Westen aus, indem sie die Burgwälle Zantoch (Santok) und Meseritz (Międzyrzecz) unter eigene

239 Gniezno. Wczesnośredniowieczny zespół grodowy [Gnesen. Der frühmittelalterliche Burgwallkomplex], hg. von Tomasz Sawicki / Magdalena Bis, Warszawa 2018; Zofia Kurnatowska, The Stronghold in Gniezno in the Light of New and Old Research, in: Polish Lands (wie Anm. 71), S. 185-207.

240 Ostrów Lednicki. Rezydencjonalno-stołeczny ośrodek pierwszych Piastów [Ostrów Lednicki. Das Machtzentrum der ersten Piasten], hg. von Zofia Kurnatowska / Andrzej M. Wyrwa, Warszawa 2016; Janusz Górecki, Gród na Ostrowie Lednickim na tle wybranych ośrodków grodowych pierwszej monarchii piastowskiej [Der Burgwall von Ostrów Lednicki auf dem Hintergrund ausgewählter Zentren der ersten Piastenmonarchie], Poznań 2001; Zofia Kurnatowska, Ostrów Lednicki in the Early Middle Ages, in: Polish Lands (wie Anm. 71), S. 167-185.

241 Gród piastowski w Gieczu. Geneza – funkcja – kontekst [Der piastische Burgwall von Giecz. Genese – Funktionen – Kontexte], hg. von Michał Kara u. a., Poznań 2016; Zofia Kurnatowska, The Stronghold in Giecz in the Light of New and Old Research, in: Polish Lands (wie Anm. 71), S. 207-222; Teresa Krysztofiak, Giecz – najstarszy piastowski gród centralny Wielkopolski [Giecz – der älteste piastische Burgwall Großpolens], in: Przewodnik po miejscach obchodów Europejskich Dni Dziedzictwa Archeologicznego w Wielkopolsce [Die Europäischen Tage des Archäologischen Erbes in Großpolen. Ein Leitfaden zu den Feierorten], Poznań 2006, S. 28-31.

242 Zofia Kurnatowska, Wielkopolska w X wieku i formowanie się państwa polskiego [Großpolen im 10. Jahrhundert und die Bildung des polnischen Staates], in: Ziemie polskie w X wieku i ich znaczenie w kształtowaniu się nowej mapy Europy [Polnische Gebiete im 10. Jahrhundert und ihre Bedeutung im Gestaltungsprozess der neuen Karte Europas], hg. von Henryk Samsonowicz, Kraków 2000, S. 99-117.

243 Zofia Kurnatowska, Poznań w czasach Mieszka I [Posen zur Zeit Mieszkos I.], in: Civitas Schinesghe. Mieszko I i początki państwa polskiego [Civitas Schinesghe. Mieszko I. und die Anfänge des polnischen Staates], hg. von Jan M. Piskorski, Poznań-Gniezno 2004, S. 71-88, hier S. 74 f.

Kontrolle brachten.[244] In den 960er/970er Jahren war die piastische Herrschaftsbildung in Zentralpolen weitgehend abgeschlossen.[245] Zwischen ca. 970 und 990 unternahm Mieszko I. den Ausbau bzw. die Umstrukturierung der zentralen Burgwälle.[246] Außerdem wurden in den eroberten Gebieten neue Machtzentren errichtet oder übernommen: Kruschwitz[247] und Leslau (Włocławek) in Kujawien, Plozk (Płock)[248] in Masowien, Sandomir (Sandomierz) an der mittleren Weichsel, Glogau (Głogów) und Oppeln (Opole) in Schlesien sowie Kolberg und Danzig (das archäologisch zurzeit erst im 11. Jahrhundert fassbar wird) in Mittelpommern bzw. Pommerellen.[249]

Den zweiten Indikator, der auf die Entstehung einer neuen Qualität hindeutet, stellten Luxusgegenstände dar, die zwischen dem zweiten Viertel und dem Anfang der zweiten Hälfte des 10. Jahrhunderts vermehrt aufzutreten begannen. Dazu gehörten Kämme, Glas- und Bernsteinperlen sowie Waffen und Reiterrüstungsartefakte, die auf Kontakte mit dem elbslawischen, skandinavischen und dem Donauraum hindeuten.[250] In den Burgwallschichten aus dem dritten und frühen letzten Viertel des 10. Jahrhunderts erschienen zudem Karneol- und Bergkristallperlen, Importe aus der Kiever Rus' und Kopfschmuck.[251] Allein in Ostrów Lednicki entdeckten die Archäologen Luxuswaffen, mit christlichem Kult verbundene Gegenstände wie Reliquiare sowie einen Hort von zerhacktem Schmuck und 51 Dirhems bzw. europäischen Denaren, deren jüngste Emissionen um 985 datiert sind.[252] Innerhalb des Burgwalls von Grzybowo wiederum tauchte ein Schatzfund von 1.057 meist zerteilten Münzen und gut 140 Schmuck-, Barren- und Gusskuchenbruchstücken aus Silber auf. Die Schlussmünzen werden in die Zeit nach 953/954 eingeordnet.[253] Als elitär gelten die Grabanlagen von Bodzia in Kujawien, an der nordöstlichen Peripherie des piastischen Reiches.[254] Grundsätzlich ist zu beachten, dass etwa ab der Mitte des 10. Jahrhunderts die Anzahl der Schmuckteile in den Depots massiv zunahm. Untersuchungen zeigen, dass Schläfenringe, Ohrringe, Halsketten, Kaptorgen, Arm- und Halsreife überwiegend in Polen, wahrscheinlich aus den eingeschmolzenen importierten

---

244 Zofia Kurnatowska / Stanisław Kurnatowki, Piastowskie „urządzanie" kresów północno-zachodnich państwa [Die piastische „Einrichtung" der nordwestlichen Grenzgebiete des Staates], in: Świat Słowian wczesnego średniowiecza [Die Welt der Slawen im frühen Mittelalter], hg. von Marek Dworaczek u. a., Szczecin-Wrocław 2006, S. 91-99, hier S. 92. Grundsätzlich: Międzyrzecz. Gród i zamek w wiekach IX-XIV [Międzyrzecz. Burgwall und Burg im 9.-14. Jahrhundert], hg. von Stanisław Kurnatowski, Warszawa 2015.

245 Kurnatowska, Wielkopolska (wie Anm. 242), besonders S. 105-107; Kara, Najstarsze państwo (wie Anm. 227), Karte auf S. 261.

246 Kurnatowska, Wielkopolska (wie Anm. 242), S. 108.

247 Bożena Dzieduszycka / Wojciech Dzieduszycki, Early Medieval Kruszwica, in: Polish Lands (wie Anm. 71), S. 223-240.

248 Andrzej Gołembnik, Early Medieval Płock, in: Polish Lands (wie Anm. 71), S. 241-270.

249 Marek Dulinicz, Forschungen zu den Herrschaftszentren des 10. bis 11. Jahrhunderts in Polen, in: Europa im 10. Jahrhundert (wie Anm. 145), S. 147-160, hier S. 150; Marian Rębkowski, The Pomeranian Towns and the State of the First Piasts. The Case of Szczecin and Kołobrzeg, in: Acta Praehistorica et Archaeologica 42 (2010), S. 9-17.

250 Kara, Najstarsze państwo (wie Anm. 227), S. 257.

251 Ebd., S. 258 f.

252 Kurnatowska, Ostrów Lednicki (wie Anm. 240), S. 173.

253 Zofia Kurnatowska, Grzybowo pod Wrześnią – potężny gród piastowski [Grzybowo bei Września – ein großer piastischer Burgwall], in: Landform Analysis 16 (2011), S. 56-58, hier S. 57.

254 Bodzia. A Late Viking-Age Elite Cemetery in Central Poland, hg. von Andrzej Buko, Leiden-Boston 2015.

Münzen, hergestellt wurden.[255] In den Siedlungen Rybitwy und Dziekanowice bei Ostrów Lednicki oder in Posen funktionierten zu dieser Zeit Goldschmiedereien.[256]

Unter welchen historischen Konstellationen Fernhändler, Sklavenjäger und Warlords aus dem Bereich der Kiever Rus' in den 930er bzw. frühen 940er Jahren nach Zentralpolen eindrangen, wurde im vorangegangenen Unterkapitel angerissen. Auf der anderen Seite stammen einige Luxusgüter aus dem elbslawischen Raum und westlichen Pommern. Dass sie über den Handel nach Großpolen gelangten, ist möglich, steht aber nicht endgültig fest – zumal die Antwort auf die Frage ausbleibt, warum diese Kontakte ausgerechnet in den 930/940er Jahren geknüpft wurden. Wir sollten hier stärkere Aufmerksamkeit auf zwei massive gesellschaftlich-politische Verschiebungen lenken, die zu dieser Zeit stattfanden: Zum einen führte die Expansion der Ottonen im Zeitraum von 928 bis 934 zur tributären Unterwerfung der elbslawischen Stämme (Kapitel 2.1., Einleitung). Infolgedessen könnten einige Bevölkerungsgruppen, die den Sachsen keine Abgaben zahlen wollten, auf die im Osten benachbarten Gebiete ausgewichen sein. Zum zweiten ereignete sich in den ersten drei Jahrzehnten des 10. Jahrhunderts – womöglich im Zusammenhang mit dem Druck der Ottonen auf die Elbslawen – in Wollin eine „ideologische Revolution", um Błażej Stanisławskis Begriff zu verwenden (ausführlicher darüber in Unterkapitel 1.2.8.). Im Zuge dieses Prozesses brachten wandernde Handwerker aus Pommern nach Großpolen Kompetenzen mit, die unter anderem darin bestanden, aus Geweih Kämme anzufertigen oder hochwertige Keramik herzustellen.[257] Auf diesem Wege dürften dorthin ebenfalls etliche Münzen, arabische Gepräge wie (seit den 970er Jahren) dänische Halbbrakteaten, geflossen sein. Das plötzliche Auftauchen von Dirhemfunden und Glasperlen, Bernstein, Kämmen oder der hochwertigen, unter anderem aus dem westlichen Pommern bekannten Keramik nördlich der Warthe erscheint als Folge dieser Verschiebungen und der Einbeziehung der polanischen Bevölkerungsgruppen in die Ostseewelt.

Schlussendlich gibt es Indizien für Einflüsse aus dem Süden. In Czerchów zum Beispiel, ca. 10 km südöstlich von dem regionalen Machtzentrum in Łęczyca entfernt, bestand in der ersten Hälfte des 10. Jahrhunderts ein Stammesburgwall, in dem etliche Militaria und Artefakte gefunden wurden. Ihre Herkunft deutet auf Mähren hin. Sodann fanden die Archäologen direkt am Wall Pfeilspitzen, die osteuropäisch-nomadische bzw. nordische Provenienz aufweisen und

255 Kiersnowski, Pieniądz (wie Anm. 1, Kap. 2), Tab. 65 auf S. 334. Zur Herkunft der in Polen gefundenen Schmuckstücke vgl. Roman Jakimowicz, O pochodzeniu ozdób srebrnych znajdowanych w skarbach wczesnohistorycznych [Über die Herkunft des in frühgeschichtlichen Schätzen gefundenen Silberschmuckes], in: Wiadomości Archeologiczne 12 (1933), S. 103-136 und Hanna Kóčka-Krenz, Biżuteria północno-zachodnio-słowiańska we wczesnym średniowieczu [Der nordwestslawische Schmuck im frühen Mittelalter], Poznań 1993.

256 Danuta Banaszak / Arkadiusz Tabaka, Kompleks osadniczy i pozostałości działalności gospodarczej wczesnośredniowiecznego centrum [Der Siedlungskomplex und die Überbleibsel wirtschaftlicher Aktivität des frühmittelalterlichen Zentrums], in: Ostrów Lednicki (wie Anm. 240), S. 285-298, hier S. 291-293. Vgl. auch Władysław Duczko, Złoty młot boga Thora? O fragmencie skandynawskiej ozdoby z Ostrowa Lednickiego [Der goldene Hammer Thors? Über ein Schmuckfragment aus Ostrów Lednicki], in: Ebd., S. 299-302; Hanna Kóčka-Krenz, Pracownia złotnicza na poznańskim grodzie [Die Goldschmiederei auf dem Posener Burgwall], in: Świat Słowian (wie Anm. 244), S. 257-272.

257 Zu den entsprechenden Kamm- und Keramikfunden in Großpolen vgl. Kara, Najstarsze państwo (wie Anm. 227), S. 255, 257 (dort weitere Literatur).

mitsamt den Brandspuren nahelegen, dass die Burganlage von Czerchów etwa Mitte des 10. Jahrhunderts niedergebrannt wurde.[258]

Neben dem polanisch-piastischen Herrschaftsgebiet zwischen Posen und Gnesen bildeten sich westlich wie südlich des mittleren Warthelaufs – vorwiegend im Obraraum (hier der Schatzfund Obra I, 941-943), aber auch an der Mündung der Prosna in die Warthe – lokale Häuptlingtümer heraus. So bestand dort im 9. und frühen 10. Jahrhundert ein Netz kleinerer Stammesburgen, die um die Mitte des 10. Jahrhunderts niedergebrannt wurden. In Bruszczewo und Spławie legten die Archäologen verbrannte Ringwälle und geplünderte Wohnbauten frei. Dieses Schicksal traf gleichfalls die Burgwälle in Bonikowo, Samarzewo und Daleszyn.[259] Wenn die Brandspuren – ähnlich wie in Czerchów – auf die Expansion der einheimischen, mit fremden Sklavenjägern kooperierenden Warlords (Teil II, Unterkapitel 2.1.) zurückgehen, dann wäre das ein deutliches Anzeichen dafür, dass das piastische Reich im Laufe weniger Generationen nicht auf evolutivem Wege durch die Umstrukturierung älterer Stammeszentren entstand, sondern teilweise durch deren Ausschaltung mittels Gewalt.

An der Prosna wiederum entstand in Kalisz-Zawodzie, ca. 100 km südlich von Gnesen, um 850 eine Stammesburg, in deren Umgebung bislang neun fragmentierte Einzelfunde arabischer Münzen aus dem 10. Jahrhundert gemacht wurden.[260] Aus der Ortschaft Piwonice bei Kalisch stammt ebenfalls der erste gut datierbare Dirhemort (934/935) westlich der Weichsel, und der Fund aus Psary enthielt Kopfschmuck mit Parallelen unter anderem zum volgabulgarischen Raum.[261] Der gesamte Siedlungskomplex um Kalisch indiziert allerdings – im Gegensatz zu

258 Ebd., S. 313 und Fußnote 1681; für detailliertere Informationen zur Archäologie der Burgwälle von Tum-Łęczyca und Czerchów im 10. Jahrhundert vgl. Waldemar Stasiak / Marek Trojan, Gród łęczycki w okresie przedpiastowskim (faza I, koniec VIII – koniec X wieku) [Der Burgwall von Łęczyca in der vorpiastischen Periode (Phase I, Ende des 8. – Ende des 10. Jahrhunderts)] und Dies., Okres początków państwa Piastów (faza II, koniec X – początek XII wieku) [Die Zeit der Anfänge der piastischen Herrschaft (Phase II. Ende des 10. – Anfang des 12. Jahrhunderts)] sowie Marek Trojan, Grodzisko w Czerchowie na tle lokalnej sytuacji osadniczo-kulturowej we wczesnym średniowieczu [Der Burgwall von Czerchów auf dem Hintergrund der lokalen siedlungskulturellen Entwicklung im frühen Mittelalter], in: Początki Łęczycy (wie Anm. 227), S. 65-93, 95-267, 653-677.

259 Michał Brzostowicz, Wczesnośredniowieczne grodzisko w Spławiu, gm. Kołaczkowo, woj. poznańskie. Wstępne podsumowanie wyników badań ratowniczych z lat 1991-1992 [Der frühmittelalterliche Burgwall in Spławie, Gemeinde Kołaczkowo, Wojewodschaft Posen. Einleitende Zusammenfassung der Ergebnisse von Bergungsforschungen der Jahre 1991-1992], in: Wielkopolskie Sprawozdania Archeologiczne 2 (1993), S. 115-132; Ders., Bruszczewski zespół osadniczy w IX i X wieku [Der Bruszczewo-Siedlungskomplex im 9. und 10. Jahrhundert], in: Centrum i zaplecze we wczesnośredniowiecznej Europie Środkowej (Spotkania Bytomskie 3), hg. von Sławomir Moździoch, Wrocław 1999, S. 135-150; Ders., Bruszczewski zespół osadniczy we wczesnym średniowieczu [Der Bruszczewo-Siedlungskomplex im frühen Mittelalter], Poznań 2002, S. 232; Tu powstała Polska. Katalog wystawy stałej w Muzeum Archeologicznym w Poznaniu [Hier entstand Polen. Katalog der Dauerausstellung im Archäologischen Museum in Posen], hg. von Michał Brzostowicz / Agnieszka Stempin, Poznań 2009, S. 60; Kara, Najstarsze państwo (wie Anm. 227), S. 257.

260 Tadeusz Baranowski, The Stronghold in Kalisz, in: Polish Lands (wie Anm. 71), S. 285-304; Mateusz Bogucki / Sławomir Miłek, Monety, ich pochodzenie oraz obieg w Kaliszu i jego najbliższych okolicach w X i pierwszej połowie XI wieku [Münzen, ihre Herkunft und ihr Umlauf in Kalisz und nächster Umgebung im 10. und in der ersten Hälfte des 11. Jahrhunderts], in: Od Kalisii do Kalisza. Skarby doliny Prosny, Katalog wystawy, hg. von Stanisław Suchodolski / Michał Zawadzki, Kalisz 2010, S. 49-59, hier S. 52. Mehr Einzelheiten in Teil II, Unterkapitel 2.2.

261 Władysław Kubiak u. a., Skarb dirhemów arabskich z Piwonic koło Kalisza [Der Schatz arabischer Dirhems von Piwonice bei Kalisz], Warszawa 1953; Kara, Najstarsze państwo (wie Anm. 227), S. 312.

den Burgwällen im Obraraum – keine Spuren der äußeren Gewalteinwirkung, sodass wir hier von einer eher symbiotischen Beziehung zum piastischen Bereich ausgehen dürfen.

Man kann nicht ausschließen, dass verschiedene Siedlungskammern um den Zugriff auf die Edelmetalle konkurrierten, indem sie mit den aus der Kiever Rus', Wollin oder Mähren und Böhmen kommenden Fernhändlern, Sklavenjägern bzw. Warlords kooperierten – letzteren aber genauso gut zum Opfer fallen konnten, weil die Kontrahenten mit den Fremden gleichermaßen Bündnise zu schließen vermochten (Karte 7). Die dadurch in Gang gesetzte Spirale der Rivalität würde auf einen Wandel der Wertesysteme innerhalb der Gesellschaften der Region hindeuten, die sich nun deutlich von denen im 9. Jahrhundert unterschieden.

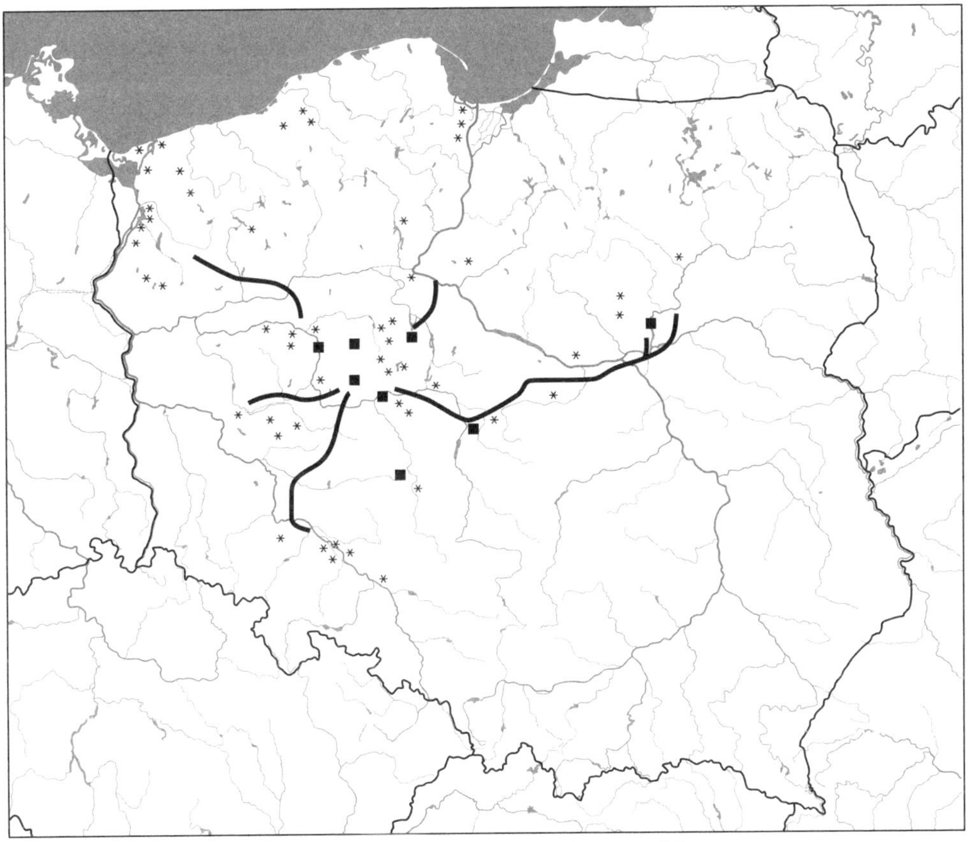

Karte 7: Netzwerke der Polanen/Piasten in den 940er/950er bis 980er Jahren
Quadrate: wichtigere Burgwälle; Sternchen: Schatzfunde aus der Zeit von ca. 930 bis ca. 990

Die in Zentralpolen lebenden Bevölkerungsgruppen müssen also Silber besessen haben, das die Polanen aus den Gebieten nördlich der mittleren Warthe sich anzueignen versuchten. Das führt uns zu der Frage, wie die aufstrebenden Piasten an Dirhems kamen und größere Silbermengen anhäufen konnten? Grundsätzlich können wir zwei Möglichkeiten in Erwägung ziehen. Zum einen boten die Raubzüge gegen benachbarte Stämme eine gute Gelegenheit, Menschen zu versklaven und sie gegen Luxusgüter einzutauschen – die entsprechenden archäologischen

Befunde wurden oben verzeichnet. Wir verfügen zwar über keine schriftlichen Zeugnisse, die sich auf Großpolen beziehen, haben aber die altrussische Chronik, die die Grausamkeit solcher Expeditionen auf den Punkt bringt. Olga rächte den Tot ihres Gatten Igor folgendermaßen: *Und als sie die Stadt* [Iskorosten'] *eingenommen hatte, brannte sie sie nieder. Und die Ältesten der Stadt nahm sie gefangen, und von den übrigen ließ sie die einen niederhauen, andere übergab sie ihren Mannen in Sklaverei, den Rest von ihnen ließ sie übrig, Tribut zu zahlen.*[262]

Selbstverständlich wurden nicht alle Menschen verkauft, denn Ausgrabungen deuten an, dass die Gebiete nördlich der Warthe, also im piastischen Kernraum, in der zweiten Hälfte des 10. Jahrhunderts relativ schlagartig besiedelt wurden. Dies weist eher auf eine unfreiwillige „Umsiedlungspolitik" als auf ein stetiges Bevölkerungswachstum hin. Nichtsdestotrotz werden einige Gefangene gegen Luxusgüter und Silber eingetauscht worden sein.

Die zweite Option, an Edelmetalle zu kommen, bestand darin, Tribute bereits in Form von Silber einzusammeln. Ibrahim ibn Jaqub notiert um 965:

> *Was das Land des Mieszko betrifft, so ist es das ausgedehnste der slawischen Länder, und es ist reich an Getreide, Fleisch, Honig und Fischen. Er zieht die Abgaben* [Tribute, Zollgebühren?] *in Form von al-mathaqil al-marqktija ein, und mit diesen entlohnt er seine Männer; in jedem Monat bekommt jeder von ihnen eine bestimmte Summe davon. Er hat 3.000 Krieger, von denen das Hundert soviel Wert ist wie tausend andere. Er gibt den Kriegern Kleider, Rosse, Waffen und alles, was sie benötigen.*[263]

Der Begriff *al-mathaqil*, also *mitkal*, bezeichnete im Arabischen ein Normgewicht bzw. einen Dinar (arabische Goldmünze im Wert von etwa 4,25 g) und kann folgerichtig als Gewichtsgeld, Geldeinheit, Hacksilber übersetzt werden.[264] In Großpolen begegnen Waagen und Normgewichte, die zeigen, dass das Edelmetall abgewogen wurde.[265] Allein in Giecz wurden ca. 100 Normgewichte entdeckt, und auf dem Gräberfeld von Sowinki bei Posen legten die Archäologen eine Klappwaage mit Gewichtssatz frei. Weitere Funde stammen aus der Ortschaft Dziekanowice bei Łubowo.[266] Zudem enthielten mehrere Schatzfunde vorwiegend fragmentierte Münzen (Teil II, Unterkapitel 2.2.). Das arabische Silber, das in der Nähe der

---

262 Die Nestorchronik (wie Anm. 47), S. 72.

263 Relacja Ibrahima (wie Anm. 236), S. 50; Arabische Berichte von Gesandten an germanische Fürstenhöfe aus dem 9. und 10. Jahrhundert, ins Deutsche übertragen und mit Fußnoten versehen von Georg Jacob, Berlin-Leipzig 1927, S. 13 f.

264 Relacja Ibrahima (wie Anm. 236), Kommentar auf S. 75 f.; Andrzej Zaborski, Bilans i przyszłość badań nad tekstem Ibrahima Ibn Jakuba [Die Bilanz und die Zukunft der Forschung über den Text von Ibrahim ibn Jaqub], in: Ibrahim Ibn Jakub i Tadeusz Kowalski w sześćdziesiątą rocznicę edycji, hg. von Dems., Kraków 2008, S. 25-73, hier S. 41 und Kommentar auf S. 43-51; Władysław Kubiak, Zagadnienie „odważników handlowych" u Ibrahima ibn Jakuba [Die Frage der „Handelsgewichte" bei Ibrahim ibn Jaqub], in: Slavia Antiqua 5 (1956), S. 368-376; Marian Gumowski, Moneta arabska w Polsce IX i X wieku [Arabische Münze im Polen des 9. und 10. Jahrhundert], in: Zapiski Historyczne 24 (1958/1959), 1, S. 7-61, hier S. 24. Georg Jacob liest „in gemünztem Gelde", Andrzej Zaborski „in vollwertiger Münze": Arabische Berichte (wie Anm. 263), S. 13; Zaborski, Bilans, S. 41.

265 Zu den Gewichtssystemen in Polen vgl. Krzysztof Wachowski, Arabski a karoliński system wagowo-pieniężny na ziemiach polskich [Das arabische und das karolingische Gewichtsgeldsystem auf polnischem Territorium], in: Moneta mediaevalis (wie Anm. 6, Kap. 2), S. 261-267.

266 Mündliche Auskunft von Frau Elżbieta Indycka vom 15. April 2011; Europas Mitte (wie Anm. 201), Bd. 3: Katalog, 04.04.08 a-b auf S. 124; Anna Wrzesińska / Jacek Wrzesiński, Odważniki z wczesnośredniowiecznego stanowiska w Dziekanowicach [Gewichte von der frühmittelalterlichen Ausgrabung in Dziekanowice], in: Świat Słowian (wie Anm. 244), S. 341-358; Andrzej Krzyszowski / Stanisław Suchodolski, Monety i przybory kupieckie z wczesnośredniowiecznego cmentarzyska w

Burgwälle gesammelt wurde, dürfte also – zumindest teilweise – den Gefolgsleuten der ersten Piasten gehört haben.

Die Akkumulationsquelle der materiellen und finanziellen Mittel, die für die frühe stammesübergreifende Herrschaftsbildung unentbehrlich waren, stellten folglich Abgaben und Tribute (erhoben in Naturalien und Silber), Beutegut und Handel dar. Analogien zu Kiev liegen auf der Hand.

Wenn die Piasten Tribute teilweise in Form von Edelmetallen eintrieben, dann wirft das die Frage auf, wer über sie verfügte. Möglich erscheint, dass sich etliche Bevölkerungsgruppen am südlichen, westlichen und nördlichen Rand Großpolens mit Silber über eigene Netzwerke in Wollin oder Prag versorgten und zumindest zeitweise Abgaben in Form von *mitkal* entrichteten. Eine Reihe von Horten um Kalisch (Piwonice, Psary, Sieroszewice, Masanów), im Obraraum (Obra I, Gościejewice, Turew, Obra II) oder im mittleren/unteren Warthe- und Netzegebiet (Lubowo, Rogoźno-Cieśle, Kuźnica Czarnkowska, Wielonek, Obrzycko, Gralewo II) würde diese Option nahelegen (Teil II, Unterkapitel 2.1. und 2.2.).

Ein Blick auf die Geografie der Depots aus dem 10. Jahrhundert zeigt zudem, dass pomoranische Stämme, allen voran die Bewohner des Siedlungskomplexes von Wollin, besonders „geeignet" waren, solche Tribute zu liefern. Eine besonders intensive Verdichtung von Silberfunden erfolgte in Pommern (wie in Großpolen) seit den 950er Jahren. Vor diesem Hintergrund wird deutlicher, warum eines der ersten Ziele der piastischen Expansion Pommern darstellte und um Wollin gerungen wurde. Dabei ist es wahrscheinlich, dass Mieszko I. und seine Vorfahren in den Sklavenhandel involviert waren. Denn die Raubzüge gegen benachbarte Stämme boten genug Gelegenheiten, Beute zu machen. Auf der anderen Seite kann nicht ohne weiteres davon ausgegangen werden, dass die Piasten ausschließlich Aggressoren, die anderen Gruppen hingegen lediglich Opfer waren. Die von Wichmann geführten Expeditionen der Redarier/Wolliner gegen Mieszko I. zwischen ca. 963 und 967 trugen die Eigenschaften typischer Beutezüge, deren Ziel nicht zuletzt im Raub von Menschen und sicherlich auch Silber bestand.[267] Ibrahim ibn Jaqub berichtet, dass die Wilzen/Wolliner Mieszko I. bekriegten.[268] Noch im 12. Jahrhundert verkauften Pomoranen aus Polen entführte Menschen als Sklaven auf die Ostseeinseln, wohingegen geflohene Abodriten von den Pomoranen und Dänen unter anderem nach Polen verschleppt wurden.[269] Nur am Rande sei erwähnt, dass im frühen 12. Jahrhundert pomoranische Herzöge den Piasten einen Tribut in Höhe von womöglich zuerst 500, dann 300 Mark Silber jährlich entrichteten.[270] Das entsprach etwa 100 kg bzw. 60 kg Silber, stellte also das Äquivalent von gut 33.000 bzw. 20.000 Dirhems dar.

Seit dem ausgehenden 9. Jahrhundert verfügten auch die Bevölkerungsgruppen Masowiens (zunächst lediglich Podlasiens) über Dirhems. Hier fanden, besonders in den Jahrzehnten um

---

miejscowości Sowinki (powiat poznański) [Münzen und Kaufmannsutensilien aus dem frühmittelalterlichen Gräberfeld von Sowinki bei Posen], in: WN 62 (2018), 1-2, S. 145-170.

267 Widukindi Res Gestae Saxonicae, in: Quellen zur Geschichte der sächsischen Kaiserzeit, neu bearbeitet und hg. von Albert Bauer / Reinhold Rau, Darmstadt 1977, S. 1-183, hier III/66, 69, S. 170-173.

268 Relacja Ibrahima (wie Anm. 236), S. 50; Arabische Berichte (wie Anm. 263), S. 14.

269 Gallus Anonymus, Chronik und Taten der Herzöge und Fürsten von Polen, übersetzt, eingeleitet und erklärt von Josef Bujnoch, Graz u. a. 1978, II/35, S. 143; Die Originalausgabe: Galli Anonymi Cronicae et gesta ducum sive principum Polonorum, hg. von Karol Maleczyński, Kraków 1952. Polnische Ausgabe: Kronika polska [Die Polnische Chronik], hg. von Roman Grodecki / Marian Plezia, Wrocław u. a. 1982; Helmold, Chronik (wie Anm. 183), II/101, S. 288.

270 Herbords Vita Ottonis, in: Heiligenleben zur deutsch-slawischen Geschichte. Adalbert von Prag und Otto von Bamberg, in: Ausgewählte Quellen zur deutschen Geschichte des Mittelalters. Freiherr vom Stein-Gedächtnisausgabe XXIII, hg. von Lorenz Weinrich (unter Mitarbeit von Jerzy Strzelczyk), Darmstadt 2005, S. 272-493, hier II/30, S. 394 f.; Kiersnowski, Pieniądz (wie Anm. 1, Kap. 2), S. 37.

900, tiefgehende Veränderungen statt, die sich in der Entstehung von Burgwällen und um sie gruppierten Siedlungskammern niederschlugen. Eine Reihe von Depots zieht sich entlang der Linie Bug und Bzura-Ner.[271] Die Route entlang des Westlichen Bugs hin zum mittleren Weichselgebiet verband die Rus' nicht nur mit dieser Region, sondern ebenfalls mit Großpolen. In diesem Kontext verwundern nicht die Funde rus'ischer-wikingischer Provenienz aus den Burgsiedlungen Warszawa-Stare Bródno, Szeligi oder Klimy[272] (näher Teil II, Unterkapitel 2.1.). Aus der Ortschaft Obory, knapp 30 km südwestlich von Stare Bródno, schon links der Weichsel, stammt ein kleiner Hort von sechs Dirhemfragmenten, deren jüngstes Exemplar in die Zeit von 942/943 bis 954 datiert.[273]

Wenn wir davon ausgehen, dass die geringe Anzahl von Münzfunden auf einen schwachen Dirhemzustrom hindeutet, dann gehörte Masowien nicht zu den Hauptlieferanten von Silber. Umgekehrt könnte man fragen: War vielleicht diese Region an Silberhorten relativ arm, weil lokale Gesellschaften von den benachbarten Herrschaftszentren gründlich und regelmäßig ausgeraubt wurden? Gegen diese Überlegung spricht die Tatsache, dass aus der Zeit von ca. 930 bis ca. 960, also vor der Einbeziehung Masowiens in den Einflussbereich der Piasten, dort nur wenige Münzschätze entdeckt wurden (Tabellen 3, 4, 15 und 16).

Gab es für die Piasten noch weitere Optionen, Tribute in Form von Silber einzutreiben? Einige Horte wurden in Schlesien gefunden (Tabelle 4). Aus dieser Region sind etliche Depots bekannt, deren Schlussmünzen in die 950er bis 980er Jahre datiert werden (Teil II, Unterkapitel 2.2.). Das bedeutet, dass die Edelmetallströme das südwestlliche Polen erst in der zweiten Hälfte des 10. Jahrhunderts erfassten. Einige Schatzfunde, wie der von Kotowice II (ca. 983) oder Śląsk VII (942/954-1019/1020), waren freilich recht groß und deuten elitäre Herkunft ihrer Besitzer an.[274] Zugleich fungierte Schlesien als Transitland für den Dirhemzufluss in den südlichen Elbraum, wo etliche Bevölkerungsgruppen ihre Abgaben an die Ottonen unter anderem in Silberform zu entrichten hatten. Ob arabische Münzen nach Schlesien ausschließlich auf dem östlichen Wege entlang der Flüsse Pripjat, Bug und dann über Zentralpolen oder über Prag flossen, wird im folgenden Unterkapitel diskutiert. Gegen diese Region als einen Lieferanten von Tributen in Form von *mitkal* spricht jedoch die Tatsache, dass sie in den Einflussbereich des Gnesener Reiches erst in den späten 980er Jahren einbezogen wurde. Dessen ungeachtet zeigt der Inhalt diverser Horte in Großpolen, zum Beispiel Magnuszewice, „Kórnik" oder Zalesie (aber auch in Pommern Wolin XXII), dass böhmische und bayerische Denare seit den 970er/980er Jahren in Richtung Norden ausgeführt wurden.

| | |
|---|---|
| Masowien | 5 = 14 % |
| Großpolen | 23 = 64 % |
| Schlesien | 8 = 22 % |

Tabelle 4: Anzahl der Schatzfunde aus den 940er/950er bis 980er Jahren

Es wäre allerdings zu optimistisch, von Tributen ausschließlich in Form von Silber auszugehen. Einen Gutteil der Abgaben werden die Piasten in Naturalien, die sie dann in die Handelsnetze

271 Marek Dulinicz, Mazowsze w X wieku [Masowien im 10. Jahrhundert], in: Ziemie polskie w X wieku (wie Anm. 242), S. 199-220, hier S. 209 f.

272 Ebd., S. 210.

273 FMP, Bd. 3: Masowien, Nr. 97.

274 FMP, Bd. 4: Schlesien und Kleinpolen, Nr. 31, 102. Zu Śląsk VII und weiteren Kontexten mehr in Teil II, Unterkapitel 2.2. und 3.3.

einspeisen und gegen Dirhems eintauschen konnten, erhoben haben. So wurden in Gnesen Überreste von Pelztieren gefunden, die auf kommerzielle Verwendung hinweisen könnten.[275] Unter den in Posen-Ostrów Tumski und Kruschwitz freigelegten Tierresten befanden sich unter anderem Biberfelle, die in der islamischen Welt so begehrt waren. Bei Łekno bestand eine Jagddienstsiedlung namens Bobrowniki (von Biberwärtern).[276] Eine spätere Quelle – die Gnesener Bulle von 1136 – nennt Abgaben unter anderem in Form von Marder- und Fuchsfellen.[277] Schließlich werden in der sog. Tyniec-Urkunde, auf das Jahr 1105 datiert, jedoch erst 1123/1124 ausgestellt, Steuern in Eichhörnchenfellen erwähnt.[278]

Zusammenfassend bleibt festzuhalten, dass aus der Perspektive der politischen Ökonomie das frühe Piastenreich ein hierarchisch gegliedertes Verteilungsnetzwerk von Silber und Luxusgütern war, die durch die Anwendung bzw. Androhung von Gewalt oder durch Tausch erworben wurden. Die Logik des Raub- und Tributhandels bestand darin, die über Abgaben bezogenen Felle sowie die erbeuteten Menschen gegen Edelmetalle (soweit sie nicht bereits den Inhalt der Tribute darstellten) einzutauschen. Mit diesen konnte der Fürst die Gefolgschaft entlohnen, die lokalen Stammeseliten (die noch nicht eliminiert wurden) für sich gewinnen und schließlich Söldner bezahlen. Das Silber diente also als Prestigegut, das die Grundlagen der Herrschaft sicherte und eine Art symbolischen Kapitals darstellte.

Thietmar von Merseburg zufolge schenkte Mieszko I. 986 Otto III. ein Kamel.[279] Da es ziemlich unwahrscheinlich erscheint, dass diese Tiere ohne weiteres in den sümpfigen Gebieten entlang des Pripjat als Transportmittel benutzt werden konnten, sollten wir uns nun einem weiteren Netzwerk zuwenden, über das die Dirhems nach Schlesien und Großpolen einströmen konnten.

### 1.2.5. Die „eine-Generation"-Schatzfunde im oberen Südlichen Bug-, Dnestr- und Theißgebiet und der Transithandel der Magyaren/Ungarn

Ein kleiner Dirhemcluster entstand in der westlichen Ukraine: am Oberlauf des Südlichen Bug, des Dnestr sowie der Theiß. Das ist zugleich die südwestlichste Anhäufung von Schatzfunden im 10. Jahrhundert, sodass es sich lohnt, über deren Kontexte nachzudenken.

Zwei Depots wurden in der Nähe von Vinnica, ca. 270 km westlich von Kiev, gefunden. Der Hort von Rajgorodok (941) enthielt 50 Münzen und Schmuck, während sich der Schatz von Kopievka (955/956) aus 498 Geprägen und ebenfalls Schmuckstücken zusammensetzte. Außerdem stammen drei Funde aus dem oberen Flussbecken des Dnestr, etwa 350 km westlich von Vinnica: Bei Ivano-Frankovsk sind dies Nišnev (925/926) und Grabovec (919/944) mit jeweils ca. 100 bzw. 30 Dirhems; in Krylos bei Galič wiederum wurden – neben Hals-

275 Hanna Lis / Paweł Lis, Kuchnia Słowian. O żywności, potrawach i nie tylko ... [Slawische Küche. Über Lebensmittel, Gerichte und nicht nur das ...], Kraków 2009, S. 82.

276 Kóčka-Krenz u. a., The Beginnings (wie Anm. 238), S. 143; Dzieduszycka / Dzieduszycki, Early (wie Anm. 247), S. 231 f.; Agnieszka Samsonowicz, Łowiectwo w Polsce Piastów i Jagiellonów [Das Jagdwesen im Polen der Piasten und Jagiellonen], Wrocław u. a. 1991, Karte auf S. 331.

277 Kodeks dyplomatyczny Wielkopolski [Der diplomatische Kodex von Großpolen], hg. von Ignacy Zakrzewski, Poznań 1877, Bd. 1, Nr. 7. Siehe auch Karol Modzelewski, Organizacja gospodarcza państwa piastowskiego X-XIII wiek [Die wirtschaftliche Organisation des piastischen Staates im 10.-13. Jahrhundert], Wrocław 1975, S. 93; Piotr Górecki, Economy, Society, and Lordship in Medieval Poland, New York-London 1992, S. 45.

278 In Höhe von vier Fellen vom Hof. Kodeks dyplomatyczny klasztoru tynieckiego [Der diplomatische Kodex des Klosters von Tyniec], hg. von Wojciech Kętrzyński / Stanisław Smolka, Lwów 1875, Nr. 1.

279 Thietmar von Merseburg, Chronicon, hg. von Robert Holtzmann, München 1980, S. 140.

und Armringen – 1.110 Dirhems entdeckt. Die Schlussmünze datiert hier in die Jahre 935/936. Schließlich wurde fast 200 km westlich von Galič, im Einzugsgebiet der oberen Theiß im Länderdreieck zwischen der Ukraine, Rumänien und Ungarn, ein weiterer Hort deponiert. In dem Schatz von Chust (Maramureş) befanden sich 371 Exemplare, von denen ca. 34 Prozent die im Reich der Volgabulgaren bzw. im chasarischen Khaganat geprägten Dirhemimitationen bildeten. Die Schlussmünze wird in den Zeitraum von 934/935 bis 941 eingeordnet.[280]

All diese Schatzfunde decken folglich eine Generation ab. Hinzu kommt, dass in Przemyśl, etwa 200 km nordwestlich von diesem kleinen Cluster entfernt, ein Depot mit 700 Dirhems lokalisiert wurde, das jedoch nur allgemein ins 10. Jahrhundert datiert werden kann.[281] Wie lassen sich diese Dirhemhorte interpretieren?

Archäologisch wird die Anwesenheit von Magyaren/Ungarn in der ersten Hälfte des 10. Jahrhunderts am oberen Prut und Dnestr bestätigt. Aus Krylos, Przemyśl und Sądowa Wisznia stammen die Grabanlagen ihrer Krieger, Frauen und Kinder.[282] Es sieht folglich danach aus, dass diese Depots magyarischen Migranten gehörten, die sich aus dem Bereich der Kiever Rus' Richtung Westen bewegten. Die Nestorchronik erwähnt zum Jahr 898 ungarische Gruppen, die an Kiev vorbei zogen.[283] Zudem deuten einige Artefakte aus den dortigen Grabanlagen magyarische Einflüsse an.[284]

Ebenso stimmen archäologische Funde aus Subboticy im unteren Dneprraum teilweise mit jenen des 10. Jahrhunderts aus dem Karpatenbecken überein und weisen eine Verbindung zu den Gräberfeldern, die auf dem Gebiet des historischen Baschkiriens (östlich der Kerngebiete der Volgabulgaren) ausgegraben wurden, auf. Des Weiteren erscheinen starke Ähnlichkeiten zu den magyarischen Funden der Karajakupovo-Kultur aus der Samara-Region – gut 250 km südlich von Bolgar.[285] Wir sollten uns in Erinnerung rufen, dass während der Herrschaftszeit des Fürsten Taksony (955-970) zahlreiche Ismaeliten unter Billa und Bocsu nach Ungarn kamen. Die Heimat dieser Muslime war vermutlich Bolgar an der Kama. Außerdem lässt sich nicht ausschließen, dass mit den Volgabulgaren auch Choresmier, die an der mittleren und unteren Volga Handelsniederlassungen besaßen, nach Ungarn einwanderten.[286]

Nur am Rande bleibt zu erwähnen, dass etwa 90 Prozent aller arabischen Dirhems, die im gesamten ungarischen Siedlungsraum entdeckt wurden, aus den Gräberfeldern des obe-

---

280 Adamczyk, Silber und Macht (wie Anm. 16, Kap. 1), Annex 1, Russland: Nr. 17, 20, 26, 29, 31, 44.

281 FMP, Bd. 4: Kleinpolen, Nr. 79.

282 Andrzej Buko, Archeologia Polski wczesnośredniowiecznej. Odkrycia – hipotezy – interpretacje [Die Archäologie des frühmittelalterlichen Polen. Entdeckungen – Hypothesen – Interpretationen], Warszawa 2005, S. 104; Jan Tyszkiewicz, Tatarzy na Litwie i w Polsce [Tataren in Litauen und Polen], Warszawa 1989, S. 36. Einige Autoren sprechen bei Vergleichen der aus dem 10. Jahrhundert stammenden Grabanlagen von einem Kulturnetz, das sich von Birka über die nördliche Rus' und das mittlere Dneprgebiet bis nach Südostpolen, in die Slowakei und nach Ungarn erstreckte. Vgl. Michael Müller-Wille, Zwei Grabfunde des 10 Jhs. in europäischer Perspektive: Rösta (Grab IV) im nördlichen Schweden und Gnezdowo (Grab Dn-4) im westlichen Russland, in: Zwischen Christianisierung und Europäisierung. Beiträge zur Geschichte Osteuropas in Mittelalter und Früher Neuzeit. Festschrift für Peter Nitsche zum 65. Geburtstag, hg. von Eckhard Hübner u. a., Stuttgart 1998, S. 51-68.

283 Die Nestorchronik (wie Anm. 47), S. 26.

284 Duczko, Viking Rus (wie Anm. 79), S. 221.

285 Türk, Zu den osteuropäischen (wie Anm. 210), S. 15-17. Zu magyarischen Elementen in Schweden vgl. Charlotte Hedenstierna-Jonson, Traces of contacts: Magyar Material Culture in the Swedish Viking Age Context of Birka, in: Archäologie der frühen Ungarn (wie Anm. 210), S. 29-48.

286 Hansgerd Göckenjan, Hilfsvölker und Grenzwächter im mittelalterlichen Ungarn, Wiesbaden 1972, S. 54 f.

ren Theißgebietes – vermutlich des altmagyarischen Machtzentrums – stammen.[287] Hier sei ein kleiner Hort aus Sárospatak-Baksahomok I erwähnt, der ca. 160 km westlich des Chust-Schatzes lokalisiert wurde.[288]

Andererseits ist zu bedenken, dass die Dirhemfunde häufig zusammen mit den Kaurischnecken aus dem Indischen Ozean begegnen. In einem anderen Zusammenhang müssen wiederum byzantinische, französische, italienische und deutsche Münzen aus Gräberfeldern interpretiert werden, die vermutlich ungarische Krieger von ihren Raubzügen in West- und Südeuropa nach Hause mitbrachten.[289] Sie wurden wahrscheinlich zum großen Teil, wie die Dirhems, eingeschmolzen und zu Schmuck weiterverarbeitet, was ihre relative Seltenheit erklären würde. Im 10. Jahrhundert blühte nämlich die ungarische Edelmetallverarbeitung auf.[290]

Zusammengenommen dürfen wir die Silbermünzen und Schmuckstücke im oberen Südlichen Bug-, Dnestr- und Theißbecken als eine Begleiterscheinung magyarischer Wanderungen betrachten, die sich über ihre Netzwerke vom Mittellauf der Volga über die Kiever Rus' bis nach Ungarn erstreckten.

Eine schriftliche Quelle weist ebenfalls auf die Zirkulation von arabischem Silber entlang der Ost-West-Achse hin – jedoch ausgerechnet zu einem Zeitpunkt, als die Dirhemhorte „verschwinden". Ibrahim ibn Jaqub berichtet um 965: *Die Rus' und Saqaliba* [Slawen] *reisen nach Prag von Krakau mit Waren, während aus dem Land der Türken* [Magyaren, Chasaren?] *und der Muslime Juden und Türken kommen, die Waren und al-mathaqil al-marqktija* [Edelmetalle, Hacksilberstücke] *dorthin einführen und Sklaven, Zinn und verschiedene Felle ausführen.*[291]

Die Passage indiziert zwei Handelsrouten auf der Ost-West-Achse: die eine durch Ungarn und die andere durch Kleinpolen. Wie oben erwähnt, wurde in Przemyśl, ca. 200 km nordwestlich von dem kleinen Dirhemfundcluster im oberen Dnestrbecken, ein Hort von 700 Dirhems gefunden und magyarische Präsenz archäologisch konstatiert. Weitere 200 km westlich und etwa 80 km östlich von Krakau legten Forscher auf einem frühmittelalterlichen Burgwall in Zawada Lanckorońska ein Depot frei, das 49 Glasperlen und 30 silberne Ohrringe bzw. Hohlperlen enthielt. Sie weisen Parallelen zu den aus Gnezdovo, Trnovec und Břeclav-Pohansko bekannten Typen auf und spiegeln somit kulturelle Kontakte mit dem Bereich der Ostsee-Rus' (Unterkapitel 1.2.6.) ebenso wie dem mährischen Raum wider.[292] Der Schatzfund von Zawada Lanckorońska

---

287 Vgl. László Kovacs, Münzen aus der ungarischen Landnahmezeit: archeologische Untersuchung der arabischen, byzantinischen, westeuropäischen und römischen Münzen aus dem Karpatenbecken des 10. Jahrhunderts, Budapest 1989.

288 Rispling, Osteuropäische Nachahmungen (wie Anm. 39), Nr. 155.

289 Gyöngyvér Bíró / Péter Langó, „Deo odibilis gens Hungarorum" oder „auxilium Domini" – Die Ungarn und die christliche Welt im 10. Jahrhundert, in: Rauben – Plündern – Morden. Nachweis von Zerstörung und kriegerischer Gewalt im archäologischen Befund, hg. von Orsolya Heinrich-Tamaska, Hamburg 2013, S. 265-335, besonders Tab. 1, S. 291-321. Schatzfunde mit karolingischen Münzen sind aufgelistet in: Simon Coupland, A Checklist of Carolingian Coin Hoards 751-987, in: Numismatic Chronicle 171 (2011), S. 203-256, Nr. 215, 228-231, 236, 241-246, 251-252, 255, 263-270.

290 Csanád Bálint, Das Karpatenbecken von der Landnahme bis zur Staatsgründung, in: Europas Mitte (wie Anm. 201), Bd. 2, S. 555-563, hier S. 560.

291 Relacja Ibrahima (wie Anm. 236), S. 49. Übersetzung korrigiert nach Marek Jankowiak, Two systems of trade in the Western Slavic lands in the 10th century, in: Economies (wie Anm. 14, Kap. 2), S. 137-148, hier S. 140.

292 Helena Zoll-Adamikowa u. a., The Early Medieval Hoard from Zawada Lanckorońska, Warszawa 1999.

wird vorsichtig in die erste Hälfte bis etwa Mitte des 10. Jahrhunderts datiert.[293] Demnach wäre die Handelsroute Przemyśl – Zawada Lanckorońska – Krakau archäologisch belegt.

Kehren wir noch einmal zu Ibrahim's Bericht und der Rolle Prags in diesem magyarischen Netzwerk zurück. Wenn man ihm Glauben schenkt, erfüllte diese Stadt wichtige Funktionen im transkontinentalen Fernhandel zwischen Chasarien/Ungarn und al-Andalus. In Böhmen wurden jedoch kaum Dirhemfunde gemacht.[294] Von dem Inhalt der Schätze von Litoměřice und Řepov bei Mladá Boleslav (nördlich von Prag) weiß man so gut wie nichts, ihre grobe Datierung ins 10. Jahrhundert ist nicht verifizierbar. Chronologisch belastbare Horte stammen erst aus der Zeit nach 972 und enthalten neben den einheimischen Prägungen ausschließlich deutsche, darunter vor allem bayerische Denare. Hinzu kommt, dass etliche von ihnen sich nicht um Prag gruppierten, sondern um Libice, 60 km östlicher, – jenen Sitz von Adalberts Vater Slavnik, den Brun von Querfurt als ein *Haus voller Gold und Silber* bezeichnete.[295] Irrte also Ibrahim ibn Jaqub, wenn er von *al-mathaqil al-marqktija,* Edelmetallen, Gewichtsgeld- und Hacksilberstücken, sprach?

Nicht zwingend. Zum einen bestünde eine mögliche Erklärung dieser Fundarmut darin, dass die Dirhems – ähnlich wie in Haithabu (Unterkapitel 1.2.9.) – seit der zweiten Hälfte des 10. Jahrhunderts eingeschmolzen wurden und als Rohstoff für die einsetzende Münzprägung dienten. In Mainz sah Ibrahim ibn Jaqub (der Qazwini-Version zufolge) – neben Waren, die aus dem Orient stammten: unter anderem Gewürze wie Pfeffer, Ingwer, Nelken, Narde, Kostwurz und Galanga – Dirhems aus dem Samanidenreich, die 913/914 und 914/915 in Samarkand geprägt worden waren.[296] Aus Westdeutschland sind keine ins 10. Jahrhundert datierbaren Dirhemfunde bekannt, was darauf hindeuten dürfte, dass arabische Münzen eingeschmolzen wurden. Das könnte genauso auf böhmische Denare zutreffen, deren Emission nach 972 begonnen hat. Zudem stammen aus Burgsiedlungen und Grabanlagen, zum Beispiel in Prag oder Kouřim, silberne Schmuckstücke, die bereits in die Schichten des ausgehenden 9. und der ersten Hälfte des 10. Jahrhunderts datiert und als post-großmährisch eingeordnet werden. Der geografische Ursprung des für ihre Anfertigung verwendeten Edelmetalls bleibt unbekannt, sodass sich arabische Münzen nicht ausschließen lassen.[297]

Eine andere Option steht in Verbindung mit der Transitrolle Prags auf der Ost-West-Achse. Fassen wir zusammen, was wir über diese Stadt um 965 wissen:

- Jüdische und ungarische bzw. chasarische Fernhändler brachten in die Stadt Edelmetalle, vermutlich überwiegend in nicht gemünzter Form, da der Begriff „Dirhem" nicht fällt (wie in dem Ibrahim-Bericht in Bezug auf Mainz).
- Dort zirkulierten die qanschar/kinsar, die mit deutschen und böhmischen Denaren (den *penjz*) übersetzt werden können und die in den Schatzfunden ab ca. 972 fassbar sind. Marek

293 FMP, Bd. 4: Kleinpolen, Nr. 116.

294 Grundsätzlich Csánad Bálint, Einige Fragen des Dirhem-Verkehrs in Europa, in: Acta Archeologica 33 (1981), S. 105-131.

295 Bruns von Querfurt, Passio Sancti Adalberti Episcopi et Martyris, in: Heiligenleben zur deutsch-slawischen Geschichte. Adalbert von Prag und Otto von Bamberg, bearb. von Jerzy Strzelczyk, hg. von Lorenz Weinrich, Darmstadt 2005, S. 70-117, hier I, S. 70 f. Jarmila Princová, Libice, in: Europas Mitte (wie Anm. 201), Bd. 1, S. 382-384, besonders S. 382; Adamczyk, Silber und Macht (wie Anm. 16, Kap. 1), S. 158 f.

296 Arabische Berichte (wie Anm. 263), S. 31.

297 Europas Mitte (wie Anm. 201), Bd. 3: Katalog, Silberschmuck auf S. 256-257 und S. 261-266. Die entsprechenden, noch unpublizierten Funde hat Naďa Profantová auf der Tagung „Silver in Early Medieval Central Europe" an der Polnischen Akademie der Wissenschaften in Warschau am 1. Dezember 2017 vorgestellt.

Jankowiak interpretiert die Emission böhmischer Denare mit dem Bedarf der dortigen Elite, eine Exportwährung zu haben, mit der Sklaven aus dem piastischen Raum für den Prager Markt bezogen werden konnten.[298]

- In Prag wurden regionale Produkte – darunter Pferdesattel, Zaumzeug und Schilde – sowie Leinentücher gehandelt, die als Tauschmittel dienten. Für diese Tücher kaufte man in Prag Weizen, Sklaven, Pferde, Gold und Silber.

Folglich spricht einiges dafür, dass in Prag zwei Geld-Waren-Zirkulationen bestanden: Westliche Denare und Leinentücher wurden auf dem regionalen bzw. lokalen Markt als Währung verwendet. Silber in ungemünzter Form hingegen wurde entweder in Prag selbst eingeschmolzen oder als Transitgut mitsamt den böhmischen und bayerischen Pfennigen nach Schlesien, Großpolen und in den elbslawischen Raum reexportiert und gegen Sklaven eingetauscht, die wiederum in Prag an jüdische sowie ungarische und chasarische Fernhändler verkauft werden konnten. Womöglich illustriert der in Meschwitz, gut 80 km östlich von Meißen, gemachte Schatzfund von 272 Münzen bzw. Münzfragmenten und Schmuck mit Parallelen zum böhmischen Bereich die Verbindungen zu den Elbslawen. Den Schlussprägungen nach muss er in den 960er/970er Jahren deponiert worden sein.[299] In Großpolen entlohnte Mieszko I. seine Gefolgsleute mit den von Ibrahim ibn Jaqub erwähnten *al-mathaqils al-marqktija*. Damit schloss sich der Kreis. Nur am Rande ergibt sich, dass der polanische Herzog im Kampf gegen Wichmann 967 von seinem böhmischen Schwiegervater militärische Unterstützung erhielt (siehe vorangegangenes Unterkapitel). Denkbar ist, dass der Sinn dieser Aktion nicht zuletzt darin lag, mithilfe der Krieger Menschen (in diesem Falle die besiegten Wolliner) zu erbeuten, die man dann nach Prag, auf den größten Sklavenmarkt Mitteleuropas, verschleppen konnte.

Im Přemyslidenreich scheinen sich demnach Hortungsverhalten und Vorstellungen von der Münz- und Hacksilbernutzung herausgebildet zu haben, die von jenen im Norden abwichen. In Böhmen wurde aber Schmuck angefertigt, der vielleicht für weite Teile der westslawischen Landschaft eine prägende Vorbildfunktion erlangte.

Etliche Fernhändler kamen nach Prag aus dem *Land der Muslime*, wobei nicht nur die arabischen Gebiete im Osten gemeint sein werden, sondern ebenfalls al-Andalus. Mit der islamischen „Agrarrevolution" ging dort eine blühende Stadtentwicklung einher, die wiederum die Entstehung zahlreicher gewerblicher Betriebe anregte. Die Spinner, Weber und Schneider der westlichen Regionen des Kalifats arbeiteten nicht mehr ausschließlich für den Lokalbedarf, sondern belieferten die großen städtischen Märkte. Die Erzeugnisse spanischer Seidenwerkstatten wurden ausgeführt und konnten somit erfolgreich mit orientalischen Produkten konkurrieren. Die keramische Industrie gehörte ebenso zu den hochentwickelten Sektoren, und die Kristallglasverarbeitung wurde in der zweiten Hälfte des 9. Jahrhunderts in Córdoba entdeckt. Im 10. Jahrhundert konnte sich diese Stadt in der Gold- und Silberschmiedekunst und der Bearbeitung von Edelsteinen mit Ostrom messen. Von der großen Kunstfertigkeit der Handwerker aus dem arabischen Spanien zeugen Halsbänder, Armreife, Ohrringe und andere Schmuckstücke. Es wurden kunstvolle Gefäße aus Messing und Bronze mit Intarsien aus Silber und Gold angefertigt.[300]

298 Jankowiak, Two systems (wie Anm. 291), S. 142-144.

299 Adamczyk, Silber und Macht (wie Anm. 16, Kap. 1), Annex 1: Brandenburg und Sachsen, Nr. 6.

300 William Montgomery Watt, Der Einfluss des Islam auf d as europäische Mittelalter, Berlin 1992, S. 39 ff.

Der allgemeine Wohlstand von al-Andalus schlug sich in den Einnahmen des Kalifen nieder: Um 950, unter Abd ar-Rahman III. (912-961), flossen gut fünf Millionen Dinar in die Schatzkammer.[301] Wenn man von einem Gold-Silber-Verhältnis von 12 zu 1 ausgeht, dann wären das 60 Mio. Dirhems gewesen. Unter al-Hakam II. (961-976) sollen die Einnahmen sogar auf 40 Mio. Dinare, also knapp 500 Mio. Dirhems, angestiegen sein.[302]

Da diese ökonomische Entwicklung zu einer beträchtlichen Steigerung der Nachfrage nach Sklaven und Pelzen führte, wurden Handelskontakte mit Mittel-, Nord- und Osteuropa aufgenommen. Die Landwege gingen von al-Andalus über die Provence nach Verdun (dem größten Sklavenmarkt Westeuropas) oder über Süddeutschland nach Prag; von dort über Krakau nach Kiev und Itil, der Hauptstadt der Chasaren. Sicherlich erleichterten die zahlreichen, zwischen al-Andalus im Westen und Chasarien im Osten zerstreuten jüdischen Gemeinden diesen Austausch. Diese Ost-West-Verbindungen spiegeln sich in beeindruckender Weise in einem Briefwechsel zwischen dem Khagan der Chasaren Josef und dem jüdischen Beamten Hasdai ibn-Shaprut aus Córdoba Mitte des 10. Jahrhunderts wider. Gesandte des *Königs der Gebalim* (Böhmen?) schlugen Chasdai folgenden Beförderungsweg vor: *Gib uns Deine Briefe, wir bringen sie zum König der Gebalim; um Deiner Ehre willen wird er sie an die Israeliten im Lande Hungarin (Ungarn) schicken; von da werden sie nach Rus befördert, von dort nach Bulgar, so daß Dein Schreiben nach dem von Dir gewünschten Orte gelangen wird.*[303]

Wie Mitglieder der jüdischen Diaspora in Ostmitteleuropa mit den einheimischen Bevölkerungsgruppen kooperierten, zeigt das Beispiel des Rabbi Iehuda b. Meír ha-Kohen. Aus einer der Anfragen in der ersten Hälfte des 11. Jahrhunderts geht hervor, dass die Frau eines Juden einem Slawen einen goldenen Ring und eine Goldmünze gegeben habe, damit er dafür Marderfelle kaufte.[304]

Es liegt auf der Hand, dass Prag den wichtigsten Sklavenmarkt Ostmitteleuropas darstellte, der auch Arabisch-Spanien belieferte. Auf große Mengen von Sklaven, die die jüdischen Händler von al-Andalus in Mittel- und Osteuropa gekauft haben müssen, verweisen die Zählungen, die in Córdoba von ca. 912 bis 950 unter den *Saqaliba* – den slawischen Sklaven – veranstaltet wurden. Demnach betrug deren Zahl womöglich 3.750, 6.087 und 13.750 Mann,[305] was eine Zunahme von 10.000 Sklaven innerhalb von etwa 50 Jahren bedeutet. Sie dienten vorwiegend

---

301 Pierre Guichard, Al-Andalus. Acht Jahrhunderte muslimischer Zivilisation in Spanien, Tübingen-Berlin 2005, S. 88, 91.

302 Lombard, Blütezeit (wie Anm. 24), S. 127. Zum Gold-Silber-Verhältnis: Witthöft, Spuren (wie Anm. 202), S. 404.

303 Zitiert nach der Übersetzung bei Lübke, Fremde (wie Anm. 17, Kap. 1), S. 185, Fußnote 923; Andreas Kaplony, Routen, Anschlussrouten, Handelshorizonte im Brief von Hasday b. Saprut an den hazarischen König, in: Ibrahim ibn Yaqub at-Tartushi: Christianity, Islam and Judaism meet in East-Central Europe, c. 800-1300 A. D., hg. von Petr Charvát / Jiří Prosecký, Praha 1996, S. 140-168.

304 Źródła hebrajskie do dziejów Słowian i niektórych innych ludów środkowej i wschodniej Europy [Hebräische Quellen zur Geschichte der Slawen und einiger anderer Völker in Mittel- und Osteuropa], hg. von Franciszek Kupfer / Tadeusz Lewicki, Wrocław-Warszawa 1956, Kap. III, S. 38. Zur Rolle der jüdischen, diesen Handel kontrollierenden Kaufleute, die in ihren Transaktionen eventuell Kreditbriefe verwendeten: Hans-Wilhelm Haussig, Die Praxis des Warenaustausches im Warägerhandel mit den chasarischen Märkten Sarkel und Itil, in: Untersuchungen (wie Anm. 18, Kap. 2), S. 528-544, hier S. 534.

305 Lombard, Blütezeit (wie Anm. 24), S. 200; Burchard Brentjes, Die slavischen Militärsklaven (Sakaliba) in Spanien als Forschungsaufgabe, in: Berichte über den 2. Internationalen Kongress für Slawische Archäologie 2, hg. von Joachim Herrmann u. a., Berlin 1973, S. 269-274, hier S. 269 ff.

unter Abd ar-Rahman III. (912-961) in der Palast-Stadt von Madinat al-Zahra als Haussklaven und Mitglieder der Verwaltung bzw. Leibgarden – auch in Leitungspositionen.[306]

Ändern wir jetzt den Kontext und wenden uns der Handelsachse zwischen dem möglichen Ausgangspunkt magyarischer Migrationen im mittleren Volgaraum und den Gebieten der Ostsee-Rus' zu.

### 1.2.6. Neue Akteure in der Ostsee-Rus' zwischen Tributen, regionalem Austausch und Fernhandel

In Bolgar an der Kama versorgten sich mit Silber die von Ibn Fadlan geschilderten Rus', die nicht zuletzt aus Nordrussland stammen konnten. Im Gegensatz zum 9. Jahrhundert bildeten sich nun zwei klare Verdichtungscluster von Dirhemfunden heraus: der eine im oberen Dneprgebiet um das Handelsemporium Gnezdovo und der andere in Novgorod. In und im Gnezdovo registrieren wir mindestens neun Schätze, die arabische Münzen und zum Teil Schmuck enthielten: Gnezdovo 924/925, Gnezdovo 936/937, Gnezdovo 935-937, Gnezdovo 948/949, Gnezdovo 951/952, Gnezdovo I 953/954, Gnezdovo II 953/954, Gnezdovo 960/961 und Dubrovinka 961/962.[307] Aus Novgorod und Umgebung stammen wiederum zumindest sechs Horte: Novgorod (Troickij-Grabung) nach 930, Novgorod 952/953, Novgorod (Nerev-Grabung I) 971/972, Novaja Melnica 973/974, Novgorod (Nerev-Grabung II) 974/975 und Novgorod 974/975.[308] Die meisten der Schatzfunde aus Novgorod bestanden aus fragmentierten Dirhems. Außerdem fällt auf, dass ihre Chronologie zwei Schwerpunkte aufweist: Die Horte aus Gnezdovo datieren überwiegend in die Zeit um 950/960, wohingegen jene aus Novgorod grundsätzlich in die 970er Jahre eingeordnet werden. Man kann sich des Eindrucks nicht erwehren, dass etliche von ihnen auf eine einzige Handelsexpedition zurückgehen. Es bleibt ferner festzuhalten, dass in anderen Regionen Nordrusslands deutlich weniger Funde begegnen, von denen jedoch einige recht groß sind: In Kozjanka bei Polock zum Beispiel wurde ein Hort von ca. 7.500 Dirhems gefunden, der in den 940er Jahren deponiert worden sein muss.[309]

Welche Redistributionsnetzwerke waren in Nordrussland ausschlaggebend? Arabische Quellen berichten über drei Machtzentren der Rus'. Der Ursprungstext stammt aus der Feder des al-Istahri um 930:

> *Die Rus' setzen sich aus drei Stämmen zusammen: der eine lebt in der Nähe von Bolgar; sein König wohnt in der Stadt genannt Kuyaba. Sie ist größer als Bolgar. Weit weg davon befindet sich ein anderer Stamm. Er heißt Salawiya. Der dritte Stamm wird Arthaniya genannt. Sein König residiert in Artha. Die Menschen dort gehen nach Kuyaba, um Handel zu treiben. Man sagt, dass ein Fremder die Arthaniya nie betreten hat, denn sie töten jeden Fremden, der in ihr Land kommt. Sie fahren den Fluss herunter, nur um Handel zu treiben. Sie erzählen aber nichts über ihren Handel und ihre Waren. Sie erlauben weder Kontakt, noch lassen Fremde in ihr Land ein. Sie führen Zobelfelle und Zinn aus.*[310]

Es ist ein hoffnungsloses Unterfangen, die oben genannten Orte genau lokalisieren zu wollen. Die schriftlichen Berichte stimmen nicht immer mit den archäologischen Befunden überein.

306 Dmitrij J. Mišin, Saqlabi servants in Islamic Spain and North Africa in the Early Middle Ages, Budapest 1999, S. 109 f.; Jankowiak, Two systems (wie Anm. 291), S. 141.

307 Adamczyk, Silber und Macht (wie Anm. 16, Kap. 1), Annex 1: Russland, Nr. 34, 40-42, 48-49 (ergänzt um neuere Funde).

308 Ebd., Nr. 38-39, 53-57 (mit aktualisierter Datierung).

309 Ebd., Nr. 36.

310 Zitat nach Duczko, Viking Rus (wie Anm. 79), S. 123.

Kiev zum Beispiel, das von den meisten Historikern mit *Kuyaba* identifiziert wird, wäre das Rus'-Zentrum schlechthin, wenn man der altrussischen Chronik Glauben schenkt. Betrachtet man die Entwicklung nach archäologisch fassbaren Fremdimporten, wäre nicht Kiev der ökonomische und politische Maßstab, sondern das Emporium von Gnezdovo.[311]

Seine Anfänge reichen in das späte 9. Jahrhundert zurück, den absoluten Entwicklungshöhepunkt erlebte Gnezdovo jedoch in der Mitte des nächsten Jahrhunderts. Bereits die topografische Lage im oberen Dneprgebiet, an der Schnittstelle zwischen den für den Verkehr zentralen Flüssen Dnepr bzw. Düna und der Achse Lovat' – Il'mensee – Volchov, zeigt seine Bedeutung im Fernhandel. In den benachbarten Kurganen entdeckten die Archäologen viele Glas-, Karneol- und Bernsteinperlen, Dirhemdepots, Waagengewichte, „fränkische" Schwerter sowie einheimische Handwerksprodukte. Letztere wurden wahrscheinlich nicht nur für die steigende Nachfrage während der Verkehrssaison angefertigt, sondern auch für die Bedürfnisse des Hinterlandes. Darauf würden die Überreste der in der Siedlung gefundenen Frauenkleidung hindeuten, die typisch für die Bevölkerung des Hinterlandes waren und in den Gnezdovo-Kurganen nicht auftauchen.[312] In Gnezdovo gibt es zudem keine Funde, die auf eine intensive Landwirtschaftstätigkeit verwiesen. Die Siedlungsbewohner waren folgerichtig auf den Austausch mit dem Hinterland angewiesen und lieferten gegen Nahrung, Getreide bzw. Waldprodukte die Handels- und Handwerksprodukte (wie Perlen). Felle, Wachs und Honig – Güter, die für die arabischen und byzantinischen Zentren bestimmt waren – erwarben sie von der einheimischen Bevölkerung entweder auf diesem Wege oder über Tribute und Abgaben. Nicht Landwirtschaft oder Jagd waren also für die Wirtschaft der Siedlung entscheidend, sondern der Fernhandel.[313]

In Gnezdovo lässt sich der Prozess einer verstärkten sozialen Schichtung beobachten. Er setzte in den 930er Jahren ein, als auf dem hohen Ufer des Flusses ein Burgwall errichtet wurde. Die Hauptsiedlung expandierte in dieser Zeit von ursprünglich ca. 4 auf ca. 16 Hektar. Es unterliegt keinem Zweifel, dass in Gnezdovo schwedische, dänische, gotländische und orientalische Handwerker aktiv waren. Es scheint aber, dass die meisten Skandinavier aus Uppland kamen.[314] Ein eindrucksvoller Beweis dieser Kontakte ist der Hort von Värby, der orientalische Gürtelbeschläge, volgabulgarische Münzen und viele Schmuckstücke enthielt.[315] Es gibt ferner Hinweise auf eine dänische Juwelierschmiede aus dem Umkreis von Harald Blauzahn (958?-986/987). Außerdem zeigen sich chasarische Einflüsse.[316] Die Siedlung, die eine Mischform aus Birka und Rjurikovo Gorodišče darstellte, gehörte somit zu den größten Macht- und Handelszentren mit mittelschwedischen Elementen im Osten Europas.

Etwa zwei Kilometer nördlich von Rjurikovo Gorodišče (Unterkapitel 1.1.2.) bestand im frühen 10. Jahrhundert eine Siedlung, die seit ca. 950 zu einer Stadt ausgebaut wurde und in den Quellen als Novgorod bekannt ist. Dessen Entwicklung scheint sich – im Gegensatz

311 Eduard Mühle, Gnezdovo – das alte Smolensk? Zur Deutung eines Siedlungskomplexes des ausgehenden 9. bis beginnenden 11. Jhs., in: Oldenburg – Wolin (wie Anm. 39), S. 358-410, Tab. 3; Valentin A. Bulkin u. a., Archeologičeskije pamjatniki Drevnej Rusi IX-XI vekov [Archäologische Denkmäler des mittelalterlichen Russlands im 9.-11. Jh.], Leningrad 1978, S. 50.

312 Ebd.

313 Bulkin und andere Autoren weisen auf deutliche Parallelen zwischen Gnezdovo und Birka hin. Ebd.

314 Natalia Eniosova, Litejnyje formy Gnëzdova [Gussformen aus Gnezdovo], in: Istoričeskaja Archeologija (wie Anm. 82), S. 66-81; Duczko, Viking Rus (wie Anm. 79), S. 159.

315 Ebd., S. 183.

316 Holger Arbman, Skandinavisches Handwerk in Russland zur Wikingerzeit, in: Meddelanden från Lunds Universitets Historiska Museum 1959 (1960), S. 110-135, hier S. 116, 129.

zu Rjurikovo oder Staraja Ladoga – in erster Linie nicht aus dem Fernhandel, sondern dem dicht besiedelten Umland gespeist zu haben. Slawen, aber auch baltische und finnougrische Bevölkerungsgruppen lieferten hier Waldprodukte, die dann in die Handelsnetze eingespeist wurden. Unklar erscheint in diesem Zusammenhang das gegenseitige Verhältnis zwischen Novgorod und dem benachbarten Machtzentrum von Rjurikovo – war doch das letzterwähnte wesentlich nordischer geprägt. Freilich entstand entlang der Flüsse Msta und Luga, die Novgorod mit dem Wassersystem der Volga bzw. der Ostsee verbanden, eine Reihe von befestigten und unbefestigten Siedlungen. Die dort gefundenen Münzen, Glas- und Karneolperlen, Waagen und Normgewichte deuten die Beteiligung dieser Bevölkerungsgruppen am Fernhandel an. Interessanterweise berichtet die Nestorchronik zum Jahr 947, dass die Kiever Fürstin Olga im Msta- und Lugagebiet unter anderem *pogosty* errichtete, die als administrative Stützpunkte für die Einsammlung von Abgaben und Zollgebühren dienten. Um die Mitte des 10. Jahrhunderts setzte zugleich die Phase einer dynamischen Entwicklung der oben erwähnten Siedlungen ein.[317]

Aus dem archäologischen Material in Staraja Ladoga wiederum geht deutlich hervor, dass die Kontakte zwischen den Händlern bzw. Handwerkern dieser Siedlung und der Bevölkerung des Hinterlandes stabilere und regelmäßigere Formen erst seit dem zweiten Drittel des 10. Jahrhunderts annahmen.[318] Dies unterstreichen die Steigerung der handwerklichen Produktion, eine intensivere Durchdringung des Hinterlandes – bezeugt durch skandinavische Funde südlich und östlich des Ladogasees – sowie die im Vergleich mit den Schichten aus dem 9. Jahrhundert geringere Anzahl von mit landwirtschaftlicher Tätigkeit verbundenen Abfällen. In der ersten Hälfte des 10. Jahrhunderts wuchs zudem die Zahl der Siedlungsbewohner. Diese Indikatoren deuten auf eine immer stärkere Abhängigkeit der hier ansässigen Händler und Handwerker von regelmäßigen Lieferungen aus dem Hinterland sowohl von landwirtschaftlichen Produkten als auch von Fellen, die gegen Silbermünzen eingetauscht werden konnten, hin. Es ist kein Zufall, dass diese Entwicklungsbeschleunigung chronologisch mit der Intensivierung der Beziehungen über Bolgar mit dem Samanidenreich einherging. Im Hinterland von Ladoga zeigen skandinavische Funde eine besondere Verdichtung – ähnlich wie in Timerevo (s. unten) – zwischen den 920er und den 950er Jahren.[319]

Gemeinsam für Staraja Ladoga und Rjurikovo Gorodišče (Unterkapitel 1.1.2.) ist der Tatbestand, dass in ihrer Umgebung kaum Dirhemfunde bekannt sind, die in das 10. Jahrhundert datieren. Weil die Beteiligung beider Zentren am Fernhandel zugleich unumstritten ist, müssen wir davon ausgehen, dass Dirhems von hier aus weiter nach Schweden ausgeführt wurden. Somit stellten die zwei Siedlungen ein Scharnier dar, das die Ostsee-Rus' mit den Netzwerken der Gotländer und Festland-Schweden verknüpfte, wohingegen Novgorod und Gnezdovo stärker in den Regionalhandel involviert waren.

Eine besondere Verdichtung von Dirhemfunden zwischen Novgorod und dem oberen Dnepr deutet letztendlich auf einen beachtlichen Reichtum der hier ansässigen und in Gnezdovo multiethnisch geprägten Elite hin. In diesem Gebiet wurde ein Gutteil aller russischen Depots der

---

317 Roman K. Kovalev, Circulation of Sāmānid Dirhams in Viking-Age Northern and Eastern Europe (Based on the Mints of Samarqand and al-Shāsh), in: www.academia.edu, S. 1-24, hier S. 14 f., dort weitere Literatur (Zugriff am 21.11.2019).

318 Mühle, Die städtischen Handelszentren (wie Anm. 80), S. 46-62.

319 Tamara A. Puškina, Scandinavian Finds from Old Russia. A Survey of their Topography and Chronology, in: The Rural Viking in Russia and Sweden. Conference 19-20 October 1996 in the Manor of Karlslund, Örebro, Sweden, hg. von Pär Hansson, Örebro 1997, S. 83-91, hier S. 88; Duczko, Viking Rus (wie Anm. 79), S. 96-99.

zweiten Hälfte des 10. Jahrhunderts entdeckt, sodass wir hier von einem Netzwerk der Ostsee-Rus' sprechen können. Um die Mitte des 10. Jahrhunderts nahm in den Schatzfunden der Grad der zerteilten Münzen zu, was – neben den Waagen und Gewichtssätzen – die zunehmende Rolle von Edelmetallen nicht nur im Fernhandel, sondern womöglich auch im Austausch mit regionalen Häuptlingen betont.[320]

So setzte der Dirhemeinstrom nach Estland – den Schlussmünzen der Horte nach zu urteilen – in den 910er Jahren ein, um zwischen etwa 940 und 960 den Höhepunkt zu erreichen.[321] Die Deponierungen zeigen, dass die lokalen Stammeseliten an die Netzwerke der Ostsee-Rus' – sei es über den Handel, sei es über Tribute – angekoppelt waren und arabisches Silber durch die Einspeisung von Waldprodukten in den Fernhandel erwarben. Die Überreste von Bibern aus Estland[322] legen nahe, dass die begehrten Felle nach Bolgar an der Kama oder Itil im Volgadelta unter anderem über Gnezdovo gelangten. Interessanterweise befanden sich unter den Kaufleuten, die in dem Vertrag mit Byzanz 944-945 erwähnt werden, einige mit estnischen Namen, und die Kiever Fürstin Olga soll aus Pskov gestammt haben – einer Siedlung, von der aus die Rus' die benachbarten Čuden kontrollieren konnten.[323]

Die litauischen Stämme hingegen wurden in die Handelsnetze der Ostsee-Rus' vermutlich erst in den 940er Jahren einbezogen.[324] Vielleicht ist es vor diesem Hintergrund nicht verwunderlich, dass unter den Gesandten der Rus' nach Konstantinopel 944-945 der Name Jatvjag als Zugehöriger des westlich der Memel siedelnden Stammes der Jadvinger interpretiert wird.[325]

Einige Fernhändler, die nach Bolgar an der Kama reisten, stammten vermutlich aus Timerevo, das 900 km nordwestlicher lag. Die Bedeutung dieser Siedlung nahm seit den 930er Jahren zu, als sie sich auf etwa 10 Hektar ausdehnte.[326] Archäologische Befunde zeigen, dass hier – im Gegensatz zu den anderen Siedlungen mit nordischen Elementen in Russland – sich unter anderem Menschen von den Ålandinseln niederließen.[327] Die Dirhemhorte aus dem 10. Jahrhundert auf finnischem Territorium stammen ja zum überwiegenden Teil von den Ålandinseln: Dazu gehören zum Beispiel Västergärd 954/955, Godby 958 und Åsgårda 958/967.[328]

Im Laufe des 10. Jahrhunderts entstanden unweit von Timerevo im oberen Volgagebiet weitere Siedlungen mit skandinavischer Präsenz: in Petrovskoe und in Michailovskoe. In dem letzterwähnten Ort, der ca. 6 Hektar umfasste, wurden „fränkische" Schwerter gefunden. Auch südlich des Timerevo-Komplexes, in Sarskoe, bestand in der ersten Hälfte des 10. Jahrhunderts eine befestigte Siedlung. In ihrer Nähe ist damals ein Lagerplatz angelegt und von den Rus' genutzt worden. Die hier entdeckten Militaria deuten Johan Callmer zufolge darauf hin, dass hier womöglich eine Gruppe von Tributeinsammlern lebte, die der einheimischen Bevölkerung Pelze

320 Mühle, Die städtischen Handelszentren (wie Anm. 80), S. 97 f. und Fußnote 105 auf S. 98; Ders., Gnezdovo (wie Anm. 311), S. 358-410, Tab. 3.

321 Adamczyk, Silber und Macht (wie Anm. 16, Kap. 1), Annex 1: Baltikum.

322 Auf die Biberreste in Estland verweist Ivar Leimus, Estländische Biberfunde, in: Die 13. Allrussische numismatische Konferenz. Tezisy dokladov i soobščenij, Moskva 2005, S. 61-63 (Annotation in Hansische Geschichtsblätter 126, 2008, S. 330).

323 Manfred Hellmann, Die Handelsverträge des 10. Jhs. zwischen Kiev und Byzanz, in: Untersuchungen (wie Anm. 18, Kap. 2), S. 643-667, hier S. 650 f., 661.

324 Vgl. Thomas S. Noonan, Dirham Hoards from Medieval Lithuania, in: Journal of Baltic Studies 23 (1992), S. 395-414.

325 Hellmann, Die Handelsverträge (wie Anm. 323), S. 650 f.; die vollständige Namensliste auf S. 661.

326 Duczko, Viking Rus (wie Anm. 79), S. 190 f.

327 Ebd., S. 193; Jansson, Wikingerzeitlicher (wie Anm. 39), S. 584.

328 Adamczyk, Silber und Macht (wie Anm. 16, Kap. 1), Annex 1: Skandinavien, Nr. 69, 82, 98.

abpresste.[329] Freilich begegnen in der gesamten oberen Volgaregion nur wenige Dirhemfunde, die in das 10. Jahrhundert datieren. Es scheint, dass die hier aktiven Nordmänner Münzen nicht vor Ort deponierten, sondern in ihre Heimat (sei es irgendwo in Nordrussland, sei es direkt in Uppland) ausführten.

Auf der anderen Seite könnte eine dynamische Beschleunigung der Siedlungsprozesse im oberen Volgaraum, im Dnepr- und Dünagebiet sowie in der Volchov-Region seit den 930er/950er Jahren erklären, warum zu diesem Zeitpunkt der Dirhemzufluss nach Gotland und Festland-Schweden abnahm. Das Silber wurde nun verstärkt von den einheimischen Bevölkerungsgruppen der Ostsee-Rus' beansprucht, sodass der Spielraum für die an Raub, Plünderung und Tributerpressung orientierten Wikingerfahrten immer geringer wurde.

### 1.2.7. Noch einmal die Gotländer und Festland-Schweden: von der Raub- und Beuteökonomie zu Handelsfahrten und Dienstleistungen

Wir haben Schweden zu einem Zeitpunkt verlassen, als die Gotländer, Svear und Götar den Silbereinstrom in den Ostseeraum unter eigene Kontrolle brachten (Unterkapitel 1.1.4.). Wenn man der Anzahl der Dirhemfunde nach urteilen will, dann blieben sie auch über weite Strecken des 10. Jahrhunderts dominant.

| | |
|---|---|
| 900er Jahre | 9 |
| 910er Jahre | 20 |
| 920er Jahre | 20 |
| 930er Jahre | 30 |
| 940er Jahre | 23 |
| 950er Jahre | 68 |
| 960er Jahre | 23 |
| 970er Jahre | 18 |
| 980er Jahre | 4 |
| Insgesamt | 215 |

Tabelle 5: Anzahl der Schatzfunde von mindestens fünf Dirhems in Schweden 900-990[330]

Gut 50 Prozent aller schwedischen Dirhemfunde stammen aus Gotland, die restlichen verteilen sich über verschiedene Regionen des Festlandes sowie die Insel Öland. Freilich ergibt sich aus der chronologischen Zusammensetzung der Horte ein wenig differenziertes Bild. In etlichen Schätzen aus dem frühen 10. Jahrhundert bilden Dirhems aus der Zeit vor 880 einen Gutteil der Münzmasse, während nur einige wenige Horte vorwiegend frische Exemplare enthalten und somit den meisten russischen Depots ähneln. Da die Neuemissionen in Schweden nicht durchweg überwogen, liegt auf der Hand, dass sie dort mit den älteren Münzen vermischt worden sein müssen. Erst um 920/930 begannen dann die Dirhems aus dem Zeitraum von ca. 900 bis ca. 920 die monetäre Landschaft Schwedens zu dominieren. In den 940er Jahren kam es erneut

329 Johan Callmer, Herrschaftsbildung und Machtausübung: Die Anfänge der ar-Rus (Rus') ca. 500-1000 n. Chr., in: Bereit zum Konflikt. Strategien und Medien der Konflikterzeugung und Konfliktbewältigung im europäischen Mittelalter, hg. von Oliver Auge u. a., Ostfildern 2008, S. 103-130, hier S. 118.

330 Die Angaben nach Kovalev / Kaelin, Circulation (wie Anm. 24, Kap. 2), Tab. 3, S. 565 f.

zu einer Veränderung der Fundstrukturen. Die Analyse der Schätze mit einem tpq. zwischen 940 und 965 zeigt deutlich, dass der Anteil der in den letzten 20-40 Jahren vor der Deponierung geprägten Dirhems mit jeder Dekade geringer wurde. Dabei bestand die Masse der Münzen aus den 900er/910er Emissionen. Erst in den 970er/980er Horten begegnen mehr Exemplare aus der Zeitspanne von 930 bis 960, die nach Russland bereits in den 940er bis 960er Jahren eingeströmt waren. Das bedeutet, dass ein Großteil arabischer Münzen zwischen den 910er Jahren und spätestens 930/940 nach Schweden gelangt sein muss – also zu einem Zeitpunkt, als diese Emissionen auch in Russland zahlreich vertreten waren.[331]

Daraus geht hervor, dass die Strukturen der Netzwerke der Gotländer und Festland-Schweden mit der Zeit variierten und verschiedene Gestalten annehmen konnten. Da mit Abstand die meisten Dirhems nach Schweden in den ersten drei oder vier Jahrzehnten des 10. Jahrhunderts gelangten, dürfen wir hier von systematischen Beute-, Raub- und Plünderungszügen ausgehen, die mit Tributfahrten und Erpressungen kombiniert und mitunter von Handelsreisen und verschiedenen Dienstleistungen ergänzt wurden. Spätestens um die Mitte des 10. Jahrhunderts hat sich der Schwerpunkt ihrer Aktivitäten verschoben und – wie im vorangegangenen Unterkapitel dargestellt – infolge einer intensiven skandinavischen Besiedlung Nord- und Zentralrusslands auf kommerziellen Austausch und Söldnerdienste konzentriert (was die temporäre Anwendung von Gewalt nicht ausschloss) – zu diesem Zeitpunkt flossen deutlich weniger Münzen nach Schweden. Die offiziellen Prägungen der Volgabulgaren, emittiert seit ca. 950, begegnen dafür vorwiegend in Schweden, und in Balymery, südlich von Bolgar, bestand damals ein großer Friedhof mit nordischen Grabriten und Artefakten. Dies setzt eine Ausdehnung skandinavischer Netzwerke bis zum mittleren Volgalauf voraus (Unterkapitel 1.2.1.).

Dessen ungeachtet fanden Beutezüge gen Osten auch im späten 10. Jahrhundert statt. So soll der norwegische Jarl Erik um 997 Nordrussland überfallen haben:

> *In the spring he made his ships ready and sailed back then to the eastern countries. And when he came to king Valdemar's kingdom he began to harry and slay folk and to burn everything wherever he went, and he laid waste the land. He came to Aldeigjaborg* [Ladoga Town] *and beset the town till he won it; slew many folk and broke down and burned the whole town; he then went far and wide in Gardarik* [Nordrussland] *with the shield of war.*[332]

Przemysław Urbańczyk zufolge war es der politisch-ökonomische Druck, der die Antriebskraft der Wikingerexpansion darstellte. Das Hauptziel ihrer Raubzüge bestand darin, Ruhm, guten Ruf und die Stärkung bzw. Verbesserung der gesellschaftlichen Position zu erlangen. Um dieses Ziel zu erreichen, halfen Güter, die umverteilt werden konnten: in erster Linie Silber. Hauptziel war es also nicht, Gewinn zu erzielen, sondern Güter zu erhandeln bzw. zu erbeuten, um zu zeigen, dass man über Führungsqualitäten verfügt. Der Silberbesitz verbesserte folglich die politische Situation des Eigentümers. Wenn eine Wikingerfahrt Erfolg brachte, wurde automatisch die ganze Konkurrenzspirale auf ein höheres Niveau gehoben. Auf diese Weise

---

331 Jonsson, Sweden (wie Anm. 22, Kap. 2); Władysław Łosiński, Chronologia, skala i drogi napływu monet arabskich do krajów europejskich u schyłku IX i w X w. [Chronologie, Umfang und die Zustromwege arabischer Münzen nach Europa im ausgehenden 9. und 10. Jahrhundert], in: Slavia Antiqua 34 (1993), S. 1-41, hier S. 5, 13 f.; Adamczyk, Silber und Macht (wie Anm. 16, Kap. 1), S. 46, Tab. 16.

332 Snorre Sturlason, Heimskringla. The History of Olav Trygvason, übers. von Albert H. Smith, hg. von Erling Monsen, New York 1990 (Neuausgabe der Edition von Cambridge 1932), S. 183. Leicht abweichende Übersetzung in: Vikings in Russia. Yngwar's Saga and Eymund's Saga, übersetzt, eingeleitet und hg. von Herrman Palsson / Paul Edwards, Edinburgh 1989, S. 32 f.

milderte das Redistributionssystem keineswegs die Konkurrenz; im Gegenteil, es beschleunigte die Spirale der Rivalität und erzeugte für das geopolitische Koordinatensystem eine unglaubliche Dynamik. Die strategische Bedeutung von Silber bestand also in der Aufrechterhaltung der hierarchischen Gesellschaftsstruktur. Der wichtigste Mechanismus, der hinter dieser Dynamik steckte, war das Bedürfnis, Luxusgüter anzuhäufen und sie dann zu verteilen, um so viele Klienten wie möglich zu gewinnen. Das Silber zirkulierte demnach in der Sphäre des elitären Austausches und diente in erster Linie der Machtsicherung und verteilung.[333] Die Konkurrenz zwischen den Häuptlingen führte im Endeffekt zum Kampf mit Silber wie mit der Waffe.[334] Folgerichtig könnten die vielen Schätze darauf hinweisen, dass das Edelmetall oft aus dem Umlauf genommen wurde, um das Niveau der Konkurrenz zwischen den verschiedenen Häuptlingen zu senken. Dieses Verhalten erklärt jedoch – worauf Urbańczyk selber verweist – weder den stetigen Silberzufluss nach Skandinavien noch den Zerstörungsgrad der vielen deponierten Silbergegenstände. Zum Letzteren mehr unten.

Welche Konstellationen aber wiesen die Netzwerke der Gotländer und Svear im innerskandinavischen Umlauf auf? Grundsätzlich lassen sich drei Interaktionsebenen unterscheiden: die machtpolitische, die sozioökonomische sowie die gesellschaftlich-kulturell-magische.

Die Gutasaga beleuchtet einige politische und kommerzielle Aspekte, die auf enge Verflechtungen zwischen Gotland und dem Svear-Reich womöglich bereits im 10. Jahrhundert hindeuten:

> *Sixty marks of silver in respect of each year is the Gotlanders' tax, divided so that the king of Sweden should have forty marks of silver out of the sixty, and the jarl twenty marks of silver* [...] *In this way, the Gotlanders submitted to the king of Sweden, of their own free will, in order that they might travel everywhere in Sweden free and unhindered, exempt from toll and all other charges. Similarly the Swedes also have the right to visit Gotland, without ban against trade in corn, or other prohibitions. The king was obliged to give the Gotlanders protection and assistance, if they should need it and request it. In addition the king, and likewise the jarl, should send messengers to the Gotlanders' general assembly and arrange for their tax to be collected there. The messengers in question have a duty to proclaim the freedom of Gotlanders to visit all places overseas that belong to the king in Uppsala and, similarly, to such as have the right to travel here from that side.*[335]

Die in der Passage erwähnten Könige von Uppsala versorgten sich mit Silber zudem in dem einige Kilometer südlich gelegenen Emporium von Birka. Von ca. 900 bis in die zweite Hälfte des 10. Jahrhunderts blühte die Handelssiedlung auf. Aus dieser Zeit stammen orientalische Gegenstände: eine Falkendarstellung, ein Schwertortband mit Falken- und Adlermuster, chasarische Keramik, chasarische oder arabische Trachtknöpfe, ein kleiner Hort von arabischen und volgabulgarischen Silbermünzen, einem Siegel, einigen Gewichten und Perlen aus Bergkristall sowie zahlreiche Einzelfunde von Dirhems.[336]

Die machtpolitische Bedeutung der Edelmetalle für skandinavische Könige wird in den Sagas häufig hervorgehoben. So zog König Hakon (ca. 930-960) „[...] einen Goldring von seinem Arm, der eine Mark wog, und gab ihn Höskuld, und ein Schwert gab er ihm als zweites

333 Przemysław Urbańczyk, Trudne początki Polski [Die schwierigen Anfänge Polens], Wrocław 2008, S. 145-154; Ders., Wczesnośredniowieczne (wie Anm. 6, Kap. 2).

334 Ross Samson, Fighting with Silver: Rethinking Traiding, Raiding and Hoarding, in: Social Approaches to Viking Studies, hg. von Dems., Glasgow 1991, S. 123-133, hier S. 133.

335 Guta Saga (wie Anm. 155), S. 7.

336 Ambrosiani, Birka (wie Anm. 145), S. 229; Gustin, Coin Stock (wie Anm. 22, Kap. 2).

Kleinod, das auf eine halbe Mark Goldes zu stehen kam".[337] Eine Mark entsprach ca. 200 g. Wenn wir von einem Gold-Silber-Verhältnis von 12 zu 1 ausgehen, dann wäre der geschenkte Armring ca. 2.400 g Silber, also etwa 800 Dirhems, wert. Dieselbe Quelle berichtet, dass Olaf der Heilige (1015-1028) einem gewissen Thorkell „[...] nicht weniger als hundert Mark reinen Silbers" geschenkt habe – ein Äquivalent von etwa 20.000 g Silber oder knapp 7.000 Dirhems.[338] Dem erwähnten Thorkell „[...] war es gut gelungen, sich Geld und Ansehen zu verschaffen, denn er war ein geschworener Mann des hervorragendsten Fürsten, des Königs Olaf, gewesen".[339] Man könnte weitere Beispiele anfügen.

Dass das in Skandinavien deponierte Silber den kommerziellen Zwecken gedient hat, zeigen nicht zuletzt Waagen und Feingewichte, die auf Gotland bei Bauernhöfen gefunden wurden.[340] Beispiele in den Sagas weisen deutlich auf ein breites Spektrum ökonomischer Funktionen hin, die das Edelmetall erfüllte: vom Waren- und Sklavenkauf bis zum Landerwerb. Einige Forscher weisen auf ein ausgeklügeltes Austauschsystem zwischen dem schwedischen Festland und Gotland hin, das darin bestanden haben könnte, dass aus dem aus Uppland über Birka importierten Eisen Metallwaren – zum Beispiel Waffen, in erster Linie in der islamischen Welt begehrte Schwerter – hergestellt wurden.[341]

In der bereits zitierten Laxdœla Saga heißt es: *Sie machten ihren Handel so, daß Olaf drei Mark Silber für das Land zahlen sollte. Aber die Vorteile dabei standen nicht gleich, denn es waren weite und schöne und sehr gewinnbringende Ländereien. Gute Lachsfischereien und Seehundsplätze gehörten dazu; auch waren da große Wälder.*[342]

Wenn die Angaben stimmen, konnte man am westlichen Rande der Wikingerwelt schon für etwa 200 Dirhems ein Stück Land kaufen. Als Geld dienten dabei nicht nur Münzen, sondern auch Barren und Schmuck, die aus eingeschmolzenen Dirhems hergestellt werden konnten. Dies zeigt die Metallanalyse zumindest einiger Hacksilberstücke aus nordischen Funden.[343] Außerdem diente das Silber dazu, die Rechtsstreitigkeiten beizulegen.[344]

In der Forschung tauchten in den letzten Jahren Erklärungsansätze auf, die die gesellschaftlich-kulturell-magischen Funktionen des vergrabenen, vor allem zerhackten Silbers hervorheben. Przemysław Urbańczyk oder Władysław Duczko fragen sich – ihren skandinavischen und englischen Kollegen folgend –, warum das Edelmetall in Skandinavien versteckt und nicht wieder ausgegraben wurde. Ihnen zufolge ging es darum, das Silber „anzuhäufen, zu entwerten, zu verstecken und zu vergessen".[345] Demnach wollten einige Wikinger die vermeintliche Macht der früheren Besitzer der Silbergegenstände durch bestimmte Rituale zerstören oder einfach

337 Laxdoela saga. Die Geschichte von den Leuten aus dem Lachswassertal, in: Island Sagas. Erzählkunst, übertragen von HEINRICH MATTHIAS HEINRICH u. a., hg. von ULF DIEDERICHS, München ²1995, S. 75-269, hier S. 91.

338 Ebd., S. 258.

339 Ebd., S. 250.

340 LENA THUNMARK-NYLEN, Gotland – Neighbour between the West and the East, in: Die Kontakte zwischen Ostbaltikum und Skandinavien im frühen Mittelalter. Internationale Konferenz 23.-25. Oktober 1990 Riga, hg. von ANDRIS CAUNE u. a., Stockholm 1992, S. 155-162, hier S. 157.

341 ERIK NYLEN, Handel und Seefahrt zwischen Skandinavien und Ostbaltikum um 1000, in: Die Verbindungen zwischen Skandinavien und Ostbaltikum aufgrund der archäologischen Quellenmaterialien, hg. von ALEXANDER LOIT / JÜRI SELIRAND, Stockholm 1985, S. 84-96, hier S. 89.

342 Laxdoela saga (wie Anm. 337), S. 128.

343 STEUER, Die Ostsee (wie Anm. 141), Abbildungen 11a und 11b auf S. 148.

344 Laxdoela saga (wie Anm. 337), S. 97.

345 So hat den Zusammenhang WŁADYSLAW DUCZKO, Zebrać (wie Anm. 8, Kap. 2), auf den Punkt gebracht.

vergraben, sodass diese Macht von niemandem mehr genutzt werden konnte. So ließen sich die Entwertungsvorgänge erklären, die in verschiedenen Formen stattfinden konnten:

1. Durch Zerschneiden, Zerbrechen oder Biegen von Schmuck und Münzen;
2. Durch das Einschmelzen in Schmuck, Barren oder Gusskuchen, um die Ähnlichkeit mit dem Original zu löschen;
3. Durch das Zerhacken dieser bereits entstellten Halbprodukte, die zudem noch angeschnitten wurden.

Diese destruktive Handlung resultierte aus der Überzeugung, dass man sich nur durch Magie vor dem Bösen zu schützen oder anderen Menschen gehörende Gegenstände ihrer Macht zu berauben vermag. Sie konnte aus praktischen Tätigkeiten abgeleitet sein, die im Laufe der Zeit ihre genuinen Funktionen einbüßten: zum Beispiel aus Ritualen, die die Kauf- und Verkaufstransaktionen absichern sollten. Darauf würden die Depots mit zerhacktem Silber hindeuten, die unter den Fußböden der Häuser oder an der Grenze der Gemeinschaftsgrundstücke gehortet wurden.[346] Magische Funktionen schreibt Urbańczyk auch den zahlreichen vollständig erhaltenen Dirhems zu, deren Inschriften ja für die Skandinavier unverständlich erscheinen mussten. Er verweist schließlich auf die isländische Gesetzgebung, die nach der Christianisierung der Insel verbot, Edelmetalle unter der Erde zu verstecken.[347] Dem rituell-magischen Zweck sollten generell ebenfalls die kleinen Schnitte auf Münzen – die sog. Pecks bzw. Nicks – dienen.[348]

Mats Burström wiederum betont die Spezifik der gesellschaftlichen Konstellationen auf Gotland, die die Schatzfunde als *bridewealth*, Kapitalanhäufungen durch Bräutigame, die Silber als Brautgabe deponierten, erscheinen lassen.[349] Folglich war der Besitz von Dirhems und Schmuckstücken entscheidend, nicht ihre Zirkulation. Mit der Verwendung von Silber als Zahlungsmittel lief der gotländische Farmer sogar Gefahr, seinen gesellschaftlichen Status massiv zu entwerten.

Wie man zu gesellschaftliche und kulturelle Kontexte betonenden Thesen stehen mag, erklären sie, zumindest ansatzweise, warum so viel Edelmetall auf der Insel Gotland (mit nur 3.140 km$^2$) thesauriert und nie wieder in Umlauf gebracht wurde. Dies ändert aber nichts an der Tatsache, dass die Gotländer und Festland-Schweden die Dirhems gleichermaßen nutzten, um mit den slawischen Netzwerken von der gegenüberliegenden Ostseeküste zu kommunizieren.

### 1.2.8. Die Beziehungsgeflechte der Wolliner und Pomoranen, oder der multizentrische Regional- und Raubhandel im südlichen Ostseeraum

Nach einer Unterbrechung von etwa 50 bis 60 Jahren begannen arabische Münzen wieder nach Pommern einzuströmen. Hier entstanden im 10. Jahrhundert drei Verdichtungsräume: am unteren Weichsellauf, im Hinterland von Kołobrzeg-Budzistowo sowie in Wollin und sei-

346 Jörn Staecker, Brutal Vikings and Gentle Traders, in: Lund Archaeological Review 43 (1997), S. 89-103. Birgitta Hårdh verweist in diesem Zusammenhang auf die Grenzziehung als eine mögliche Ursache der Silberdeponierung, Birgitta Hårdh, Silber im 10. Jahrhundert. Ökonomie, Politik und Fernbeziehungen, in: Europa im 10. Jahrhundert (wie Anm. 145), S. 181-193, hier S. 183.

347 Urbańczyk, Trudne początki (wie Anm. 333), S. 166 ff.

348 Władysław Duczko, Test or Magic? Pecks on the Viking-Age Silver, in: Moneta mediaevalis (wie Anm. 6, Kap. 2), S. 193-208.

349 Mats Burström, Silver as Bridewealth. An Interpretation of Viking Age Silver Hoards on Gotland, Sweden, in: Current Swedish Archaeology 1 (1993), S. 33-37.

nem weiten Umland. Die ältesten Funde mit Dirhems aus dem 10. Jahrhundert in Pommern sind allerdings schlecht datiert, sodass wir von einer stabilen Existenz der Silbernetzwerke vor den 930er/940er Jahren kaum ausgehen dürfen. In dem Hort von Bierkowo (bei Stolp in Mittelpommern) stammt die Schlussmünze aus der Regierungszeit Konstantins VII. zwischen 913 und 959 – die übrigen elf bestimmbaren Prägungen datieren in das 8.-9. Jahrhundert.[350] In dem Depot von Opalenie (südlich von Danzig) wurde wiederum der jüngste Dirhem etweder 917/918 oder 941/942 geschlagen.[351] Der neulich entdeckte Schatz aus Szczecinek, ca. 110 km südöstlich von Kołobrzeg-Budzistowo, enthielt mehr als 1.300 überwiegend fragmentierte Emissionen und wird vorläufig in die 900er Jahre eingeordnet.[352] Schließlich bestand der Hort von Rydzewo (bei Dramburg) aus einer unbekannten Anzahl von arabischen Münzen und 23 untersuchten Exemplaren, von denen der Schlussdirhem in das Jahr 914/915 datiert (in Przyrzecze, 30 km nördlich von Rydzewo, tauchen zudem fünf Dirhems aus der Zeit von 890/891 bis 917/918 auf).[353] Ins Auge fällt allerdings, dass all diese Funde in Regionen begegnen, in die das Silber bereits im 9. Jahrhundert einströmte.

Folglich ist davon auszugehen, dass der systematische Zufluss von Münzen in verschiedene Teile Pommerns aller Wahrscheinlichkeit nach in den 930er/940er Jahren begann, was folgende Schätze nahelegen: Łabędzie II (929-932), Płoty-Resko (936), Bielkowo (938/939), Szczecin-Niemierzyn (939/940), Opalenie (womöglich 941/942), Jezierzyce (942) und Daleszewo/Piaski Wielkie (942/943).[354] Die geografische Verteilung der Schatzfunde zeigt im Vergleich mit dem 9. Jahrhundert eine deutliche Verschiebung nach Westpommern, hier vor allem Wollin (Tabelle 6).

| | |
|---|---|
| Westpommern | 17 = 59 % |
| Mittelpommern | 5 = 17 % |
| Pommerellen | 7 = 24 % |

Tabelle 6: Anzahl der Schatzfunde aus den 900er/930er bis 980er Jahren

Unter welchen historischen Umständen aber fand der Dirhemzufluss statt? Zunächst sollten wir die chronologische Zusammensetzung der Silberfunde beachten. Sie zeigt nämlich, dass etliche von ihnen große Mengen an Dirhems (mindestens 50 Prozent) enthalten, die im 8.-9. Jahrhundert geprägt wurden und in Russland, aber grundsätzlich auch in Schweden zu diesem Zeitpunkt aus der Zirkulation verschwunden sind. Dazu gehören die Horte aus Bielkowo und Szczecin-Niemierzyn in Westpommern sowie die Depots Opalenie und Oliwa II (951/952) in

350 Kiersnowska / Kiersnowski, Wczesnośredniowieczne skarby srebrne (wie Anm. 35, Kap. 2), Nr. 10.

351 Ebd., Nr. 117.

352 Wojciech Pastuszka, Wędkarze znaleźli skarb arabskich monet, 31. Juli 2015, http://archeowiesci.pl/2015/07/31/wedkarze-znalezli-skarb-arabskich-monet/ (Zugriff am 31.01.2020); http://www.muzeum.szczecinek.pl/niezwykle-znalezisko.html (Zugriff am 31.07.2015). Am 8. Oktober 2019 notiert Fakt24.pl die Entdeckung eines Schatzfundes von ca. 200 Dirhems und etwa 500 Dirhemfragmenten in Strzelinko bei Stolp in Mittelpommern. Die Schlussmünzen konnten vorläufig nur allgemein ins 10. Jahrhundert datiert werden. Vgl. https://www.fakt.pl/wydarzenia/polska/strzelinko-grzybiarz-odnalazl-wyjatkowy-skarb-toarabskiemonety (Zugriff am 15.10.2019).

353 FMP, Bd. 2. Pommern, Nr. 176; FMP, Bd. 5: Addenda, Nr. 298.

354 Adamczyk, Silber und Macht (wie Anm. 16, Kap. 1), Annex 1: Pommern; Mateusz Bogucki, Coin Finds from Wolin and its Hinterland, in: Economies (wie Anm. 14, Kap. 2), S. 345-358, hier S. 354.

Pommerellen.[355] Sie deuten somit auf regionale Netzwerke der Silberredistribution hin, die vermutlich die Gemeinschaften einschlossen, die bereits im 9. Jahrhundert über Silber verfügt hatten. Hier seien das Emporium von Janów Pomorski/Truso, die Siedlungskomplexe von Bardy und Kędrzyno (und ab dem 10. Jahrhundert der benachbarte Seehandelsplatz von Kołobrzeg-Budzistowo) sowie die Handelssiedlung von Menzlin an der Peenemündung erwähnt. Es sieht danach aus, dass lokale Eliten (die ja in erster Linie die Edelmetalle anzuhäufen vermochten) – aus welchen Gründen auch immer – die alten, bereits im 9. Jahrhundert deponierten Dirhembestände wieder in Umlauf brachten und dann nach Pommerellen und Wollin verschifften, die in die Münzzirkulation des 9. Jahrhunderts noch nicht oder lediglich marginal einbezogen waren. Abbasidische Prägungen wurden zugleich durch neue, ab ca. 890/900 emittierte samanidische Exemplare ergänzt, die wiederum direkt in Nordrussland erworben werden konnten oder aber über die Netzwerke der Gotländer und der Festland-Schweden einströmten.

Wie lässt sich der Anstieg der Nachfrage nach Silber erklären? In Bezug auf Wollin spricht Błażej M. Stanisławski von einer „ideologischen Revolution", die folgende Merkmale widerspiegeln: der Ausbau des Siedlungskomplexes, der Aufstieg einer neuen Elite und schließlich die Aufnahme der Dirhemimporte.[356] Ähnliche Prozesse wurden schon im Hinblick auf Großpolen konstatiert (Unterkapitel 1.2.4.).

Sodann sollten wir beachten, dass in den ersten Jahrzehnten des 10. Jahrhunderts westlich von Wollin eine tiefe politische Transformation stattgefunden hat (Unterkapitel 1.2., Einleitung). Zwischen 928 und 934 legte der ostfränkische König Heinrich I. (919-936) den elbslawischen Stämmen und den Böhmen Tribute auf. 934 konnte er zudem das Emporium von Haithabu unter eigene Kontrolle bringen.[357] Folglich hat der ottonische Druck auf die Ostseeslawen und Dänen die machtpolitischen Koordinaten zugunsten der Wolliner verschoben.[358] Ein wenig später setzte die Expansion ins Binnenland ein, die die steigende Nachfrage nach Sklaven, welche gegen Silbermünzen eingetauscht werden konnten, womöglich angekurbelt hat. Es war vermutlich kein Zufall, dass Wichmann – ein Graf aus dem sächsischen Adelsgeschlecht der Billunger –, nachdem er von Otto I. geächtet worden war, zu den Wilzen bzw. Wollinern floh und sie um 963 und dann 967 gegen Mieszko I. anführte.[359] Ibrahim ibn Jaqub ergänzt: *Sie* [die Wolliner] *verfügen über eine große Stadt an der Ostsee, die zwölf Tore besitzt. Sie hat eine Anlegestelle, die aus halbierten Holzstämmen gebaut ist. Sie kämpfen mit Mieszko, und ihre Streitkraft ist groß. Sie haben keinen König und lassen sich nicht von einem Herrscher anführen; die Macht üben bei ihnen die „Ältesten" aus.*[360]

355 Adamczyk, Trzecia fala (wie Anm. 237), S. 45 f.

356 Błażej M. Stanisławski, Jómswikingowie z Wolina-Jómsborga – studium przenikania kultury skandynawskiej na ziemie polskie [Die Jomswikinger von Wollin-Jomsburg – eine Studie zur Durchdringung skandinavischer Kultur in die polnischen Gebiete], Wrocław 2013, S. 231-240.

357 Regesten (wie Anm. 177), Teil II, Nr. 43, S. 62.

358 Valentina M. Gorjunova, Technologietransfer im Töpferhandwerk. Westslawischer Einfluß auf die frühe Drehscheibenware in Novgorod, in: Novgorod. Das mittelalterliche Zentrum (wie Anm. 52), S. 323-347, hier S. 345.

359 Widukind (wie Anm. 267), III/66, 69, S. 170-173.

360 Relacja Ibrahima (wie Anm. 236), S. 50; deutsche Übersetzung bei Jacob, Arabische Berichte (wie Anm. 263), S. 14.

Adam von Bremen zufolge wiederum wurde das Emporium Birka von Piraten geplündert.[361] Nichts spricht gegen die Annahme, dass einige der slawischen Schiffe, die Birka besuchten (und heimsuchten), aus Wollin gestammt haben.[362]

Im Gegensatz zu Emporien wie Truso trieben Wollins Eliten also nicht nur den Handel mit Bernstein oder bezogen Sklaven aus dem Hinterland, sondern fungierten ebenfalls als politische Akteure, indem sie gegen benachbarte Gesellschaften Beutezüge unternahmen. Zugleich verkauften sie das Raubgut gegen Silber und Luxusgüter. Dies unterstreichen – neben den Dirhems – Kaurimuscheln aus dem Indischen Ozean, Glasperlen aus Syrien oder Ägypten und Seidenfragmente aus Zentralasien.[363] Inwieweit die zahlreichen Schatzfunde in Wollin und seinem Umland monetäre Kontexte widerspiegeln, wird in Teil II (Unterkapitel 2.3.) diskutiert.

Ein weiterer Unterschied zu den Seehandelsplätzen im 9. Jahrhundert bestand darin, dass in Wollin die „ideologische Revolution" vorwiegend auf das Wirken der einheimischen Slawen zurückging und skandinavische Präsenz dort erst seit den 960er/970er Jahren fassbar wird.[364] Zugleich ist zu beachten, dass nordische Elemente, die sich besonders im Stadtviertel Ogrody (Gärten) ab ca. 980 häufen, nicht zuletzt Militaria, darunter Fragmente eines Schwertes, eine Axt oder eine Speerspitze, beinhalten.[365] Sie deuten auf die Anwesenheit von Kriegern hin. Vermutlich wird in Wollin irgendwann um 990 Olaf Tryggvason, von 995 bis 1000 König von Norwegen, verkehrt und womöglich den Ort als Stützpunkt für seine Wikingerfahrten genutzt haben.[366]

Ins Auge fällt freilich, dass diese zu konstatierenden Raubelemente der politischen Ökonomie der Wolliner Netzwerke in Mittelpommern und Pommerellen nicht festgestellt werden können. Wir haben keine Hinweise auf Beute- und Plünderungszüge, die zum Beispiel die Bewohner des Handelszentrums von Kołobrzeg-Budzistowo im Laufe des 10. Jahrhunderts unternommen hätten. Im Gegenteil: Sie wurden selber von den Piasten unterworfen, die hier im Jahr 1000 einen Bischofssitz errichteten, der die (jedoch sehr kurzfristige) Konsolidierung der Herrschaft der aufstrebenden Dynastie über Mittelpommern zum Ausdruck brachte.[367]

Folglich erfolgte die Verteilung von Dirhems in Pommern über multizentrische Netzwerke, die einem regionalen Handel nachgingen. Dabei scheinen allein die Wolliner auf die Anwendung von Gewalt als Methode zum Erwerb von Gütern, die gegen Silber eingetauscht werden konnten, zurückgegriffen zu haben (Karte 8).

---

361 Adam von Bremen, Gesta Hammaburgensis ecclesiae Pontificum, in: Ausgewählte Quellen zur deutschen Geschichte des Mittelalters. Freiherr vom Stein-Gedächtnisausgabe, hg. von Rudolf Buchner, Bd. XI, Darmstadt 1973, S. 137-500, hier I/60, S. 230 f.

362 Regesten (wie Anm. 177), Teil II, Nr. 16, S. 30.

363 Grundsätzlich: Wolin wczesnośredniowieczny [Das frühmittelalterliche Wollin], hg. von Błażej Stanisławski / Władysław Filipowiak, 2. Bde., Warszawa 2013-2014.

364 Stanisławski, Jómswikingowie, besonders S. 244 f.; Ders., Obecność skandynawska w Wolinie w świetle źródeł archeologicznych [Die skandinavische Anwesenheit in Wollin im Lichte archäologischer Quellen], in: Wolin wczesnośredniowieczny (wie Anm. 363), Bd. 2, S. 325-349.

365 Wolin wczesnośredniowieczny (wie Anm. 363), Bd. 1, S. 187.

366 Vgl. Jakub Morawiec, Kontakty Olafa Tryggvasona z Jomsborgiem – pomiędzy legendą a historyczną rzeczywistością [Die Kontakte Olaf Tryggvasons mit Jomsborg – zwischen Legende und historischer Realität], in: Średniowiecze polskie i powszechne 1 (wie Anm. 219), S. 19-42 (dort weitere Literatur).

367 Rębkowski, The Pomeranian (wie Anm. 249), S. 9-17.

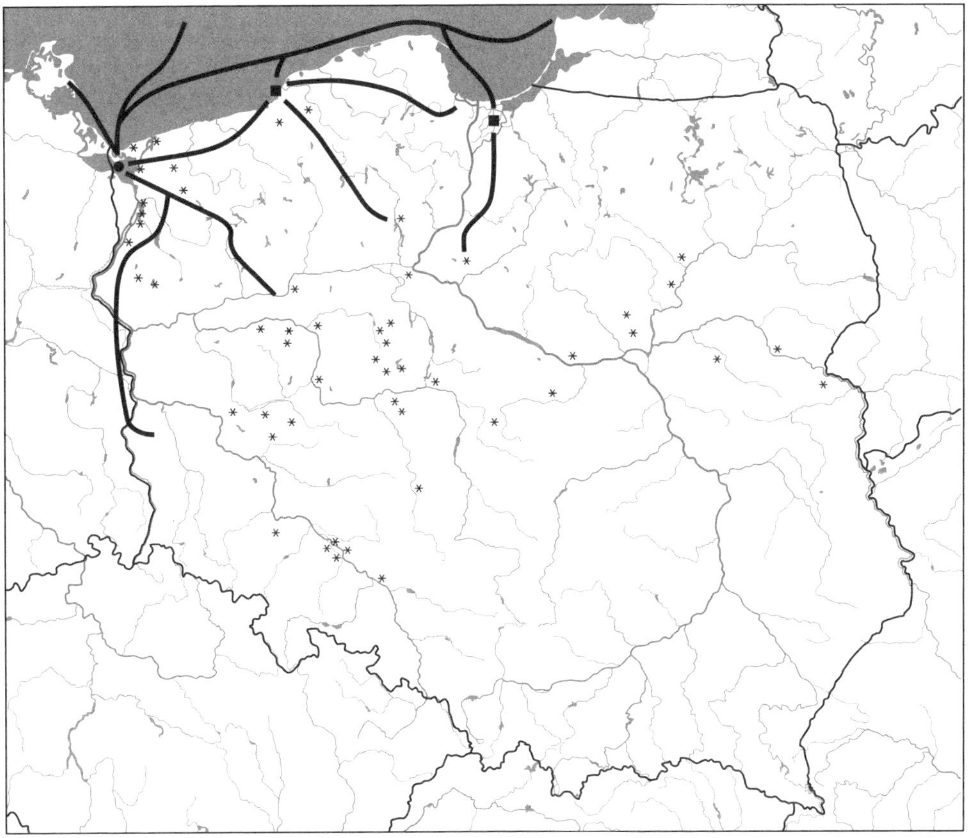

Karte 8: Netzwerke der Wolliner und Pomoranen in den 900/930er bis 980er Jahren
Kreis: Wollin; Quadrate: Kołobrzeg-Budzistowo und Danzig; Sternchen: Schatzfunde von ca. 900 bis ca. 990

### 1.2.9. Die Netzwerke der Dänen zwischen Raubhandel und Transitfunktionen

Einige Nordmänner, deren Präsenz in Wollin seit den 960er/970er Jahren deutlich fassbar wird, kamen sicherlich aus Dänemark. Die Wollin-Verbindungen bestätigt die Jómsvíkinga Saga, die von einem Wikinger namens Palnatoki berichtet, der dort einen Stützpunkt für Raub- und Handelsfahrten errichtet haben soll.[368] Vielleicht waren es die Jomsburg-Wikinger, die den späteren Dänenkönig Sven Gabelbart (986/987-1014) entführt und für seinen Freikauf eine große Summe an Gold verlangt haben.[369] Interessanterweise wurde vor der Insel Rügen, am Strand von Hiddensee, ein in die 980er Jahre datierter Hort gefunden, der zugleich eines der größten bislang entdeckten Golddepots der Wikingerzeit darstellt. Es wog knapp 600 g und enthielt kunstvollen Schmuck, der aus Haithabu und Dänemark gestammt haben dürfte. Nahe der Ortschaft Schaprode auf Rügen wiederum entdeckten Hobbyarchäologen 2018 einen Hort von

368 Jomsvikinga saga. Die Geschichte von den Seekriegern auf Jomsburg, in: Island Sagas. Historische Fahrten und Abenteuer, übertragen von Walter Baetke / Felix Niedner, hg. von Ulf Diederichs, München ²1995, S. 7-49, hier S. 19.

369 Regesten zur Geschichte der Slaven an Elbe und Oder (vom Jahr 900 an), Teil III: 983-1013, hg. von Christian Lübke, Berlin 1986, Teil III, Nr. 241, S. 43 f.

etwa 600 Münzen und Münzfragmenten, Halsreifen und zerteilten Ringen, Fibeln, Perlen und einem Thorshammer, der nach 983 deponiert wurde. Mehr als 100 Prägungen lassen sich Harald Blauzahn zuordnen.[370] Zugleich wird seine Flucht nach Wollin um 986 erwähnt.[371] Man kann sich des Eindrucks nicht erwehren, dass das Edelmetall entweder ihm gehörte oder einen Teil des Schatzes darstellte, mit dem Sven freigekauft werden sollte, und das auf dem Wege nach Wollin verloren ging bzw. geraubt wurde. Im späten 10. Jahrhundert verfügten also die Dänen im südwestlichen Küstenbereich der Ostsee über ein intensives Beziehungsgeflecht, das politische, ökonomische und dynastische Kontakte umfasste. Wie aber entstanden ihre Netzwerke? Der Reihe nach.

Als wichtiger Bezugspunkt erscheint die Handels- und Handwerkssiedlung namens Haithabu/Hedeby. Sie bestand bei Schleswig seit etwa Mitte des 8. Jahrhunderts und ist in eine Reihe mit Emporien wie Janów Pomorski/Truso und Birka einzuordnen. Die Bewohner von Haithabu verarbeiteten Eisen, Glas, Bernstein und Geweih. Auch hier begegnen Einzelfunde arabischer Dirhems und Dirhemfragmente, die überwiegend ins späte 9. bis 10. Jahrhundert gehören, sowie ein früher Schatzfund von 14 Dirhems, der in die Zeit um 902/907 datiert.[372] Die entscheidenden Impulse für die Gründung des Handelsplatzes kamen zwar aus dem friesisch-fränkischen Bereich, im 10. Jahrhundert nahm aber die Bedeutung des Handels mit den südöstlichen Ostseeküsten massiv zu.

Herbert Jankuhn hat schon vor Jahren darauf hingewiesen, dass alle Münzschätze aus dem zweiten und dritten Viertel des 10. Jahrhunderts im Hinterlande von Haithabu nur aus den sog. Halbbrakteaten, einheimischen Prägungen also, bestanden.[373] Da im Zeitraum von ca. 920 bis ca. 975 große Mengen an Dirhems sowohl nördlich der Schlei als auch im südwestlichen Ostseebecken zirkulierten, kann nicht davon ausgegangen werden, dass an der Schlei kein arabisches Silbergeld vorhanden war. Daraus schließt Jankuhn, dass in Haithabu selbst nur die am Orte geprägten Münzen im Umlauf geduldet wurden. Das verweist wiederum auf ein ziemlich großes Ausmaß der Ausprägung von Halbbrakteaten. In diesem Zusammenhang entsteht die Frage, woher das für die Emission notwendige Edelmetall kam. Weil um 950 weder die Harzbergwerke noch die englischen Silbervorkommen in Betracht gezogen werden können, wäre der Zustrom orientalischer Münze als Quelle anzunehmen. Demnach wurde das arabische Silber in Haithabu eingeschmolzen, um den nötigen Rohstoff für die eigene Prägung zu gewinnen. Den Hintergrund für diese Produktion vermutet Jankuhn in dem Bestreben, eine bei der Umprägung anderer Sorten anfallende Silberabgabe einzustreichen. Metallanalysen zeigen, dass einige Haithabu-Emissionen sich in ihrer chemischen Zusammensetzung mit den zentralasiatischen und volgabulgarischen Dirhems überschneiden.[374] Wer diese Münzen präg-

370 Der Schatzfund von Hiddensee befindet sich im Kulturhistorischen Museum der Hansestadt Stralsund. Zum Fund von Schaprode: https://www.focus.de/wissen/mensch/geschichte/silberschatz-von-daenen-koenig-auf-der-flucht-vergraben-blauzahn-muenzschatz-auf-ruegen-entdeckt_id_8772558.htm (Zugriff am 17.04.2018). Zu historischen Kontexten vgl. Władysław Filipowiak, Der Goldschatz von Hiddensee. Eine Piratenbeute der Ranen?, in: Studien zur Archäologie (wie Anm. 143), S. 337-345; Jakub Morawiec, Wolin w średniowiecznej tradycji skandynawskiej [Wollin in der mittelalterlichen Tradition Skandinaviens], Katowice 2007, besonders S. 156 f.

371 Regesten (wie Anm. 369), Teil III, Nr. 240, S. 42.

372 Jankuhn, Haithabu (wie Anm. 123); Hilberg, Silver Economies (wie Anm. 19, Kap. 2), S. 203-225. Für die Auskunft vom 28. November 2011 bezüglich der neuesten Münzfunde bin ich Lutz Ilisch verpflichtet.

373 Jankuhn, Haithabu (wie Anm. 123), S. 180-184.

374 Siehe die Abbildungen 7-9 auf S. 146 f. bei Heiko Steuer, Münzprägung, Silberströme und Bergbau um das Jahr 1000 in Europa – wirtschaftlicher Aufbruch und technische Innovation, in: Aufbruch ins zweite

te, bleibt unklar. 934 erlegte Heinrich I. dem über Haithabu herrschenden und aus Schweden stammenden König Gnupa einen Tribut auf und bezog es somit in die sächsische Einflusssphäre ein.[375] Ein dänischer Gegenangriff im Jahr 974 blieb erfolglos.[376] Otto II. unternahm in demselben Jahr einen Kriegszug gegen die Dänen, an dem auch Slawen beteiligt waren.[377] Erst 983 – im Kontext des großen Slawenaufstandes – gelang es Harald Blauzahn, die Siedlung wieder unter eigene Kontrolle zu bringen.[378]

Die neuesten Untersuchungen zeigen, dass in Haithabu kurz nach 900 – also nach einer etwa 40-jährigen Unterbrechung – die Prägung von Münzen wieder aufgenommen wurde.[379] Die Zeichen auf einer dieser Emissionen tragen Schriftzüge, die ebenfalls auf pseudo-arabischen Kugelzonengewichten festgestellt wurden. Dies zeigt, dass arabische Dirhems möglicherweise nachgeahmt wurden, weil sie sich eines guten Rufes als Hartwährung erfreuten. Die wahrscheinlich um 900 geprägte Imitation von Harun-ar-Raschid-Münze von 807/808 wog allerdings nur 2,26 g Silber und wich somit von einem arabischen Original um gut 0,5 g ab.[380] In dem geringeren Gewicht solcher Münzen lag wahrscheinlich der Sinn der Nachahmungen. Sie sollten das „harte" arabische Geld vorgaukeln, während ihr tatsächlicher Wert deutlich niedriger war.

Festzuhalten ist in diesem Zusammenhang, dass die Haithabu-Halbbrakteaten sich über die gesamte Ostsee ausbreiteten und in einem Raum von Jütland und Schonen im Westen über das Stromgebiet der Oder und die Insel Gotland bis hin nach Russland im Osten zirkulierten. Besonders viele Funde sind jedoch, abgesehen von Jütland, Seeland und Schonen zwischen ca. 900 und 980 sowie Blekinge, Halland, Falster und Lolland im frühen 10. Jahrhundert, nur im Odergebiet zu konstatieren, was die intensiven Verflechtungen zwischen Pommern und der Jütischen Halbinsel deutlich unterstreicht.[381] Der Schatz von Świnoujście-Przytór zum Beispiel umfasste – neben zwei Dirhems aus dem 8.-9. Jahrhundert – 91 womöglich in Haithabu emittierte Münzen aus der Zeit nach 975. Außerdem begegnen in dem Hort Białogard II (tpq. um 983), knapp 40 km südöstlich von Kolberg, 48 ausschließlich westliche Prägungen, darunter 40 aus dem dänischen Bereich.[382]

Eine der zentralen Funktionen des Emporiums von Haithabu bestand in der Kontrolle des Transithandels zwischen dem Ostseeraum und dem Nordseebereich. Nehmen wir als Beispiel den Schatz von Grisebjerggård, dessen Schlussmünze um 942/943 geprägt wurde. Interessant an diesem Fund ist die Tatsache, dass er – neben den 1.100 Dirhems und 350 Fragmenten

---

Jahrtausend. Innovation und Kontinuität in der Mitte des Mittelalters, hg. von Achim Hubel / Bernd Schneidmüller, Ostfildern 2004, S. 117-149. Eine nach den einzelnen Münzsorten unterscheidende Analyse bietet neulich Stephen William Merkel, Silver and the Silver Economy at Hedeby, Bochum 2016, hier S. 99, 100-104.

375 Adam von Bremen, Gesta (wie Anm. 361), I/57, S. 228 f.

376 Regesten (wie Anm. 177), Teil II, Nr. 175, S. 246.

377 Ebd., Nr. 178, S. 250.

378 Ebd., Nr. 218, S. 314.

379 Ralf Wiechmann, Haithabu und sein Hinterland – ein lokaler numismatischer Raum? Münzen und Münzfunde aus Haithabu (bis zum Jahr 2002), in: Das archäologische Fundmaterial VIII. Berichte über die Ausgrabungen in Haithabu 36, Neumünster 2007, S. 182-278; Ders., Hedeby (wie Anm. 144).

380 Christian Radtke, Haithabu. Perspektiven einer Stadtentwicklung in drei Stationen – 800, 900, 1000, in: Zeitschrift für Archäologie des Mittelalters 37 (2009), S. 135-162, hier S. 147.

381 Cecilia von Heijne, Viking-Age Coin Finds from South Scandinavia, in: Silver Economies (wie Anm. 19, Kap. 2), S. 185-202, hier S. 190; Jankuhn, Haithabu (wie Anm. 123), S. 180-183.

382 FMP, Bd. 2: Pommern, Nr. 225, 5.

von ungemünztem Silber – ebenfalls 110 westliche Münzen enthielt. Von denen wurden 28 in Belgien bzw. Nordostfrankreich (Arras, Brügge, Tournai und Quentovic), vier möglicherweise in Dorestad sowie 37 in Köln und Straßburg geprägt. Hinzu kommen 14 englische und zwölf skandinavische Prägungen, wohingegen nur ein Pfennig aus Sachsen (Magdeburg) stammt.[383] Alles in allem unterstreicht die geografische Zusammensetzung eine Ausnahmeerscheinung dieses Depots: Zum einen sind Münzen aus Nordwesteuropa ziemlich selten im Ostseebecken; zum anderen ist das Vorkommen westlicher Exemplare in den Horten aus der Zeit vor 950 östlich der Elbe grundsätzlich sehr ungewöhlich.

Dies bestätigt die Vermutung, dass der Besitzer des Grisebjerggård-Silbers Kontakte nach Haithabu und, über dieses Emporium, in den Nordseeraum unterhielt. Selbtsverständlich können wir nicht ausschließen, dass der Schatzfund einen Teil der Beute darstellte, die die Dänen auf ihren Raubzügen nach Friesland machten.[384] Wofür aber erhielten die Dänen arabische Silbermünzen?

Sicher bezeugt sind Sklaven, die nicht nur im westlichen Küstenbereich der Ostsee oder temporär in Friesland gefangen werden konnten, sondern auch am keltischen Rand. Über das westliche Skandinavien erreichten die arabischen Silberströme die Britischen Inseln. Hier wurden einige Horte entdeckt, die in die erste Hälfte des 10. Jahrhunderts datieren: in Mittelengland Cuerdale (ca. 905), Goldsborough (922/923) und Harrogate (ca. 928); in Wales Bangor (921/926); in Irland Millockstown (905) und Dysart Island (907); schließlich in Schottland Skaill auf den Orkney (ca. 945/946) und Storr Rock auf der Insel Skye (Hebriden) mit einem tpq. in 932.[385] Das letzterwähnte Depot gehörte somit zu den am weitesten nordwestlich gefundenen Schatzfunden mit arabischen Münzen in Europa. Allesamt weisen sie darauf hin, dass die Dänen und Norweger etliche Wikingersiedlungen im atlantischen Raum in ihre Netzwerke einbezogen haben. Ob die Besitzer dieser Horte arabische Münzen in Dublin und York oder direkt in Skandinavien erwarben, entzieht sich unserer Kenntnis.

Es gibt jedoch interessante Hinweise in den Sagas, wie die Raubökonomien funktionierten: Ein Isländer fuhr in der ersten Hälfte des 10. Jahrhunderts nach Norwegen und von dort nach Westschweden (das damals zum dänischen Machtbereich gehörte), wo er auf einem Markt eine Handelstransaktion mit Gilli dem „Russen" abschloss. Er kaufte bei ihm eine irische Sklavin, für die er drei Mark Silber bezahlen musste.[386] Dem Beinamen nach war Gilli in der Rus' aktiv, zugleich muss er – wenn er über eine irische Sklavin verfügte – im keltischen Raum verkehrt oder zumindest mit Händlern, die mit dieser Region Handel trieben, Kontakte gehabt haben. Es ist wahrscheinlich, dass er die in der Saga erwähnte keltische Sklavin mit Dirhems bezahlte. Diese Geschichte zeigt also deutlich, dass verschiedene Wikinger-Gruppen aus dem britischen Raum, in erster Linie aber aus Dublin und York, wichtige Bestandteile der dänischen Netzwerke waren, die sie nicht zuletzt mit in Irland,

383 Jens Christian Moesgaard, The Grisebjerggård Hoard and the Beginning of Pecking in Scandinavia, in: Silver Economies (wie Anm. 19, Kap. 2), S. 297-308, hier S. 300.

384 Widukind (wie Anm. 267), I/40, S. 78 f.

385 James A. Graham-Campbell, The Viking-age Silver and Gold Hoards of Scandinavian Character from Scotland, in: Proceedings of the Society of Antiquaries of Scotland 107 (1975-1976), S. 114-134, hier S. 119 f.; John Sheehan, Early Viking Age Silver Hoards from Ireland and their Scandinavian Elements, in: Ireland and Scandinavia in the Early Viking Age, hg. von Howard B. Clarke u. a., Dublin 1998, S. 166-202, hier S. 169, Tab. 6.1.

386 Laxdoela saga (wie Anm. 337), S. 89 f., 93.

Wales, Schottland oder England gefangenen Sklaven versorgten, die wiederum weiter nach Osten verfrachtet werden konnten.

Auf den Britischen Inseln wurden bislang rund 170 Dirhems gefunden. Wenn man allerdings bedenkt, dass die Analyse von Silberringen aus dieser Region ebenso auf die angelsächsische wie arabische Herkunft des Edelmetalls schließen lässt, dürfen wir von größeren Mengen ausgehen.[387] Hier wurden also asiatische Prägungen eingeschmolzen und aus dem Rohstoff Schmuck hergestellt. Die steigende Nachfrage nach Silber im westlichen Skandinavien war vermutlich der Hauptgrund für den Kollaps des Dirhemzustroms in den atlantischen Bereich nach 950/970. Inwieweit Sklaven aus Irland oder Wales nun mit anderen Gütern bezahlt wurden, oder ob sich die Gebiete der Sklavenjagden endgültig in den Ostseeraum verschoben, bleibt unklar.

Die Dänen trieben sicherlich auch den Handel mit Fellen, die die anderen Skandinavier aus dem riesigen schwedisch-norwegisch-finnischen Hinterland bezogen und in die Handelsnetze einspeisten. Der aus dem späten 9. Jahrhundert stammende Ottar-Bericht legt ein eindrucksvolles Zeugnis davon ab, wie Marder-, Otter-, Rentier- und Eisbärenfelle in Nordnorwegen als Tribute eingesammelt wurden.[388] Und wenn der Beiname des Norwegerkönigs Harald Graufell (ca. 960-970) nicht eine bloße Legende ist, dann könnte er den semantischen Ausdruck seiner kommerziellen Interessen darstellen. In diesem Licht erscheint das Bestreben des dänischen Herrschers Harald Blauzahn nach dessen Tod, das Land im Norden in den jütischen Einflussbereich einzubeziehen, wirtschaftlich motiviert.

Kehren wir zurück nach Dänemark. Welche Bedeutung besaß das Silber für die politische Ökonomie der hiesigen Netzwerke? In der zweiten Hälfte des 10. Jahrhunderts ging endgültig die Bedeutung regionaler Häuptlinge zurück, die durch neue Machteliten mit einem enger an den Herrscher gebundenen und diesem direkt unterstehenden Machtapparat abgelöst wurden. Johan Callmer zufolge lag der Grund dieser Entwicklung in der Stärkung der ottonischen Herrschaft und dem daraus resultierenden Druck auf Dänemark. Die noch im 9. bzw. frühen 10. Jahrhundert erfolgreichen Häuptlinge oder Kleinkönige waren demzufolge der Macht ihrer südlichen Nachbarn nicht mehr gewachsen. Neuorganisation und Ausbau der königlichen Truppen, die Schaffung großer königlicher Güterkomplexe, die Durchsetzung einer stärkeren ökonomischen Kontrolle über die knappen Ressourcen, Christianisierung und nicht zuletzt die Münzprägung waren Elemente der Machtkonzentration, die Harald Blauzahn und Sven Gabelbart (986/987-1014) betrieben haben.[389] Davon könnten nicht zuletzt die Trelleborg-Burgen zeugen, die um 980 errichtet wurden. Zum System des Aufbaus und der Sicherung von Macht und Prestige gehörten die persönliche Ausstattung mit Luxusgütern für den König sowie reiche Geschenke an Gefolgsleute. Dirhemhorte, die wir in der Umgebung der

387 Die Zahlen nach Rory Naismith, Islamic Coins from Early Medieval England, in: The Numismatic Chronicle 165 (2005), S. 193-222. Die Angaben zum Schmuck bei John Sheehan, Irelands Viking-Age Hoards: Sources and Contacts, in: The Vikings in Ireland, hg. von Anne-Christine Larsen, Roskilde 2001, S. 51-59, hier S. 56 f.

388 Ohthere's Voyages (wie Anm. 162).

389 Johan Callmer, Machtzentren des 10. Jahrhunderts und der Zeit um 1000 in Südskandinavien, in: Europa im 10. Jahrhundert (wie Anm. 145), S. 65-79, besonders S. 77; Ders., Early Urbanism in Southern Scandinavia ca. 700-1000. Trading Places, Central Settlements and New Model Centres in Continuity and Change, in: Archeologia Polona 32 (1994), S. 73-93; Klavs Randsborg, The Viking Age in Denmark. The Formation of a State, London 1980; Tina Thurston, Lanscapes of Power, Landscapes of Conflict. State Formation in the South Scandinavian Iron Age, New York 2001.

Burgwälle notieren, spiegeln diesen Prozess wider.[390] Außerdem belegen die Funde aus Fyrkat und Trelleborg die enge Anbindung von Handwerkern an den Königshof in der zweiten Hälfte des 10. Jahrhunderts. Eine wichtige Rolle kam dabei den Eisen- und Goldschmieden zu. In Trelleborg zum Beispiel wurde Hängeschmuck mit charakteristischen Ösen in Form von Raubvogelköpfen mit vorspringenden Augen und Schnabel angefertigt. Die Schmuckstücke mit Vogelkopföse konnten ein Herrschaftssymbol oder ein mit dem Königtum verbundenes Zeugnis einer neuen Machtkonzentration gewesen sein.[391] In einer Residenz am Tissø-See auf Seeland wurde ein goldener, ca. 2 kg wiegender Halsring gefunden.[392] Ihr Besitzer gehörte sicherlich der damaligen Elite an.

Aber auch dort, wo keine Trelleborg-Burgen entstanden, werden Silberhorte gemeldet. Auf der Insel Bornholm zum Beispiel begegnen mehrere Schatzfunde, überwiegend von Dirhems, aus der Zeit um 950. Ihre Anzahl nimmt jedoch in den 980er Jahren massiv ab. Depots aus dem frühen 10. Jahrhundert hingegen erscheinen kaum selbst an Zentralplätzen wie Sorte Muld.[393] Von einer systematischen Silberzirkulation kann also keine Rede sein. Vielleicht passt das Verhältnis zwischen den Gemeinschaften von Bornholm und dem dänischen Königtum in das Muster, das wir schon aus Gotland und dem Svear-Reich kennen: der tributären Abhängigkeit der Insel vom Festland.

## 1.3. Neue Silberströme, neue Netzwerke: Die „große" Umorientierung nach Westeuropa in den 970er/990er bis 1010er Jahren und die Imperienbildung

Aus den bisherigen Kapiteln geht deutlich hervor, dass der Zufluss von Dirhems nach Ost-, Nord- und Mitteleuropa die Gesellschaften in diesen Teilen des Kontinents ökonomisch, politisch und kulturell massiv verändert hat. Dies veranlasst uns dazu, über die Frage nachzudenken, wie die einzelnen Akteure auf den Kollaps der arabischen Silberströme reagiert haben.

Die Chronologie dieses Prozesses lässt sich anhand von drei Kategorien verfolgen: erstens der Anzahl der Dirhemschätze; zweitens anhand des quantitativen Verhätnisses zwischen Dirhems und westlichen Denaren in den Depots; und schließlich anhand der chronologischen Struktur der Horte. Eine gründliche Analyse der Münzfunde, die bereits an anderer Stelle vorgenommen wurde, lässt den Schluss zu, dass die Verringerung der Silberströme nach Pommern, ins piastische Binnenland, nach Dänemark und nach Schweden um 970/980 stattgefunden hat, als der Zufluss neuer Dirheme eingebrochen war und der Import westeuropäischer Denare noch relativ schwach blieb, um die Nachfrage befriedigen zu können.[394] Die Netzwerke der Volgabulgaren und der Rus' wiederum scheint diese Entwicklung ein wenig später, nämlich in den 990er/1010er Jahren erfasst zu haben.

390 von Heijne, Viking-Age Coin (wie Anm. 381), S. 190.

391 Else Roesdahl, Harald Blauzahn – ein dänischer Wikingerkönig, in: Europa im 10. Jahrhundert (wie Anm. 145), S. 95-108, besonders S. 104 f. Außerdem Anne Pedersen, Prachtgräber des 10. Jahrhunderts in Südskandinavien – Tradition und Erneuerung, in: Ebd., S. 81-94.

392 Else Roesdahl, Denmark – a Thousand Years Ago, in: Europe around the Year 1000, hg. von Przemysław Urbańczyk, Warszawa 2001, S. 351-366, hier S. 359.

393 von Heijne, Viking-Age Coin (wie Anm. 381), S. 190.

394 Dariusz Adamczyk, Krise oder Stabilisierung? Die politischen Folgen der Verschiebung der Silberströme für die Herrschaftsbildung im östlichen Europa an der Wende vom 10. zum 11. Jahrhundert, in: Przegląd Historyczny 103 (2012), 1, S. 1-26.

Synchron fiel die Periode von etwa 970/980 bis 1020 in eine Zeit der Verdichtung von Macht und Herrschaft in Skandinavien, im piastischen Polen sowie in der Kiever Rus', die von Versuchen begleitet war, transregionale Großreiche, Imperien, zu bilden: im Ost- und Nordseeraum mit der Ausdehnungspolitik Knuts des Großen; in Ostmitteleuropa mit der Expansion Bolesławs I. des Tapferen zwischen Meißen im Westen, Prag im Süden und Kiev im Osten; und letztendlich zwischen Ladoga und Tmutorakan entlang der Ströme im Osten des Kontinents mit der Erweiterung des Einflussbereichs unter Vladimir dem Großen und Jaroslav dem Weisen. Der Ausbau von Staatsapparaten und die Notwendigkeit der Entlohnung von Gefolgsleuten erforderten die Anhäufung von Edelmetallen, sodass der Bedarf nach Silber noch stärker stieg als je zuvor. Da einige Historiker den Abbruch des Silberzuflusses aus dem Nahen und Mittleren Osten auf die politischen Veränderungen im östlichen Europa zurückführen, wäre zuerst sinnvoll, der Frage nach seinen Ursachen nachzugehen. Grundsätzlich lassen sich alle Erklärungsansätze, die zu einer Lösung dieses Problems beitragen wollen, in zwei Gruppen einteilen.[395]

Die erste Gruppe führt den Abbruch der Handelsbeziehungen auf die ökonomischen und politischen Vorgänge im Nahen und Mittleren Osten zurück. Hinzuweisen ist in diesem Zusammenhang auf die Silberverknappung in Zentralasien, die eine Schrumpfung der Dirhemproduktion zur Folge hatte bzw. eine Verringerung des Silbergehalts in den Dirhemen hervorrief, was wiederum in Osteuropa eine starke Abnahme der Nachfrage nach den aus dem arabisch-persischen Raum importierten Edelmetallen verursacht haben soll. Außerdem werden die Nomadeneinfälle, vor allem der Karachaniden, im Verein mit politischen Unruhen im Samanidenreich hervorgehoben. Einige Historiker verneinen allerdings eine Silberkrise im westlichen Eurasien. Alfred E. Lieber zum Beispiel verweist auf die Indien-Beutezüge des Mahmud von Ghazni (971-1030) zwischen 1008 und 1025, die vor allem zum Ziel hatten, die reichen Tempelschätze auszuplündern. Allein 1008-1009 soll Mahmud ca. 70 Mio. indische Münzen, ein Äquivalent von etwa 120 Tonnen, ausgeraubt haben. Hinzu kamen 80 Tonnen Silber, die aus der heiligen Stadt Muttra fortgeschafft wurden. Die erbeuteten Tonnen von Silber und Gold könnten dann auf den Markt gelangt sein.[396] In Russland fand man allerdings nur einige wenige aus Indien stammende Münzen, die im späten 10. und 11. Jahrhundert geprägt wurden.[397] Eine Untersuchung von Thomas S. Noonan konnte zudem nachweisen, dass der Silbergehalt der von den Karachiniden und Ghaznaviden im Mittleren und Nahen Osten emittierten Dirheme sich zwischen 1000 und 1040 erheblich verringerte, sodass von einer erneuten Silberhausse keine Rede sein kann.[398]

Die zweite Gruppe von Ansätzen geht davon aus, dass nicht die Silberverknappung in Zentralasien den Zusammenbruch der Dirhemexporte nach Osteuropa herbeiführte, sondern die Situation auf dem Gebiet eines der Zwischenhändler. Zu erwähnen ist unter anderem die Entstehung der Kiever Rus' im 10. Jahrhundert, die skandinavischer Expansion in Russland ein Ende bereitet haben soll. Damit ist auch das Argument verbunden, dass zeitgleich neue

395 Allgemein: Dariusz Adamczyk, Od dirhemów do fenigów. Reorientacja bałtyckiego systemu handlowego na przełomie X i XI wieku [Von Dirhems zu Pfennigen. Die Umorientierung des Handelssystems im Ostseeraum an der Wende vom 10. zum 11. Jahrhundert], in: Średniowiecze polskie i powszechne 4, hg. von Idzi Panic / Jerzy Sperka, Katowice 2007, S. 15-27, hier S. 19-21 (dort auch weitere Literatur).

396 Alfred Lieber, Did a „silver crisis" in Central Asia affect the Flow of Islamic Coins into Scandinavia and Eastern Europe?, in: Sigtuna Papers (wie Anm. 188), S. 207-212, besonders S. 210.

397 Thomas S. Noonan, The Impact of Silver Crisis in Islam upon Novgorods Trade with the Baltic, in: Oldenburg – Wolin (wie Anm. 39), S. 411-447, hier S. 417.

398 Ebd., Tab. 19, S. 437.

Handelsrouten erschlossen worden waren, die nicht an die Ostsee, sondern nach Ostpolen und Mitteleuropa führten; die Christianisierung der Kiever Rus' 988, die den Handel mit den „Ungläubigen" erschwert habe; und nicht zuletzt die Zerschlagung des chasarischen Reiches durch die Rus' beziehungsweise eine ökologische Katastrophe im kaspischen Raum, die den Niedergang des Khaganats eingeleitet haben soll.[399]

Die Argumente der ersten Gruppe erscheinen plausibler als die der zweiten. Denn jene Deutungen, die den Abbruch des Silberzuflusses mit der Herausbildung der Kiever Rus' erklären, nehmen implizit an, dass nur Skandinavier sich an dem Orienthandel beteiligen konnten, was mit der Struktur und Zusammensetzung der Schatzfunde aus Schweden und Russland nicht zu vereinbaren ist.[400] Außerdem ist darauf zu verweisen, dass die Route von Kiev über Ostpolen nach Mitteleuropa nicht erst um 1000, sondern bereits an der Schwelle vom 9. zum 10. Jahrhundet erschlossen wurde und keineswegs eine Verschiebung des Transithandels über Russland zu bewirken vermochte.[401] Nicht überzeugend ist die Annahme, dass die Christianisierung der Kiever Rus' aus ideologischen Gründen den Handel mit dem Kalifat nicht zuließ. Dagegen spricht die Tatsache, dass die Handelsbeziehungen Osteuropas mit den islamischen Ländern bis in die Neuzeit hinein aufrechterhalten wurden, ohne dass die Glaubensfragen hier eine entscheidende Rolle gespielt hätten. Zu relativieren sind auch Thesen, die den Niedergang des chasarischen Khaganats für die Einstellung der Silberexporte nach Europa verantwortlich machen. Denn seit ca. 900 wurde ein Gutteil dieses Handels nicht über die chasarischen Territorien abgewickelt, sondern von Choresm aus durch die Steppe direkt zu den Volgabulgaren.[402] Nicht also der Fall des Khaganats löste die Silberkrise in Europa aus, sondern umgekehrt die Verlagerung der Handelswege von Transkaukasien zur Ostseite der Kaspia trug zur Verringerung der Einnahmen der chasarischen Oberschichten bei, was langfristig seine Zerschlagung durch die Rus' und Oğuzen erleichterte.

Die Integrationswirkung der arabischen Silberströme funktionierte nach dem Prinzip der kommunizierenden Gefäße. Folgerichtig: Als der Zufluss von Dirhems um 980 zu schrumpfen begann und nach 1010 endgültig zusammenbrach, wurde ebenfalls die politische Ökonomie der frühen Reiche beeinflusst. Die Veränderungen in der arabischen Silberproduktion bzw. Münzprägung haben das Koordinatensystem der Netzwerke deutlich verschoben.[403]

---

399 Adamczyk, Od dirhemów do fenigów (wie Anm. 395), S. 19 (dort weitere Literaturhinweise). Zusammenfassend Stanisław Suchodolski, Change of Transcontinental Contacts as Indicated by Coins in the Baltic Zone around 1000, in: Europe (wie Anm. 392), S. 85-100.

400 Noonan, The Impact (wie Anm. 397).

401 Jan Żak, Die Handelsbeziehungen der protopolnischen und frühpolnischen Stammesgruppen auf dem Hintergrund des Handels und der Westslawen, in: Untersuchungen (wie Anm. 18, Kap. 2), S. 431-510, hier S. 451; Ewa Stattler, Kontakty handlowe ludności wczesnopolskiej z krajami arabskimi we wczesnym średniowieczu (IX-X w.) [Die Handelskontakte der frühpolnischen Bevölkerungsgruppen mit den arabischen Ländern im frühen Mittelalter (9.-10. Jh.)], in: Slavia Antiqua 13 (1966), S. 199-269, hier S. 210 f.

402 Richter-Bernburg, Der fühmittelalterliche Handel (wie Anm. 221), S. 676.

403 Vgl. Adamczyk, Krise oder Stabilisierung? (wie Anm. 394); Ders., Od dirhemów do fenigów (wie Anm. 395).

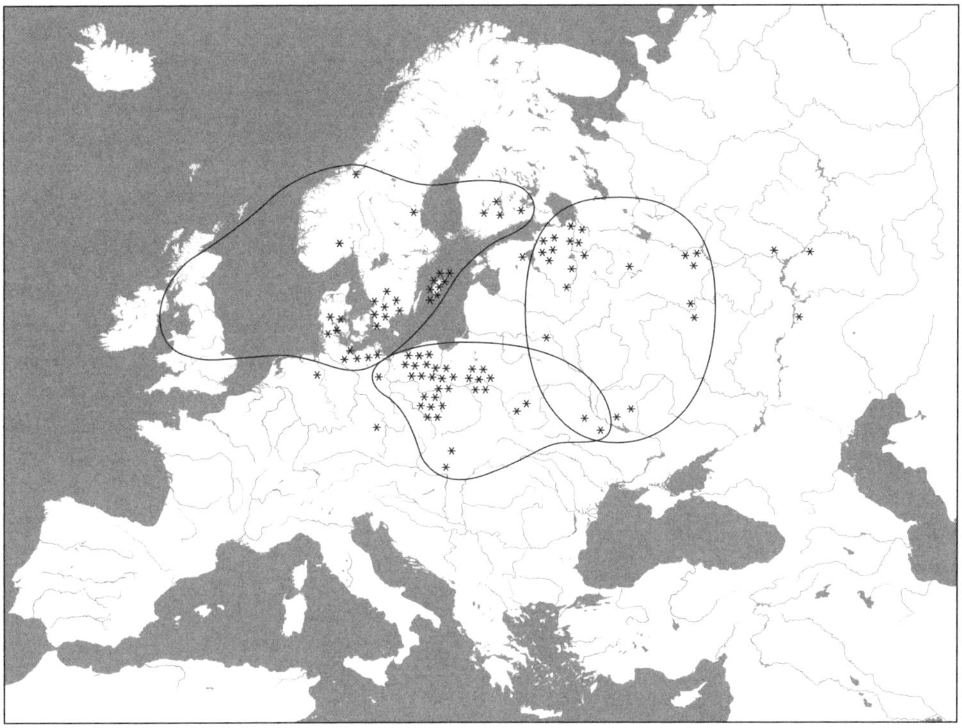

Karte 9: Netzwerke und Imperien an der Wende vom 10. zum 11. Jahrhundert
Sternchen: Schatzfunde von ca. 990 bis ca. 1020

### 1.3.1. Die Kiever Rus' und Osteuropa

Janet Martin ordnet die eigentliche Entstehung des Kiever Reichs mit guten Gründen in die Herrschaftszeit Vladimirs des Großen ein.[404] 980 soll dieser Rjurikide, mit Söldnern aus Schweden kommend, nach Novgorod gezogen sein und den Häuptling von Polock und Turov (am rechten Ufer des oberen Dneprbeckens), gewissen Rogvolod, getötet haben.[405] Kurz danach nahm Vladimir Kiev ein.[406] In den Jahren 981-985 folgten – wenn man der altrussischen Chronik Glauben schenkt – schwindelerregende Feldzüge gegen verschiedene Stämme am linken wie am rechten Dneprufer, die die Macht der Kiever Rus' erheblich erweitert bzw. stabilisiert haben werden: 981 gegen die Červinischen Burgen im oberen Dnestrgebiet und die Vjatičen an der oberen und mittleren Oka, denen bereits Svjatoslav 964-966 Tribute auferlegt hatte; 982 noch einmal gegen diesen Stamm; 983 gegen die Jadvinger im heutigen Litauen; 984 gegen die Radimičen am Šos, die schon Oleg unter dem Jahr 885 abgabenpflichtig gemacht haben soll; und schlussendlich 985 gegen die Volgabulgaren, die er jedoch nicht unterwerfen konnte, dafür mit ihnen Frieden schloss.[407]

404 Vgl. Janet Martin, Medieval Russia, 980-1054, Cambridge 2003.
405 Die Nestorchronik (wie Anm. 47), S. 92 f.
406 Ebd., S. 93-97.
407 Ebd., S. 100, 102 f.

Bolgar stellte seit dem frühen 10. Jahrhundert die Drehscheibe des interkontinentalen Handels dar. Folglich erzielten die Volgabulgaren einen Gutteil ihrer Einnahmen aus Zollgebühren und konnten den Austausch blockieren. Interessanterweise tauchten in den volgabulgarischen Horten zahlreiche Neuemissionen auf. Ob Vladimirs Kriegszug gegen das Reich im Kamagebiet im Jahr 985 mit der sich abzeichnenden Silberkrise zusammenhing und zum Ziel hatte, bessere Konditionen im Erwerb von Dirhems zu erzwingen, wissen wir nicht. Einige Historiker glauben jedenfalls, dass um 1000 die Rus' und die Volgabulgaren einen Handelsvertrag geschlossen hätten.[408] Zudem unternahm Vladimir einen Feldzug nach Tmutorakan und bis zum Kaspischen Meer, der 987-988 stattgefunden haben soll.[409] Wenn wir Vladimirs Expedition den Kriegszug gegen das oströmische Cherson im Jahr 988 hinzufügen, ergibt sich eine auffällige Verdichtung von Kiever Aktivitäten im Zeitraum von 985 bis 988 in Regionen, aus denen die Rus' Silber und Luxusgüter bezogen. Demnach wäre davon auszugehen, dass sich die Schrumpfung der Silberströme in die Kiever Rus' vielleicht bereits in den späten 980er Jahren bemerkbar machte – zumal die Schätze der Volgabulgaren mit einem tpq. zwischen 980 und 990 eine größere Anzahl jüngerer Dirhems aufzuweisen scheinen als ihre Pendants im Einflussbereich der Rus'.[410]

Eine Reihe von Depots wurde im oberen Volgagebiet (in der Nähe der Stadt Jaroslav), im Volga-Oka-Becken und um Rjazan' gefunden. Diese Gebiete waren seit dem ausgehenden 10. Jahrhundert verstärkt von Slawen besiedelt, die neue Siedlungen gründeten. Die im Volga-Oka-Becken lebenden und in der Nestorchronik als Vjatičen bezeichneten Bevölkerungsgruppen entrichteten Tribute – wie mehrfach erwähnt – in Form von Silber. Für die Kiever Rus' besaß die Kontrolle der Okaregion eine große Bedeutung nicht nur wegen der erwähnten Münzabgaben, sondern wegen der Handelsrouten, die entlang dieses Flusses zu den Volgabulgaren führten. Allerdings war die Herrschaft der Kiever Rjurikiden über die Stämme im Okaraum und sogar am linken Dneprufer entlang des Soš-Flusses noch im späten 10. Jahrhundert ziemlich labil. Dies bezeugen die oben aufgelisteten Expeditionen Vladimirs gegen die Vjatičen in den Jahren 981 und 982 sowie gegen die Radimičen 984. Da die Siedlungsgebiete der Vjatičen zu diesem Zeitpunkt das Volga-Oka-Becken erfasst und somit den Einflussbereich der Volgabulgaren tangiert haben könnten, liegt die Vermutung nahe, dass seine Kriegszüge in den Jahren 981-982 mit dem oben erwähnten Angriff auf Bolgar 985 zusammenhingen. Sie dienten demnach dem Ziel, die Macht der Kiever Rus' im Oka- und Volgaraum zu stabilisieren.

Nach der Übernahme des Christentums orthodoxer Prägung im Jahr 988, die Vladimirs Eroberungen krönte, ließ er im mittleren Dneprgebiet Burgen errichten, in denen Vertreter verschiedener slawischer, baltischer und finnougrischer Stämme – namentlich der Slovenen und der Krivičen ebenso wie der Čuden und der Vjatičen – angesiedelt wurden. Zudem emittierte er um das Jahr 1000 kleine Mengen von Silber- und Goldstücken (*Srebrenniki* bzw. *Zolotniki*), die vermutlich politisch-ideologische, teilweise ebenfalls fiskalische Funktionen erfüllten und die Macht des Fürsten zum Ausdruck bringen sollten.[411] Dennoch vermochte Vladimir es nicht (genauso wie sein Nachfolger Jaroslav der Weise), die Pax Chasarica, den chasarischen Interaktions- und Kommunikationsraum aus dem 9. und teilweise 10. Jahrhundert, zu reaktivieren. Denn mit dem Zerfall des Khaganats um 965/970 fanden in der Steppen- und

408 Henryk Paszkiewicz, Początki Rusi [Die Anfänge der Rus'], Kraków 1996, S. 186, Fußnote 67.

409 Nazmi, Commercial (wie Anm. 55), S. 150; Lew Gumilow, Od Rusi do Rosji [Von Rus' nach Russland], Warszawa 1992, S. 51.

410 Vgl. Noonan, Dirham Hoards (wie Anm. 324), Tab. F.

411 Die Nestorchronik (wie Anm. 47), S. 150; Petr G. Gajdukov / Vitalij A. Kalinin, Drevneišije russkije monety [Die ältesten Münzen Russlands], in: Rus' v IX-X vekach (wie Anm. 64), S. 402-435.

Waldsteppenzone massive Verschiebungen statt. Einige arabische Quellen deuten an, dass die Choresmier, die ihre Dirhems entlang der Volga direkt nach Bolgar oder Suvar transportieren konnten, die Reste des chasarischen Reiches im Delta dieses Stroms nun unter eigene Kontrolle brachten.[412] Die Pečenegen hingegen überwachten schon seit etwa drei bis vier Generationen die Steppe zwischen Don und Dnepr und machten die Handelsfahrten der Rus' zu einer gefährlichen Angelegenheit (wie z. B. in der altrussischen Chronik für die Jahre 972, 993, 996 oder 997 berichtet wird).

Ungeachtet politischer Turbulenzen flossen in den 980er bis 1010er Jahren weiterhin zahlreiche Dirhems nach Osteuropa, was die Anzahl und der Umfang der Schatzfunde widerspiegeln, die sich den einzelnen Netzwerken der Kiever Rus', der Volgabulgaren sowie der Ostsee-Rus' zuordnen lassen. Hier seien die wichtigsten Funde erwähnt: Denisy bei Kiev (1008/1009) mit 5.397 Exemplaren (überwiegend fragmentierten Dirhems), Supoj (1003), gut 100 km südöstlich von Kiev, mit 325 ganzen Münzen und mehreren Tausend Fragmenten und Korostovo bei Rjazan' (997/1010) mit 929 Prägungen; im Bereich der Volgabulgaren kommen hinzu: Tatarskij Tolkiš (984/985) mit 931, Biljarsk II (1005/1006) mit 1.785 sowie Kreščennyj Baran (1008/1009) mit ca. 600 Dirhems bzw. Dirhemfragmenten; schließlich sollen innerhalb der Netzwerke der Ostsee-Rus' folgende Schätze hervorgehoben werden: Staraja Ladoga III (1002) bzw. Molodi (1010er Jahre) mit jeweils ca. 100 kg bzw. 3 kg Silber und Vaškovo (1012) mit 4.819 Exemplaren.[413]

Zu beachten ist freilich, dass die chronologische Zusammensetzung der Horte auf einen massiven Bruch hindeutet. Die in den 970er Jahren geprägten Dirhems, die überwiegend zwischen etwa 970 und 990 nach Osteuropa flossen, sind noch zahlreich vertreten.[414] Münzen aus den 980er Jahren begegnen schon deutlich seltener: In dem Schatz von Denisy bilden sie noch 26 Prozent des Münzstocks, in den Depots von Vaškovo und Molodi aber jeweils nur 14 Prozent. Der Anteil der 990er Dirhems lag in allen drei Funden unter zehn Prozent, wohingegen die Prägungen aus den 1000er Jahren mit elf Prozent ausschließlich in dem Hort von Molodi die 10-Prozent-Grenze knapp überschritten.[415]

Die Eymund-Saga gibt uns womöglich Hinweise auf die Silberknappheit in der Kiever Rus' kurz nach 1000. Die Kiever Fürsten waren im 10. und in der ersten Hälfte des 11. Jahrhunderts darum bemüht, Waräger als Söldner anzuwerben (1015, 1018, 1024, 1025, 1036 und 1043). Ein solcher Vertrag zwischen Eymund und Fürst Jaroslav ist näher bekannt. Interessanterweise sah sich Jaroslav in Novgorod außerstande, die Skandinavier in Form von Geld zu entlohnen, sodass er auf Felle und andere Wertgegenstände (Seide?) ausweichen musste (was ihn nicht daran hinderte, eigene Münzen zu schlagen).[416] Der Vertrag wurde zwischen 1015 und 1018 geschlossen, als der Silberzufluss nach Osteuropa zum Erliegen kam. Andererseits soll Bolesław I. der Tapfere nach der Ausplünderung Kievs im Jahre 1018 zehn Monate lang Geld nach Polen ge-

412 Dudek, Chazarowie (wie Anm. 37), S. 430.

413 Vgl. Roman K. Kovalev, Khazaria and Volga Bulğāria as Intermediaries in Trade Relations between the Islamic Near East and the Rus' Lands during the Tenth to Early Eleventh Centuries. The Numismatic Evidence: Part I, in: Archivum Eurasiae Medii Aevi 18 (2011), S. 43-156, hier S. 148 und Tab. 3; Adamczyk, Silber und Macht (wie Anm. 16, Kap. 1), Annex 1 und 2: Russland, Ukraine, Weißrussland.

414 Ebd., Tab. 13, S. 44 f.

415 Ebd., Tab. 19, S. 49.

416 Elena A. Mel'nikova, Saga ob Ejmunde o slušbe skandinavov v drušine Jaroslava Mudrogo, in: Vostočnaja Evropa v drevnosti i srednevekové [Die Eymund-Saga über den Dienst der Skandinavier in der Gefolgschaft Jaroslavs des Weisen], Moskva 1978, S. 289-295, hier S. 292 f.; Gajdukov / Kalinin, Drevneišije (wie Anm. 411).

schickt haben.[417] Wenn mit Geld Edelmetalle gemeint waren, dann muss zumindest die Stadt Kiev noch über beachtliche Silbermengen verfügt haben.

Die Novgoroder zahlten jedenfalls 1014 an die Rjurikiden eine Steuer in Höhe von 3.000 Grivnas, von denen 2.000 nach Kiev weitergeleitet werden sollten.[418] Bei einer Umrechnung mit einer Novgoroder Grivna von ca. 50 g Silber muss diese Abgabe ein Äquivalent von gut 33.000 Dirhems bzw. 66.000 deutschen und englischen Pfennigen gewesen sein. Handelte es sich um eine Grivna im Wert von ca. 80 g Silber, würden sich die Angaben auf jeweils gut 50.000 Dirhems bzw. 100.000 Pfennige erhöhen.

Die Nestorchronik berichtet von massiven politischen Turbulenzen, die zwischen 1015 und 1019 stattfanden. Bereits 1014 wollte der in Novgorod residierende Jaroslav die besagte Abgabe an Kiev von 2.000 Grivnas seinem Vater Vladimir verweigern.[419] Vor einer Strafexpedition Vladimirs rettete Jaroslav der Tod des Kiever Fürsten. Nach dem Tode Vladimirs übernahm zuerst Svjatopelk den Kiever Thron, was Jaroslav 1015-1016 zu einem Angriff veranlasste. Nach der Vertreibung Svjatopelks musste Jaroslav allerdings 1017 einen Überfall der Pečenegen abwehren. Im Jahr 1018 kam Svjatopelk mit polanischen Truppen nach Kiev und eroberte den Thron wieder. Jaroslav floh nach Novgorod, kehrte allerdings 1019 mit den angeworbenen Varägern zurück, besiegte den Piastenfürsten Bolesław und vertrieb ihn samt Svjatopelk. Der oben erwähnte große Schatzfund von Denisy mit einer Schlussmünze nach 1008/1009 spiegelt womöglich diese Ereignisse wider. Er könnte dem 1016 oder 1019 vor Jaroslav flüchtenden Fürsten Svjatopelk gehört haben – oder dem Umfeld Jaroslavs, das ihn 1017 vor den Pečenegen bzw. 1018 vor den nahenden „polnischen" Truppen Bolesławs I. des Tapferen versteckte. Der Hort könnte aber genauso die Beute der piastischen Gefolgschaft gewesen sein, die ihn nach ihrer Vertreibung aus Kiev 1018 nie ausgegraben hat.[420]

Trotz der sich abzeichnenden Silberkrise gehörte Kiev im frühen 11. Jahrhundert zu den wichtigsten Herrschaftszentren Osteuropas und stellte gleichzeitig den Mittelpunkt eines Handelsimperiums dar, das sich längengradmäßig von Ladoga im Norden bis Tmutorakan im Süden erstreckte. Thietmar von Merseburg berichtet um 1018, dass es dort 400 Kirchen gab und die Bevölkerung der Stadt aus umtriebigen Dänen und [...] *Flüchtlingen, die aus allen Regionen der Rus' hierher kommen*, bestand.[421] Zurückzuführen ist diese Stellung sicherlich auf eine geografische Diversifizierung der Kontakte der Rjurikiden-Dynastie zu diesem Zeitpunkt. Byzanz spielte bereits spätestens seit der ersten Hälfte des 10. Jahrhunderts eine wichtige Rolle, und die Netzwerke, die die Kiever Rus' mit dem Kalifat verknüpften, wurden nach dem Zusammenbruch der arabischen Silberströme aufrechterhalten – wenngleich Dirhems nun durch Glaserzeugnisse und Seide, später auch Luxusgüter aus Edelmetall ersetzt wurden.[422] Gemünztes Geld gelangte jedoch nach Russland nahezu ausschließlich aus Westeuropa und umfasste vorwiegend deutsche bzw. angelsächsische Denare. In diesem Zusammenhang ist zu beachten, dass die Umorientierung der Handelsflüsse die Terms of Trade für die Fernhändler aus dem Bereich der Rus' erheblich erschwerte. Denn die Rjurikiden mussten sich inzwischen mit Edelmetallen im Westen versorgen,

417 Gallus, Chronik (wie Anm. 269), I/7, S. 61.

418 Die Nestorchronik (wie Anm. 47), S. 159.

419 Ebd., S. 159 f.

420 Siehe die Nestorchronik unter den Jahren 1016-1019.

421 Thietmari Merseburgensis Episcopi, neu übertragen und erläutert von Werner Trillmich, Darmstadt 1974, VIII/32, S. 474 f.

422 Vgl. Thomas S. Noonan, Russias Eastern Trade, 1150-1350: The Archeological Evidence, in: Archivum Eurasiae Medii Aevi 3 (1983), S. 201-264.

waren somit auf den Transit über skandinavische oder westslawische Geflechte angewiesen – so wie diese von der Vermittlung der Rus' bei den Dirhemimporten abhingen. Folglich entstanden neue Netzwerke, die sich an der Schwelle vom 10. zum 11. Jahrhundet verstärkt an den Routen entlang der Ostseeküsten, vermutlich vorwiegend über Skandinavien, bzw. an den Landwegen über Südpolen und die Westukraine orientierten. Pfennige, die nach Novgorod einströmten, konnten dann auch als Tribute nach Kiev transportiert werden.

Die Tatsache, dass in den meisten Schatzfunden mit der Schlussmünze in den 990er bis 1010er Jahren der Anteil westeuropäischer Denare gering ausfiel, zeigt die Verschlechterung der Konditionen für den Silbererwerb. In den Funden von Svirstroj II (996), Staraja Ladoga III (1002), Denisy (1008/1009) und Vaškovo (1012) betrug er jeweils 10, 16, 1 bzw. 8 Prozent. Eine Ausnahme stellen hier die Schätze von Novyj Dvor bei Minsk (990er Jahre) und Poreče im Novgoroder Raum (1018) mit jeweils 72 bzw. 55 Prozent dar. Wir dürfen davon ausgehen, dass westliche Prägungen erst ab den 1020er Jahren in Russland zu überwiegen begannen.[423]

### 1.3.2. Der Ostseeraum und das anglo-skandinavische Reich Knuts des Großen

Im Gegensatz zum Kiever Reich entstand das anglo-skandinavische Imperium Knuts des Großen im Ost- und Nordseeraum entlang der Breitengrade. Die Gründung dieses Seereichs war zugleich eine Begleiterscheinung der Westverschiebung der Silberströme im späten 10. Jahrhundert.

Die Krise im Zufluss von Silber nach Skandinavien zeichnete sich vermutlich bereits in den 970er Jahren ab, um sich eine Dekade später erheblich zu verstärken. Die nach 960 geprägten Dirhems (die nach der Logik der untersuchten Schätze in den 970er Jahren überwogen haben müssten) begegnen äußerst selten in schwedischen Funden: Die einzige Ausnahme stellt der Schatz von Hemängen (1024) dar, in dem die aus den 980er Jahren stammenden Exemplare noch 24 Prozent des Münzstocks bildeten. Prägungen aus den 990er Jahren wiederum überschritten mit 13 Prozent nur in dem Hort von Gerete (1099) die 10-Prozent-Marke, wohingegen Dirhems, die zwischen 1000 und 1020 emittiert wurden, über diese Grenze kaum gelangt sind. Der Anteil arabischer Münzen sank ebenfalls im dänischen Machtbereich: Sie dominierten noch in fünf von zehn Depots aus dem Zeitraum von 973 bis 976; in fünf von sechs Schätzen zwischen 983 und 985 überwogen schon die einheimischen, deutlich leichteren Produkte.[424]

Skandinavische Machteliten reagierten auf die Verringerung der arabischen Silberströme bereits im Jahr 974, als Harald Blauzahn versuchte, die Siedlung Haithabu zu erobern.[425] 980-983 berichten die Quellen von skandinavischen Raubzügen in Südengland.[426] 983 gelang es schließlich dem Dänenkönig Harald, Haithabu zu besetzen.

Im frühen 11. Jahrhundert brach der Zufluss arabischer Münzen nach Europa endgültig zusammen. Zur gleichen Zeit etwa setzte verstärkt die zweite Phase der skandinavischen Expansion nach England ein. Die angelsächsische Chronik berichtet von Raub- und Plünderungszügen der Wikinger unter anderem in den Jahren 991, 994, 1002, 1007, 1009 und 1012-1018. Bis 1018 sollen sie etwa 258.000 Pfund Silber erpresst haben, was ca. 64,5 Mio. Münzen entsprach. Allein im Jahr 1018 erzwangen sie eine Tributzahlung in Höhe von 82.500 Pfund Silber.

423 Vgl. Adamczyk, Silber und Macht (wie Anm. 16, Kap. 1), Tab. 67, S. 220.
424 Ebd., Tab. 16, S. 46; Tab. 20, S. 50; von Heijne, Sarpräglat (wie Anm. 36, Kap. 2), S. 71.
425 Birgit Sawyer / Peter Sawyer, Medieval Scandinavia. From Conversation to Reformation, circa 800-1500, London 1993, S. 56.
426 Else Roesdahl, Historia Wikingów [Die Geschichte der Wikinger], Gdańsk 1996, S. 214.

| | |
|---|---|
| 991 | 22.000 |
| 994 | 16.000 |
| 1002 | 24.000 |
| 1007 | 36.000 |
| 1009 | 3.000 |
| 1011 | 48.000 |
| 1016 | 27.000 |
| 1018 | 82.500 |
| Insgesamt | 258.500 |

Tabelle 7: Tribute der Skandinavier in England 991-1018 (in Pfund)[427]

Das waren sehr hohe Summen: Gut 258.000 Pfund Silber entsprachen etwa 103 t. Die knapp 51.000 in Skandinavien gefundenen Pennies machten also nicht einmal 0,1 Prozent der gezahlten Tribute aus – und selbst wenn nur zehn Prozent der in England erzwungenen Tribute in Form von Münzen erhalten geblieben und der Rest eingeschmolzen worden wäre, würden die in Skandinavien entdeckten angelsächsischen Pfennige knapp ein Prozent der Gesamtsumme darstellen. Hinzu kamen Silberzahlungen, mit denen angelsächsische Könige ihre skandinavischen Verbündeten entlohnten, wie 1011/1012, als Olaf von Norwegen im Auftrag Ethelreds gegen Dänen und Slawen zog.[428]

Skandinavische Raubzüge werden gleichfalls im norddeutschen Raum gemeldet: So fand 994 ein Wikingerüberfall auf Friesland und Hadeln (Elbmündung bei Stade) statt: *Siegreich zerschlugen Schweden und Dänen die ganze sächsische Streitmacht. Dabei wurden Markgraf Siegfried, Graf Dietrich und andere edle Herren gefangen genommen.*[429]

Thietmar von Merseburg zufolge sollen die Nordmänner als Lösegeld eine *unerhörte Geldsumme, ein gewaltiges Gewicht* erzwungen haben.[430] Die Sachsen revanchierten sich jedoch und besiegten die Wikinger (angeblich 20.000 Mann), die bis Bremen gekommen waren.[431] Vielleicht gehörten die in den Schatzfunden von der Elbmündung und der Insel Sylt befind-

427 Donald Logan, Die Wikinger in der Geschichte, Stuttgart 1987, S. 199 f., S. 203 f.; Thietmar (wie Anm. 421), VII/38 ff., S. 396 f. Der gesamte Tribut muss allerdings nicht unbedingt ausschließlich in Form von Münzen gezahlt worden sein, sondern auch in Barren. Einigen Schätzungen zufolge machten die Tribute – je nach Jahr – zwischen zehn Prozent (994) und 42 Prozent (1018) der angelsächsischen Silberproduktion aus. W. M. Ormrod / János Barta, The Feudal Structure and the Beginnings of State Finance, in: Economic Systems and State Finance, hg. von Richard Bonney, Oxford u. a. 1995, S. 53-80, hier S. 58 f.

428 Regesten (wie Anm. 369), Teil III, Nr. 439, S. 291.

429 Adam von Bremen, Gesta (wie Anm. 361), II/31, S. 266 f.

430 Thietmar (wie Anm. 421), IV/22 f., S. 140 f. Kenneth Jonsson gibt nach einer „späteren Quelle" 7.000 Pfund an, Kenneth Jonsson, The Routes for the Importation of German and English Coins to the Northern Lands in the Viking Age, in: Fernhandel und Geldwirtschaft. Beiträge zum deutschen Münzwesen in sächsischer und salischer Zeit. Ergebnisse des Dannenberg-Kolloquiums 1990, hg. von Bernd Kluge, Sigmaringen 1993, S. 205-232, hier S. 211.

431 Adam von Bremen, Gesta (wie Anm. 361), II/32, S. 268 f.

lichen Dirhems den Wikingern, die sie bei diesem Raubzug verloren. Das Datum der jüngsten Hortexemplare womöglich um 989 bzw. 991 würde das bestätigen.[432] 1006 überfielen die Wikinger die Siedlung Tiel in Friesland.[433]

Die schriftlichen Quellen berichten jedoch – im Gegensatz zu England – kaum von regelmäßigen Tributen, die die Skandinavier in Deutschland eingetrieben hätten. Dies führt zu der Annahme, dass der Löwenanteil aller Pfennige aus diesem Raum nach Skandinavien über den Fernhandel bzw. die in Haithabu erhobenen Zollgebühren eingeströmt ist. Im Norden wurden bislang gut 110.000 deutsche Denare gefunden, die knapp 51.000 angelsächsischen Pennies gegenüberstehen.[434] Inwieweit neben den Pelzen und Fellen aus dem riesigen nordischen Hinterland ebenso Sklaven ein Äquivalent für diese Pfennige darstellten, erscheint hingegen kaum verifizierbar.

Die 980er und 990er Jahre waren auch innerhalb der Ostsee eine Zeit politischer Turbulenzen. Es wurde bereits darauf hingewiesen (Unterkapitel 1.2.9.), dass der Dänenkönig Harald Blauzahn um 986 ins Slawenland flüchten musste. 990-994 wurde Dänemark von Schweden und Slawen angegriffen, das Bistum Schleswig von den Heiden verwüstet.[435] Vielleicht richteten sich einige slawische Raubzüge im späten 10. Jahrhundert ebenfalls gegen Schweden.[436] Die innerskandinavischen Machtkämpfe eskalierten in der Schlacht bei Svoldern im Jahr 1000, wo eine Koalition aus Dänen, Schweden und Jarl Erik den Norwegerkönig Olaf besiegte, der ums Leben kam. Ob man im Hinblick auf die politischen Konstellationen des ausgehenden 10. Jahrhunderts im östlichen Mittel- und Nordeuropa von zwei Allianzen, die aus einem piastisch-sächsisch-schwedischen Block – womöglich unterstützt von den Wolliner Wikingern – bzw. einer Koalition aus Dänen, Abodriten, Wilzen und Böhmen bestanden, sprechen kann, bleibt dahingestellt.[437]

Aus dem Kampf um die Vorherrschaft im Ostseeraum ging das Dänenreich gestärkt hervor. Den Machtzenit erreichte es unter Knut dem Großen (1014-1035).[438] 1016 wurde er König von England und 1018 zum alleinigen Herrscher über Dänemark. Nach der Durchsetzung seiner Machtansprüche in Norwegen im Jahr 1028 und der Unterwerfung der Schotten 1031 erstreckte sich das Seeimperium von der Irischen See im Westen bis nach Südschweden im Osten. In Knuts Einflussorbit befanden sich temporär Dublin und Wales, eventuell ebenfalls das uppländische Sigtuna. Im Jahr 1019 unternahm er zudem einen Kriegszug gegen die Slawen, eroberte eine Burg und fügte ihnen eine schwere Niederlage zu. Ob die Dänen und Angelsachsen gegen Wagrier und Abodriten oder Lutizer bzw. Wolliner zogen, bleibt unklar.[439] Fest steht jedenfalls, dass diese

432 Die Schatzfunde von List auf Sylt und Klein Roscharden enthielten jeweils 781 bzw. ca. 700 Münzen sowie Schmuck. Vgl. Brather, Frühmittelalterliche Dirham (wie Anm. 19, Kap. 2), Nr. 73 und 79. Aus Sylt stammt auch der neulich entdeckte Hort von Münzen und Schmuck, der vorläufig in die Zeit um 950 datiert wird, https://spiegel.de/wissenschaft/mensch/grosser-silberschatz-auf-sylt-entdeckt-a-1169731.html (Zugriff am 26.09.2019).

433 Jonsson, The Routes (wie Anm. 430), S. 211.

434 Vgl. Adamczyk, Silber und Macht (wie Anm. 16, Kap. 1), Tab. 89 und 90, S. 242 f.

435 Regesten (wie Anm. 369), Teil III, Nr. 257, S. 70; Nr. 257a, S. 72.

436 Gorjunova, Technologietransfer (wie Anm. 358), S. 345.

437 Przemysław Urbańczyk, Rok 995 – Bolesław Chrobry wśród chrześcijan i „barbarzyńców" [Das Jahr 995 – Bolesław Chrobry inmitten von Christen und „Barbaren"], in: Europa barbarica, Europa christiana. Studia mediaevalia Carolo Modzelewski dedicata, hg. von Roman Michałowski, Warszawa 2008, S. 293-306. besonders S. 304 f.

438 Vgl. Jakub Morawiec, Knut Wielki. Król Anglii, Danii i Norwegii (ok. 995-1035) [Knut der Große. König von England, Dänemark und Norwegen (ca. 995-1035)], Kraków 2013.

439 Regesten zur Geschichte der Slaven an Elbe und Oder (vom Jahr 900 an), Teil IV: 1013-1057, hg. von Christian Lübke, Berlin 1987, Nr. 547, S. 99 und S. 100 (Kommentar).

Imperiumsbildung der Dänen dank der Einnahmen aus den Silbertributen in England und der Kontrolle der Münzströme aus West- und Norddeutschland gegründet werden konnte.

Die Umkehrung der Silberflüsse machte sich in den dänischen und schwedischen Funden viel schneller bemerkbar als in Russland. Die Dirhems bilden 40 bis sogar 90 Prozent der Münzmasse noch in einigen dänischen Horten mit einem tpq. zwischen 973 und 983, während deren Anteile in den Depots aus den 990er und 1000er Jahren deutlich unter zehn Prozent sinken. Auf Gotland wiederum begegnen bis in die frühen 990er Jahre Schätze, die überwiegend Dirhems enthalten, deren Anzahl jedoch grundsätzlich nach 1002 unter zehn Prozent einbricht.[440]

Obwohl nach Dänemark, Schweden und Norwegen deutlich mehr angelsächsische Pennies flossen als über die Netzwerke der Rus' nach Osteuropa, konstatieren wir auch innerhalb Skandinaviens erhebliche Differenzen. In den 990er Jahren erscheint die Insel Bornholm besonders reich an dieser Münzsorte.[441] In Sigtuna und Umgebung hingegen begegnen kurz nach 1000 ebenso deutsche Denare wie die Pennies und deren skandinavische Imitationen. Christoph Kilger versucht, diese Vielfalt mit verschiedenen Funktionen zu erklären. Demnach hätten anglo-skandinavische Prägungen keinen monetären Wert außerhalb der Machtzentren besessen, in denen sie emittiert wurden. Sie wären also nur für Händler oder Handwerker bestimmt gewesen, die Sigtuna besuchten und auf dem dortigen Markt Waren anboten. Zudem ist festzuhalten, dass die Pennies und ihre anglo-skandinavischen Nachprägungen einen hohen Silbergehalt aufwiesen und auf dem Markt von Sigtuna zu einem höheren Wechselkurs gehandelt wurden als deutsche Pfennige oder Hacksilberstücke.[442] Wenn Kilgers These zutrifft, dann dürfen wir von etlichen lokalen Netzwerken und Münzzirkulationen ausgehen. Zu bedenken ist aber, dass die um 995 im gesamten Norden einsetzende Münzprägung – nicht nur in Dänemark, Schweden und Norwegen, sondern auch im piastischen Reich – vermutlich Ausdruck der oben erwähnten machtpolitischen Rivalität gewesen sein könnte. Während jedoch die Piasten sich stark (aber nicht ausschließlich) nach deutschen Vorbildern orientierten, zeigen die untersuchten Münzstempel in Skandinavien eine besonders intensive Emission von Imitationen englischer Münzen, vor allem des Long-Cross-Typus, von ca. 995 bis 1020. Ihre Prägeorte in Lund und Sigtuna scheinen strukturelle Ähnlichkeiten aufgewiesen zu haben. Nur am Rande sei erwähnt, dass Sigtuna, eine um 980 gegründete Stadt, in seinen kommerziellen wie administrativen Funktionen Birka abgelöst hat. Zum selben Zeitpunkt ging die Bedeutung des alten Emporiums zurück, und der unter dem Namen „Garnison" bekannte Teil des Siedlungskomplexes wurde niedergebrannt. Zahlreiche Pfeilspitzen deuten einen Überfall an.[443]

Zwei Indikatoren zeigen, dass der Transfer von Silber nach Skandinavien überwiegend über die Beziehungsgeflechte der Dänen, Gotländer und Svear erfolgte: zum einen der höhere – als im westslawischen Raum und in Russland – Anteil angelsächsischer Prägungen in den dortigen Schatzfunden; zum zweiten die Struktur der aus Deutschland importierten Denare, die von denen aus dem westlawischen Bereich abweicht. Denn im Norden begegnen kaum die sog. Kreuzdenare, wohingegen den Otto-Adelheid-Pfennigen aus Sachsen eine wichtige Rolle

440 Adamczyk, Silber und Macht (wie Anm. 16, Kap. 1), Tab. 72 und 73, S. 224.
441 von Heijne, Viking-Age Coin (wie Anm. 381), S. 190.
442 Christoph Kilger, Hack-Silver, Weights and Coinage: the Anglo-Scandinavian Bullion Coinages and their Use in Late Viking-Age Society, in: Silver Economies (wie Anm. 19, Kap. 2), S. 259-280, hier besonders S. 275.
443 Brita Malmer, Some Remarks on Monetary Circulation in Viking-Age Scandinavia, in: Money Circulation (wie Anm. 107), S. 35-49, hier S. 38; Lena Holmquist, Birka's Defence Works and Harbour – Linking one recently ended and one newly begun Research Project, in: New Aspects on Viking-age Urbanism c. AD 750-1100, hg. von Ders. u. a., Stockholm 2016, S. 35-46, hier S. 42.

zukam. Von den 27 von Kenneth Jonsson untersuchten Schätzen mit den Schlussmünzen zwischen 991 und 1005, die in Skandinavien deponiert wurden, beträgt deren Anteil in 17 von ihnen mindestens 50 Prozent. In den übrigen zehn unterschreitet er nicht die Marke von 33 Prozent.[444] Viele Prägungen gelangten auch aus dem Rheingebiet – Köln, außerdem Mainz, Worms und Speyer – dorthin. Das deutet auf ein Netzwerk hin, das Kaufmannsgruppen aus dem Elberaum und den Rheingebieten umfasste, die Pfennige entlang der Nordseeküsten bzw. über Hamburg nach Haithabu transportierten, von dort wiederum skandinavische Fernhändler sie in verschiedene Regionen Dänemarks, Schwedens oder Norwegens verschifften.

### 1.3.3. Das piastische Reich entlang der transkontinentalen Handelsrouten

Die Veränderungen in der arabischen Silberproduktion bzw. Münzprägung haben das Koordinatensystem der piastischen Netzwerke deutlich verschoben. Bereits in den 970er Jahren begannen deutsche Pfennige – zuerst in geringen Mengen und überwiegend aus Bayern – nach Großpolen zu fließen. Zur gleichen Zeit etwa, zwischen 972 und 979, mehren sich Hinweise auf eine Verschlechterung der Beziehungen zwischen den Piasten und den Sachsen.[445] Sie reichen von Hodos Feldzug im Jahr 972 gegen das Piastenreich über die Verhandlungen zwischen dem Herzog Heinrich II. von Bayern, dem Herzog Boleslav von Böhmen und Mieszko I. 974, die den Sturz des Kaisers zum Ziel hatten, bis hin zu einem Krieg im Jahre 979, der in der Forschung als ein Konflikt zwischen den Piasten und den Ottonen interpretiert wird.[446] Hodos Angriff – wie jener Geros um 963 – hatte vermutlich die Ausweitung der tributären Einflusszone des sächsischen Markgrafen zum Ziel (obgleich Mieszko I. als *amicus imperatoris*, Freund des Kaisers, galt, was freilich nicht verhinderte, dass er in den 960er Jahren zweimal besiegt und sein Bruder getötet wurde).[447] Thietmar von Merseburg zufolge zahlte der Piastenherrscher dem Kaiser Tribut für die Gebiete bis zur Warthe.[448] Aus dieser Perspektive erscheint der Zufluss bayerischer Denare nach Großpolen als eine Begleiterscheinung der Allianz zwischen Mieszko I. und dem Herzog Heinrich II. Erst ab 983/985 nahmen die Beziehungen mit den Ottonen eine positive Wendung. Mieszko I. unterstützte den großen elbslawischen Aufstand im Jahr 983 ebenso wenig wie den dänischen Überfall auf Haithabu im selben Jahr. 985-986 berichten die Quellen von sächsischen Feldzügen gegen die Elbslawen, an denen Mieszko I. sich mit einem großen Heer beteiligt haben soll.[449] Spätestens in den 990er, vielleicht aber schon seit den 980er Jahren gelangten mehr sächsische Denare nach Großpolen.[450] Dieser Wandel spiegelt sich in der geografischen Zusammensetzung der Schatzfunde mit der Schlussmünze in den 990er/1000er Jahren wider, in denen westliche Prägungen schon deutlich überwiegen. Dessen ungeachtet zirkulierten in Zentralpolen noch zahlreiche arabische Produkte. Der Hort von Kalisz-Rajsków (tpq. 996-999) zum Beispiel bestand aus über 4.000 meist fragmentierten Münzen, mehrheitlich Dirhems.[451]

444 Jonsson, The Routes (wie Anm. 430), S. 221.

445 Jerzy Strzelczyk, Mieszko Pierwszy [Mieszko der Erste], Poznań 1992, S. 164 f.

446 Regesten (wie Anm. 177), Teil II, Nr. 174, S. 244; Nr. 180, S. 252 f.

447 Widukind (wie Anm. 267), III/66, S. 170 f.

448 Thietmar (wie Anm. 421), II/28-30, S. 66 f.

449 Regesten (wie Anm. 369), Teil III, Nr. 236, S. 36, Nr. 239, S. 40.

450 Davon könnte der Schatzfund von Obrzycko zeugen. Gert Hatz, Die ersten Sachsenpfennige in Schweden, in: Nummus et Historia. Pieniądz Europy średniowiecznej [Nummus et Historia. Das Geld im mittelalterlichen Europa], hg. von Stefan K. Kuczyński / Stanisław Suchodolski, Warszawa 1985, S. 33-42, hier S. 41 f.

451 Vgl. Adamczyk, Silber und Macht (wie Anm. 16, Kap. 1), Annex 2: Großpolen, Pommern, Masowien und Schlesien.

Die Knüpfung kommerzieller Beziehungen mit dem römisch-deutschen Reich war durch den Ausbau des Siedlungsnetzes im direkten Hinterland von Posen begünstigt. Hier entstand eine Reihe von Siedlungen, die sich entlang der Warthe und ihrer Zuflüsse konzentrierten. Ihre Lage zeigt gewisse Zusammenhänge mit den sich herausbildenden Landwegen. So schlossen sich die Siedlungen am Fluss Kopla an die Route von Posen zu der wichtigen Wasserstelle an der Warthe bei Śrem an und dann nach Schlesien; jene an der Bogdanka hatten gute Verbindungen zu der Straße von Posen über Bytyń – wo eine Grabanlage mit Sporen gefunden wurde, was auf die Anwesenheit von Kriegern hindeutet – nach Westen, von wo der Weg in die Lausitz oder nach Lubus führen konnte. Mit der Route nach Westen hing vermutlich auch die Existenz der Siedlungen am Junikowski-Bach sowie dem Fluss Wirynka zusammen, von denen über Niepruszewo (hier sind wieder Funde der Kriegerelite bezeugt), Zbąszyn und Krosno die Lausitz, das Milzener Land oder Meißen erreicht werden konnten.[452]

Im westlichen Teil Großpolens begegnen etliche Schatzfunde, von denen vor allem jener aus Lisówek (1014) herausragt.[453] Dieses Depot enthielt 4.997 Münzen und 264 Teile von nichtmonetärem Edelmetall (insgesamt über 6.000 g). Das Vorkommen der zahlreichen Otto-Adelheid-Pfennige bestätigt die Intensivierung der Kontakte mit dem römisch-deutschen Reich, in erster Linie Sachsen.

Im Jahr 1002 wählte Bolesław I. der Tapfere – freilich unter den veränderten politischen Umständen, die durch den Tod Ottos III. und Ekkehards von Meißen verursacht wurden[454] – eine andere Strategie, den Zugriff auf Silberquellen zu erlangen. 1002 eroberte er das Milzener Land, die Lausitz und Meißen, stieß bis an die Elster vor und brachte somit eine der möglichen Münzzuflussrouten aus dem Reich nach Schlesien und Großpolen unter seine Kontrolle. Außerdem berichtet eine Urkunde aus dem Jahr 995, dass der Meißener Kirche in der Niederlausitz „aller Zehnt" von – unter anderem – Bodenbestellung, Viehzucht, Feldfrucht, Kleidung und Silber zustand.[455] Und um die Burg Meißen in seiner Gewalt zu behalten, war Bolesław bereit, eine stattliche Summe zu bieten.[456] Unter Heinrich II. – möglicherweise nach ca. 1015 – wurde in der Meißen-Oberlausitz-Region, vermutlich in Meißen, mit der Ausprägung neuer Randpfenniggruppen begonnen. Wer diese Region kontrollierte, konnte also nicht nur die Einnahmen aus dem Transithandel beziehen und Steuern in Form von Silber eintreiben, sondern auch die Prägung von Münzen kontrollieren.[457]

Joachim Henning hat darauf hingewiesen, dass der Krieg zwischen Bolesław I. dem Tapferen und Heinrich II. von 1002 bis 1018 sich auf die Linie Meißen–Bautzen–Görlitz–Breslau konzentrierte. Ihm zufolge „[...] wird alles mögliche in Bewegung gesetzt, um neuen Zugriff auf Orte entlang jenes bedeutenden europäischen Verkehrsweges zu gewinnen bzw. den alten Zugriff darauf zu behaupten, der das Rheinland über Erfurt, Meißen und das Milzenerland mit

452 Kurnatowska, Poznań (wie Anm. 243), S. 74 f., S. 78 f.

453 FMP, Bd. 1: Großpolen, Nr. 134. In dem Hort Obra II wiederum wurden ca. 2.126 Exemplare bzw. ihre Fragmente sowie 970 Schmuck- und Rohsilberstücke gefunden. Unklar bleibt jedoch die Schlussmünze, die eher auf eine Deponierung nach 985 hindeutet als nach 1005; Agnieszka Felczak u. a., Skarb monet i ozdób z X wieku z Obry Nowej [Der Schatz von Münzen und Schmuck des 10. Jahrhunderts aus Obra Nowa], in: WN 41 (1997), 1-2, S. 1-27.

454 Andrzej Pleszczyński, Niemcy wobec pierwszej monarchii piastowskiej (963-1034). Narodziny stereotypu. Postrzeganie i cywilizacyjna klasyfikacja władców Polski i ich kraju [Deutschland gegenüber der ersten Piastenmonarchie. Die Geburt eines Stereotyps. Wahrnehmung und die zivilisatorische Einordnung der Herrscher Polens und ihres Landes], Lublin 2008, 205 f.

455 Regesten (wie Anm. 369), Teil III, Nr. 309, S. 141.

456 Thietmar (wie Anm. 421), V/16-18, S. 210 f.

457 Kilger, Pfennigmärkte (wie Anm. 19, Kap. 2), S. 103.

Kraków und Kiev sowie Mittelasien verbindet".[458] Wenn Henning von einer „Neuverteilung des Zugriffs auf die sich entfaltende Wirtschafts- und Handelszene im Osten" als dem entscheidenden Bewegungsmotiv für den Krieg 1002-1018 spricht, ist ihm zuzustimmen, obgleich ausgerechnet der Bedeutungsverlust der östlichen Flanke der Münzroute zwischen dem Rheinland und Zentralasien eine Umorientierung der Silberströme nach Mitteleuropa bewirkt hat. Wenn also Bolesław um Meißen und das Milzener Land so hartnäckig gerungen hat, lag der Grund vermutlich in dem Bestreben, neue Einnahmequellen zu gewinnen und den Verlust des Dirhemeinbruchs durch den Zugriff auf die sächsischen Silberquellen zu ersetzen. Es handelte sich folgerichtig nicht ausschließlich um die Kontrolle der Handelsrouten, sondern um das Recht, Abgaben in Form von Silber eintreiben zu dürfen. Vielleicht ist die 1018 von Bolesław geschlossene Ehe mit Oda, einer Schwester des Markgrafen Hermann von Meißen, in diesem Zusammenhang zu sehen.[459] Bereits 1017 fasste Bolesław den Plan, eine neue Verbindung mit den Ekkehardinern ins Auge zu fassen, nachdem die Ehe mit Jaroslavs Schwester gescheitert war. Nur am Rande sei erwähnt, dass Piasten und Ekkehardiner den Anspruch auf die Lusici und Milzeni erhoben.[460]

Auf der anderen Seite schreckte Bolesław I. der Tapfere nicht vor Plünderung zurück. Seine Krieger machten bei einem Raubzug ins Reich im Jahr 1003 *unermessliche Beute* und *mindestens 3.000 Gefangene*.[461] 1004 verübte Bolesław [...] *schwere Gewalttaten gegen die Baiern*.[462] Schließlich überfiel der Piastenherrscher 1012 Lebusa und machte dort gewaltige Beute.[463] Dennoch war diese Art und Weise, an begehrte Güter und Silber zu kommen, kurzfristig gedacht: Denn zumindest ein Teil der Beute kehrte ins Reich zurück – wie im Jahr 1013 –, als Bolesław mitsamt seinem Sohn Mieszko zwecks Aussöhnung bei Heinrich II. mit reichen Geschenken eintraf, Vasall des Königs wurde und ihm eidlich Treue gelobte.[464]

Einen kommerziell-fiskalischen Aspekt könnte ebenso Bolesławs Ausgriff an der südlichen Flanke seines Reiches gehabt haben. Der Feldzug nach Prag 1003 diente nicht zuletzt dazu, die wichtige Ost-West-Transitstraße, die Kiev mit Mitteleuropa verband, in den Machtbereich der Piasten einzubeziehen und die anfallenden Zollgebühren einzukassieren. Die Ereignisse um 1003 markierten zugleich die letzte Phase im Zerfallsprozess des Přemyslidenreiches. Dem Verlust Schlesiens und Kleinpolens (und der sog. Červinischen Burgen, wenn man annimmt, dass sie vor ihrer Eroberung durch Vladimir 981 zum Einflussbereich Böhmens gehörten) in den 980er Jahren folgte die (allerdings kurzfristige) Abtretung Mährens und eines Teils der Slowakei an die Piasten.[465] Dieser Machtverlust der Přemysliden ging unter anderem auf die Abnahme der Bedeutung der über Prag führenden Handelsrouten zurück, weil ihnen dadurch wichtige Einnahmen abhandengekommen sind.[466] Wenn der Kollaps des Přemyslidenreiches tatsächlich mit den Handelsverschiebungen und folglich sinkenden Zollgebühren zusammenhing und wenn Bolesławs Expansion nach Böhmen in dem Bestreben, die Einnahmen aus dem Transit anzuzapfen, begründet war, dann muss der Piastenherrscher einem massiven

458 Joachim Henning, Neue Burgen im Osten. Handlungsorte und Ereignisgeschichte der Polenzüge Heinrichs II. im archäologischen und dendrochronologischen Befund, in: Aufbruch (wie Anm. 374), S. 151-181, hier S. 180.

459 Regesten (wie Anm. 439), Teil IV, Nr. 535, S. 88.

460 Ebd., Nr. 519, S. 73.

461 Thietmar (wie Anm. 421), V/36-38, S. 232 f.

462 Ebd., VI/1-3, S. 244 f.

463 Ebd., VI/78-80, S. 326 f.; VI/80, S. 328 f.

464 Ebd., VI/89-91, S. 338 f.

465 Zu den Konflikten zwischen Piasten und Přemysliden: Regesten (wie Anm. 369), Teil III, Nr. 251-255, S. 58-63.

466 Dušan Třeštík, Bohemia's Iron Year, In: Europe (wie Anm. 392), S. 427-450, hier S. 441.

Irrtum aufgesessen sein. Bolesław wurde jedenfalls bereits im Jahr 1004 aus Prag verjagt, und die Přemysliden konnten das Kerngebiet ihres Reiches wiedererlangen.

Es bleibt noch auf die östliche Flanke einzugehen. An den strategischen Grenzpunkten ihrer Herrschaft zwischen Großpolen und Masowien bzw. Großpolen und Kujawien siedelten die Piasten Menschen an, die intensive Verbindungen nach Skandinavien bzw. zur Kiever Rus' unterhielten oder von dort herstammten – entlang der mittleren Weichsel zog sich auch eine Reihe von Schatzfunden, deren Schlussmünzen in die Zeit um 1000 datieren: Płock IV, Dobra, Goszczyno, Bydgoszcz II, Przybranowo und Kowal.[467] Sodann wurde in Lutomiersk bei Łęczyca ein Friedhof mit mehr als 130 Grabanlagen freigelegt, in denen Männer und Frauen bestattet waren. In ihrer Ausstattung überwogen Artefakte rus'ischer Provenienz: Sattel, Zäume, Zügel, Steigbügel, Kiever Ostereier. Zudem befanden sich dort skandinavische Importe wie silberne Speerspitzen sowie „fränkische" Schwerter.[468] In Bodzia bei Leslau (Włocławek) wurde ebenfalls ein Gräberfeld entdeckt, das neben den mehrheitlich deutschen Münzen Artefakte elitären Ursprungs enthielt, die auf die Ostseewelt oder die Kiever Rus' hindeuten.[469] Weitere Gegenstände, die auf gehobene und zum Teil fremde Herkunft ihrer Besitzer hinweisen, kommen unter anderem aus Kałdus bei Kulm (Chełmno), Ciepłe bei Mewe (Gniew) oder Pień bei Bromberg (Bydgoszcz) und werden in die zweite Hälfte des 10. bzw. erste Hälfte des 11. Jahrhunderts datiert.[470]

Östlich der mittleren Weichsel erstreckte sich ein Netz von Handelswegen, über die das Rjurikidenreich erreicht werden konnte. Bolesław I. der Tapfere kam nach Kiev 1018 freilich als Krieger, nicht als Fernhändler. Kiev gehörte im frühen 11. Jahrhundert zu den wichtigsten Herrschafts- und Handelszentren Osteuropas. Und auch wenn Thietmars von Merseburg Hinweis auf die 400 dort damals angeblich stehenden Kirchen ein wenig übertrieben sein mag, bestand doch die Stadtbevölkerung aus Skandinaviern und Einwanderern aus allen Regionen der Rus'.[471] Die Kontrolle über Kiev ermöglichte nicht nur den Zugriff auf hohe Einnahmen aus Tributen und Zollgebühren, sondern ebenso den Zugang zu Handelsrouten, die nach Konstantinopel und zum kaspischen Raum führten. Das Ziel war also allemal verlockend. Bolesław nahm die Stadt ein und ließ Gallus Anonymus zufolge dann zehn Monate lang Geld nach Polen schicken.[472] Der geflohene Jaroslav kehrte allerdings schon 1019 mit den angeworbenen Varägern zurück, besiegte

467 Siehe Adamczyk, Silber und Macht (wie Anm. 16, Kap. 1), Annex 2: Masowien und Pommern-Kujawien.

468 Andrzej Nadolski, Cmentarzysko z XI wieku w Lutomiersku pod Łodzią [Das Gräberfeld des 11. Jahrhunderts in Lutomiersk bei Lodz], Łódź 1959; Ryszard Grygiel, Cmentarzysko wareskich drużynników w Lutomiersku [Das Gräberfeld warägerischer Gefolgsleute in Lutomiersk], in: Początki Łęczycy (wie Anm. 227), S. 679-757.

469 Vgl. Bodzia (wie Anm. 254).

470 Wojciech Chudziak, Wczesnośredniowieczne importy skandynawskie z Kałdusa pod Chełmnem na Pomorzu Wschodnim [Die frühmittelalterlichen skandinavischen Importe von Kaldus bei Chełmno in Pommerellen], in: Słowianie i ich sąsiedzi we wczesnym średniowieczu, hg. von Marek Dulinicz, Warszawa-Lublin 2003, S. 117-126; Michał Kara, Wczesnośredniowieczny grób uzbrojonego kupca z miejscowości Ciepłe na Pomorzu Gdańskim w świetle ponownej analizy chronologicznej [Das frühmittelalterliche Grab eines bewaffneten Kaufmanns aus dem Ort Ciepłe in Pommerellen im Licht der erneuten chronologischen Analyse], in: Kraje słowiańskie w wiekach średnich. Profanum i sacrum, hg. von Hanna Kočka-Krenz / Władysław Łosiński, Poznań 1998, S. 496-504; Alicja Drozd u. a, Wczesnośredniowieczne groby komorowe na cmentarzysku w Pniu koło Bydgoszczy (badania 2005-2007) [Die frühmittelalterlichen Kammergräber auf dem Friedhof von Pień bei Bromberg (Untersuchungen 2005-2007)], in: XVI. Sesja Pomorzoznawcza, Teil 1: Od epoki kamienia do okresu wczesnośredniowiecznego, hg. von Andrzej Janowski u. a., Szczecin 2009, S. 351-366.

471 Thietmar (wie Anm. 421), VIII/32, S. 474 f.

472 Gallus, Chronik (wie Anm. 269), I/7, S. 61.

den Piastenfürsten und vertrieb ihn samt dem Thronprätendenten Svjatopelk. Der Feldzug von 1018 war Bolesławs zweite Intervention in der Rus' nach jener von 1013.[473] Im Endeffekt gelang es dem Piasten doch nicht, Kiev zu halten, er brachte jedoch die Červinischen Burgen und damit einen Ausschnitt der Ost-West-Karawanenstraße unter seine Kontrolle.

Der Zufluss von Dirhems nach Ostmitteleuropa schrumpfte zwar erheblich im ausgehenden 10. Jahrhundert. Dessen ungeachtet strömten noch einige neuere Münzen dorthin ein. In dem Schatzfund von Bierzgłowo (ca. 1021), gefunden knapp 20 km von Thorn am mittleren Weichsellauf, bildeten die Prägungen aus den 1000er Jahren etwa 18 Prozent des Münzstocks. Die in den 990er Jahren emittierten Dirhems hingegen machten in dem im westlichen Großpolen lokalisierten Fund von Stary Dworek (ca. 1018) zehn Prozent aus. Wir können also davon ausgehen, dass die letzten Dirhems nach Mitteleuropa in geringen Mengen noch in den 1000er und den frühen 1010er Jahren flossen.[474]

Meißen, Prag, die Červinischen Burgen und Kiev markieren gleichzeitig die wichtigsten Orte der sich über den gesamten Kontinent erstreckenden Fernhandelsrouten ebenso wie die Etappen der piastischen Expansion im Zeitraum von 1002 bis 1018. Der Radius dieser Aktivität ist beeindruckend: Zwischen Meißen und Kiev liegen etwa 1.500 km. Im Gegensatz zu Zentralpolen, Pommern, Skandinavien und Nordrussland (aber auch Schlesien)[475] wurden an dieser südlichen Flanke der Silberverteilungsnetzwerke nur einige wenige Schatzfunde entdeckt. Ihre Chronologie und Struktur deuten jedoch auf gewisse Verbindungen zu den oben geschilderten Ereignissen aus den ersten zwei Jahrzehnten des 11. Jahrhunderts hin oder spiegeln sie – zumindest sinnbildhaft – wider. So wurde in Cortnitz (Bautzen), knapp 100 km östlich von Meißen in der Nähe einer slawischen Wallanlage, ein Schatzfund entdeckt, dessen Zusammensetzung sich in die Logik der Hacksilberökonomie einreiht. Er enthielt 1.386 Münzen, überwiegend in zerteilter Form, ferner 161 Schmuckbruchstücke und sechs Silberbarren. Die Prägungen stammen aus Zentralasien und dem Nahen Osten (567 Fragmente), Deutschland, einschließlich der Kreuzdenare, Böhmen, Dänemark und England. Die Schlussmünze des Fundes lässt sich nicht mit letzter Sicherheit bestimmen, vorsichtige Annahmen erlauben aber die Zeit um 1019/1020.[476] In der Oberlausitz sind ähnliche, gut datierbare Depots äußerst selten. Einer der wenigen Horte, der in Meschwitz (gut 10 km von Cortnitz entfernt) gefunden wurde, datiert in die 960er/970er Jahre. Zwischen den Schlussmünzen der Funde von Meschwitz und Cortnitz liegen mindestens 40 Jahre, sodass nicht vom gleichen Kontext ausgegangen werden kann. Vielleicht gehörte der Schatz von Cortnitz tatsächlich einem lokalen slawischen Häuptling, der im Zusammenhang mit Bolesławs Plänen im oberen Elbraum bestochen werden sollte.

473 Thietmar (wie Anm. 421), VI/91-92, S. 340 f.

474 Adamczyk, Silber und Macht (wie Anm. 16, Kap. 1), Tab. 31, S. 50.

475 Dariusz Adamczyk, Kruszec, moneta, tranzyt czy „hybryda", czyli częścią jakiego systemu handlowego były ziemie Polski południowej w X wieku? [Edelmetall, Münze, Transit bzw. „Hybride", oder Teil welchen Handelssystems waren die südpolnischen Gebiete im 10. Jahrhundert?], in: Argenti fossores et alii. Znaczenie gospodarcze wschodnich części Górnego Śląska i zachodnich krańców Małopolski w późnej fazie wczesnego średniowiecza (X-XII wiek) [Argenti fossores et alii. Die wirtschaftliche Bedeutung östlicher Teile Oberschlesiens und westlicher Teile Kleinpolens in der späteren Phase des frühen Mittelalters. 10.-12. Jahrhundert], hg. von Piotr Boroń, Wrocław 2013, S. 197-202; Ders., Fernhandelsemporien (wie Anm. 14, Kap. 2), S. 115-136.

476 Wilhelm Hollstein / Sarah Nelly Friedland, Der Schatz im Acker – Ein Hacksilberbefund des 11. Jahrhunderts aus Cortnitz, Stadt Weißenberg (Lkr. Bautzen), in: Arbeits- und Forschungsberichte zur sächsischen Bodendenkmalpflege, 50 (2008), S. 211-230. Für die Möglichkeit, den Schatzfund anzusehen, danke ich Joanna Wojnicz und Uwe Reuter vom Landesamt für Archäologie Sachsen.

Wenn wir 500 km weiter südöstlich gehen, begegnen wir jenem Ort, an dem ein weiterer Hortfund gemacht wurde. Unter den 2.079 Münzen und Münzfragmenten des Depots von Kelč (Mähren) befanden sich 1.223 arabische Dirhems und 798 europäische Denare. Der Schatz beinhaltete zudem 306 Silberschmuckfragmente. Die Schlussmünze wurde um 1002 geprägt.[477] Der hohe Fragmentierungsgrad, die Chronologie der Prägungen sowie die Tatsache, dass in Tschechien Funde von Dirhems, besonders in zerteilter Form, kaum auftreten, legen nahe, den Kelč-Hort mit dem piastischen Netzwerk in Verbindung zu bringen. Gut 100 km südwestlich von Kelč legten die Archäologen in Kostice eine Marktsiedlung frei, die ins späte 10. bis 12. Jahrhundert datiert werden kann. Ihre Lage am Schnittpunkt zwischen *Ostarrichi* (Mark Österreich), Mähren und Ungarn sowie die hier gemachten Funde – darunter unter anderem bayerische, ungarische, mährische Münzen, Kugelzonengewichte und Fragmente von Klappwaagen – bestätigen mit Nachdruck die kommerziellen Funktionen auf den Transitwegen von Ost nach West wie von Nord nach Süd.[478]

Knapp 1.300 km östlich von Kostice wurde der dritte in den Kontext der 1000er/1010er Jahre gehörende Schatzfund lokalisiert. Er setzte sich aus 5.397 meist fragmentierten Dirhems, vereinzelt auch deutschen bzw. englischen Pfennigen sowie Silberbarren zusammen. Die Schlussmünze datiert in die Zeit nach 1009. Das Depot von Denisy bei Kiev ist insofern interessant, weil es der erste, zumindest bislang bekannte Silberfund aus dieser Gegend seit den 930er/950er Jahren ist.[479] Vielleicht gehörte der Hort einem der piastischen Gefolgsleute, der ihn nach der Vertreibung Bolesławs I. des Tapferen aus Kiev 1018 nie wieder in Umlauf gebracht hat (s. auch Unterkapitel 1.3.1.).

Wie verhielt es sich aber mit dem Zugang zu Edelmetallen in Kleinpolen, das direkt an die oben dargelegte Fernhandelsroute grenzte, ja einen wichtigen Teil derselben darstellte? Bislang sind aus der Zeit um 1020 in dieser Region nur wenige Schatzfunde bekannt. Aus Zielona bei Krakau stammt ein kleineres Depot mit der Schlussmünze um 1017. Es umfasste 67 hauptsächlich deutsche Denare, außerdem 18 Schmuckfragmente und womöglich 400 Gusskuchenteile. Gut 100 km weiter östlich, in Trzcinica bei Jasło, legten die Archäologen in einem Burgwall aus dem 9.-11. Jahrhundert einen Schatz frei, der 41 vollständige und 139 fragmentierte Münzen sowie Gusssilber, Hacksilber, Goldelemente und einen Silberbeschlag enthielt (Teil II, Unterkapitel 3.3.). Die meisten Denare kommen aus Deutschland, etliche aus Norditalien, Böhmen, England, Skandinavien und vielleicht Polen. Die numismatische Analyse ergab eine Datierung in das Jahr 1018.[480] Der strukturelle Unterschied zwischen den Funden aus Zielona und Trzcinica II einerseits und jenen von Cortnitz, Kelč und Denisy andererseits besteht in erster Linie darin, dass in ersteren keine Dirhems begegnen. Dies scheint darauf hinzudeuten, dass der Silberfluss nach Kleinpolen von West nach Ost verlief und von dieser Richtung die lokalen Eliten in das neu geknüpfte Redistributionsnetzwerk einbezogen wurden.

Aus dem 10. Jahrhundert stammen vermutlich die Horte von Perespa. Sie wurden in der Nähe einer der Červinischen Burgen, bei Czermno, knapp 260 km nordöstlich von Trzcinica, gefunden.

---

477 Vlastimil Novák, The Kelč Hoard revised: Fragments of Islamic Silver Coins (with excursus by Milena Bravermanová), Prague 2010.

478 Jan Videman / Jiří Macháček, Nové mincovni nálezy z dolního Podyjí v kontextu raně středověké Moravy [Neue Münzfunde aus dem unteren Thayagebiet im Kontext des frühmittelalterlichen Mähren], in: Archeologické rozhledy 65 (2013), S. 851-871, besonders S. 854. An dieser Stelle danke ich Jiří Macháček für den Hinweis auf diesen Aufsatz.

479 Bernd Kluge, Das angelsächsische Element in den slawischen Münzfunden des 10. bis 12. Jhs. Aspekte einer Analyse, in: Viking-Age Coinage in Northern Lands. The Sixth Oxford Symposium on Coinage and Monetary History 1, hg. von Mark A. S. Blackburn / David M. Metcalf, Oxford 1981, S. 257-329, hier Annex: R. 3.

480 FMP, Bd. 4: Kleinpolen, Nr. 101 und 118.

Sie bestanden jedoch ausschließlich aus Schmuckstücken, die Parallelen ebenso zu Kleinpolen und Großpolen wie zur Kiever Rus', zu Mähren, Böhmen und Ungarn aufweisen.[481] Demnach wären die beiden Varianten der transkontinentalen Handelsrouten entlang der Ost-West-Achse archäologisch belegt: die südliche über Trzcinica und die nördliche über die Červinischen Burgen.

Im Gegensatz zu den Tausenden westlichen Pfennigen, die im piastischen Raum umliefen, bilden die einheimischen Denare mit etwa 400 Exemplaren hingegen nur einen Bruchteil des Inhalts der Schatzfunde aus dem frühen 11. Jahrhundert. Wahrscheinlich erfolgte ihre Ausprägung, die von der Forschung in die Zeit von 992 bis 1020 datiert wird,[482] als Ausdruck der Zugehörigkeit des Gnesener Reiches zur christlichen Gemeinschaft und spiegelte gleichzeitig die oben geschilderten imperialen Ambitionen Bolesławs I. des Tapferen wider.[483] Ob diese Emissionen zudem dem monetären und kommerziellen Zweck gedient haben, wird im zweiten Teil der vorliegenden Monografie erörtert (Unterkapitel 3.1.).

## 1.4. Machtkämpfe und Handelsverschiebungen in den 1020er bis 1060er Jahren – Brüche und Kontinuitäten im Ost- und Nordseeraum

Die imperialen Versuche im Ost- und Nordseeraum, die von der Umkehrung der Silberströme begleitet waren, gingen in den 1030er/1040er Jahren abrupt zu Ende. Gleichzeitig fanden vier tiefgreifende Veränderungen statt:

- die endgültige Verlagerung der Münzimporte in das römisch-deutsche Reich. Zwar zeugen einige Runensteine aus Gripsholm in Schweden, die um 1040 zum Gedenken unter anderem an einen gewissen Ingvar errichtet wurden, von einem Raubzug nach Serkland – dem Land der Sarazenen.[484] Allerdings wird sich dabei um ein einmaliges Ereignis gehandelt haben, die keine Bedeutung für die monetäre Situation im Ostseeraum besaß. Wenn noch im östlichen Europa Dirhemfunde gemacht werden, dann stammt das Prägedatum der Münzen prinzipiell aus der Zeit bis spätestens 1010/1020;
- die massive Verringerung der Silberimporte aus England, die mit einem Zusammenbruch des anglo-skandinavischen Imperiums Knuts des Großen einherging;
- der Zerfall der piastischen Monarchie für etwa eine Dekade, der tiefgehende Verschiebungen in der Struktur der Münzströme nach Großpolen, Masowien und Pommern verursachte;
- und schließlich die handelsgeschichtliche Zweiteilung der Kiever Rus', die nun aus einer münzfreien Zone im Süden sowie einer monetären im Norden bestand.

Trotz dieser Brüche blieb die Herrschaft der neuen Dynastien, besonders der Piasten und Rjurikiden, erstaunlich stabil.

---

481 Muzeum Narodowe w Krakowie, Ausstellung: Skarby Grodów Czerwieńskich [Schatzfunde aus dem Gebiet der Červinischen Burgen]; Regionalne Muzeum w Tomaszowie Lubelskim.

482 Vgl. Stanisław Suchodolski, The Beginnings of Polish Coinage in the Light of Recent Research, in: WN 59 (2015), 1-2, S. 67-94; Mateusz Bogucki / Jacek Magiera, New Coins of Bolesław the Brave, in: Ebd., S. 115-128.

483 Vgl. Witold Garbaczewski, The Cyrillic Penny of Boleslaus Chrobry, Prince of Poland – a New Source, a New Interpretation, in: WN 59 (2015), 1-2, S. 95-113.

484 Arndt Ruprecht, Die ausgehende Wikingerzeit im Lichte der Runeninschriften, Göttingen 1958, S. 55 f. Archäologische Ausgrabungen im Persischen Golf deuten an, dass in Katar Mitte des 11. Jahrhunderts eine skandinavische Siedlung bestanden hat. Vgl. Guy F. Isitt, Vikings in the Persian Gulf, in: Journal of the Royal Asiatic Society 17 (2007), 4, S. 389-406.

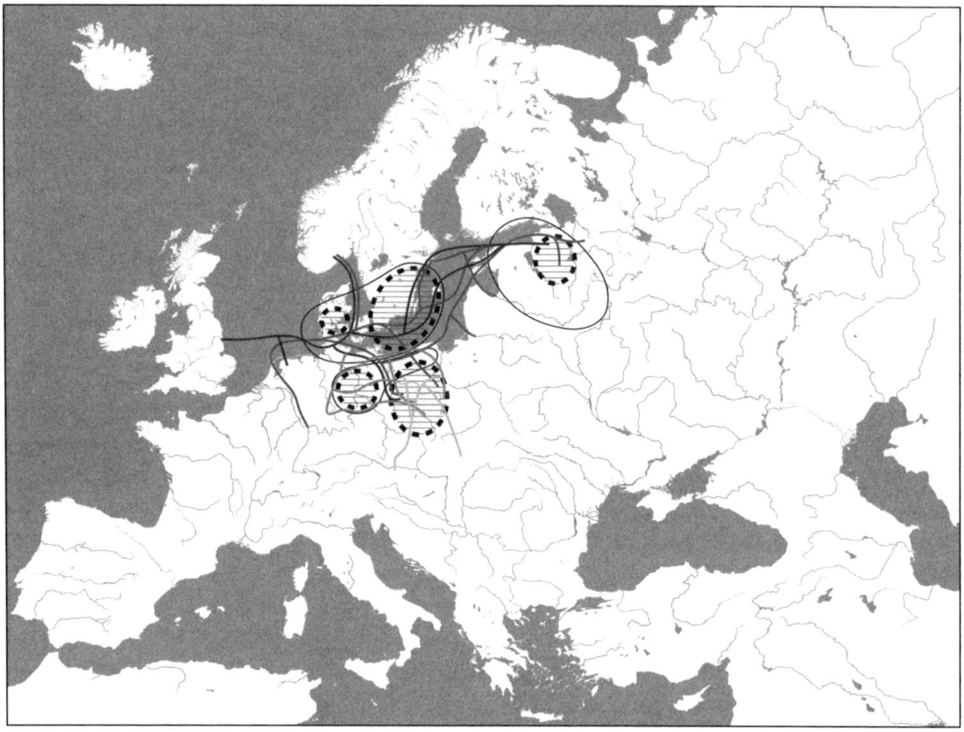

Karte 10: Silberverteilungsnetzwerke in den 1020er bis 1060er Jahren
Gestrichelte Kreise: Anhäufungen von Silberfunden; Kreise: ungefähre Reichweite der Netzwerke; Linien: Ausgangspunkte und Richtungen der Münzströme

### 1.4.1. Piasten

Knüpfen wir zunächst an das letzte Unterkapitel über piastische Netzwerke an. Nach 1020 überwogen in der monetären Landschaft westslawischer Gebiete die Kreuzdenare. Grundsätzlich wurden sie in Sachsen geprägt und waren als Äquivalent für die Waldprodukte und Sklaven der östlich der Elbe lebenden Gesellschaften bestimmt. Konrad II. bestätigte noch 1025 den in Magdeburg ansässigen Kaufleuten das schon von seinen Vorfahren verliehene Recht auf freien Verkehr in den christlichen und heidnischen Gebieten und auf Zollfreiheit (außer in Mainz, Köln, Tiel und Bardowick).[485] Daraus folgt, dass Silbermünzen nach Zentralpolen entlang der knapp 400 km betragenden Achse zwischen Magdeburg und Posen flossen, um dann über piastische Geflechte innerhalb Großpolens verteilt oder nach Masowien, Schlesien und Kleinpolen transferiert worden zu sein. Dabei ist zu beachten, dass die entscheidende Antriebskraft für den Import von Edelmetallen grundsätzlich von der Elite – den Dynasten wie den *comites* und *nobiles*[486] – ausgegangen sein wird: zum einen, weil grundsätzlich nur sie imstande war, größere Mengen an Fellen, Wachs, Honig, von Sklaven ganz zu schweigen, zu liefern, die gegen Denare eingetauscht werden konnten; zum anderen, weil allein sie eine bedeutsame Nachfrage nach Silber zu generieren vermochte.

485 Regesten (wie Anm. 439), Teil IV, S. 123, Nr. 571.
486 So Gallus, Chronik (wie Anm. 269), I/12, S. 69.

Für die Piasten erschienen die politischen Bedingungen in den 1020er Jahren für einen intensiven Handel mit dem römisch-deutschen Reich ziemlich günstig. Mieszko II. setzte die Politik der Kooperation mit den westlichen Nachbarn aus dem Zeitraum von 1018 bis 1025 zunächst fort. Dies scheint sich um 1028/1030 geändert zu haben. Im Frühjahr 1028 fiel er in Ostsachsen ein, verwüstete das Land und tötete oder verschleppte Teile der Bevölkerung.[487] Zwei Jahre später führte der Piastenherzog auf die Nachricht vom Tode des Markgrafen Thietmar ein *heidnisches Heer* gegen Sachsen, wobei er unter anderem durch den Grafen Siegfried, den Sohn des Markgrafen Hodo und den Onkel des Grafen Esico von Ballenstedt unterstützt wurde.[488] Damals sollen zwischen Elbe und Saale viele Dörfer niedergebrannt und zahlreiche Bewohner gefangen genommen bzw. verschleppt worden sein.[489] Doch schon im Jahr 1031 zwang Konrad I. Mieszko II., die Lausitz mit einigen Burgen und die in Sachsen gemachte Beute zurückzugeben.[490] Die Kontrolle der Lausitzer Burgen war für die Piasten von enormer Bedeutung: sowohl wegen der Einnahmen aus dem Transithandel und der dort anfallenden Steuern als auch aufgrund der Münzprägung.

In den 1030er Jahren kollabierte die piastische Monarchie. Auf den Angriff der Kiever Rus' und der kaiserlichen Truppen folgten der Machtkampf innerhalb der Dynastie und die sog. heidnische Reaktion, schließlich der Überfall des böhmischen Fürsten Břetislav 1038/1039. Das Reich zerfiel wie ein Kartenhaus: Nicht nur die Lausitz, die Červinischen Burgen, Mähren und Pommern gingen verloren; ebenfalls die zum inneren Bereich der piastischen Herrschaft gehörenden Provinzen Masowien, Kujawien und Schlesien (vielleicht auch Kleinpolen) fielen ab, während Großpolen von den Böhmen devastiert zurückgelassen worden sein soll. Der Thronfolger (Kasimir der Erneuerer) musste mit seiner aus dem lothringischen Geschlecht der Ezzonen stammenden Mutter Richeza das Land verlassen. Interessanterweise lassen archäologische Befunde kaum Hinweise auf eine Umstrukturierung des Burgwallsystems in Großpolen infolge der Ereignisse der 1030er Jahre zu.[491]

Dessen ungeachtet berichten sowohl Gallus als auch Cosmas von Břetislavs Raubzug. Der böhmische Chronist verweist auf große Beute und den Schatz voller Gold und Silber, der geraubt wurde.[492] Zum geplünderten Gut gehörten neben dem Schatz: ein goldenes Kruzifix, das dem dreifachen Gewicht von Bolesław I. dem Tapferen entsprochen haben soll und das zwölf Priester mit Mühe tragen konnten; drei schwere Platten aus Gold, von denen die größte mit Edelsteinen und Kristallbernstein versehen war und die angeblich 300 Mark Gold wog; und schließlich riesige Glocken.[493] Sobald die Nachricht von diesem Raubzug Heinrich III. erreichte, verlangte er die Rückgabe des Edelmetalls. Letztendlich musste Břetislav im Jahr 1042 dem deutschen König 8.000 königliche Mark und 1.500 Mark Denare entrichten – der letzte Betrag soll einem

487 Regesten (wie Anm. 439), Teil IV, S. 135, Nr. 580.

488 Gerard Labuda geht von nur einem Feldzug Mieszkos II. aus: Gerard Labuda, Mieszko II. Król Polski (1025-1034). Czasy przełomu w dziejach państwa polskiego [Mieszko II. König von Polen. Die Umbruchszeiten in der Geschichte des polnischen Staates], Kraków 1992, S. 69 f.

489 Regesten (wie Anm. 439), Teil IV, S. 145, Nr. 590.

490 Ebd., S. 153, Nr. 599.

491 Vgl. Marcin Danielewski, Struktura grodowa w drugiej połowie XI wieku: czy lata 30. XI wieku wyznaczają przełom dla funkcjonowania organizacji grodowej w Polsce? [Die Burgwallstruktur in der zweiten Hälfte des 11. Jahrhunderts. Markierten die 30er Jahre des 11. Jahrhunderts den Wandel für das Funktionieren der Burgwallorganisation in Polen?], in: Historia Slavorum Occidentis 2 (2014), S. 130-155.

492 Kosmasa Kronika Czechów [Cosmas Chronik der Böhmen], hg. und kommentiert von Maria Wojciechowska, Warszawa 1968, II/2, S. 206.

493 Ebd., II/5, S. 218.

Tribut für die letzten drei Jahre entsprochen haben.[494] Wenn diese Angaben zumindest ansatzweise zutreffen, dann zeigen sie nachdrücklich, welch einen Reichtum Mieszko II. und sein Vater Bolesław I. der Tapfere angehäuft haben – ein Reichtum, der nur durch eine kommerzielle Beuteökonomie, die die erpressten Tribute und das Raubgut in Form von Waldprodukten, Vieh oder Menschen mit Handel kombinierte, zustandegekommen sein könnte.

Gallus wiederum berichtet von den Ereignissen folgendermaßen:

> *Zum Schluß aber geriet Polen sowohl von seiten der Fremden wie der Einheimischen in einen solchen Zustand der Verwüstung, daß es seines Reichtums und seiner Menschen fast völlig entblößt wurde. Damals zerstörten die Böhmen Gnesen und Posen und schafften den Leib des heiligen Adalbert fort. Diejenigen aber, die den Händen der Feinde zu entkommen suchten oder vor dem Aufruhr ihrer eigenen Leute auswichen, die waren auf der Flucht über die Weichsel nach Masowien.*[495]

Im Dunkeln liegen die Umstände der heidnischen Reaktion. Die von Mieszko I. oder seinen Vorgängern errichteten und von Bolesław I. dem Tapferen ausgebauten Herrschaftsstrukturen beruhten im Wesentlichen auf drei Elementen: Tributen, die in Pommern und den anderen benachbarten Provinzen Masowien, Schlesien und Kleinpolen in Naturalien und Silber eingesammelt wurden; verschiedenen Diensten und Abgaben, die die Bevölkerung Großpolens zu entrichten hatte; Raub- und Beutezügen, die nicht zuletzt dem Sklavenerwerb dienten. Die politische Ökonomie des Herrschaftssystems erforderte also die Schaffung einer starken, gut bezahlten Gefolgschaft, die die Macht der Piasten gewährleisten konnte. Im Umkehrschluss bedeutete das: Je stärker die Gefolgschaft wuchs, desto größer wurde die Belastung der Bevölkerung. Im frühen 11. Jahrhundert scheint dieses System den Höhepunkt erreicht und kurz danach überschritten zu haben.

Die politischen und gesellschaftlichen Turbulenzen in Zentralpolen wirkten sich auf die piastischen Netzwerke der Silberverteilung aus. Wenn man der Anzahl der Schatzfunde nach urteilen kann, dann ergibt sich folgendes Bild: Die Horte mit der Schlussmünze in den 1030er Jahren scheinen noch in Großpolen ziemlich häufig zu begegnen. Die Zahl jener in die 1040er Jahre datierten Depots sinkt aber schon erheblich.[496] Wir sollten dabei beachten, dass die chronologische Bestimmung etlicher Funde aus dieser Zeit äußerst schwierig ist und nur mit Vorbehalt gelten kann. Dennoch spiegelt die wechselnde Häufigkeit der Schatzfunde in diesen Dekaden möglicherweise den – um Gallus' Worte zu zitieren – *Zustand der Verwüstung* wider, der infolge der Aufstände und äußeren Interventionen nach 1040 eingetreten ist.

Kasimir dem Erneuerer gelang es 1047 Mieclaw, den abtrünnigen und mit den Pomoranen verbündeten Mundschenk Mieszkos II., zu besiegen und Masowien zurückzuerobern. Drei Jahre später konnte er Schlesien wiedererlangen. Doch Kasimir musste sich schon 1054 verpflichten, von dieser Provinz einen Tribut in Höhe von 500 Mark Silber und 30 Mark Gold an die Böhmen zu entrichten.[497] Das entsprach knapp 200 kg Silber bzw. 120.000-130.000 Pfennigen und stellte für die Monarchie sicherlich eine hohe fiskalische Belastung dar. Wie diese Abgaben finanziert wurden, ist eine spannende, jedoch nur schwer zu beantwortende Frage. Fest steht, dass Kasimir bei seiner Rückkehr nach Polen um 1040 500 kaiserliche Panzerreiter begleiteten. Es ist nicht auszuschließen, dass diese Expedition einen guten Anlass darstellte, den Zufluss sächsischer Denare nach Großpolen wieder zu beleben. Inwieweit hingegen die

494 Ebd., II/8, S. 223, II/12, S. 230; Klaudia Dróżdż, Kazimierz Odnowiciel. Polska w okresie upadku i odbudowy [Kasimir der Erneuerer. Polen in Zeiten von Sturz und Wiederaufbau], Wodzisław Śląski 2009, S. 106.

495 Gallus, Chronik (wie Anm. 269), I/19, S. 81.

496 Vgl. Adamczyk, Silber und Macht (wie Anm. 16, Kap. 1), Tab. 95, S. 254 und FMP, Bd. 1: Großpolen.

497 Kosmas (wie Anm. 492), II/13, S. 234.

Pomoranen ihre Tribute an die Piasten ab ca. 1046 in Form von Silber zahlten, bleibt im Bereich der Spekulationen;[498] genauso wie die Frage, warum Kasimir keine eigenen Denare prägen ließ, besonders angesichts der Tatsache, dass sein Kontrahent in Masowien Mieclaw – zumindest Mateusz Bogucki zufolge[499] – bestimmte, aus dem Ausland stammende Münztypen imitierte.

Wie auch immer: Die Konstellationen in den 1030er/1040er Jahren zeigen deutlich, wie Prosperität oder Misserfolg grundsätzlich von zwei Faktoren abhingen: den Konjunkturen auf regionalen Märkten sowie vom Zugriff auf jene Bevölkerungsgruppen, die man ausbeuten konnte. Das führte zu Asymmetrien im Hinblick auf die Auf- und Abschwünge, weil die gerade erfolgreich plündernde Bande Güter anzapfen konnte, die ihr eine Hausse bescherten, während für die ausgeraubte der Überfall ein Desaster bedeuten konnte. In diesem Sinne war das Glück der einen Dynastie zugleich das Elend der anderen. Diese Konstellationen führten dazu, dass die damaligen Monarchien äußerst labil waren und zeitweise wie Kartenhäuser zerfielen – freilich um sich nach einigen Jahren wieder zu erholen.

### 1.4.2. Pomoranen und Ostseeslawen

Wechseln wir die Perspektive. Bereits vor Jahren hat Stanisław Suchodolski auf die Prosperität Masowiens in den 1030er/1040er Jahren hingewiesen.[500] Die ziemlich hohe Anzahl der Schatzfunde in Masowien mit einem tpq. in den 1030er und 1040er Jahren sowie die Silbermenge, die sie ethielten, könnten den von Gallus geschilderten Prozess der Einwanderung aus Großpolen erklären.[501] Dazu passt gut die Tatsache, dass in Großpolen – wie oben erwähnt – nur wenige Schatzfunde mit einer Schlussmünze in den 1040er Jahren begegnen.

Demnach hätte die demografische Verschiebung nach Masowien dort einen ökonomischen Aufschwung bewirkt. Gallus beschreibt diesen Prozess wie folgt:

> *Zu jener Zeit war nämlich Masowien, weil die Polen dort vorher, wie gesagt, Zuflucht suchten, so volkreich, dass den Bauern das Ackerland, den Tieren die Weideplätze, den Bewohnern das Land nicht genug geräumig war. Deshalb trachtete Mieclaw im Vertrauen auf den Wagemut seiner Ritterschaft, ja geblendet vom Ehrgeiz verderbenbringender Begier danach, durch verwegene Kühnheit das zu erlangen, was ihm auf Grund eines Rechtes oder der Natur nicht vonstatten ging.*[502]

Etliche der in Masowien entdeckten Horte waren sehr groß. Der Fund von Stryjewo Wielkie beispielsweise wurde etwa 100 km nördlich von Warschau, in der Gegend eines frühmittelalterlichen Burgwalls, gemacht. Er bestand aus 8.000-10.000 Münzen, Gusskuchen und Silberschmuck, darunter einem aus drei dicken Drähten geflochtenen Halsband. Sein Gewicht – 9-10 kg – entsprach etwa 43 Mark Silber, für die 30 Sklaven erworben werden konnten.[503] Im Hinblick auf die Netzwerkbildung ist allerdings die geografische Zusammensetzung der in ihm enthaltenen

498 Labuda, Mieszko II. (wie Anm. 488), S. 202.

499 Vgl. Mateusz Bogucki, Czy istnieją monety Miecława, zbuntowanego cześnika Mieszka II? [Gab es die Münzen Mieclaws, des abtrünnigen Mundschenks Mieszkos II.?], in: Notae Numismaticae – Zapiski Numizmatyczne 9 (2014), S. 134-146.

500 Stanisław Suchodolski, Numizmatyka średniowieczna, Moneta źródłem archeologicznym, historycznym i ikonograficznym [Mittelalterliche Numismatik. Die Münze als archäologische, historische und ikonografische Quelle], Warszawa 2011, S. 350-360. Grundsätzlich Janusz Bieniak, Państwo Miecława. Studium analityczne [Der Staat Mieclaws. Eine analytische Studie], Warszawa 1963.

501 Vgl. Adamczyk, Silber und Macht (wie Anm. 16, Kap. 1), Tab. 94, S. 252 und Tab. 95, S. 254; hinzu kommen neuere Funde publiziert in FMP, Bd. 3: Masowien.

502 Gallus, Chronik (wie Anm. 269), I/19, S. 83.

503 FMP, Bd. 3: Masowien, Nr. 164.

Prägungen interessanter. Die absolute Mehrheit des untersuchten Münzstocks, grundsätzlich geformt bis ca. 1042, stammt aus dem römisch-deutschen Reich (überwiegend die Otto-Adelheid-Pfennige und die Kreuzdenare): ca. 38 Prozent aus Sachsen[504] und ca. 39 Prozent aus Süd-, West- und Norddeutschland bzw. Friesland. Neben den angelsächsischen und irischen Pennies mit etwa neun Prozent, bilden Imitationen, die grundsätzlich den Westslawen zugeschrieben werden, ca. sieben Prozent der Münzmasse. Der Rest verteilt sich auf Skandinavien, Böhmen bzw. Mähren, vereinzelt das Kalifat, Ungarn und auch Polen.

Welche Netzwerke ergeben sich folglich aus der geografischen Struktur des Schatzfundes von Stryjewo Wielkie? Die Kreuzdenare und die Otto-Adelheid-Pfennige, die in Sachsen geprägt wurden, transportierten einheimische Fernhändler aus Magdeburg nach Großpolen und Masowien auf dem Landweg. Wenn aber diese Route in den 1030er/1040er Jahren infolge politischer Turbulenzen zeitweise an Bedeutung verlor, dann sollten wir davon ausgehen, dass die Kaufleute nun Waren und Münzen auf die Seehandelsmärkte brachten, wo sie dann entlang der Küste nach Masowien verfrachtet werden konnten. Ein starkes Indiz dafür sind jene Nachprägungen sächsischer Kreuzdenare, die womöglich slawische Häuptlinge in Starigard/Oldenburg und/oder Burg Mecklenburg um 1015-1018 emittieren ließen.[505]

Pfennige aus den westlichen und nördlichen Teilen des römisch-deutschen Reiches hingegen flossen zusammen mit den angelsächsischen Pennies nach Haithabu, wo sie, vermischt mit dänischen und anderen skandinavischen Münzen, nach Pommern verschifft wurden. Von den Siedlungen Kołobrzeg-Budzistowo in Mittelpommern und vielleicht Danzig in Pommerellen gelangten sie weiter nach Masowien.

Schließlich dürfen wir davon ausgehen, dass böhmische und mährische Denare Břetislavs Krieger auf ihrem Raubzug nach Großpolen 1038/1039 mitbrachten, von wo sie dann Masowien erreichten.

In Masowien, Kujawien und Pommern wurden weitere recht große Schatzfunde gemacht, die mindestens 1.000 Prägungen enthielten: In erster Linie sticht der Hort aus Szczecin-Świerczewo (1050-1056) von etwa 5.000 Münzen hervor; außerdem sei noch auf das Depot Pommern VI (1050) von 3.500 sowie die Funde aus Mgowo (1042-1060) von 2.000 und Rychnowo (1045) von 1.300 Exemplaren verwiesen, die nordöstlich von Bromberg bzw. südwestlich von Allenstein deponiert wurden. Dass in der Region Masowien mehr Münzen begegnen als in Großpolen, überrascht ein wenig, ist aber letztendlich auf das bereits erwähnte Depot von Stryjewo Wielkie sowie den Fund Ciechanów I von 4.800 Münzen zurückzuführen.[506]

In den 1030er/1040er Jahren scheint sich der Schwerpunkt der ostseeslawisch-pomoranischen Netzwerke von Wollin nach Kołobrzeg-Budzistowo und womöglich Danzig verschoben zu haben. Den archäologischen Befunden nach zu urteilen verringerte sich in Wollin im zweiten Viertel des 11. Jahrhunderts die handwerkliche Produktion.[507] Die Zahl der Werkstätten zur Bernstein- und Geweihverarbeitung sank merklich. Außerdem legten die Archäologen in verschiedenen Stadtteilen des Emporiums Wollin Brandschichten frei, die mit den Ereignissen in

504 Hier sind in erster Linie die Prägestätten im Harzgebiet und in Magdeburg gemeint.

505 Ebd., Münznummern 1119-1125.

506 Vgl. Adamczyk, Silber und Macht (wie Anm. 16, Kap. 1) Tab. 94, S. 252. Hier wurden allerdings aus dem Schatzfund von Stryjewo Wielkie nur 1,5 kg Silber berücksichtigt und in Münzzahlen umgerechnet, während er in Wirklichkeit 8.000-10.000 Exemplare enthielt.

507 Ich folge hier meinem eigenen Aufsatz: Wollin und sein Hinterland im kontinentalen und transkontinentalen Beziehungsgeflecht um das Jahr 1000, in: Geschichte, um zu verstehen. Traditionen, Wahrnehmungsmuster, Gestaltungsperspektiven Carl-Hans Hauptmeyer zum 65. Geburtstag, hg. von Heike Düselder u. a., Bielefeld 2013, S. 299-317. Dort auch die Literaturangaben.

den Jahren 1042 und 1043 in Verbindung gebracht werden. 1042 drangen die Slawen bis Ribe vor, ein Jahr später wurden sie unweit von Haithabu, in der Schlacht auf der Lürschauheide, besiegt. Laut Adam von Bremen sollen damals 15.000 Slawen gefallen sein. Kurz zuvor segelte König Magnus der Gute mit einer großen Dänenflotte nach Pommern und überfiel Wollin, das teilweise niedergebrannt wurde.[508] Einen ähnlichen Bruch zur gleichen Zeit verzeichnete auch das knapp 100 km südlicher gelegene Stettin. Innerhalb der als Podzamcze (Unter der Burg) sowie als Rynek Warzywny (Gemüsemarkt) bekannten Teile der Burgsiedlung würden davon zwei Indikatoren zeugen: zum einen die leeren Plätze und Wirtschaftsgebäude; zum anderen ein deutlicher Rückgang der Luxusgüter und Importe. Lediglich bei Artefakten, die für Skandinavien kennzeichnend waren, lässt sich eine gewisse Kontinuität konstatieren.[509] Władyław Filipowiak hingegen führt den Bedeutungsverlust der Siedlungskomplexe von Wollin und Stettin in erster Linie auf den Zusammenbruch des Piastenreiches in den 1030er Jahren und die daraus resultierende Desorganisation der Märkte zwischen Oder und Warthe zurück.[510]

Vielleicht sollten wir aber diese Ereignisse in einer breiteren Perspektive betrachten. Die Zeit um 1040/1050 erscheint ziemlich unruhig. Womöglich trug die massive Schrumpfung des Silberzustroms aus England in den Ostseeraum, die nach dem Ende der dänischen Herrschaft dort 1040/1042 eingesetzt hat, zu diesen Turbulenzen bei. Bereits um 1040 fuhren Schiffsleute in die Wesermündung bei Lesum ein.[511] Für 1050 berichtet Adam von Bremen, dass der Norwegenkönig Harald Hårdråde (1047-1066) eine Kirche in Aarhus und die Stadt Schleswig plünderte.[512] Zwischen 1053 und 1055 soll er wiederum das slawische Küstengebiet ausgeraubt haben.[513]

Auf der anderen Seite dürfen wir nicht verkennen, dass beinahe sämtliche um 1050 im Ostseeraum aktiven Silberverteilungsnetzwerke den multizentrischen Regionalhandel – also von mehreren Ostseesiedlungen getragen und von verschiedenen Bezugspunkten im römisch-deutschen Reich ausgehend – mit Raub- und Beuteökonomien kombinierten, sodass diese sich eher ergänzten als ausschlossen. Die Frage nach den Ursachen für den Niedergang des Handelsemporiums Wollin kann folgerichtig nicht monokausal beantwortet werden, sondern nur durch die Analyse eines Bündels von Faktoren, welche die Verschiebung des kommerziellen, machtpolitischen und gesellschaftlichen Koordinatensystems in verschiedenen Beziehungsgeflechten mitberücksichtigen muss. Zu jenen gehörten Entwicklungen sowohl im westlichen Teil der Ostseeküste als auch im piastischen Binnenland und im Umland der Handelssiedlung Wollin selbst. Erst aus dem Zusammenspiel dieser Komponenten ergibt sich ein Bild, das überzeugen und den historischen Prozess halbwegs plausibel erklären kann.

Massive Turbulenzen werden jedenfalls auch im Küstenbereich westlich von Pommern gemeldet. Während des Bruderkrieges innerhalb des Liutizischen Stammesverbandes 1056/1057 verpflichteten sich die Circipanen, dem Fürsten Gottschalk (der wohl mit Herzog Bernhard

508 Wolin wczesnośredniowieczny (wie Anm. 363), Bd. 1, S. 185; die skandinavischen Quellen wertet Morawiec, Wolin (wie Anm. 370), S. 450 ff., aus.

509 Anna B. Kowalska / Marek Dworaczek, Szczecin wczesnośredniowieczny. Nadodrzańskie centrum [Das frühmittelalterliche Stettin. Das Zentrum an der Oder], Warszawa 2011, S. 364.

510 Władysław Filipowiak, Wollin – ein frühmittelalterliches Zentrum an der Ostsee, in: Europas Mitte (wie Anm. 201), Bd. 1, S. 152-155, hier S. 155.

511 Adam von Bremen, Gesta (wie Anm. 361), II/77, S. 318 f.

512 Ebd., III/13, S. 341-343.

513 Regesten (wie Anm. 439), Teil IV, Nr. 718, S. 272.

und den Dänen kooperierte) 15.000 Pfund Silber zu zahlen.[514] Dies war eine immense Summe, die ca. 3,5 Mio. Pfennigen bzw. knapp 5,5 Tonnen Silber entsprach. Als Vergleichsgröße können hier die Tribut-, Abgabe- und Steuersummen dienen, die Adam von Bremen in Bezug auf Friesland und das friesisch-sächsische Grenzland nennt. 1056-1059 sollten Friesen dem Herzog Bernhard von Sachsen einen Tribut in Höhe von 700 Mark Silber entrichten. Die größte Grafschaft Frieslands, der Fivelgo, gab Einkünfte in Höhe von 1.000 Pfund Silber. Davon entrichtete Herzog Ekbert 200 Pfund der Kirche. Eine andere Grafschaft an der Elbe in der Nähe von Bremen konnte ebenfalls 1.000 Pfund Silber an Steuern zahlen. Eine benachbarte Grafschaft war der friesische Emsgau. Als ein gewisser Gottschalk (nicht zu verwechseln mit dem oben erwähnten Slawenfürsten Gottschalk) das Anrecht der Kirche auf sie verteidigte, wurde er von Graf Bernhard erschlagen. Zu ihrem Erwerb vereinbarte der Bischof mit dem König eine Zahlung von 1.000 Pfund Silber. Da er diese Summe aber schwerlich aufbringen konnte, ließ er *leider Kreuze, Altäre, Kronen und anderen Kirchenschmuck wegnehmen* [...].[515]

Vor diesem Hintergrund stellten die 15.000 Pfund, die Gottschalk den Circipanen als Tribut auferlegte, eine enorme fiskalische Belastung dar, die vielleicht das ganze Koordinatensystem an der südwestlichen Ostseeküste veränderte – falls sie diese Summe tatsächlich zu zahlen vermochten.

Dessen ungeachtet ist der von Ostseeslawen bewohnte Bereich an Silberfunden gut vertreten. Der Inhalt einiger von ihnen gibt interessante Auskünfte über die Geografie der Netzwerke. Aus dem südwestlichen Küstenbereich stammen zum Beispiel zwei große Schätze, deren Schlussmünzen in die Zeit um 1038 eingeordnet wurden. Das Depot von Lübeck enthielt etwa 2.853 Prägungen, unter denen englische Pennies knapp 68 Prozent bildeten. Nur am Rande ergibt sich, dass der Fund von Raciążek bei Aleksandrów Kujawski, der aus 100 Exemplaren – das jüngste datiert in das Jahr 1040 – bestand, einen identischen Prozentsatz derselben aufwies.[516] Seine Lokalisierung im mittleren Weichselgebiet legt einen Zusammenhang mit der Route nach Masowien nahe. Die Kontakte zum dänisch-angelsächsischen Raum bestätigt Adam von Bremen, dem zufolge Gottschalk nach dem Tode des Dänenkönigs Knut und dessen Söhnen aus England zurückkam, mit seinen Kriegern ins Slawenland zog und die *Heiden in große Furcht* versetzte.[517] Die chronologische Übereinstimmung dieser Ereignisse um 1042 mit den Schlussmünzen der oben erwähnten Schatzfunde ist auffällig.

Der zweite Hort aus der Zeit um 1038, entdeckt in Farve-Wangels (Ostholstein), bestand wiederum aus 4.132 Münzen bzw. Münzfragmenten, 17 Halsringen, zwei Halsketten und ca. 90 Schmuck- und Barrenfragmenten. Der Schmuck und das Hacksilber setzten sich aus drei Komponenten zusammen: einer westslawischen, einer dänischen und einer ostschwedischen, wobei der Anteil des skandinavischen Materials beachtlich hoch ausfällt. Auf Kontakte mit Skandinavien deuten auch die Denare aus Sigtuna und verschiedenen dänischen Prägestätten.[518] Zudem suggerieren die neuesten Analysen der Münzstempel, unter anderem aus dem Schatzfund von Łupawa bei Stolp (ca. 1120), die Existenz enger Kontakte zwischen Pomoranen

514 Helmold, Chronik (wie Anm. 183), I/21, S. 84. Ich gehe hier von ca. 360 g Silber (240 Denare mal 1,5 g) als einer Größenordnung für das Pfund aus. Aber selbst wenn es sich um die Mark von knapp 240 g Silber gehandelt hätte, wäre die zu zahlende Summe enorm.

515 Adam von Bremen, Gesta (wie Anm. 361), III/42, S. 380 f., III/46, S. 384-387.

516 FMP, Bd. 3: Masowien, Nr. 129.

517 Adam von Bremen, Gesta (wie Anm. 361), II/79, S. 320 f.

518 Europas Mitte (wie Anm. 201), Bd. 3: Katalog, 04.05.03 a-e auf S. 127 f.

und Dänen in den 1040er Jahren.[519] Wenn wir neben dem Depot von Farve-Wangels noch den großen Schatz Ernsthausen II von 5.500 Exemplaren und dem tpq. um 1040[520] sowie den Hacksilberfund aus Thurow von mindestens 848 Münzen bzw. Münzfragmenten, verborgen nach 1021,[521] berücksichtigen, dann zeigt sich deutlich, dass die Ostseeslawen zu diesem Zeitpunkt einen bemerkenswerten Wohlstand erreicht haben müssen, der auf den multizentrischen Regional- und Raubhandel zurückging.

### 1.4.3. Dänen, Festland-Schweden und Gotländer

Wie in Unterkapitel 1.3.2. dargelegt wurde, konnte die Imperiumsbildung der Dänen dank der Einnahmen aus den Silbertributen in England und der Kontrolle der Münzströme aus West- und Norddeutschland gegründet werden. In der Tat flossen in den 1020er/1030er Jahren große Mengen an Edelmetallen nach Skandinavien.[522] Je na Region machten angelsächsische Prägungen zwischen 25 und 30 Prozent der einströmenden Münzmasse aus.[523] Nach dem endgültigen Auseinanderfallen des dänischen Seereichs mit dem Tod des Hardeknut 1042 scheinen Pfennige aus Deutschland diese Verluste bis in die 1050er Jahre wettgemacht zu haben. Im Zeitraum von 1020 bis 1060 bilden die etwa 150 Schatzfunde von mindestens zehn Exemplaren aus Schweden und Dänemark gut 55 Prozent sämtlicher im gesamten Ostseeraum entdeckten Horte.[524] Dabei konzentriert sich der Schwerpunkt der Deponierungshäufigkeit auf Gotland.

Im Gegensatz zum westslawischen Raum, wo die Kreuzdenare vorherrschten, überwiegen jedoch hier in den 1020er bis 1050er Jahren mit etwa 25 Prozent die Pfennige aus dem Kölner Raum, gefolgt von den Prägungen aus Franken (17 Prozent sowie mit je ca. 15 Prozent aus Ober- und Westniederlothringen bzw. Utrecht und Friesland).[525] Diese Struktur beweist die Nutzung der – wie im frühen 11. Jahrhundert – von westslawischen Geflechten abweichenden Zuflusswege von Edelmetallen nach Skandinavien und bestätigt gleichzeitig die Existenz separater Netzwerke der Silberredistribution. Eine geringfügige Verschiebung ergab sich in den 1060er Jahren aus der „Verlegung" des seit dem 8. Jahrhundert bestehenden Emporiums von Haithabu auf das andere Ufer der Schlei, nach Schleswig.[526] Im Zuge eines weite Teile des Ostseeraumes erfassenden Phänomens ging die Bedeutung der alten multiethnischen Handels- und Handwerkssiedlungen auf mehr oder weniger benachbarte Orte, die politisch-administrative Zentren darstellten, über. Diese Ablösung der auf Fernhandel und handwerklicher Produktion beruhenden Siedlungsformen durch einen Siedlungstyp, der zunächst stärker auf die lokale und regionale Wirtschaft ausgerich-

519 Mateusz Bogucki / Jacek Magiera, Lund – Odense – Lund – Kołobrzeg. Danish Influences in the Zemuzil Bomeraniorum Coinage, in: Myntstudier. Festskrift till Kenneth Jonsson, hg. von Tuukka Talvio / Magnus Wijk, Stockholm 2015, S. 119-128.

520 Kilger, Pfennigmärkte (wie Anm. 19, Kap. 2), Nr. 9.18.

521 Bernd Kluge, Der Hacksilberfund von Thurow (Züssow), Lkr. Vorpommern-Greifswald (1893), verborgen nach 1021, in: Myntstudier (wie Anm. 519), S. 106-115.

522 Vgl. Hatz, Handel (wie Anm. 1, Kap. 2); von Heijne, Särpräglat (wie Anm. 36, Kap. 2).

523 Vgl. Adamczyk, Silber und Macht (wie Anm. 16, Kap. 1), Tab. 89 und 90, S. 242 f.; Ders., Od dirhemów do fenigów (wie Anm. 395), S. 15-27.

524 Adamczyk, Silber und Macht, Tab. 91, S. 244, ergänzt durch neueste Funde.

525 David Metcalf, Some further Reflections on the Volume of the German Coinage in the Salian Period (1024-1125), in: Fernhandel (wie Anm. 430), S. 55-72, hier Tab. 4 auf S. 72.

526 Volker Hilberg, Hedeby's Demise in the Late Viking Age and the Shift to Schleswig, in: New Aspects (wie Anm. 443), S. 63-80, besonders S. 74 f.

tet war, spiegelt den gesellschaftlichen und ökonomischen Wandel im östlichen Europa wider.[527] Die Plünderungen Haithabus durch die Norweger 1050 und durch die Wenden 1066 dürften sicherlich das ihre dazu beigetragen haben.[528] Ausschlaggebend wird allerdings die wirtschaftliche Erschließung des Hinterlandes durch das angrenzende Macht- und Herrschaftszentrum gewesen sein, das wiederum die Nachfrage nach verschiedensten Gütern ankurbeln und die Netzwerke der Silberverteilung, zumindest teilweise, unter eigene Kontrolle bringen konnte. Somit wichen die skandinavischen Thalassokratien der regionalen Warlords und Kleinkönige vor größeren Herrschaftsverbänden der entstehenden Königtümer zurück.

Im vorangehenden Unterkapitel wurde darauf hingewiesen, dass in etlichen Schatzfunden aus dem südwestlichen Küstenbereich der Ostsee Schmuckstücke und Artefakte begegnen, die auf intensive Kontakte mit dem Norden hindeuten. Wechseln wir nun die Perspektive und betrachten slawische Komponenten in skandinavischen Funden.

Interessant in diesem Zusammenhang ist der Hort von Nørremølle, deponiert auf der Insel Bornholm. Er bestand aus 1.194 Münzen, von denen mindestens 846 dem römisch-deutschen Reich, 204 England, 72 dem arabischen Raum, sechs Böhmen und zwei Irland zugeordnet werden konnten. Hinzu kommen 170 Schmuckfragmente sowie 87 andere Silberobjekte wie *ingots rods, melts/lumps, plates*. Die jüngste Emission datiert in die Zeit nach 1024.[529] Ins Auge fällt, dass die meisten der fragmentierten Schmuckstücke starke Verbindungen zum westslawischen Bereich aufweisen. Folglich gehen einige Autorinnen von einer *homogeneous economic area* aus, die neben Bornholm Schonen, Blekinge und das westslawische Küstengebiet umfasst habe.[530] Ein zusätzliches Charakteristikum dieser Zone stellten der hohe Grad des fragmentierten Edelmetalls, Parallelen in der Struktur der Normgewichte und das Vorhanden von Rohsilber dar, das ebenso im östlichen Schweden begegnet.[531] Hinzu kommen etwa 200 Orte, an denen Artefakte, darunter besonders Keramik, freigelegt wurden, die aus dem slawischen Raum stammten und deren Häufigkeit seit dem ausgehenden 10. Jahrhundert zunahm.[532] Die Zusammensetzung und die Chronologie des Schatzfundes sowie der Fundort lassen Gitte Ingvardson zufolge den Schluss zu, dass das Depot von Nørremølle durch den Handel zustande kam, nicht als Folge von Raub oder Tributen.[533] Nicht zuletzt die Tatsachen, dass die Bedeutung des Zentralortes von Sorte Muld an der Schwelle zum 11. Jahrhundert abnahm und danach ausschließlich die Siedlung in Store Gadegård ansatzweise als elitär angesehen werden kann, würden davon zeugen. Hier sind in einem Haus von 33 Metern unter anderem slawische Keramik, Eisenmesser, Pfeile, Nadeln, Tier- und

527 Jankuhn, Haithabu (wie Anm. 123), S. 222 f.; Rolf Hammel-Kiesow, Novgorod und Lübeck. Siedlungsgefüge zweier Handelsstädte im Vergleich, in: Novgorod. Markt und Kontor der Hanse, hg. von Norbert Angermann / Klaus Friedland, Köln u. a. 2002, S. 25-68, hier S. 61; Petr Toločko, Die Rolle der Handels- und Handwerkszentren des 9. Jhs. bis zum Anfang des 11. Jhs. bei der Entstehung der altrussischen Städte, in: Studien zur Archäologie (wie Anm. 143), S. 213-217, besonders S. 214.

528 Zu kriegerischen Auseinandersetzungen: Adam von Bremen, Gesta (wie Anm. 361), II/79, S. 320 f.; III/13, S. 342 f.; III/50-51, S. 390 ff.

529 Gitte Tarnow Ingvardson, Nørremølle – the largest Viking Age Silver Hoard of Bornholm (Denmark), in: The Journal of Archaeological Numismatics 2 (2012), S. 281-346.

530 Gitte Tarnow Ingvardson, Trade and Power – Bornholm in the Late Viking Age, in: Northern World-Landscapes, Interactions and Dynamics. Research at the National Museum of Denmark Proceedings of the Northern Worlds. Conference Copenhagen 28.-30. November 2012, hg. von Hans Christian Gulløv, Copenhagen 2014, S. 325-337, hier S. 328.

531 Ebd., S. 328 f.

532 Ebd., S. 330.

533 Ebd., S. 335.

Fischknochen sowie Glasfragmente gefunden worden. Außerdem entdeckten die Archäologen in Store Gadegård einen chronologisch unbestimmbaren Hort von 68 ganzen und 44 fragmentierten Münzen sowie 33 Gusskuchen und einem zerhackten Goldstück.[534]

Freilich sollten wir bedenken, dass die zahlreichen Fragmente von Silberschmuck aus dem Fund von Nørremølle nicht unbedingt die Anzahl der Handelstransaktionen widerspiegeln müssen. Die Anwesenheit von Slawen auf der Insel setzt Kontakte mit den einheimischen Einwohnern voraus, die auf elitärer Ebene sicherlich durch den Austausch von Geschenken und die Bekundung von Freundschaft mittels der Zerteilung wertvoller Gegenstände abgesichert werden mussten. Auf diese Thematik wird näher im zweiten Teil der vorliegenden Studie eingegangen.

Aus der geografischen Zusammensetzung der Münzen und der regionalen Struktur nichtmonetären Silbers in den Funden aus dem südwestlichen Skandinavien geht also deutlich hervor, dass bei der Analyse der Netzwerke der Dänen und Festland-Schweden zwischen zwei Kreisen zu unterscheiden ist: Während der Zufluss deutscher Denare und angelsächsischer Pfennige nach Westskandinavien von norddeutschen, friesischen und dänischen Kaufmannsgruppen organisiert wurde und zum überwiegenden Teil durch den Handel erfolgte, bestanden in der ersten Hälfte des 11. Jahrhunderts noch innerbaltische Interaktions- und Transferformen, die durchaus Raub und Krieg einschließen konnten und die auf elitärer Ebene der Tausch von Schmuckstücken widerspiegelt. Wenn man sodann beachtet, dass – zumindest Gitte Ingvardson zufolge – das ökonomishe System der Insel Bornholm kaum kompatibel mit jenem in Dänemark war, dann erscheint die Logik der entsprechenden Netzwerke noch komplexer. Ob anhand der Zusammensetzung der Horte freilich die Aussage getroffen werden kann, dass Bornholm nicht zum dänischen Königreich gehörte, ist zu bezweifeln.[535] Denn die Zugehörigkeit zu einer politischen Einheit muss keineswegs mit dem ökonomischen und kulturellen Habitus übereinstimmen.

Im vorangehenden Unterkapitel wurde der Schatzfund von Farve-Wangels in Ostholstein erwähnt, der unter anderem Schmuck mit Parallelen zu Ostschweden enthielt. Er deutet somit gewisse Verflechtungen zwischen den Westslawen und den Festland-Schweden, womöglich über Blekinge und Schonen, aus der Gegend von Sigtuna/Uppsala an.

Eine Reihe von Indikatoren legt nahe, dass Gotland wiederum über „innere" Netzwerke der Silberredistribution verfügte. Die Analyse der Normgewichte und der Einschnitte auf Silberstücken ebenso wie der lokal angefertigte Schmuck und Bronzeobjekte, die zum Beispiel auf Bornholm nicht begegnen, bestätigen dies.[536] Vermutlich liefen gotländische Seefahrer das Emporium von Haithabu/Schleswig an, um sich dort mit westlichen Denaren zu versorgen, die dann zum Teil, nicht zuletzt über Tribute, weiter nach Sigtuna transportiert wurden. Die Gutasaga berichtet: *Although the Gotlanders were heathen, they nevertheless sailed on trading voyages to all countries, both Christian and heathen. So the merchants saw Christian customs in Christian lands.*[537]

Eine der Richtungen dieser Handelsfahrten wies nach Russland.

### 1.4.4. Novgoroder Rus'

Das Scharnier zwischen skandinavischer Welt und dem Kiever Reich stellte in der ersten Hälfte des 11. Jahrhunderts nach wie vor Staraja Ladoga dar. Es ist daher kein Wunder, dass diese Siedlung in den 1030er/1040er Jahren der schwedischen Jarlssippe des Ragnvald unterstand.[538]

534 Ebd., S. 334.
535 Ebd., S. 335.
536 Ebd., S. 329.
537 Guta Saga (wie Anm. 155), S. 9.
538 Mühle, Die städtischen Handelszentren (wie Anm. 80), S. 142.

Über Ladoga kamen wahrscheinlich diverse Nordmänner – darunter die norwegischen Thronkandidaten Olaf der Heilige und Harald Hårdråde – nach Novgorod, um dann nach Kiev und mitunter nach Konstantinopel zu reisen – wenngleich die Gutasaga darauf hinweist, dass Gotländer [...] *travelled up by the watercourse called the Dvina, and onward through Russia. They travelled for such a distance that they came to the Byzantine empire.*[539]

Novgorod war seit dem frühen 11. Jahrhundert nicht nur das wichtigste politisch-administrative Zentrum der nördlichen Rus', sondern in dieser Stadt konzentrierte sich ebenfalls der regionale Handel mit Pelzen, Wachs, Honig und Edelmetallen, die hier verteilt oder von hier aus weiter transportiert werden konnten.

Bei der Analyse der russischen Schatzfunde fallen zwei Eigenheiten ins Auge: Zum einen ist ihre Anzahl überschaubar – dem Autor dieser Worte sind lediglich 15 Horte aus der Zeit von 1020 bis in die 1050er Jahre bekannt. Diese Tatsache ist sicherlich auf die bereits in Unterkapiel 1.3.1. beschriebene Verschlechterung der Terms of Trade im frühen 11. Jahrhundet zurückzuführen. Dass der Bedarf nach Silber jedoch weiterhin beträchtlich war, zeigt zum Beispiel das Depot von Sobačij Gorby bei Novgorod mit der Schlussmünze um 1047, das noch zu etwa 80 Prozent aus arabischen Dirhems bestand.[540] Es ist durchaus möglich, dass politische Turbulenzen, die in den 1020er und 1030er Jahren gemeldet werden, mit den Folgen des Kollapses des arabischen Silberzustroms zu tun hatten. Kurz nachdem Jaroslav 1019 die endgültige Machtübernahme in Kiev gelungen war, musste er 1021 nach Novgorod ziehen, das von Brjačislav geplündert wurde. Drei Jahre später war Jaroslav im Begriff, im Suzdaler Land einen Aufstand niederzuschlagen, jedoch nicht imstande, den Vorstoß des Mstislav von Tmutorakan in das mittlere Dneprgebiet zu verhindern. Da Jaroslav es nicht vermochte, Mstislav zu besiegen, teilten die Brüder das Dneprgebiet unter sich auf: Jaroslav behielt Kiev mit dem Gebiet am rechten Dneprufer, wohingegen Mstislav das linke Dneprgebiet mit Černigov erhielt.[541]

Dessen ungeachtet enthielten etliche Funde mehrere Hundert, in Einzelfällen sogar einige Tausend Denare: In dem Hort von Borovskaja (tpq. 1027), gut 70 km nordwestlich von Novgorod, wurden ca. 4.000 Münzen gezählt, darunter etwa 1.000 Exemplare aus England.[542] Der Schatz von Polock (um 1056) wiederum setzte sich zum überwiegenden Teil aus fragmentierten Münzen, Halsreifen, Armbändern und Barren zusammen.[543]

Zum zweiten ist zu konstatieren, dass sich die Geografie der Funde eindeutig auf Nordrussland konzentriert: besonders die Region um Novgorod. Zu den Ausnahmen gehören die Horte aus Kolodeži (1059) und Zvenigorod (1034), die im Moskva-Raum entdeckt wurden, sowie der Schatz von Ludwiszcze (1059), ca. 180 km östlich von Lemberg, und das kleine Depot aus Voronež (1038) am mittleren Don.[544]

Überraschend hingegen ist die geringe Anzahl der Münzfunde in der südlichen Rus', vor allem im reichen Kiev. Die einfachste Erklärung lautet: Der Löwenanteil deutscher und englischer Denare, die von der Ostsee flossen, behielten nun die Novgoroder Kaufleute. Dennoch ist diese Überlegung aus zwei Gründen zu einfach. Erstens berichten Quellen von einem Handel zwischen Kiev und Westeuropa auf dem Landweg.[545] Zweitens wurden in Kiev mindestens 229

539 Guta Saga (wie Anm. 155), S. 5.
540 Adamczyk, Silber und Macht (wie Anm. 16, Kap. 1), S. 220, Tab. 67.
541 Die Nestorchronik (wie Anm. 47), S. 181-184.
542 Kluge, Das angelsächsische Element (wie Anm. 479), S. 311 ff., R 9.
543 Mühle, Die städtischen Handelszentren (wie Anm. 80), S. 225 f.
544 Kluge, Das angelsächsische Element (wie Anm. 479), R 10, R 13, R 19, R 20.
545 Źródła hebrajskie (wie Anm. 304), S. 72.

Silber- und Goldbarren vom Kiever Typ aus dem 11.-12. Jahrhundert gefunden. Ihr Wert müsste nach Schätzungen von Thomas S. Noonan 17.000-50.000 Dirhems entsprochen haben.[546] Es scheint folglich, dass in Kiev Edelmetalle nur bei größeren Transaktionen verwendet wurden, während als Kleingeld Felle fungierten. Wir erinnern uns daran, dass in Prag um 965 (aber auch auf der Insel Rügen im 12. Jahrhundert) Leinentücher als Zahlungsmittel zirkulierten (Unterkapitel 1.2.5. und Teil II, Unterkapitel 4.2.).

Abu Hamid al-Gharnati, der Kiev um 1153 besuchte, berichtet:

> *Sie rechnen untereinander ab mit alten Eichhörnchenfellen, auf denen keine Haare mehr sind und die sie niemals für irgend etwas verwenden und die absolut zu nichts taugen. Wenn das Eichhörnchenfell aber noch einen heilen Kopf und heile Pfoten hat, dann sind jeweils achtzehn Felle nach ihrer Rechnung so viel Wert wie ein Silberdirhem. Diese binden sie zusammen und nennen das dschukn. Und für jedes dieser Felle geben sie ein ausgezeichnetes Rundbrot, das sogar für einen starken Mann genügt.*
> *Für sie* [die Felle] *kaufen sie beliebig Waren: Sklavinnen, Sklaven, Gold, Silber, Biber und andere Waren.*

Nachdem die einzelnen Felle vom fürstlichen Beauftragten eingesammelt worden waren, wurden sie auf starken Schnüren aufgefädelt und mit einem Stempel plombiert: *Und sie zahlen für jede Plombe (d. h. ein Bündel von 18 Fellen) eines der Felle, bis sie alle plombiert sind. Und niemand kann sich weigern, sie* [die Felle] *zu benutzen; mit ihnen verkaufen und kaufen sie.*[547]

Diese Zweiteilung der Rus' in eine nichtmonetäre Zone im Süden und eine auf Münzen basierende im Norden spiegelt ebenfalls die politische Ökonomie wider. Im Vergleich mit dem 10. Jahrhundert ist hier eine Verschiebung der Rus'-Aktivitäten zu notieren. In die Zeit von ca. 1030 bis ca. 1060 fiel eine Reihe von Raub- und Feldzügen im Norden und Nordwesten: 1030 gegen die Čuden (der mit der Gründung von Dorpat endete), 1038 gegen die Jadvinger und 1040 gegen die Litauer.[548] 1042 zog Jaroslav gegen den Stamm der Jemen in Karelien,[549] und 1060 überfielen die Rus' in Estland die unter dem Namen der Sosuly bekannten Bevölkerungsgruppen ebenso wie die Čuden.[550] Im Westen brachte Jaroslav 1031 die Červinischen Burgen unter eigene Kontrolle und verschleppte dabei Menschen, die schließlich westlich der Stadt Kiev angesiedelt wurden, während er 1041 und 1047 im Rahmen eines Bündnisses mit Kasimir dem Erneuerer Kriegsexpeditionen gegen die Masowier durchführte (Unterkapitel 1.41. und 1.4.2.).[551]

In dieser Phase versuchten also die Rus', ihre tributäre Einflusszone auf die finnischen, baltischen und teilweise westslawischen Stämme nördlich und westlich von Novgorod bzw. des mittleren Dneprgebietes auszudehnen, um Pelze, Wachs und Honig zu erpressen, die wiederum gegen westeuropäisches Silber eingetauscht werden konnten. Das schließt freilich nicht aus, dass lokale Eliten mit den Rus' kooperierten und über ihre Netzwerke an Pfennige kamen – wie etliche Münzfunde aus Estland nahelegen würden.[552]

---

546 Noonan, The Monetary (wie Anm. 211), S. 405 f.; Georgiy Kozubovsky spricht von gut 400 Barren des Kiever Typs, von denen die meisten in Kiev sowie dem mittleren Dneprgebiet entdeckt wurden: Georgiy Kozubovskiy, West-European Coins and Local Ingots in Kiev in the 11th-12th Centuries, in: Moneta mediaevalis (wie Anm. 6, Kap. 2), S. 253-259, hier S. 255.

547 Goehrke, Russischer Alltag (wie Anm. 46), S. 155 f.

548 Die Nestorchronik (wie Anm. 47), S. 184, 189,

549 The Chronicle of Novgorod 1016-1471, hg. von Robert Michell / Nevill Forbes, London 1914, S. 3.

550 Mühle, Die städtischen Handelszentren (wie Anm. 80), S. 142.

551 Die Nestorchronik (wie Anm. 47), S. 185, 189, 191.

552 Arkadij Molvogin, Die letzte Welle des westeuropäischen Münzsilbers der späten Wikingerzeit in Estland (1100-1158), in: Fernhandel (wie Anm. 430), S. 287-293, hier Tab. 2, S. 289.

Umgekehrt scheinen die Beute- und Raubaktivitäten im kaspischen und Schwarzmeer-Raum deutlich abgenommen zu haben: 1043 fand der letzte größere Kriegszug der Rus' gegen Byzanz statt, und um 1040 unternahmen die Skandinavier ihre letzte Wikingerfahrt ins Serkland, das Land der Sarazenen.

## 1.5. Fremde Netzwerke und einheimische Denare: Monetärer Dualismus zwischen ca. 1070 und ca. 1100

Die zweite Hälfte des 11. Jahrhunderts gilt als der Übergang von einer für die Wikingerzeit typischen Raub- und Fernhandelsökonomie zu einer regional-lokal stärker verankerten Gesellschaftsform. Für Steinar Imsen verringerte der Wandel der skandinavischen Thalassokratien hin zu landabhängigen Staaten, die im 12. und 13. Jahrhundert zur Entfaltung kamen, die Bedeutung maritimer Herrschaftsstrukturen.[553] Anders Andrén bezeichnet wiederum die frühen Handels- und Handwerkssiedlungen Skandinaviens Birka und Haithabu als Zentren einer extensiven *external exploitation*, denen er königliche Städte mit einer *internal exploitation* zwischen ca. 1000 und 1150 gegenüberstellt. Die letztgenannten basierten auf den persönlichen Pflichten bäuerlicher Bevölkerungsschichten, die der Autor als neue Formen von Souveränität und politischer Organisation auffasst.[554]

Ins Auge fällt dabei die Synchronizität der politischen Ereignisse, die für die oben beschriebene Transformation im Ost- und Nordseeraum symptomatisch waren. Unter Synchronizität wird das zeitliche Zusammentreffen verwandter Phänomene verstanden, „[...] die keine Kausalität zueinander aufweisen, aber eben auch nicht einfach als rein zufällig in ihrem zeitlich konzentrierten Auftreten erscheinen."[555]

Im Jahr 1066 unternahm der Norwegerkönig Harald Hårdråde einen Kriegszug gegen England. In der Schlacht bei Stamford Bridge kam er ums Leben, und die Norweger wurden von den Angelsachsen besiegt. Sicherlich spielte für die Skandinavier das Interesse, an englisches Silber zu kommen, eine nicht zu unterschätzende Rolle – zumal wenn man bedenkt, dass die Könige immer darauf angewiesen waren, Edelmetalle parat zu haben, um jederzeit imstande sein zu können und zu wollen, politische Klienten zu belohnen oder zu bestechen. Einige Wochen später ereilte die Angelsachsen dasselbe Schicksal, als sie bei Hastings von den Normannen unter Wilhelm dem Eroberer niedergerungen wurden. Dabei fiel Wilhelm [...] *auch die Masse des von Harald aus Griechenland mitgebrachten Goldes durch diesen Glücksfall in die Hände. Das Gewicht des Geldes war so groß, dass 12 junge Männer es kaum auf ihren Schultern tragen konnten.*[556]

Die skandinavischen Feldzüge gegen England hörten allerdings mit der normannischen Machtübernahme auf der Insel keineswegs auf. Die Quellen berichten noch von dänischen

553 Steinar Imsen, From Tributes to Taxes, in: Taxes (wie Anm. 101), S. 13-29, hier S. 19.

554 Anders Andrén, The Early Town in Scandinavia, in: The Birth of Europe. Archaeological and Social Development in the First Millennium A. D., hg. von Klavs Randsborg, Roma 1989, S. 173-177.

555 So zitiert Karl-Georg Zinn, Kanonen und Pest. Über die Ursprünge der Neuzeit im 14. und 15. Jahrhundert, Opladen 1989, S. 148 f., Carl Gustav Jung.

556 Adam von Bremen, Gesta (wie Anm. 361), III/52, S. 394 f.

Kriegszügen in den Jahren 1069-1070, an denen auch Pomoranen und Schotten teilnahmen, und 1075.[557]

Im Jahr der Schlachten von Stamford Bridge und Hastings wurde der Slawenfürst Gottschalk von den *Heiden* getötet, die zudem *das ganze Hamburger Land mit Feuer und Schwert verheerten.* Fast alle Bewohner wurden erschlagen oder gefangen weggeschleppt und die Burg Hamburg gründlich zerstört. Zeitgleich brannten die Slawen das Emporium von Haithabu nieder.[558] 1075 konnte der Slawenfürst Kruto sogar die nordelbingischen Sachsen (die Holzaten, die Sturmann und die Dithmarscher) zinspflichtig machen.[559] Eine besondere Verdichtung von Turbulenzen fand also um das Jahr 1066 statt.

Wenn wir uns einige Hundert Kilometer weiter östlich begeben, registrieren wir zur gleichen Zeit weitere Spannungen. So überfiel Vsesláv, der Sohn des Polocker Fürsten Brjačislav, 1067 Novgorod, während drei andere Rus'-Fürsten, die am mittleren Dnepr herrschten, Minsk eroberten und dort Frauen und Kinder erbeuteten. Danach besiegten sie jenen Vsesláv, der kurz davor Novgorod ausgeraubt hatte.[560] 1068 schlugen die Polovzer die im Dneprraum residierenden Fürsten und setzten eine Ereigniskette in Gang, die schließlich zu einer Erhebung der Kiever Bevölkerung gegen Izjasláv führte, der daraufhin nach Polen floh.[561] Ein Jahr später kehrte er nach Kiev in Begleitung des Piastenherzogs Bolesław II. zurück.[562] 1073 soll Bolesław den Kiever Fürsten Izjasláv, der wieder nach Polen flüchtete, ausgeraubt und 1077 in Kiev interveniert haben.[563] Allerdings wurde der piastische Herrscher schon 1079 infolge eines Konflikts mit Bischof Stanisław aus Polen vertrieben. Wir dürfen nicht vergessen: Bolesław ging nach seiner Krönung dazu über, Denare zu emittieren, die zuerst von relativ guter Qualität waren, bald aber einen sehr niedrigen Silbergehalt aufwiesen. Vielleicht liegt hier eine der Ursachen für den Konflikt mit dem Bischof und den darauffolgenden Sturz des Königs.[564]

Letztendlich stellte die Periode von etwa 1066 bis ca. 1080 ebenfalls für das römisch-deutsche Reich eine Zeit dramatischer politischer und ideologischer Unruhen dar. Sie setzten mit den sog. Sachsenkriegen 1073-1075 ein, gipfelten in dem Gang Heinrichs IV. nach Canossa und fanden schließlich in der Zeit der Gegenkönige 1077-1080 eine Fortsetzung. Und auch hier wird die Verfügung über Edelmetalle auf die politische Ökonomie eingewirkt haben: Als Otto von Northeim im Jahr 1080 nach einer Schlacht das Lager Heinrichs IV. einnahm, fand er dort neben vielen Kostbarkeiten sowohl Silber- und Goldbarren als auch große Mengen an gemünztem Geld vor.[565]

Zur Erinnerung: Die beschriebenen Ereignisse weisen keine Kausalität zueinander auf, spiegeln dennoch unterschwellig die Konfliktlinien einer Umbruchszeit wider, die in einer erbitterten Rivalität um Macht und herrschaftliche Deutungshoheit ebenso wie um äußerst knappe ökonomische Ressourcen bestand.

---

557 R. Allen Brown, Die Normannen, München 1984, S. 100; Enn Tarvel, Die dänische Ostseepolitik im 11.-13. Jahrhundert, in: Studien zur Archäologie (wie Anm. 143), S. 53-59, hier S. 53.
558 Adam von Bremen, Gesta (wie Anm. 361), III/50-51, S. 391 f.
559 Helmold, Chronik (wie Anm. 183), I/26, S. 97.
560 Die Nestorchronik (wie Anm. 47), S. 204.
561 Ebd., S. 205, 208 f.
562 Ebd., S. 211 f.
563 Ebd., S. 221, 237.
564 Vgl. Suchodolski, Numizmatyka (wie Anm. 500), S. 335-349.
565 Vgl. Karl Leyser, Communications and Power in Medieval Europe. The Carolingians and Ottonian Centuries, London-Rio Grande 1994, S. 34.

Gleichzeitig verschoben sich die handelsgeschichtlichen Koordinaten: Die steigende Nachfrage nach Silber im römisch-deutschen Reich ließ wohl die Verteilungsnetzwerke, die das Festland-Schweden, Dänemark und Norwegen mit Pfennigen versorgten, reißen. In Skandinavien begannen spätestens nach 1070 einheimische Prägungen zu überwiegen. Die Piasten hingegen emittierten zwar eigene Denare, womöglich millionenfach, die sich jedoch bis zum frühen 12. Jahrhundert auf dem Markt nicht durchsetzen konnten – also solange sächsische Importe intakt blieben und die polnischen Nachprägungen derselben geschlagen wurden. Weiterhin flossen Münzen in großen Mengen in den Bereich der Ostsee- und Elbslawen bzw. der Pomoranen, die selbst Imitationen von Denaren produzierten, sowie nach Gotland, wo wiederum keine Prägung einheimischer Pfennige bekannt ist. Neue Netzwerke der Silberverteilung entstanden aber auf der Achse zwischen Friesland und der Novgoroder Rus', der ich mich nun zuwenden möchte.

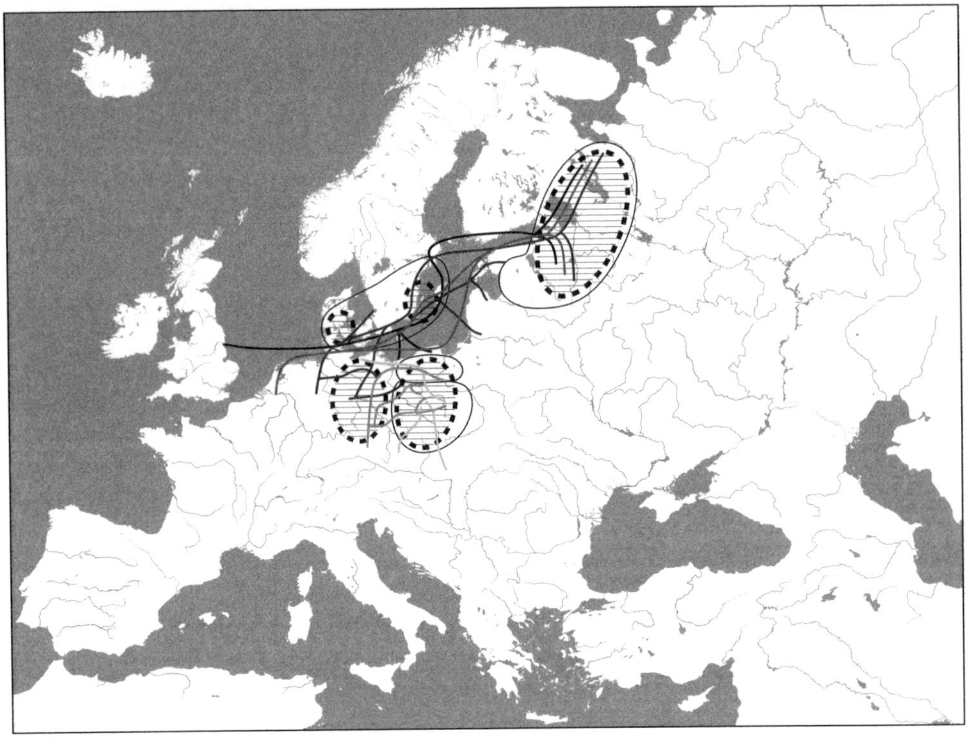

Karte 11: Silberverteilungsnetzwerke im späten 11. und frühen 12. Jahrhundert
Gestrichelte Kreise: Anhäufungen von Silberfunden; Kreise: ungefähre Reichweite der Netzwerke; Linien: Ausgangspunkte und Richtungen der Münzströme

## 1.5.1. Novgoroder Rus'

Handelsgeschichtlich haben sich in Osteuropa in der zweiten Hälfte des 11. Jahrhunderts drei Regionen herausgebildet: im Südwesten die Steppenfrontier zwischen der Kiever Rus' und den verschiedenen nomadischen bzw. halbnomadischen Gesellschaften, vor allem den Polovzern, die nicht nur vielerlei Interaktionen zwischen ihnen beinhaltete, sondern auch ein umkämpftes Transitgebiet für Kiever Kaufleute auf ihren Reisen nach Byzanz darstellte; im Südosten die Volgamagistrale, die die Funktion erfüllte, die Novgoroder Rus' mit den Volgabulgaren und den kommerziellen Zentren im Volgadelta bzw. im kaspischen Raum zu verknüpfen; und schließlich die Taigazone im Norden, die zum Einflussbereich der Novgoroder Fernhändler und Tributeintreiber gehörte. In ihr allein sind Münzfunde aus dieser Phase fassbar.

Seit den späten 1060er Jahren fand eine Erweiterung der Silberzirkulation zwischen dem Nord- und Ostseeraum statt. Im Westen hat sich der friesische Raum als ein neuer, gewichtiger Silberlieferant hervorgetan. Der friesische Silberzustrom erfasste Mittelschweden, die östlichen Teile der Ostsee mit Finnland (hier vor allem Karelien[566]) bzw. Estland und vor allem den Novgoroder Raum.[567] In den zehn gut untersuchten Schatzfunden mit einer Schlussmünze nach 1068 aus Nordrussland erreichte der Anteil friesischer Pfennige in sieben Fällen mindestens 40 Prozent der Münzmasse: Polna (1068) 43 Prozent, Zabelskoe (1068) 99 Prozent, Demšino (1068) 84 Prozent, Širinis (1068) 83 Prozent, Lodejnoe Pole II (1068) 63 Prozent, Ruci (1081) 87 Prozent und Skadino (ca. 1130) 40 Prozent. In drei Funden ging er deutlich zurück und hat sich bei 20-30 Prozent eingependelt (Viljmaž, 1079 21 Prozent, Spankovo, ca. 1125 24 Prozent sowie Archangel'sk, 1125/1131 32 Prozent).[568]

In diesem Zusammenhang ergibt sich die Frage, ob die Novgoroder Rus' direkte Kontakte nach Friesland unterhielt oder ob die friesischen Münzen dorthin über Schweden flossen. In Schweden lag die Anzahl der Friesen-Pfennige in der zweiten Hälfte des 11. und im frühen 12. Jahrhundert bei immerhin gut 20 Prozent. Doch allein der Schatzfund von Venngarn bei Sigtuna, Uppsala, mit der Schlussmünze um 1079 umfasste etwa 56 Prozent aller dort gefundenen Pfennige aus Friesland. Die Runen-Inschriften jedenfalls bestätigen die Anwesenheit von Friesen in Sigtuna.[569] Außerdem enthielten die friesischen Münzen weniger Silber als einige andere Emissionen aus dem Reich, sodass man nicht ausschließen kann, dass die Skandinavier sie nur ungern deponierten. Auf der anderen Seite werden Novgoroder Fernhändler in Schleswig bzw. Dänemark 1130, 1134 und 1156 erwähnt,[570] was auf direkte Kontakte der Rus' mit Friesland hindeutet.

Die Entstehung dieser neuen Netzwerke ging in erster Linie auf die Beziehungen zurück, die der Graf von Friesland Ekbert II. (1068-1090) mit den Novgoroder Fernhändlereliten geknüpft hatte. Auffallend ist zudem, dass viele dieser Münzen im hohen Norden Osteuropas vorwiegend im breiten Hinterland der Stadt Novgorod gehortet wurden. Aus dem Svir-Onega-Gebiet stammt der größte, ins späte 11. Jahrhundert datierte Schatz von westlichen Münzen. Der Hort von Viljmaž, von dem die Rede ist, bestand aus gut 13.000 Prägungen, deren Schlussmünze um 1079 emittiert worden ist. Interessanterweise berichtet die altrussische Chronik zum Jahr

566 Tuukka Talvio, Deutsche und andere Münzen in finnischen Funden des 11. Jahrhunderts, in: Fernhandel (wie Anm. 430), S. 269-275, Tab. 1, S. 270. Grundsätzlich Jukka Korpela, The World of Ladoga. Society, Trade, Transformation and State Building in the Eastern Fennoscandian Boreal Forest Zone c. 1000-1555, Berlin 2008.

567 Tuukka Talvio, The Frisian Element in the Coin Hoards of the Late Viking Age in Scandinavia, Russia and the East Baltic Lands, in: Society and Trade (wie Anm. 138), S. 195-200.

568 Adamczyk, Silber und Macht (wie Anm. 16, Kap. 1), Tab. 87, S. 240 f.

569 Vgl. Kenneth Jonsson, The Numismatic Evidence for Frisian Trade in Sweden in the late Viking Age, in: Moneta mediaevalis (wie Anm. 6, Kap. 2), S. 233-244. Zu den Runen siehe nächstes Unterkapitel.

570 Erich Hoffmann, Die schrittweise Ablösung Schleswigs durch Lübeck als wichtigstes Seehandelszentrum an der westlichen Ostsee (ca. 1150-1250), in: Seehandelszentren des nördlichen Europa. Der Strukturwandel vom 12. zum 13. Jahrhundert, hg. von Günter P. Fehring, Bonn 1983, S. 39-46, hier S. 39 f.; The Chronicle of Novgorod (wie Anm. 549), S. 12 f.

1078[571] und die Novgoroder Chronik zum Jahr 1079,[572] dass Fürst Gleb bei der Eintreibung eines Tributs in dieser Region von den einheimischen finnougrischen Bevölkerungsgruppen erschlagen worden sei. Es kann sein, dass das Edelmetall ihm gehörte und dazu diente, nach dem Einsammeln der abgabenpflichtigen Felle weitere, vielleicht noch schickere einzutauschen. Den Schatz könnte er folgerichtig kurz vor seinem Tod vergraben haben. Eine andere Möglichkeit bestünde darin, dass die Münzen von einem einheimischen Häuptling angehäuft und dann deponiert wurden. Wir wissen, dass Novgoroder Fernhändler bis ins Weiße-Meer- und Barentssee-Gebiet vorstießen. Zum Jahr 1096 berichtet die erwähnte Chronik, dass ein gewisser Gurjata Rogovič bis ins nördliche Uralgebiet gelangte, um von den dortigen Stämmen Felle und Pelze zu erwerben. Als Tauschäquivalent wollten diese noch nordöstlicher von den Jugra und Samojeden lebenden Bevölkerungsgruppen Beile, Messer und andere Eisenwaren erhalten.[573] Nur am Rande: Eine Urkunde des Fürsten Svjatoslav aus dem Jahr 1136/1137 nennt 17.400 Felle, die allein aus einigen wenigen, zum Novgoroder Machtbereich gehörenden Gebieten jährlich als Tribut eingesammelt wurden.[574]

Von Edelmetallen ist in der Quelle zwar keine Rede, dennoch zeigt vor allem der etwa 15 km von Archangel'sk und 1,5 km von der Mündung des Nikolski-Flussarmes der Nördlichen Dvina jüngst entdeckte Schatz, dass auch die im hohen Norden beheimateten Bevölkerungsgruppen über Silber verfügten. Der Hort bestand aus gut 1.900 Münzen sowie Schmuck und kam etwa nach 1125/1131 unter die Erde. Die mit Abstand meisten Pfennige stammten aus dem römisch-deutschen Reich – ihre Anzahl betrug 1.797 Stück. Von den untersuchten Exemplaren stellten friesische Denare mit knapp 32 Prozent (Utrechter Bereich: 209 und Friesland: 168) die größte Masse dar, während die Anteile von Niedersachsen/Westfalen/Ostfalen (316), Franken (291) und dem Kölner Raum (212) sich auf jeweils 26 Prozent, 24 Prozent bzw. 18 Prozent beliefen. 91 Prägungen wurden England zugeordnet, während ein kleiner Restposten Münzen aus Dänemark, Norwegen, Böhmen, Schweden, Ungarn sowie Zentralasien enthielt. Beeindruckend ist der Radius der Schmuckformen, die das Depot enthielt. Ringe bzw. Anhänger weisen Parallelen zu Funden unter anderem aus Novgorod, Kiev, dem oberen Dneprraum und Estland, zudem aus dem Kama-Gebiet, Nordskandinavien und sogar von der Insel Waigatsch in der Kara-Straße auf. Die Olaf-Saga bestätigt, dass das Gebiet der Nördlichen Dvina spätestens zwischen 1015 und 1030 in die Handelsnetze eingebunden war: *Als sie nun in Perm ankamen, ankerten sie bei einem Handelsplatz, und dort fand ein Markt statt. Und die reichlich zahlen konnten, erwarben sich dort Waren in Fülle. Þorir kaufte eine Menge Grauwerk sowie Biberfelle und Zobelpelze. Auch Karli hatte reichlich Geld, wovon er viel Pelzwerk einkaufte. Als nun der Markt geschlossen war, segelten sie den Dvinastrom hinab* [...].[575]

571 Die Nestorchronik (wie Anm. 47), S. 238.

572 The Chronicle of Novgorod (wie Anm. 549), S. 6.

573 Die Nestorchronik (wie Anm. 47), S. 274. Zum Pelzhandel und seiner Infrastruktur vgl. Roman K. Kovalev, The Infrastructure of the Novgorodian Fur Trade in the Pre-Mongol Era (ca. 900-ca. 1240), Minnesota 2002; Ders., The Infrastructure of the Northern Part (wie Anm. 66); Ders. / Thomas S. Noonan, „The Furry 40s". Packaging Pelts in Medieval Northern Europe, in: States, Societies, Cultures. East and West. Essays in Honor of Jaroslaw Pelenski, hg. von Janusz Duzinkiewicz u. a., New York 2004, S. 653-682.

574 Ebd., S. 655 f.

575 Else Ebel, Der Fernhandel der Wikingerzeit bis in das 12. Jahrhundert in Nordeuropa nach altnordischen Quellen, in: Untersuchungen (wie Anm. 18, Kap. 2), S. 266-312, Nr. 10. Zum Schatzfund vgl. Vsevolod Potin, Über einen neuen Schatzfund, in: Fernhandel (wie Anm. 430), S. 277-286; Evgenij N. Nosov u. a., The Arkhangelsk Hoard, in: Fennoscandia archaeologica 9 (1992), S. 3-21.

Wir sollten außerdem beachten, dass die Novgoroder von den Jugra-Stämmen Tribute unter anderem in Zobelfellen und – wenn man der Novgoroder Chronik zum Jahr 1193 Glauben schenkt – Silber erhoben.[576]

Interessant ist eine von Adam von Bremen übermittelte Geschichte, die sich unter Adalberts Vorgänger Adalbrand (1035-1043) ereignet haben soll. Einige edle Friesen hätten eine Erkundungsfahrt Richtung Norden unternommen:

> [...] *Als sie dem gefährlichen Dunkel und den kalten Räumen entronnen waren, landeten sie unverhofft auf einer Insel, die durch hohe Felsen ringsum wie eine Burg befestigt war. Als sie zur Erkundung an Land gingen, trafen sie Menschen, die sich zur Mittagszeit in unterirdischen Höhlen verborgen hielten. Vor ihren Türen lagen unermeßlich viele Gefäße aus Gold und anderen Metallen, die bei den Menschen als selten und kostbar gelten. Die Ruderer nahmen soviel von den Schätzen, wie sie tragen konnten, und kehrten schleunigst frohgemut auf die Schiffe zurück. Da sahen sie plötzlich Menschen von erstaunlicher Größe hinter sich kommen, die wir Kyklopen nennen. Vor ihnen liefen Hunde her, die an Größe gewöhnliche Tiere weit übertrafen; einen der Gefährten konnten sie beim Nachsetzen packen, und schon war er vor ihren Augen zerfleischt. Die anderen aber erreichten die Schiffe und entrannen der Gefahr, obwohl ihnen die Riesen, wie sie erzählten, schreiend bis weit hinaus aufs hohe Meer folgten.*[577]

Dieser Bericht mutet sagenhaft an, enthält aber möglicherweise einen wahren Kern. Vielleicht versuchten diese friesischen Fernhändler, die an Pelzen reichen Gebiete im Norden Osteuropas unter Umgehung der Novgoroder Mittelsmänner zu erschließen, und landeten nicht westlich der Insel Island – wie die Quelle auf den ersten Blick suggeriert –, sondern irgendwo östlich davon. Folglich konnten sie den Bevölkerungsgruppen im Bereich der Barentssee begegnet sein, die sich im Einflussbereich der Novgoroder Fernhändler befanden. Die in der Quelle erwähnten Gefäße aus Metallen würden die Funde in Westsibirien bzw. im Uralraum bestätigen.[578] Die entlang des Ob beheimateten Stämme bezogen das Silber vermutlich aus dem islamischen Raum über die Tribut- und Handelsnetze der Volgabulgaren.

Die Pfennige wiederum dienten Fernhändlern aus der Novgoroder Rus' in der Taigazone als Zahlungsmittel, mit dem sie attraktive Pelze, die nicht einen Teil der Tribute darstellten, erwerben konnten. Für die finnougrischen Clans im hohen Norden hingegen erfüllten die Edelmetalle (ähnlich wie bei den Pruzzen) rituelle und Prestigefunktionen.[579]

Etliche Funde belegen überdies, dass auch lokale Bevölkerungsgruppen südöstlich von Novgorod in die Silberverteilungsnetze einbezogen wurden. Dank einer Kombination aus Jagd, Landwirtschaft und Handelsaktivität konnten zum Beispiel die Bewohner der Beloozero-Region bescheidenen Wohlstand erzielen.[580] Grundsätzlich erscheint die Verwendung von Edelmetallen in der Novgoroder Rus' komplexer und vielseitiger als an ihrer Peripherie zwischen dem Weißen Meer und der Barentssee. Neben den Funktionen als Fernhandelsgeld und

576 The Chronicle of Novgorod (wie Anm. 549), S. 36.

577 Adam von Bremen, Gesta (wie Anm. 361), IV/40-41, S. 490-493.

578 Vgl. Vladislav P. Darkevič, Chudožestvennyj metall vostoka VIII-XIII vv. Proizvedenija vostočnoj torevtiki na territorii evropejskoj časti SSSR i Zauralja [Die östlichen Edelmetalle des 8.-13. Jahrhunderts im europäischen Teil der Sowjetunion und im Uralgebiet], Moskva 1976, S. 143 f., Tab. 1-3.

579 Lars Ivar Hansen / Bjørnar Olsen, Hunters in Transition. An Outline of Early Sámi History, Leiden-Boston 2014, S. 131.

580 Vsevolod Potin, Der zweite Münzfund von Naginščina. Bestand und Forschungsergebnisse, in: XII. Internationaler Numismatischer Kongress Berlin 1997, hg. von Bernd Kluge / Bernhard Weisser, Berlin 2000, S. 962-965; Nikolaj A. Makarov, Rural Settlement and Landscape Transformation in Northern Russia, A. D. 900-1300, in: Land, Sea and Home (wie Anm. 166), S. 55-73, besonders S. 69.

zur Machtrepräsentation fungierte das Silber als Rohstoff zur Herstellung von Schmuck und zur Kirchenausstattung. Der Schatzfund von Polock, der in den 1060er Jahren deponiert wurde und in der Masse aus fragmentierten Münzen, Halsreifen, Armbändern und Barren bestand, könnte davon zeugen.[581]

Wir haben jedoch kaum Indizien, dass die einheimische Münzprägung in der Novgoroder Rus' eine Rolle gespielt hat – anders als im westlichen Skandinavien.

### 1.5.2. Dänen, Festland-Schweden und Gotländer

Wenn wir den Anteil der Schatzfunde in Schweden und Dänemark aus dem Zeitraum von ca. 1020 bis etwa 1060 mit jenem in den 1060er bis 1100/1130 Jahren innerhalb des Ostseeraumes vergleichen, dann müssen wir einen gravierenden Unterschied feststellen: Er fällt von gut 55 Prozent auf ca. 25 Prozent. Importe begegnen nun deutlich seltener auf dem schwedischen Festland und in Dänemark, während die Zahl der Horte mit ausschließlich einheimischen Prägungen in dem letztgenannten Gebiet gestiegen ist.[582] In Uppland fallen Hinweise auf eine Münzprägung zu diesem Zeitpunkt spärlich aus. David M. Metcalf und Klaus Petry führen die Schrumpfung der deutschen Silberströme nach Skandinavien nicht unbedingt auf den abnehmenden Handel zurück, sondern schließen einen Wandel in der Warenstruktur im Austausch zwischen dem Ostseeraum und dem Reich, der den Rücktransfer von Silber nach Deutschland zur Folge haben konnte, nicht aus.[583] Die offensichtliche Schwäche dieses Ansatzes besteht jedoch darin, nicht erklären zu können, was für die Skandinavier so wertvoll gewesen sein soll, dass sie zuerst ihre Waren – vermutlich in erster Linie Felle und Pelze – gegen Pfennige eintauschten, um mit letzteren wiederum Güter aus dem römisch-deutschen Reich zu beziehen.

Auf der anderen Seite gibt es Anzeichen dafür, dass die Produktion einheimischer Denare im dänischen Bereich im dritten Viertel des 11. Jahrhunderts deutlich zunahm: Hier sind vor allem die Jütische Halbinsel, Schonen, Seeland und Fünen zu erwähnen. Die Anzahl der in Lund, aber auch Viborg emittierten Münzen stieg erheblich.[584] Es liegt also nahe, dass sie aus den eingeschmolzenen deutschen Pfennigen und Schmuckstücken geprägt wurden. In Norwegen hingegen nahm der Silbergehalt in den einheimischen Denaren kurz vor 1060 ab.[585] Die Analyse der geografischen Struktur der deutschen Prägungen aus den Herrschaftszeiten Heinrichs IV. (1056-1106) und Heinrichs V. (1106-1125) in schwedischen Funden zeigt Utrecht und Friesland mit 22 Prozent an der Spitze, gefolgt von Franken (17 Prozent), Lothringen (16 Prozent) sowie dem Kölner Raum bzw. Niedersachsen (je 15 Prozent).[586]

Zwei Runen aus Sigtuna, dem wichtigsten Handelszentrum der Svear seit etwa 970, konstatieren: *Die Gildenbrüder der Friesen ließen diesen Stein errichten* bzw. *diese Runen ritzen Friesen.* Die Entstehung einer dritten Inschrift, die auf Friesen hinweist, wird in die Zeit vor 1050 datiert.[587] Unklar bleibt hingegen die chronologische Einordnung der beiden ersterwähnten

581 Mühle, Die städtischen Handelszentren (wie Anm. 80), S. 225 f.

582 Adamczyk, Silber und Macht (wie Anm. 16, Kap. 1), Tab. 96, S. 257; ergänzt durch neuere Funde; von Heijne, Särpräglat (wie Anm. 36, Kap. 2), chronologische Liste auf S. 218 f.

583 Metcalf, Some further (wie Anm. 525), S. 58 f.; Klaus Petry, Weiller 42 – ein unbekanntes Bindeglied der Münzstätte Trier und der Fernhandelsdenarszone zur spätottonisch-frühsalischen Zeit?, in: Fernhandel (wie Anm. 430), S. 135-140.

584 von Heijne, Viking-Age Coin (wie Anm. 381), S. 190.

585 Jon Anders Risvaag / Axel Christophersen, Early Medieval Coinage and Urban Development: A Norwegian Experience, in: Land, Sea and Home (wie Anm. 166), S. 75-91, hier S. 88.

586 Metcalf, Some further (wie Anm. 525), Tab. 4, S. 72.

587 Ruprecht, Die ausgehende (wie Anm. 484), Nr. 171-173, S. 159.

Runen. Insgesamt dürfen wir jedoch von einer Anwesenheit der Friesen in Uppland spätestens ab der Mitte des 11. Jahrhunderts ausgehen.[588]

Wenn wir bei der regionalen Bestimmung der gehorteten Münzen nur den Zeitraum von 1100 bis 1125 berücksichtigen, dann ergibt sich eine Dominanz Niedersachsens mit 43 Prozent.[589] Die Rezession im Silberzufluss nach Skandinavien erscheint demnach nicht als eine Begleiterscheinung des allgemeinen Kollapses der Edelmetallversorgung im Ostseeraum, sondern spiegelt vermutlich den Zusammenbruch oder eher die strukturelle Veränderung – also den Wandel hin zum reinen Warentausch – der rheinisch-friesisch-uppländischen Netzwerke wider.

Byzantinische Keramik aus Sigtuna (aber auch Lund) illustriert wiederum, dass die östlichen Netzwerke der Festland-Schweden von der Mitte des 11. Jahrhunderts bis ca. 1200 reaktiviert wurden. Eine besonders intensive Konzentration dieser Ware muss archäologischen Befunden zufolge in die 1100er bis 1130er Jahre gefallen sein.[590]

Auf Gotland wiederum begegnen kaum Keramikfunde aus dem Osten, dafür aber mehrere Schätze. Einer der spätesten Horte stammt aus Burge (tpq. nach 1140).[591] Neben den Überresten eines in die Zeit um 1175 datierten Hauses wurde in dieser Ortschaft ein Depot von rund 3.000 Prägungen freigelegt, das samt Barren, Stangen und Gusskuchen insgesamt 10,369 kg wog – ein Äquivalent von fast 52 Mark, also um acht Mark unter jener Summe, die die Insulaner an die Svear als jährlichen Tribut zu entrichten hatten (Unterkapitel 1.2.7.). Die Masse des gemünzten (und untersuchten) Silbers bildeten 2.715 Denare, Brakteaten und Halbbrakteaten, darunter mindestens 1.917 Exemplare – knapp 71 Prozent – aus dem Herzogtum Sachsen, von denen wiederum 1.540 Stück in Niedersachsen emittiert wurden. Goslar gehörte mit 1.333 Münzen zu dem Prägeort schlechthin. Von den übrigen Geldsorten interessant sind die angelsächsischen Pennies, die unter anderem zwischen 1113 und 1116 ausgestoßen wurden und ansonsten im Ostseeraum nur selten vorkommen. Ob sie auf direkte Verbindungen der Gotländer nach England zurückgehen oder die Insel eher über Friesland und Norddeutschland erreichten, bleibt unbekannt. Der Schatz von Burge enthielt obendrein 30 Dirhems bzw. Dirhemfragmente, deren jüngste Exemplare aus der Zeit um 999 stammen, was nahelegt, dass sein Besitzer Zugang zu den schon vor Generationen aus dem Umlauf ausgeschiedenen Silberstücken besaß und sie womöglich als Familienschatz beerbte. Einheimische Münzen hingegen fehlen bis auf ein Exemplar gänzlich.

Unter dem ungemünzten Edelmetall stechen jene zungenförmigen Barren hervor, die für das Novgorod des 12. Jahrhunderts kennzeichnend waren. Auf einem von ihnen ist der in kyrillischen Buchstaben eingeritzte Besitzvermerk Byl'ęta, Bylas oder Byls Sohn, zu lesen.[592] Demnach stellen die Barren ebenso wie die in Norddeutschland produzierten Münzen ein beredtes Zeugnis für die Existenz der Handelsnetzwerke dar, die Sachsen – über Gotland als Drehscheibe – mit Novgorod verknüpften. Zudem ist davon auszugehen, dass die Logik eines auf schierem Raub und der exzessiven Eintreibung von Tributen beruhenden Handels im ausgehenden

588 Vgl. Mats Roslund, Bridging two Worlds. Tracing Merchants from the Holy Roman Empire in High Medieval Sigtuna, in: Zwischen Fjorden und Steppe. Festschrift für Johan Callmer zu seinem 65. Geburtstag, hg. von Claudia Theune u. a., Rahden/Westf. 2010, S. 239-250.

589 Metcalf, Some further (wie Anm. 525), Tab. 4 auf S. 72.

590 Vgl. Mats Roslund, The strife for power. Inter-regional contacts and trade in Sigtuna c. 970-1200, in: Exchange and Trade, hg. von Helen Clarke u. a., York 1992, S. 145-151; zur Einordnung in einen breiteren Kontext siehe Nils Blomkvist, The Discovery of the Baltic. The Reception of a Catholic World-System in the European North (AD 1075-1225), Leiden 2005, S. 393 f.

591 Gert Hatz, Zum vorhansischen Münzumlauf auf Gotland. Der Schatzfund von Burge, in: Zeitschrift des Vereins für Hamburgische Geschichte 60 (1974), S. 17-34.

592 Ebd., S. 22.

11. Jahrhundert einer grundlegenden Transformation hin zu einer geregelteren Aneignung des bäuerlichen Surplus unterlag – zumindest, wenn wir der Anzahl der entsprechenden Quellenerwähnungen im Hinblick auf Skandinavien folgen. Gleichzeitig erfolgte eine stärkere Spezialisierung des Seehandels, die mit der Nutzung größerer Schiffe einherging.[593]

Den nautischen Charakter gotländischer Aktivität hebt ebenfalls die Gutasaga hervor. Sie berichtet, dass die Insulaner den Svear-Königen auf ihren Kriegsexpeditionen (freilich nur gegen die Heiden) sieben Langschiffe zur Verfügung stellen und ihnen acht Wochen lang Verpflegung leisten sollten. Bei Verweigerung waren 40 Mark in Münzen für jedes Schiff zu entrichten[594] – die knapp 52 Mark Silber aus dem Fund von Burge reichten folglich als Äquivalent für mehr als eine Einheit. Diese Information bezieht sich schon auf die Zeit nach der Annahme des Christentums, sodass sie für das späte 11. bzw. die erste Hälfte des folgenden Jahrhunderts durchaus zutreffen könnte.

Des Weiteren erfahren wir aus der Quelle, dass der Bischof die der Kirche zustehenden Abgaben in einer Mischform aus Naturalien wie Getreide und Münzen einsammelte.[595] Diese Nachricht deutet darauf hin, dass aus fiskalischer Sicht die Edelmetalle nur eine der vielen Zahlungsvarianten darstellten, wohingegen sie im Ostseehandel gewiss eine zentrale Rolle spielten.

### 1.5.3. Ostsee- und Elbslawen

Während die rheinisch-friesisch-uppländischen Netzwerke ihren Charakter weg vom Münztransfer hin zum Warentausch im Laufe der zweiten Hälfte des 11. Jahrhunderts veränderten, nahm der Einstrom von Denaren in den elbslawischen Raum in dieser Phase beträchtlich zu. Zumindest der Anteil der Schatzfunde aus dieser Region am gesamten Bestand im Ostseeraum steigt von ca. neun Prozent im Zeitraum von 1020 bis 1060 auf etwa 34 Prozent in der Periode von 1060 bis 1120.[596]

Konstant blieb der Zufluss der Kreuzdenare, die allerdings im westlichen Mecklenburg bereits seit den 1060er Jahren von den niederelbischen Agrippinern, vor allem aus Bardowick, verdrängt wurden – ein Prozess, der im frühen 12. Jahrhundert ebenfalls die Regionen südlich und östlich des westlichen Mecklenburg erfasst hat. Hinzu kommen Funde mit lokalen Dünnpfennigen in den Markengebieten und im angrenzenden thüringischen Raum sowie welche mit Prägungen aus Magdeburg auf elbslawischem Gebiet.[597]

Interessant ist noch eine andere Tatsache: Die Geografie der Münzfunde ab den 1060er Jahren zeigt einen Trend, wonach Edelmetalle im Binnenland genauso häufig deponiert wurden wie im Küstenbereich. Aus der Zeit zwischen 1100 und 1120 stammen sogar 23 Depots von mindestens zehn Exemplaren – also rund 74 Prozent – aus dem Binnenland, wohingegen nur acht Schätze im Küstengebiet, also in Regionen, deren Bewohner sich Helmold von Bosau zufolge als Seeräuber hervortaten, unter die Erde kamen.[598] Es überrascht die Fundarmut der

593 Zum Versuch, die archäologische Perspektive mit einzubeziehen: Mateusz Bogucki, Między wagą a mieczem. Kupcy wikińscy w świetle źródeł pisanych i archeologicznych [Zwischen Waage und Schwert. Die Wikinger-Kaufleute im Lichte archäologischer und schriftlicher Quellen], in: Pruthenia 5 (2010), S. 17-66; zur Spezialisierung des Seehandels: Anton Englert, Large Cargo in Danish Waters 1000-1250. Evidence of Specialised Merchant Seafaring prior to the Hanseatic Period, Roskilde 2015.

594 Guta Saga (wie Anm. 155), S. 13-15.

595 Ebd., S. 11-13.

596 Adamczyk, Silber und Macht (wie Anm. 16, Kap. 1), Tab. 91, S. 244 und Tab. 96, S. 257.

597 Kilger, Pfennigmärkte (wie Anm. 19, Kap. 2), S. 137-140, Tab. 20-22 auf S. 154 und Karten 130-131 auf S. 322 f.

598 Adamczyk, Silber und Macht (wie Anm. 16, Kap. 1), Tab. 102, S. 283.

Insel Rügen, zumal Helmold darauf verweist, dass die Ranen von verschiedenen slawischen Stämmen einen jährlichen Tribut erhielten[599] und – zumindest bei Kriegsgefahr – ihre ganzen Kostbarkeiten, darunter Gold und Silber, vergruben.[600] Wir sollten jedoch nicht vergessen, dass der reiche Schatz der Ranen 1168 dem Dänenkönig Waldemar I. in die Hände fiel.[601]

Dass in der zweiten Hälfte des 11. Jahrhunderts kommerziell ausgerichtete Zentren nicht nur in der Küstennähe entstanden, zeigt der befestigte Handelsplatz von Parchim-Löddigsee. Er lag mitten im Stammesgebiet der Abodriten, knapp 80 km südlich von Wismar und etwa 45 km von Schwerin entfernt.[602] Hier wurden 30.000-40.000 jungslawische Keramikscherben freigelegt, die zusammen mit über 130 Dendrodaten auf die Entstehung einer in der Innenfläche ca. 1,8 Hektar großen Siedlung kurz vor der Mitte des 11. Jahrhunderts schließen lassen. Von den 123 dort bislang entdeckten Prägungen bilden 26 bzw. 22 kleine Depots und waren in Textil und Leder eingewickelt. Ihre jeweiligen Schlussmünzen datieren in die Zeit um 1060, als der Handelsplatz niedergebrannt wurde. Mehrere Denare treten als Streufunde auf, darunter niederelbische Agrippiner aus den Perioden von 1060/1080 bis 1080/1100 bzw. von 1100 bis 1120, die schon in die zweite Siedlungsphase gehören.

Von 118 identifizierbaren Münzen aus Parchim konnten 44 als Kreuzdenare bestimmt werden, weitere 23 stammten aus dem römisch-deutschen Reich, zwei aus Böhmen und eine aus Ungarn. Eine Gruppe von 48 slawischen Fälschungen bzw. Nachprägungen, darunter friesischer Pfennige und der Kreuzdenare, weist wiederum darauf hin, dass vor Ort meist aus Kupferschrötlingen, die mit einer verzinnten oder versilberten Schicht bedeckt waren, Münzen emittiert wurden. In Parchim-Löddigsee liegen mehrere stempelgleiche Exemplare vor, sodass wir die Siedlung als ihren Produktionsort annehmen dürfen. Gleichzeitig begegnen etliche Fälschungen in gelochter Form, was nahelegt, dass sie auch als Schmuck getragen wurden.[603] Die insgesamt 188 Gewichte und mindestens 20 bronzene Klappwaagen bestätigen die Verwendung von Hacksilber.[604]

Des Weiteren fanden die Archäologen in Parchim-Löddigsee etwa 420 Perlen aus Karneol und Bergkristall. Da ihre Halbfabrikate fehlen, ist davon auszugehen, dass sie importiert wurden – vermutlich, wie ein Spinnwirtel aus Ovručer Schiefer andeutet, aus dem Bereich der Kiever Rus'. Wenn wir zudem die Mahlsteinbruchstücke aus Eifelbasalt sowie Bronzeartefakte skandinavischer Prägung, zum Beispiel Scheibenfibel, mitberücksichtigen, dann erscheint die Handelssiedlung von Parchim-Löddigsee als eine Fernverbindungsdrehscheibe zwischen verschiedenen Teilen des Kontinents[605] – obgleich die Richtungen der Münzverteilung eindeutig von West nach Ost weisen. Sodann signalisieren drei Sklavenfesseln den Handel mit Menschen.[606] Denare und Hacksilber hätten demzufolge primäre Bedeutung im Regionalhandel gespielt.

599 Helmold, Chronik (wie Anm. 183), II/108, S. 304.
600 Ebd., II/109, S. 308.
601 Ebd., II/108, S. 302.
602 Dietlind Paddenberg, Ein jungslawischer Handelsplatz im Feuchtboden des ehemaligen Löddigsees bei Parchim, in: Nachrichtenblatt Arbeitskreis Unterwasserarchäologie 9 (2002), S. 89-94.
603 Schneeweiss, Münz- und Gewichtsgeldwirtschaft (wie Anm. 19, Kap. 2); Wiechmann, Kupfer (wie Anm. 19, Kap. 2); Oliver Mecking, Oberflächenbehandlungen und Legierungszusammensetzungen der Münzen aus Usadel, Parchim und Flessenow, in: Economies (wie Anm. 14, Kap. 2), S. 313-321, besonders Tab. 1, S. 319.
604 Paddenberg, Ein jungslawischer (wie Anm. 602), S. 91 f.
605 Ebd., S. 92 f.
606 Wiechmann, Kupfer (wie Anm. 19, Kap. 2), S. 271.

Inwieweit sie kommerzielle Funktionen im Umland erfüllten, wird im Zusammenhang mit Pommern diskutiert (Teil II, Unterkapitel 3.4.).

Alles in allem müssen wir konstatieren, dass im elbslawischen Raum in den 1060er bis 1110er Jahren zumindest zwei verschiedene Netzwerke der Silberredistribution bestanden, die sich in der chronologischen und geografischen Zusammensetzung ihrer Münzen voneinander unterschieden, und die Kontakte mit unterschiedlichen slawischen Gruppen widerspiegelten: Über das eine Beziehungsgeflecht transferierten die Fernhändler, wahrscheinlich vorwiegend aus Magdeburg, in erster Linie die Kreuzdenare und erfassten die Abodriten und Liutizen ebenso wie die Pomoranen und den piastischen Raum, wohingegen über die andere Verbindungsachse die Kauffahrer von niederelbischen Zentren wie Bardowick ausgehend sich nahezu ausschließlich zuerst auf das westliche Mecklenburg konzentrierten, um an der Schwelle zum 12. Jahrhundert auf die mehr östlich und südlich gelegenen Gebiete auszugreifen. Wenn wir zudem bedenken, dass Nachprägungen von Denaren in Alt-Lübeck, Starigard/Oldenburg und Mecklenburg emittiert wurden[607] und somit lokale Zirkulationen bildeten, ergibt sich ein komplexes Bild von Verflechtungen und Kontexten in der zweiten Hälfte des 11. Jahrhunderts. Dabei dürfen wir nicht vergessen, dass die Edelmetalle nach wie vor ein zentrales fiskalisches und politisches Instrument darstellten, mit dem Tribute entrichtet und Macht ergriffen bzw. gesichert wurde – wie der Krieg innerhalb des Liutizischen Stammesverbandes 1056/1057 eindrucksvoll bestätigt (Unterkapitel 1.4.2.).

### 1.5.4. Pomoranen

Der monetäre Dualismus bestand in dieser Phase ebenfalls in Pommern. Der mit Abstand größte Schatzfund, entdeckt in Łupawa bei Stolp, enthielt – neben silbernen Barren, Gusskuchen und ganzen wie fragmentierten Schmuckstücken – 7.000-8.000 vollständige Münzen und mindestens 1.330 g Bruchstücke derselben, darunter lediglich ca. 100 reguläre Prägungen sowie zahlreiche Imitationen. Insgesamt wog der Hort 11 kg. Von den bislang untersuchten bzw. bestimmbaren Emissionen konnten mindestens 66 als Kreuzdenare, weitere 132 als Pfennige des römisch-deutschen Reichs und 688 als Imitationen identifiziert werden. Einige wenige Exemplare stammten zudem aus dem arabischen Raum, Böhmen, England, Dänemark und Polen. Die Schlussmünzen lassen sich in den Zeitraum von 1083 bis 1120 datieren.[608]

Die Kreuzdenare aus Magdeburg und die Otto-Adelheid-Pfennige aus dem Harzgebiet bildeten vermutlich einen einheitlichen Münzstock und wurden von sächsischen Fernhändlern womöglich über Starigard/Oldenburg nach Pommern transportiert.[609] Schon irgendwo im Küstenbereich der Ostsee müssen sie mit jenen Pfennigen zusammengekommen sein, die aus Friesland (einschließlich Ostfriesland und Jever) und vielleicht den Rheingebieten sowie dem niederelbingischen Raum, hier vor allem Bardowick, stammten. Ihre Distribution geht folglich auf Kaufmannsnetzwerke zurück, die in Magdeburg und Bardowick/Schleswig ansässig waren. Eine zweite große Gruppe bestand aus Imitationen, deren Emission Siemomysł (ca. 1043-1069/1070) und dem Seehandelsplatz von Kołobrzeg-Budzistowo zugeschrieben wird.[610] Hinzu

607 Kilger, Pfennigmärkte (wie Anm. 19, Kap. 2), S. 89-91. Zu Mecklenburg siehe die Zuordnung bei Funden, in denen Münzen begegnen, die diesem Ort zugeschrieben werden, zum Beispiel Stryjewo Wielkie (Unterkapitel 1.4.2.).

608 FMP, Bd. 2: Pommern, Nr. 136.

609 Zumindest ein Kreuzdenar wurde Starigard/Oldenburg oder Mecklenburg zugeordnet, ebd., Münznummer 192.

610 Ebd., Münznummern 245-282; Bogucki / Magiera, Lund – Odense (wie Anm. 519), S. 128.

kommt eine Menge an Nachprägungen, die sich auf alle möglichen Münztypen im römisch-deutschen Reich, in Dänemark, England oder Böhmen und Mähren beziehen. Zumindest die in die Mitte bzw. zweite Hälfte des 11. Jahrhunderts eingeordneten Siemomysł-Imitationen weisen starke Bezüge zu Lund auf. Die Tatsache, dass sie sich noch an der Wende vom 11. zum 12. Jahrhundert im Umlauf befanden, zeugt von einer lokalen Münzzirkulation.

Freilich ist eine derart massive Anhäufung von zum Teil unbestimmbaren Nachprägungen in Pommern, zumindest nach dem bisheringen Wissensstand, nicht flächendeckend typisch. Nehmen wir einen anderen großen Schatzfund unter die Lupe. Aus Bonin bei Köslin (Mittelpommern), ca. 40 km östlich von Kołobrzeg-Budzistowo, stammt der Hort von 2.006 vollständigen und 2.432 fragmentierten Münzen, der in die Zeit nach 1080 datiert wird.[611] Von den 4.252 Prägungen des römisch-deutschen Reiches stellten 3.639 – also rund 86 Prozent – verschiedene Kreuzdenartypen dar, darunter jedoch auch welche, deren Emission Starigard/Oldenburg bzw. Mecklenburg im Zeitraum von ca. 1015 bis 1018 zugeschrieben wird.[612]

Der Schatzfund von Barwice (bei Neustettin) enthielt wiederum 1.046 Münzen, von denen die jüngste um 1077 ausgestoßen wurde. Hier bildeten die Kreuzdenare knapp 60 Prozent aller dem römisch-deutschen Reich zugeordneten Exemplare.[613] Und schließlich knapp 60 km südwestlich von Danzig wurde in Horniki bei Berent ein Depot mit mehr als 1.000 Münzen (tpq. 1088), Silberstäbchen und Schmuck entdeckt. Der Anteil der Kreuzdenare belief sich in diesem Fund auf 77 Prozent. Doch genauso wie in den anderen oben erwähnten Schätzen waren in diesem Hort Exemplare vorhanden, die im ostseeslawischen Bereich entstanden sind.[614]

Die Analyse zeigt deutlich, dass im späten 11. Jahrhundert der Silberzufluss in alle Gebiete Pommerns überwiegend von sächsischen Netzwerken getragen wurde. Dies schließt allerdings nicht aus, dass in einigen Fällen die in Bardowick und Schleswig ansässigen Fernhändler beim Transport von Edelmetallen in diese Region aktiv waren. Dabei bildeten sich in Pommern – wie im elbslawischen Raum – lokale Zirkulationen heraus.

Sowohl im westlichen Pommern um Stettin als auch in Mittelpommern um Kołobrzeg-Budzistowo und Pommerellen um Danzig funktionierten in dieser Zeit Stammeszentren – Handelsplätze, die den Umlauf von Edelmetallen stimulierten und begünstigten (mehr darüber im Teil II, Kapitel 4.2.). So wurde nach den Ergebnissen der archäologischen Untersuchungen die Fläche der Burg von Kolberg in der zweiten Hälfte des 11. Jahrhunderts an der Südseite wesentlich vergrößert. An die Stelle der früheren Befestigungsanlagen traten Hütten und Schmiedewerkstätten. Außerdem konnte sich in dieser Phase die Bernstein-, Buntmetall- und Geweihverarbeitung weiterentwickeln. Zahlreiche Importgegenstände deuten auf die Kontakte vor allem mit dem römisch-deutschen Reich und Skandinavien hin.[615] Neben den Bernsteinausfuhren hing der Wohlstand des gesamten Siedlungskomplexes nicht zuletzt mit der Salzförderung zusammen.

611 FMP, Bd. 2: Pommern, Nr. 12.

612 Ebd., Nr. 12, Exemplarnummern 882-914.

613 Ebd., Nr. 2. Exemplare aus Starigard/Oldenburg und/oder Mecklenburg 453-461 sowie vom Łupawa-Typ 1035-1046.

614 Ebd., Nr. 82. Westslawische Imitationen von Kreuzdenaren: Münznummern 224-225. Vgl. auch die Untersuchung von Genowefa Horoszko, Skarb monet wczesnośredniowiecznych z Widuchowej [Der frühmittelalterliche Münzschatz von Widuchowa], in: Materiały Zachodniopomorskie 30 (1984), S. 71-103, hier Tab. 3 auf S. 76.

615 Lech Leciejewicz, Kolberg (Kołobrzeg), in: Europas Mitte (wie Anm. 201), Bd. 1, S. 167-169, hier S. 168.

Eine wirtschaftliche Wiederbelebung scheint ab 1050-1075 ebenfalls Stettin erfasst zu haben. In den in die zweite Hälfte des 11. und die erste Hälfte des 12. Jahrhunderts datierten Siedlungsschichten wurden Utensilien gefunden, die auf einen bedeutenden Regional- und Fernhandel hindeuten. Neben den Horten mit deutschen Pfennigen begegnen Waagenfragmente und Gewichte (Teil II, Kapitel 4.2.).[616]

Schließlich wird in einen intensiven Fernhandel mit Sachsen wohl auch Danzig eingebunden gewesen sein. Davon zeugt die Geografie der Schatzfunde aus der Stadt und Umgebung. Hier – genauso wie in Stettin und Kolberg – stellte Bernstein das wichtigste Ausfuhrgut dar. Südlich von Pommerellen wiederum bestand in Zgłowiączka bei Brześć Kujawski im späten 11. Jahrhundert ein wichtiges Salzzentrum. Ein dort freigelegter Schatz (tpq. 1079) enthielt überwiegend Kreuzdenare sowie Münzfälschungen.[617] Inwieweit Silberfunde die regionale oder lokale Nutzung von Edelmetallen in Pommern und Kujawien widerspiegeln, wird in Teil II (Kapitel 3 und 4) kontextualisiert.

Neben Bernstein und Salz wurde in Nordosteuropa der Handel mit Menschen getrieben. Die in Parchim-Löddigsee gefundenen Sklavenfesseln habe ich bereits im vorangehenden Kapitel erwähnt. Hinzu kommen Hinweise bei Helmold von Bosau, die sich jedoch erst auf die 1160er Jahre beziehen:

> *Wenn irgendwo noch letzte Überbleibsel der Slaven vorhanden waren, so wurden sie infolge des Getreidemangels und der Verheerung des Landes so von Hungersnot heimgesucht, dass sie scharenweise zu den Pommern oder Dänen zu flüchten gezwungen wurden, die sie ohne alles Mitleid an die Polen, Sorben oder Böhmen verkauften.*[618]
> *Da wurden die Schiffe der Seeräuber wieder ausgerüstet, und setzten sich fest im Reiche der Dänen auf den reichen Inseln. Und die Slaven sättigten sich nach langem Fasten an den Schätzen derselben; sie wurden fett und dick und stark! Ich habe erzählen hören, dass man zu Mecklenburg an einem Markttage 700 gefangene Dänen zählte, alle käuflich, wenn Käufer genug vorhanden gewesen wären.*[619]

Ob die Käufer aus dem römisch-deutschen Reich stammten und wofür sie eventuell die Sklaven benötigten, geht aus der Quelle nicht hervor. Wir sollten allerdings die Möglichkeit im Auge behalten, dass die Silberfunde aus dem späten 11. und frühen 12. Jahrhundert in Pommern nicht zuletzt als Spiegelbild des Menschenhandels erscheinen.

### 1.5.5. Piasten

In den vier Dekaden von etwa 1070 bis ca. 1110 können wir im von den Piasten kontrollierten Binnenland die Zirkulation dreier Münztypen unterscheiden: der Kreuzdenare, die zusammen mit einigen wenigen Pfennigen aus dem römisch-deutschen Reich einströmten; der Imitationen von Kreuzdenaren, die vermutlich in Großpolen (Kalisch), Masowien (Plozk) und Schlesien

616 Władysław Łosiński, Stettin, in: Ebd., S. 156-162, hier S. 160.

617 Andrzej Zbierski, Rzemiosło w Gdańsku wczesnośredniowiecznym [Das Handwerk im frühmittelalterlichen Danzig], in: Gdańsk: Jego dzieje i kultura [Danzig: Geschichte und Kultur], hg. von Tytus Bieniecki, Warszawa 1969, S. 363-376; Anna Wapińska, Materiały do wczesnośredniowiecznego bursztyniarstwa gdańskiego [Materialien zur frühmittelalterlichen Bernsteingewinnung in Danzig], in: Gdańsk wczesnośredniowieczny [Das frühmittelalterliche Danzig], hg. von Jerzy Kmieciński, Bd. 6, Gdańsk 1967, S. 83-100; zur Siedlung in Zgłowiączka vgl. Aldona Andrzejewska, Średniowieczny zespół osadniczy w Zgłowiączce na Kujawach [Der mittelalterliche Siedlungskomplex von Zgłowiączka in Kujawien], Włocławek 1996.

618 Helmold, Chronik (wie Anm. 183), II/101, S. 288.

619 Ebd., II/109, S. 306.

(Breslau) geprägt wurden; sowie offizieller piastischer Emissionen (unter Einbeziehung der Sieciech-Denare).

Die Geografie der Silberfunde aus dem Zeitraum von ca. 1070 bis 1110 zeigt folgende Tabelle. Sie wird durch die fünf Horte ergänzt, deren Schlussmünzen die gesamte Herrschaft Bolesław III. Schiefmunds (1102/1106-1138) umfassen und nach 1113-1138 datieren.

| Region | Fundzahl |
|---|---|
| Großpolen | 19 = 37 % |
| Kleinpolen | 15 = 29 % |
| Masowien und Kujawien | 11 = 21 % |
| Schlesien | 7 = 13 % |
| Insgesamt | 52 = 100 % |

Tabelle 8: Schatzfunde im piastischen Raum 1070-1138[620]

Die Tabelle zeigt eine starke Stellung Großpolens, dem Kleinpolen und Masowien folgen; schwächer vertreten erscheint hier lediglich Schlesien. Die Kreuzdenare überwogen in allen Regionen. Sie flossen aus Sachsen entlang zweier Handelsachsen: die eine zwischen Magdeburg und Posen, die zweite hingegen zwischen Magdeburg und Breslau. Wir dürfen davon ausgehen, dass die Kaufmannskarawanen zunächst die zentralen Burgwälle wie Posen, Gnesen, Kalisch, Leslau, Plozk, Breslau und Krakau bereisten und erst danach die Umverteilung von Edelmetallen an kleinere Machtsitze stattfand. Die Redistribution erfolgte wahrscheinlich über Vertreter und Statthalter der piastischen Dynastie – nicht unbedingt mittels ökonomischer, sondern in erster Linie politischer Mechanismen, die darin bestanden, Gefolgsleute und Klienten zu entlohnen.

Wie verhielt es sich aber mit den Imitationen der sächsischen Kreuzdenare? Sie sind in dem größten Schatzfund dieser Phase bezeugt, der bei Kalisch in der Ortschaft Słuszków etdeckt wurde. Er enthielt unter anderem rund 13.000 Prägungen und muss kurz nach 1105 deponiert worden sein. Hier ist in erster Linie mit Sieciechs Nachprägungen zu rechnen.[621] Imitationen von Kreuzdenaren begegnen ebenfalls in dem Hort von Kopacz bei Goldberg (tpq. 1097-1102), deren Emission sich Kalisch (Władysław Herman oder Zbigniew, dem Bruder von Bolesław III. Schiefmund) und Breslau (Bolesław III. Schiefmund) zuordnen lässt, sowie in dem unter Śląsk XII (tpq. 1138) bekannten Fund.[622] Ähnliche Nachprägungen tauchen gewiss auch in den Schätzen von Parzęczew bei Zgierz, in der Nähe des Burgwalls von Tum-Łęczyca (tpq. um 1100),[623] und Środa Wielkopolska bei Posen (tpq. ca. 1100) auf.[624]

Interessant ist die Geografie der Funde offizieller piastischer Denare.

620 Adamczyk, Silber und Macht (wie Anm. 16, Kap. 1), S. 263, Tab. 97; ergänzt um neue Funde.

621 Adam Kędzierski, Chronologia najmłodszych denarów krzyżowych w świetle skarbu ze Słuszkowa [Die Chronologie der jüngsten Kreuzdenare im Licht des Schatzes von Sluszków]. Referat gehalten auf der Konferenz der Numismatischen Kommission in Warschau am 25. März 2011.

622 Witold Nakielski, Propozycja nowej atrybucji monet śląskich przełomu XI i XII w. w świetle depozytu z miejscowości Kopacz, gm. Złotoryja [Ein Vorschlag neuer Zuordnung schlesischer Münzen von der Wende vom 11. zum 12. Jahrhundert im Lichte des Schatzfundes aus Kopacz, Gemeinde Złotoryja], in: Pieniądz i banki na Śląsku [Geld und Banken in Schlesien], hg. von Witold Garbaczewski / Roman Macyra, Poznań 2012, S. 147-184; FMP, Bd. 4: Schlesien, Nr. 107.

623 FMP, Bd. 3: Masowien, Nr. 106.

624 Nakielski, Polskie emisje (wie Anm. 12, Kap. 2), S. 135.

| |
|---|
| Gorzyczany (Kleinpolen) 1076<br>Płock (Masowien) 1079<br>Wiślica II (Kleinpolen) 1080<br>Lublin I (Kleinpolen) 1080-1102<br>Kopacz (Schlesien) 1097-1102 |
| Sędziszowice/Dobiesławice (Kleinpolen) 1113<br>Karczmiska (Kleinpolen) 1135<br>Nietulisko Małe (Kleinpolen) 1138<br>Wola Skromowska (Kleinpolen) 1138<br>Śląsk XII 1138 |
| Smolice (Schlesien) 1140<br>Rudniki (Kleinpolen) 1141<br>Ruszcza (Kleinpolen) 1141 |

Tabelle 9: Schatzfunde von offiziellen piastischen Denaren (mindestens 40-50 % des jeweiligen Fundes) aus dem Zeitraum von 1076 bis 1141[625]

Hier kristallisieren sich drei chronologische Phasen heraus: die erste zur Zeit der Herrschaft Bolesławs II. des Freigebigen (1058-1079) und Władysław Hermans (1079-1102), in der die Regionen Kleinpolen sowie Masowien und Schlesien vertreten sind; in der zweiten, die die Herrschaftszeit Bolesławs III. umfasst, überwiegt Kleinpolen; und schließlich in der dritten Phase, die nach seinem Tod einsetzte, gruppieren sich die Horte in Kleinpolen und Schlesien. Grundsätzlich ist davon auszugehen, dass in den Jahren 1113-1141, nachdem der Münzimport schon eingebrochen war, piastische Denare vor allem in Kleinpolen zirkulierten und deponiert wurden, während sie (zumindest bislang) in Großpolen ganz fehlen. Über ihre Kontexte wird im zweiten Teil (Unterkapitel 4.3.) nachgedacht.

Sodann gibt es Indizien, dass die Kreuzdenare ebenso wie die piastischen Prägungen in Richtung Ost ausgeführt und gegen Produkte wie Salz eingetauscht wurden.[626] Aus Sandomir im oberen Weichselgebiet führte die Handelsroute über Zawichost nach Lublin. Numismatich spiegeln sie vier Schatzfunde wider: Zawichost, Lublin I, Lublin II und Karczmiska.[627] Der ersterwähnte Hort wurde womöglich nach 1095 deponiert und enthielt 881 Münzen – darunter 818 Kreuzdenare – sowie Schmuck und 80 Gusskuchen bzw. Fragmente von Gusskuchen. Diejenigen von Lublin, knapp 100 km nordöstlich, datieren in die Zeit von 1080-1102 bzw. 1075-1095 und weisen unterschiedliche Strukturen auf: Lublin I bestand aus 197 von Władysław Herman emittierten Prägungen und 45 Kreuzdenaren, während Lublin II 853 Münzen – von den bestimmbaren Exemplaren lediglich Kreuzdenare – sowie zehn silberne Gusskuchenfragmente umfasste. In dem Schatz von Karczmiska schließlich, etwa 50 km westlich von Lublin, wurden 4.511 Münzen entdeckt, von denen Numismatiker 3.790 Stück identifizieren konnten. Darunter befanden sich 228 Kreuzdenare, der Rest setzte sich aus offiziellen piastischen Denaren zusammen, die Bolesław II., Władysław Herman und Bolesław III. in Krakau prägen ließen. Die Schlussmünze datiert in das Jahr 1135. Wenn das Silber aus Karczmiska von den Mitgliedern

625 Adamczyk, Silber und Macht (wie Anm. 16, Kap. 1), S. 274, Tab. 99; ergänzt um neue Funde.

626 Magdalena Biniaś-Szkopek, Bolesław IV Kędzierzawy – książę Mazowsza i princeps [Bolesław IV. Kraushaar – der Herzog von Masowien und Prinzeps], Poznań 2009, S. 216.

627 FMP, Bd. 4: Kleinpolen, Nr. 35, 57, 58,117. Zur Rolle von Zawichost siehe Zawichost we wczesnym średniowieczu [Zawichost im frühen Mittelalter], hg. von_Dorota Cyngot u. a., Warszawa 2018.

einer Fernhändlerkarawane – wie die heimische Legende will – versteckt wurde, dann hätten wir einen überzeugenden Hinweis auf die Weiterausfuhr sächsischer und polnischer Münzen in die Kiever Rus'. Das Depot aus Wola Skromowska, knapp 50 km nördlich von Lublin, das über 250 Kreuzdenare und etwa 200 piastische Exemplare mit der Schlussmünze um 1138 sowie 47 Gusssilberstücke enthielt, ergänzt die kleine Anhäufung entlang der Handelsroute im oberen Weichselgebiet.[628]

Funde piastischer Denare aus dem späten 11. und den ersten vier Dekaden des 12. Jahrhunderts in der Ukraine, Weißrussland und Russland sind dem Autor dieser Zeilen zwar unbekannt, jedoch können wir nicht ausschließen, dass sie gleich nach dem Zufluss dorthin eingeschmolzen und zu Schmuck weiterverabeitet wurden.[629] Erst solide Metallanalysen der zahlreichen Armringe, Halsreife und Kopfschmuckstücke würden dies klären und zu einem besseren Verständnis der Beziehungsgeflechtsstrukturen im östlichen Teil des Kontinents beitragen.

Die Logik der politischen Ökonomie der piastischen Netzwerke deuten schriftliche Quellen an. Gallus Anonymus lässt den Wohlstand der Elite am Hofe Bolesławs II. des Freigebigen durchblicken.[630] Derselbe Herzog soll zudem 1069 und 1077 in Kiev „interveniert" und 1073 den Kiever Fürsten Izjasláv ausgeraubt haben.[631] Wenn die Emission offizieller Denare durch die Piasten tatsächlich kurz nach 1070 einsetzte, dann liegt hier nicht nur eine Synchronizität, sondern ebenfalls eine gewisse Monokausalität dieser Ereignisse auf der Hand – wenngleich die Erschließung endogener Ressourcen den Ausschlag gegeben haben wird (Teil II, Unterkapitel 4.3.). Bolesław ging nach seiner Krönung 1076 dazu über, Denare zu emittieren, die zuerst von relativ guter Qualität waren, bald aber einen sehr niedrigen Silbergehalt aufwiesen. Vielleicht liegt hier eine der Ursachen für den Konflikt mit dem Bischof Stanisław und den darauffolgenden Sturz des Königs. Władysław Herman emittierte im Gegensatz zu seinem Vorgänger auf dem Thron hochwertige Münzen. Im Laufe seiner Herrschaft hat ihre Qualität zwar abgenommen, jedoch nie das niedrige Niveau jener Bolesławs erreicht. Da Władysław Herman nicht verhindern konnte, dass verschiedene Bevölkerungsgruppen auf dem Markt massenweise die Importe, die als Hartwährung galten, verwendeten, liegt hier womöglich der Grund für den Versuch, hochwertige Pfennige auszuprägen und sie als Steuer- und Abgabegeld zu etablieren (Teil II, Unterkapitel 4.1.).[632] Die Tatsache, dass die Kreuzdenare – sei es als Importe, sei es als Imitationen derselben – die monetäre Landschaft des piastischen Raumes dominierten und die Geografie der offiziellen Emissionen begrenzt war, zeigt den mäßigen Erfolg dieser Maßnahme.[633]

628 FMP, Bd. 4: Kleinpolen, Nr. 112.

629 Radosław Liwoch, Skarby zachodnioruskie doby przedmongolskiej [Westrus'ische Schatzfunde der vormongolischen Periode], in: Materiały Archeologiczne 39 (2013), S. 7-31; Marcin Piotrowski / Marcin Wołoszyn, Skarby biżuterii z Czermna – konteksty [Schmuckschätze aus Czermno – Kontexte], in: Zamojski Kwartalnik Kulturalny, 2012, 1 (110), S. 1-5.

630 Gallus, Chronik (wie Anm. 269), I/26, S. 89 f.

631 Die Nestorchronik (wie Anm. 47), S. 211 f., 221 und 237.

632 Sławomir Gawlas, O kształt zjednoczonego Królestwa [Um die Gestalt des Vereinigten Königreichs], Warszawa 1996, S. 84. Zu dem Gewicht, Silbergehalt und Münzumtausch der piastischen Denare Bolesławs, Władysław Hermans und Sieciechs vgl. Suchodolski, Numizmatyka (wie Anm. 500), S. 335-349.

633 Vgl. Dariusz Adamczyk, Von exogener Abhängigkeit zu endogener Ressourcenabschöpfung. Der letzte Silberstrom aus Sachsen, einheimische Münzprägung und der Wandel der piastischen Herrschaft im späten 11. Jahrhundert, in: Fernhändler (wie Anm. 2), S. 67-78. Ders., Pieniądz czy strategiczny instrument władzy? Obieg kruszcu w społeczeństwie piastowskim przełomu XI i XII wieku, załamanie

Ebenfalls unter Władysław Herman (1079-1102) berichten die Quellen von Raub- und Plünderungszügen als einer passablen Quelle, an Sklaven und Edelmetalle zu gelangen. Um das Jahr 1090 fiel der Piastenherzog in eine reiche Stadt (Danzig?) ein und [...] *häufte darauf unermessliche Beute an und machte unzählbare Gefangene.*[634] 1092 oder 1093 verheerten die Piasten wiederum den größten Teil Mährens und verschleppten dort *viel Beute und Gefangene.*[635] Zudem entrichteten die Pomoranen an die Piasten Tribute in Form von Edelmetallen – 1121 zahlte Warcisław Bolesław III. Schiefmund eine Abgabe in Höhe von 300 Mark, also etwa 60 kg Silber.[636] Interessanterweise bestand im frühen 12. Jahrhundert eine der Kontroversen zwischen Bolesław und seinem Bruder Zbigniew in der Frage, wie das Verhältnis der Piasten zu Pommern gestaltet werden soll. Während Zbigniew, wie es scheint, an guten kommerziellen und politischen Kontakten zu den nördlichen Nachbarn gelegen war, optierte Bolesław für eine tributökonomische Variante.[637] Es ging also im Hinblick auf Pommern nicht zuletzt um die Alternativen Handel oder Tribute und Beute. Dass der Handel mit Sklaven – neben Fellen, Wachs und Honig – nach wie vor eine wichtige Rolle gespielt hat, zeigt eine Passage aus Gallus' Chronik: Judith, die Mutter Bolesławs III., soll kurz vor ihrem Tod (womöglich im Jahr 1086) den Juden christliche Sklaven abgekauft haben.[638]

Eine zweite Komponente der politischen Ökonomie der piastischen Beziehungsgeflechte ergibt sich aus der Frage, warum die Herrschaftselite die Kreuzdenare nachgeprägt hat. Eine massive Verringerung des Silbergehalts unter dem sächsischen Standard fiel offenbar als Option aus, wenn die imitierten Münzen den guten Ruf ihrer Vorbilder nicht hätten beschädigen sollen. Folglich beabsichtigten die Emittenten durch den Ausstoß von Prägungen, die als Hartwährung galten und im Gegensatz zu den offiziellen piastischen Denaren allgemein akzeptiert wurden, die Kontrolle über die Redistribution von Geld in der Funktion als fiskalisch-politischem Zahlungsmittel zu erlangen (Teil II, Unterkapitel 4.1.). Dass dieses Privileg seit dem ausgehenden 11. Jahrhundert nicht nur der herrschenden Dynastie der Piasten vorbehalten war, zeigen die Sieciech-Münzen, die größer waren und mehr Silber enthielten als die fürstlichen.[639]

---

w dopływie denarów z Saksonii a ekspansja Bolesława Krzywoustego na Pomorze [Geld oder strategisches Machtinstrument? Der Umlauf von Edelmetallen an der Wende vom 11. zum 12. Jahrhundert, der Zusammenbruch des Denarzuflusses aus Sachsen und die Expansion Bolesław Schiefmunds nach Pommern], in: Przegląd Zachodniopomorski 32 (2017), 2, S. 143-167.

634 Gallus, Chronik (wie Anm. 269), II/2, S. 104.

635 Ebd., II/10, S. 113.

636 Herbord, Vita (wie Anm. 270), II/30, S. 394 f.

637 Zbigniew soll es sogar gelungen sein, Bolesławs Krieger zu überzeugen, einen Feldzug gegen die Pomoranen abzubrechen. Roman Grodecki u. a., Dzieje Polski średniowiecznej [Die Geschichte des mittelalterlichen Polen], Bd. 1, Kraków 1995, S. 135. Zum Kontext vgl. Zbigniew Dalewski, Rytuał i polityka. Opowieść Galla Anonima o konflikcie Bolesława Krzywoustego ze Zbigniewem [Ritual und Politik. Die Erzählung Gallus' Anonymus vom Konflikt zwischen Bolesław Schiefmund und Zbigniew], Warszawa 2005.

638 Kronika polska (wie Anm. 269), II/1, S. 60.

639 Stanisław Trawkowski, Charakter denarów palatyna Sieciecha [Der Charakter der Denare des Wojwoden Sieciech], in: Moneta mediaevalis (wie Anm. 6, Kap. 2), S. 283-290; Suchodolski, Numizmatyka (wie Anm. 500), S. 323-334.

## 1.6. Einheimische Münzprägung im 12. Jahrhundert: von der Netzwerkbildung zur Regionalisierung

Im frühen 12. Jahrhundert fand im Hinblick auf die Silberverteilungsnetzwerke ein Bruch statt, der darin bestand, dass der Einstrom von fremden Münzen nach 300 Jahren – selbst wenn man bedenkt, dass er nicht in alle Regionen konstant und systematisch verlief – grundsätzlich zu Ende ging. Die geografische Struktur der in den Schatzfunden mit einem Terminus post quem ab 1110 befindlichen Prägungen aus dem Herrschaftsbereich der Piasten spiegelt folgende Tabelle wider.

| Fundort | Zahl der Münzen | Zahl der bestimmbaren Münzimporte | Zahl der bestimmbaren einheimischen Denare |
|---|---|---|---|
| Sędziszowice/Dobiesławice (Kleinpolen) 1113 | über 962 | ? | 962 = 100 % |
| Karczmiska (Kleinpolen) 1135 | 4.504 | 298 = 8 % | 3.485 = 92 % |
| Nietulisko Małe (Kleinpolen) 1138 | 10 | 0 | 10 = 100 % |
| Wola Skromowska (Kleinpolen) 1138 | über 500 | 254 = 56 % | um 200 = 44 % |
| Śląsk XII 1138 | ca. 442 | 122? = 28 % | ca. 257 = 58 % (ca. 320 = 72 % bei Berücksichtigung der in Schlesien nachgeprägten Kreuzdenare) |
| Smolice (Schlesien) 1140 | 1.891 | 19 = 1 % | 1.872 = 99 % |
| Rudniki (Kleinpolen) 1141 | 14 | 0 | 14 = 100 % |
| Ruszcza (Kleinpolen) 1141 | 16 | 0 | 16 = 100 % |
| Urbanice (Sieradz) 1146 | ca. 9.000 | 14 = 1 % | 1.873 = 99 % |
| Ziółków (Kleinpolen) 1146 | 272 | 45 = 17 % | 227 = 83 % |
| „skarb bisierowski“ (Kleinpolen?) 1152 | über 2.200 | 0 | über 2.200 = 100 % |
| Dąbrowa Górnicza-Łosień (Schlesien) ca. 1160 | 1.124 | 1 = 0,1 % | 1.123 = 99 % |
| Lipniki (Schlesien) 1163 | 12 | 11 = 92 % | 1 = 8% |
| Golice (Masowien) 1166? | über 200 | 0 | 101 = 100 % |
| Chełm Żarski (Großpolen) 1170 | 45 | 45 = 100 % | 0 |
| Daszów (Schlesien) 1185-1190 | über 200 | 12 = 46 % | 14 = 54 % |
| Głębokie (Großpolen) ca. 1195 | 2.000-3.000 | 28 = 2 % | 1.481 = 98 % |
| Kluczbork oder Umgebung (Schlesien), ca. 1200 | 124 | 0 | 96 = 100 % |
| Mianów (Masowien) 1201 | 47 | 0 | 47 = 100 % |
| Głogów (Schlesien) 1201 | 20.638 | 33 = 0,15 % | 20.355 = 99 % |

Tabelle 10: Schatzfunde mit der Schlussmünze nach 1110 im piastischen Binnenland

In 15 der 20 oben aufgeführten Horte machen die einheimischen Denare mindestens 80-90 Prozent, in zwei Fällen 72 Prozent bzw. 54 Prozent der Münzmenge aus. In regional-chronologischer Hinsicht lassen sich die Depots in zwei Phasen unterteilen: In den 1110er bis 1140er Jahren begegnen sie überwiegend in Kleinpolen, vereinzelt in Schlesien und an der südwestlichen Peripherie Masowiens (bei Sieradz). In diesem Zeitraum bilden die Kreuzdenare nur in dem Fund von Wola Skromowska 56 Prozent der Münzmasse. In den übrigen Schätzen dominieren piastische Exemplare. In den Horten mit einem Terminus post quem zwischen ca. 1150 und etwa 1200 erfolgt eine Verschiebung weg von Kleinpolen hin nach Schlesien und, in geringerem Ausmaß, nach Masowien und Großpolen. Hier sind in drei Depots Importe zu über 90-100 Prozent bzw. 46 Prozent vertreten. Auffallend ist jedoch, dass sie lediglich einige wenige Münzen enthielten bzw. einige wenige Münzen sich zuordnen ließen. Dabei können fremde Prägungen in dem Schatz von Chełm Żarski durch dessen geografische Lage im sächsisch-slawischen Grenzland erklärt werden. Die recht großen Funde von Głębokie und von Głogów bestanden hingegen nahezu ausschließlich aus einheimischen Denaren.

Diese Befunde deuten darauf hin, dass der Import von Münzen spätestens in den 1110er Jahren eingebrochen ist, was freilich nicht bedeutet, dass parallel alle Handelsnetzwerke zwischen Sachsen und dem piastischen Binnenland kollabiert gewesen sein mussten. In der Folge wurde aber die Logik der Beziehungsgeflechte durch eine systematische Regionalisierung der Denarprägung, die nun in verschiedenen Teilfürstentümern stattfand, abgelöst (Teil II, Unterkapitel 4.3.).

Wenden wir uns nun Pommern zu.

| Fundort | Zahl der Münzen | Zahl der bestimmbaren Münzimporte | Zahl der bestimmbaren einheimischen Denare |
|---|---|---|---|
| Malczkowo (Mittelpommern) ca. 1114? | 10 kg | 80 = 100 % | 0 |
| Pommern XIII 1120 | 364 | 187 = 100 % | 0 |
| Łążyn (Ermland-Masuren) 1135 | 1.738 | 1.727 = 100 % | 0 |
| Łabędzie (Westpommern) 1180 | ca. 41 | 11 = 27 % | 30 = 73 % |
| Gdańsk (Pommerellen) 1177-1207? | 25 | 0 | 25 = 100 % |

Tabelle 11: Schatzfunde mit der Schlussmünze nach 1110 in Pommern

Hier werden zwei Strukturen sichtbar: In den Funden aus den 1110er bis 1130er Jahren begegnen ausschließlich Importe bzw. unbestimmbare Imitationen derselben,[640] wohingegen in den Horten aus dem späten 12. Jahrhundert die einheimischen Emissionen überwiegen. In Westpommern waren dies die Münzen Kazimierzs I. und Bogusławs I. (1155/1156-1180) bzw. Bogusławs I. (1155-1187), in Danzig wiederum jene Sambors I. (1177/1187-1207?).[641] Folglich zeich-

640 Der Schatzfund Pommern XIII enthielt zum Beispiel überwiegend Imitationen, die womöglich im ostseeslawischen Bereich oder in Pommern geprägt wurden: FMP, Bd. 2: Pommern, Nr. 285.

641 Vgl. Stanisława Kubiak (in Kooperation mit Borys Paszkiewicz), Znaleziska monet z lat 1146-1500 z terenu Polski. Inwentarz [Münzfunde aus dem Zeitraum von 1146 bis 1500 in Polen. Inventar], Poznań 1998, Nr. 82; Beata Ceynowa / Borys Paszkiewicz, Sambor I i Otto z Bambergu na wczesnych monetach gdańskich [Sambor I. und Otto von Bamberg auf den frühen Münzen aus Danzig], in: Pomorze we wczesnym średniowieczu w świetle źródeł archeologicznych. Historia, stan aktualny i potrzeby badań [Pommern im frühen Mittelalter im Lichte archäologischer Quellen. Geschichte, Forschungsstand und

nete sich, parallel zum piastischen Raum, auch in Pommern ein Trend zur Regionalisierung der Münzproduktion und Endogenisierung der Silberabschöpfung ab – ein Prozess, der weite Teile Ostmitteleuropas ebenso wie den Ostseeraum erfasst hat (Teil II, Unterkapitel 4.2. und 4.3.).

Warum versiegte aber der sächsische Silberzustrom? Thomas N. Bisson spricht von einem dynamischen fiskalischen Wachstum in Nordwesteuropa zwischen ca. 1090 und 1160: „It was otherwise in the lands bordering the English Channel and the North Sea [...] This was a cluster of growing societies around 1100: of expanding and multiplying villages and churches; of prospering towns, such as Rouen, Bruges, and Winchester; of church building; everywhere more people, more horses."[642]

Ein ähnlicher Prozess ist in Deutschland zu beobachten. Das Bevölkerungswachstum sowie die Gründung neuer bzw. die Weiterentwicklung der bereits bestehenden Städte trugen zu einer komplexeren Arbeitsteilung bei und stimulierten somit die Nachfrage an gemünztem Geld. Zugleich stieg in dieser Phase die Anzahl der Münzfunde. Bernd Sprenger kommentiert die Entwicklung im Reich wie folgt:

> Im Gegensatz zu den vorhergehenden Jahrhunderten zeugen die zahlreichen und z. T. sehr umfangreichen Münzfunde im Inland seit dem 12. Jahrhundert von einem lebhaften inländischen Geldumlauf. Während bis um 1100 der Pfennig vor allem dem Außen- und Fernhandel diente, so wurde er jetzt zum gebräuchlichen binnenwirtschaftlichen Zahlungsmittel.[643]

Von allen Depots, die zwischen ca. 900 und 1150 in Deutschland westlich der Elbe niedergelegt worden sind, entfallen allein 43 Prozent auf das letzte Viertel des 11. und die erste Hälfte des 12. Jahrhunderts. Unter Berücksichtigung der Horte von 1050 bis 1075 sind es 58 Prozent.[644] Folglich stellte der wachsende Bedarf an Metallgeld im römisch-deutschen Reich, besonders nach 1100, einen triftigen Grund für die Schrumpfung des Münzzuflusses in den westslawischen Raum dar. Daraus folgt jedoch keineswegs, dass der Handel eingebrochen sein muss, sondern dass die slawischen Importe nun mit Waren bezahlt wurden.

Die Ausprägung einheimischer Denare seit dem späten 11. Jahrhundert hat einen Wandel der piastischen Herrschaftsmechanik bewirkt und wurde an anderer Stelle bereits beschrieben.[645] Dessen ungeachtet wäre zu fragen, wie die Piasten auf den Kollaps des Zustroms fremder Münze reagierten – besonders wenn man bedenkt, dass lokale Emissionen nur einen Bruchteil, zumindest der Anzahl der entsprechenden Funde nach, der zirkulierenden Münzmasse darstellten. Wir dürfen dabei nicht vergessen, dass eine zentrale Funktion der Edelmetalle darin bestand, die repräsentativ und prestigeträchtig motivierte Nachfrage der Eliten nach Silber zu stillen und als Transmissionsriemen der symbolischen Kommunikation zwischen dem Herrscher und seinen Gefolgsleuten zu fungieren.[646] Gallus Anonymus erwähnt in Bezug auf die Herrschaft Bolesławs I. des Tapferen *comites* und *nobiles*, die *goldene Ketten von ungeheurem Gewicht* trugen

Untersuchungsbedarf], hg. von Henryka Paner u. a., Gdańsk 2014, S. 125-141; allgemein Joachim Krüger, Die Münzprägung der pommerschen Herzöge, in: Die Herzöge von Pommern. Zeugnisse der Herrschaft des Greifenhauses, hg. von Norbert Buske u. a., Wien u. a. 2012, S. 49-106.

642 Thomas N. Bisson, The Crisis of the Twelfth Century. Power, Lordship, and the Origins of European Government, Princeton 2009, S. 329.

643 Bernd Sprenger, Das Geld der Deutschen. Geldgeschichte Deutschlands von den Anfängen bis zur Gegenwart, München u. a. 1995, S. 61.

644 Adamczyk, Silber und Macht (wie Anm. 16, Kap. 1), Tab. 101, S. 280.

645 Vgl. Dens., Von exogener Abhängigkeit (wie Anm. 633).

646 Vgl. Dens., Silber und Macht (wie Anm. 16, Kap. 1). Wie der Herrscher seinen Reichtum in Form von Silber und Gold „kommuniziert", zeigt die Anekdote über Bolesław II. und den armen Kleriker. Vgl. Gallus, Chronik (wie Anm. 269), I/26, S. 89 f.

und überreich an Geldüberfluss waren. Der Chronist fügt hinzu: *Die Frauen des Hofes aber gingen mit goldenen Kronen, Halsbändern, Stäbchenketten, Armreifen, Goldbrokat und Edelsteinen so beschwert einher, dass sie, wären sie nicht von anderen gestützt worden, das Metallgewicht nicht hätten tragen können.*[647] Selbst wenn Gallus ein wenig übertrieben hat, spiegeln diese Zeilen die Mentalität der Elite wider, an die er sich letztendlich wandte.

Schon auf das frühe 12. Jahrhundert hingegen beziehen sich die Passagen aus Gallus' Chronik, die die Teilung der Schätze (und des Reiches) zwischen den Brüdern Bolesław III. Schiefmund und Zbigniew nach dem Tode Władysław Hermans beschreiben[648] und im Zusammenhang mit der Hochzeit des ersteren festhalten: *Acht Tage vor der Hochzeit und ebensoviel nach der Festwoche der Hochzeit hörte der kriegerische Bolesław nicht auf, Geschenke auszuteilen, und zwar den einen Pelzwerk und Felle, die mit Tuch besetzt und mit Goldfransen umsäumt waren, den Fürsten Mäntel, Gold- und Silbergefäße, den einen Städte und Burgen, anderen Dörfer und Landgüter.*[649]

Hier lässt sich eine leichte Akzentverschiebung zugunsten immobiler Güter konstatieren, was allerdings grundsätzlich nichts an der Tatsache ändert, dass dem Edelmetall nach wie vor eine Schlüsselrolle zukam. Das oben erwähnte Ereignis fand 1102/1103 statt, zu einer Zeit also, als der Zufluss von Kreuzdenaren nach Polen eingebrochen war und Bolesław III. seine Expeditionen gegen Pomoranen (und Pruzzen) begann.[650]

Wir sollten uns zwar vor jeglicher Vereinfachung und monokausalen Erklärungsversuchen hüten, die Synchronizität beider Phänomene jedoch beachten – zumal Gallus mit erstaunlicher Systematik die Eroberung Pommerns schildert. Aus seiner Chronik gehen zwei unterschiedliche Kontexte hervor: Zum einen betont er den Beutecharakter Bolesławs Raubzüge, deren Ziel allein darin bestand, Vieh[651] und Menschen[652] zu verschleppen. Die Sklaven konnten dann im dünn bevölkerten Binnenland angesiedelt oder als „Exportgut" verkauft werden – ähnlich wie das geraubte Vieh und Pelze.

Zum anderen hebt Gallus mit dem Hinweis auf Skarbimir das Motiv der Eroberung von Burgen und Städten hervor, die jedoch häufig ohnehin auf eine Brandschatzung, Ausplünderung und Versklavung der Bevölkerung hinauslief.[653] Immerhin erscheint diese Nachricht als ein wichtiges Indiz für das Streben, reguläre Tribute zu erzwingen. So soll der Pomoranenherzog Warcisław 1121 dem Piasten eine Abgabe in Höhe von 300 Mark Silber gezahlt haben – ein Äquivalent von etwa 60 kg.[654] Bolesław III. Schiefmund wurde wiederum 1135 von Lothar III. zu einer Zahlung von 6.000 Mark, über eine Tonne Silber, verpflichtet.[655] Diese Summe entsprach mehr oder weniger dem jährlichen Tribut aus Pommern seit 1121. Selbst wenn die 300 bis 500 Mark, die Bolesław von den Pomoranen jährlich erhob, nicht beeindruckend ausfallen mögen, könnten sie doch in Zeiten der sich verstärkenden Silberbaisse einen wichtigen (obgleich wohl nicht alleinigen) Grund für die Expansion nach Pommern dargestellt haben.

Umgekehrt taucht die Frage auf, wie die Pomoranen auf den Kollaps der Silberströme reagierten. Gallus berichtet mehrmals von deren Beutezügen nach Zentralpolen und sagt diesbe-

647 Ebd., I/12, S. 69.
648 Ebd., II/21, S. 127.
649 Ebd., II/23, S. 129.
650 Vgl. grundsätzlich Stanisław Rosik, Bolesław Krzywousty [Bolesław III. Schiefmund], Wrocław 2013.
651 Gallus, Chronik (wie Anm. 269), II/30, S. 137.
652 Ebd., II/42, S. 150; III/18, S. 187; III/24, S. 199.
653 Ebd., II/30, S. 137.
654 Kiersnowski, Pieniądz (wie Anm. 1, Kap. 2), S. 37.
655 Grodecki u. a., Dzieje (wie Anm. 637), Bd. 1, S. 152.

züglich unter anderem Folgendes: *Und wenn Beutemacher, die Polen verwüsteten, aus dem Anteil Boleslaws Gefangene machten, schaffte man diese sofort zu den Inseln der Barbaren zum Verkauf. Wenn sie jedoch irgend etwas, Beute oder Menschen, vom Anteil Zbigniews ohne Wissen wegholten, schickten sie das ohne Lösegeld oder eine Verzögerung zurück.*[656] Wenn der Chronist recht hat, dann wären zu diesem Zeitpunkt vor allem Menschen aus den zu Bolesław gehörenden Provinzen, also Kleinpolen, Schlesien und dem Lubuser Land, als Sklaven verschleppt und auf dänischen Märkten verkauft worden. Unter der Beute, die der Pommernherzog bei einem Feldzug gegen die Liutizen 1128 gemacht hat, befand sich neben Pelzen, Vieh und Menschen auch Geld.[657] 1135/1136 folgte der Überfall auf die Stadt Konghelle in Südnorwegen.[658] Und schließlich schildert Saxo Grammaticus ausführlich, wie verheerend sich die Slawen-Raubzüge auf Dänemark in der ersten Hälfte des 12. Jahrhunderts auswirkten.[659] Welche Motive schlussendlich hinter diesen Beutefahrten gestanden haben mögen, deuten sie eine politische Ökonomie an, die prinzipiell die Plünderung von Menschen, Gütern und Edelmetallen mit Handel kombinierte und sicherlich auf jegliche Fluktuationen der Silberflüsse empfindlich reagierte.

656 Gallus Chronik (wie Anm. 269), II/35, S. 143.
657 Herbord, Vita (wie Anm. 270), III/2, S. 420 f.
658 Snorri Sturluson, Heimskringla, hg. von Lee M. Hollander, Austin 1964, S. 726.
659 Saxo Grammaticus, Saxonis gesta Danorum, hg. von Jørgen Olrik, Kopenhagen 1908-1912, XIV/15, S. 394 f.

# 2. Strukturanalyse der Netzwerke im westlichen Eurasien

Aus der Analyse der Chronologie und Geografie der Silbernetzwerke geht deutlich hervor, dass der Transfer von Edelmetallen nicht über den einen, alle kommerziellen Austauschzonen übergreifenden Handel erfolgte, der direkt vom Münzproduzenten zum Münzabnehmer führte, sondern eine breite, multifunktionale Vielfalt von inter- und transkontinentalen, regionalen sowie lokalen Verteilungsformen beinhaltete, die sich in ihrer Logik voneinander deutlich unterschieden. Es liegt sodann auf der Hand, dass sich zur selben Zeit, besonders aber im 10. und 11. Jahrhundert, im östlichen Europa dynamische Eliten herausbildeten, die sich durch politisches Innovationspotenzial und Exklusivität im Hinblick auf Reichtum, Macht und die Intensität ihrer gesellschaftlichen Beziehungen auszeichneten. Die Entstehung von Herrschaftszentren hing von ihrer Einbindung in überregionale Macht- und Transfernetzwerke ab, deren Dichte zugleich die Qualität der Interaktion beeinflusste. Diese Einbettung veränderte wiederum die Beziehungsgeflechte, weil die Akteure auf die Bedürfnisse der Herrschaftsbildungen reagierten.

Versuchen wir nun im Folgenden, von der im vorangehenden Kapitel vorgenommenen Analyse der Chronologie und Geografie der Silberverteilungsnetzwerke auf deren strukturelle Merkmale zu schließen, die regionen- und zeitübergreifend untersucht werden sollen.

## 2.1. Logiken des Silbertransfers und Infrastrukturen der Münzverteilung

Jedes Netzwerk verfügte über eine eigene Logik und eine eigene Infrastruktur des Silbertransfers.[660] Das verdeutlichen bereits die frühen Münzströme. In den 800er bis 830er Jahren waren es grundsätzlich vier Geflechte, über die die Dirhems verteilt wurden: der Chasaren, der Rus', der nordischen Gemeinschaft von Janów Pomorski/Truso sowie jene der Gotländer/Svear.

Die aus den Steinfestungen, Siedlungen und Begräbnisstätten der archäologischen Kulturen von Saltov-Majaki bzw. Romny-Borševo stammenden Kamelknochen und -zeichnungen legen nahe, dass die Dirhems über das Flusssystem entlang des Don, Donec und Oskol transportiert wurden. Ein engmaschiges Netz von 24 (bislang bekannten) Forts, die nicht weiter als 20-30 km voneinander entfernt lagen, bot den Karawanen jüdischer, arabischer und chasarischer Kaufleute Schutz. Zugleich dienten die Festungen als Handelsstationen und Stützpunkte, von denen aus den benachbarten Slawen oder den finnougrischen Bevölkerungsgruppen Tribute auferlegt werden konnten. Das Einsammeln von Abgaben erfolgte dann vermutlich in größeren Siedlungsnestern und wichtigen Burgsiedlungen, die die Fernhändler in beschützten Karawanen bereisten. Zuerst zogen die Chasaren ihre Tribute in Form von Naturalien, Fellen und Pelzen, ein, um sie im Laufe der Zeit teilweise oder gänzlich in Münzen umzuwandeln. Demnach muss ein Teil der in die Gebiete nördlich des Limes der Saltov-Majaki-Kultur eingeströmten Dirhems wieder nach Süden zurückgeflossen sein.

660 Da das Quellenmaterial in diesem und den drei folgenden Unterkapiteln bereits in Kapitel 1 ausgewiesen wurde, werden hier die Fußnoten auf ein Minimum reduziert und nur dort beigefügt, wo sich neue Kontexte ergeben.

Die Chronologie und Geografie der frühen Dirhemfunde deuten darauf hin, dass dieser Prozess bereits in den 810er/820er Jahren begonnen haben konnte. Beschleunigt wurde diese Entwicklung womöglich durch die Tatsache, dass die Preise für Felle aus der Waldsteppenzone auf chasarischen Märkten massiven Schwankungen unterlagen – vor allem nachdem die Skandinavier ab ca. 830 in Nordeuropa und Nordrussland für den Araber-Handel Regionen erschlossen hatten, deren Gesellschaften dickere und somit attraktivere Pelze anbieten konnten. Diese Verschiebung spiegelt die zunehmende Anzahl der Schatzfunde in Skandinavien wider (Tabelle 2).

Wir dürfen aber nicht von für das 9. Jahrhundert ein für allemal stabilen Zuständen ausgehen. Quellenmäßig besser belegte Beispiele aus späteren Zeiten zeigen die ganze Komplexität der Tribute in Naturalien bzw. Münzen. So zahlte die Bevölkerung der Provinz Jemtland im schwedisch-norwegischen Grenzland 1402 eine Steuer in Höhe von 500 Mark Silber. Am Anfang des folgenden Jahrhunderts wurde sie in 2.000 Hermelinfelle umgewandelt. Im Jahr 1523 wollten die Bewohner dieser Provinz wiederum ihre Abgaben in Form von Pelzen entrichten, während ein Jahr später der königliche Vertreter auf Silber bestand. 1530 bevorzugten die Einheimischen wieder eine Silbersteuer. Es scheint, dass die Fluktuationen der Struktur des Abgabensystems in diesem Teil Skandinaviens von der schwankenden Kaufkraft schwedischer Münze im Verhältnis zum Marktwert der Felle abhingen.[661] Ähnliche Asymmetrien zwischen den Preisen für Dirhems und den für Pelze können wir nicht bei den Chasaren-Tributen der ostslawischen und finnougrischen Bevölkerungsgruppen ausschließen.

Erfolgte der Silbertransfer innerhalb der chasarischen Netzwerke über die Logik eines Karawanen- und Tributhandels, so weisen die Geflechte der Rus' den Charakter eines interkontinentalen Nord-Süd-Fernhandels auf. Ausgangspunkt ihrer Handelsfahrten war das Emporium Staraja Ladoga, von dem aus sie chasarische Märkte, in erster Linie die Hauptstadt Itil im Volgadelta, aber auch Zentren im asovschen Raum wie Samkerc erreichten. Dabei nutzten die Rus' vorwiegend die großen Ströme im osteuropäischen Binnenland: die Volga, den Dnepr und den Don. Nördlich des Khaganats konnten die Fernhändler in dieser frühen Phase kaum auf eine gut funktionierende Infrastruktur zurückgreifen; lediglich die befestigte Siedlung Sarskoe Gorodišče, ca. 50 km südwestlich des oberen Volgalaufs, besaß überregionale Bedeutung und bot somit die Möglichkeit, diesen Teil der Route zu bedienen. Von Itil aus befuhren die Rus' das Kaspische Meer, um sich mitunter auf Kamelen bis nach Bagdad zu begeben.

Solange die Bewohner von Staraja Ladoga keine Herrschaftsstrukturen errichteten, die ihnen eine effiziente Eintreibung von Tributen ermöglichten, mussten sie in Nordrussland und in Estland auf ein breit angelegtes Netz von kommerziellen Kontakten zurückgreifen, um an Felle zu gelangen, die wiederum gegen Dirhems eingetauscht werden konnten. Als Äquivalent für Pelze importierten oder stellten die Rus' Glasperlen her, die sie mitsamt Eisenwaren verschiedenen finnougrischen und baltischen Bevölkerungsgruppen im weiten Hinterland des Handelsplatzes verkauften. Gelegentlich entlohnten die in Nordrussland ansässigen Nordmänner die kooperierenden Clans, zum Beispiel in Estland, mit Silbermünzen, die ebenfalls zum Ankauf von Bernstein, Biberfellen oder Sklaven im Ostseeraum dienten.

Dort erscheint das Emporium von Janów Pomorski/Truso bei Elbing als der absolute Knotenpunkt des Dirhemhandels. Eine Reihe von frühen Schätzen in dessen Umland deutet auf einen konzentrischen Regionalhandel mit den benachbarten pruzzischen, teilweise auch

661 Magned Njåstad, How to tax a Skattland – the Case of Jemtland, in: Taxes (wie Anm. 101), S. 345-354, hier S. 347-349.

slawischen Stämmen hin. Dabei erleichterte ein Netz aus offenen Siedlungen und kleinen Burgwällen im Hinterland von Truso nicht nur den Austausch mit Skandinaviern, sondern womöglich ebenfalls den Umlauf von Silber als Prestige- und Potlatchgut zwischen den einheimischen Bevölkerungsgruppen (Teil II, Kapitel 1).

Der beispiellose Reichtum an Einzelfunden von Münzen sowie etliche importierte Artefakte in dem Handelszentrum selbst legen wiederum eine Transitfunktion im Verkehr zwischen Staraja Ladoga und den weiter westlich lebenden Gemeinschaften nahe. Hier waren die multiethnischen Seehandelsplätze in Pommern, Mecklenburg-Vorpommern, Schleswig-Holstein und, über die Mittlerrolle Haithabus, der friesische *port of trade* Dorestad im Rheindelta Kooperationspartner der Nordmänner von Truso, wobei die Seefahrer aus Menzlin, Kolberg oder Groß Strömkendorf/Reric Münzen nicht nur selber anhäuften, sondern mit den Bevölkerungen des jeweiligen Umlandes teilten – jedoch bei Weitem nicht in den für Ermland-Masuren kennzeichnenden Dimensionen.

Ziemlich deutlich von dem konzentrischen Regional- und Transithandel der nordischen Gemeinschaft von Janów Pomorski/Truso unterschied sich die Verteilung von Dirhems innerhalb der Netzwerke der Gotländer/Svear. Aus den ersten drei Dekaden des 9. Jahrhunderts begegnen auf Gotland und in Uppland einige wenige Dirhemfunde, sodass von einem eher schwachen Silbereinstrom auszugehen ist. Weil gleichzeitig in Staraja Ladoga bereits in seinen ältesten Schichten Spuren von Schmiedetätigkeit festgestellt und dort Glas bzw. Bernstein verarbeitet wurden, müssen sich dort einige skandinavische Gruppen als mobile Handwerker temporär aufgehalten und gearbeitet haben. Die in Staraja Ladoga so verdienten Dirhems flossen dann überwiegend nach Gotland, wo sie über verschiedene Seehäfen, darunter Paviken und Ridanäs/Fröjel, an die Farmen verteilt wurden. Die Logik dieses mit Edelmetallen entlohnten Kompetenztransfers schließt jedoch nicht aus, dass arabische Münzen über die Insel weiter an die südliche Ostseeküste exportiert wurden, um Bernstein oder andere Güter zu ergattern.

Als immer mehr Dirhems nach Osteuropa einströmten, wurden Begehrlichkeiten geweckt und die gesellschaftlichen Koordinaten und Parameter verschoben. Folglich begann sich seit etwa Mitte des 9. Jahrhunderts die Logik der Netzwerke der Rus' sowie der Gotländer und Festland-Schweden zu verändern. Es entstanden, getragen von mobilen Seekriegern, Thalassokratien, deren Ziel allein darin bestand, Silber entweder über Raub- und Beutezüge zu erwerben oder in Nordrussland Machtstrukturen zu etablieren, die es ihnen ermöglichten, bei den lokalen Bevölkerungsgruppen Tribute in Form von Fellen einzutreiben oder Menschen zu verschleppen, die wiederum gegen Dirhems eingetauscht werden konnten.

Den Prozess der Umstellung auf eine Raub- und Beuteökonomie, die ebenfalls die Aktivitäten der Wikinger im Westen auszeichnete, spiegelt der massive Zufluss von Silber nach Gotland, Uppland und Südskandinavien ebenso wie der Ausbau der Infrastruktur wider. In Nord- und Zentralrussland kamen zu den bereits im 8. und frühen 9. Jahrhundert existenten Siedlungen von Staraja Ladoga und Sarskoe neue hinzu: Rjurikovo Gorodišče bei Novgorod, Timerevo an der oberen Volga und Izborsk im Flussgebiet der Velikaja. Sie waren, freilich in unterschiedlichem Ausmaß, lokal-regionale Machtzentren und zugleich Handelsplätze, an denen aus Tributen und dem Fernhandel stammende Waren eingesammelt und unter Gefolgsleute verteilt werden konnten. In Skandinavien verstärkte sich in dieser Phase der Dirhemeinstrom in die Emporien von Birka und Kaupang bzw. an Zentralplätze wie Uppåkra in Schonen oder Gudme auf Fünen erheblich. Festland-Schweden, vorwiegend aus Uppland, oder Gotländer hielten sich nun in Nordrussland (wenn sie dort nicht siedelten) nicht nur als Schmiede und Handwerker auf, sondern „versilberten" ihre Kompetenzen als Krieger und Tributeintreiber.

Eine Steigerung der Quantität wie Qualität der Edelmetallströme erfolgte im Laufe des 10. Jahrhunderts: Zum einen stieg die Anzahl der arabischen Münzen an, die in dieser Phase weite Teile Ost-, Nord- und Ostmitteleuropas erfassten und bis an den keltischen Rand im Westen gelangten. Zum anderen hat sich folgerichtig die Zahl der Silberverteilungsnetzwerke mehr als verdoppelt. Beinahe allen von ihnen war der ausgeprägte Tribut- oder Raubcharakter gemeinsam – nicht deswegen, weil die neuen Machteliten an Edelmetalle durchgehend über Tribute oder Beutezüge gekommen wären, sondern weil über sie Felle und Sklaven eingetrieben wurden, die als Tauschgut für Dirhems dienten.

So stellten die kommerziellen Zentren Bolgar, Suvar und Biljarsk die Knotenpunkte der volgabulgarischen Geflechte dar, die nicht zuletzt die Funktion erfüllten, im weiten Hinterland des Kamagebietes Abgaben einzusammeln und Pelze zu beziehen, die dann an choresmische Kaufleute verkauft werden konnten. Freilich wissen wir nicht, ob diese Tributfahrten, die sicherlich die Gelegenheit zum Tausch gegen Felle boten, die Form eines Karawanenhandels annahmen. Kamelknochen im Kamagebiet, die aus den Siedlungen des 9.-10. Jahrhunderts gestammt hätten, fehlen jedenfalls bislang völlig.[662]

Gleichzeitig avancierte das Reich der Volgabulgaren im 10. Jahrhundert zur Drehscheibe des interkontinentalen Fernhandels. In Bolgar kamen Fernhändler aus verschiedenen Teilen Osteuropas oder direkt aus Skandinavien zusammen, um die begehrten Samaniden-Dirhems zu erwerben. Darunter befanden sich die Ostsee-Rus', die ihre Netzwerke in den 900er bis 930er Jahren noch einmal ausbauten. Neben den alten, bereits im 8.-9. Jahrhundert entstandenen Siedlungen wurden weitere angelegt: Gnezdovo im oberen Dneprgebiet – ein typisches Emporium mit polyethnischen Bevölkerungsanteilen – und das am Volchov gelegene Novgorod, das eher ein kommerzielles Zentrum für vorwiegend einheimische Stammesgruppen darstellte. Zudem dürfen die Rus' hier Abgaben und Tribute eingesammelt haben, die in Form von Fellen und Waldprodukten über das System von offenen wie befestigten Siedlungen entlang der Flüsse Msta und Luga südlich von Novgorod, die zum Volgaraum führten, in die Handelsnetze eingespeist wurden. Der multizentrische Regional- und Fernhandel ging also mit einer Tributlogik einher.

Während die Ostsee-Rus' auf eine seit etwa 100 Jahren zumindest teilweise bestehende und gut eingespielte Infrastruktur zurückgreifen konnten, betraten die Kiever Rus' Neuland. Um an Edelmetalle und Waren zu kommen, die sie als Äquivalent für Silber und Luxusgüter benötigten, mussten sie ein Raub- und Tributsystem errichten, das sich um die Macht- und Handelszentren Kiev und Černigov im mittleren Dneprgebiet konzentrierte. Den Stämmen östlich wie westlich des Stroms legten sie Abgaben auf, die teils aus Fellen, teils aus Münzen bestanden. Olgas Rachefeldzug gegen die Drevljanen zeigt sodann, dass sich die Erhebung von Tributen gelegentlich in die schiere Ausplünderung der unterworfenen Bevölkerungsgruppen verwandelt haben wird. Auf der anderen Seite boten diese Expeditionen den Kiever Rus' nicht nur die Möglichkeit, Güter, die nicht einen Bestandteil des Tributs darstellten, zu erwerben, sondern vielleicht auch in denjenigen Regionen, die nicht zu ihrem direkten Einflussbereich gehörten, Sklavenjagden zu unternehmen bzw. Waren zu erhandeln.

Auf diese Weise gelangten vermutlich die Dirhems nach Masowien und von dort nach Großpolen, wo polanische Häuptlinge, von denen etliche später unter dem Namen der Piasten

662 Vgl. Kovalev, Commerce (wie Anm. 28), S. 76.

bekannt wurden, ihre Netzwerke geknüpft haben. Die Logik eines Raub- und Tributhandels zeichnete sie genauso aus wie die Kiever Rus'. Einen Teil ihrer Tribute zogen sie direkt in Form von Silber ein, während Brandspuren in einer Reihe von Burgwällen an der südlichen Peripherie des piastischen Herrschaftsbereichs auf die Anwendung von Gewalt hindeuten. Die verschleppten Menschen wurden sicherlich zum Teil gegen Silber eingetauscht. Im Gegensatz zu den Kiever Geflechten beruhte die Infrastruktur der Münzverteilung auf einem System aus sechs zentralen Burgwällen, die sich von den Stammessitzen in Umfang und Funktionen zum Teil deutlich abhoben und nicht weiter als etwa 50 km voneinander entfernt lagen.

Wie das Beispiel Wichmanns, der einen Beutezug der Ostseeslawen nach Zentralpolen anführte, nahelegt, gehörte der Raub ebenfalls zum Wesenskern der Netzwerke der Wolliner. Und auch hier wird das Ziel, benachbarte Gesellschaften zu überfallen, darin bestanden haben, Menschen zu versklaven und sie dann auf den Märkten des Ostseeraumes zu verkaufen. Neben dem Siedlungskomplex von Wollin mit seinem weiten Hinterland, das weitere kleinere Handelsplätze ebenso wie Burgwälle umfasste, gehörten das kommerzielle Zentrum von Kołobrzeg-Budzistowo in Mittelpommern und die Region am unteren Weichsellauf zu diesem multizentrischen Netzwerk. Der eindeutige Beutecharakter ist jedoch lediglich für Wollin bezeugt.

Das Handelsemporium von Haithabu wiederum stellte definitiv den Knotenpunkt des Transithandels zwischen Ost und West dar. Die Dänen beschränkten sich aber nicht nur auf die Kontrolle der Silber- und Warenflüsse, sondern bauten eigene Beziehungsgeflechte auf: Im Nordseeraum banden sie über die Wikingerstädte York und Dublin die nordischen Siedler am keltischen Rand in ihre Handelsnetze ein und verkehrten zudem in Friesland, während im Osten ihre Aktivitäten vor allem im westslawischen Bereich bezeugt sind. In beiden Fällen ging es nicht zuletzt darum, an Sklaven zu gelangen, für welche die Dänen (und die Norweger) dann Edelmetalle beziehen konnten. Als Sammelstellen für Abgaben und Beutegut dienten die Ringburgen, darunter jene des Trelleborgtyps. Der Raubhandel – neben den Einnahmen aus dem Transit – erwies sich also für diese Netzwerke als signifikant.

Eine deutlich abweichende Logik des Silbertransfers wies die südwestliche Achse der Transit- und Karawanenroute auf, die von Chasarien oder gar Bolgar an der Kama über die oberen Läufe des Südlichen Bug und des Dnestr nach Ungarn oder Südpolen führte, um schließlich in Prag eine wichtige Etappe zu erreichen. Da die Entfernung zwischen Bolgar an der Kama und Sarkel am unteren Don einerseits und Prag andererseits gut 2.700 bzw. knapp 2.500 km betrug, liegt auf der Hand, dass die Infrastruktur aus verschiedenen größeren und kleineren Netzwerken bestand, die unterschiedliche Formen und Strukturen zeitigten. In der ersten Hälfte des 10. Jahrhunderts gehörten zu den Trägern dieser Kontakte nicht zuletzt magyarische/ungarische Migranten, die sich zeitweise in der südlichen Ukraine aufhielten und dann nach Westen zogen, womöglich aber ihre Kontakte zur Kiever Rus' nicht abbrachen. Später lief der Silbertransfer grundsätzlich über die Niederlassungen muslimischer sowie jüdischer Siedler und Kaufleute in Ost- und Mitteleuropa, wobei an einigen Stellen dieser Karawanenstraße die Fernhändler den Schutz lokaler Burgwälle (wie z. B. Zawada Lanckorońska oder Trzcinica) in Anspruch genommen haben werden.

Die Verdichtung von Herrschaft im östlichen Europa an der Wende vom 10. zum 11. Jahrhundert fiel mit der Umkehrung der Silberströme zusammen. Die von Knut dem Großen, Bolesław I. dem Tapferen und Vladimir dem Großen zu dieser Zeit vorgenommen Versuche, ihre Machtbereiche auszuweiten, erforderten eine systematische Eintreibung von Abgaben, die

die Imperienbildung zunächst bedingten und zugleich wesentlich ausmachten. So legten die Dänen den Angelsachsen Tribute in Form von Silber auf; Vladimir sicherte sich Einnahmen, indem er die Eintreibung von Abgaben bei verschiedenen Stämmen zwischen Litauen, Ostpolen und dem Okaraum stabilisierte; und nicht zuletzt verleibte Bolesław I. der Tapfere das Milzener Land und die Lausitz im Westen, Mähren und die Slowakei im Süden sowie die Červinischen Burgen im Osten in die piastischen Machtnetzwerke ein, wohingegen die Besetzung Prags und Kievs Episoden blieben. In diese Politik der Herrschaftsfestigung gehörte die nahezu parallel beginnende Prägung von eigenen Münzen, die in den Burganlagen und Verwaltungszentren verteilt wurden. Freilich indizieren zahlreiche Hinweise in Chroniken, dass trotz der Verschiebung der Logik zugunsten einer effizienten Besteuerung der unterworfenen Bevölkerungsgruppen Raub- und Beutezüge nach wie vor als eine passable Option, an Edelmetalle, Menschen und Waren zu gelangen, wahrgenommen wurden.

Die von den Piasten, den Dänen und der Rus' errichteten (See)Imperien bestanden aus lose verbundenen, bunten Handelsgeflechten, die über zentrale Burgwälle und kommerzielle Knotenpunkte zusammengehalten wurden. Je größer die Entfernung zwischen ihnen war, desto stärker nahm die Bedeutung zentrifugaler Kräfte zu, sodass sie nach dem Tod ihrer Begründer, Bolesławs des Tapferen bzw. Knuts des Großen, binnen wenigen Jahren zerfielen und auf das alte Maß reduziert wurden. Nur die Rus' entlang der zentralen Achse Novgorod – Kiev blieb in ihrer Ausdehnung erstaunlich stabil. Im Norden schuf Novgorod, auf das sich seit dem frühen 11. Jahrhundert nahezu der gesamte Handel in der Region konzentrierte, eine teilweise bis zum Ural reichende Einflusszone, in der Pelze – sei es über Tribute, sei es über den nahezu monopolisierten Tausch gegen Eisenwaren und Silber – erworben werden konnten. Sodann wurde der Einstrom von Denaren aus dem römisch-deutschen Reich, die ab ca. 1070 überwiegend aus Friesland über Schleswig nach Novgorod flossen, in der ersten Hälfte des 12. Jahrhunderts durch Barrenimporte abgelöst.

Hat aber der Kollaps des piastischen bzw. des anglo-skandinavischen (See)Imperiums die Logik des Silbertransfers oder die Infrastrukturen der Münzverteilung verändert? Auf die Überdehnung des piastischen Reiches unter Bolesław I. dem Tapferen folgte in den 1030er Jahren ein regelrechter Zusammenbruch politischer Ordnung, dem unter anderem eine massive Ausplünderung Großpolens vorausgegangen sein soll. Dessen ungeachtet indizieren archäologische Befunde, dass das Burgwallsystem prinzipiell intakt blieb, was die relativ rasche Wiederherstellung der Monarchie nach nur einer Dekade bestätigt. Spätestens in den 1050er Jahren wird sich dann der Zustrom von Pfennigen aus Sachsen intensiviert haben. Auf der anderen Seite notieren wir zur selben Zeit einen Abfluss von Edelmetallen, der in den Pflichtzahlungen an den Herzog von Böhmen, die für Schlesien entrichtet werden sollten, begründet war. Die für Edelmetalle benötigten Äquivalente, Felle, Wachs und Honig, sammelten die Piasten nach wie vor über ein System von Abgaben und Tributen ein. Freilich nahm, wenn Gallus' Chronik nicht täuscht, unter Bolesław II. dem Freigebigen und Władysław Herman die Bedeutung der Beute- und Plünderungszüge bei der Beschaffung von Waren, Menschen und Edelmetallen wieder zu. Gleichzeitig entstanden mit der Aufnahme der Emission sowohl offizieller Münzen als auch von Imitationen der Kreuzdenare nach 1070 neue Konstellationen bei der regionalen Silberdistribution, die womöglich eine Kehrseite der Labilität der politischen Ökonomie der piastischen Monarchie und somit eine Antwort auf die Fluktuationen der Edelmetallflüsse darstellten.

Die Kombination von einer Endogenisierung der Silberabschöpfung durch eigene Münzproduktion und Raubhandel blieb eine gesellschaftliche Konstante seit etwa der zweiten Hälfte des 11. Jahrhunderts ebenfalls in Pommern und im südwestlichen Küstenraum der Ostsee. In dem ersterwähnten Gebiet sorgten Stettin, Kolberg und Danzig für einen multizentrischen Regionalaustausch, der Bernstein und Waldprodukte aus dem jeweiligen Hinterland ebenso wie Sklaven umfasst haben wird. Der befestigte Handelsplatz in Parchim-Löddigsee, etwa 45 km südlich von Schwerin, indiziert wiederum, dass die überregionalen Verkehrsverbindungen nicht unbedingt nur entlang der Küsten, sondern teilweise quer durch das Binnenland verliefen.

Die Auflösung des dänischen Seeimperiums nach 1035/1042 hat zwar den Einstrom angelsächsischer Pfennige nach Skandinavien erheblich schrumpfen lassen, dem Zufluss deutscher Denare dorthin allerdings nicht geschadet. Die von Magnus dem Guten und Harald Hårdråde unternommenen Raubzüge gegen Wollin bzw. Haithabu deuten darauf hin, dass Edelmetalle und Waren zum Teil als Beutegut fortgeschafft wurden. Andererseits markiert Haralds Hårdråde Kriegszug nach England im Jahr 1066 symbolisch das Ende der Wikingerzeit, und zwar gleich im doppelten Sinne: Zum einen wandelte sich zu diesem Zeitpunkt die Logik einer auf Raub und Tributen beruhenden Thalassokratie hin zu einer geregelteren Aneignung des bäuerlichen Surplus im Hinterland des jeweiligen Königreiches. Zum anderen brach in den 1060er Jahren die Silbereinfuhr in mehrere Regionen Skandinaviens ein. Lediglich auf Gotland begegnen noch Münzfunde aus dem späten 11.-frühen 12. Jahrhundert, was auf die Rolle der Insel als Drehscheibe im Transithandel zwischen Schleswig und Novgorod zurückgeht. Eine weitere Verschiebung ergab sich aus der Tatsache, dass in Norwegen und besonders Dänemark im dritten Viertel des 11. Jahrhunderts beachtliche Mengen an Denaren geprägt wurden. Genauso wie im piastischen Polen, in Pommern und Mecklenburg-Vorpommern verschoben diese Emissionen das Koordinatensystem der Silberverteilungsnetzwerke, die nun regionalisiert, von Herrschaftseliten direkt kontrolliert und politisch besser gelenkt werden konnten.

## 2.2. Interpersonale Beziehungen und Verflechtungen, oder Markt versus außermonetäre Motive

Die Strukturen des Silbertransfers beruhten eher auf interpersonalen Beziehungsgeflechten von Fernhändlern, Häuptlingen, Warlords, dynastischen Eliten und mobilen Handwerkern als auf anonymen, sich ausschließlich durch Angebot und Nachfrage kennzeichnenden Marktverhältnissen. Die Kontakte umfassten demnach kommerzielle Transaktionen, die allerdings stets in gesellschaftliche Kontexte eingebettet waren, die wiederum genauso gut Tribute, Abgaben, Erpressungen, Geschenke und Gaben wie noch andere Formen von Redistribution, die uns unbekannt sind, beinhalten konnten.

In der islamischen Welt griffen Großhändler auf „ein weitverzweigtes Handelsnetz mit Hilfe komplexer Beteiligungs- und Kontraktsysteme, reisender Partner und verwandter bzw. befreundeter Agenten in den auswärtigen Niederlassungen" zurück.[663] Christopher A. Bayly spricht von archaischer Globalisierung, wenn er zwischen große Entfernungen überspannenden Seehandelsgemeinschaften (vorwiegend im Bereich des Indischen Ozeans), „manchnmal durch weit gespannte Heiratsverbindungen und häufig durch ein gemeinsames Glaubensbekenntnis gestützt", und den landgestützten Kaufleuten (entlang der Seidenstraße), die ein buntes Gemisch

663 Feldbauer, Die islamische Welt (wie Anm. 23), S. 149.

darstellten, deren Handel „keineswegs vollständig durch ethnisch-rechtliche Begriffe reglementiert und begrenzt“ war, unterscheidet. Die Bezeichnung „diasporische Streugemeinschaften“ spiegelt ihre Logik gut wider.[664]

Die Systeme im Norden waren sicherlich nicht so ausgeklügelt wie jene südlich des chasarischen Khaganats, dennoch durchaus auf verschiedene Personengruppen bezogen. Bereits die Dirhemströme im frühen 9. Jahrhundert lassen Zweifel aufkommen, ob Silber ausschließlich über anonymisierte Märkte transferiert wurde. Die arabischen Münzen dieser Zeit stammten zum größten Teil aus den nordafrikanischen und irakischen Prägestätten des Abbasidenreiches.[665] Die afrikanischen Prägungen flossen nach Osteuropa wahrscheinlich aus Syrien, über die Türkei nach Samkerc am Asovschen Meer oder über Transkaukasien und den Nordkaukasus nach Sarkel, dann den Don bzw. Donec entlang, um sich schließlich ins Dnepr- und Okagebiet auszubreiten. Dieser Silberstrom war bis gegen 820/821 sehr stark und scheint nur in Einzelfällen über Staraja Ladoga hinausgelangt zu sein. Dirhems aus den irakischen Provinzen des Kalifats, die über den Iran und Transkaukasien oder über das Kaspische Meer nach Itil im Volgadelta kamen, zirkulierten hingegen nicht nur im russischen Binnenland, sondern wurden – vermutlich vor allem entlang der Volga – an die Ostsee gebracht.

Von den 16 untersuchten Schätzen aus Russland, Weißrussland und der Ukraine mit der Schlussmünze von 786/787 bis 820/821 beträgt der Anteil nordafrikanischer Prägungen in zehn Fällen mindestens 38 Prozent und erreicht in einem Fund sogar 87 Prozent. In vier Fällen schwankt er zwischen 19 und 29 Prozent, und nur in zwei Horten unterschreitet deren Anzahl die 10-Prozent-Marke.[666] Weil davon auszugehen ist, dass die Dirhems in den Ostseeraum grundsätzlich über Nordrussland flossen, sollten wir unsere Aufmerksamkeit zuerst auf die dortigen Depots lenken. Sie weisen zwei unterschiedliche Strukturen auf: Die Funde aus Staraja Ladoga (786/787) und Kniaščino (808/809) enthielten nordafrikanische Dirhems zu jeweils 27 Prozent; in den Horten von Peterhof (804/805) und Cholopyj Gorodok (805/806) wiederum machten diese 87 bzw. 46 Prozent aus. Im Ostseeraum würden den ersteren die Schätze aus Visby (816/817) auf Gotland mit 24 Prozent und vielleicht aus Prerow-Darß (803) in Mecklenburg-Vorpommern mit etwa 18 Prozent (nach Gert Rispling aber lediglich neun Prozent) entsprechen.[667] Zur zweiten Gruppe hingegen zählt nur der Hort von Anklam (818/821) mit 40 Prozent. Die übrigen Depots aus dem Ostseeraum zeichnen sich durch einen sehr geringen Anteil nordafrikanischer Dirhems aus: Norrgarda-Norrbys I (818/819) auf Gotland elf Prozent; Stegna (811/812) und Zalewo (811/812) in Pommerellen bzw. Ermland-Masuren je sechs Prozent; schließlich Rugard (815/816) in Mecklenburg-Vorpommern sowie Braniewo (816/817), Mokajmy-Sójki (817/818) und Janów Pomorski I (815/816), alle in Truso oder seinem Umland, ohne nordafrikanische Münzanteile.[668] Von den bestimmbaren Einzelmünzen aus Janów Pomorski bilden nordafrikanische Exemplare neun Prozent (Teil II, Kapitel 1).

664 Christopher A. Bayly, „Archaische“ und „moderne“ Globalisierung in Eurasien und Afrika, ca. 1750-1850, in: Globalgeschichte. Theorien, Ansätze, Themen, hg. von Sebastian Conrad u. a., Frankfurt am Main 2007, S. 81-108, hier S. 97-99.

665 Aleksej V. Fomin, Silver of the Maghreb and Gold from Ghana at the End of the VIII-IX Centuries A. D., in: Sigtuna Papers S. 69-75, besonders Tab. 1 auf S. 70.

666 Nach Angaben bei Gert Rispling, Ninth-century dirham hoards in Russia and the Baltic region: A report on progress, in: Magister Monetae (wie Anm. 69), S. 101-109, Tab. 2, sowie Kovalev / Noonan, Bol'šoi klad (wie Anm. 64).

667 Rispling, Ninth-century dirham (wie Anm. 666).

668 Nach ebd. und Noonan, Ninth Century (wie Anm. 86), S. 235, Tab. 7.

Es fällt also auf, dass Nordrussland ähnliche Zusammensetzungen höchstens in zwei Schätzen aus Mecklenburg-Vorpommern und in einem Hort auf Gotland begegnen. Die restlichen Funde weisen eine abweichende Struktur auf.

So kamen im Norden Osteuropas verschiedene Dirhemströme zusammen. Es ist möglich, dass eine der nordischen Kolonien von Staraja Ladoga (wenn man annimmt, dass dieser Ort immer aufgesucht und nicht umgangen wurde) lediglich auf Janów Pomorski ausgerichtet war, während die anderen Gemeinschaften Kontakte überwiegend nach Gotland und Uppland unterhielten. Folglich hätten die einzelnen Fernhändlergruppen die Dirhems nach Ladoga transportiert und dort in „Paketen" unvermischt an die verwandten Sippen von Truso bzw. Gotland oder Uppland (was nicht ausschließt, dass die Gotländer sich mit Silbermünzen ebenfalls in Janów Pomorski eindecken konnten) weitergereicht – zumal Staraja Ladoga bereits im 9. Jahrhundert keinen kompakten Handelsplatz darstellte, sondern als ein sich über einige Kilometer entlang der beiden Ufer des Volchov erstreckender Siedlungs- und Gräberkomplex erschien. Demnach gab es dort keinen anonymisierten Geldmarkt, keinen regen Umlauf von Dirhems, vielmehr einzelne Niederlassungen von Fernhändlern und Handwerkern, denen ihre jeweiligen Münzposten als Prestigegut, Rohstoff zur Weiterverarbeitung oder als Zahlungs- und Tauschmittel zum Ankauf von Waren (wie Bernstein) bzw. Dienstleistungen (z. B. aus dem Bereich des Schmiedehandwerks) im Ostseeraum dienten. Die geringe Anzahl der Einzelfunde aus Staraja Ladoga – bislang 34 Stück vom 8. bis 11. Jahrhundert[669] – würde der monetären Logik widersprechen und eine schwache Zirkulation bestätigen. Zum Vergleich: In Janów Pomorski liegt sie bei gut 1.000 Exemplaren, in Dorestad bei mindestens 375 Münzen.[670] In beiden Fällen stammt die Masse der Prägungen aus der Zeit bis etwa 850.

Die Fundarmut an nordafrikanischen Dirhems in der Region Pommerellen-Ermland-Masuren könnte darauf hindeuten, dass die dortigen Bewohner, vermutlich über Ladogas Beziehungsgeflechte, mit einem irakisch-iranischen Fernhändlernetzwerk, das überwiegend nahöstliche Prägungen ausführte, Kontakte unterhielten. Erinnern wir uns an Ibn Khordhadbeh (Unterkapitel 1.1.2.), der die Fahrten verschiedener Rus'-Gruppen zu chasarischen Märkten entlang der Volga (und des Don) oder des Dnepr beschreibt und darauf hinweist, dass einige Fernhändler von Itil aus verschiedene Orte im kaspischen Raum ansteuerten oder sogar auf Kamelen nach Bagdad reisten. Interessanterweise enthalten die meisten transkaukasischen Schätze nur eine sehr geringe Anzahl von nordafrikanischen Dirhems: zum Beispiel Agdam II (804/805): fünf Prozent; Pschaveli (807/808): elf Prozent; Arkchava (811/812): drei Prozent.[671] Somit ähneln sie jenen Funden, die im südlichen Küstenbereich der Ostsee überwogen.[672] Folglich dürfte der für ihn charakteristische Münzstock durch einen direkten Austausch der

669 Kirpičnikov, Staraja Ladoga (wie Anm. 150), S. 328; Vladimir A. Lapšin, Archeologičeskaja karta Leningradskoj oblasti [Archäologische Karte der Leningrader Region], Bd. 2, Sankt Peterburg 1995, S. 133-142. Zum Kontext siehe neulich: Søren M. Sindbæk, A Site of Intersection: Staraya Ladoga, Eastern Silver, and Long-Distance Communication Networks in Early Medieval Europe, in: Identity Formation and Diversity in the Early Medieval Baltic and Beyond. Communicators and Communication, hg. von Johan Callmer u. a., Leiden-Boston 2017, S. 76-90; Johan Callmer, The Rise of the Dominion of the ar-Rus in the Northern Parts of Eastern Europe, Seventh to Ninth Centuries A.D.: A Case of Culture Construction, in: Ebd., S. 136-167.

670 Coupland, Carolingian (wie Anm. 126), S. 289.

671 Noonan, When and how (wie Anm. 24, Kap. 2), S. 421, Tab. X.

672 Ebd., S. 433 f.; Lutz Ilisch, Der Steckborner Schatzfund von 1830 und andere Funde nordafrikanischer Dirhams des Karlreiches, in: Proceedings of the Assemani Symposium on Islamic Coinage, Padua 17.-18. Mai 2003, Padova 2005, S. 67-91, hier S. 69 f.

Rus' mit den einheimischen Kaufleuten der Anrainerregionen des Kaspischen Meeres entstanden sein.

Dass die Interaktionen innerhalb der Netzwerke wie zwischen ihnen nicht ausschließlich einen kommerziellen Kontext aufwiesen, legen verschiedene Artefakte und Schmuck nahe. Sie spiegeln in erster Linie die Identität der Menschen, die sie verwendeten, wider. So verkehrten die Skandinavier von Janów Pomorski/Truso mit den pruzzischen Bevölkerungsgruppen im Hinterland des Emporiums nicht nur über den Markt: Für Nordmänner typische Waffen, Schmuckstücke und Alltagsgegenstände aus dem Burgwall von Tolkmicko bzw. der Siedlung von Robity weisen auf andere Formen von Kommunikation als Handel hin (Teil II, Kapitel I). Der fragmentierte, in der slawischen Burgsiedlung Novotroickoe gefundene Schmuck vom Typ Saltov-Majaki und vom magyarischen Typ Subboticy wurde wiederum zwar als Rohstoff für Armreife oder Fingerringe benutzt, muss aber die Waldsteppenzone nicht unbedingt als Handelsgut erreicht haben. Genauso gut konnte er von einem Warlord aus dem Bereich dieser benachbarten Kulturen einem slawischen Stammesältesten als Geschenk überreicht worden sein. Die elitäre Grabanlage Nr. 93 aus Verchnyj Saltov enthält hingegen ein Frauenskelett samt Beigaben, die auf die archäologische Kultur finnougrischer Clans und der Krivičen im oberen Dneprbecken hindeuten. Aller Voraussicht nach war die Bestattete mit einem lokalen Krieger liiert, der der Ethnie der Alanen angehörte. Schließlich bestand der Silberhort von Ivachniki im Sulagebiet aus vier verschiedenen Schmuckformen, die sich neben dem erwähnten Kreis der Finnougrier bzw. der Krivičen zwei slawischen Gruppen sowie der Kultur von Saltov-Majaki zuordnen lassen (Unterkapitel 1.1.1.).

Eine nordische Kulturgemeinschaft zwischen Skandinavien, hier besonders Uppland, und Nord- und Zentralrussland ergibt sich aus archäologischen Funden und Befunden. Ingmar Jansson geht sogar so weit und relativiert überhaupt die Bedeutung kommerzieller Kontakte: „There is in fact very little in the archaeological material of Eastern Europe that indicates the existence of trade with Scandinavia."[673]

Anne Stalsberg listet aus mehr als 140 Ortschaften in Russland 413 nordische Einzelfunde, Gräber bzw. Siedlungen auf – darunter nicht zuletzt ca. 200 ovale Fibeln.[674] Die geografische Bandbreite reicht von frühen Artefakten aus Staraja Ladoga und Sarskoe Gorodišče, die in die zweite Hälfte des 8. bzw. den Beginn des 9. Jahrhunderts datieren, über die Macht- und Handelszentren von Rjurikovo Gorodišče und Timerevo seit etwa 850 bis hin zu Gnezdovo, Černigov und Kiev, die den Höhepunkt ihrer Entwicklung teilweise in den 930er bis 950er Jahren erreichten. Aber auch im Reich der Volgabulgaren, der Drehscheibe des interkontinentalen Fernhandels schlechthin, werden die Aktivitäten der Wikinger über den schieren kommerziellen Austausch hinausgegangen sein – obgleich Ibn Fadlans Bericht, verfasst um 921/922, die ökonomische Logik in Bolgar an der Kama hervorhebt und das Zufälligkeitsprinzip bei der Auswahl der Handelspartner suggeriert: *Ich wünsche, daß du* [Herr] *mir einen Kaufmann besorgst, der viel Dinare und Dirhems hat und der von mir (um den Preis) kauft, den ich wünsche und der mir in keinem (Worte), was ich sagen werde, widerspricht.*[675]

Dessen ungeachtet bestätigen das Gräberfeld von Balymery mit zahlreichen nordischen Artefakten und die relativ vielen offiziellen volgabulgarischen Dirhems in Schweden enge

673 Ingmar Jansson, Communication between Scandinavia and Eastern Europe in the Viking Age. The Archaeological Evidence, in: Untersuchungen (wie Anm. 18, Kap. 2), S. 773-807, hier S. 791.

674 Anne Stalsberg, The Scandinavian Viking Age finds in Rus. Overview and Analysis, in: Oldenburg – Wolin (wie Anm. 39), S. 448-471, hier S. 453.

675 Togan, Ibn Fadlans Reisebericht (wie Anm. 187), S. 87.

Interaktionen zwischen den skandinavischen Siedlergruppen und den einheimischen Eliten. Dabei konnten die Aktivitäten der Nordmänner verschiedene Dienstleistungen – unter anderem als Söldner – umfassen.

Der in Kiev (Knjaža gora) angefertigte Luxusschmuck – zum Beispiel in Form von Würfeln – geht hingegen auf die Vorbilder des dänischen, für König Harald Blauzahn produzierenden Goldschmiedes zurück. Diese Schmuckstücke besaßen einen hohen gesellschaftlichen Wert und wurden von der Elite als Statussymbol innerhalb verschiedener Netzwerke getragen. Lokale Imitationen begegnen von York bis Sigtuna. Einige in Kiev gefundene Fibeln weisen zudem Parallelen zum Schatzfund von Hiddensee und dem Hort von Siem (Dänemark), aber auch zu Depots in Gotland, Südskandinavien und Polen auf.[676] Die Bedeutung der Schmuckindustrie beim elitären Umlauf von Edelmetallen bereits im 9. Jahrhundert heben Reife aus den Schatzfunden von Spillings sowie die in Norwegen entdeckten Arm- und Halsringe hervor.

Die Zirkulation von Schmuckstücken und Schmuckmustern zeigen eindrucksvoll die Ohrringe vom Typ Borščevka bzw. Volyn. Sie wurden in der zweiten Hälfte des 10. Jahrhunderts irgendwo in der Kiever Rus' produziert und unter anderem nach Masowien und Großpolen (z. B. der Schatzfund Obra II) transferiert (Teil II, Unterkapitel 2.2.). Die Ohrringe vom Typ Świątki/Tempelhof wiederum begegnen sowohl in Masowien, Großpolen und Schlesien als auch in Pommern. Ihre Verbreitung deckt sich mit den Netzwerken der Polanen/Piasten bzw. der Wolliner/Pomoranen und indiziert somit einen engen, nicht unbedingt kommerziellen Austausch zwischen den jeweiligen Oberschichten (Teil II, Unterkapitel 2.2. und 2.3.).

Die Kontakte zwischen Westslawen und Skandinaviern, vor allem aus Dänemark und Südschweden, haben an der Schwelle zum 11. Jahrhundert deutlich zugenommen. Davon zeugen nicht nur Fundorte mit slawischer Keramik, sondern ebenfalls Silberstücke: So tauchen in dem Schatzfund von Nørremølle auf Bornholm zahlreiche Fragmente von Schmuck auf, der eindeutig westslawischer Herkunft war. Zugleich begegnen in der ersten Hälfte des 11. Jahrhunderts in dem Hort von Farve-Wangels (Ostholstein) unter anderem Halsketten und Ringe, die auf Vorbilder in Dänemark und Ostschweden hindeuten. Deren elitärer Charakter lässt die ökonomische Interpretation als unterkomplex erscheinen und den gesellschaftlichen Kontext außer Acht – zumal wenn man bedenkt, dass auf etlichen dänischen Inseln in dieser Phase mit starken slawischen Bevölkerungsanteilen zu rechnen ist (Teil II, Unterkapitel 3.4.).

Die Zirkulation von Edelmetallen innerhalb des elitären Machtzirkels konstatieren wir bei den Netzwerken der Pomoranen an der Wende vom 11. zum 12. Jahrhundert. Der Schatzfund von Łupawa zum Beispiel enthielt 473 Armringe, Drähte, Anhänger, Kaptorgen, Ohrringe, Halsringe, Perlen bzw. Schläfenringe, und in dem Depot Pommern XIII wurden 239 Schmuckstücke gezählt. Gegen die monetäre Logik, die sich ja in einheitlichen Silbermärkten widerspiegeln müsste, spricht nicht zuletzt die Tatsache, dass in etwa zeitgleichen Horten selbst aus den benachbarten Regionen unterschiedliche Münzzusammensetzungen begegnen: Der Fund von Bonin bei Köslin bestand zum überwiegenden Teil aus Kreuzdenaren und deutschen Pfennigen, wohingegen der Schatz von Łupawa bei Stolp – ca. 100 km östlicher – ausschließlich einheimische Imitationen umfasste, die teilweise um die Mitte oder in der ersten Hälfte des 11. Jahrhunderts emittiert wurden (Teil II, Unterkapitel 4.2.). Inwieweit diese Nachprägungen von inkonstanter Edelmetallzufuhr und labilen Fernhandelsmärkten zeugen, die die Oberschichten ob fiskalisch-politischer Konstellationen bzw. Bedürfnisse zur Emission von Münzen anregten, wird im zweiten Teil der vorliegenden Untersuchung diskutiert (Unterkapitel 3.4. und 4.2.).

---

676 Duczko, Viking Rus (wie Anm. 79), S. 227.

Es unterliegt aber keinem Zweifel, dass die womöglich massenhafte Ausprägung von offiziellen Münzen durch die Piasten ab ca. 1070 in fiskalischen Interessen begründet lag. Sie dienten vermutlich dem Zweck, zum einen die fürstlichen Einnahmen zu stabilisieren und zum anderen die Instrumente zur Klientenbeschenkung bzw. Entlohnung der Gefolgsleute und Söldner in eigener Hand zu monopolisieren. Dass ihre Geografie sich vorwiegend auf Kleinpolen mit Krakau als Hauptsitz der Monarchie konzentrierte und mit den Nachprägungen der aus Sachsen stammenden Kreuzdenare kaum kompatibel war, zeigt deutlich ihren machtpolitischen und symbolischen Charakter. Letztendlich sollten die offiziellen Emissionen nicht die Marktbedürfnisse befriedigen, sondern über dynastische Geflechte unter Klienten verteilt und als Steuer- und Abgabegeld etabliert werden (Teil II, Unterkapitel 4.1.).

## 2.3. Dauer – zwischen konjunkturellen Rhythmen und strukturellen Brüchen

Die Silberverteilungsnetzwerke unterlagen konjunkturellen Rhythmen, waren zugleich nicht vor strukturellen Brüchen gefeit. Unter dem Terminus Konjunktur verstehe ich hier einen chronologischen bzw. geografischen Wechsel des Rhythmus im Münzeinstrom auf Seiten der Produzenten, struktureller Bruch hingegen wird als endgültiger Kollaps des Silberexports aufgefasst. Letzteres erfolgte zweimal: an der Wende vom 10. zum 11. Jahrhundert, als die Dirhems aufgehört haben, nach Europa zu fließen – wenngleich sich in diesem Fall mit der zeitgleichen Aufnahme der Denarimporte aus dem Westen für die meisten Abnehmer von Münzen ein konjunktureller Schwenk ergeben hat; sowie etwa 100 Jahre später mit dem Zusammenbruch der Importe von Pfennigen und Kreuzdenaren, der in einigen Regionen wiederum durch einheimische Emissionen konterkariert wurde. Die Situation ist jedoch noch komplizierter, als es auf den ersten Blick erscheint. Die Analyse der Geografie und Chronologie der Funde indiziert zum Teil massive Fluktuationen im Einstrom von Edelmetallen, die nicht nur vom Exporteur abhingen: Denn Münzen tauchen selbst in derselben Zuflussphase in den einen Regionen auf, während sie in den anderen kaum vorkommen. Solche Schwankungen wären demnach nicht so sehr die Folge von exportbedingten Konjunkturen gewesen, sondern das Ergebnis einer sich wandelnden Nachfrage oder des strukturellen Rückgangs der Nachfrage bei potenziellen Kunden. Gleichzeitig müssen wir davon ausgehen, dass in den frühmittelalterlichen, häufig labilen Gesellschaften mehrere Faktoren, die wir nicht anhand von Quellen zu ermitteln vermögen, einem Zusammenbruch des Silbereinstroms zugrunde gelegen haben werden.

So konnten sich die Netzwerke über einen längeren Zeitraum erstrecken und dabei die Verteilungslogik modifizieren oder bereits nach einer Generation reißen. Betrachten wir zuerst die im frühen 9. Jahrhundert geknüpften Beziehungsgeflechte. Der Karawanen- und Tributhandel der Chasaren blieb in seiner Struktur knapp 170 Jahre intakt, obgleich er etlichen Fluktuationen ausgesetzt war. So setzten sich die Pečenegen im ausgehenden 9. Jahrhundert in dem Gebiet zwischen den Forts am unteren Don und den Siedlungsnestern der Ethnien der Saltov-Majaki-Kultur in der Waldsteppenzone fest. Diese Nomaden haben zwar den Austausch nicht blockiert, jedoch den freien Verkehr der Karawanen chasarischer, jüdischer oder arabischer Fernhändler entlang der Don- und Donecroute erschwert. Die kommerziell-machtpolitischen Koordinaten verschoben sich zusätzlich, weil die den Chasaren zur Verfügung stehende Tributzone, aus der Felle und Silber bezogen wurden, deutlich geschrumpft ist. Die Logik der Dirhemverteilung hat sich indessen nicht geändert.

Über mehrere Generationen hinweg funktionierten ebenfalls die seit Beginn des 9. Jahrhunderts aktiven Netzwerke der Rus'. Hier haben sich freilich die Strukturen des Silbertransfers erheblich gewandelt: Während die verschiedenen, zumeist in Nordrussland ansässigen und mit den einheimischen Sippen kooperierenden Gruppen von Nordmännern zunächst einem trans- und interkontinentalen, Staraja Ladoga und sein weites Hinterland mit dem Ostseeraum einerseits und dem kaspischen Raum, ja sogar Bagdad andererseits verbindenden Fernhandel nachgingen, konnte in der zweiten Hälfte des 9. Jahrhunderts eine neue, hauptsächlich aus Uppland/Gotland stammende Generation der Wikinger ein effizienteres auf Raub- und Tributen beruhendes Machtsystem errichten. Ihre Aktivitäten stellten die andere Seite der gotländischen und (festland)schwedischen Geflechte dar, die im Ostseeraum eine ähnliche Transformation weg vom Kompetenztransfer und Transithandel hin zu einer auf Raub- und Beuteökonomie fundierten Thalassokratie erfuhren.

Dieser Wandel trug zugleich dazu bei, dass die anderen bislang relevanten Silberverteilungsnetzwerke wegkonkurriert wurden. Dass die Bedeutung der skandinavischen Gemeinschaft von Janów Pomorski/Truso bei der Redistribution von Edelmetallen bereits nach etwa 20 Jahren massiv abnahm, geht aber nicht in erster Linie auf die Expansion der Wikinger zurück, sondern lag aller Voraussicht nach in dem Kollaps des Silberbedarfs im Umland des Emporiums begründet. Somit legt dieser Prozess ein beredtes Zeugnis vom strukturellen Bruch eines Beziehungsgeflechts ab. Ich komme auf diesen Themenkomplex später noch einmal zurück, nun wende ich mich den konjunkturellen Rhythmen zu.

Die konjunkturellen Zyklen wiesen grundsätzlich zwei Dimensionen auf: Entweder waren sie die Folge der Umkehrung der Silberströme von Ost nach West, die an der Wende vom 10. zum 11. Jahrhundert stattgefunden hat; oder sie stellten einen Nebeneffekt machtpolitischer Verschiebungen dar. Der Kollaps des Dirhemzustroms aus Asien und die Umorientierung nach Westen haben zwar die räumlichen Parameter dahingehend verschoben, dass nun die näher an Deutschland bzw. England gelegenen Regionen Ost-, Nord- und Ostmitteleuropas zu den Gewinnern gehörten, während die Rus' auf deren Mittlerrolle angewiesen waren. Nichtsdestotrotz ist festzuhalten, dass zu diesem Zeitpunkt prinzipiell nahezu alle Netzwerke intakt blieben, da sie nun von den etablierten Dynastien oder Fernhändlereliten, die überwiegend die Nachfrage nach Edelmetallen generierten, getragen bzw. kontrolliert wurden. Zu den ersterwähnten gehörten die Geflechte der Piasten, Rjurikiden und Gormiden; zu den zweiten jene der Wolliner/Pomoranen und der Ostsseslawen. Als Ausnahme erscheinen hier womöglich gotländische Handelssysteme, in die ebenfalls einfache Farmer eingebettet gewesen sein dürften.

Konjunkturelle Zyklen, verursacht durch machtpolitische Verschiebungen, machten sich zum ersten Mal in den 880er/890er Jahren bemerkbar, als Turbulenzen in der osteuropäischen Steppe die Handelsströme erheblich störten. Die wichtigste Auswirkung dieser Fluktuation bestand in der Verlagerung des Dirhemtransfers von der Achse Naher Osten – chasarisches Khaganat auf die Verbindung zwischen Zentralasien und dem Reich der Volgabulgaren. Nach einer Unterbrechung von 20 Jahren wurde dann der Export von Silbermünzen aus dem arabischen Raum nach Norden aufgenommen. Von kurzfristiger Dauer war ebenfalls die Verschiebung der Pfennigimporte in den 1030er/1040er Jahren, die als Folge eines kompletten Zusammenbruchs piastischer Herrschaftsstrukturen in Großpolen zu betrachten ist. Für knapp zwei Dekaden, so scheint es zumindest, hat diese Konstellation zu einer Intensivierung des

Denareinstroms nach Masowien geführt – sicherlich erleichtert durch die politische Allianz mit den Pomoranen.

Im Hinblick auf strukturelle Brüche können wir wiederum zwischen zwei Konfigurationen unterscheiden: einer innergesellschaftlich bedingten sowie einer von außen beeinflussten. Als Paradebeispiel für erstere fungieren die oben erwähnten Beziehungen der nordischen Gemeinschaft von Janów Pomorski/Truso. Diese Zuordnung könnte vielleicht auch für das Netzwerk der Magyaren/Ungarn zutreffen, deren Spuren entlang der südwestlichen Ost-West-Route in der ersten Hälfte des 10. Jahrhunderts belegt und mit den Schatzfunden einer einzigen Generation kompatibel sind. Die Einwirkung von außen kommt wiederum bei den Chasaren deutlich zum Tragen. Ihre Interaktionsgeflechte entlang der Flüsse in der Steppe und Waldsteppenzone zerstörte endgültig eine kombinierte Aktion der Kiever Rus' und der Oğuzen zwischen 965 und 969. Die Koordinaten bei den Volgabulgaren hat hingegen der Zusammnenbruch der Dirhemzufuhr im frühen 11. Jahrhundert verschoben: Bolgar bildete zwar nach wie vor die Drehscheibe des Fernhandels zwischen islamischer Welt und Zentral- und Nordrussland, dennoch stellte dieses Zentrum nicht mehr einen relevanten Knotenpunkt des Silbertransfers dar.

Das Versiegen der westlichen Münzströme im frühen 12. Jahrhundert hat die Existenz der alten Netzwerke der Piasten, Pomoranen, Ostsee- und Elbslawen sowie der Dänen beendet bzw. ihre Logik erheblich verändert. In den Horten aus dieser Zeit verschwinden nun Importe, tauchen aber dafür einhemische Prägungen auf, die eine Endogenisierung der Silberabschöpfung signalisieren. Die Systeme der Redistribution fremder Münze wurden durch eine regionale Emission von Denaren abgelöst, die aus machtpolitischer Sicht den Eliten mehr Kontrollmöglichkeiten ermöglichten als je zuvor. Es scheint, dass um 1150 lediglich die Gotländer und die Novgoroder Rus' noch Silber aus dem römisch-deutschen Reich importieren konnten. In der zweiten Hälfte des 12. Jahrhunderts brachten die Fernhändler Edelmetalle nach Novgorod ausschließlich in Form von Barren (statt Pfennigen). Die Zeit der Münzimporte war zunächst vorüber.

## 2.4. Funktionen

Die Edelmetalle konnten unterschiedliche Funktionen selbst innerhalb desselben Netzwerkes ausüben. Sie dienten als Zahlungsmittel im Fern- und Regionalhandel ebenso wie als Abgaben und Tribute, Mittel zur Entlohnung der Gefolgsleute und politischen Klienten, generell als Instrument zur Herstellung und Aufrechterhaltung gesellschaftlicher Beziehungen. Den Edelmetallen wurden magische und kultische Eigenschaften zugeschrieben. Schlussendlich konnte Silber eingeschmolzen und als Rohstoff zur Anfertigung von Schmuck, Barren, Gusskuchen oder zur Prägung von eigenen Münzen verwendet werden.

Systematisiert lassen sich also folgende Funktionen unterscheiden (näher Teil II):

1. Zahlungsmittel im Fern- und Regionalhandel;
2. Zahlungsmittel zur Entlohnung der Gefolgsleute, Krieger, Söldner und politischen Klienten;
3. In Form von Schmuck vor allem Prestigeobjekt der symbolisch-magischen Kommunikation;
4. Fiskalisches Mittel zur Entrichtung von Tributen und Abgaben;
5. Rohstoff zur Herstellung von Schmuck;
6. Rohstoff zur Emission von Münzen.

Bereits die frühen Netzwerke der Chasaren zeigen ein breites Spektrum an Verwendungen. Die Dirhems dienten verschiedenen Fernhändlergruppen in erster Linie als Zahlungsmittel, mit dem bei den slawischen und finnougrischen Bevölkerungsgruppen der Waldsteppenzone und der südlichen Waldzone Felle und Pelze bezahlt wurden. Zugleich nutzten die Khagane die Münzen zur Entlohnung ihrer Krieger und Söldner. Die Funde silberner bzw. versilberter Ohrringe, Gürtel, Schwertortbänder oder Zaumzeugteile unterstreichen wiederum, dass aus dem Edelmetall Schmuck angefertigt wurde. Schließlich ließen die chasarischen Eliten, womöglich seit ca. 825 und um 837/838 sicher belegt, Dirhems nachprägen, die sie dann an den Verwaltungsapparat verteilten, dessen Vertreter sie wiederum in die Handelsnetze einspeisen konnten – so gelangten zum Beispiel Geldstücke mit der Inschrift *Moses ist der Gesandte Gottes* bis nach Skandinavien.

Eine deutlich schmalere Bandbreite an Funktionen lässt sich in den Gesellschaften nördlich der Kernzone des Khaganats konstatieren. Hier verwendeten die Ostslawen Silbermünzen überwiegend als Rohstoff zur Herstellung von Arm- bzw. Halsreifen und Fingerringen, wobei gelochte Exemplare als Anhänger an Halsketten getragen wurden. Außerdem berichtet die altrussische Chronik, dass die slawischen Chasaren-Tribute zumindest teilweise in Form von Münzen entrichtet wurden. Demzufolge müssen etliche von ihnen wieder an die Chasaren zurückgeflossen sein. Das schließt jedoch die Option nicht aus, dass slawische oder finnougrische Trapper mit Dirhems in die nördlicher gelegenen Siedlungen reisten, um noch attraktivere Felle zu ergattern. Der Schmuckhort von Ivachniki im Sulagebiet bestätigt den internen Silberumlauf unter den einzelnen Stämmen der Waldsteppen- und Waldzone (Unterkapitel 1.1.1.).

Nur am Rande ergibt sich, dass die andere Region im frühen 9. Jahrhundert, in der Imitationen von Münzen emittiert wurden, an der nordwestlichen Flanke der eurasischen Interaktionsökumene lag. Hier gehörten die Emporien von Haithabu und Ribe zu den einzigen Zentren im „Barbaricum", in denen karolingische Denare nachgeprägt wurden.

Den chasarischen Netzwerken ähnelnde Strukturen wiesen die Beziehungsgeflechte der Volgabulgaren auf. Zum einen nahm die Herrschaftselite spätestens um 930 die Produktion von Dirhemimitationen, gegen 950 von offiziellen (freilich an den Dirhems orientierten) Münzen auf. Sie dienten zur Entlohnung der Söldner, Krieger und des Verwaltungsapparates ebenso wie als Zahlungsmittel auf den Fernhandelsmärkten. Zum anderen indizieren die Permer Ringe, die generell in das 9. Jahrhundert datiert werden, die gesellschaftliche Bedeutung von Edelmetallen als Prestigeobjekte. Auf der anderen Seite geben die Quellen keine Hinweise her, dass die verschiedenen Bevölkerungsgruppen im weiten Hinterland der Machtzentren von Bolgar, Suwar und Biljarsk ihre Tribute an die Volgabulgaren in Form von Münzen entrichtet hätten.

Der funktionale Dualismus innerhalb eines Silberredistributionsnetzwerkes, der bei den chasarisch-slawischen Geflechten gut zu beobachten ist, kommt besonders deutlich in der Asymmetrie zwischen den Emporien bzw. Seehandelsplätzen und deren Hinterland zum Tragen. Ein Paradebeispiel stellt hier Janów Pomorski/Truso dar. In diesem *port of trade* wurden Münzen als Zahlungsmittel für den Erwerb regionaler Güter und im Transithandel benutzt, in gelochter Form als Anhänger an Halsketten getragen und als Rohstoff zur Herstellung von Barren verwendet. Im Umland des Emporiums hingegen ist lediglich die Funktion als Potlatchgut belegt. Im zweiten Teil (Kapitel 1) dieser Untersuchung wird auf dieses Thema im Kontext der Seehandelsplätze im südlichen Küstenbereich der Ostsee systematisch eingegangen.

Erinnert das Verhältnis zwischen Truso und seinem Umland ein wenig an quasi-koloniale Austauschstrukturen, die darin bestanden, dass das Zentrum Silber und Hightech-Produkte der damaligen Zeit (z. B. Schwerter) gegen Rohstoffe wie Bernstein, Pelze und schließlich Sklaven eintauschte, so zeigen die Netzwerke der Gotländer und Svear ein anderes Bild. Vor dem 10. Jahrhundert sind Schatzfunde im Hinterland von Emporien und Zentralplätzen äußerst selten. Sie begegnen kaum in der Umgebung von Uppåkra und Kaupang[677] und nur vereinzelt im Umland von Haithabu;[678] zahlreicher treten sie in der zweiten Hälfte des 9. Jahrhunderts ausschließlich nördlich von Birka auf.[679] Es sieht danach aus, dass die Verwendung von Silber vor allem an zentralen Orten erfolgte, wohingegen die Kontakte mit den Siedlungen in ihrem Hinterland nichtmonetäre Formen annahmen. Hinzugefügt sei, dass in Uppåkra, Kaupang und Birka nicht nur Münzen, sondern auch zahlreiche Fragmente von Silberschmuckstücken vertreten sind.[680]

Dass die Skandinavier den Edelmetallen in Gestalt von Schmuck eine besondere Bedeutung beimaßen, zeigen nicht zuletzt die vielen Hals- und Armreife auf Gotland, wo eine regelrechte Schmuckindustrie bestanden hat. Auf die Schatzfunde von Spillings mit knapp 500 Ringen wurde oben mehrfach hingewiesen. Sicherlich haben die Nordmänner damit ihren gesellschaftlichen Status gemessen und ausgedrückt.

Des Weiteren dürfen wir nicht vergessen, dass der Vita Anskarii zufolge dänische Wikinger um 845/849 in Birka einen Tribut erzwungen haben sollen, wodurch sich noch eine weitere Konstellation ergibt[681] – die Nutzung von Silber als Mittel zur Entrichtung von Abgaben, selbst wenn sie aus den sich auf den Ostseeraum beziehenden Quellen keineswegs systematisch hervorgeht. Andererseits waren es ausschließlich die Dänen, die Silber als Rohstoff zur Prägung von eigenen Münzen verwendeten. Hier sind etliche Phasen zu unterscheiden: zwischen 808? und ca. 825, ca. 840-860 und schließlich von 900 bis 980/995.[682] Metallanalysen zeigen deutlich, dass sich einige nach 900 in Haithabu emittierte Halbbreaktaten in ihrer chemischen Zusammensetzung mit den zentralasiatischen und volgabulgarischen Dirhems überschneiden.[683]

Ein geringeres Spektrum an Funktionen von Silbermünzen wiesen zunächst die Netzwerke der Rus' auf. Im frühen 9. Jahrhundert gingen sie kaum über die Eigenschaft als begehrtes Handelsgut und Zahlungsmittel im Fernhandel mit den Ostseeanrainern hinaus. Mitunter mussten die Rus' womöglich Tribute an andere aus Skandinavien kommende Wikingergruppen entrichten. Im Laufe der zweiten Hälfte des 9. und 10. Jahrhunderts gingen die nordischen Siedler in Nordrussland dazu über, Schmuck anzufertigen, der ihre elitäre Stellung hervorhob und mit dem sie gleichzeitig ihre Gefolgsleute und politischen Klienten belohnen konnten.[684]

Die Kiever Rus' hingegen legten verschiedenen slawischen Bevölkerungsgruppen links des Dnepr Tribute in Form von Münzen oder Silber auf und traten somit in die Fußstapfen der Chasaren. Sechs goldene Armringe aus einem Kiever Schatzfund, der in das erste Jahrzehnt des 10. Jahrhunderts datiert, indizieren den machtpolitischen und statussymbolischen Anspruch dieser Neuankömmlinge. Ob sie vor dem ausgehenden 10. Jahrhundert auch Münzen nach-

677 Vgl. Hårdh, Viking-Age Silver (wie Anm. 22, Kap. 2), S. 282-284.
678 Zum Beispiel die Schatzfunde Busdorf I 867 und Busdorf II 822/823. Hilberg, Silver Economies (wie Anm. 19, Kap. 2), S. 211.
679 Vgl. Adamczyk, Silber und Macht (wie Anm. 16, Kap. 1), Tab. 42, S. 102 ff. und Karte 2, S. 95.
680 Vgl. Hårdh, Viking-Age Silver (wie Anm. 22, Kap. 2), S. 282-284.
681 Rimberts Vita Anskarii (wie Anm. 132), S. 58-61.
682 Vgl. Williams, Silver Economies (wie Anm. 127), S. 345 und 349.
683 Siehe die Abbildungen 7, 8 und 9 auf S. 146 und 147 bei Steuer, Münzprägung (wie Anm. 374).
684 Vgl. Duczko, Viking Rus (wie Anm. 79), S. 88.

prägen ließen, erscheint unsicher. Eine kleine Gruppe von Exemplaren mit sehr korrumpierten Inschriften ordnet Gert Rispling jedenfalls in die 920er Jahre ein und schlägt als ihre Herkunft die Kiever Rus' vor. Sie zeigen eine Kreuzfigur, einen Vogelkopf oder eine Kombination von Kreuz und Vogelkopf. Solche Münzen wurden bislang nur in Schweden und vereinzelt in Polen, Estland, Finnland und Dänemark gefunden.[685]

Irgendwo in der Kiever Rus' wurden spätestens um 950-970 die Ohrringe vom Typ Borščevka und Volyn produziert und unter anderem nach Masowien transferiert, das zu diesem Zeitpunkt bereits einen Bestandteil der piastischen Netzwerke darstellte. Für die Polanen besaßen die Edelmetalle vorwiegend drei Funktionen: als Zahlungsmittel zur Belohnung der Gefolgsleute, als Zahlungs- bzw. Tauschmittel im Fernhandel (z. B. mit den Ostseeanrainern, wo die Kaufleute Luxusgüter wie Waffen oder Glas- und Bernsteinperlen erhandeln konnten) und als Rohstoff zur Herstellung von Barren und Schmuck. Letzterer war von zentraler Bedeutung als Prestigegut für das Selbstverständnis des elitären Machtzirkels (näher Teil II, Unterkapitel 2.2.).

In Wollin und Pommern hingegen diente das Silber als Zahlungsmittel und Prestigegut im Regionalhandel oder elitären Tausch sowohl mit den Bevölkerungsgruppen Zentralpolens als auch innerhalb der Gemeinschaften Pommerns. Sodann verwendeten die hiesigen Eliten die Edelmetalle als Rohstoff zur Herstellung von Schmuck und entrichteten mit ihnen zumindest einige Tribute an die Piasten (näher Teil II, Unterkapitel 2.3.).

Eine grundsätzliche Erweiterung von Funktionen – bei Beibehaltung der alten – erfolgte innerhalb beider Geflechte im Laufe des 11. Jahrhunderts. Die Piasten begannen, zuerst in den 990er Jahren, eigene Denare auszustoßen bzw. verschiedene deutsche und angelsächsische Pfennige nachzuprägen. Diese, freilich geringe Produktion wurde bereits um 1020 eingestellt. Erst kurz nach 1070 haben die Dynasten eine auf deutlich breiterer Basis beruhende Emission von offiziellen Münzen ebenso wie von imitierten Kreuzdenaren aufgenommen (Teil II, Unterkapitel 4.1.). Ähnliche Prozesse beobachten wir bei den Pomoranen und Ostseeslawen. Dennoch scheinen sie im Gegensatz zu den Piasten lediglich westliche Emissionen nachgeahmt zu haben – wobei ihre Chronologie verschiedene Optionen zulässt: ab ca. 990, 1015-1018 (vermutlich in Starigard/Oldenburg bzw. Mecklenburg) und ab ca. 1040 (Teil II, 3.4. und 4.2.). Ob sie eine Reaktion auf die vermeintlich steigenden Bedürfnisse auf piastischen und pomoranischen Märkten darstellten oder fiskal-politischen Überlegungen geschuldet waren, wird im zweiten Teil erörtert.

Ausschließlich nichtmonätere Formen begegnen hingegen bis ins 12. Jahrhundert hinein im Bereich der Novgoroder Rus' und auf Gotland. Hier wurde Silber vorwiegend dazu genutzt, Barren und Schmuck anzufertigen. Diese wiederum dienten zum einen als Zahlungsmittel im Regionalhandel, zum anderen fungierten sie als gesellschaftliches Prestigeobjekt, mit dem ebenfalls Gefolgsleute belohnt werden konnten.

685 Jansson, Wikingerzeitlicher (wie Anm. 39), S. 571 f.

# Teil II
# *Homo politicus* versus *Homo oeconomicus*: Die Verwendung von Edelmetallen in regional-chronologischer Perspektive anhand von Indikatoren und der Fundanalyse

Bislang stand im Mittelpunkt der Studie eine Rekonstruktion der Chronologie und historischen Geografie der Silbernetzwerke im westlichen Eurasien, die gleichzeitig nach ihren Logiken und Infrastrukturen, deren äußeren Zirkulationen und Münztransfers befragt wurden. Der „innere" Umlauf von Edelmetallen ist allenfalls am Rande angeschnitten worden. Der zweite Teil der Monografie soll demzufolge anhand regionaler und chronologischer Mikrountersuchungen prüfen, inwieweit und unter welchen gesellschaftlichen und ökonomischen Konstellationen Münzen und Münzfragmente, Barren und Stangen, schließlich Halsreife und Armbänder innerhalb einer Gemeinschaft als Zahlungsmittel fungierten.

Die Analyse erfolgt entlang regionaler wie chronologischer Achsen. Zunächst werden die Seehandelsplätze bzw. Emporien an der Ostseeküste im 9. Jahrhundert dargestellt und die Frage aufgeworfen, inwieweit die Strukturen des Silberumlaufs dort von jenen ihres Hinterlandes abwichen.

Im zweiten Kapitel sollen verschiedene regionale Entwicklungen während des 10. Jahrhunderts im Zentrum stehen: vorerst Podlasien, Masowien und Zentralpolen in der frühesten Phase des Zustroms samanidischer Dirhems, die den Zeitraum von den 900er bis 930er/940er Jahren umfasste. Hier ist die Kontextualisierung der Dirhemhorte von Interesse, vor allem die Frage, ob sie den aus dem Bereich der Kiever Rus' kommenden Sklavenjägern und Pelzhändlern gehörten oder das Kapital der einheimischen Edelmetallsammler darstellten; hieran schließt sich die Untersuchung der im Zuge der Formierung der piastischen Herrschaftsstrukturen entstehenden Prestigeökonomie und der elitären Zirkulation von Silber in Masowien, Großpolen und Schlesien in den 940er/950er bis 980er Jahren an; schlussendlich folgt die Erforschung der kommerziellen und machtpolitischen Funktionen, die die Edelmetalle in pomoranischen Gesellschaften in den 900er/930er bis 980er Jahren erfüllten.

Im dritten Kapitel wird geprüft, inwieweit der Übergang von Hacksilberökonomien zu Münzwirtschaften in der ersten Hälfte des 11. Jahrhunderts stattfand und ob hier von einer linearen Entwicklung in der jeweiligen Region Großpolen, Masowien/Kujawien, Schlesien/Kleinpolen und Pommern auszugehen ist.

Schließlich ist der Übergang von importierten Kreuzdenaren und deren einheimischen Nachprägungen zu offiziellen Münzproduktionen zwischen dem späten 11. und dem ausgehenden 12. Jahrhundert zu thematisieren. Das Kapitel geht gleichzeitig der Frage nach der ökonomischen und gesellschaftlichen Bedeutung des Fernhandels bzw. lokaler Märkte nach. In drei Abschnitten werden folgende Bereiche untersucht: zuerst die Burgwallökonomie im piastischen Herrschaftsbereich an der Schwelle zum 12. Jahrhundert; danach die Zirkulationen von Fremdmünzen und ihren Imitationen in Pommern um 1100; sodann die Endogenisierung der Silberabschöpfung und die *renovatio monetae* im 12. Jahrhundert.

Grundsätzlich versucht dieser Teil der vorliegenden Monografie zu ergründen, unter welchen gesellschaftlichen Bedingungen ökonomische und kommerzielle Faktoren beim Umlauf von Edelmetallen den Ausschlag gaben und wo und wann die politisch-fiskalische (freilich von symbolischen Handlungen flankiert) Logik zentral war – metaphorisch ausgedrückt: *Homo oeconomicus* versus *Homo politicus*.

Wie lassen sich aber die Monetarisierungsprozesse fassbar machen? Mit welchen Instrumenten und Indikatoren können sie gemessen werden? Die Verwendung von Silber war ein regional und zeitlich differenziertes Phänomen und konnte selbst in benachbarten Regionen unterschiedlich verlaufen. Um seiner Komplexität Rechnung zu tragen, müssen die Entwicklungen in ihrem jeweiligen historischen Kontext aufgefasst und mittels eines Bündels von Indikatoren erklärt werden. Folgende Merkmale sind als besonders relevant zu erachten:

- Der Fundort deutet den ökonomischen und gesellschaftlichen Kontext an. Während Horte bzw. zerstreute Münzen in Emporien und an Handelsplätzen keine Überraschung darstellen und grundsätzlich kommerzielle Funktionen auf verschiedenen Austauschebenen bestätigen, weisen Funde aus Burgwällen und ihrer Umgebung auf fiskalische bzw. machtpolitische Zusammenhänge und lokale Silberzirkulationen hin. Besonders interessant sind die agrarisch geprägten Siedlungen, die sich in größerer Entfernung von den oben erwähnten Zentren befanden, weil die dort entdeckten Münzen womöglich einen internen Umlauf in deren weitem Hinterland suggerieren würden. David M. Metcalf verwies auf mindestens 650 „einfache" Dörfer in England, in denen Einzelfunde von Stycas und anderen Münzen aus dem 7.-8. Jahrhundert gemacht wurden.[1] Funde aus Gräberfeldern hingegen zeigen in erster Linie, dass benachbarte Gemeinschaften über Edelmetalle verfügten, lassen jedoch keine Hinweise auf die Intensität der Silberzirkulation zu. Schließlich ist zu beachten, dass die allermeisten Schätze direkt weder Emporien und Burgwällen noch Siedlungen zugeordnet werden können, sondern überwiegend aus deren Umland stammen;
- Dichte und Anzahl der Schatzfunde sind seit vielen Jahren ein intensiv diskutiertes Thema (Kapitel: Forschungsstand, Quellen und Methode). Sie spiegeln zunächst die schlichte Tatsache wider, dass die Bewohner einer Region Silber – auf welche Art und Weise immer – erworben haben. Um zu ermitteln, warum das Edelmetall dann deponiert und nie wieder in Umlauf gebracht wurde, sind die Funde in den jeweiligen historischen Kontext einzuordnen. Das Spektrum an Erklärungen reicht dabei von der Kapitalbildung über magische Rituale bis hin zur Bedrohung durch Kriege und Beutezüge.[2] Von Bedeutung ist ebenfalls der Umfang der Horte. Kleinere Depots konnten die Folge eines geringen Silberzustroms sein, gleichzeitig aber – besonders, wenn in der Nachbarschaft große, mehrere Hundert oder gar mehrere Tausend Exemplare umfassende Schätze begegnen – auf nichtelitäre Herkunft ihrer Besitzer hindeuten;
- Die Dichte der Einzelfunde gilt in der Forschung als einer der wichtigsten Indikatoren für die Nutzung von Münzen als Zahlungsmittel.[3] Zugleich sind jedoch ihre archäologischen Kontexte zu befragen. Denn die Erkenntnis zum Beispiel, dass in England aus dem Zeitraum von ca. 973 bis 1100 etwa 2.000 Einzelfunde von Pennies bekannt sind,[4] erlaubt noch keine zwingende Aussage im Hinblick auf die Intensität der Münzzirkulation;
- Genauso wichtig erscheint in der Literatur der Grad der Münz- und Silberfragmentierung – soll er doch auf die Anzahl der getätigten Markttransaktionen schließen lassen.[5] Dessen ungeachtet sollten wir zweierlei beachten: zum einen die Tatsache, dass Silber, gefunden im

1 David M. Metcalf, Regions around the North Sea with a Monetised Economy in the Pre-Viking and Viking Ages, in: Silver Economy (wie Anm. 22, Kap. 2), S. 1-12, hier S. 3.

2 Die Anhäufung von Münzfunden im karolingischen Reich aus der Zeit von 840 bis ca. 900 könnte nicht zuletzt mit den Wikingerzügen zusammengehangen haben. Vgl. die Schatzfundliste bei Coupland, A Checklist (wie Anm. 289, Kap. 1, Teil I), und Ders., A Supplement to the Checklist of Carolingian Coin Hoards, 751-987, in: The Numismatic Chronicle 174 (2014), S. 213-223, hier Tab. 1 auf S. 213.

3 Ders., Carolingian (wie Anm. 126, Kap. 1, Teil I), S. 287.

4 Rory Naismith, The English Monetary Economy, c. 973-1100: the Contribution of Single-Finds, in: The Economic History Review 66 (2013), 1, S. 198-225.

5 Grundsätzlich: Steuer, Gewichtsgeldwirtschaft (wie Anm. 18, Kap. 2).

Binnenland und weit weg von Handelsemporien, nicht unbedingt vor Ort zerhackt worden sein muss, sondern in dieser Form dorthin bereits gelangt sein könnte; zum zweiten sind weitere Gründe für die Zerteilung von Edelmetallen zu bedenken, die ebenso fiskalische wie gesellschaftliche oder magisch-rituelle Überlegungen einschließen müssen;
- Das Vorkommen von Gewichten und Waagen ist ein wesentlicher Hinweis auf das Abwiegen von Silber und stellt somit die zweite Seite der Medaille beim Fragmentierungsvorgang dar;
- Der Anteil an nichtmonetärem Silber, zum Beispiel in Form von Schmuck, legt wiederum nahe, dass das Edelmetall in einer bestimmten Konstellation nicht unbedingt als Zahlungsmittel auf lokalen Märkten diente, sondern als elitäres Prestigegut zirkulierte;
- Eine Untersuchung der chronologischen und regionalen Struktur der in den Schatzfunden befindlichen Münzen hilft uns, herauszufinden, ob sie von der Zusammensetzung der Horte in benachbarten Regionen abwichen und somit einen womöglich lokalen Silberumlauf indizieren;
- Der Prägung einheimischer Münzen wird in der Forschung häufig die Rolle des „Heiligen Grals" der Monetarisierung und Kommerzialisierung beigemessen, da von ihrem Vorhandensein automatisch auf das Motiv der Befriedigung lokaler Märkte geschlossen wird (Kapitel 2: Forschungsstand, Quellen und Methode). Hier ist jedoch Vorsicht geboten und sind alternative, in fiskalischen Zusammenhängen begründete Erklärungsansätze zu berücksichtigen;
- Schließlich sind die gesamtgesellschaftlichen, politischen und fiskalischen Kontexte der Silbergenerierung von Relevanz. Dazu gehören unter anderem: exogene Impulse wie die Nachfrage nach bestimmten Gütern, endogene Impulse wie Bevölkerungsdichte und -wachstum, politische Faktoren wie die Entstehung von Macht- und Herrschaftszentren, magisch-rituelle Funktionen.

In Bezug auf die womöglich systematischere Ausbreitung des Marktes und einer ökonomischen Handlungslogik seit dem späten 11. Jahrhundert wäre – Richard Britnell folgend – zwischen „schwacher" und „starker" Kommerzialisierung zu unterscheiden: Ein schwaches Wachstum erfolgte als Summe kommerzieller Aktivitäten infolge eines Bevölkerungswachstums über einen bestimmten Zeitraum hinweg und bestand aus der Zunahme von Handelsinstitutionen, Gründungen von Städten sowie dem Anstieg der sich in Zirkulation befindlichen Münzmasse. Bei starker Kommerzialisierung hingegen überstieg die Gesamtproduktion von Waren und Dienstleistungen das Niveau des Bevölkerungswachstums. In diesem Fall wurde ein immer größer werdender Anteil von Gütern und Diensten gehandelt, und immer weite Teile der Gesellschaft bestritten ihren Lebensunterhalt über die Markttransaktionen.[6] Selbstverständlich können hier weitere Indikatoren hinzugefügt werden: die Qualität der Arbeitsteilung, die Entwicklung von Kommunikation und Transport, die Expansion lokaler Märkte, die Intensität des Münzumlaufs auf dem Lande, die Wirtschaftsstruktur der Landgüter, schließlich die allgemeine Steigerung der Lese- und Rechenkompetenzen ebenso wie die Nutzung des Kredits.[7] Freilich: Es ist zu beachten, dass die äußerst dünne Quellenlage für Ostmitteleuropa eine systematische und konsequente Anwendung der erwähnten Indikatoren nicht zulässt.

6 Nach Piotr Guzowski, Money Economy and Money Growth: The Case of Medieval and Early Modern Poland, in: Quaestiones Medii Aevi Novae 18 (2013), S. 235-256, hier S. 236.

7 Ebd., S. 237; Bolton, Money (wie Anm. 25, Kap. 2), S. 133; Gawlas, Komercjalizacja (wie Anm. 25, Kap. 2), S. 71.

# 1. Fernhandels- und Regionalmärkte an der südlichen Ostseeküste – ein funktionaler Dualismus zwischen Emporium und Hinterland im 9. Jahrhundert?

Befragen wir zuerst die Funde aus der Region Ermland-Masuren, die mit Abstand zu den an Münzen reichsten Gebieten im südlichen Küstenraum während des frühen 9. Jahrhunderts gehört. Hier verdient das Handelsemporium von Janów Pomorski/Truso eine besondere Aufmerksamkeit. Seine Ausnahmestellung geht aus drei Indikatoren hervor:

Als erstes ist zu beachten, dass Impulse für die Gründung des Handelsplatzes von außerhalb kamen und Fremde folglich das konstitutive Element darstellten. Der Reichtum an nordischen Artefakten erscheint in dem Hafenteil der Siedlung enorm: gleicharmige Fibeln aus der Vendelzeit (von ca. 550 bis 750/800), gleicharmige Fibeln aus der Wikingerzeit, Kleeblatt-, Schalen-, Scheiben- und Hufeisenfibeln. Hinzu kommen Silber- und Goldringe, eine bronzene und zwei silberne Walkiriafiguren sowie die Hnefi-Spielsteine. Das Bild runden unter anderem Nägel, Schwertknäufe, Äxte, Pfeilspitzen und Hornkämme ab – alles Gegenstände, die die nordischen Gesellschaften jener Zeit auszeichneten.[8]

Ein zweites Merkmal liegt in der handwerklichen Vielfalt begründet. In dem Emporium wurden gut 30 kg Rohbernstein freigelegt und Halbfabrikate bzw. fertige Gegenstände aus diesem Rohstoff wie Perlen, Amulette, Anhänger oder Hnefi-Spielsteine gefunden. Sodann entdeckten die Archäologen einen Bernsteinhort im Gewicht von 10 kg. Die Nordmänner fertigten in der Siedlung aus Geweih Kämme[9] und verarbeiteten Glas. Zudem bestand dort eine Webwerkstatt. Mehrere Hundert Eisennadeln, Nieten und Polsterungen deuten auf die Reparatur von Booten und Schiffen hin. Schließlich seien die vielen Werkzeuge, Kleinhämmer, Ambosse, Stichel und Feilen, ebenso wie Eisenbarren, Schmelztiegel, Gussformen (für Scheibenfibeln) und Halbfabrikate von Schmuckstücken skandinavischer Provenienz erwähnt.[10]

Ein drittes Element von zentraler Bedeutung waren die Handelsimporte aus dem Karolingischen Reich[11] und dem Kalifat bzw. dem chasarischen Khaganat.[12] Zu den fränkisch-friesischen Waren gehört zum Beispiel Keramik, aus dem Südosten stammt wiederum unter anderem der Schmuck vom Typ Saltov-Majaki. Am eindruksvollsten sticht jedoch die Dichte an Münzfunden und Gewichten hervor.

Es liegt also auf der Hand, dass die Bewohner von Janów Pomorski/Truso vor allem dem Handel und Handwerk nachgingen, während sie Nahrung, Rohstoffe und Handelsgüter

---

8 Bogucki, Coin Finds (wie Anm. 107, Kap. 1, Teil I), S. 83.

9 Przedmioty z poroża i kości z Janowa Pomorskiego [Gegenstände aus Geweih und Knochen aus Janów Pomorski], hg. von Mateusz Bogucki / Eugeniusz Cnotliwy, Elbląg 2013.

10 Bogucki, Coin Finds (wie Anm. 107, Kap. 1, Teil I), S. 80.

11 Ebd., S. 83.

12 Mateusz Bogucki, Some Oriental Finds from the Port of Trade at Janów Pomorski (Truso), Poland, in: Cultural Interactions between East and West. Archaeology, Artefacts and Human Contacts in Northern Europe during the Pre- and Early History, hg. von Ulf Fransson u. a., Stockholm 2007, S. 128-134.

wie Pelze vorwiegend aus dem Umland bezogen. Dagegen gibt es kaum Indizien für die Herausbildung von Herrschaftsstrukturen.

Wenden wir uns nun der Analyse der Münzfunde zu. Wie bereits in Unterkapitel 1.1.3. hervorgehoben, wurden in dem Emporium (hauptsächlich dem Hafenteil) 1.009 Einzelfunde von Münzen und ein kleiner Schatz von 16 Dirhems registriert. Zum Vergleich: Bislang stammen mindestens 375 Exemplare aus Dorestad, 204 aus Ribe, 360 aus Birka, 282 aus Uppåkra, rund 100 aus Kaupang, ca. 82 aus Groß Strömkendorf und 61 aus Menzlin. Dabei ist zu beachten, dass die chronologische Struktur der Truso-Funde, die grundsätzlich die Zeitspanne von 700/750 bis 850 einschließt, lediglich in Dorestad und Ribe vorkommt; in Groß Strömkendorf hingegen überwiegen Prägungen aus dem 8. Jahrhundert.[13] In den anderen Siedlungen kommen mehrere Münzen aus der zweiten Hälfte des 9. bzw. der ersten Hälfte des 10. Jahrhunderts. Wir dürfen außerdem nicht vergessen, dass von den 15 bis 18 Hektar, die das Emporium vermutlich umfasste, nur etwa 20 Prozent freigelegt und erforscht wurden.

Wenn man die Prägungen auf ihren Fragmentierungsgrad hin untersucht, ergibt sich folgendes Bild: Der kleine Schatzfund setzte sich aus elf vollständigen Exemplaren sowie fünf Dirhemfragmenten zusammen. Von den 996 arabischen Emissionen wiederum wurden 987 in zerteilter Form vorgefunden. Darunter befanden sich Fragmente, die sogar weniger als 0,1 g wogen. Schließlich notieren wir unter den westlichen Münzen sechs vollständige Exemplare und sieben Bruchstücke.

Bevor wir uns mit möglichen Schlussfolgerungen aus dieser Erkenntnis befassen, schauen wir uns die chronologische und geografische Struktur der Münzfunde an.

| Fundart | bis 770 | 770-820 | 820-870 |
|---|---|---|---|
| Schatzfund 815/816 (11 Dirhems bestimmt) | 4 = 36 % | 7 = 64 % | - |
| Einzelfunde von Dirhems (853 bestimmt) | ca. 146 = 17 % | ca. 672 = 79 % | 35 (davon 9 840-850 und 2 850-870) = 4 % |

Tabelle 12: Chronologische Struktur der Dirhemfunde aus Janów Pomorski

Aus der obigen Tabelle geht klar hervor, dass etwa 96 Prozent sämtlicher in Janów Pomorski gefundenen Dirhems bis ca. 820 geprägt wurden. Nur vier Prozent hingegen können in den Zeitraum von 820 bis 870 eingeordnet werden. Folglich müssen die allermeisten Münzen aus dem Kalifat nach Truso bereits in den 810er und 820er Jahren gelangt sein.

Eine abweichende Chronologie weisen die westlichen Prägungen auf: Lediglich zwei von ihnen, ein friesischer Denar und ein womöglich in Ribe emittierter Sceatta, lassen sich in

13 Die Fundzahlen und die Chronologie nach: Janów Pomorski, FMP, Bd. 5: Ermland und Masuren, Nr. 18, 19A, 19B; Dorestad, Coupland, Carolingian Single Finds (wie Anm. 126, Kap. 1, Teil I), S. 289; Ribe, Claus Feveile, Series X and Coin Circulation in Ribe, in: Studies in Early Medieval Coinage, Bd. 1: Two Decades of Discovery, hg. von Tony Abramson, Woodbridge 2008, S. 53-67; Birka, Bogucki, Coin Finds (wie Anm. 107, Kap. 1, Teil I), S. 95; Uppåkra, Hårdh, Viking-Age Silver (wie Anm. 22, Kap. 2), S. 282 und Michael Müller-Wille, Wikingerzeitliche Münzfunde des südschwedischen Zentralplatzes von Uppåkra, in: Archäologisches Korrespondenzblatt 41 (2011), 4, S. 587-600, hier Tab. 1, S. 587; Kaupang, Blackburn, Coin Finds (wie Anm. 165, Kap. 1, Teil I), S. 1145, 1149; Menzlin, Kleingärtner, Die frühe Phase (wie Anm. 111, Kap. 1, Teil I), S. 365-367 (hier allerdings ohne Angabe der Chronologie der Einzelfunde); Groß Strömkendorf, schriftliche Auskunft von Ralf Wiechmann von der Numismatischen Abteilung des Hamburger Museums.

die Zeitspanne von etwa 650 bis ca. 750 einordnen. Acht Emissionen hingegen wurden zwischen 810/822 und 840 geprägt. Dazu gehörten fünf dänische Sceattas (vermutlich Ribe und Haithabu) aus der Zeit um 825 bzw. 830, zwei Denare Ludwigs des Frommen (ca. 822-840) sowie eine Styca-Münze Eanreds (810-840) aus Messing, die in York (Northumbria) entstand. Schlussendlich registrieren wir drei Exemplare nach 840: einen Denar Lothars I. (840-855), einen Penny Ethelwulfs (839-858), der 845-848 in Rochester (Wessex) geschlagen wurde, und einen Styca Ethelreds II. (840-848/854-862) aus Messing (York). Alles in allem durften diese Münzen nach Janów Pomorski in den 820er bis 850er Jahren, also schon nachdem sich der arabische Silberzustrom deutlich abgeschwächt hatte, eingeströmt sein.

Von allen in Truso lokalisierten Dirhems stammen nur 34 Stück, also vier Prozent, aus nordafrikanischen bzw. al-andalusischen Prägestätten. Wenn wir die rund 600 Dirhems, deren Prägeort nicht bestimmt werden konnte, abziehen, kommen wir auf etwa neun Prozent. Die restlichen Exemplare stammten vorwiegend aus dem Irak und Iran.

Es wäre aber ein Irrtum, zu glauben, dass all diese Münzen ausschließlich als Zahlungsmittel verwendet wurden. Einige Prägungen waren gelocht bzw. mit Ösen versehen. In diesen Kontext gehören sechs westliche Exemplare, darunter ein gebogener Denar vernietet mit einem geviertelten Dirhem, sowie zwölf arabische Gepräge.[14] Folgerichtig ist von ihrer Nutzung als Schmuckanhänger auszugehen – obgleich nicht feststeht, ob sie erst von den Bewohnern des Emporiums getragen wurden oder in dieser Form bereits dorthin gelangt waren. Das Fragment eines tönernen Tiegels mit zwei angeschmolzenen Dirhems zeigt wiederum, dass Münzen weiterverarbeitet wurden.[15] Dies bestätigen unter anderem die in dem Emporium entdeckten Silberstäbchen.[16]

Kehren wir noch einmal zu der Frage nach dem hohen Fragmentierungsgrad der Einzelfunde in Janów Pomorski zurück. Aus dem Emporium stammen Fragmente von Balkenwaagen und 1.110 Gewichte, von denen jedoch bislang nicht einmal ein Zehntel untersucht wurde. Sie lassen sich in vier verschiedene Typen – vor allem Kubooktaeder, aber auch Kugelzonen – unterteilen, deren Wertspanne grundsätzlich 2 bis 8 g entspricht.[17] Sie deuten darauf hin, dass die zahlreichen Dirhemfragmente abgewogen wurden. Die gängige Heiko Steuer folgende Chronologie der Hacksilber- und Gewichtswirtschaft im Ostseeraum geht von den 870er/880er Jahren als ihrem wahrscheinlichen Entstehungszeitpunkt aus.[18] Andererseits sind die allermeisten Dirhems – wie oben ausgeführt – bereits in den ersten drei Dekaden des 9. Jahrhunderts nach Truso eingeströmt. Lutz Ilisch zufolge ist innerhalb des Kalifats ab etwa 830, mit dem Schatzfund von Diliori in Georgien (tpq. 833),[19] die partielle Aufgabe der Gewichtsnormierung in der Dirhemprägung zahlreicher Münzstätten festzustellen.[20] Wenn also eine beachtliche

14 FMP, Bd. 5: Ermland und Masuren, Nr. 19A: 974, 976-979, 983; 1-2, 7, 35, 113, 174, 194, 209, 483, 543, 838, 969.

15 Ebd., Nr. 19A: 971-972.

16 Ebd., Nr. 19A.

17 Auch u. a., Osadnictwo (wie Anm. 110, Kap. 1, Teil I), S. 121 f.

18 Vgl. Steuer, Gewichtsgeldwirtschaft (wie Anm. 18, Kap. 2). Christoph Kilger weist anhand einiger Funde aus Birka und Torksey auf die 860er/870er Jahre als den möglichen Zeitpunkt der Etablierung einer Hacksilberwirtschaft hin. Vgl. Kilger, Mitqal, Gewichte und Dirhems – Aspekte monetärer Praxis in der frühmittelalterlichen Silberökumene des Ostseeraumes, in: Fernhändler (wie Anm. 2, Kap. 1, Teil I), S. 17-40, hier S. 21.

19 Evgenij A. Pachomov, Monetny klady Azerbajdžana i Zakawkaz'ja [Münzfunde Aserbaidschans und des Südkaukasus], 9 Bde., Baku 1926-1966, Nr. 1607.

20 Lutz Ilisch, Ursachen der Verbreitung von Schatzfunden im Allgemeinen und von Schatzfunden arabischer Münzen im Ostseeraum im Besonderen, in: Markt, Macht oder Magie? Warum wurde im frühen

Fragmentierung von Münzen in der islamischen Welt erst in den 830er Jahren bezeugt ist, dann taucht die Frage auf, ob die Gemeinschaft von Truso im frühen 9. Jahrhundert diese Entwicklung vorwegnahm, oder ob die Hacksilberökonomie erst im späten 9. Jahrhundert – wie Steuers Chronologie suggerieren würde – entstand. Dies setzte wiederum voraus, dass die in Janów Pomorski entdeckten Dirhems erst während der zweiten Hälfte des 9. Jahrhunderts zerteilt wurden. Wie soll aber der Vorgang der Fragmentierung gedeutet werden? Lutz Ilisch kommentiert ihn folgendermaßen:

> Damit [mit der partiellen Aufgabe der Gewichtsnormierung in der Dirhemprägung] geht die Verwendung zerbrochener Silbermünzen im Zahlungsverkehr einher. Die Fragmente hatten ohne Zweifel weiterhin Geldcharakter und kommen fortan regelmäßig in Silbermünzfunden vor. Da die Gewichtsgarantie nicht mehr den konstitutiven Bestandteil der Edelmetallmünze, sondern nur die Feingehaltsgarantie darstellte, kann man von Gewichtsmünzen sprechen. Dies zu einer allgemeinen Gewichtsgeldwirtschaft zu überhöhen, ist jedoch falsch, da es innerhalb derselben Wirtschaft jederzeit abweichende Münztypen geben konnte, welche gewichtsnormiert waren. Die Umstellung von gewichtsnormierten Münzen auf Hacksilber in ihren Umlaufgebieten nördlich des Kalifats erfolgte zwangsläufig infolge entsprechender Entwicklungen innerhalb der islamischen Welt. Daraus kann nicht abgeleitet werden, dass das Hacksilber nicht primär dem allgemeinen Münzumlauf diente. Im Gegenteil kann durch die gleichartige Zusammensetzung weit entfernt aufgefundener, gleichzeitig verborgener Schatzfunde auf einen intensiven Münzumlauf im slawischen Raum geschlossen werden, welcher die gleichartige Vermischung der eingeführten Dirhems mit sich brachte. Zudem weisen im Kalifat unübliche Prüfeinschnitte und Abnutzungsspuren auf den Bruch- und Schnittkanten der Münzfragmente nach, dass auf den Import der Münzen intensiver Umlauf, und nicht unmittelbare Schatzbildung folgte.[21]

Auf das Thema wird später noch zurückzukommen sein. Hier soll schon festgehalten werden: Die bislang geltende Chronologie der Münzfragmentierung im Kalifat deutet darauf hin, dass die Dirhems nach Truso bis ca. 830 in vollständiger Form, und nicht als Bruchstücke, gelangt waren – zumindest wenn wir unser bisheriges Wissen nicht auf den Kopf stellen und annehmen wollen, dass die Herausbildung der Hacksilberwirtschaft vorerst unter den „Barbaren" im südlichen Küstenbereich erfolgte und von dort, sozusagen in der Umkehrung der Transferrichtungen, erst die arabische Welt erfasste.

Demnach fand die Fragmentierung von Dirhems in Truso frühestens nach 830 statt. Interessanterweise erscheinen sieben der 13 westlichen Münzen als Fragmente. Schauen wir uns ihre Chronologie an: Der Dorestad-Denar stammte aus dem Zeitraum von 640 bis 675; zwei womöglich in Ribe sowie zwei in Haithabu geschlagene Sceattas werden in die Zeit von 710 bis 755 und 830 bzw. 825 datiert; schließlich entstanden ein Denar Ludwigs des Frommen zwischen ca. 822 und 840 und ein Penny Ethelwulfs um 845 bis 848. Es kann also sein, dass ihre Zerteilung, parallel zu den Dirhems, irgendwann nach 830 stattgefunden hat. Das Gewicht dieser Bruchstücke schwankte übrigens zwischen 0,19 und 0,75 g, was durchaus dem Fragmentierungsgrad ihrer arabischen Pendants entsprach.[22]

Das Emporium entwickelte sich jedenfalls in der zweiten Hälfte des 9. Jahrhunderts weiter. Es entstand eine planmäßige Anlage mit Häusern und Magazinen, und der in der Nähe der Siedlung fließende Bach wurde reguliert. Im Laufe der Zeit errichteten die Siedlungsbewohner

Mittelalter Silber deponiert?, hg. von Dariusz Adamczyk, https://perspectivia.net/content/publikationen/lelewel-gespraeche, S. 3 (Zugriff am 5.02.2018).

21 Ebd.

22 FMP, Bd. 5: Ermland und Masuren, Nr. 19A: 973-985.

vielleicht einen Wall. Als ein gewisser Wulfstan um 880 das Emporium aufsuchte, fand er dort einen (blühenden?) Fernhandels- und Regionalmarkt vor, auf dem Waren ebenso wie vermutlich Bruchstücke von Münzen zirkulierten. Leider galt seine Aufmerksamkeit ausschließlich den baltischen Bevölkerungsgruppen im Hinterland des Emporiums, sodass wir über die Verhältnisse in Truso selbst nichts erfahren (oder über keine entsprechenden Angaben verfügen).[23] Wir wissen genauso wenig, welche Güter friesische oder angelsächsische Seefahrer und Fernhändler in Truso nachfragten. Dass es Bernstein und Pelze gewesen sein können, liegt auf der Hand. Waren das auch Silberstücke? Der Gedanke klingt zunächst einmal ziemlich abwegig. Besaßen die Angelsachsen doch zu jener Zeit, zumindest im Vergleich mit den „Barbaren" im Ostseeraum, nicht deutlich reifere Wirtschaftssysteme? Dennoch: Etliche Pennies aus den 860er Jahren weisen im Hinblick auf ihre chemische Zusammensetzung ähnliche Strukturmerkmale wie arabische Münzen auf.[24] Womöglich versorgten sich die Insulaner mit Dirhemfragmenten in Truso, um sie dann als Rohstoff für die Emission eigener Pfennige zu verwenden. Der offensichtliche Nachteil dieser Erklärung besteht jedoch darin, erkennen zu müssen, dass zumindest Wulfstans Reise nicht in den 860er Jahren stattgefunden hat, sondern ein Jahrzehnt später erfolgt ist. Des Weiteren ist zu bedenken, dass Dirhems nach England im Zuge dänischer Eroberung seit 865 einströmten. Die Funde aus dem Winterlager von Torksey sind dafür ein gutes Beispiel (Unterkapitel 1.1.4.).

Fassen wir die Monetarisierungsmomente in dem Emporium von Janów Pomorski/Truso zusammen. Silbermünzen bzw. Bruchstücke von Dirhems dienten bis etwa 830 als Tauschmittel im Regionalhandel mit dem Umland und bis ca. 860/870 ebenso als Zahlungsmittel im Transit zwischen Staraja Ladoga und den Seehandelsplätzen in Pommern, Mecklenburg-Vorpommern und Schleswig-Holstein wie innerhalb des Emporiums selbst. Diese temporäre Monetarisierung erfolgte anscheinend in Form einer Hacksilber- und Gewichtsgeldwirtschaft, die darin bestand, zerhackte Münzen abzuwiegen und das Edelmetall nach standardisiertem Gewicht zu werten. Wenn Dirhems in Truso abgezählt wurden, dann nur in der frühen Phase, als sie grundsätzlich noch nicht zerteilt waren. Symptomatisch könnte hier der kleine Hort von Janów Pomorski sein, der prozentuell mehr vollständige Münzen enthielt als der entsprechende Anteil an den in der Siedlung gemachten Einzelfunden. Gelochte bzw. mit Ösen versehene Silberstücke deuten wiederum darauf hin, dass sie als Schmuckanhänger getragen wurden. Schließlich dienten die Dirhems als Rohstoff, aus dem die Siedlungsbewohner Silberstäbchen, Fibeln oder Fingerringe anfertigen konnten.

Wenden wir uns nun der Anwendung von Indikatoren im Hinterland des Emporiums zu. Überwiegen in Janów Pomorski eindeutig die Einzelfunde von Dirhems, so begegnen im Umland vor allem Schatzfunde. Die Fundorte befinden sich – wie bereits in Unterkapitel 1.1.3. ausgeführt – in einem Radius von etwa 60 km westlich, 40 km südlich, 50 km östlich sowie rund 100 km südöstlich des Handelsplatzes. Ihre Deponierung erfolgte jedoch außerhalb der lokalen Siedlungen bzw. Burgwälle, obgleich in deren Nähe.

---

23 Vgl. Wulfstan's Voyage (wie Anm. 113, Kap. 1, Teil I).

24 Vgl. Kovalev, What does historical (wie Anm. 24, Kap. 2), S. 109, Fußnote 38.

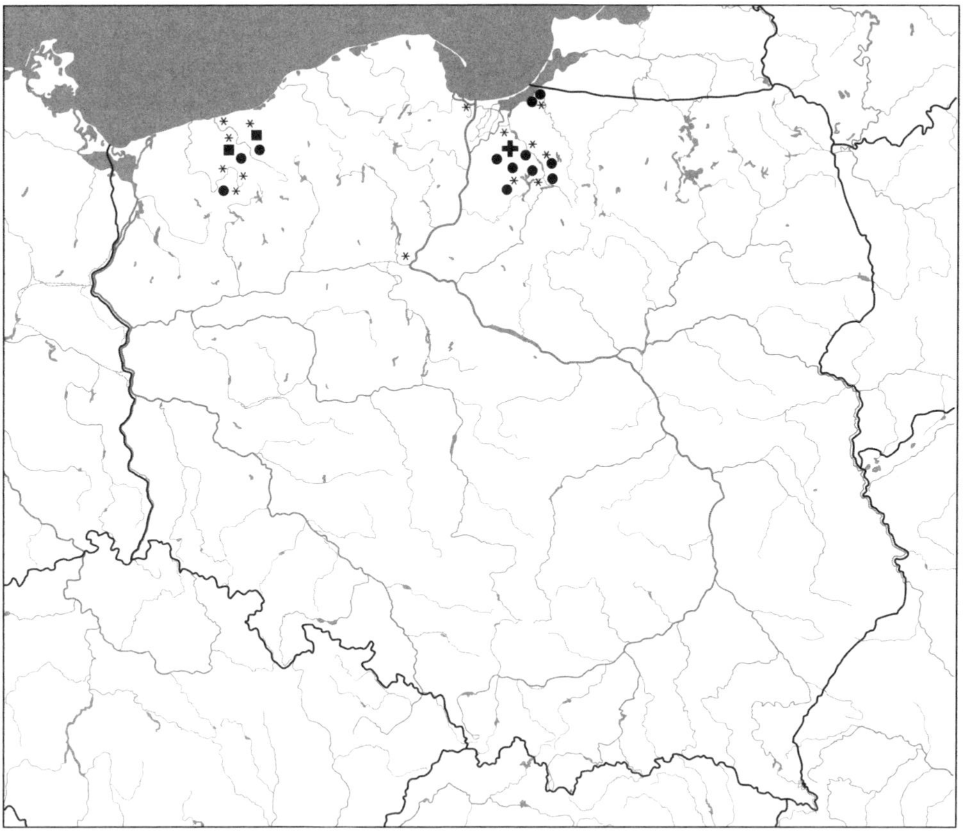

Karte 12: Das Handelsemporium von Janów Pomorski/Truso und der Siedlungskomplex von Bardy und Kędrzyno mit dem jeweiligen Umland
Kreuz: Emporium Janów Pomorski/Truso; Quadrate: Burgsiedlungen Bardy und Kędrzyno; Sternchen: Schatzfunde aus dem 9. Jahrhundert; Punkte: Einzelfunde von Dirhems aus Siedlungen und Burgwällen

Befragen wir zuerst die Horte auf den Fragmentierungsgrad der enthaltenen Dirhems.[25] Mit Abstand das größte Depot stammt aus Ramsowo bei Allenstein und datiert in die Jahre 828/829. Der Schatz bestand aus 336 Münzen, von denen lediglich zwei in Form von Bruchstücken erhalten waren. Damit würde er die Erkenntnis bestätigen, dass in Janów Pomorski/Truso der Vorgang der Münzzerteilung frühestens nach 830 begonnen hat. Hier reihen sich weitere Horte aus den 810er Jahren mit ganzen Exemplaren ein: Braniewo: 47 Stück; Stegna: 17; Krasnołąka: 10; Długobór: 3. Der zweitgrößte Schatz aus der Region, entdeckt in der Ortschaft Mokajmy-Sójki, setzt sich hingegen ausschließlich aus 124 Dirhemfragmenten zusammen. Der Fund von Zalewo enthielt wiederum ca. 40 Hälften arabischer Münzen, die mit einem scharfen Werkzeug halbiert wurden. 20 von ihnen sind bekannt, keine aber bilden ein zusammengehörendes Paar. Den Schlussmünzen dieser zwei Horte, 817/818 bzw. 811/812, nach zu urteilen müssen sie spätestens zwischen 815 und 825 deponiert worden sein. Folglich würden sie von der Logik der anderen Horte mit ganzen Dirhems aus demselben Zeitraum erheblich abweichen. Wie lässt sich diese Tatsache erklären?

25 Literatur wie bei Tab. 1, Unterkapitel 1.1.3, Teil I.

Wenn wir annehmen, dass die Dirhems in den Schatzfunden von Mokajmy-Sójki und Zalewo aus dem Emporium von Truso dorthin bereits in zerhackter Form eingeströmt sind, dann ergeben sich daraus zwei Optionen: Entweder kamen sie unter die Erde nach 830, also später als die Schlussmünzen das nahelegen. Oder, sollte diese These nicht zutreffen, gelangten sie nach Janów Pomorski als Bruchstücke an, was konsequenterweise die gängige Chronologie der Gewichts- und Hacksilberökonomie im Ostseeraum wie innerhalb der arabischen Welt essenziell verschieben würde.

Eine dritte Variante könnte davon ausgehen, dass die Dirhems erst im Hinterland des Emporiums geteilt wurden – freilich nicht unbedingt aus ökonomischen Motiven heraus. Dazu mehr unten (und in den Kapiteln 2 und 3).

Vorerst schauen wir uns die chronologische Struktur der größten Schatzfunde im Umland von Janów Pomorski an. Da ihre Schlussmünzen lediglich den Zeitraum von 810 bis 830 umfassen, werden der untenstehenden Tabelle noch etliche Horte aus der Mitte bzw. der zweiten Hälfte des 9. Jahrhunderts hinzugefügt, von denen wir aufgrund der Lokalisierung behaupten könnnten, dass ihr Dirhemstock in Truso zusammengestellt worden war.

| Fundort | vor 770 | 770-820 | 820-850 | 850-870 |
|---|---|---|---|---|
| Braniewo 816/817 | 11 | 89 | | |
| Mokajmy-Sójki 817/818 | 10 | 90 | | |
| Ramsowo 828/829 | 17 | 80 | 3 | |
| Gdańsk – Umgebung II 849/850 | 32 | 59 | 9 | |
| Gzin-Kokocko – Umgebung 862-866 | 47 | 47 | - | 5 |
| Karnice 867/868 | 22 | 74 | - | 5 |

Tabelle 13: Chronologische Struktur der Schatzfunde aus Ermland-Masuren, Pommerellen, Mittelpommern und Kujawien (in Prozent)

Aus der Tabelle geht klar hervor, dass der Anteil der im Zeitraum von 770 bis 820 emittierten Prägungen in den drei ältesten Horten sowie in jenem von Karnice (Mittelpommern, etwa 300 km westlich von Janów Pomorski) mit der Chronologie der Einzelfunde aus Truso übereinstimmt. Dort lag der entsprechende Anteil bei 79 Prozent (Tabelle 12). Die Schätze von Gdańsk – Umgebung II und Gzin-Kokocko (ca. 170 km südwestlich von Janów Pomorski) hingegen weisen mit 32 bzw. 47 Prozent deutlich mehr Dirhems aus der Zeit vor 770 auf und decken sich somit mit der Zusammensetzung des Hortes aus dem Emporium (36 Prozent). Das, was alle Funde sowohl aus Janów Pomorski als auch von außerhalb des Handelsplatzes miteinander verbindet, ist der geringe Anteil von Dirhems, die nach 820 geschlagen wurden. In keinem der Fälle überschreitet er die 10-Prozent-Marke. Damit liegt eine klare chronologische Kohärenz zwischen dem Emporium und seinem weiten Hinterland vor.

Die regionale Analyse der arabischen Münzen bestätigt dieses Bild. Lediglich in dem Schatz von Karnice begegnen mit elf Prozent Dirhems aus den westlichen Teilen des Kalifats (Nordafrika und al-Andalus). Dieser Anteil entspricht den Einzelfunden aus Janów Pomorski, die mit etwa neun Prozent aufwarten. Nordafrikanische Emissionen tauchen weder in den übrigen, in Tabelle 13 aufgeführten Depots auf, noch begegnen in dem einzigen Hort aus Janów Pomorski.

Wechseln wir jetzt den methodischen Zugang und versuchen, die Einzelfunde aus der Region Ermland-Masuren einzuordnen. Lose gefundene Dirhems, bis auf wenige samanidische Ausnahmen allesamt ins 8.-9. Jahrhundert datiert, sind dort aus gut 30 Fundorten bekannt. Es ist jedoch wenig ergiebig, auf alle einzugehen, wenn man bedenkt, dass die meisten von ihnen archäologisch nicht zugeordnet werden konnten. Aus diesem Grund sind im Folgenden ausschließlich jene Funde zu kontextualisieren, die aus Siedlungen oder Burgwällen kommen.

Ein kleiner Verdichtungsraum von Dirhems hat sich allein in der Siedlung Olsztyn (Allenstein) herausgebildet – etwa 30 km südwestlich der Ortschaft Ramsowo, woher der größte Schatz dieser Phase in der Region stammt (Tabelle 13). Hier notieren wir insgesamt 16 Prägungen: acht ganze Exemplare sowie acht Bruchstücke. Sie umfassen den Zeitraum von 753/754 bis 821/822[26] und fügen sich somit in die Chronologie der oben dargestellten Funde ein. Inwieweit die Münzen innerhalb der Siedlung im 9. Jahrhundert zirkuliert haben oder ob sie erst in den Zusammenhang des 10.-11. Jahrhunderts gehören,[27] bleibt unklar.

Weitere vier Einzeldirhems aus dem Zeitraum von 814/815 bis 815/816-817/818 wurden in der frühmittelalterlichen Siedlung Bronowo, rund 20 km südwestlich vom Fundort des Zalewo-Hortes entfernt, freigelegt.[28] Ein arabisches Gepräge aus dem späten 8. Jahrhundert begegnet in der Siedlung Muntowo bei Mrągowo, 60 km östlich von Allenstein. Ihre Chronologie (10.-12. Jahrhundert) erscheint hier nicht ganz kompatibel mit der gefundenen Münze. Das bezieht sich genauso auf die drei Fragmente arabischer Exemplare (darunter eines gelocht), emittiert jeweils 776/777-780/781, 804/805 bzw. 805/806-807/808, aus dem Burgwall von Bornity, 35 km nordöstlich von Janów Pomorski, der frühestens zwischen etwa 880 und 925 existierte. Neben den Prägungen registrierten die Archäologen dort einen silbernen Armring.[29] Ungewiss ist zudem die Datierung der Handelsstation in Jerzwałd, knapp 50 km südlich von Janów Pomorski und ca. 17 nordöstlich von Bronowo, aus der unter anderem frühe Dirhems sowie Gewichte stammen. Nach dem bisherigen, noch rudimentären Wissensstand bestand der Siedlungskomplex seit dem 10. Jahrhundert.[30] Schließlich taucht eine Münze mit dem Terminus post quem 771/772 in dem kleinen Burgwall von Szestno, knapp 70 km nordöstlich der Siedlung von Olsztyn und 9 km nördlich der Siedlung Muntowo, auf.[31] Hier wurden interessanterweise zwei Silberperlen

---

26 FMP, Bd. 5: Ermland und Masuren, Nr. 35.

27 Arkadiusz Koperkiewicz, Wczesnośredniowieczny zespół osadniczy Olsztyn – Las Miejski [Der frühmittelalterliche Siedlungskomplex von Olsztyn – Las Miejski], in: Archeologia Hereditas. Grodziska Warmii i Mazur 2. Nowe badania i interpretacje [Die Burgwälle in Ermland und Masuren 2. Neue Untersuchungen und Interpretationen], hg. von Zbigniew Kobyliński, Bd. 2, Warszawa 2016, S. 27-47, besonders S. 36 und S. 32, Fußnote 18; Bogucki, Coin Finds (wie Anm. 107, Kap. 1, Teil I), S. 98.

28 FMP, Bd. 5: Addenda, Nr. 58.

29 Ebd., Bd. 5: Ermland und Masuren, Nr. 29; Andrzej Bartczak, Muntowo, gm. i pow. Mrągowo, in: WN 44 (2000), 1, S. 70; Bogucki, Coin Finds (wie Anm. 107, Kap. 1, Teil I), S. 98; Sławomir Wadyl u. a., Wczesnoabbasydzkie dirhamy z nowoodkrytego grodziska w Bornitach koło Pieniężna [Frühmittelalterliche Dirhems aus dem neulich entdeckten Burgwall von Bornity bei Pieniężno], in: WN 62 (2018), 1-2, S. 129-143.

30 Referat von Marek F. Jagodziński auf dem Kongres der polnischen Mediävisten in Wrocław am 20. September 2018.

31 FMP, Bd. 5: Ermland und Masuren, Nr. 50.

und das Ende einer Silberkette in Gestalt eines Tieres, der sog. Drache aus Czarny Las, freigelegt. Der Burgwall existierte vermutlich von etwa 975 bis ca. 1040.[32]

Marek F. Jagodziński listet 21 Funde von Artefakten und Waffenelementen aus dem Umland von Truso auf, die den Skandinaviern zugeordnet werden können.[33] Dazu gehören nicht zuletzt die Schmuckstücke, darunter aus Silber, auf dem Gräberfeld von Elbląg-Pole Nowomiejskie[34] oder Waffen und Schmuck aus dem Burgwall Tolkmicko im Küstenbereich, knapp 30 km westlich vom Fundort des Braniewo-Schatzes gelegen; in Tolkmicko wurden gleichfalls zwei Dirhems aus der Zeit um 775-785 entdeckt.[35] Dass die Nordmänner im Umland des Emporiums von Truso womöglich selber aktiv waren, spiegeln – neben Schmuckstücken – die skandinavischen Alltagsgegenstände aus der Siedlung Robity, 15 km südöstlich von Janów Pomorski, wider.[36] Grundsätzlich überschreiten die den Wikingern zugerechneten Importe nicht einen Radius von 35 km südlich und 45 km nordöstlich des Handelsplatzes. Wir dürfen zudem nicht vergessen, dass etliche Schwerter, Äxte, Schmuckstücke oder Artefakte aus dem Hinterland von Truso chronologisch jünger sein konnten als die Dirhemfunde.

Dass die Pruzzen die bereits im frühen 9. Jahrhundert erworbenen Münzen womöglich noch 230 Jahre später verwendet haben, zeigt der Schatz von Olbrachtówko, ca. 8 km östlich der Siedlung von Bronowo und gut 10 km südwestlich der Handelsstation in Jerzwałd. Er enthielt 225 Schmuckstücke aus Silber, Edelstein, Bernstein bzw. Glas sowie 157 Münzen, überwiegend aus dem römisch-deutschen Reich, deren jüngstes Exemplar um 1056 emittiert wurde.[37] Unter den Geprägen befanden sich 28 Dirhemfragmente, die in die Zeit zwischen ca. 718-750 und 809/810 datieren. Wenn man die monetären Landschaften der ersten Hälfte des 11. Jahrhunderts in Betracht zieht und bedenkt, dass die allermeisten Pfennige in diesem Depot aus dem 11. Jahrhundert stammen, dann erscheint das Vorkommen früher Dirhems sehr ungewöhnlich – zumal in den anderen Horten aus dieser Zeit nur einige wenige und obendrein in das 10. Jahrhundert eingeordnete Samaniden-Emissionen auftreten. Dessen ungeachtet: Angesichts der Tatsache, dass Dirhems aus dem 8.-9. Jahrhundert in deutlich späteren Siedlungen bzw. Burgwällen begegnen, dürfen wir hier eine zufällige Vermischung dieser zwei so unterschiedlichen Münzstöcke ausschließen.

Aber warum zirkulierten sie über einen längeren Zeitraum hinweg? Hätten sie als Zahlungsmittel gedient, dann wäre die Nachfrage nach frischem Geld auch nach 830 ungebrochen gewesen. In Unterkapitel 1.1.3. wurde bereits ausgeführt, dass dem Wulfstan-Bericht zufolge das Silber in Form von Münzen wie Schmuck als Prestigegut galt und bei Potlatch-Festen Verwendung fand. Die Logik dahinter bestand darin, Geschenke zu (ver)teilen oder zu zerstören, um den gesellschaftlichen Status aufrechtzuerhalten und zu stärken. Es ist nicht ausgeschlossen, dass etliche

---

32 Vgl. Wojciech Wróblewski u. a., Terra desolata. Wczesnośredniowieczna Galindia w świetle badań mikroregionu Jeziora Salęt [Terra desolata. Das frühmittelalterliche Galindien im Lichte der Untersuchung der Mikroregion des Salęt-Sees], in: Studia Galindzkie, hg. von Dems., Bd. 1, Warszawa 2003, S. 157-180, besonders S. 161; außerdem Wojciech Wróblewski / Tomasz Nowakiewicz, Ceramika „pruska" i „słowiańska" we wczesnośredniowiecznej Galindii [Die „pruzzische" und „slawische" Keramik im frühmittelalterlichen Galindien], in: Słowianie i ich sąsiedzi (wie Anm. 470, Kap. 1, Teil I), S. 165-181.

33 Marek F. Jagodziński, Zagadnienie obecności Skandynawów w rejonie ujścia Wisły we wczesnym średniowieczu [Die Frage der skandinavischen Anwesenheit im Weichseldelta im frühen Mittelalter], in: Pruthenia 4 (2009), S. 117-192, besonders Karte auf S. 184.

34 Ebd., Abb. 6, S. 175, Abb. 8, S. 177.

35 Ebd., S. 184, Nr. 10; FMP, Bd. 5: Ermland und Masuren, Nr. 51.

36 Jagodziński, Zagadnienie (wie Anm. 33), S. 185, Nr. 16.

37 FMP, Bd. 5: Addenda, Nr. 62.

Dirhems während solcher Zeremonien zerhackt wurden. Die Zirkulation von kostbaren Gütern innerhalb der einzelnen Sippen oder zwischen den Clans ermöglichte somit die Zementierung der gesellschaftlichen Beziehungen. Dementsprechend hätten die in den 810er/820er Jahren angehäuften Gepräge den Markt für Prestigegüter bereits nach einer Generation befriedigt, da die im Umlauf befindliche Silbermenge für Potlatchzwecke völlig ausreichte.

Den Schlussmünzen der Funde nach zu urteilen, haben die pruzzischen Bevölkerungsgruppen den erneuten Import von Silber (in Form von Samaniden-Dirhems wie europäischen Münzen) wieder erst im frühen 11. Jahrhundert aufgenommen, wovon zum Beispiel der Hort aus Mózgowo (tpq. um 1010), knapp 30 km südwestlich von der Handelsstation in Jerzwałd entfernt, zeugt. Interessenterweise enthalten etliche in das 11.-12./13. Jahrhundert datierte Schätze zahlreiche Schmuckstücke. Oben wurden bereits auf den Inhalt des Olbrachtówko-Depots mit unter anderem Anhängern, Armringen und Perlen hingewiesen. Der Hort von Brodzikowo (in die Mitte des 11. Jahrhunderts eingeordnet), 15 km nördlich der oben erwähnten Siedlung in Muntowo, enthielt acht silberne Armringe,[38] überwiegend aus drei Drähten geflochten wie jene aus Olbrachtówko. Ähnliche Ringe tauchen ebenfalls in dem Schatz Skomętno Wielkie I,[39] gut 100 km östlich von Brodzikowo, auf. Dieser Fund ist jedoch deutlich jünger und wird allgemein in das 12.-13. Jahrhundert datiert. Es kann also sein, dass die Schmuckstile und -vorlieben von einer Generation zur nächsten sowohl innerhalb der einzelnen Clans oder Stämme als auch zwischen ihnen tradiert wurden und Silber zwischen den Siedlungen bzw. Burgwällen über einen längeren Zeitraum hinweg umlief. Inwieweit den Dirhems dabei die Funktion als Rohstoff für die Anfertigung solcher Ringe zukam, müssen metallografische Analysen zeigen.

Aus dem bisher Gesagten lässt sich die in der Kapitelüberschrift formulierte Frage durchaus bejahen. Zwischen dem Emporium von Truso und seinem Hinterland ist ein doppelter Dualismus festzustellen: zum einen, weil die Tauschbeziehungen durch Asymmetrien gekennzeichnet waren, die darin bestanden, dass die Skandinavier Silbermünzen und Know-how-Produkte wie Waffen lieferten, wohingegen die Bevölkerungsgruppen aus dem Umland Rohstoffe, Waldprodukte und vermutlich Sklaven boten. Zum zweiten unterschied sich die Logik der Nutzung von Edelmetallen erheblich: Den Bewohnern des Handelsplatzes dienten die Dirhems und Dirhemfragmente vorwiegend als Zahlungsmittel, während die Pruzzen arabische Prägungen in erster Linie als Potlatchgut und womöglich als Rohstoff zur Herstellung von Schmuck verwendeten. Selbstverständlich schließt das die gelegentliche Nutzung von Silber bei Marktoperationen und Handelstransaktionen zwischen benachbarten Sippen oder Stämmen nicht aus.

In einer Reihe von Schatzfunden aus der ersten Hälfte des 10. Jahrhunderts in Pommern begegnen zahlreiche Dirhems, die im 8.-9. Jahrhundert emittiert wurden: Opalenie (917/918-940/941) 70 Prozent, Oliwa II (951/952) 54 Prozent (beide bei Danzig), Bielkowo bei Stettin (938/939) 69 Prozent sowie Szczecin-Niemierzyn (tpq. 939/940) 50 Prozent (Teil I, Unterkapitel 1.2.8.). Zu jener Zeit bestand die Masse des Münzstocks in Osteuropa (über dessen Territorium die Dirhems fließen mussten) aus den neuen, von den Samaniden geschlagenen Münzen, sodass logischerweise von lokalen, regionalen Zirkulationen auszugehen ist. Vermutlich wurden die im frühen 9. deponierten Silberbestände – darunter aus Truso oder Umgebung – wieder in Umlauf gebracht. Wer dies aus welchen Gründen getan hat, liegt freilich im Dunkeln. Die Tatsache, dass die Bevölkerungsgruppen in Mittelpommern über ein ähnliches Repertoire von potenziel-

38 Ebd., Bd. 5: Ermland und Masuren, Nr. 7.
39 Ebd., Nr. 47.

len Exportwaren wie die Siedlungsbewohner von Truso verfügten, deutet einen anderen, über den schieren Handel hinausgehenden Kontext an.

Etwa 300 km westlich von Janów Pomorski entstand in der Umgebung von Kolberg in Mittelpommern ein anderer, obgleich deutlich keinerer Dirhemcluster.[40] In Bardy, knapp 14 km südöstlich von Kolberg, und in Kędrzyno, rund 17 km südwestlich davon, existierten Burgsiedlungen, deren Bewohner teilweise aus Skandinavien kamen und dem Handel bzw. Handwerk nachgingen. Jan Żak vermutet in Kolberg schwedische Siedler, die infolge der Machtzentralisierung in Uppland durch eine feindliche Sippe an die südliche Ostseeküste flohen.[41] Innerhalb des Burgwalls von Kędrzyno begegnen fünf ommayadische und frühabbasidische Dirhems, in dem von Bardy zwei Münzfragmente sowie auf dem Kurganfriedhof in Świelubie bei Bardy drei zerteilte Stücke.[42] Wichtig erscheint ebenfalls der Kontext dieser Funde: Zwei Dirhemfragmente in Kędrzyno stammen aus Handwerkerstätten, die Eisen verarbeiteten, und die Münzen aus Świelubie sind nicht den Begräbnissen der Elite mit reicher Ausstattung zuzuordnen, sondern jenen einer eher weniger wohlhabenden Bevölkerungsgruppe. Ein Dirhemfragment zum Beispiel lag neben einem bronzenen Gewicht.[43] All diese Münzen waren im 8. bzw. frühen 9. Jahrhundert geprägt worden und strömten in der ersten Hälfte des 9. Jahrhunderts, spätestens um 860/870 in diese Gegend ein.

Des Weiteren wurden in der Umgebung von Kolberg kleine Horte gefunden: in Grzybowo (tpq. 815/816), knapp 8 km westlich, in Trzebiatów (831/832),[44] 29 km südwestlich, schließlich in Kretomino (808/809), 47 km südöstlich von Kolberg.

Die Skandinavier tauschten bei den einheimischen Bevölkerungsgruppen für Silbermünzen wahrscheinlich Bernstein, Salz (aus den Quellen an der Mündung der Persante) und Felle ein.[45] Ob zu den gehandelten Waren auch Sklaven gehörten, entzieht sich unserer Kenntnis. Władysław Łosiński jedenfalls verweist im Zusammenhang mit der Fundarmut an Dirhems aus der zweiten Hälfte des 9. Jahrhunderts entlang der polnischen Ostseeküste auf die Veränderungen der Raumstrukturen, die am Beispiel der Besiedlung Mittelpommerns besonders deutlich zum Tragen kamen. Sie bestanden darin, dass die großen, von allen Mitgliedern einer Gemeinschaft bewohnten Burgsiedlungen durch kleinere, aber stark befestigte Ringwälle abgelöst wurden. Demnach könnten diese Prozesse unruhig verlaufen sein und – zumindest zeitweise – zu einer temporären Unterbrechung des überregionalen Austausches geführt haben.[46]

---

40 Grundsätzlich Władysław Łosiński, Początki wczesnośredniowiecznego osadnictwa grodowego w dorzeczu dolnej Parsęty (VII-X/XI w.) [Der Beginn der frühmittelalterlichen Burgwallsiedlung im Einzugsgebiet der unteren Parsęta (7.-10./11. Jahrhundert)], Wrocław u. a. 1972; Lech Leciejewicz, Die Stammesburgen als Ausgangspunkt der frühen Stadtentwicklung an der pommerschen Ostseeküste, in: Society and Trade (wie Anm. 138, Kap. 1, Teil I), S. 171-184, hier S. 179 f.

41 Jan Żak, Das Problem der skandinavischen „Importe" im Oder-Weichsel-Raum während des 9.-11. Jahrhunderts, in: Oldenburg – Wolin (wie Anm. 39, Kap. 1, Teil I), S. 675-689, hier S. 684. Władysław Łosiński, Die Kontakte zwischen Pommern und Skandinavien im frühen Mittelalter im Lichte der Forschungen im unteren Parsęta-Flußgebiet, in: Rapports du III Congrès International d'Archéologie Slave 1, hg. von Bohuslav Chropovský, Bratislava 1979, S. 513-518, schätzt die Zahl der Skandinavier auf 60 bis 70 Personen bei einer Gesamteinwohnerzahl von bis zu 500 in der slawischen Siedlungskammer Bardy.

42 FMP, Bd. 2: Pommern, Nr. 1, 110, 222; Łosiński, W sprawie (wie Anm. 4, Kap. 2) gibt bei Świelubie fünf Dirhems an, S. 294 f.

43 Ebd., S. 297.

44 Trzebiatów – Umgebung gehört zu neueren Funden und wurde 2013 entdeckt. FMP, Bd. 5: Addenda, Nr. 302.

45 Witold Hensel, Kultur und Kunst im frühmittelalterlichen Pommern (7.-11. Jahrhundert), in: Wikinger (wie Anm. 158, Kap. 1, Teil I), S. 264-290, hier S. 266 f., 275.

46 Łosiński, W sprawie (wie Anm. 4, Kap. 2), S. 299.

Łosiński zufolge weisen die Streufunde von Dirhems und Dirhemfragmenten aus den im Küstenbereich angelegten mittelpommerschen Siedlungen, Burgwällen und Gräbern des frühen 9. Jahrhunderts auf die Entwicklung einer rudimentären Geld- und Warenwirtschaft zwischen den einzelnen Gemeinschaften bereits zu jener Zeit hin. Arabische Münzen im pommerschen Binnenland indizieren wiederum, dass einige der hiesigen lokalen Bevölkerungsgruppen in die Austauschzonen der Ostseeökonomie einbezogen wurden.[47] Einer der südlichsten (und unbestimmbaren) Einzelfunde stammt aus dem Burgwall von Radacz bei Szczecinek, rund 100 km südlich von Kolberg.[48] Die fünf Dirhemfragmente aus Suchań bei Stargard Szczeciński, gut 120 km südlich von Kolberg, umfassen den Zeitraum von 724/743 bis 860/861, lassen sich aber keiner Siedlung zuordnen. Die Streufunde von Münzen sind genauso selten wie die Schätze aus dem 9. Jahrhundert: So wurde lediglich in Karnice, 70 km südlich von Kolberg, ein größerer Hort von 143 Dirhems (tpq. 867/868) gefunden; das kleine Depot von Dobrzany, rund 10 km nordöstlich von Suchań, enthielt hingegen nur sechs Bruchstücke von Dirhems, deren jüngstes Exemplar in die Zeit um 817/818 datiert.[49]

Können wir also hier von einer rudimentären Geld- und Warenwirtschaft zwischen den einzelnen Gemeinschaften sprechen? Die Chronologie der Funde aus Mittelpommern, die in den 810er/830er Jahren ebenso wie in der zweiten Hälfte des 9. Jahrhunderts auftreten, zeigt ein breiteres Spektrum als in der Region Ermland-Masuren. Auf der anderen Seite begegnet in Mittelpommern kein im Hinblick auf einen Reichtum an Münzfunden, Gewichten und importierten Artefakten mit dem Emporium Janów Pomorski nur annähernd vergleichbarer Handelsplatz. Es sieht folglich danach aus, dass sich die Bewohner des Siedlungskomplexes von Bardy und Kędrzyno mit Dirhems in Truso versorgten (Teil I, Unterkapitel 1.1.3.). Die Zusammensetzung des Hortes von Karnice, in dem die Emissionen aus dem Zeitraum von 770 bis 820 überwogen, entspricht zum großen Teil den chronologischen Strukturen der Einzel- und Schatzfunde aus der Region Ermland-Masuren, weniger aber jenen aus Nordrussland und Schweden. Ein Unterschied zwischen den Dirhemeinzelfundorten im Hinterland von Truso und den Burgsiedlungen von Bardy bzw. Kędrzyno bestand darin, dass die Chronologie letzterer in etwa dieselbe Zeit eingeordnet wird wie die Münzen. Wenn wir also hier mit einer kommerziellen Verwendung von Silber als Zahlungsmittel zu tun haben, dann vermutlich vorwiegend im Regionalhandel zwischen den Fremden aus dem Küstenbereich und den lokalen Gemeinschaften.[50] Die überschaubare Anzahl von Streufunden in Mittelpommern lässt hingegen die Existenz einer Geld- und Warenwirtschaft um die Siedlungen Bardy und Kędrzyno, einer Art lokalen Binnenmarktes, allenfalls in äußerst rudimentären und temporären Formen erscheinen.

Knapp 90 km westlich von Kolberg entstand ein weiterer kommerzieller Schwerpunkt. An der Wende vom 8. zum 9. Jahrhundert wurde Wollin in ein nordwesteuropäisches Interaktionsnetz einbezogen und die ersten Fernhandelskontakte mit dem friesisch-rheinischen Raum und Skandinavien aufgenommen. Darauf weisen archäologische Funde wie Badorfer Ware, friesische Kämme sowie Bruchstücke von Tatinger Kannen hin. Dennoch hielt sich die kommerzielle Bedeutung der Siedlung im 9. Jahrhundert noch in Grenzen: Weder Deposite von frühen

47 Ebd., S. 294 f.

48 Władysław Łosiński, Pomorze – bardziej słowiańskie czy bardziej „bałtyckie"? [Pommern – mehr slawisch oder mehr „baltisch"], in: Ziemie polskie w X wieku (wie Anm. 242, Kap. 1, Teil I), S. 119-141, hier S. 126.

49 FMP, Bd. 5: Addenda, Nr. 293 und 301.

50 Łosiński, Pomorze (wie Anm. 48), S. 126.

arabischen Silbermünzen wurden in der Siedlung oder ihrem Umland gefunden, noch erwähnt Wulfstan in seiner Reisebeschreibung nach Truso um 880/890 den Handelsplatz.[51]

Dieser Sachverhalt ist jedoch nicht verwunderlich, wenn man bedenkt, dass auf der gegenüberliegenden Seite des Stettiner Haffes, in Menzlin bei Anklam an der Peenemündung, ab dem späten 8.-frühen 9. Jahrhundert ein Seehandelsplatz bestand, der eventuell die Silberimporte generierte. Bislang legten die Archäologen dort gerade einmal – wenn wir Truso mit seinen gut 1.000 Exemplaren als Maßstab nehmen – 61 Münzen und nahezu dieselbe Zahl an Normgewichten frei.[52] Das am Rande einer frühslawischen Siedlung bei Anklam ausgegrabene Depot enthielt 82 Dirhems bzw. Dirhemfragmente und wurde nach 818/821 deponiert. Der hohe Anteil an nordafrikanischen Münzen von rund 40 Prozent unterscheidet diesen Hort wesentlich von den Funden aus der Region Ermland-Masuren[53] und suggeriert einen anderen Zuflussweg, vielleicht über Gotland. Außerdem enthielt er einen vermutlich aus dem Kamagebiet stammenden Silberreif sowie vier Fragmente von Silberbarren.[54] In Pinnow, rund 13 km von dem Handelsplatz Menzlin entfernt, wurde wiederum ein Schatz von bis zu 400 Dirhems entdeckt. Das jüngste Exemplar datiert in die Jahre 862/863, wobei 95 Prozent des Münzstocks in die Zeit vor 770 und von 770 bis 820 fielen. Folglich sind lediglich fünf Prozent sämtlicher Prägungen aus dem Pinnower Fund zwischen 820 und 870 eingeströmt – ein Anteil, der durchaus der Struktur der Einzelfunde aus Janów Pomorski entspricht.[55]

Eine Parallele zwischen Menzlin und Truso liegt freilich in der starken Präsenz von Fremden. Die Grabanlagen aus Menzlin weisen auf eine dauerhafte Anwesenheit von Skandinaviern hin. Sie verarbeiteten Eisen und Knochen, verfügten über Silberschmuck ebenso wie über Glas-, Bergkristall- und Karneolperlen. Kannen und die Reste von Gewichten bzw. Feinwaagen spiegeln Handelskontakte von Friesland über Skandinavien bis hin nach Staraja Ladoga wider. Im Hinterland der Siedlung entdeckten die Archäologen – neben den erwähnten Dirhemdepots – einen Ring vom Permer Typ sowie awarische Gürtelbeschläge aus dem späten 8. bzw. frühen 9. Jahrhundert. Die Bedeutung der Siedlung ging im ausgehenden 9. bzw. im Laufe des 10. Jahrhunderts erheblich zurück.[56]

Schätze sowie Einzelfunde von Dirhems stammen aus weiteren Handelsplätzen und Burgwällen. In Ralswiek auf Rügen wurde der größte, in der ersten Hälfte des 9. Jahrhunderts vergrabene Hort Osteuropas gefunden. Er enthielt 2.200 Dirhems und Dirhemfragmente unter anderem aus Bagdad, Samarkand, Balk, Tabaristan und al-Andalus sowie chasarische Imitationen.[57] Die Schlussmünze datiert in die Zeit um 842/847. Das Bruchstück eines Halsringes vom Permer Typ rundet den Inhalt des Depots ab. Der Fundort deutet auf einen Handwerker (Goldschmied?) als Besitzer hin. In Ralswiek jedenfalls legten die Archäologen Handwerkerstätten frei, die Eisen, Bernstein und Kämme aus Geweih verarbeiteten bzw. anfertigten. Die Funde aus dem Burgwall von Kap Arkona auf derselben Insel bestehen wiederum aus

51 Vgl. Adamczyk, Wollin (wie Anm. 507, Kap. 1, Teil I).

52 Kleingärtner, Die frühe Phase (wie Anm. 111, Kap. 1, Teil I), S. 365-367.

53 Vgl. Lutz Ilisch, Der Münzfund von Anklam – arabisches Silber auf dem Weg zur Ostsee. Referat gehalten auf der Konferenz „Der Peeneraum im Frühmittelalter", Greifswald, 25. Juni 2011.

54 http://www.phil.uni-greifswald.de/bereich2/histin/ls/ufg/projekte/silberschatz-anklam.html (Zugriff am 15.01.2011).

55 Adamczyk, Silber und Macht (wie Anm. 16, Kap. 1), Tab. 10, S. 42.

56 Ulrich Schoknecht, Menzlin. Ein frühgeschichtlicher Handelsplatz an der Peene, Berlin 1977; Michael Schirren, Neue Kleinfunde aus dem Raum Anklam – Einsichten in die Zentrum-Umland-Beziehungen Menzlins. Referat gehalten auf der Tagung „Der Peeneraum im Frühmittelalter", Greifswald, 25. Juni 2011.

57 Fomin, Überblick (wie Anm. 159, Kap. 1), S. 77-84.

Einzelstücken von Münzen. Hier notieren wir 219 Dirhems (davon lediglich zwei in vollständiger Form), die mehrheitlich ins 8.-9. Jahrhundert einzuordnen sind. Arkona weist somit die größte Anhäufung früher arabischer Prägungen, die sich nicht den klassischen Seehandelsplätzen zuordnen lassen, an der südlichen Ostseeküste auf. Ergänzt werden sie durch drei Fragmente der Permer Ringe.[58] Unklar bleibt, ob das Silber aus der Kontrolle des Transithandels zwischen Truso und Groß Strömkendorf sowie dem Verkauf von Bernstein und Sklaven stammte oder vielleicht als Raubgut auf Rügen gelangte. Unserer Kenntnis entziehen sich ebenfalls seine Funktionen. Helmold von Bosau, der seine Chronik jedoch erst in der zweiten Hälfte des 12. Jahrhunderts schrieb, deutet eine Tempel-Fiskalität der Ranen an (Unterkapitel 4.2.).

Auffällig ist, dass entlang der Achse zwischen Kap Arkona, Ralswiek, Menzlin und Anklam Permer Ringe bzw. deren Bruchteile begegnen. Womöglich illustrieren sie nicht nur die Zirkulation besonders wertvoller Güter, sondern spiegeln gleichermaßen die symbolische Kommunikation innerhalb der ostseeslawischen Eliten wider. Da solcher Schmuck auch aus Janów Pomorski bekannt ist, liegt die Vermutung nahe, dass die Ringe über Staraja Ladoga und Truso transferiert, in der Reproduktionsgestalt vom Duesminder Typ freilich ebenfalls aus Dänemark oder Gotland bezogen wurden.

An der Wende vom 8. zum 9. Jahrhundert erscheint in Mecklenburg-Vorpommern das Emporium in Groß Strömkendorf alias Reric von besonderer Bedeutung. Die ersten Siedlungsspuren datieren hier in die Zeit um 730. Etwa 30 Jahre später veränderte sich offensichtlich die Struktur des Handelsplatzes, als im südlichen Bereich der Siedlung in größerer Anzahl Grubenhäuser und Brunnen angelegt wurden. In der Zeit um 780 erreichten die Bauaktivitäten ihren Höhepunkt. In dem Emporium entdeckten die Archäologen – neben Bruchstücken aus Glas, Fragmenten von Badorfer Ware, Mühlsteinen aus Mayener Basalt und Muschelgruskeramik – über 40 friesische Sceattas, sieben karolingische Denare des 8. Jahrhunderts sowie ca. 35 arabische Münzen.[59] Außerdem wurden hier Wetzsteine und Metallarbeiten skandinavischer Herkunft gefunden. Die Bevölkerung erscheint multiethnisch: slawisch, skandinavisch, friesisch, möglicherweise fränkisch und sächsisch. Sie verarbeitete Glas, Bernstein, Eisen, Silber und trieb Handel.[60] Das Emporium ähnelt, zumindest in seinen Transitfunktionen, ein wenig der Siedlung von Truso, obgleich in Groß Strömkendorf die Anzahl der Silberstücke und Gewichte bislang deutlich geringer ausfällt. Sodann verlor der Handelsplatz Reric nach dem dänischen Überfall im Jahr 808 an Bedeutung, wurde jedoch weiterhin genutzt.[61]

Im Gegensatz zu der Region Ermland-Masuren wurden die Einzelfunde früher Dirhems aus der Zeit von 770 bis ca. 820 in Mecklenburg-Vorpommern, Brandenburg oder Schleswig Holstein grundsätzlich in Burgwällen gemacht, die in das 8.-9. Jahrhundert datieren – den Dirhems also zeitlich entsprachen. Besonders auffallend sind die Häufungen von arabischen Münzen in den Großburgen des Feldberger Typs.[62] Sunhild Kleingärtner hat auf ein weiteres

58 Herrmann, Rügenslawen (wie Anm. 158, Kap. 1, Teil I), S. 313-317. Für die Angaben zu Kap Arkona danke ich Dr. Fred Ruchhöft, der die Grabungen auf Rügen leitet.

59 Für diese Auskunft vom 14. September 2017 danke ich Ralf Wiechmann von der Numismatischen Abteilung des Hamburger Museums.

60 Michael Müller-Wille (unter Mitarbeit von Leif Hansen / Astrid Tummuscheit), Frühstädtische Zentren der Wikingerzeit und ihr Hinterland. Die Beispiele Ribe, Hedeby und Reric, Stuttgart 2002, besonders S. 33, 35; zu arabischen Münzen Kilger, Kaupang (wie Anm. 165, Kap. 1, Teil I), S. 213.

61 Annales Regni Francorum (wie Anm. 128, Kap. 1), S. 88 f.

62 Die Angaben bezüglich der neuen Dirhemfunde aus Burgwällen verdanke ich Lutz Ilisch (Nachricht vom 28. November 2011). Außerdem Felix Biermann, Functions of the Large Feldberg Type Strongholds from the 8th/9th Century in Mecklenburg and Pomerania, in: Sprawozdania Archeologiczne 63 (2011), S. 149-

interessantes Strukturmerkmal dieser Gebiete hingewiesen: Im Hinblick auf die „kulturelle“ Geografie bestand zwischen den Siedlungen im Küstenbereich und den Burgwällen in ihrem Umland eine Asymmetrie. In letzteren, zum Beispiel in Starigard/Oldenburg, lässt sich die Rezeption karolingischer Kultur an Hakensporen oder Messerscheidenbeschlägen festmachen, wohingegen an Seehandelsplätzen die Vermittlung von Artefakten überwiegend aus bzw. über Skandinavien erfolgte.[63] Das Selbstverständnis der slawischen Stammeseliten im Hinterland bezog sich folglich machtpolitisch und ideologisch auf das im Westen angrenzende Reich, während die häufig multiethnischen Bewohner der Küstensiedlungen einen Teil der Ostseeraum-Ökonomie und -Kultur darstellten.[64] Hier wurden Münzen als Zahlungsmittel im Regional- und Transithandel verwendet und eine Hacksilber- und Gewichtsgeldwirtschaft etabliert, dort erscheint die Wirtschaft autark und Silber als Bestandteil einer Prestigeökonomie. Gleichfalls dienten in beiden Zonen die Edelmetalle als Rohstoff zur Herstellung von Schmuck und gelochte bzw. mit Ösen versehene Münzen als Anhänger. Im Gegensatz zu den Pruzzen haben wir in Mecklenburg-Vorpommern, Brandenburg und Schleswig-Holstein keine Indizien (wie sie sich aus dem Wulfstan-Bericht ergeben) für die Existenz der Potlatchmärkte.

Vergleichen wir am Ende dieses Kapitels die monetären Landschaften an der südlichen Ostseeküste mit zwei skandinavischen Orten. Auf dem 40 Hektar umfassenden Zentralplatz von Uppåkra in Schonen wurden bislang 282 Münzen registriert, die in die Wikingerzeit, also zwischen ca. 800 und 1050, einzuordnen sind. Außerdem listen die Archäologen 258 nichtmonetäre Stücke aus Silber auf. Davon lassen sich etwa 100 Fragmente von Stangen, Barren und Silberblech nur allgemein der Wikingerzeit zuordnen.[65] Die Chronologie mehrerer Münzen würde aber auf das 9. Jahrhundert als einen der möglichen Höhepunkte hinweisen.[66] Im Umland von Uppåkra hingegen tauchen kaum Funde aus der Zeit vor 900 auf, sodass wir annehmen dürfen, dass sich der Umlauf von Silber ausschließlich auf den Zentralplatz beschränkte. Mithin lassen die zerteilten Edelmetalle in nichtmonetärer Form sowie ihr Fehlen im Hinterland einen von der südlichen Ostseeküste deutlich abweichenden Usus im Umgang mit Edelmetallen erkennen.

Aus den im uppländischen Emporium Birka zwischen 1990 und 1995 durchgeführten Ausgrabungen wiederum stammen 66 Bruchstücke von nichtmonetärem Silber, von denen ca. 20 Fragmente in die Schichten aus dem 8.-9. Jahrhundert gehören. Unter ihnen befanden sich zerhackte Teile von Schmuck, Stangen, Drähten, Barren sowie undefinierbarem Schrott.[67] Solch eine Anhäufung nichtmonetären Edelmetalls ist selbst in Janów Pomorski unbekannt. Die Erklärung liegt womöglich in der Tatsache, dass in der Nähe des Emporiums mit Alt-Uppsala bereits im 9. Jahrhundert ein religiöses und Machtzentrum der Svear bestand, die den Handelsplatz kontrollierten, die Importe generierten und das Silber, in verschiedenlichster Form, als *magisches* Prestigegut bzw. als *politisches* Instrument einsetzten.

---

174, hier S. 165 f.; Gert Hatz / Gert Rispling, Münzfunde aus Oldenburg in Holstein (1981-1986), in: Offa 52 (1995), S. 153-162, besonders S. 153.

63 Sunhild Kleingärtner, Kulturtransfer und Eliten im Gebiet der südwestlichen Ostseeküste in früh- und mittelslawischer Zeit, in: Mittelalterliche Eliten und Kulturtransfer östlich der Elbe. Interdisziplinäre Beiträge zu Archäologie und Geschichte im mittelalterlichen Ostmitteleuropa, hg. von Anne Klammt / Sébastien Rossignol, Göttingen 2009, S. 11-25, hier S. 14-16.

64 Łosiński, Pomorze (wie Anm. 48).

65 Hårdh, Viking-Age Silver (wie Anm. 22, Kap. 2), S. 282 f.

66 Vgl. Bogucki, Coin Finds (wie Anm. 107, Kap. 1, Teil I), Diagramm auf S. 95.

67 Hårdh, Viking-Age Silver (wie Anm. 22, Kap. 2), S. 284.

# 2. Das Binnenland und die Ostseeküste im 10. Jahrhundert – verschiedene Logiken der Silberverwendung?

## 2.1. Arabische Münzen in Podlasien, Masowien und Zentralpolen in den 900er bis 930er/940er Jahren – das Geld der Sklavenjäger und Pelzhändler aus der Kiever Rus' oder die Horte der einheimischen Edelmetallsammler?

Ein weiterer Verdichtungsraum von Silberfunden entstand im frühen 10. Jahrhundert knapp 400 km südöstlich von Truso im mittleren Buggebiet (Podlasien). Bereits ein flüchtiger Blick auf die Geografie und die historischen Kontexte der Münzcluster lässt deutliche Unterschiede erkennen. Mehr dazu unten.

Die einzige Gemeinsamkeit hingegen lag darin, dass der entscheidende Impuls, Kontakte zu knüpfen, wahrscheinlich von außen kam – waren doch die Dirhemträger fremde Pelzhändler, Sklavenjäger und Warlords (Teil I, Unterkapitel 1.2.3.).

Betrachten wir zunächst die Fundorte.

| Fundort | Schlussmünze | Anzahl der Dirhems und Dirhemfragmente |
|---|---|---|
| Czechów (bei Lublin, ca. 170 km südlich des mittleren Buglaufs) | 882/883 | ca. 1.000 (175? Bruchstücke; 5 Fragmente von Silberschmuck bzw. -stäbchen) |
| Drohiczyn II (mittlerer Buglauf) | 870/871-893/894 | 308 (17 Fragmente) |
| Strękowa Góra (knapp 70 km nördlich des mittleren Buglaufs) | 900/901 | 33 (6 Schmuckstücke, davon 1 Fragment) |
| Liw Umgebung (mittleres Buggebiet) | 900/901 | 502 (9 Schmuckstücke) |
| Klukowicze (mittleres Buggebiet) | 901/902 | 1.508 (3 Fragmente) |
| Pluty (mittleres Buggebiet) | 910/911 | 7? |
| Czaple Górne (mittlerer Buglauf) | Anfang des 10. Jahrhunderts? | 470 |
| Grajewo-Prostki (knapp 130 km nördlich des mittleren Buglaufs) | Anfang des 10. Jahrhunderts? | 16 |

Tabelle 14: Schatzfunde in Ostpolen aus der Zeit um 900

Die Schätze von Czechów und Drohiczyn II scheinen chronologisch von den übrigen, in Tabelle 14 aufgelisteten Funden ein wenig abzuweichen. Sie wurden in Teil I (Unterkapitel 1.1.1.) dem Wirken der chasarischen Netzwerke zugeordnet. Wie aber lassen sich die nach 900 deponierten Horte kontextualisieren?

Der mit Abstand größte Schatz in dieser Region aus der Zeit um 900 wurde bei Klukowicze freigelegt. In der Nähe des Fundortes bestand im 10. Jahrhundert ein Burgwall, der eine Fläche von etwa 140 mal 110 Metern umfasste. 50 bis 70 km nördlich von Klukowicze existierten zwei weitere, obgleich kleinere Burgwälle, die ebenfalls im 10. Jahrhundert bewohnt waren. Die befestigte Siedlung in Zbucz hatte einen Durchmesser von 90 m, jene in Zajączki ca. 30 m. Zusammen mit Klukowicze stellten sie womöglich einen Kern der masowischen Besiedlungsphase im mittleren Buggebiet dar.[68]

Knapp 100 km westlich von Klukowicze, entlang des linken Nebenflusses des Bugs namens Liwiec, entstand an der Schwelle zum 10. Jahrhundert ein weiterer kleinerer Siedlungskomplex. Archäologisch weist er bestimmte Merkmale auf, die sich den Bevölkerungsgruppen aus dem mittleren Dnepr-Pripjat-Gebiet zuordnen lassen. Aus Liw stammt ein Schatzfund von 502 Dirhems und neun Schmuckstücken; rund 7 km von dieser Ortschaft entfernt, in Grodzisk, befand sich ein Burgwall, der eventuell im frühen 10. Jahrhundert gebaut wurde. Innerhalb der befestigten Siedlung von Klimy wiederum begegnet ein Sporn mit Parallelen zum skandinavisch-rus'sischen Raum.[69]

Schließlich liegt der Fundort des Hortes von Strękowa Góra gut 35 km östlich der frühmittelalterlichen Burgsiedlung in Stara Łomża.[70]

Wenn wir diesen Depots den ein wenig früheren Hort Drohiczyn II bzw. die lediglich teilweise bestimmbaren Schätze von Pluty und Czaple Górne – allesamt am Bug oder in dessen Zuflussgebiet – hinzufügen, dann kristallisiert sich in dieser Region eine kleine, chronologisch einigermaßen kompakte Fundverdichtung heraus. In dieser Hinsicht stellen hier nur die vier in die Zeit zwischen 949/950 und 967/968 eingeordneten Einzeldirhems aus Drohiczyn eine Ausnahme dar.[71] Geografisch abweichend, in Richtung Süd wie Nord, erscheinen wiederum allein die Horte aus Czechów und Grajewo-Prostki. Die zeitliche Kohärenz der Schlussmünzen bestätigen die Dirhemzusammensetzungen der sorgfältig untersuchten Schätze: In Klukowicze und Liw bilden neuere Emissionen, vorwiegend zentralasiatischer Herkunft, aus der Zeit nach 890 bis zu 90 Prozent des Münzstocks, in Strękowa Góra immerhin noch 75 Prozent. Man kann sich des Eindrucks nicht erwehren, dass diese Dirhems im Rahmen einer einzigen (Handels) Expedition nach Podlasien eingeströmt sind.

Innerhalb des frühmittelalterlichen Burgwalls in Trzcianka, ca. 90 km nordöstlich von Strękowa Góra, wurden zudem acht Dirhems freigelegt, die in den Zeitraum von 767-775 bis 879/880 datieren.[72] Sie entsprachen eher der chronologischen Struktur des Hortes von

68 Dariusz Krasnodębski, Badania Instytutu Archeologii i Etnologii PAN na terenie woj. białostockiego (podlaskiego) w latach 1990-2005 [Untersuchungen des Instituts der Archäologie und Ethnologie der Polnischen Akademie der Wissenschaften auf dem Gebiet der Wojewodschaft Białystok in den Jahren 1990-2005], in: Stan badań archeologicznych na pograniczu polsko-białoruskim od wczesnego średniowiecza po czasy nowożytne [Der Stand der archäologischen Forschung im polnisch-weißrussischen Grenzgebiet vom frühen Mittelalter bis zur Neuzeit], hg. von Halina Karwowska / Aleksander Andrzejewski, Białystok 2006, S. 63-84.

69 Wojciech Wróblewski, U źródeł kasztelanii liwskiej. Wczesnośredniowieczne struktury osadnicze w dorzeczu Liwca [Die Ursprünge der Liwiec Kastellanei. Die frühmittelalterlichen Siedlungsstrukturen im Liwiecgebiet], in: Najstarsze dzieje Podlasia w świetle źródeł archeologicznych [Die älteste Geschichte Podlasiens im Lichte archäologischer Quellen], hg. von Bożena Bryńczak / Przemysław Urbańczyk, Siedlce 2001, S. 205-228; Dulinicz, Mazowsze (wie Anm. 271, Kap. 1, Teil I), S. 210.

70 Ebd., S. 210.

71 FMP, Bd. 5: Addenda, Nr. 224.

72 Aldona Andrzejewska / Urszula Stankiewicz, Wczesnośredniowieczne grodzisko w Trzciance, gm. Janów, pow. Sokółka [Der frühmittelalterliche Burgwall in Trzcianka, Gemeinde Janów, Kreis Sokółka], in: Podlaskie Zeszyty Archeologiczne 5 (2009), S. 137-147; Jolanta M. Ścibior, Zespół monet arabskich

Drohiczyn als der von Klukowicze oder Liw. Es steht jedoch nicht fest, ob sie früher einen kleinen Schatz gebildet haben oder als Streufunde eingeordnet werden sollen. Der Burgwall wurde jedenfalls im 11. Jahrhundert zerstört.[73]

Ein wichtiges strukturelles Merkmal, das die Funde aus Podlasien von jenen in Janów Pomorski unterscheidet, liegt in der Tatsache, dass der nahezu gesamte Münzstock in Ostpolen aus vollständigen Dirhems bestand (Tabelle 14). Beachtlichere Mengen an Bruchstücken sind lediglich in dem Schatz von Czechów zu konstatieren, der jedoch chronologisch in eine ältere Zuflussphase einzuordnen ist. Aus der Zeit um 900 begegnen genauso wenig Waagen und Gewichte, die auf eine Gewichtsgeldwirtschaft hindeuten könnten. Die Horte von Strękowa Góra und Liw (ebenfalls wie das Depot aus Czechów) enthielten aber Silberschmuck. Im ersteren tauchen zwei Ohrringe vom Typ Strękowa Góra und vier bogenförmige Perlen auf.[74] Der Schatz von Liw setzte sich wiederum aus einem Ohrring vom Typ Strękowa Góra, vier bogenförmigen Perlen, drei Lunulen sowie einer Hohlperle mit Buckeln zusammen.[75] Wenn einige dieser Schmuckstücke vor Ort angefertigt wurden, dann wäre davon auszugehen, dass sie mitsamt den Dirhems den einheimischen Edelmetallsammlern gehört haben. Sodann würden die Schlussmünzen dieser Horte den Deponierungszeitpunkt nicht ganz exakt widerspiegeln und damit andeuten, dass zwischen den einzelnen Bevölkerungsgruppen Podlasiens elitäre Gegenstände zirkulierten oder Stilgeschmäcke imitiert wurden. Der Schatz von Klukowicze hingegen scheint ziemlich rasch unter die Erde gekommen zu sein. Wer waren seine Besitzer?

Einige Autoren nehmen an, dass die ältesten Burgwälle östlich der Weichsel Handelsstationen auf den transkontinentalen Routen zwischen den Gesellschaften im Volgaraum bzw. in den Regionen um das Kaspische oder Schwarze Meer und den Westslawen/Balten dargestellt hätten.[76] Neben den orientalischen Prägungen würde die Verbreitung der Ovručer Schieferwirtel sowie blauer, aus der Rus' stammender Glasringe die Existenz dieser Interaktionen bestätigen.[77] Doch ihre Datierung deckt sich nicht unbedingt mit dem frühen Dirhemzufluss. Des Weiteren spricht gegen die regulären und systematischen Handelskontakte im frühen 10. Jahrhundert vor allem die Tatsache, dass der Einstrom von Silber – zumindest den Schlussmünzen der Schatzfunde nach zu urteilen – spätestens nach 910 wieder versiegt und ein neuer Anlauf erst in den späten 930er Jahren erfolgt ist. Gleichzeitig entstand im westlichen Masowien (aber rechts der Weichsel) an der Schwelle zum 10. Jahrhundert eine Reihe von Burgwällen: Wola Szydłowska/Wyszyny bei Mława, Mokrzk, Raciąż, Słupno, Sypniewo, Święck.[78] Marek Jankowiak zufolge stellten sie eine Reaktion auf die Expeditionen nordischer Sklavenjäger aus dem Bereich der Rus' dar.[79] In Unterkapitel 1.2.3. (Teil I) wurden bereits die historischen

– dirhemów znalezionych w Trzciance, pow. Sokółka [Die arabischen Münzen gefunden in Trzcianka, Kreis Sokółka], in: Podlaskie Zeszyty Archeologiczne 4 (2008), S. 210-222. Ich danke Frau Prof. Elżbieta Kowalczyk-Reyman für die entsprechenden Literaturhinweise; FMP, Bd. 3: Masowien, Nr. 180.

73 Andrzejewska / Stankiewicz, Wczesnośredniowieczne (wie Anm. 72).

74 FMP, Bd. 3: Masowien, Nr. 162; Sylwia Małachowska, Srebrne ozdoby z wczesnośredniowiecznego skarbu z Góry Strękowej, gm. Zawady, woj. łomżyńskie [Silberschmuck aus dem frühmittelalterlichen Schatzfund von Góra Strękowa, Gemeinde Zawady, Wojewodschaft Łomża], in: Wiadomości Archeologiczne 53 (1995), 1, S. 35-45.

75 FMP, Bd. 3: Masowien, Nr. 66.

76 Vgl. Buko, Archeologia Polski (wie Anm. 282, Kap. 1, Teil I), S. 190.

77 Felix Biermann, Das 10. Jahrhundert in Masowien und Podlasien (Nordostpolen). Eine wirtschaftsgeschichtliche Betrachtung, in: Europa im 10. Jahrhundert (wie Anm. 145, Kap. 1, Teil I), S. 249-265, besonders S. 254-255.

78 Dulinicz, Mazowsze (wie Anm. 271, Kap. 1, Teil I), S. 206.

79 Jankowiak, Wer brachte (wie Anm. 172, Kap. 1, Teil I), S. 50.

Umstände des Dirhemzustroms nach Podlasien kontextualisiert. Nach der Auferlegung von systematischen Tributen bei den im Pripjatgebiet lebenden Drevljanen um 900 werden sich etliche Gruppen der Kiever Rus' zum Westlichen Bug begeben haben, um weitere Felle und Sklaven einzutauschen. Das Edelmetall hat also ursprünglich den aus dem mittleren Dnepr stammenden Sklavenjägern und Pelzhändlern gehört – zumal auf einigen Dirhems aus dem Klukowicze-Hort vermutlich nordische Runeninschriften eingraviert waren (Teil I, Unterkapitel 1.2.3.).

Andererseits sollten wir uns in Erinnerung rufen, dass die Besiedlung des Gebietes entlang des Liwiec-Flusses etwa an der Wende vom 9. zum 10. Jahrhundert stattgefunden hat – ausgerechnet zu jenem Zeitpunkt, als die ersten Dirhems dorthin eingeströmt waren. Da diese Migranten vermutlich aus dem Osten kamen, wäre anzunehmen, dass sie die arabischen Münzen mitbrachten. Vielleicht suchten sie Zuflucht vor den Tributfahrten der Kiever Rus' – oder umgekehrt, die Siedler kooperierten mit den Rus' und dienten ihnen als wegekundige Führer.

Grundsätzlich konnten verschiedene lokale Häuptlinge in Ostpolen die Sklavenjäger und Pelzhändler nicht nur mit Fellen und dem notwendigen Proviant versorgen, sondern sie ebenfalls auf ihren Menschenjagden begleiten und zu den weiter westlich oder nördlich gelegenen Siedlungen führen. Diese Perspektiven hätten sicherlich die Rus' nach Podlasien gelockt. Zugleich fungierte das arabische Silber als Entlohnung für solche Dienste. Interessanterweise sind im westlichen Masowien, wo um 900 eine Reihe von Burgwällen errichtet wurde, kaum Dirhemfunde aus dieser Zeit bekannt.

Einige der Burgwälle im westlichen Masowien (z. B. in Wola Szydłowska) wurden freilich bereits nach einer Generation aufgegeben oder zerstört.[80] Dieser Prozess fiel mit einer neuen Zuflusswelle zusammen, die sich jedoch geografisch und strukturell deutlich von der vorangegangenen Phase unterschied (Karte 6 in Unterkapitel 1.2.3., Teil I).

| Fundort | Schlussmünze | Anzahl der Dirhems und Dirhemfragmente |
|---|---|---|
| Piwonice (bei Kalisch an der Prosna) | 934/935 | 15 (13 Fragmente); Schmuck |
| Ochle (an der mittleren Warthe) | 936/937 | 100 (97 Fragmente); mindestens 8 Schmuck- bzw. Rohsilberstücke, davon 5 zerteilt |
| Truszki-Zalesie (rund 150 km nördlich des mittleren Buglaufs) | 936/937 | 16; 1 Schmuckstück |
| Dębicz (bei Giecz) | 936/937 | 182 Fragmente; 9 Schmuck- bzw. Drahtstücke, darunter 7 zerteilt |
| Iłów-Miękinki (einige Kilometer westlich des mittleren Weichsellaufs) | 937/938 | 31 (davon 2 fragmentiert) |
| Łęczyca I (150 km westlich von Warschau) | spätestens 942/943 | 80-103? |

Tabelle 15: Schatzfunde in Ost- und Zentralpolen aus den 930er, eventuell frühen 940er Jahren

Ihre Zahl, wie aus Tabelle 15 hervorgeht, erscheint ziemlich bescheiden. Ins Auge fallen außerdem die großen Entfernungen zwischen den einzelnen Fundorten, die in dieser Phase Podlasien ebenso

80 Buko, Archeologia Polski (wie Anm. 282, Kap. 1, Teil I), S. 186 f.

wie die Gebiete westlich der mitteleren Weichsel umfassen – das ist der größte Unterschied zu den Horten aus den 900er Jahren.

Der einzige östlich der Weichsel lokalisierte Schatz stammt aus der Ortschaft Truszki-Zalesie nordöstlich des mittleren Buglaufs. Er bestand aus 16 vollständigen Dirhems und einem maisförmigen Silberohrring. Der Fund wurde in einer frühmittelalterlichen Burgsiedlung innerhalb des Walls gemacht. Der gesamte Siedlungskomplex beinhaltete zudem über 22.000 Keramikfragmente, Eisenartefakte und Gegenstände aus Knochen, die grundsätzlich in das frühe 10. Jahrhundert datiert werden können.[81]

Die Fundarmut in den Gebieten östlich der Weichsel überrascht ein wenig – zumal wenn man bedenkt, dass etliche in die 930er/940er Jahre datierte Horte nun in Zentralpolen begegnen. Gleichzeitig wurden, wie oben erwähnt, einige Burgwälle im westlichen Masowien aufgegeben bzw. zerstört. Kann man davon ausgehen, dass die erste Phase der Expansion der nordischen Sklavenjäger um 900 ihre Entstehung stimulierte, während der Vorstoß einer neuen Generation der Kiever Rus' 30-40 Jahre später zu ihrer Ausschaltung geführt hat?

Um diese Frage zu beantworten versuchen, müssen wir uns mit gesellschaftlichen Verschiebungen im östlichen Zentralpolen beschäftigen. In Unterkapitel 1.2.4. (Teil I) wurde darauf hingewiesen, dass sich westlich der Weichsel in der ersten Hälfte des 10. Jahrhunderts eine Reihe von Häuptlingtümern etablierte, die für die Kiever Rus' einen Kooperationspartner darstellen konnten. Besonders interessant ist hier der Siedlungsraum um Łęczyca, gut 100 km links des mittleren Weichsellaufs, wo zu dieser Zeit zwei Burgwälle bestanden: der eine in Tum bei Łęczyca und der andere, ca. 10 km südöstlicher, in Czerchów. Die Herkunft der in Czerchów freigelegten Artefakte deutet unter anderem auf Mähren hin. Sodann fanden die Archäologen direkt am Wall Pfeilspitzen, die osteuropäisch-nomadische bzw. nordische Provenienz aufweisen und mitsamt den Brandspuren nahelegen, dass die Burganlage um die Mitte des 10. Jahrhunderts niedergebrannt wurde.[82] Diverse Gegenstände aus Tum-Łęczyca hingegen legen Kontakte nach Skandinavien, Westeuropa und zum Kiever Bereich nahe.[83] Zudem wurden innerhalb der Burgwälle von Tum und Czerchów zwei gleichartige, aus 20 Ringen, Ösen und Drähten zusammengesetzte Silberketten entdeckt. Sie zeigen gewisse Parallelen zu Schmuck aus dem Gebiet der Kiever Rus'. Der Schatzfund Tum I enthielt – neben einem Dirhem (tpq. 936/937) – zusätzlich einen maisförmigen Ohrring und eine Hohlperle mit Buckeln,[84] die in dieser Form bereits aus Truszki-Zalesie bzw. Liw bekannt sind. Zudem notieren wir in Tum-Łęczyca 18 Gewichte, darunter vom Typ Kubooktaeder oder in Gestalt von Kugelzonen,[85] und 15 mehrheitlich zerhackte Dirhems, die den Zeitraum von 815/816 bis 942/943 umfassen. Sie wurden – bis auf ein Exemplar – innerhalb des Burgwalls und in der benachbarten Siedlung lokalisiert.[86] Aus Ochle an der mittleren Warthe, knapp 60 km westlich von Łęczyca, und Dębicz, rund 100 km westlich von Ochle, stammen Horte von Dirhems bzw. Dirhemfragmenten und Schmuck, die wiederum bestätigen, dass auch Polanen in diesem Teil Großpolens zu dieser Zeit über Silber verfügten.

---

81 Mateusz Bogucki u. a., The 10$^{th}$ Century Dirham Hoard from the Hillfort at Truszki Zalesie, Kolno Powiat, Podlaskie Voivodeship, in: WN 49 (2005), 2, S. 173-190.

82 Kara, Najstarsze państwo (wie Anm. 227, Kap. 1, Teil I), S. 313 und Fußnote 1681.

83 Ebd.

84 FMP, Bd. 3: Masowien, Nr. 182.

85 Stasiak / Trojan, Okres początków (wie Anm. 258, Kap. 1, Teil I), S. 212.

86 Piotr Chabrzyk, Monety średniowieczne z badań archeologicznych w Tumie [Mittelalterliche Münzen aus archäologischen Ausgrabungen in Tum], in: Początki Łęczycy (wie Anm. 227, Kap. 1, Teil I), S. 607-652, hier Katalog, S. 621-622, Nr. 1-14 und S. 648 a.

Im südlichen Großpolen schließlich entstand in Kalisz-Zawodzie, knapp 100 km westlich von Łęczyca, um 850 eine Stammesburg.[87] In der Ortschaft Piwonice bei Kalisch taucht der erste (zumindest bislang) gut datierbare Hort von Dirhemfragmenten und Schmuck westlich der Weichsel auf. Sodann enthielt der Fund aus Psary rund 40 verschiedene Ohrringe, Kaptorgen, Perlen, Drähte sowie einen Schläfenring mit Parallelen unter anderem zum volgabulgarischen Raum.[88] Der gesamte Siedlungskomplex um Kalisch indiziert allerdings – im Gegensatz zu dem Burgwall von Czerchów – keine Spuren der äußeren Gewalteinwirkung, sodass wir hier von einer eher symbiotischen Beziehung zu den Pelzhändlern und Sklavenjägern ausgehen dürfen.

Es liegt also auf der Hand, dass in Zentralpolen in der ersten Hälfte des 10. Jahrhunderts verschiedene Gruppen von Fremden aktiv waren, die mit den einheimischen Häuptlingen Bündnisse eingingen. Das Ziel bestand darin, gegen Dirhems Pelze einzutauschen oder deren Infrastruktur und Ortskenntnisse für die Sklavenjagden auf andere Gemeinschaften zu nutzen. In derartigen Konstellationen sind vermutlich die Ursachen für den Niedergang einiger Burgwälle im westlichen Masowien bereits nach einer Generation zu suchen. Schließlich könnten ein Zügel und das Fragment einer Schwertscheide mit Parallelen zu Skandinavien und Rus' aus den Burgwällen von Warszawa-Stare Bródno bzw. Szeligi auf die Präsenz von nordischen Kriegern und Sklavenjägern hindeuten – selbst wenn sie unter Umständen in die zweite Hälfte des 10. Jahrhunderts datieren.[89]

Doch die Anzahl der Münzfunde fällt gering aus, und ihr Umfang ist in der Regel überschaubar. Lediglich das Depot aus Obra im westlichen Großpolen (tpq. 941-943) erscheint hier mit 617 Dirhems (darunter 616 Fragmenten) und mindestens 43, zum Teil zerhackten Schmuck-, Barren- bzw. Rohsilberstücken imposanter.[90] Der Ausnahmecharakter der Silberschätze und das Vorkommen von Schmuck suggerieren, dass den Edelmetallen in erster Linie Prestigefunktionen zukamen. Eine andere Frage ist, ob die Bruchstücke von Dirhems aus Piwonice, Ochle, Dębicz und Obra bereits in dieser Form nach Zentral- und Westpolen eingeströmt sind oder ob sie eher die Logik der gesellschaftlichen Verteilungs- und Ausgleichsmechanismen zwischen den verschiedenen lokalen Clans bzw. Stämmen einerseits und den fremden Fernhändlern, Sklavenjägern oder Warlords andererseits widerspiegeln.

Zum einen unterliegt es keinem Zweifel, dass mehrere Dirhems – sei es über Kiever Rus', sei es über Pommern – ins polnische Binnenland seit den 930er Jahren bereits in Form von Fragmenten gelangten. Davon zeugt nicht zuletzt die Tatsache, dass eine Reihe von Schatzfunden in Zentralasien, die in die Zeit von etwa 930 bis zum ausgehenden 10. Jahrhundert datieren, aus zahlreichen Bruchstücken bestand.[91] Einer weiteren Zerteilung wurden die Dirhems dann sicherlich auf den Märkten der „Barbaricum"-Zone östlich Masowiens bzw. nördlich Großpolens unterzogen.

Zum anderen ist Folgendes zu bedenken: Um Bündnisse und Kooperationen zwischen den einheimischen und den fremden Gruppen zu schmieden, zu gewährleisten und abzusichern, mussten die (ohnehin schon partiell zerhackten) Münzen und Schmuckstücke womöglich im Rahmen einer Freundschaftsbekundung geteilt werden. Dieser Erklärungsansatz lässt sich ebenfalls auf die Fälle anwenden, wo die Bewohner von Emporien mit den Stämmen in deren Hinterland Handel trieben

87 Baranowski, The Stronghold (wie Anm. 260, Kap. 1, Teil I), S. 285-304.

88 Kara, Najstarsze państwo (wie Anm. 227, Kap. 1, Teil I), S. 312.

89 Dulinicz, Mazowsze (wie Anm. 271, Kap. 1, Teil I), S. 210.

90 Małgorzata Andrałojć u. a., Odkrycia skarbów wczesnośredniowiecznych z terenu Wielkopolski. Kontekst archeologiczny znalezisk [Die Entdeckungen von frühmittelalterlichen Schätzen in Großpolen. Der archäologische Kontext der Funde], Poznań 2011, Nr. 39.

91 Eine Liste von etwa 15 Funden hat Luke Treadwell im Rahmen eines Workshops am Wolfson College, Oxford, der am 1.-2. August 2011 stattfand, vorgestellt.

(siehe Janów Pomorski/Truso). Dabei kann man nicht ausschließen, dass lokale Gemeinschaften das Silber zerschnitten, um gesellschaftliche Verteilungs- und Ausgleichsmechanismen auch untereinander zu regulieren und zu regeln. Mehr dazu und zu weiteren Optionen später.

## 2.2. Großpolen, Masowien und Schlesien in den 940er/950er bis 980er Jahren, oder Fiskalismus und die Prestigeökonomie der piastischen Eliten

Die Anzahl der Schatzfunde mit den Schlussmünzen in den 940er/950er bis 980er Jahren in Ost-, Zentral- und Südpolen hat sich im Vergleich zum Zeitraum von 900 bis 940 mehr als verdreifacht. Aus Tabelle 16 geht deutlich hervor, dass Horte aus den 940er/950er Jahren nun besonders intensiv in Großpolen, vereinzelt auch in Schlesien und Masowien auftreten. Fast jedes dritte Depot stammt aus dieser Zeit (Karte 7 in Unterkapitel 1.2.4., Teil I).

| Zeitraum | Region |
|---|---|
| 940er/950er Jahre | Großpolen 8 = 22 %<br>Masowien 1 = 3 %<br>Schlesien 2 = 6 % |
| 960er/970er Jahre | Großpolen 8 = 22 %<br>Masowien 4 = 11 %<br>Schlesien 2 = 6 % |
| 980er Jahre | Großpolen 7 = 19 %<br>Masowien –<br>Schlesien 4 = 11 % |

Tabelle 16: Anzahl der Schatzfunde aus den 940er/950er bis 980er Jahren

Interessant erscheinen dabei die Geografie und Chronologie der Funde innerhalb Großpolens: Während im Kernraum der piastischen Herrschaft nördlich der Warthe (entlang der Machtachse Posen – Ostrów Lednicki – Gnesen – Giecz – Grzybowo – Moraczewo) lediglich zwei Schätze aus den 940er/950er Jahren lokalisiert werden konnten, hat sich ihre Zahl nach 960/970 mehr als verdreifacht. Gleichzeitig stieg der Umfang der Horte massiv an.

Bereits im ersten Teil (Unterkapitel 1.2.4.) der vorliegenden Studie wurde geschildert, wie die Piasten in der zweiten Hälfte des 10. Jahrhunderts ihre Macht in Großpolen ausgebaut und dann in den 970er/980er Jahren konsolidiert haben. Alles in allem zeigt die Geografie der Silberfunde dort folgendes Bild: Neun von 23 Schätzen (Gwiazdowo-Latalice, Grzybowo-Rabieżyce, Poznań I, Węgierskie, Dzierżnica II, Borzejewo, Kąpiel, Ostrów Lednicki und vielleicht „Kórnik") wurden im Kerngebiet der piastischen Herrschaft zwischen Posen, Moraczewo, Ostrów Lednicki, Gnesen, Giecz und Grzybowo gefunden – in der Umgebung der Burgwälle oder innerhalb von ihnen (Grzybowo-Rabieżyce und Ostrów Lednicki). Die Entfernung zwischen den Fundorten überschritt in der Regel nicht 50 km. Die neuen Burgwälle unterschieden sich bezüglich ihres Umfangs und ihrer Funktionen deutlich von den sog. Stammesburgen. Sie dienten primär als Herrschafts- und Machtzentren, in denen die Elite Tribute, Beute, Einkünfte aus dem Fernhandel und andere Abgaben sammelte und die es ihr ermöglichten, die lokalen Bevölkerungsgruppen zu kontrollieren. So wird die Wallänge des gesamten

Burgwallkomplexes von Posen auf etwa 2 km geschätzt. Der Durchmesser des Machtzentrums in Ostrów Lednicki betrug Mitte des 10. Jahrhunderts über 150 m. Schließlich umfasste die Burganlage in Grzybowo eine Fläche von rund 4 Hektar und die in Giecz 3,5 Hektar.[92]

Hinzu kommen Depots (Lądek und Zalesie), die sich in der Nähe der Festung von Ląd an der mittleren Warthe gruppierten. Über die rechten Warthezuflüsse konnte leicht das mittlere Weichselgebiet erreicht werden, von dem aus die Routen nach Pommerellen oder in die Kiever Rus' gingen. In dem Raum südlich und westlich von Posen wurden in dieser Phase sechs Horte deponiert (Obra I, Gościejewice, Turew, Sieroszewice, Masanów, Obra II) – genauso wie in der Region nordwestlich des piastischen Kerngebietes (Lubowo, Rogoźno-Cieśle, Kuźnica Czarnkowska, Wielonek, Obrzycko, Gralewo II). Letztere begegnen im Flussbecken der Warthe und Netze, von dem die Wege nach Mittelpommern und Pommern führten. Es ist keine Überraschung, dass die an Silber reichsten Schätze – neben jenen von Obrzycko, Obra II und Zalesie – in der piastischen Kernregion gemacht wurden.

Die Einzelfunde von Münzen hingegen sind in dieser Phase selten und konzentrieren sich auf ein Gräberfeld und einen Marktplatz oder – nach einer anderen Interpretation – eine Kultstätte in direkter Nähe der Burgwallanlage von Giecz, die zu den wichtigsten piastischen Zentren gehörte. Hier zählen Archäologen 53 Dirhemfragmente aus der Zeit von etwa 893/894-901/902 bis 970/971-977/978.[93] Etliche Streufunde von arabischen Münzen begegnen ebenfalls in anderen Ortschaften: zum Beispiel in Kalisch – in dem Stadtviertel Zawodzie existierte seit der Mitte des 9. Jahrhunderts ein Stammesburgwall – mindestens neun zerteilte Exemplare aus der ersten Hälfte des 10. Jahrhunderts oder in Sumin, nördlich von Leisau am mittleren Weichsellauf, vier Dirhems (darunter drei Fragmente), die zwischen 786-809 und 961-976 datieren.[94]

Der niedrige Anteil an Einzelfunden von Silberstücken (bis auf Giecz) kontrastiert mit der hohen Anzahl von Münzen in Schätzen, von denen sich mehrere nahezu ausschließlich aus Bruchteilen zusammensetzten. Die größten Horte werden in Tabelle 17 aufgelistet.

| Fundort | Schlussmünze | Anzahl der Münzen und Münzfragmente |
|---|---|---|
| Ciechanów III (Masowien) | ca. 975 | 4.103 (davon 4.021 zerteilt); 316 überwiegend zerhackte Schmuckstücke und 1 Blankett |
| Poznań I (Großpolen) | 961 | 2.360 g Münzfragmente (darunter 2.220 g stark zerhackt); 690 g Bruchteile von Schmuck; 370 g „kleinste Silbergegenstände" |
| Obrzycko (Großpolen) | ca. 973 | 532 (davon 233 zerteilt); 6.250 g kleinere Münzfragmente; 304 Schmuckstücke (16 bestimmt, darunter 15 zerhackt) |
| Zalesie (Großpolen) | 976 | 1.635 (davon 1.480 zerteilt); 177 Schmuck-, Gusskuchen- bzw. Stäbchenstücke (davon 154 fragmentiert) |

92 Literatur wie in Unterkapitel 1.2.4., Teil I.

93 Monety ze stanowiska nr 4 w Gieczu. Katalog [Münzen von der Stelle 4 in Giecz. Katalog], hg. von Teresa Krysztofiak / Andrzej M. Wyrwa, Lednica 2015, Nr. 1-53.

94 Bogucki / Miłek, Monety (wie Anm. 260, Kap. 1, Teil I), S. 52; FMP, Bd. 1: Großpolen: Kalisz XIII – Stare Miasto; FMP, Bd. 5: Addenda, Kalisz-Zawodzie.

| Fundort | Schlussmünze | Anzahl der Münzen und Münzfragmente |
|---|---|---|
| Dzierżnica II (Großpolen) | 980/981-989/990 | knapp 15,6 kg: um 20.988 Münzen (darunter etwa 120 in vollständiger Form); rund 1.020 Schmuckstücke (meist zerhackt; darunter ca. 365 Fragmente von Kaptorgen); mindestens 7 Gusskuchen bzw. Barren |
| Kąpiel (Großpolen) | 983 | 2.524 (bis auf 59 Exemplare zerteilt); 288 von 290 Schmuck-, Barren- bzw. Gusskuchenstücken in Fragmenten |
| Obra II (Großpolen) | ca. 985 | 2.126 (davon 2.078 fragmentiert); 970 zum großen Teil zerhackte Schmuck-, Barren- bzw. Rohsilberstücke |
| Kotowice II (Schlesien) | ca. 983 | 1.486 (davon 1.298 fragmentiert); 294 überwiegend zerhackte Schmuckstücke; 98 Bruchteile von Blanketten; 1 Rohsilberstück und 2 Barrenfragmente |

Tabelle 17: Größere Schatzfunde in Großpolen, Masowien und Schlesien aus den 970er/980er Jahren

Dabei begegnen in Großpolen Waagen und Gewichte, die zeigen, dass das Edelmetall abgewogen wurde.[95] Besonders ragt hier (wieder einmal) Giecz heraus, wo mindestens 100 Gewichte entdeckt wurden. Auf dem Gräberfeld von Sowinki bei Posen legten die Archäologen eine Klappwaage mit Gewichtssatz frei. Weitere Funde stammen aus der Ortschaft Dziekanowice bei Łubowo.[96] Ihre präzise Datierung ist schwierig und könnte außerhalb der hier behandelten Zeitspanne liegen. Doch wir sollten beachten, dass Mieszko I., wie bereits im ersten Teil (Unterkapitel 1.2.4.) ausgeführt, seine Gefolgsleute zumindest teilweise in Form von Hacksilber entlohnte, sodass die Bruchstücke nicht unbedingt dem lokalen Handel gedient haben müssen, sondern fiskalische Funktionen erfüllt haben konnten – zumal der Schmuck häufig in zerschnittener Form vorliegt (Tabelle 17).

Demnach würden die Hacksilberstücke nicht die Anzahl der Markttransaktionen widerspiegeln, sondern erschienen womöglich als Produkt fiskalischer Redistribution. Sie bestand darin, dass verschiedene lokale Gemeinschaften (die, wie im vorangegangenen Unterkapitel geschildert, direkten Kontakt zu den fremden Dirhemträgern besaßen) Münzen anhäuften, um sie, und nach Bedarf auch Schmuck, dann an Machtzentren als Abgaben zu entrichten, die wiederum das Edelmetall unter ihren Klienten verteilten; und dieser Redistributionsmechanismus erforderte die Zerteilung von Silber, weil zahlreiche Dirhems ohnehin in Form von Fragmenten nach Masowien und Großpolen einströmten. Hinzu kommt die Tatsache, dass etliche Tribute von höheren Instanzen (wie Stämmen) eingesammelt wurden. Die Wagrier und Abodriten beispielsweise zahlten dem Oldenburger Bischof einen jährlichen Zins in Höhe von – wenn Helmolds Angaben nicht täuschen – unter anderem zwölf *nummi puri argenti* vom Pflug, der noch um eine Münze für den Abgabensammler erhöht wurde. Als Pflug bezeichnete der Chronist eine Landeinheit, die ein Paar Ochsen oder ein Pferd bearbeiten konnte (Teil I,

95 Zu den Gewichtssystemen in Polen vgl. WACHOWSKI, Arabski (wie Anm. 265, Kap. 1, Teil I).
96 Mündliche Auskunft von Elżbieta Indycka vom 15. April 2011; Europas Mitte (wie Anm. 201, Kap. 1, Teil I), Bd. 3: Katalog, 04.04.08 a-b auf S. 124; WRZESIŃSKA / WRZESIŃSKI, Odważniki (wie Anm. 266, Kap. 1, Teil I), S. 341-358; KRZYSZOWSKI / SUCHODOLSKI, Monety (wie Anm. 266, Kap. 1, Teil I).

Kapitel 1.2.). Da nicht jeder Bauernhof zwei Ochsen bzw. ein Pferd besessen haben wird, ist davon auszugehen, dass zwischen den einzelnen Haushalten ein Ausgleich in Form von monetären Gegenwerten stattgefunden hat. Er bedingte womöglich die Erzeugung von kleineren Silberstücken, zumal das Gewicht arabischer Dirhems von dem der parallel zirkulierenden deutschen Pfennige deutlich abwich.

Die Burgwälle in Zentralpolen dienten aber nicht nur als Plätze zum Einsammeln von Tributen, sondern als Orte, an denen die Piasten Silber (ver)teilten und mit befreundeten Häuptlingen Geschenke tauschten. Dadurch manifestierten sie das Prinzip der Reziprozität, das Vertrauen und stabilere, über die schiere Gewalt hinausgehende Beziehungen aufzubauen half. Das würde erklären, warum westliche Münzen in den 970er Jahren Masowien erreichten (Tabelle 17, Ciechanów III). So hätten deutsche und dänische Prägungen nicht die Fernhändler dorthin transferiert, sondern die piastischen Gefolgsleute und Klienten. Folgerichtig bringen die zum Teil sehr kleinen Bruchstücke von gemünztem – allein über 20.000 in dem Hort Dzierżnica II – wie ungemünztem Edelmetall die Logik der Zirkulation von fiskalischen und symbolischen Gütern zum Ausdruck, die die Kommunikation zwischen lokalen Gemeinschaften, Stammesführern, Dynasten und Kriegern gewährleisteten bzw. erleichterten (mehr dazu in Kapitel 3).

Nur am Rande ergibt sich, dass symbolische Kommunikation und Reziprozität in unterschiedlichen historischen Konstellationen auftauchen. Der polnische Anthropologe Bronisław Malinowski beschrieb den Mechanismus eines rituellen Gabentausches von Prestigeobjekten am Beispiel der Trobriand-Inseln. In dem als Kula-Ring bekannten Brauch wurden aus Muscheln hergestellte Halsketten und Armbänder, die grundsätzlich keinen unmittelbaren Nutzen aufwiesen, an andere Stämme bzw. Sippen des beteiligten Kreises weitergegeben und immer gegeneinander getauscht. Die gesellschaftliche Funktion des Umlaufs lag darin, soziale Bande zu etablieren, aufrechtzuerhalten und zu verstärken.[97] Die begehrten Güter sollten jedoch nicht akkumuliert und deponiert werden, sondern stets kursieren. Der in der Wikingerzeit praktizierte Usus, Kostbarkeiten zu thesaurieren, legt hingegen nahe, dass die Zirkulation zu einem bestimmten Zeitpunkt unterbrochen wurde.

Aus Tabelle 17 geht hervor, dass die größten Schatzfunde dieser Phase gemünztes wie ungemünztes Edelmetall enthielten. Dank ihrer Analyse können wir verschiedene Ebenen der Silberzirkulation, der Prestigeökonomie und der Kommunikation zwischen Eliten unterscheiden. Fangen wir zuerst mit den Fernkontakten an. In dem Hort Ciechanów III, knapp 100 km nördlich von Warschau und rechts der Weichsel, befanden sich Ohrringe, die Parallelen zu jenen aus dem Depot von Borščevka, ca. 340 km westlich von Kiev, aufweisen. Ihre Anfertigung lässt sich vorsichtig in die Zeit um 950-975 datieren. Die typologische Ähnlichkeit zeigt ebenso wie die Chronologie der Schätze eine starke Gemeinsamkeit.[98] Die Entfernung von gut 500 km zwischen beiden Fundorten indiziert Ferninteraktionen zwischen den aus Kiev, Černigov oder Gnezdovo (worauf zwei Lunulen vom Untertyp Gnezdovo 1 in dem Borščevka-Hort hindeuten würden) kommenden Fremden und der lokalen Masowier-Elite. Die Region um Ciechanów könnte sogar eine Art Kontaktzone zwischen beiden gewesen sein.

---

97 Bronisław Malinowski, Argonauts of the Western Pacific. An Account of Native Enterprise and Adventure in the Archipelagoes of Melanesian New Guinea, London 1922. Vgl. auch Rolf Ziegler, The Kula Ring of Bronislaw Malinowski. A Simulation Model of the Co-Evolution of an Economic and Ceremonial Exchange System, München 2007.

98 Liwoch, Skarby (wie Anm. 629, Kap. 1, Teil I), S. 7 und Katalog, Nr. 2; FMP, Bd. 3: Masowien, Ciechanów III (Nr. 4111-4113).

Eine zweite Zirkulationsebene ergibt sich aus den überregionalen Verbindungen der Piasten. Diese spiegeln zum Beispiel etliche Depots aus Großpolen wider, die strukturell dem Hort von Ciechanów III ähneln. Der Schatz von Zalesie an der mittleren Warthe (tpq. 976), rund 200 km westlicher, enthielt neben Münzen und Münzfragmenten, hier vor allem den Dirhems sowie deutschen Pfennigen und den Kreuzdenaren, zahlreiche Schmuckstücke – darunter die Ohrringe vom Typ Tempelhof/Świątki und Borščevka –, die ähnlich diversen Exemplaren aus Ciechanów in zerteilter Form begegnen. In der Nähe des Fundortes (knapp 10 km nördlich) existierte in der Ortschaft Ląd zur Zeit der vermutlichen Deponierung ein piastischer Burgwall, in dessen Umgebung wiederum ein anderer Hort entdeckt wurde. Er stammt aus Lądek, datiert in die Jahre 952/953 und besteht aus 163 Münzen sowie Silber- und Goldschmuck.[99] Etwa 10 bis 17 km westlich von Ląd, in Samarzewo bzw. Spławie, befanden sich zwei Stammesburgwälle, die um die Mitte des 10. Jahrhunderts niedergebrannt wurden (Teil I, Unterkapitel 1.2.4.). Das eröffnet zumindest zwei Interpretationsmöglichkeiten für die Kontextualisierung des Lądek-Depots: Das Edelmetall gehörte den lokalen Häuptlingen und wurde nach der Zerstörung der Siedlungen von den Eroberern fortgeschafft; oder die Angreifer verschleppten die Einwohner der Burgwälle von Samarzewo und Spławie, um sie dann gegen Dirhems einzutauschen.

Nördlich der Warthe wiederum tauchen unter anderem in den Schätzen Dzierżnica II (980/981-989/990) bei Giecz und Kąpiel (983) bei Gnesen Ohrringe vom Typ Tempelhof/Świątki auf, die ebenfalls in Ciechanów und Zalesie vorkommen.[100] Den Zustrom von Edelmetallen auf der Achse Weichsel – mittlere Warthe markiert schließlich das Depot aus Maurzyce-Ruszków an der Bzura, das in einem handgeformten Tongefäß gefunden wurde. Unter den 186 Prägungen, die es umfasste, befanden sich 184 Bruchstücke, vorwiegend von Dirhems. Außerdem enthielt der Schatz Ohrringe vom Typ Tempelhof/Świątki, die gleichfalls in den oben genannten Horten aus Ciechanów, Zalesie, Dzierżnica und Kąpiel präsent sind. Die Schlussmünze datiert in die Zeit um 973.[101] In Bocheń, gut 4 km südlich des Fundortes, entstand in der zweiten Hälfte des 10. Jahrhunderts ein Burgwall.[102] Zwischen Ciechanów und Bocheń liegen gut 100 km, die Entfernung vom letzteren nach Tum-Łęczyca beträgt knapp 50 km, die von Tum-Łęczyca nach Ląd wiederum etwa 100 km.

Die Geografie und der archäologische Kontext ebenso wie die Zusammensetzung etlicher Schätze, besonders aus den 970er Jahren, legen also den Umlauf von Edelmetallen zwischen den piastischen Eliten und deren masowischen „Klienten" nahe.

Parallele Konstellationen haben sich in Schlesien herausgebildet.[103] Das Depot Kotowice II bei Breslau (ca. 983) umfasste vollständige und fragmentierte Schmuckstücke, darunter welche vom Typ Tempelhof/Świątki, die oben erwähnt wurden. Ohrringe dieses Typs notieren wir zudem unter anderem in dem Hort aus Gębice (ca. 985), knapp 40 km südwestlich von Kotowice.[104] Auf der anderen Seite enthielt der Schatz Śląsk VII (942/954-1019/1020; mehr dazu in Unterkapitel 3.3.) das Fragment eines skandinavischen Schmuckstückes; Kleinode im nor-

99 Adamczyk, Silber und Macht (wie Anm. 16, Kap. 1), Annex 1: Großpolen, Nr. 6, 14.

100 FMP, Bd. 1: Großpolen, Dzierżnica II (Nr. 21195-21234); FMP, Bd. 3: Masowien, Ciechanów III (Nr. 4115-4132).

101 FMP, Bd. 3: Masowien, Nr. 84.

102 Dulinicz, Masowien (wie Anm. 271, Kap. 1, Teil I), S. 209.

103 Grundsätzlich hierzu Barbara Butent-Stefaniak / Dorota Malarczyk, Obieg pieniężny na Śląsku we wczesnym średniowieczu (od X do połowy XII wieku) [Der Geldumlauf in Schlesien im frühen Mittelalter (vom 10. bis zur Hälfte des 12. Jahrhunderts)], Wrocław 2009.

104 FMP, Bd. 4: Schlesien, Nr. 15.

dischen Stil begegnen auch in den Depots von Kąpiel bei Gnesen bzw. Obra II (Tabelle 17). Letztendlich setzte sich der Schatz Śląsk XIII aus sieben Dirhems und einem Penny Athelstans (geschlagen in York irgendwann zwischen 924 und 939) sowie über 500 Bruchstücken von Schmuck – darunter wieder Ohrringe vom Typ Tempelhof/Świątki – und Rohsilber zusammen.[105] Speziell die Funde aus den 980er Jahren dürften die Kontakte zwischen dem piastischen Machtzirkel und den lokalen Häuptlingen bzw. Warlords (oder deren Goldschmieden) widergespiegelt haben. Außerdem sollten wir beachten, dass Schlesien von den Piasten spätestens um 990 in ihre Einflusssphäre einbezogen wurde. Womöglich diente das Silber dazu, die hiesigen Eliten zu bestechen und für eine Kooperation zu gewinnen.

Schließlich wird die lokale Redistribution von Edelmetallen durch die Parallelen zwischen den Horten Ciechanów III und Purzyce (ca. 975/976) – etwa 18 km nördlich von Ciechanów in der Umgebung des frühmittelalterlichen Burgwalls Grudusk – bestätigt.[106] Letzterer enthielt 153 Münzen, überwiegend zerteilte Dirhems, aber ebenso einige wenige Exemplare aus dem römisch-deutschen Reich (Pfennige wie Kreuzdenare) und aus Byzanz sowie eine (leider) unbekannte Anzahl von Schmuckstücken. Geringfügige Abweichungen bestehen darin, dass in dem Schatz Ciechanów III drei dänische Prägungen und etliche Dirhems aus dem 8. bis frühen 9. Jahrhundert vorkommen. Dessen ungeachtet: Sowohl die ähnliche Zusammensetzung und Chronologie als auch die Nachbarschaft der Fundorte suggerieren eine Zirkulation von Prestigegütern zwischen lokalen Gemeinschaften.

Den vorwiegend elitären Charakter des Umlaufs von Edelmetallen im piastischen Binnenland seit der Mitte des 10. Jahrhunderts untermauert die Erkenntnis, dass mindestens 75 Prozent aller Schatzfunde aus dieser Phase Schmuck enthielten; in Schlesien waren es sogar sämtliche Horte mit den Schlussmünzen in den 970er/980er Jahren.[107]

Weil der Zerteilungsgrad von Schmuck – bis in die kleinsten Stücke von unter 0,1 g – in etlichen Horten (beispielsweise Dzierżnica II oder Ciechanów III) dermaßen massiv auftritt, dass er sich jeglicher fiskalischen bzw. prestigeorientierten Rationalität entzieht, liegt der Verdacht nahe, dass die Edelmetalle mitunter durch Zerstörung endgültig entwertet und vergraben werden sollten. In diesem Sinne wäre Hacksilber das Produkt der im ersten Teil (Unterkapitel 1.1.3.) beschriebenen Potlatch-Vorgänge, die hier als Transmissionsriemen der symbolischen Kommunikation zwischen dem Herrscher und seinen Gefolgsleuten dienten. Sie konnten gleichermaßen als Rohstoffdepots für Goldschmiede fungieren. In Großpolen wurden Silber- und Goldschmuck anfertigende Werkstätte lokalisiert: Sie stammen aus den Siedlungen Rybitwy und Dziekanowice bei Ostrów Lednicki bzw. aus Posen und funktionierten seit der Mitte des 10. Jahrhunderts.[108]

Wenden wir uns nun Pommern zu.

105 Ebd., Nr. 31, 102 (Nr. 1815), 108.

106 Ebd., Bd. 3: Masowien, Nr. 128.

107 Adamczyk, Silber und Macht (wie Anm. 16, Kap. 1), Annex 1: Großpolen, Masowien und Schlesien.

108 Banaszak / Tabaka, Kompleks osadniczy, S. 291-293; Duczko, Złoty młot, S. 299-302; Kóčka-Krenz, Pracownia złotnicza (alle wie Anm. 256, Kap. 1, Teil I).

## 2.3. Pommern in den 900er/930er bis 980er Jahren: Zwischen Fernhandel, Regionalmärkten und Prestigeökonomie

Im ersten Teil (Unterkapitel 1.2.8.) wurde bereits hervorgehoben, dass der slawische Siedlungskomplex von Wollin große Mengen an Dirhems generierte. Nahezu gleichzeitig mit der Aufnahme der Silberimporte – etwa im ersten Viertel des 10. Jahrhunderts – befestigten die Bewohner den Siedlungskern und die südliche Vorstadt mit einem neuen Palisadenwall. Zu dieser Zeit errichteten die Wolliner ebenfalls einen gewaltigen Wall, der die Handwerkervorstadt auf dem sog. Silberberg schützen sollte, sowie eine neue Vorstadt auf der Westseite der Siedlung, die auch mit einem Palisadenwall befestigt wurde. Außerdem entwickelte sich am Galgenberg im 10. Jahrhundert eine Hafensiedlung. Die aufwendigen Schutzanlagen zeigen im Gegensatz zu den benachbarten Seehandelsplätzen wie dem an der Peenemündung gelegenen Menzlin, dass sich hier Herrschaftsstrukturen herausbildeten.[109]

Die in Wollin gemachten Silberfunde, die womöglich in das 10. Jahrhundert datieren, werden in der untenstehenden Tabelle aufgelistet.

| Fundort | Schlussmünze | Anzahl der Münzen und Münzfragmente |
|---|---|---|
| Wolin I (Silberberg) | ? | ? |
| Wolin II (Silberberg oder Mühlenberg) | ? | ? |
| Wolin III („in der Nähe der Stadt") | 10. Jh.? | „große Menge" arabischer Münzen |
| Wolin IV (Silberberg) | 909 | 2 Dirhems |
| Wolin V (Silberberg) | 10. Jh. | ? |
| Wolin VI („in der Nähe der Stadt") | 10. Jh. | 34 islamische Münzen |
| Wolin VII (Vorort Wik) | 10. Jh.? | zahlreiche Bruchstücke islamischer Münzen; Schmuck- oder Schmuckfragmente |
| Wolin IX („in der Nähe der Stadt") | 944 | 4 Dirhems |
| Wolin X (Vorort Wik) | 10. Jh.? | 34 Dirhems |
| Wolin XI (Galgenberg) | 10. Jh.? | ? |
| Wolin XII („in der Nähe der Stadt") | 10. Jh.? | Bruchstücke von Dirhems und Schmuck |
| Wolin XVI (?) | 10. Jh.? | 5 Dirhems |
| Wolin XXII (Silberberg) | 982 | 120-150 (68 bekannt, davon 65 Fragmente); 5 Schmuckstücke, darunter 4 zerhackt |

109 Filipowiak, Wollin – ein frühmittelalterliches Zentrum (wie Anm. 510, Kap. 1, Teil I), S. 153; Donat Wehner, Grundzüge der Herrschaftsentwicklung am Fernhandelsplatz Wollin vom 8. bis 12. nachchristlichen Jahrhundert, in: Potestas et communitas. Interdisziplinäre Beiträge zu Wesen und Darstellung von Herrschaftsverhältnissen im Mittelalter östlich der Elbe, hg. von Aleksander Paroń u. a., Wrocław-Warszawa 2010, S. 345-356, hier S. 348 ff.

| Fundort | Schlussmünze | Anzahl der Münzen und Münzfragmente |
|---|---|---|
| Wolin-Wyspa | ? | 2 Münzen |
| Wolin XXV (?) | ca. 975 | 34 (davon 33 Fragmente) |
| Wolin XXVI (Einzelfunde) | 815/816-911/912? | 24 Dirhems (23 zerteilt) |

Tabelle 18: Schatzfunde und größere Anhäufungen von Einzelfunden in Wollin, die womöglich ins 10. Jahrhundert datiert werden können

Es liegt auf der Hand, dass über etliche Depots nur vage Angaben vorliegen, was nicht verwundert, wenn man bedenkt, dass sie zwischen dem 14. und dem 17. Jahrhundert entdeckt wurden, zu einer Zeit also, in der von einer systematischen und wissenschaftlichen Bestimmung der Münzen noch keine Rede sein konnte. Doch die Hort- und Einzelfunde spiegeln eine topografische Verteilung über mehrere Stellen des Siedlungskomplexes wider, wenngleich sich mit „Silberberg" – *nomen est omen* – ein Standort herauskristallisiert zu haben scheint. Ein wichtiger Unterschied zu dem Emporium Truso liegt schon aber darin, dass in der monetären Landschaft Wollins Horte überwiegen, wohingegen Einzelfunde in dieser Phase eher selten vorkommen. Bislang notieren wir 30 Dirhems bzw. Dirhemfragmente aus dem frühen 9. bis 10. Jahrhundert.[110] Vielleicht hängt das mit der Tatsache zusammen, dass in Wollin bislang kein zentraler Marktplatz lokalisiert werden konnte. Freilich fällt die Anzahl der Gewichte bzw. Fragmente von Waagen mit über 40 Exemplaren im Vergleich mit den rund 1.110 aus Janów Pomorski ziemlich bescheiden aus.[111] Dessen ungeachtet indizieren die Importe, Kaurimuscheln aus dem Indischen Ozean, Glasperlen syrischer und ägyptischer Herkunft bzw. Seidenfragmente aus Zentralasien, ebenso wie einheimische Produkte, an erster Stelle über 270.000 Erzeugnisse, Halbfabrikate, Rohstoffteile und Produktionsabfälle aus Bernstein, die überragende Rolle Wollins im Fern- und Regionalhandel.[112]

Differenzen begegnen aber auch im Hinblick auf die Lage in dem jeweiligen Hinterland von Wollin (Karte 8 in Unterkapitel 1.2.8., Teil I) bzw. Truso. In Westpommern notieren wir zumindest 15 Schatzfunde mit mindestens fünf Münzen, die in die 910/930er bis 980er Jahre datieren (Tabelle 6, Teil I, Unterkapitel 1.2.8., berücksichtigt zusätzlich die gut bestimmbaren Depots Wolin XXII und Wolin XXV). Damit übersteigt ihre Anzahl jene der Horte im Hinterland von Truso um das Doppelte.[113]

110 Vgl. Wolin XXVI, FMP, Bd. 5: Addenda, Nr. 304 (Nr. 1-24); Wolin VIII, FMP, Bd. 2: Pommern, Nr. 248; Wolin XXI, ebd., Nr. 261 (Nr. 10); Wolin-Wyspa, ebd., Nr. 265.

111 Andrzej Janowski, Harbours of Early Medieval Wolin in the Light of Recent Research, in: Economies (wie Anm. 14, Kap. 2), S. 45-58, hier S. 55.

112 Władysław Filipowiak, Handel und Handelsplätze an der Ostseeküste Westpommerns, in: Oldenburg – Wolin (wie Anm. 39, Kap. 1, Teil I), S. 690-719, hier S. 699; Leciejewicz, Die Stammesburgen (wie Anm. 40), S. 177 f. Die Zahl der Bernsteinfunde nach Jerzy Wojtasik, Bursztyniarstwo wczesnośredniowiecznego Wolina [Die Bernsteinverarbeitung im frühmittelalterlichen Wollin], in: Wolin wczesnośredniowieczny (wie Anm. 363, Kap. 1, Teil I), Bd. 1, S. 235-249, hier S. 238.

113 Aus dem weiten Hinterland von Wollin wurden die Schatzfunde ausgelassen, deren genaue Bestimmung unmöglich war, zum Beispiel Krzemień II: ca. 400 Dirhems; Kania: 281 überwiegend zerteilte Schmuckstücke; Raduń mindestens 118 Bruchstücke von Schmuck. FMP, Bd. 2: Pommern, Nr. 104, 123, 170.

| Fundort | Schlussmünze | Anzahl der Münzen und Münzfragmente |
|---|---|---|
| Łabędzie (Drawsko) | 929-932 | 390 (davon ca. 344 Fragmente) |
| Bielkowo (Stargard Szczeciński) | 938/939 | 247 (davon 71 Fragmente) |
| Daleszewo/Piaski Wielkie (Gryfino) | 942/943 | mindestens 880 (davon über 800 Bruchstücke) |
| Dramino (Kamień Pomorski) | 949/950 | 75 (davon 33 zerteilt); 10.532 g Münzfragmente; 588 überwiegend zerhackte Schmuckstücke; 20 Barrenfragmente; 8 Blankette, meist zerteilt |
| Trzebianowo (Kamień Pomorski) | 955/956 | 143 (davon 6 zerteilt); 2.750 g kleine Bruchstücke von Münzen; mindestens 6 Schmuck-, Draht-, Barren- bzw. Gusskuchenteile in Fragmenten |
| Rybice (Kamień Pomorski) | ca. 985 | ca. 153 (davon ca. 84 Fragmente); 32 überwiegend zerteilte Schmuckstücke bzw. Barren und 1 Gusskuchenbruchteil |

Tabelle 19: Größere Schatzfunde in Westpommern aus der Zeit von 930 bis 990

Genauso wie in der Region Ermland-Masuren lassen sich die allermeisten Funde nicht den einzelnen Siedlungen zuordnen. Einige der wenigen Ausnahmen stellt hier der Schatz von Lubin dar, der in einem Burgwall am Oderhaff entdeckt wurde. Er enthielt „sehr große Menge" islamischer Emissionen, von denen allerdings nur 30 bekannt sind. Die Schlussmünze stammt aus der Zeit um 950/951.[114] Eine kleine Anhäufung notieren wir zudem in der Umgebung der kleineren Handelszentren: bei Stettin, etwa 80 km südlich von Wollin, sowie gut 20 km nordwestlich bei Kammin. Dazu gehören die Horte aus Szczecin-Niemierzyn (tpq. 939/940), Szczecin-Stargard (955/956), Kamień Pomorski (973)[115] sowie die in Tabelle 19 aufgeführten Depots von Bielkowo, Daleszewo/Piaski Wielkie, Dramino, Trzebianowo und Rybice. Beide Satellitensiedlungen von Wollin gewannen im Laufe des 10. Jahrhunderts erheblich an Bedeutung.[116]

Die Analyse der Funde aus Westpommern schließt die Möglichkeit nicht aus, dass die Dirhems dorthin von Anfang an zumindest teilweise in Form von Fragmenten eingeströmt sind. Dabei variiert ihr Anteil: Während das Depot aus Bielkowo zu knapp 29 Prozent Bruchstücke beinhaltet, scheinen die Schätze von Łabędzie, Daleszewo/Piaski Wielkie, Dramino und Trzebianowo mehrheitlich aus zerteilten Prägungen bestanden zu haben (Tabelle 19). Der Hort von Rybice wiederum stellt eine Mischform dar: Rund die Hälfte der in ihm befindlichen

114 Ebd., Nr. 129.

115 Ebd., Nr. 99, 215, 217.

116 Vgl. Kowalska / Dworaczek, Szczecin (wie Anm. 509, Kap. 1, Teil I), S. 357-363; Władysław Filipowiak, Wollin (Wolin) und Kammin (Kamień Pomorski) im frühen Mittelalter, in: Lübecker Kolloquium zur Stadtarchäologie im Hanseraum I: Stand, Aufgaben und Perspektiven, hg. von Manfred Gläser, Lübeck 1997, S. 253-265.

Münzen bilden Fragmente, wohingegen die Schmuckstücke zum überwiegenden Teil zerhackt sind. Das in einigen Funden (z. B. Dramino, Tabelle 19) hohe Vorkommen von nichtmonetärem Edelmetall unterscheidet sie übrigens strukturell von den „Silberlandschaften" in Ermland-Masuren, wo Schätze aus dem 9. Jahrhundert keinen Schmuck enthalten. Letzterer begegnet zahlreich erst in den Depots aus dem 11.-12. Jahrhundert, der Zeitpunkt der Anfertigung von Armringen oder Halsreifen weicht also deutlich von der Chronologie des Dirhemumlaufs ab. Sodann ist zu konstatieren, dass in Westpommern Schmuckstücke ab ca. 950 auftauchen, mit einer zeitlichen Versetzung von etwa 20 Jahren seit die Münzimporte eingesetzt haben. In Zentral- und Ostpolen hingegen erscheinen Edelmetalle in nichtmonetärer Form, zumindest in einigen Horten, nahezu parallel mit dem ersten Einstrom von Silber – sei es in den 900er Jahren, sei es in der Phase um 930/940.

Das Bild rundet schließlich die Erkenntnis ab, dass die Streufunde von arabischen Emissionen aus Siedlungen in Westpommern äußerst selten sind. Fassen wir zusammen:

Als erstes ist festzuhalten, dass die Bewohner des Siedlungskomplexes von Wollin seit den 930er Jahren beachtliche Mengen von Silbermünzen erwarben und zu akkumulieren verstanden. Der geringe Anteil an Streufunden ließ schon Władysław Łosiński schlussfolgern, dass im 10. Jahrhundert vor allem die Oberschicht den Austausch in Pommern kontrollierte – also anders als im 9. Jahrhundert, als ebenfalls einfache Handwerker über Silbermünzen verfügt haben sollen.[117] Die Quelle des Reichtums stellten dabei sowohl der Regionalhandel mit den Ostseeanrainern und den Gesellschaften des Binnenlandes als auch – über die Netzwerke der Ostsee-Rus' sowie der Gotländer und Festland-Schweden – die Fernhandelskontakte zur arabischen Welt dar. Derweil diente das Silber als Zahlungsmittel im Regionalhandel und, nicht zuletzt in Form von Schmuck, als Teil einer elitären Zirkulation von Prestigegütern, die wir bereits in Zentralpolen kennengelernt haben.

Zweitens: Genauso wie in Truso wurden verschiedene Gemeinschaften im weiten Hinterland des Handelszentrums in den Austausch mit Wollin involviert – selbst wenn sich das Verhältnis zwischen ihnen von jenem in Janów Pomorski dahingehend unterschied, dass im ersteren Fall beide Partner Slawen waren, wohingegen in Ermland-Masuren Fremde nordischer Herkunft mit den einheimischen baltischen oder slawischen Bevölkerungsgruppen verkehrten. Sicherlich bezogen die Wolliner für Silbermünzen Waldprodukte (z. B. Holz für den Schiffbau), Rohstoffe und vielleicht Nahrung. Die Edelmetalle scheinen im Hinterland vorwiegend die Funktion von statusrelevanten Prestigegütern und womöglich fiskalischen Zahlungsmitteln erfüllt zu haben.

Welche Konstellationen traten in Mittelpommern und Pommerellen auf? Die Silberhorte aus beiden Regionen sind in Tabelle 20 aufgelistet (Karte 8 in Unterkapitel 1.2.8., Teil I).

117 Władysław Łosiński, W sprawie rozwoju gospodarki towarowo-pieniężnej na ziemiach polskich we wczesnym średniowieczu w kontekście dziejów obrotu pieniężnego w strefie nadbałtyckiej [Zur Entwicklung der Geld- und Warenwirtschaft in polnischen Gebieten im frühen Mittelalter im Kontext des Geldumlaufs im Ostseeraum], Teil II, in: Archeologia Polski 36 (1991), 1-2, S. 235-264, hier S. 253.

| Fundort | Schlussmünze | Anzahl der Münzen und Münzfragmente |
|---|---|---|
| Mittelpommern | | |
| Szczecinek (gut 100 km südöstlich von Kolberg) | 900er? | über 1.300 (vorwiegend Bruchstücke) |
| Bierkowo (Słupsk) | 913? | 2.780 g („zum Teil zerschnitten in kleine, dreieckige Bruchstücke") |
| Jezierzyce (Słupsk) | 942 | 97 (davon 49 Fragmente) |
| Kurowo (rund 80 km südöstlich von Kolberg) | ca. 983 | 34; 22 Schmuckstücke, davon 18 fragmentiert |
| Białogard II (knapp 40 km südöstlich von Kolberg) | ca. 983 | 48 (nur westeuropäisch, meist dänisch; davon 1 Fragment) |
| Pommerellen | | |
| Opalenie (unterer Weichsellauf) | 917/918-941/942 | 570 und ca. 1.000 g Münzfragmente; Schmuck und Bruchteile von Schmuck |
| Strzelce Dolne II (unterer Weichsellauf) | 949/950 | 23 (davon 22 zerteilt); 6 Schmuckfragmente |
| Oliwa II (Gdańsk) | 951/952 | 11? |
| Tuchola (unteres Weichselgebiet) | 951/952 | ca. 60 |
| Kowalewo Pomorskie (unterer Weichsellauf) | 954/955 | 47 |
| Puck (gut 50 km nördlich von Danzig) | 965 | über 35; 4 Schmuckstücke, davon 2 fragmentiert |
| Kałdus – Uść I (unterer Weichsellauf) | ca. 975 | 90 (davon 59 fragmentiert); 38 Schmuckstücke, darunter 24 zerteilt |

Tabelle 20: Schatzfunde in Mittelpommern und Pommerellen aus der Zeit von 900 bis 990

In Mittelpommern gruppieren sich etliche Depots im weiten Hinterland des Handelsplatzes von Kołobrzeg-Budzistowo an der Persante, wo im ausgehenden 9. Jahrhundert ein Burgwall errichtet wurde, der eine Fläche von 1,2 bis 1,5 Hektar umfasste.[118] Die Geografie der Schätze in dieser Phase unterscheidet sich jedoch von jener im 9. Jahrhundert: Während einige Horte und Streufunde aus den 770er/810er bis 830er Jahren in der Nähe von Kolberg entdeckt wurden, betrugen nun die Entfernungen zwischen der Burgsiedlung und den Fundorten mindestens ca.

118 Lech Leciejewicz, Umocnienia i zabudowa wczesnośredniowiecznego Kołobrzegu [Die Befestigung und die Bebauung des frühmittelalterlichen Kolberg], in: Kołobrzeg. Wczesne miasto nad Bałtykiem [Kolberg. Die frühe Stadt an der Ostsee], hg. von Dems. / Marian Rębkowski, Warszawa 2007, S. 179-186, besonders S. 180.

40 bis 115 km. Aus Kolberg stammt lediglich der unter dem Namen „Kołobrzeg – Umgebung I" bekannte Schatz, der „große Menge arabischer Münzen" (vielleicht 700 Exemplare?) enthielt, deren chronologische Bestimmung über die grobe Einordnung in das 10. Jahrhundert nicht hinausgeht.[119] Ebenfalls das Fragment einer bronzenen Balkenwaage gehört in die Schicht aus dem ausgehenden 9. und der ersten Hälfte des 10. Jahrhunderts.[120] Alles in allem erscheint der Burgwall von Kołobrzeg-Budzistowo an Importen – zumindest im Vergleich mit Wollin – ziemlich bescheiden.

In Pommerellen wiederum kommt nur ein Schatz (Oliwa II) aus der Region um Danzig, wo frühestens an der Schwelle zum 11. Jahrhundert ein Burgwall existierte.[121] Ein anderer Hort (Puck) wurde gut 50 km nördlicher lokalisiert. Die übrigen Depots folgen dem unteren Weichsellauf und deuten an, dass die Münzträger ins Binnenland vorstießen. Der Schatz aus Strzelce Dolne ist einer der wenigen, die Archäologen innerhalb eines Burgwalls freilegten. Jener von Tuchola hingegen enthielt neben den Dirhems 6 kg Bernstein.[122]

Die Unterschiede zu Wollin in Bezug sowohl auf die Anzahl der Funde aus Handelsplätzen und Burgwällen als auch die Dichte der Horte in ihrem weiten Hinterland liegen auf der Hand. Offensichtlich hat das Emporium in Westpommern den Silberhandel während des 10. Jahrhunderts im südlichen Küstenbereich der Ostsee dominiert. Wir dürfen aber nicht vergessen, dass eine Reihe von Schätzen aus dem 10. Jahrhundert nur allgemein Pommern zugeordnet werden kann, sodass ihr genauer Fundort unbekannt bleibt. Dazu gehören unter anderem Ostpommern I, Ostpommern II und Pommern XIV. Letzterer datiert in die Zeit um 980 und enthielt 52 Münzfragmente bzw. 17 zerteilte Schmuckstücke.[123] Außerdem lässt sich nicht ausschließen, dass die unter Polen III und Polen IV bekannten Depots ursprünglich aus Pommern gestammt hatten.[124] Ihre Schlussmünzen wurden in 946/947 bzw. 952/953 eingeordnet. Streufunde aus Siedlungen oder Burgwällen hingegen fallen kaum ins Gewicht.

Aus Tabelle 20 geht hervor, dass in Mittelpommern und Pommerellen mehrere Gepräge in zerhackter Form vorkommen – wenngleich die Anzahl der Horte, in denen sie auftreten, prozentual geringer ausfällt als im westlichen Teil Pommerns. Die Schatzfunde beinhalten zudem Schmuck. Diese Eigenschaft teilen sie mit Westpommern und legen somit die Existenz einer hybriden Ökonomie, die den Fern- und Regionalhandel mit elitärer Zirkulation verband, nahe. Gewisse Ähnlichkeiten bezüglich der Form diverser Schmuckstücke und -fragmente begegnen in allen Teilen Pommerns. Verbreitet sind zum Beispiel aus mehreren Drähten geflochtene Armreife oder Halsringe.[125] Hinzu kommt die Parallelität zu Fundinhalten aus anderen Regionen: Ohrringe vom Typ Tempelhof/Świątki aus Masowien, Großpolen und Schlesien, die bereits im vorangegangenen Kapitel erwähnt wurden, notieren wir bereits ab der Mitte des

119 FMP, Bd. 2: Pommern, Nr. 113; Filipowiak, Handel (wie Anm. 112), S. 707.

120 Lech Leciejewicz, Podstawy gospodarcze w świetle wykopalisk [Die ökonomischen Grundlagen im Lichte der Ausgrabungen], in: Kołobrzeg (wie Anm. 118), S. 187-198, hier S. 189.

121 Błażej Śliwiński, Początki Gdańska. Dzieje ziem nad zachodnim brzegiem Zatoki Gdańskiej w I połowie X wieku [Die Anfänge Danzigs. Die Geschichte der Gebiete am westlichen Ufer der Danziger Bucht in der ersten Hälfte des 10. Jahrhunderts], Gdańsk 2009, S. 174.

122 FMP, Bd. 2: Pommern, Nr. 230.

123 Ebd., Nr. 286, 289, 290.

124 Ebd., Bd. 5: Addenda, Nr. 3 und 4.

125 Aus zwei oder drei Drähten geflochtene Ringe zum Beispiel: ebd., Bd. 2: Pommern, Nr. 37 (Schmuck, Nr. 95-131); Nr. 151 (Schmuck, Nr. 578); Nr. 174 (Schmuck, Nr. 163).

10. Jahrhunderts in Pommern.[126] Es ist damit zu rechnen, dass sie nicht nur den Transfer der Modestile beweisen, sondern ebenso den Gabentausch zwischen den einzelnen Gesellschaften widerspiegeln. Zum Letzteren gehörte – analog zum piastischen Binnenland – die Praxis der Zerteilung von Schmuck.

Von einer Prestigeökonomie und vom Gabentausch innerhalb der lokalen Eliten könnten womöglich die alten, im 8.-frühen 9. Jahrhundert emittierten Dirhems zeugen, die in den Schatzfunden aus der ersten Hälfte des 10. Jahrhunderts in Pommern und Pommerellen vorkommen und die auf einen regionalen Umlauf von Edelmetallen hindeuten. Denn der gesamte Küstenbereich Pommerns verfügte über ein ähnliches Warenangebot in Gestalt von Bernstein, Waldprodukten, vielleicht Sklaven, was logischerweise den kommerziell begründeten Austausch zwischen den Gemeinschaften von Wollin, Kołobrzeg-Budzistowo und (nicht zu vergessen) Truso, das im 10. Jahrhundert weiterhin existierte, nicht unbedingt als sinnvoll und lukrativ erscheinen lässt (Teil I, Unterkapitel 1.2.8. und Teil II, Kapitel 1).

Die in diesem Kapitel durchgeführte Analyse der Funde zeigt Unterschiede in der Verwendung von Silber in verschiedenen Phasen des 10. Jahrhunderts. Alle Regionen verbindet allenfalls die Funktion als Prestigegut, Schmuck bzw. als Rohstoff zur Anfertigung von Schmuck und die Nutzung von Edelmetallen im Fernhandel. In Podlasien waren es vermutlich fremde Sklavenjäger und Pelzhändler, in Zentralpolen die im Entstehen begriffenen Herrschaftsstrukturen, die die entscheidenden Impulse für den Umlauf von Edelmetallen gegeben haben. Eine elitäre Komponente muss gleichermaßen in Bezug auf Pommern konstatiert werden. Der Unterschied zu Großpolen bestand jedoch darin, dass Wollin als Siedlungskomplex zugleich ein Handelsemporium darstellte, das in die wirtschaftlichen Beziehungsgeflechte ebenso im Umland wie im Ostseeraum eingebettet war. Die hohe Dichte von Silberfunden in Wollin sowie in der Umgebung der kleineren Satellitenzentren bei Stettin und Kammin lässt im Verein mit Silberfragmenten und einigen Gewichten darauf schließen, dass in dieser Region besonders um die Mitte des 10. Jahrhunderts sich temporäre Kommerzialisierungszonen herausbilden konnten, in denen das Edelmetall als Zahlungsmittel diente.

126 Aus dem in diesem Kapitel relevanten Zeitraum bis ca. 990 sind dies die Schatzfunde von Świątki I (tpq. 950/951) und Kurowo (tpq. 983), ebd., Nr. 218 (Schmuck, Nr. 159-163); Nr. 124 (Schmuck, Nr. 47-48).

## 3. Von Hacksilberökonomien zu Münzwirtschaften: Gab es eine lineare Entwicklung der Silberverwendung im piastischen Raum und in Pommern in der ersten Hälfte des 11. Jahrhunderts?

Das vorangegangene Kapitel hat deutlich gezeigt, dass im späten 10. Jahrhundert ein Großteil der in Zirkulation befindlichen monetären Masse im damaligen Polen aus Fragmenten von Münzen und Schmuck bestand. Wenn man im Falle von Dirhems noch davon ausgehen kann, dass ihre Zerteilung auf den östlicher gelegenen Märkten, gar direkt in Zentralasien stattfand und sie folglich zumindest teilweise bereits in zerhackter Form nach Ostmitteleuropa eingeströmt waren, lässt sich dies nicht ohne weiteres von westlichen Denaren, vor allem aus dem römisch-deutschen Reich, sowie Schmuckstücken behaupten. Hier sind andere Erklärungsansätze gefragt: Zum einen haben sich, besonders um die Emporien im Ostseeraum, kommerzialisierte Zonen herausgebildet, deren Bewohner das Edelmetall in Form von Hacksilber und Gewichtsgeld als Zahlungsmittel bei Markttransaktionen verwendeten – wenngleich in Pommern ebenso die elitäre und fiskalische Komponente von elementarer Bedeutung erscheint. Im 10. Jahrhundert gehörte dazu in erster Linie die Region um Wollin (im 9. Jahrhundert, wie wir uns erinnern können, das Handelszentrum von Janów Pomorski/Truso). Auf der anderen Seite entstanden in der zweiten Hälfte des 10. Jahrhunderts in Zentralpolen und Schlesien vorwiegend fiskalisch geprägte Währungslandschaften, deren Logik sich von jener der Emporien grundsätzlich unterschied. Das Silber wurde im Binnenland in Burgwällen oder deren Umgebung deponiert. Demnach dienten Münzen und Schmuck als Prestigegut, ein Schlüsselinstrument der Machtrepräsentation und der Zurschaustellung von Herrschaft, schließlich als Gabe, die die symbolische Kommunikation innerhalb der Elite und zwischen Eliten gewährleisten sollte. Der Akt der Fragmentierung von Schmuck, Gusskuchen und Münzen konnte – wenn wir von magischen und kultischen Funktionen absehen – indessen drei Dimensionen aufweisen: zum einen den Ausgleich zwischen den Piasten und den verschiedenen lokalen Häuptlingen bzw. Warlords sichern; zum anderen ein fiskalisches Mittel zur Entrichtung und dann Verteilung von Tributen darstellen – wir haben noch die entsprechende Passage aus dem Bericht des Ibrahim ibn Jaqub in Erinnerung (Teil I, Unterkapitel 1.2.4.); schlussendlich das Edelmetall für die Wiederverwertung als Rohstoff für Goldschmiede bereitstellen.

Als Höhepunkt der Hacksilber- und Gewichtsgeldwirtschaft gilt im westslawischen Raum und in Skandinavien die Zeit an der Wende vom 10. zum 11. Jahrhundert.[127] Zudem erfolgten damals in Ostmitteleuropa drei wichtige Veränderungen: die endgültige Umorientierung der Silberströme vom arabischen Raum ins römisch-deutsche Reich und nach England; die Konsolidierung der Herrschaftsstrukturen im piastischen Raum; schließlich die Emission von Imitationen verschiedener Münzsorten oder eigener offizieller Denare. Sie werfen eine Reihe von Fragen auf: Können wir von qualitativen und quantitativen Verschiebungen im Hinblick auf monetäre Landschaften sprechen? Unter welchen ökonomischen und gesellschaftlichen

127 Vgl. zum Beispiel Steuer, Gewichtsgeldwirtschaft (wie Anm. 18, Kap. 2), S. 484; Hårdh, Viking-Age Silver (wie Anm. 22, Kap. 2), S. 186 f.; Kilger, Pfennigmärkte (wie Anm. 19, Kap. 2), S. 117 ff.

Konstellationen wurde das Silber fragmentiert? Wer hat für wen Münzen nachgeprägt und eigene Denare emittiert?

Dabei ist ebenso die Rolle der politischen Ordnung zu berücksichtigen wie die Beschaffenheit des Marktes zu bedenken. Erstere ist wie folgt definiert worden:

> Entscheidend für die politische Ordnung ist der Staat als Organisation. Er entsteht unter anarchischen Bedingungen und übernimmt die Funktion, die Gesellschaft nach innen und außen zu befrieden. Der Staat produziert Recht und Sicherheit. Er vermindert die Gewaltanwendung, auch wenn er sie nicht vollkommen beseitigen kann, so dass Gewaltanwendung – als Drohkulisse – stets präsent bleibt und das gesellschaftliche Machtgefüge mit bestimmt.[128]

Dass die Herrschaft der Piasten unter den Bedingungen an der Schwelle zum 11. Jahrhundert dieser modernen Formel entsprach und flächendeckend „Recht und Sicherheit produzierte", somit Zugriff auf verschiedene lokale Märkte erlangte, ist äußerst unwahrscheinlich. Zutreffender erscheint hingegen der zweite Teil der obigen Definition, wonach Gewaltanwendung – selbst als Drohkulisse – die gesellschaftlichen Machtstrukturen mit beeinflusste. Der piastische Staat wies ja zu diesem Zeitpunkt noch einen prädatorischen Charakter auf – zumal wenn wir annehmen, dass ausschließlich die Kriegereliten imstande waren, Beute in Form von Menschen, Vieh oder Fellen zu machen und sie dann gegen Silber bzw. Luxusgüter einzutauschen. Georges Duby hat in Bezug auf das Frankreich des ersten Drittels des 11. Jahrhunderts eine noch düstere Vision entworfen:

> Doch als die Wellen feindlicher Einfälle im Laufe des 10. Jahrhunderts immer seltener wurden, legten sie ihre Waffen nicht etwa nieder, sondern führten ihre Raubzüge fort. Nur die Beute änderte sich. Was sie sich nun nur noch ab und zu von den Heiden holen konnten, verlangten sie jetzt von der „Plebs", dem „waffenlosen Volk". Nach dem Jahr tausend wurde dieses Volk im französischen Königreich zum einzigen Opfer ihrer Plünderungen – eine Verschiebung, die um so leichter vonstatten ging, als der König nicht mehr in der Lage war, Ungestüm und Raubgier der Reiter einzudämmen.[129]

Im piastischen Reich entsprachen den französischen *sires* jene *comites*, welche die Dynasten an die Ränder der Monarchie „schickten" und an welche sie das Einsammeln von Abgaben „delegierten". Da sie in den Kernzonen des Herrschaftsraumes nichts mehr zu verschenken hatten, mussten die Piasten sie „[...] also nehmen lassen".[130]

Der aus der Frühneuzeit-Forschung entlehnte Begriff der Gewaltmärkte bringt diese Logik auf den Punkt:

> Unter Gewaltmärkten verstehe ich als Bürgerkriege, Kriegsherrensysteme oder Räubertum bezeichnete Konflikte, bei denen unter der Oberfläche weltanschaulicher und machtpolitischer Ziele oder vorgeblich traditionell bestimmter Kampfverpflichtungen das ökonomische Motiv des materiellen Profits dominiert. Gewaltmärkte können in gewaltoffenen Räumen – vor allem bei Abwesenheit eines Gewaltmonopols – entstehen.[131]

---

128 Ingo Pies, Theoretische Grundlagen demokratischer Wirtschafts- und Gesellschaftspolitik – Der Ansatz von Douglass North, in: Douglass Norths ökonomische Theorie der Geschichte, hg. von Dems. / Martin Leschke, Tübingen 2009, S. 1-32, hier S. 15.

129 Georges Duby, Die drei Ordnungen. Das Weltbild des Feudalismus, Frankfurt am Main 1981, S. 225.

130 Ebd., S. 227 f.

131 Heinrich Lang, Kriegsunternehmer und kapitalisierter Krieg: Condottieri, Kaufmannbankiers und Regierungen als Akteure auf Gewaltmärkten in Italien (1350-1550), in: Söldnerlandschaften.

Diese Kontexte sollten wir stets im Auge behalten, wenn wir von Marktakteuren in der ersten Hälfte des 11. Jahrhunderts sprechen.

Versuchen wir nun, in einer langen Zeitspanne von den 990er bis 1060er Jahren, also vor der Aufnahme der großangelegten Produktion offizieller Denare, die Entwicklung monetärer Landschaften unter die Lupe zu nehmen, um zu prüfen, ob innerhalb der und zwischen den einzelnen Regionen des piastischen Reiches und Pommerns Abweichungen konstatiert werden können.

So werden im Folgenden sämtliche Schatzfunde mit bestimmbaren Anteilen an Münzfragmenten berücksichtigt. Dort wo die Bruchstücke von Prägungen in Gramm angegeben sind, wurden sie in Stückzahlen umgerechnet: westliche im Schnitt je 1,5 g, Dirhems je 3 g.

## 3.1. Großpolen

In Tabelle 21 werden 58 Schatzfunde aufgeführt. Zwölf davon, also knapp 21 Prozent, enthalten zerteilte Prägungen zu mindestens 50 Prozent.

| Schlussmünze des Hortfundes | bis 25 % | 25-50 % | 50-75 % | 75-100 % |
|---|---|---|---|---|
| 990er Jahre | 157 | 31, 104, 107 | 253 | 97[132] |
| 1000er Jahre[133] | 48A und B, 50A und B | 85 | 252, 260 | 178 |
| 1010er Jahre | 130, 134, 184, 201, 204, 237B 239, 259, 280, 283 | 210 | 153 | |
| 1020er Jahre | 15, 106, 176, 263, 279 | | 129, 146 | 133 |
| 1030er Jahre | 61, 69, 80, 137, 200, 212, 264, 265 | 123 | | 110[134] |
| 1040er Jahre | 35, 187, 287 | | | |
| 1050er Jahre | 81, 98, 144, 172, 175, 269 | 140 | | 23 |
| 1060er Jahre | 102, 108, 211, 217 | | 203 | |

Tabelle 21: Bestimmbarer Anteil der Münzfragmente in Großpolen (Nr. des Schatzfundes mit mindestens 10 Exemplaren nach dem FMP-Inventar)

Frühneuzeitliche Gewaltmärkte im Vergleich, hg. von Philippe Rogger / Benjamin Hitz, Berlin 2014, S. 47-66, hier S. 58; Georg Elwert, Gewaltmärkte. Beobachtungen zur Zweckrationalität der Gewalt, in: Soziologie der Gewalt, hg. von Trutz von Trotha, Opladen u. a. 1997, S. 86-101, hier S. 87 f.

132 Hier wurden alle vier Teile des Schatzfundes Kalisz X-Rajsków (A-D) addiert.

133 Die chronologische Struktur des Schatzfundes Obra II erscheint bis 985 sehr kompakt, sodass seine Datierung anhand einer um 1005 geprägten polnischen Münze vermutlich auf einem Missverständnis beruht (Teil II, Unterkapitel 2.2., Tabelle 17).

134 Hier wurden die zwei Teile des Schatzfundes Konin – Umgebung addiert.

Im Vergleich mit den Horten besonders aus den 970er/980er Jahren (Tabelle 17) hat sich im frühen 11. Jahrhundert der Anteil der fragmentierten Münzen am gesamten Münzstock verringert. Dirhems, die bereits in der islamischen Welt zerhackt worden sein konnten und bereits in dieser Form – zumindest teilweise – nach Großpolen einströmten, wurden nun massiv von deutschen Denaren verdrängt, die das Reich in vollständiger Gestalt verließen. Denn die Praxis der Zerteilung von gemünztem Edelmetall war im Westen unbekannt. Dieser Trend in der Fundstruktur scheint sich nach 1020 geringfügig umgekehrt zu haben, um danach wieder in das Muster aus den 1010er Jahren zurückzufallen. Demnach bestanden lediglich einige wenige in den Zeitraum von etwa 1030 bis 1070 datierte Depots vorwiegend aus zerhackten Prägungen. Dies schließt jedoch nicht aus, dass etliche Münzfragmente auch später zirkulierten: In dem Schatzfund aus der frühmittelalterlichen Siedlung in Górzyca, deponiert nach 1080, tauchen unter anderem relativ präzise geschnittene Halb- und Viertelstücke von Denaren auf.[135]

Auf der anderen Seite enthielten mehrere Horte ungemünztes Edelmetall, das wiederum zum großen Teil in zerteilter Form vorkommt. Eine der wenigen Ausnahme stellt hier das Depot aus Tarnowo Pałuckie (1005) dar, das 77 vollständige Schmuckstücke, Drähte und Gusskuchen enthielt. Chronologisch lassen sich folgende Funde aufführen:

990er Jahre: Trzebaw (990): 13 Schmuckstücke, davon acht zerteilt; Murczyn (999): 118 Schmuck- und Barrenstücke, davon 111 zerhackt; Kąty (992-995): mindestens 24 Schmuckstücke, davon ein Aufhänger in zerteilter Form und eine Vielzahl von Fragmenten; Kalisz-Rajsków (996-999): mehrere Schmuckstückfragmente (darunter Arm- oder Halsringe, Ohrringe, Drähte);

1000er Jahre: Jarocin (1004): 102 Silberstücke, bis auf zwei zerteilt; Gniezno-Osiniec (1005): 25 Schmuckstücke, davon 19 in Fragmenten; Pomorsko (1006): zerhackte Schmuckstücke, Barren und Drähte; Ulejno (1006): 48 Bruchteile von Silberschmuck und Gusskuchen;

1010er Jahre: Poznań IV (1012): 25 vollständige Münzen und 86 Schmuck-, Barren- und Gusskuchenstücke, darunter 81 zerhackt; Lisówek (1014): knapp 5000, meist vollständige Münzen und 264 Schmuck-, Barren- und Gusskuchenstücke (mindestens 138 zerteilt); Gniezno III – Umgebung (ca. 1015): ca. 50 Schmuckfragmente; Kalisz I – Majków (1016): 45 Schmuckstücke, darunter fünf fragmentiert; Janków Drugi (1018): 21 Schmuckstückbrüche und 23 Rohsilberfragmente; Kinno-Skubarczewo (1017): 55 Schmuckstücke (32 fragmentiert) und 65 Gusskuchen (24 zerteilt); Modlica (1019/1020): 14 von den insgesamt 15 Schmuck- bzw. Gusskuchenstücken fragmentiert;

1020er Jahre: Leszno – Umgebung (1021): 19 Hacksilberteile (1 Gusskuchen aus Blei); Lądek II (1027): zwölf Schmuckfragmente und 28 Rohsilberstücke, darunter 16 zerteilt; Maszenice (1027): 1034 Schmuck-, Barren- und Gusskuchenstücke (ca. 1009 zerteilt),

1030er Jahre: Wiktorowo (1031): 70 Gusskuchenstücke, davon zwei zerteilt; drei Fragmente von Halsringen und vier vollständige Perlen; Górzno bei Leszno (1038): nahezu durchgehend ganze Münzen und 25 Schmuck- bzw. Rohsilberstücke, darunter 24 Fragmente;

1050er Jahre: Ostrowo (1055): 27 Fragmente von Gusskuchen; Chełm Drezdenecki (1056): elf Schmuckstücke, darunter vier fragmentiert;

1060er Jahre: Raszewy (1061): 27 Schmuck-, Barren- und Gusskuchenstücke, meist fragmentiert; Zbiersk (1061 oder ca. 1090): 44 Schmuckstücke und Gusskuchen, bis auf ein Exemplar zerteilt.

Diese Liste zeigt deutlich, dass zerhacktes Edelmetall auch in den Horten vorkommt, die mehrheitlich ganze Münzen enthalten (wie z. B. in den Schätzen von Górzno und Lisówek).

135 Vgl. Chabrzyk, Echa (wie Anm. 12, Kap. 2), S. 123 f.

Die Tatsache, dass sie gleichzeitig kaum als Streufunde aus Burgwällen bekannt sind, deutet ihre nichtmonetären Funktionen an. Dazu mehr später.

Einzelfunde von Münzen aus dieser Phase wiederum tauchen lediglich in Giecz einigermaßen zahlreich auf. Dort begegnen bislang 87 deutsche bzw. weitere europäische Denare, die zwischen der zweiten Hälfte des 10. Jahrhunderts und etwa 1050 emittiert wurden, sowie zwei Münzen von Bolesław I. dem Tapferen. In das ausgehende 10. und die erste Hälfte des 11. Jahrhunderts datieren ebenfalls 14 Kreuzdenare. Diese Menge von rund 100 Prägungen aus der Zeit von der Schwelle zum 11. Jahrhundert bis ca. 1050 weist auf eine Ausnahmestellung des Burgwallkomplexes nicht nur innerhalb Großpolens hin.[136]

Im Gegensatz zu den Tausenden westlichen Pfennigen, Fragmenten von Dirhems und Denaren sowie Schmuckstücken, die im piastischen Raum umliefen, bilden die einheimischen Denare mit etwa 400 Exemplaren (bekannt bislang in knapp 20 verschiedenen Typen) hingegen nur einen Bruchteil des Inhalts der Schatzfunde aus dem frühen 11. Jahrhundert. Wahrscheinlich spiegelte ihre Emission, die von der Forschung in die Zeit von 992 bis ca. 1020 datiert wird,[137] die bereits im ersten Teil (Unterkapitel 1.3.3.) geschilderten imperialen Ambitionen Bolesławs I. des Tapferen wider.[138] Etliche von ihnen trugen die Inschriften *Dux Inclitus* bzw. *Rex* und sollten somit den Ruhm und Königsansprüche des Herzogs demonstrieren. Andere wiederum gelten als Nachprägungen von verschiedenen Münzsorten, die teilweise miteinander kombiniert wurden. Dazu gehörten in erster Linie die Otto-Adelheid-Pfennige, die angelsächsichen Ethelred-Pennies, aber auch bayerische und böhmische Denare.

Wenn wir davon ausgehen, dass im piastischen Reich bereits unter Bolesław I. dem Tapferen Imitationen deutscher und angelsächsischer Pfennige geschlagen wurden,[139] dann wirft das die Frage auf, welche Funktionen sie erfüllten. Einheimische Silbervorkommen sind archäologisch etwa ab der zweiten Hälfte des 11. Jahrhunderts bezeugt.[140] Indes herrschte in den Funden aus dem piastischen Einflussbereich an der Wende vom 10. zum 11. Jahrhundert – neben Denaren – Hacksilber vor, das sich aus fragmentierten Münzen, Schmuckstücken und Gusskuchen, die ihrerseits aus den eingeschmolzenen Dirhems und Otto-Adelheid-Pfennigen angefertigt wurden, zusammensetzte. Offenbar haben die Piasten und ihre regionalen Vertreter die auf den Fernhandels- und Regionalmärkten aufgekaufte oder über Abgaben eingesammelte Silbermasse angehäuft, um aus ihr unter anderem deutsche bzw. angelsächsische Pfennige nachzuprägen.[141] Wozu aber hätte man diese Imitationen etablieren wollen, wenn die Denare und das Hacksilber offensichtlich so verbreitet waren? Wahrscheinlich ging es nicht um öko-

136 Sämtliche westlichen (darunter polnischen) Münzen aus dem späten 10. bis zum frühen 12. Jahrhundert in: Monety ze stanowiska (wie Anm. 93), Nr. 54-68 und 115-537; FMP, Bd. 1: Großpolen, Giecz II und V; FMP, Bd. 5: Addenda, Giecz.

137 Suchodolski, The Beginnings (wie Anm. 482, Kap. 1, Teil I), S. 67-94; Bogucki / Magiera, New Coins (wie Anm. 482, Kap. 1, Teil I), S. 115-128.

138 Garbaczewski, The Cyrillic (wie Anm. 483, Kap. 1, Teil I).

139 Mateusz Bogucki, The Use of Money in the Slavic Lands from the Ninth to Eleventh Century: the Archaeological/Numismatic Evidence, in: Silver Economies (wie Anm. 19, Kap. 2), S. 133-151, hier S. 146.

140 Vgl. Adam Kędzierski / Dariusz Wyczółkowski, Skarb placków srebrnych z Kalisza-Dobrzeca. Nowe możliwości badawcze problemu [Der Schatzfund von Silberklumpen aus Kalisz-Dobrzec. Neue Forschungsmöglichkeiten des Problems], in: Nummi et Humanitas. Studia ofiarowane Profesorowi Stanisławowi Suchodolskiemu w 80 rocznicę urodzin [Festschrift für Stanisław Suchodolski], hg. von Mateusz Bogucki u. a., Warszawa 2017, S. 331-351, hier S. 347 f.

141 Ebd. Grundsätzlich Longina Koziorowska, Materiały złotnicze w świetle wyników analiz składu chemicznego srebrnych przedmiotów antycznych i wczesnośredniowiecznych [Die Edelmetallmaterialien im

nomische, sondern fiskalische Motive. Die westlichen Vorbilder galten als Hartwährung und wurden von Gefolgsleuten oder Söldnern eher akzeptiert als das zerteilte Edelmetall. Das würde auch erklären, warum die Imitationen das Gewicht und den Silbergehalt der Originale beibehalten mussten. So gesehen lag ihre Bedeutung für den Herrscher darin, über Zahlungsmittel zu verfügen, mit denen bei Fluktuationen in der Silberversorgung finanzielle Engpässe überwunden und Gefolgsleute oder Söldner bezahlt werden konnten.

## 3.2. Masowien und Kujawien

Von den 40 in Tabelle 22 aufgeführten Horten weisen lediglich sechs (15 Prozent) einen Anteil von mindestens 50 Prozent an Münzfragmenten auf.

| Schlussmünze des Hortfundes | bis 25 % | 25-50 % | 50-75 % | 75-100 % |
|---|---|---|---|---|
| 990er Jahre | | | | |
| 1000er Jahre | 17 | 63 | | 127 |
| 1010er Jahre | 27, 30, 35, 59, 93, 112, 138, 177, 204 | | | |
| 1020er Jahre | 14, 15, 105, 144, 158, 213, 215 | | 87, 96, 205 | |
| 1030er Jahre | 71, 207 | 99 | 16 | |
| 1040er Jahre | 37, 69, 70, 129, 164, 202, 212 | 181 | | |
| 1050er Jahre | 117 | | 163 | |
| 1060er Jahre | 1, 31, 85, 98 | | | |

Tabelle 22: Bestimmbarer Anteil der Münzfragmente in Masowien und Kujawien (Nr. des Schatzfundes mit mindestens 10 Exemplaren nach dem FMP-Inventar)

Ausschließlich der Hort von Przybranowo/Poczałkowo, rund 25 km nördlich des elitären Friedhofs von Bodzia am mittleren Weichsellauf aus der Zeit um 1000 und datiert grob nach 1002, bestand vorwiegend aus Bruchstücken. Mindestens 50 Prozent umfassten zudem drei Depots aus den 1020er Jahren: Mniszki (1027) in der Nähe des regionalen Machtzentrums von Łęczyca, Nowe Brzozowo (1027), gut 20 km nördlich des Burgwalls von Grudusk, sowie Zakrzew II (1024), ca. 30 km östlich der Ortschaft Bocheń, wo im 10.-11. Jahrhundert ebenfalls ein Burgwall existierte. Zudem beinhaltete ersterer 127, letzterer hingegen 249 meist fragmentierte Schmuckstücke, darunter auch sehr kleine Teile. Dieses Bild runden zwei weitere, spätere Horte ab: der kleine Fund aus Strugienice (1050) von 45 Münzen und Ciechanów I (ca. 1030). Interessanterweise stammen aus Zichenau (Ciechanów) drei Schätze, die jeweils drei Generationen abzudecken scheinen: Ciechanów III (ca. 975) überwiegend mit Bruchstücken (etwa 98 Prozent) von Münzen und Schmuckstücken (Tabelle 17); Ciechanów II (1002) mit

Lichte einer Analyse der chemischen Zusammensetzung von Silbergegenständen aus der Antike und dem frühen Mittelalter], in: Archeologia Polski 47 (2002), 1-2, S. 101-204, besonders Tabellen ab S. 122.

relativ wenigen Fragmenten (Tabelle 22); schließlich Ciechanów I (ca. 1030) mit einem zu ca. 70 Prozent zerteilten Münzanteil (von insgesamt ca. 5.000 Prägungen). Diese drei Horte legen nahe, dass von einem konsequenten und systematischen Übergang von einer Hacksilberökonomie zu einer Münzwirtschaft selbst auf lokaler Ebene keine Rede sein kann.

Aus der Analyse der Schatzfunde ergeben sich noch weitere Konstellationen: Zum einen umfassten etliche Horte ausschließlich Schmuck sowohl in vollständiger als auch in zerhackter Form. Dazu gehört zum Beispiel das Depot aus Borucin, knapp 30 km westlich von Leslau an der mittleren Weichsel, das grob in die Jahre 1040-1050 eingeordnet werden kann. Es bestand aus 37 silbernen und goldenen Schmuckstücken, darunter zwei in Fragmenten. Der Schatz von Bobrowniki, 20 km nördlich von Leslau, aus dem 10.-11. Jahrhundert enthielt hingegen sieben Bruchstücke von Schmuck. Schließlich der Hort von Bużyski bei Drohiczyn, datiert allgemein ins 11. Jahrhundert, setzte sich aus 27 Schmuckstücken und sieben Silberbarren zusammen; fünf Teile waren zerhackt.

Zum anderen begegnen in Masowien und Kujawien Horte, die zum großen Teil vollständige Münzen, aber gleichzeitig zerteilte Schmuckstücke umfassten. Dazu gehören die Funde aus Głowno und Lubraniec, jeweils mit den Schlussmünzen um 1046, und Ozorków (1023). In dem Schatz von Lubraniec zum Beispiel befanden sich unter 19 Schmuckstücken bzw. Gusskuchen 17 Fragmente; in jenem von Ozorków wiederum waren 10 von 19 Schmuckstücken zerteilt (genauso wie die vier Rohsilberklumpen). Die Annahme, dass das zerhackte Edelmetall als Kleingeld fungiert habe, überzeugt insofern nicht, als mehrere Fragmente deutlich schwerer wogen als die vorhandenen Münzen.

Schließlich enthielten etliche Horte – neben monetärem Silber in vollständiger und zerteilter Form – vorwiegend zerhackten Schmuck: Ldzań (1002) 26 Fragmente von 29 Schmuck- bzw. Gusskuchenstücken; Zakrzew I (1017): 19 Schmuckstücke, darunter 17 Fragmente; Oleśnica (1039): 124 Schmuck- und Gusskuchenfragmente; Sejkowice (1012/1050?): 363 Schmuckteile, meist in Form von Bruchstücken; Wodzierady (1063/1100): 28 Schmuck- und Gusskuchenstücke, darunter 25 zerteilt.

Die an Schmuck und Rohsilber besonders reichen Schätze aus Sejkowice, Zakrzew II, Mniszki und Oleśnica lassen darauf schließen, dass ihre Besitzer entweder dem elitären Machtzirkel oder den in ihrem Auftrag Pretiosen anfertigenden Goldschmieden gehört haben.

Die Zirkulation von Prestigegütern in dieser Phase bestätigt mit Nachdruck das Gräberfeld von Bodzia im mittleren Weichselgebiet. Hier wurden Fremde bestattet, die vorwiegend aus der Kiever Rus' oder aus Skandinavien stammten. In 24 (von insgesamt 58) Grabanlagen tauchen zwölf Münzen bzw. 54 Münzfragmente sowie drei Bruchstücke von Schmuck auf. Die Chronologie der Funde umfasst grundsätzlich die Zeit von etwa 980 bis ca. 1030 (Teil I, Unterkapitel 1.2.4.).

Starke Cluster von Einzelfunden aus Burgwällen und Siedlungen sind hingegen selten. Lediglich innerhalb des piastischen Machtzentrums von Tum-Łęczyca lässt sich eine klare Verdichtung konstatieren. Von den knapp 90 Prägungen gehören hier etwa 30 Exemplare in den Zeitraum von etwa 950 bis ca. 1070, dürfen also zwischen dem späten 10. und der zweiten Hälfte des 11. Jahrhunderts zirkuliert haben. Aus der benachbarten Siedlung stammen wiederum fast genauso viele Exemplare (von insgesamt knapp 70 Münzen) aus derselben Umlaufszeit. Unter ihnen befanden sich jedoch einige wenige Dirhemfragmente, die im frühen 9. Jahrhundert bzw. kurz nach 900 emittiert wurden.[142]

142 FMP, Bd. 3: Masowien, Tum II und III, Nr. 183-184.

Wie lässt sich vor diesem Hintergrund die unterstellte Nachprägung bestimmter ausländischer Münztypen zuordnen, die womöglich im Auftrag von Mieclaw in Masowien (Plozk?) um 1040 stattgefunden hat?[143] Bislang liegen lediglich sehr wenige derartige Exemplare vor, die selbst unter den den Westslawen zugeschriebenen Imitationen eine sehr kleine Minderheit bilden. Ihre Bedeutung wird wahrscheinlich in dem Bestreben des Usurpators gelegen haben, finanzielle Engpässe – ähnlich den Piasten zwischen 992 und ca. 1020 – zu überwinden und über Zahlungsmittel zu verfügen, mit denen Gefolgsleute und Söldner bezahlt werden konnten.

## 3.3. Schlesien und Kleinpolen

Unter den 28 in Tabelle 23 aufgeführten Horten befinden sich sieben (25 Prozent) mit einem Anteil von mindestens 50 Prozent an Münzfragmenten.

| Schlussmünze des Hortfundes | bis 25 % | 25-50 % | 50-75 % | 75-100 % |
|---|---|---|---|---|
| 990er Jahre | | 60 | | 41 |
| 1000er Jahre[144] | 3, 32, 38 | 61 | 5, 35 | |
| 1010er Jahre | 118K | | 82 | 102, 101K |
| 1020er Jahre | 97 | | | |
| 1030er Jahre | 67, 90, 69K | 42, 93, 46K | | |
| 1040er Jahre | 5K | | | |
| 1050er Jahre | 76K | 104, 119K | 111 | |
| 1060er Jahre | 1, 55, 73, 80 | | | |

Tabelle 23: Bestimmbarer Anteil der Münzfragmente in Schlesien und Kleinpolen (Nr. des Schatzfundes mit mindestens 10 Exemplaren nach dem FMP-Inventar; K hinter der Nummer bedeutet Kleinpolen)

Besonders viele Bruchstücke enthielten die Schätze aus den 990er/1010er Jahren: Śląsk VII (1019/1020) 100 Prozent, vorwiegend Dirhems; Trzcinica II (1018) 77 Prozent und Małkowice – Umgebung (995/1000) 93 Prozent, jedoch von insgesamt nur 15 Prägungen. Speziell die beiden ersterwähnten Funde verdienen Aufmerksamkeit. Jener als Śląsk VII bekannte Hort bestand aus zwei Teilen: 1.797 Dirhems, deren jüngstes Exemplar 942/943-954 geprägt wurde, und 13 westlichen Münzen, die grundsätzlich aus der Zeit nach 985 stammen. Hinzu kommen die Fragmente von vier Blanketten sowie 129 Schmuckstücken: Ohr- und Halsringen, Drähten, Kaptorgen, Perlen. Das Edelmetall wurde aller Voraussicht nach in zwei Phasen deponiert: einer ersten in den 950er Jahren und einer zweiten um 1020. Diese Zeitspanne würde also auf eine sich über mehrere Generationen hinweg erstreckende Tradierung von Silber hindeuten.

Das Depot aus dem Burgwall Trzcinica wiederum umfasste ausschließlich Emissionen aus West- und Ostmitteleuropa, denen 313 Gusskuchen bzw. 35 Schmuckstücke aus Silber wie Gold

143 Bogucki, Czy istnieją monety (wie Anm. 499, Kap. 1, Teil I), S. 134-146.

144 Die Chronologie des Schatzfundes Kotowice II weist bis 983 eine sehr kompakte Struktur auf, sodass seine Datierung anhand zweier Pfennige um 1010 bzw. eines Kreuzdenars nach 1000 eher unwahrscheinlich erscheint (Teil II, Unterkapitel 2.2., Tabelle 17).

beigefügt wurden. 304 Teile waren zerhackt. Unter den Ohrringen befanden sich vier Stücke vom Typ Zawada. Wir können uns noch an den Schatz aus dem Burgwall Zawada Lanckorońska entlang der Handelsroute zwischen Przemyśl und Krakau erinnern (Teil I, Unterkapitel 1.2.5.). Trzcinica liegt rund 60 km östlich von Zawada und knapp 150 km von Krakau, an der äußeren südöstlichen Peripherie des damaligen Piastenreiches. Offenbar speiste die hiesige Elite ihren Reichtum aus der Kontrolle eines Abschnitts des Transithandels zwischen West und Ost.

Selbst wenn lediglich einige wenige Horte aus Schlesien und Kleinpolen einen Anteil an Münzfragmenten von mindestens 50 Prozent aufweisen, beinhalteten mehrere von ihnen zahlreiche Schmuckstücke, zum Teil überwiegend in zerteilter Form. Chronologisch lassen sich zum Beispiel folgende Funde anführen:

Gostyń (ca. 990): über 70 meist fragmentierte Schmuckstücke; Cienkowice (1000?): etliche Schmuckstücke und Schmuckfragmente; Legnica (1002): 46 Schmuckstücke, überwiegend zerteilt; Radzików I (1003): über 30 Schmuck- und Bruchstücke von Rohsilber; Kraków VIII (1035), entdeckt innerhalb einer frühmittelalterlichen Siedlung: 356 Schmuck- und Gusskuchenfragmente sowie acht Bleigusskuchen; Śląsk XV (1036): 232 meist fragmentierte Schmuck- und Rohsilberstücke; Ząbkowice Śląskie (1037): über 40 Schmuck- und Rohsilberfragmente; Michałowice (1037): 105 Gusskuchen- und Hacksilberfragmente; Maniów (1037-1050?): über 100 meist fragmentierte Schmuck- und Gusskuchenstücke; Złochowice (1055): 231 meist zerteilte Schmuck- und Gusskuchenstücke; Ulesie (1061): „mehrere Pfund" Rohsilber und Schmuckfragmente; Bałdowice (1061): meist zerteilte Schmuck- und Gusskuchenstücke (bei vollständig erhaltenen Münzen); Lublin VIII (?): unter anderem Ohrringe vom Typ Świątki/Tempelhof, die aus Masowien, Großpolen und Pommern bekannt sind.

Folglich ist davon auszugehen, dass – genauso wie in Masowien/Kujawien – Schmuck in Form von Fragmenten einen wesentlichen Bestandteil etlicher Depots dargestellt hat. Ähnlich wie dort existierten in Südpolen keine Handelsemporien, in denen Silber vorwiegend zu kommerziellen Zwecken zerteilt wurde.

Einzelfunde aus Siedlungen und Burgwällen sind ebenfalls selten. Selbst wenn Denare aus der ersten Hälfte des 11. Jahrhunderts dort begegnen, können wir nicht automatisch auf ihre Nutzung in dieser Phase schließen. Denn, zum einen, parallele Exemplare tauchen häufig in den Schätzen aus dem späten 11. Jahrhundert auf. Zum anderen überwiegen unter den Streufunden Münzen, die grundsätzlich nach 1070 emittiert wurden (Kapitel 4.1.).

Die Funktionen von Silber erscheinen also hier als ein tragendes Element der Zirkulation von Prestigegütern. Dies legen Funde in Gebieten nahe, die weit entfernt von den zentralen Burgwällen oder Hauptrouten lagen und wo trotzdem ein beachtlicher Wohlstand erwirtschaftet werden konnte. In Końskie, knapp 50 km nordwestlich von Kielce, sind aus einem Gräberfeld neun zum Teil fragmentierte Münzen sowie Schmuck bekannt: Schläfen- und Ohrringe, Glas- und Silberperlen, Fingerringe. Hinzu kommen Messer, eine Axt und Sporen. In Grab Nr. 103 wurden fünf Schläfenringe und 46 Perlen freigelegt.[145]

145 FMP, Bd. 3: Masowien, Nr. 55.

## 3.4. Pommern

Von den 61 in Tabelle 24 aufgeführten Horten weisen 16 (rund 26 Prozent) einen Anteil von mindestens 50 Prozent an Münzfragmenten auf.

| Schlussmünze des Hortfundes | bis 25 % | 25-50 % | 50-75 % | 75-100 % |
|---|---|---|---|---|
| 990er Jahre | 11, 43, 140, 161, 236 | 237 | | 144 |
| 1000er Jahre | 61, 127, 139, 182, 280 | 184 | | |
| 1010er Jahre | 30, 187, 17G, 18 G[146] | 27E | 93B[147], 126 | 16B[148] |
| 1020er Jahre | 10, 16A[149] | 36 | 253 | |
| 1030er Jahre | 131 | 7 | 172 | |
| 1040er Jahre | 68, 159, 175, 178 | 31, 35, 194 | 32, 138 | |
| 1050er Jahre | 3, 45, 142, 188, 216, 278, 300 | 198, 283 | 152, 287, 62E | 93A[150], 255, 288 |
| 1060er Jahre | 64, 90, 179, 197, 271 | 33, 212 | 238, 291 | |

Tabelle 24: Bestimmbarer Anteil der Münzfragmente in Pommern und Ermland-Masuren (Nr. des Schatzfundes mit mindestens 10 Exemplaren nach dem FMP-Inventar; E hinter der Nummer bedeutet Ermland-Masuren)

Im Gegensatz zu Großpolen, Masowien/Kujawien und Südpolen fällt in Pommern/Ermland-Masuren die Anzahl zerteilter Prägungen besonders in den Horten aus den 1050er/1060er Jahren hoch aus. Zugleich muss bedacht werden, dass die Chronologie der Schatzfunde mit hohen Anteilen an pomoranischen Imitationen womöglich den Zeitraum von den 1040er Jahren bis ca. 1100 umfasst (z. B. Gliszcz oder Pommern XI, XV und XVI). Folglich wurden diese in Tabelle 24 nach der jüngsten bestimmbaren Münze zugeordnet. Nicht berücksichtigt hingegen sind Horte, in denen überwiegend vollständige Münzen festgestellt werden konnten, die allerdings noch mehrere Bruchstücke enthielten, die sich nicht einordnen ließen. Hierzu gehört zum Beispiel das Depot von Kamieniec (tpq. 1010).[151]

Ähnlich wie in Zentral- und Südpolen enthielten die meisten Horte Schmuck in ganzer wie zerhackter Form. Chronologisch ergibt sich folgende Auflistung, die jedoch keinen Anspruch auf Vollständigkeit erhebt:

146 Die Schatzfunde 17G und 18G werden unter den Nummern 17 und 18 in FMP, Bd. 1: Großpolen, aufgeführt.
147 So wird der Schatzfund im Inventar bezeichnet.
148 So wird der Schatzfund im Inventar bezeichnet und als Bestandteil des Hortes 16A ausgewiesen.
149 So wird der Schatzfund im Inventar bezeichnet.
150 So wird der Schatzfund im Inventar bezeichnet.
151 FMP, Bd. 2: Pommern, Nr. 98.

- 990er/1000er Jahre: Słupsk (ca. 990): mindestens fünf Schmuck- und Barrenfragmente; Moskorze (991-995): „mehrere“ Schmuckfragmente; Widuchowa I (995): mindestens sieben Schmuckfragmente; Połczyn-Zdrój (995): mindestens zehn Schmuckfragmente; Bogucino (995): vorwiegend ganze Münzen und 32 meist zerteilte Schmuckfragmente; Garsk II (996): 34 meist fragmentierte Schmuck- bzw. Barrenstücke; Wicimice 996: 88 meist fragmentierte Schmuck- und Barrenstücke; Słowianki ca. 1000: sechs Schmuckfragmente;
- 1010er Jahre: Dargocice (ca. 1010): 30 Schmuckstücke, davon 19 Bruchstücke; Mózgowo (ca. 1010): 150 Schmuck- und Barrenfragmente; Kwasowo (1011): meist fragmentierte Schmuckstücke;
- 1020er Jahre: Wolin XIII (1024): mindestens 56 Halsringe; Dobrociechy (1025): 217 Schmuckstücke und Barren, meist fragmentiert; Rybaki (1027): mindestens 30 Schmuckstücke (zum Teil zerteilt);
- 1030er Jahre: Noskowo-Bzowo (1030?): 43 meist fragmentierte Schmuckstücke; Runowo Krajeńskie (1037): über 50 Schmuckfragmente;
- 1040er Jahre: Stary Chwalim (ca. 1040): 55 Schmuckfragmente bzw. Silberklumpen; Dąbrowa (1040-1050?): 77 Schmuckstücke (57 vollständig); Płocko (1048): „große Menge“ von Schmuckfragmenten; Dobra (1040-1060): 67 Schmuckstücke (17 vollständig) und 86 Fragmente von Barren und Gusskuchen;
- 1050er Jahre: Kałdus VIII (ca. 1050): fast 100 meist zerteilte Schmuck-, Barren- und Gusskuchenstücke; Pommern VI (ca. 1050): ca. 3.500 Münzen und 27 Schmuckstücke; Strzeczona (1055): 34 meist fragmentierte Schmuck-, Barren- und Gusskuchenstücke (zudem 27 Perlen, darunter aus Bergkristall); Szczecin-Świerczewo (1050-1056): kleine Bruchstücke von Schmuck; Olbrachtówko (1056): 84 Schmuckstücke aus Silber;
- 1060er Jahre: Stojkowo (ca. 1065): 422 meist zerteilte Schmuck-, Barren- und Gusskuchenstücke; Dębczyno I (1068): 37 meist zerteilte Schmuckstücke;
- 1040er/1050er Jahre-ca. 1100: Gliszcz: über 350 zerhackte Teile von unter anderem Schmuck und Rohsilber; Pommern XV: 372 Schmuckstücke, Gusskuchen, Drähte bzw. Silberklumpen, bis auf neun fragmentiert;
- 10.-11. Jahrhundert: Bytów: 16 Schmuckstücke, darunter zwei fragmentiert; Wołcza Wielka: 82 meist zerteilte Schmuckstücke;
- 11. Jahrhundert?: Pękanino (gut 60 km östlich von Kolberg): 139 meist fragmentierte Schmuck- und Gusskuchenstücke.

Wir sollten zudem beachten, dass auch einige Horte mit einer Schlussmünze nach 1070 mehrere zerhackte Schmuckstücke enthielten: In dem Schatzfund von Pomierzyn bei Drawsko Pomorskie (1080) waren das zum Beispiel ca. 80 Teile.

Es liegt auf der Hand, dass Silber hier – ähnlich den anderen Regionen Polens – in allen möglichen Konstellationen vorliegt: in Form von ganzen und zerteilten Münzen ebenso wie in Gestalt von zum großen Teil fragmentierten Schmuck-, Barren- und Gusskuchenstücken. Parallele Muster bestanden nicht einmal regional, selbst lokal existierten sie häufig kaum. Vor diesem Hintergrund lässt sich in der ersten Hälfte des 11. Jahrhunderts keineswegs ein linearer Übergang von der Hacksilberökonomie zur Münzwirtschaft feststellen. Der hohe Anteil an Schmuck und Schmuckbruchstücken in den Schatzfunden deutet eine intensive Nutzung von Luxusgütern als zentrales Element der Zirkulation von Edelmetallen an. Nicht der Begriff „(Binnen)Markt“ spiegelt diese Kontexte wider, sondern vermutlich jener der Prestigegesellschaft.

Im Unterschied zu Großpolen, Masowien, Schlesien oder Kleinpolen fungierten jedoch im Küstenbereich der Ostsee Siedlungen, die einen ausgeprägten kommerziellen Charakter trugen: In dieser Phase waren dies Wollin, Stettin und Kołobrzeg-Budzistowo. Welche Indizien also besitzen wir, dass die Edelmetalle auf lokalen Märkten als Zahlungsmittel verwendet wurden?

Schauen wir uns vorerst die Einzelfunde aus Burgwällen und Siedlungen an. In Wollin ist die Anzahl westlicher Denare, die zwischen dem ausgehenden 10. und der ersten Hälfte des 11. Jahrhunderts zirkuliert haben könnten, überschaubar und liegt zurzeit bei etwa zehn Exemplaren (von insgesamt etwa 47 europäischen). Aus dieser Zeit stammen jedoch zwei Schätze, die in die Zeit nach 1024 und ca. 1050 eingeordnet werden konnten. Der ältere, bekannt unter Wolin XIII, bestand aus meist zerteilten Münzen, vorwiegend Dirhems, und mindestens 56 Halsringen. Der jüngere Hort (Wolin XV) wiederum enthielt ausschließlich westliche Exemplare, zum Teil fragmentiert. Erwähnt sei ebenfalls das Depot Wolin XVII, das nur allgemein ins 10.-11. Jahrhundert datiert werden konnte. Der Fund umfasste 99 Schmuckstücke, Silberdrähte und Barren, die meisten in Form von Bruchteilen.

Wenden wir uns nun der Burgsiedlung Stettin zu. Hier fanden die Archäologen in den frühmittelalterlichen Siedlungsschichten (Szczecin II-IX und XI) – neben zwei unbestimmten Dirhems und einer byzantinischen Bronzemünze aus der Zeit von 945 bis 959 – lediglich acht Denare, die zwischen dem ausgehenden 10. und der ersten Hälfte des 11. Jahrhunderts emittiert wurden. Aus dem Gebiet der frühmittelalterlichen Stadt stammt außerdem der Schatz Szczecin X (nach 1060), der sich aus 41 deutschen Prägungen, darunter 15 Fragmenten, zusammensetzte. In der Umgebung kommt noch der große Hort aus Szczecin-Świerczewo mit 4.000-5.000 Münzen hinzu (Teil I, Unterkapitel 1.4.2.).

Ebenfalls in dem Burgwall bzw. der benachbarten Siedlung in Kołobrzeg-Budzistowo erscheint die Anzahl der Einzelfunde überschaubar. Bislang notieren wir lediglich elf Exemplare, die den Zeitraum von 813/833 bis 1065 abdecken (Budzistowo III-VII). In Budzistowo begegnet zudem – genauso wie in Wollin und Stettin – zumindest ein Schatz, der vermeintlich aus zwei getrennten Teilen bestand: Der eine (1017) enthielt 67 Münzen, davon 52 in zerhackter Form, sowie vier Schmuckstücke; in dem zweiten Segment (1023) zählten Archäologen 45 vollständig erhaltene Denare. In ihren Kontext gehörten vermutlich 14 Gewichte.[152]

In der Umgebung der Burgsiedlung tauchen – wie oben teilweise aufgelistet – weitere Depots auf: Bogucino (995), Dargocice (ca. 1010), Siemyśl (1064) und Stojkowo (ca. 1065). Lech Leciejewicz geht davon aus, dass die zwischen dem späten 10. und der zweiten Hälfte des 11. Jahrhunderts bei Kolberg deponierten Schätze dem *Dienstadel* gehörten, der von den Herren der Burg Land verliehen bekam und somit auch das Recht, verschiedene Abgaben zu erheben.[153]

Eine starke Verdichtung von Einzel- und Grabfunden verzeichnen wir in der an der unteren Weichsel strategisch gelegenen Ortschaft Kałdus, knapp 140 km südlich von Danzig. Hier existierte im frühen Mittelalter ein Burgwall mit angrenzender Siedlung und einem Gräberfeld. Von den mindestens 140 bislang bekannten Münzen, von denen jedoch mehrere noch nicht bestimmt wurden (oder nicht bestimmt werden konnten), ließen sich etwa 17 Exemplare dem Zeitraum vom späten 10. Jahrhundert bis ca. 1070 zuordnen. Zwei Horte, datiert in die Zeit um 1018 bzw. 1050, runden das Bild ab.[154] Inwieweit die mindestens 56 Prägungen aus der

152 Vgl. FMP, Bd. 2: Pommern, Budzistowo II, 16A und 16B.

153 Lech Leciejewicz, Kim byli właściciele skarbów ukrytych w okolicy Kołobrzegu w XI wieku? [Wer waren die Besitzer der in der Umgebung von Kołobrzeg versteckten Schätze im 11. Jahrhundert?], in: Moneta mediaevalis (wie Anm. 6, Kap. 2), S. 103-112.

154 FMP, Bd. 2: Pommern, Kałdus I-IX.

Siedlung in Kałdus von einem monetären Umlauf in der ersten Hälfte des 11. Jahrhunderts zeugen, muss die Untersuchung sämtlicher Stücke zeigen. Weitere, jedoch deutlich kleinere Streufunde stammen aus den Grabanlagen von Ciepłe bei Mewe, etwa 90 km nördlich von Kałdus, und Zehden (Cedynia), knapp 80 km südlich von Stettin, sowie dem frühmittelalterlichen Siedlungskomplex von Żółte, gut 70 km südlich von Kolberg.

Die Befunde indizieren, dass der Handel und Transfer von Silber grundsätzlich den Eliten vorbehalten blieben. Bestätigen die in Pommern emittierten Imitationen diese Erkenntnis? Ähnlich wie die Piasten in Großpolen und vielleicht Mieclaw in Masowien haben die Pomoranen verschiedene Münzsorten nachgeschlagen. Mateusz Bogucki und Jacek Magiera unterscheiden für die erste Hälfte des 11. Jahrhunderts vier chronologische Phasen: Die ersten zwei von ca. 1000 bis 1030 und von ca. 1030 bis 1043 sind äußerst vage sowohl in Bezug auf die Typologie als auch die Geografie der Emissionen, die zwischen Wollin und Kołobrzeg-Budzistowo schwankt. Die folgenden zwei Stufen werden in den Zeitraum von ca. 1043 bis ca. 1047 bzw. von ca. 1047 bis 1069/1070 eingeordnet und in Verbindung mit Siemomysł in Kołobrzeg-Budzistowo gebracht.[155] Die relativ sicher bezeugten Imitationen deutscher, dänischer und angelsächsischer bzw. anglo-skandinavischer Typen (von denen etliche wiederum mit böhmischen Formen kombiniert wurden) aus den 1040er/1060er Jahren begegnen bislang vorwiegend in dem Łupawa-Fund: Bislang wurden hier mindestens 38-45 Exemplare gezählt. Den Westslawen oder Pomoranen zugeschriebene Nachprägungen, die womöglich aus der Mitte des 11. Jahrhunderts stammen, kommen zudem unter anderem in den Horten von Gliszcz, Gralewo, Pommern XI, Pommern XV und Pommern XVI vor; im letzteren tauchen vermutlich 1.857 Exemplare auf.

Die Ausprägung der aus Łupawa bekannten Denare wird im Zusammenhang mit politischen Konstellationen, vor allem zwischen 1043 und 1047, im gesamten westlichen Ostseeraum gesehen. In die Rivalität um Macht und Ressourcen war damals eine Reihe von Akteuren involviert: der oben erwähnte Pomoranen-Herzog Siemomysł, Magnus der Gute bzw. Sven Estridsen von Dänemark, der piastische Herrscher Kasimir der Erneuerer, Mieclaw in Masowien sowie die Ostseeslawen und die pruzzischen Jadwinger (Teil I, Unterkapitel 1.41. und 1.4.2.).[156] Das Bestreben des Pomoranen-Warlords, über Bargeld zu verfügen, um Söldner und politische Klienten zu bezahlen, könnte folglich hinter dieser Prägetätigkeit gestanden haben.

Im ersten Teil (Unterkapitel 1.5.3.) wurde bereits darauf hingewiesen, dass in der ersten Hälfte oder Mitte des 11. Jahrhunderts ebenfalls verschiedene Ostseeslawen-Gruppen eigene Münzen emittierten. Als mögliche Prägeorte werden Starigard/Oldenburg, Lübeck und Parchim-Löddigsee angenommen. Jens Schneeweiß kommentiert die Kontexte wie folgt:

> Die Interpretation dieser eigenen Münzprägungen ist nicht einheitlich. Zum einen wird sie als eigene „slawische" Währung und alternatives Zahlungsmittel angesehen, da ihre nominelle Anwendung zu „erahnen" sei. Ihre Einführung könnte so als Reaktion auf die zunehmende Einflussnahme „deutscher" Währungen verstanden werden. Andererseits werden für die ersten eigenen Münzprägungen Prestigegründe erwogen, sie seien Ausdruck des Wunsches lokaler Fürsten nach Ranggleichheit mit Herrschern benachbarter Reiche und könnten folglich nicht als eigenständige Münzwirtschaft angesehen werden, sondern seien sogar Ausdruck wirtschaftlicher Rückständigkeit.[157]

155 Vgl. Bogucki / Magiera, Lund – Odense (wie Anm. 519, Kap. 1, Teil I), S. 128.

156 Ebd., S. 126 f.

157 Schneeweiss, Münz- und Gewichtsgeldwirtschaft (wie Anm. 19, Kap. 2), S. 259.

Letztendlich neigt dieser Autor zu der *monetären* These, spricht jedoch nicht vom Übergang, sondern von einem Nebeneinander der Gewichts- und Münzgeldwirtschaft, das bis ins 12.-13. Jahrhundert bestanden habe. Dabei erscheint der Hinweis wichtig, dass die Gewichtsgeldwirtschaft – im Gegensatz zur Münzgeldwirtschaft – keiner normierenden und kontrollierenden Oberinstanz bedürfe, da sie ein selbstorganisierendes System sei.[158] Christoph Kilger wiederum verwendet den Begriff „Monetarität", um die vermeintliche Dichotomie zwischen Hacksilberökonomie und Münzwirtschaft, die grundsätzlich entlang der Elbe verlaufen sein soll, zu überwinden.[159] Beide Forscher scheinen also den Edelmetallen – in welcher Form auch immer – hauptsächlich die Funktion als Zahlungsmittel zuzuschreiben.

Die in diesem Kapitel durchgeführte Analyse der Schatzfunde nach fragmentierten Münzanteilen zeichnet ein komplexes und kein kohärentes Bild. Zum einen tauchen in allen Regionen Polens von der Wende zum 11. Jahrhundert an mehrere Horte mit überwiegend ganzen Münzen auf. Es sieht danach aus, dass die Anzahl der Bruchstücke zu diesem Zeitpunkt sogar abzunehmen begann, weil der Einstrom von Dirhems, die bereits teilweise in zerteilter Form zirkulierten, eingebrochen ist. Zugleich kamen bis in die 1050er/1060er Jahre hinein mehrere Fragmente von westlichen Münzen im Aktivitätsradius der Handelsplätze entlang der Küsten oder im Binnenland dort vor, wo strategische bzw. an Transitrouten liegende Burgwälle und Siedlungen bestanden (wie z. B. in Kałdus an der unteren Weichsel). Hier entstand eine funktionierende Infrastruktur, die die Bedürfnisse des Regionalhandels mit lokalen Märkten kombinierte. Besonders in den zentral gelegenen Burgwällen, die fremden Kaufleuten als Stationen auf ihren Handelsfahrten gedient haben, wurden europäische Prägungen zerschnitten. Denn die Händler bezahlten für ihre Versorgung und Unterkunft mit Silber, sodass etliche Transaktionen kleinere Geldeinheiten erforderten und folglich die Zerteilung von Münzen erzwangen. Dabei strömten Denare in slawische Länder höchstwahrscheinlich in vollständiger Form ein, weil die *Hacksilberkulturen* genauso wenig im römisch-deutschen Reich wie in England, vermutlich auch in Böhmen bekannt waren. Hier können wir also von kommerzialisierten Zonen sprechen, in denen die Edelmetalle, zumindest temporär und ansatzweise, als Zahlungsmittel auf dem Markt fungierten – jedoch nicht einmal der Siedlungskomplex von Kałdus kann, wenn man die Anzahl der Streufunde und Gewichte als Maßstab nimmt, an Janów Pomorski/Truso heranreichen.

Zum Teil erhebliche Unterschiede im Hinblick auf Fundinhalte existierten nicht nur zwischen den einzelnen und innerhalb der einzelnen Regionen, sondern mitunter selbst lokal (z. B. Ciechanów oder Kołobrzeg-Budzistowo und Umgebung). Außerdem enthielten die meisten Horte Schmuck oder Barren, Stangen bzw. Gusskuchen, von denen wiederum mehrere Teile zerhackt worden waren. In etlichen Depots begegnen – neben meist vollständigen Münzen – vorwiegend fragmentierte Stücke von Schmuck oder Rohsilber. Dass das nichtmonetäre Edelmetall zerteilt werden musste, weil seine Besitzer kleinere Geldeinheiten benötigten, erscheint aus zwei Gründen nicht durchweg überzeugend: Zum einen weil die Silberstücke häufig keine systematischen Gewichtsmuster aufweisen und mit den Münzen oft nicht kompatibel, also erheblich größer oder aber deutlich kleiner, sind. Es wäre seltsam gewesen, Halsringe, Armreife oder Ohrringe zu zerschneiden, wenn man die entsprechenden Gegenwerte (nach oben wie nach unten) ohnehin mit den zur Verfügung stehenden Prägungen erzeugen konnte. Nur am Rande ergibt sich, dass Fragmente von Schmuck, Barren oder Gusskuchen kaum als

158 Ebd., S. 260 f.

159 Kilger, Monetarität (wie Anm. 20, Kap. 2), S. 221-232.

Einzelfunde in Siedlungen und Emporien auftreten; zum anderen gibt es in dieser Phase keine Hinweise auf eine derart intensive Nutzung von Metallgeld auf lokalen Märkten (mehr dazu im folgenden Kapitel), die den vorhandenen Umfang und Grad der Fragmentierung rechtfertigen würde. Hier wird Jens Schneeweiß zuzustimmen sein, der das Vorkommen vielfältiger nichtmonetärer Äquivalentformen im ländlichen Umland hervorhebt.[160]

Der Schatz von Nørremølle auf Bornholm könnte illustrieren, warum die meisten für Slawen charakteristischen Schmuck- und Rohsilberstücke in zerhackter Form vorliegen.[161] Die Anwesenheit von Fremden auf der Insel setzt interkulturelle Kontakte mit den Einheimischen voraus. Auf elitärer Ebene mussten sie womöglich durch den Austausch von Gaben und die Bekundung von Freundschaft mittels der Zerteilung der Prestigegüter gefestigt werden. *Baugbroti*, „Ringbrecher", ist der symbolische Ehrenname nordischer Könige, die ihre Freigebigkeit unter Beweis stellten, indem sie die Dienste der Gefolgsleute und Getreuen durch die Vergabe von Bruchstücken ihrer Armringe belohnten. In dem Lied von Rigr heißt es:

> *Nun saß er und herrschte in achtzehn Höfen,*
> *Verteilte die Schätze, Alle beschenkend*
> *Mit Schmuck und Geschmeide und schlanken Pferden.*
> *Er spendete Ringe, hieb Spangen entzwei.*[162]

Demnach erscheint das Zerhacken von nichtmonetären Edelmetallen in Nord- und Ostmitteleuropa als ein Brauch, der nicht nur die Interaktion zwischen zwei fremden Gruppen begleitete, sondern ebenso gut eine soziale Handlung von dynastischen und verschiedenen lokalen Eliten dargestellt haben könnte.

---

160 Schneeweiss, Münz- und Gewichtsgeldwirtschaft (wie Anm. 19, Kap. 2), S. 261.

161 Ingvardson, Trade (wie Anm. 530, Kap. 1, Teil I), S. 335.

162 Die Edda. Göttersagen, Heldensagen und Spruchweisheiten der Germanen, in der Übertragung von Karl Simrock, hg. von Harri Günther, Wiesbaden 1987, S. 127; Reallexikon der Germanischen Altertumskunde, Bd. 1: A-E, hg. von Johannes Hoops, Straßburg 1911, S. 180. Der Begriff *Baugbroti* taucht in der „Hálfs saga ok Hálfsrekka" auf: Hubert Seelow, Hálfs saga ok Hálfsrekka, in: Poetry in fornaldarsögur, hg. von Margaret Clunies Ross, Turnhout 2017, S. 303-366, hier S. 330. *Menbrjótr* wiederum begegnet in der Bedeutung „Halsringbrecher", ebd. S. 328. Dies schließt nicht aus, dass der Terminus „Ringbruchstücke" im Laufe der Zeit eine abwertende Bedeutung bekommen konnte. Vgl. Bandamanna saga. Die Geschichte vom durchtriebenen Ofeig, in: Island Sagas (wie Anm. 337, Kap. 1, Teil I), S. 303-343, hier S. 337.

# 4. Von Kreuzdenaren zu einheimischer Münzprägung: Regionalhandel versus lokale Märkte zwischen ca. 1070 und 1200?

## 4.1. Die letzten Münzimporte, einheimische Denare und die Burgwallökonomie im piastischen Herrschaftsbereich an der Schwelle vom 11. zum 12. Jahrhundert

In den letzten drei Jahrzehnten des 11. Jahrhunderts verschoben sich im piastischen Raum die monetären Koordinaten: Zum einen begannen die Dynasten zu dieser Zeit, offizielle Denare zu emittieren; zum anderen prägten sie massenhaft die Kreuzdenare nach. Um herauszufinden, welcher Bedeutung dieser Produktion beizumessen ist, wird nun versucht, die Frage zu beantworten, welche Bedingungen erfüllt sein mussten, damit wir von einer Monetarisierung lokaler Märkte sprechen können. Roger Svensson definiert sie wie folgt:

> A necessary condition for collecting rents and taxes in coins was the existence of a local market. There are two reasons: firstly, peasants must be able to sell some of their output in a local market in order to obtain coins. Secondly, it could only have been an advantage for the landlord to accept monetary rents if the local markets were already developed. Then, but not before, he could more efficiently purchase what he demanded. Generally, it is reasonable to claim that the division of labour and the development of local markets must be in place before the landlord and other authorities require taxes and rents in coins.[163]

Der Markt ging also Svensson zufolge der Logik des politischen Zwangs chronologisch voraus. Entspricht dies den Verhältnissen in Polen? Wenn ja, wer generierte dann die Nachfrage nach Waren, deren Produktion eine Vertiefung der Arbeitsteilung und die Entwicklung lokaler Märkte voraussetzte? Es liegt auf der Hand, dass es allein die Städte waren, die größere Mengen landwirtschaftlicher Erzeugnisse abnehmen und sie gegen Handels- und Handwerksprodukte eintauschen konnten. In Ostmitteleuropa lassen sich zu diesem Zeitpunkt grundsätzlich zwei Typen solcher Orte unterscheiden: zum einen Emporien, d. h. Seehandelsplätze, die überwiegend den Fern- oder den Regionalhandel bedienten; und, zum zweiten, politisch-administrative Zentren, die ebenfalls kommerzielle Funktionen übernahmen. Erstere begegnen vor allem im Ostseeraum und befanden sich an der Wende vom 11. zum 12. Jahrhundert vermutlich kaum unter direkter Kontrolle der Piasten. Im Binnenland hingegen stellten Burgwälle mit den umliegenden Siedlungen den Kern späterer Städte dar. Es scheint, dass im Polen des 11. Jahrhunderts die Nachfrage nach Waren aus dem agrarisch geprägten Hinterland und somit eine Vertiefung der Arbeitsteilung vorwiegend der piastische Verwaltungsapparat erzeugte.[164]

163 Roger Svensson, Coinage Policies in Medieval Sweden, in: WN 59 (2015), 1-2, S. 129-187, hier S. 135.

164 Wann das System des sog. Fürstenrechts (*ius ducale*) entstand, ist seit Jahrzehnten ein Gegenstand von Kontroversen in der polnischen Historiografie. Vgl. Gab es das „Dienstsystem“ im mittelalterlichen Polen – oder was war das ius ducale?, hg. von Eduard Mühle, https://perspectivia.net/content/publikationen/lelewel-gespraeche/4-2011 (Zugriff am 5.02.2018).

Wie hat dieses System funktioniert? Eine dünne Quellenbasis lässt lediglich eine schematisch-spekulative Erfassung der Interaktionen zwischen den Burgwällen, den ihnen zugeordneten Vorburgen und dem weiten landwirtschaftlichen Hinterland zu. Vorerst sollten wir uns aber vergegenwärtigen, wie das piastische Reich administrativ angelegt war. Eduard Mühle kommentiert die Strukturen folgendermaßen:

> Das deutet darauf hin, dass die Provinzen und fürstlichen Versorgungsgebiete des 11.-12. Jahrhunderts noch keine flächenhaft angelegten Verwaltungseinheiten, sondern lediglich einen potentiellen Aktionsraum dargestellt haben, der von anderen Provinzen im Übrigen nicht durch klare Grenzlinien, sondern durch diffuse Grenzsäume in Gestalt unwegsamer Landschaften, gegenüber fremden Nachbargebieten durch in den Wäldern angelegte Grenzverhaue (*preseka*) abgetrennt war. Innerhalb dieser Provinzen wurde Herrschaft noch nicht in provinzweiten amtlich-institutionellen Strukturen, sondern in Gestalt fluktuierender personaler Beziehungen ausgeübt, die sich primär auf einen überschaubaren Handlungsraum konzentrierten: auf den einzelnen Burgort und dessen unmittelbares Einzugsgebiet – also auf das, was die Forschung als „Burgbezirk" bezeichnet und die Quellen seit dem 13. Jahrhundert „Kastellaneien" (*castellania, castellatura*) nennen.[165]

Im ausgehenden 11. Jahrhundert dürfen das nach archäologischen Befunden schätzungsweise bis zu 100 Burgorte und Burgbezirke gewesen sein, obgleich in den Schriftquellen lediglich 30 nachgewiesen sind.[166]

Diagramm 1 spiegelt auf schematische Weise das Verhältnis zwischen den Burgwällen und ihrem agrarischen Umland wider.

Diagramm 1

165 Eduard Mühle, Die Piasten. Polen im Mittelalter, München 2011, S. 43 f.

166 Ebd., S. 44; Ambroży Bogucki, The administrative structure of Poland in the eleventh and twelfth century, in: Acta Poloniae Historica 72 (1995), S. 5-32.

Demnach zeichneten sich die Kontakte zwischen den Burgzentren, ihren Vorburgen und umliegenden Siedlungen durch die Reziprozität Schutz[167] für Dienstleistungen bzw. Warenlieferungen aus. Für die kommerzielle Nutzung von Münzen bestand hier ein gewisser Spielraum in Situationen, wenn der in den Vorburgen erzielte Surplus der handwerklichen Produktion verkauft und bestimmte Arbeiten (besonders jene, die hohe Fachkompetenzen erforderten) für die Burgen geleistet wurden. Das wäre ein Beispiel für die Existenz lokaler Märkte. Davon würden die Streufunde von Denaren aus der zweiten Hälfte des 11. und dem frühen 12. Jahrhundert zeugen, die in piastischen Machtzentren wie Giecz, Ostrów Lednicki, Gnesen, Ląd, Tum-Łęczyca, Kalisch, Kałdus, Kraków-Wawel, Wrocław-Ostrów Tumski, Milicz oder Bytom Odrzański entdeckt wurden. Doch diese monetäre Zirkulation betraf voraussichtlich lediglich einen geringen Prozentsatz der Bevölkerung des Binnenlandes. Dazu mehr später.

Die Interaktionen zwischen den Burgwällen und dem agrarischen Hinterland (zu dem ich hier nicht die Siedlungsgefilde in deren unmittelbarer Nähe zähle) beruhten hingegen auf der Entrichtung von Abgaben und Tributen seitens des letzteren für den Schutz seitens der ersteren – obgleich „Schutz" mitunter die Form einer gewöhnlichen Ausraubung angenommen haben wird (Unterkapitel 4.3.). Hier erscheint der Spielraum für konstante Marktverhältnisse auf der Ebene agrarisches Hinterland – Vorburgen – Burgen sehr eng; denn für welche Waren eigentlich sollten Dorfbewohner Münzen erwerben, wenn die Eliten an Naturalien ohnehin über politischen Zwang kamen und handwerkliche Erzeugnisse für sie in den Vorburgen hergestellt wurden? Der Münztransfer verlief vertikal von oben nach unten, von Burgen zu Vorburgen und benachbarten Siedlungen. Es fehlen hingegen Indizien für eine horizontale Zirkulation zwischen den einzelnen Dörfern. Weite Teile der Gesellschaft waren ökonomisch autark und die Arbeitsteilung viel zu unterkomplex, damit Silber zum allgemeingültigen Zahlungsmedium avancieren konnte. Nur am Rande ergibt sich, dass die Urkunden aus dem 12. Jahrhundert Abgaben ausschließlich in Form von Naturalien erwähnen: die Gnesener Bulle von 1136 führt Marder- und Fuchsfelle an,[168] die Tyniec-Urkunde von 1105 (eigentlich 1123/1124) nennt wiederum Steuern in Eichhörnchenfellen.[169] Der Kirchenzehnt bzw. -neunt wurde allerdings häufig in Denaren entrichtet, was zum Beispiel von dem Plozker und dem Leslauer Bistum im 12. Jahrhundert bekannt ist.[170] Schließlich soll Bolesław II. der Freigebige der Benediktinerabtei in Mogilno vielleicht schon 1065 Abgaben unter anderem in Münzen übertragen haben.[171] Ob im ausgehenden 12. Jahrhundert eine qualitative wie quantitative Ausweitung der Geldnutzung stattgefunden hat, wird im letzten Kapitel erörtert.

Wenden wir uns nun den Streufunden aus Burgwällen und Siedlungen zu, um die Dimensionen der Münzzirkulation zu eruieren.

167 Der Begriff „Schutz" beruht hier auf der soziologischen Kategorie *protection costs*, die von Frederic C. Lane auf frühneuzeitliche Gesellschaften angewandt worden ist. Frederic C. Lane, Profits from Power: Readings in Protection Rent and Violence-Controlling Enterprises, Albany 1979.

168 Kodeks dyplomatyczny Wielkopolski (wie Anm. 277, Kap. 1, Teil I), Bd. 1, Nr. 7.

169 In Höhe von vier Fellen vom Herd. Kodeks dyplomatyczny klasztoru tynieckiego (wie Anm. 278, Kap. 1, Teil I), Nr. 1.

170 Codex Pomeraniae diplomaticus, hg. von Karl Friedrich Wilhelm Hasselbach u. a., Greifswald 1862, Nr. 16 und 17; Kiersnowski, Pieniądz (wie Anm. 1, Kap. 2), S. 452.

171 Kodeks dyplomatyczny Wielkopolski (wie Anm. 277, Kap. 1, Teil I), Nr. 3.

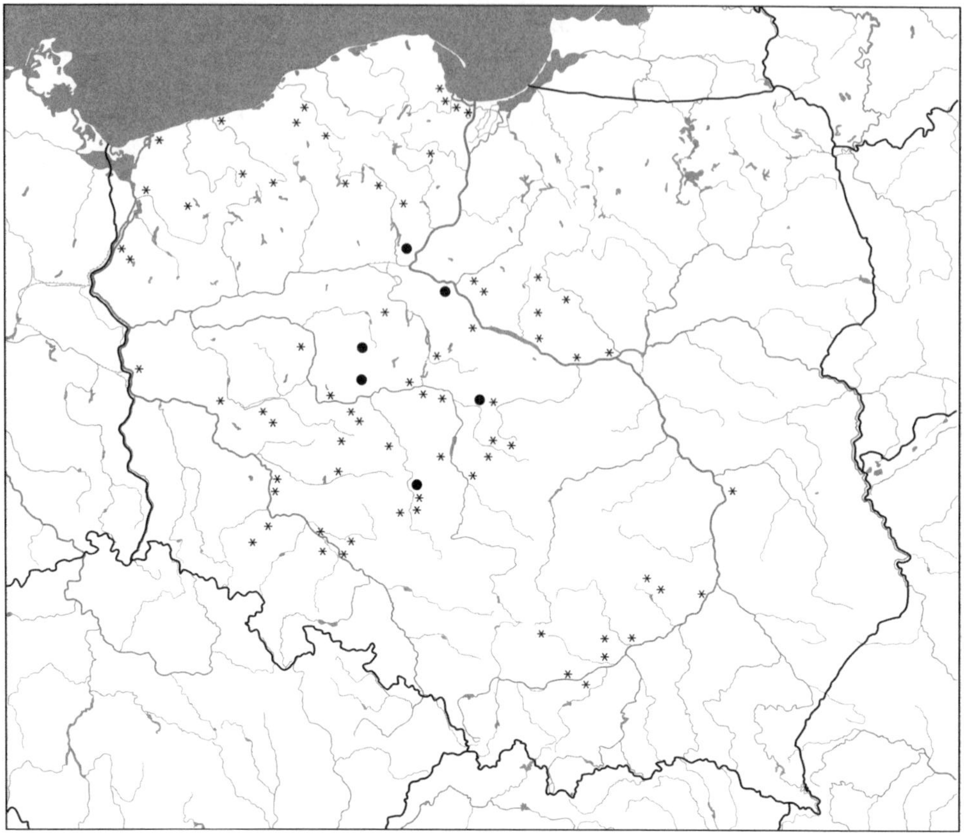

Karte 13: Geografie der Silberverteilung in Zentralpolen
Sternchen: Schatzfunde; Punkte: größere Cluster von Einzelfunden

Besonders zahlreich erscheinen die Einzelstücke in Zentralpolen, wo wiederum Giecz hervorragt. Wie bereits in Unterkapitel 2.2. ausgeführt, sind aus dieser Ortschaft gut 50 Dirhemfragmente bekannt. Hinzu kommen mindestens 87 deutsche bzw. weitere europäische Denare, die zwischen der zweiten Hälfte des 10. Jahrhunderts und etwa 1050 emittiert wurden, sowie zwei Münzen von Bolesław I. dem Tapferen hinzu. In das ausgehende 10. und die erste Hälfte des 11. Jahrhunderts datierte Kreuzdenare treten wiederum in 14 Exemplaren auf. Insgesamt verfügen wir also über rund 100 Prägungen, die irgendwann von der Schwelle zum 11. Jahrhundert bis ca. 1050, und wie der Inhalt der Horte nahelegt, sicherlich auch danach zirkuliert haben dürften. Ein massiver Anstieg fand zwischen 1060/1070 und 1105 statt. Aus dieser Zeitspanne begegnen zwar sehr wenige nach 1050 im Westen bzw. im Norden geschlagene Pfennige, dafür aber zahlreiche sächsische Kreuzdenare und deren Imitationen, darunter welche von Sieciech, Władysław Herman, Zbigniew (1102-1107) und Bolesław III. Schiefmund. Die Zahl der in Polen emittierten offiziellen Denare aus der Zeit von ca. 1070 bis 1138 liegt bei gut 40 Exemplaren.[172] Die Tatsache, dass letztere lediglich neun Prozent der gesamten Münzmasse von rund 500 (ein-

172 Die Auflistung europäischer Münzen in: Monety ze stanowiska (wie Anm. 93), Nr. 54-68 und 115-537; FMP, Bd. 1: Großpolen, Giecz V.

schließlich des Burgwalls) Emissionen ausmachen, unterstreicht ihre geringe fiskalische und kommerzielle Bedeutung, zumindest in Großpolen.

Rund 90 km südlich von Giecz befand sich ein anderes piastisches Zentrum. Aus der Altstadt Kalisch' liegen rund 70 Einzelfunde von Münzen aus dem 10.-11. Jahrhundert vor, von welchen gut 68 Prozent in die zweite Hälfte des 11. und das frühe 12. Jahrhundert datieren. Mit zwölf Exemplaren ist hier der Anteil piastischer offizieller Denare höher als in Giecz und beträgt knapp 17 Prozent.[173]

Ein weiterer kleiner Verdichtungscluster hat sich in Tum-Łęczyca herausgebildet, wo innerhalb eines frühmittelalterlichen Burgwalls mindestens 84 Münzen und drei fragmentierte Rohsilberstücke sowie in der benachbarten zeitgleichen Siedlung 68 Prägungen entdeckt wurden. Von den sämtlichen bestimmbaren Exemplaren datieren 54 in die zweite Hälfte des 11. bzw. das frühe 12. Jahrhundert.[174] Hier überwiegen – genauso wie in Giecz – die Kreuzdenare, wohingegen offizielle piastische Münzen mit fünf Stück nur neun Prozent bilden und sich somit in das schon aus Giecz bekannte Muster einfügen.

Eine starke Anhäufung von Streufunden stammt zudem aus dem frühmittelalterlichen Gräberfeld in der Ortschaft Dziekanowice bei Ostrów Lednicki: Hier notieren Archäologen über 150 Exemplare, darunter rund 140 Stück vorwiegend aus dem 11. Jahrhundert, die vor allem in seine zweite Hälfte datieren. Von den gut 30 auf dem Burgwall bzw. in der Vorburg von Ostrów Lednicki entdeckten Pfennigen wiederum lassen sich etwa 20 in die zweite Hälfte des 11. bzw. ins frühe 12. Jahrhundert einordnen.[175]

Schließlich wird eine Reihe von kleineren Münzgruppen aus etlichen Burgwällen, Vorburgen bzw. Gräberfeldern in Großpolen und Masowien gemeldet. Dazu gehören Kruschwitz, Posen (rund 30 Denare), Gnesen, Ląd, Grudusk, Radom und Lubień. In Ostrów Lednicki tauchen zudem ca. 80 Gewichte auf.[176]

In Zgłowiączka bei Leslau (Kujawien) notieren wir, womöglich innerhalb einer frühmittelalterlichen Siedlung, mindestens 77 Prägungen, die vermutlich als Streufunde begegnen.[177] 58 Exemplare datieren in die Zeit von ca. 1050 bis 1138. Darunter befanden sich 56 Kreuzdenare und lediglich zwei offizielle piastische Pfennige. Ergänzend sei hinzugefügt: In Zgłowiączka, wo bereits ein Hort aus dem späten 11. Jahrhundert (tpq. 1079) entdeckt wurde,[178] existierte ein wichtiges Salzzentrum.[179] Dass den Münzen am mittleren Weichsellauf zumindest ansatzweise die Funktion als Zahlungsmittel zukam, zeigen die versilberten Kupfermünzen aus der Ortschaft (vereinzelt auch in Großpolen lokalisiert).[180] Denn die Erzeugung von Fälschungen

---

173 FMP, Bd. 1: Großpolen, Kalisz XII und Kalisz XIII – Stare Miasto (Altstadt) (A-G); FMP, Bd. 5: Addenda, Kalisz XII B.

174 FMP, Bd. 3: Masowien, Tum II und III, Nr. 183-184.

175 Stanisław Suchodolski, Obol zmarłych (monety i pieniądz kruszcowy) na cmentarzysku w Dziekanowicach, stan. 22 [Obolus der Toten (Münzen und Edelmetall) auf dem Gräberfeld von Dziekanowice, Stelle 22], in: Nummus bonum fragile est. Groby z monetami wczesnośredniowiecznego cmentarzyska w Dziekanowicach [Nummus bonum fragile est. Gräber von frühmittelalterlichen Münzen aus Dziekanowice], hg. von Jacek Wrzesiński, Bd. 1, Lednica 2016, S. 157-195; Katalog, in: Ebd., Bd. 2, S. 129-154; FMP, Bd. 1: Großpolen, Rybitwy-Ostrów Lednicki VII-VIII.

176 Banaszak / Tabaka, Kompleks osadniczy (wie Anm. 256, Kap. 1, Teil I), S. 296.

177 FMP, Bd. 1: Großpolen, Rybitwy-Ostrów Lednicki VII-VIII, Nr. 209-211.

178 Ebd., Nr. 208.

179 Andrzejewska, Średniowieczny zespół (wie Anm. 617, Kap. 1, Teil I).

180 Mateusz Bogucki, Forged Coins in Early Medieval Poland, in: WN 52 (2008), 2, S. 209-236, besonders S. 222-228.

ergab Sinn nur in kommerziell-monetarisierten Zonen, dort wo Silbermünzen als Geld am lokalen Markt einigermaßen etabliert waren.

Wenn folglich die Streufunde von Münzen aus dem späten 11. bis zum frühen 12. Jahrhundert in Burgwällen und Siedlungen in nennenswertem Umfang vorkommen, dann sind es überwiegend jüngere Kreuzdenare oder deutsche Pfennige, die vom ausgehenden 10. Jahrhundert bis ca. 1050 geschlagen wurden, die allerdings ebenfalls in der zweiten Hälfte des 11. Jahrhunderts zirkuliert haben. Wenden wir uns nun Südpolen zu.

Prüfen wir vorerst den Burgwallkomplex von Kraków-Wawel, den Hauptsitz der piastischen Dynastie unter Bolesław II. dem Freigebigen, und seine Umgebung. Hier wurden an verschiedenen Stellen bei archäogischen Ausgrabungen (inklusive Grabfunde) 16 Kreuzdenare und fünf offizielle piastische Pfennige freigelegt.[181] Folglich erscheint der Anteil an einheimischen Münzen mit 24 Prozent höher als in Zentralpolen, bleibt jedoch angesichts der geringen Gesamtzahl überschaubar. Kleinere Einzelfunde tauchen sodann innerhalb einer frühmittelalterlichen Siedlung von Wawrzeńczyce bzw. auf den Gräberfeldern Sandomierz I, Modlnica, Prząsław und womöglich Jędrzejów auf.

Schlussendlich ist Schlesien zu beachten. Aus dem frühmittelalterlichen Siedlungsgelände Wrocław-Ostrów Tumski stammen lediglich neun Münzen, darunter sechs Kreuzdenare, die in die zweite Hälfte des 11. bzw. das ausgehende 11. Jahrhundert datiert werden können.[182] Innerhalb einer frühmittelalterlichen Siedlung Opole-Ostrówek wurden wiederum (neben einem Schläfenring) 14 Münzen ausgegraben: zwölf Kreuzdenare und zwei Prägungen von Bolesław II. dem Freigebigen. Zweistellige, aber kaum 20 Exemplare überschreitende Einzelfunde von Münzen notieren wir gleichfalls aus Burgwällen und Siedlungen wie Bytom Odrzański, Milicz, Ryczyn oder dem Gräberfeld in Stary Zamek.

Aus der Analyse ergeben sich zwei Schlussfolgerungen: Zum einen ist die Anzahl von Streufunden in allen hier untersuchten Regionen des piastischen Herrschaftsraumes, bis auf Giecz in Großpolen und vielleicht Tum-Łęczyca in Masowien bzw. Zgłowiączka in Kujawien, gering. Gleichzeitig übersteigt sie deutlich die Quantität der Geldfunde aus dem 10. und der ersten Hälfte des 11. Jahrhunderts. Zum zweiten überwogen bei der Zirkulation von Silber die Kreuzdenare (sächsische wie einheimische), die offenbar die verbreiteste und beliebteste Währung darstellten. Der Anteil der offiziellen piastischen Denare an der im Umlauf befindlichen Münzmenge hingegen fiel niedrig aus und entsprach grundsätzlich der Anzahl der in den Horten deponierten Exemplare.

Welche Funktionen erfüllten demnach die offiziellen piastischen Denare? Sie unterschieden sich von den Kreuzdenaren und deren Nachprägungen durch ihre Zuordnung dem jeweiligen Herrscher: durch die Nennung seines Namens und die herrschaftliche Symbolik (Schwert, Lanze, Burg), die Souveränitätsansprüche demonstrieren sollten. Stanisław Suchodolski schätzt anhand der Münzstempel die Emission piastischer Münzen unter Bolesław dem Freigebigen (1058-1079) und Władysław Herman (1079-1102) auf mehrere Millionen Exemplare. Allein zwischen 1076 und 1079 (also von der Krönung bis zur Vertreibung Bolesławs) sollen mindestens zwei Millionen Stück ausgeprägt worden sein.[183] Von den in den polnischen Schätzen bis heute

181 FMP, Bd. 4: Kleinpolen und Schlesien, Kraków III, V-VI, X, XII-XIII.

182 Ebd., Wrocław V-Ostrów Tumski; Bd. 5: Addenda, Wrocław VIB-Ostrów Tumski und Wrocław-Nowy Targ.

183 Zu der Problematik der piastischen Münzprägung vgl. Stanisław Suchodolski, Mennictwo polskie w XI i XII wieku [Die polnische Münzprägung im 11. und 12. Jahrhundert], Wrocław 1973, besonders S. 42 ff., 98 f.; Ders., Moneta możnowładcza i kościelna w Polsce średniowiecznej [Die Magnaten- und Kirchenmünze im mittelalterlichen Polen], Wrocław u. a. 1987, S. 38 f. Ders., Numizmatyka (wie Anm. 500, Kap. 1, Teil I), S. 335-349.

gefundenen Prägungen konnten die meisten Władysław Herman und Bolesław III. Schiefmund zugeordnet werden.[184] Die Gesamtzahl offizieller piastischer Denare aus dem Zeitraum von 1070 bis 1138 beläuft sich zurzeit auf gut 9.000 Stück, also nicht einmal 15 Prozent aller in Polen entdeckten Münzen aus dieser Periode.

Wenn sie nicht als Zahlungsmittel im Rahmen einer Burgwallökonomie fungierten, dann muss ihre Bedeutung in der fiskal-politischen und symbolischen Verwendung gelegen haben. Die Führungsschicht des Ottonenreiches bestand aus etwa 200,[185] jene der Kiever Rus' Mitte des 10. Jahrhunderts aus gut 70 Personen.[186] Übertragen wir diese Größenordnungen auf die piastische Monarchie[187] und gehen bei einer Schätzung des engen Herrschaftszirkels in Krakau, Breslau und Plozk (also in den Hauptmachtzentren der Regionen, in denen piastische Münzen bislang gefunden wurden) großzügig von 200 *comites* bzw. *nobiles* und von zwei Millionen Exemplaren zwischen 1076 und 1079 aus, dann kommen wir auf 10.000 Münzen pro Kopf in drei Jahren – ein Äquivalent von knapp 50 Mark, jährlich fast 17 Mark. Für 34 Mark Silber konnte man (zumindest im Laufe des 13. Jahrhunderts) ein Dorf oder mehrere Dutzend Stück Vieh erwerben. Diese Zahlen relativieren sich jedoch ein wenig, wenn wir bedenken, dass hier noch nicht die Zahlungen an weitere Gefolgsleute, Söldner und Klienten (darunter verschiedene lokale Gruppen in peripheren Gebieten, die die Hoheit der Piasten gegen Gaben in Form von Edelmetallen anerkannten) in Rechnung gestellt wurden. Freilich von einer bewussten Geldpolitik zu sprechen, wäre deutlich übertrieben – wie ein Althistoriker in Bezug auf das Römische Reich konstatiert: „Die offensichtliche Orientierung der Münzprägung an den Staatsausgaben, die Verschlechterung der Substanz der Münzen als seine Finanzbeschaffungsmaßnahme und die weitgehende Untätigkeit des Staates hinsichtlich einer Kleingeldversorgung stehen dem entgegen."[188]

Wir sollten uns in diesem Zusammenhang die Quantität und die Geografie der Schatzfunde mit einer Schlussmünze von 1070 bis ca. 1110 in Erinnerung rufen: Lediglich fünf Depots, zwölf Prozent (Tabelle 8), enthielten mehrheitlich einheimische Prägungen; drei Horte stammen dabei aus Kleinpolen, je einer aus Schlesien und Masowien. Diese limitierte Verteilung zeigt deutlich die geringe gesellschaftliche Akzeptanz der offiziellen Piasten-Denare, zumindest solange noch die Kreuzpfennige nach Polen einströmten. Hier zeigt sich – um den von Georges Duby im Hinblick auf das Frankreich des ersten Drittels des 11. Jahrhunderts verwendeten Begriff zu

184 Suchodolski, Mennictwo (wie Anm. 183), S. 12. Mittlerweile wird die Anzahl der von Władysław Herman und Bolesław Schiefmund geprägten Denare auf ca. 1.300 bzw. rund 3.000 Exemplare geschätzt. Ders., Monety księcia Władysława Hermana i wojewody Sieciecha [Die Münzen des Herzogs Władysław Herman und des Wojwoden Sieciech], Vortrag gehalten vor der Polnischen Numismatischen Gesellschaft in Warschau am 5. Dezember 2011; Grzegorz Śnieżko, Znaleziska monet Bolesława Krzywoustego na tle porównawczym [Die Münzfunde Bolesław Schiefmunds in komparativer Perspektive], in: Pieniądz i banki w Małopolsce [Geld und Banken in Kleinpolen], hg. von Witold Garbaczewski / Roman Macyra, Poznań 2018, S. 81-112.

185 Althoff, Die Ottonen (wie Anm. 12, Kap. 1), S. 239.

186 Siehe den Handelsvertrag zwischen Byzanz und Kiever Rus' von 944-945. Hellmann, Die Handelsverträge (wie Anm. 323, Kap. 1, Teil I), S. 650 f., 661.

187 Grundsätzlich vgl. Janusz Bieniak, Polska elita polityczna XII wieku [Die politische Elite Polens im 12. Jahrhundert], in: Społeczeństwo Polski Średniowiecznej 10 (2004), S. 19-46 (I) und 11 (2007), S. 9-19 (II).

188 Vgl. Reinhard Wolters, Geldwesen und Wirtschaftsstrukturen in der Römischen Kaiserzeit, in: Forschungen zur Monetarisierung und ökonomischen Funktionalisierung von Geld in den nordwestlichen Provinzen des Imperium Romanum. Die Entstehung eines europäischen Wirtschaftsraumes, hg. von Karl Strobel, Trier 2004, S. 181-195, hier S. 187 und 191.

wiederholen – *imbecillitas regis*, die Schwäche der Zentralmacht, die es nicht vermochte, eigene Münzen über den engen Machtbereich der zentralen Burgwälle hinaus durchzusetzen.[189]

Zu der Burgwallökonomie gehörten selbstverständlich Regalien, also Rechte auf Nutzung von besonders wichtigen Gütern und Rohstoffen, und die damit vermutlich verbundenen Deposite aus dem späten 11. Jahrhundert. Zu erwähnen sind hier die Salinen in Kleinpolen und Kujawien (jeweils die Horte von Grobla bei Bochnia und Zgłowiączka bei Leslau) sowie der Bergbau (der Fund von Kopacz bei Goldberg). Der „Schatz des Hüttenwerkers" von Dąbrowa Górnicza-Łosień, der kurz nach der Mitte des 12. Jahrhunderts deponiert worden sein muss, verkörpert den Kontext schon aufgrund der Semantik.[190] Schließlich wurden Einnahmen aus der Besteuerung von Tavernen erzielt: An der Wende vom 11. zum 12. Jahrhundert sollen sie in Plozk 120 Mark jährlich betragen haben, was mindestens 25 kg Silber entsprach.[191]

Eine nicht geringe Gruppe von Schätzen aus den drei letzten Dekaden des 11. Jahrhunderts zieht sich entlang der Handelsrouten. Auf der Magistrale Magdeburg – Posen ist es zuerst der große Hort von Górzyca bei Słubice (Frankfurt/Oder), der ca. 1.000 Münzen enthielt. Einige Kilometer weiter im Süden, in Lebus (Lubusz), wurde im Januar 2016 ein Münzfund von 2.100 Kreuzdenaren gemacht, deren jüngste Exemplare vorläufig in die Zeit um 1090 datiert werden konnten.[192] Die Deposite von Jordanowo bei Świebodzin und Karna bei Wolsztyn, beide südöstlich von den oben erwähnten Schätzen situiert, scheinen ebenso Transitfunktionen erfüllt zu haben. Schlussendlich begegnen etliche Funde im mittleren Oderraum (z. B. Bałdowice bei Syców, Syców, Pęgów bei Trebnitz, Sokolniki bei Reichenbach) sowie im oberen Weichselgebiet (u. a. Dobiesławice bei Sędziszowice, Gnieszowice, Gorzyczany bei Sandomir, Zawichost). Die Funktionen der Horte entlang der Weichsel, die den Weg nach Ostpolen und von dort vermutlich in die Kiever Rus' markieren, wurden im ersten Teil (Unterkapitel 1.5.5.) kontextualisiert.

Wenn man den Umfang der Schatzfunde aus dem späten 11. Jahrhundert untersucht, fällt eine Besonderheit ins Auge: Deposite mit mindestens 400-500 Münzen, also das Äquivalent von zwei bis zweieinhalb Mark, bilden gut die Hälfte aller Horte; jene von 800-1000 Denaren (vier bis fünf Mark) etwa ein Drittel. Wenn wir beachten, dass mehrere von ihnen zudem Schmuckstücke, Gusskuchen, Silberklumpen und Barren enthielten (z. B. Jastrzębniki, Słuszków, Rzeczki-Wólka, Parzęczew, Leźnica Mała, Zgłowiączka, Sokolniki, Szlichtyngowa, Grobla, Ojców), dann lassen sich die Konturen einer Silberzirkulation, die wir als prestigeträchtige und politische Redistribution unter den Eliten sowohl auf vertikaler als auch auf horizontaler Ebene sowie als Geldumlauf im Fernhandel auffassen dürfen, klarer skizzieren.

Sodann stammt eine Reihe von Schätzen entweder direkt aus Burgwällen oder ihrer Umgebung. Größere wurden in Słuszków (bei Kalisch), Kalisz-Dobrzec (hier unter anderen 579 Gusskuchenstücke), Plozk, Parzęczew und Leźnica Mała (in der Nähe von Tum-Łęczyca), Naruszewo (Płońsk), Wiślica (hier innerhalb eines frühmittelalterlichen Burgwalls), Drożyn

189 Duby, Die drei Ordnungen (wie Anm. 129), S. 187.

190 Dariusz Rozmus u. a., Wczesnośredniowieczny „skarb hutnika" z Dąbrowy Górniczej-Łośnia [Der frühmittelalterliche „Schatz des Hüttenwerkers" von Dąbrowa Górnicza-Łosień], Dąbrowa Górnicza 2014.

191 Stanisław Trawkowski, Opuscula medievistica. Studia nad historią społeczną Polski wczesnopiastowskiej [Opuscula medievistica. Studien zur Gesellschaftsgeschichte des frühpiastischen Polen], Warszawa 2005, S. 220. Die Angaben erscheinen jedoch sehr optimistisch, wenn man bedenkt, dass im frühen 13. Jahrhundert die Einnahmen aus vier Tavernen in Breslau, Trebnitz, Uraz und Bierzwiecznik insgesamt rund 17 Mark jährlich betrugen. Vgl. Górecki, Economy (wie Anm. 277, Kap. 1, Teil I), S. 85 f.

192 „Silberschatz in Brandenburg entdeckt – mehr als 2100 Münzen", http://gmx.net/magazine/wissen/silberschatz-brandenburg-entdeckt-2100-muenzen-31262812 (Zugriff am 5.02.2018).

bei Glogau (Głogów) gefunden. Kleinere haben Archäologen unter anderem in Ostrów Lednicki und auf der Krakauer Burg Wawel registriert. Zudem taucht in der frühmittelalterlichen Siedlung von Jastrzębniki bei Kalisch ein Hort (tpq. 1086) auf, der neben Münzen 156 Gusskuchenstücke, davon 152 in fragmentierter Form, umfasste.

Demnach diente das angehäufte Edelmetall der Entlohnung der Gefolgsleute und Krieger, der Bestechung politischer Klienten, der Zurschaustellung von Macht und Prestige, als Rohstoff zur Anfertigung von Schmuck bzw. Ausprägung von Münzen, schließlich als Zahlungsmittel bei ökonomischen Transaktionen auf verschiedenen Marktniveaus. Diese hybride, verschiedene fiskalische, politisch-repräsentative und kommerzielle Elemente umfassende Wirtschaftsform kann indes mit guten Gründen als Burgwallökonomie bezeichnet werden.

## 4.2. Pommern um 1100 zwischen Importen und Imitationen – ein Sonderfall?

Ganz andere Konstellationen haben sich im späten 11. Jahrhundert in Pommern herausgebildet. Hier ist in den Schatzfunden eine Dichotomie Importe versus Imitationen derselben zu konstatieren. Im Gegensatz zum von den Piasten beherrschten Binnenland konnten bislang keine offiziellen Prägungen (zumindest vor dem späten 12. Jahrhundert) festgestellt werden. Schauen wir uns zuerst den Inhalt der in das ausgehende 11. bzw. frühe 12. Jahrhundert datierbaren Horte an.

| Fundort und Schlussmünze | Anzahl der Importe (in Prozent) | Anzahl der Imitationen (in Prozent) |
|---|---|---|
| Bonin (Koszalin, Mittelpommern) ca. 1080 | 96 | 4 |
| Horniki (ca. 60 km südwestlich von Danzig) ca. 1088 | 98 | 2 |
| Pommern VII 1088 | 99 | 1 |
| Malczkowo (Słupsk, Mittelpommern) ca. 1114? | 100 | 0 |
| Gdańsk X 1119? (nur 8 Münzen) | 0 | 100 |
| Łupawa (Słupsk, Mittelpommern) ca. 1120 | 25 | 75 |
| Pommern XIII 1120 | 15 | 85 |
| Łążyn (Iława, Ermland-Masuren) 1135 | 100 | 0 |
| Gliszcz (Bromberg, Kujawien-Pommerellen) 1047-1100? | 5 | 95 |
| Włynkowo (Słupsk, Mittelpommern) 1050-1100? | 7 | 93 |
| Pommern XI 1050-1100? | 74 | 26 |
| Pommern XV 1050-1100? | 31 | 69 |
| Pommern XVI 1050-1100? | 9 | 91 |

Tabelle 25: Schatzfunde aus dem späten 11. bis zum frühen 12. Jahrhundert in Pommern und Ermland-Masuren

Tabelle 25 zeigt ein ambivalentes Bild. Selbst in derselben Region bestehen große Unterschiede: Bei Stolp (Słupsk) zum Beispiel begegnen Schatzfunde von Importen (Malczkowo), zugleich aber welche, die vorwiegend Imitationen enthalten (Łupawa und Włynkowo).

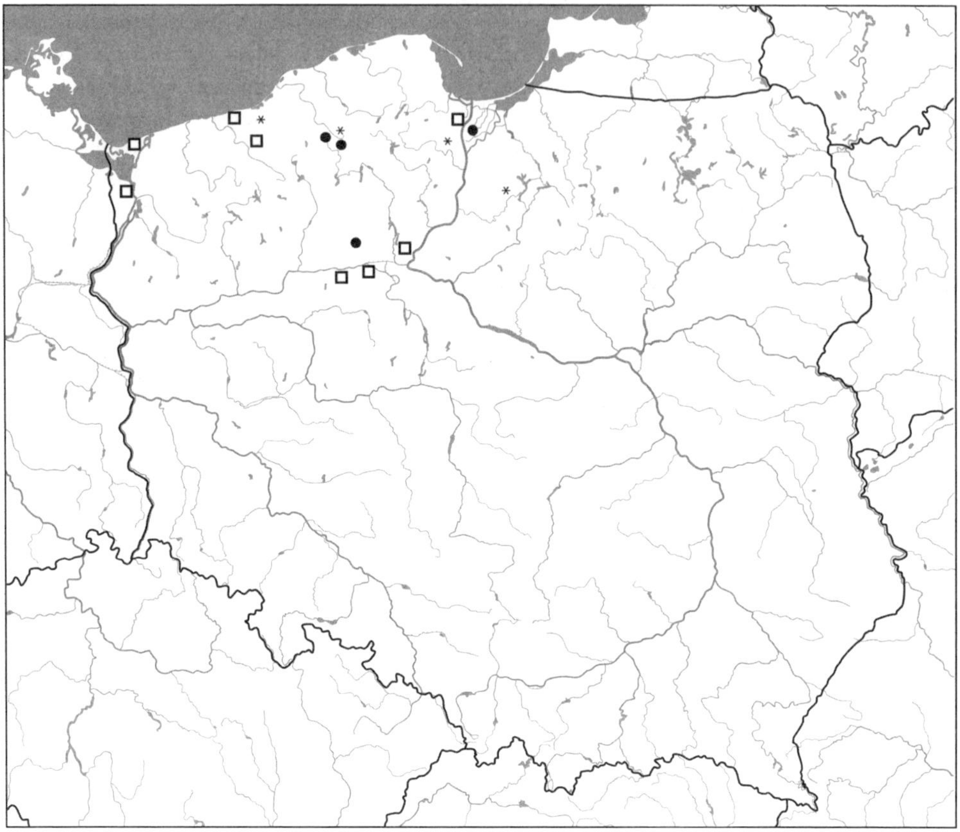

Karte 14: Geografie der Silberverteilung in Pommern
Quadrate: wichtigere Siedlungscluster bzw. Burgwälle; Sternchen: Schatzfunde mit überwiegenden Anteilen von Importen; Punkte: Schatzfunde mit überwiegenden Anteilen von Imitationen

Mateusz Bogucki und Jacek Magiera unterscheiden in Pommern zwischen drei Imitationstypen, die im späten 11. und frühen 12. Jahrhundert geschlagen wurden: von ca. 1069/1070 bis ca. 1100 verschiedene Münzsorten von hoher Silberqualität, deren Emission in Kołobrzeg-Budzistowo, Nakło an der Netze, knapp 200 km südwestlich von Danzig, oder Belgard (Białogard) an der Persante, 40 km südöstlich von Kolberg, erfolgt sein könnte; vielleicht Pfennige vom Typ Włynkowo, deren Ausprägung womöglich zwischen etwa 1090 und 1100 in einer der oben erwähnten Ortschaften stattgefunden hat; schließlich aus rötlichem und gelblichem Metall angefertigte Nachprägungen, die in Nakło bzw. Belgard (hier vermutlich durch Świętopełk) zwischen ca. 1100 und 1120 ausgestoßen worden sind.[193] Zugegebenermaßen sind

193 Bogucki / Magiera, Lund – Odense (wie Anm. 519, Kap. 1, Teil I), Tab. auf S. 128.

diese Interpretationsversuche vage, da die exakte Zuordnung der Nachprägungen deutscher, angelsächsischer, dänischer, böhmischer oder der Kreuzdenare äußerst schwierig ist. Dessen ungeachtet sollten wir uns Gedanken machen, unter welchen Konstellationen sie entstanden sein mögen.

Bislang liegt leider (oder zumindest ist dem Autor dieser Zeilen nicht bekannt) keine Synthese vor, die verschiedene Formen von Imitationen in der hier zu interessierenden Zeitspanne, also zwischen dem 9. und dem ausgehenden 12. Jahrhundert, thematisieren und kontextualisieren würde. Aus diesem Grund beschränke ich mich im Folgenden auf einige wenige Beobachtungen, die eher einen Essaycharakter aufweisen. Zunächst einmal: Unter dem Begriff „Imitation" verstehe ich jene Emissionen von Silberstücken, deren Anfertigung darin bestand, fremde Münzen nachahmen und gleichzeitig deren realen Urheber unkenntlich machen zu wollen. Die offiziellen Denare der Piasten tragen den Namen des Emittenten bzw. bilden bestimmte religiöse und herrschaftliche Attributte ab, wodurch sie sich wesentlich von den nachgeprägten Kreuzdenaren unterscheiden, die diese Symbolik vermissen lassen und eindeutig als Handelsdenare gelten.

Mehrere Gesellschaften haben fremde Münzen imitiert. Bereits in der ersten Hälfte des 9. Jahrhunderts versuchten die Chasaren die Dirhems nachzuschlagen, während die Dänen die karolingischen Dorestad-Denare emittierten.[194] Interessanterweise erfolgten diese Aktivitäten an zwei entgegengesetzten Rändern der Interaktionsökumene, zugleich an den Peripherien der Zivilisationszentren: des Kalifats im Südosten bzw. des Frankenreiches im Nordwesten. Im 10. Jahrhundert kamen die Volgabulgaren (womöglich auch die Rus') hinzu, im Laufe des 11. Jahrhunderts indessen sind Münzen in verschiedenen Macht- und Handelszentren des westslawischen Bereichs und Skandinaviens geprägt worden. In diesem Zusammenhang sollten wir stets die vier W-Fragen im Auge behalten: Wann, wo, wer (und für wen), warum (bezogen auf historische Kontexte und Silberquellen)?

Kehren wir zu den Pomoranen zurück. Auf die Fragen nach dem „Wann", dem „Wo" und dem „Wer" haben die oben zitierten Autoren Antworten zu finden versucht; und selbst wenn sie ungenügend erscheinen, müssen wir uns mit ihnen vorerst zufriedengeben. Es bleiben jedoch zwei (genauer anderthalb) weitere Fragen unbeantwortet: Für wen und warum wurden die Denare nachgeprägt? Ist hier der Marktlogik der Vorrang zu geben oder eher die fiskalisch-politischen Zusammenhänge vorzuziehen?

Wechseln wir zunächst den Kontext und schauen uns die handelsgeschichtliche Entwicklung Pommerns an der Schwelle zum 12. Jahrhundert näher an. Bemerkenswerterweise sind in Tabelle 25 keine Hortfunde aus dem westlichen Teil dieser Region angeführt. Zu den ein wenig früheren Ausnahmen gehört der von der benachbarten Insel Usedom stammende und in die Zeit nach 1077 datierte Schatz von 162 Münzen, darunter 54 Fragmenten (und einer imitativen Prägung).[195] Genauso dürftig sind die Einzelfunde von Münzen in Stettin. Daraus soll allerdings keineswegs auf das Fehlen wie auch immer gearteter Interaktionen geschlossen werden. Die Rezession in Stettin (Teil I, Unterkapitel 1.5.4.) wurde archäologischen Befunden zufolge ab ca. 1070-1075 überwunden. Besonders stark stieg die Anzahl der mit Skandinavien verbundenen Artefakte (Messerbeschläge, Löffel, Teller), zum Beispiel beschmückt mit einem Ring-Ketten-Ornament, an. Zudem kann man nicht ausschließen, dass sich in Stettin zu dieser Zeit Nordmänner niederließen, was Häuser im westlichen Teil des Stadtviertels Podzamcze beweisen. Damals wurde

194 Die adäquaten Literaturhinweise sind in den Unterkapiteln 1.1.1. und 1.1.3. zu finden.

195 FMP, Bd. 2: Pommern, Uznam-Wyspa II.

ebenfalls der Stadtteil auf der Oderseite befestigt, was den Bedeutungsanstieg der Aristokratie auf Kosten des Wetsches, der Versammlung, andeuten würde. Eine erhebliche Erweiterung des Walls erfolgte Mitte des 12. Jahrhunderts, vermutlich im Zusammenhang mit der Belagerung der Stadt durch die Sachsen 1147.[196] Weitere Belagerungen, diesmal durch die Dänen, fanden 1173 und 1189 statt. Die letztere endete schließlich mit der Einnahme der Stadt.[197]

Einige Autoren sprechen von ostseeslawischen und pomoranischen Handelsnetzwerken, die sich seit dem späten 11. Jahrhundert herauszubilden begannen. Die archäologische Befundlage reicht von einer slawischen, den drei letzten Jahrzehnten des 11. Jahrhunderts zugeordneten Werft von Fribrødre auf der Insel Falster bis hin zum vermeintlichen slawischen Haus von Bulverket auf Nordgotland aus dem frühen 12. Jahrhundert.[198] Ob diese Evidenz beeindrucken kann, bleibt dahin gestellt. Die Schriftquellen bezeugen jedenfalls die Existenz einer Raub- und Beuteökonomie. Die entsprechenden Beispiele wurden bereits im ersten Teil (Unterkapitel 1.6.) der vorliegenden Studie aufgelistet – hier sei lediglich festgehalten, dass zumindest zwei der erwähnten Plünderungszüge auf das Konto der Pomoranen zurückgehen: der Feldzug gegen die Liutizen 1128[199] sowie der Überfall auf die Stadt Konghelle in Südnorwegen 1135/1136.[200]

Bei der Ergründung monetärer Landschaften zu dieser Zeit darf ein (so gut wie) Zeitzeuge nicht fehlen. Helmold von Bosau weist darauf hin, dass die Ranen kein gemünztes Geld besäßen, dafür aber Leinentücher als Zahlungsmittel benutzen würden: [...] *in foro mercari volueris, panno lineo comparabis.*[201] Er schildert die politische Ökonomie dieser Ostseeslawen wie folgt:

> *Das Gold und Silber, das sie etwa durch Raub oder Gefangennahme*[202] *von Menschen oder sonstwie erwerben, verwenden sie entweder zum Schmuck ihrer Frauen, oder legen es im Schatze ihres Gottes nieder.*[203] *Die Völker, die sie mit ihren Waffen unterwerfen, lassen sie an ihren Tempel Zins zahlen;* [...] *Ihr Heer senden sie, wohin das Los weist. Nach dem Siege legen sie Gold und Silber in den Schatz ihres Gottes nieder, das übrige teilen sie unter sich.*[204]

Vielleicht ist in Stettin die Logik des Umgangs mit Silber in den oben dargestellten Konstellationen und einer Tempel-Fiskalität zu suchen, die die Emission von Münzimitationen obsolet gemacht hätten?[205] Wir erinnern uns noch an den Raubhandel der Wolliner im 10. Jahrhundert (Teil I, Unterkapiel 1.2.8.).

Aus dem Burgwall von Kap Arkona, der eine Fläche von bis zu 5 Hektar umfasst haben könnte, stammen bislang knapp 500 Streufunde von Münzen. 219 ließen sich als Dirhems (davon lediglich zwei in vollständiger Form) zuordnen, von denen die allermeisten in das 8.-9., einige wenige hingegen in das 10. Jahrhundert zu datieren sind. Außerdem fanden die Archäologen 252

196 Kowalska / Dworaczek, Szczecin (wie Anm. 509, Kap. 1, Teil I), S. 365, 368.

197 Ebd., S. 366.

198 Neulich zum Beispiel Daniel Zwick, Dynamics for Cultural Change in the Baltic Sea Region in the Age of the Northern Crusades: A Maritime Perspective, in: Landscapes (wie Anm. 20, Kap. 1, Teil I), S. 329-376, hier S. 360 f.

199 Herbord, Vita (wie Anm. 270, Kap. 1, Teil I), III/2, S. 420 f.

200 Sturluson, Heimskringla (wie Anm. 658, Kap. 1, Teil I), S. 726.

201 Helmoldi Presbyteri (wie Anm. 184, Kap. 1, Teil I), I/38, S. 77.

202 In der Buchner-Ausgabe (wahrscheinlich treffender): „Verschleppung". Helmoldi Presbyteri Bozoviensis: Chronica Slavorum, hg. von Rudolf Buchner, Darmstadt 1973, S. 159.

203 Helmold, Chronik (wie Anm. 183, Kap. 1, Teil I), I/38, S. 128.

204 Ebd., I/36, S. 120.

205 Zur Tempel-Fiskalität vgl. Leszek P. Słupecki, Temple Fiscality of Pagan Slavs and Scandinavians, in: Economies (wie Anm. 14, Kap. 2), S. 109-113.

(Kreuz)Denare, die im 11. bzw. frühen 12. Jahrhundert geschlagen wurden. Nur 15 Exemplare weisen das Prägedatum nach 1168, dem Jahr der dänischen Ausplünderung des Ranen-Schatzes, auf; dabei konnten vier Münzfragmente nicht bestimmt werden. Der Reichtum an Einzelfunden kontrastiert somit deutlich mit den Erkenntnissen aus Stettin. Interessanterweise fehlt auf der Jaromarsburg am Kap Arkona, bis auf drei zerteilte Permer Ringe, der Schmuck.[206]

Eine starke Erweiterung des Handwerks im späten 11. und 12. Jahrhundert scheint ebenfalls für Kolberg, genauer gesagt den Burgwallkomplex von Budzistowo (in diesem Teil Unterkapitel 2.3.), zuzutreffen. Diese Entwicklung spiegelt der Ausbau der Schmiederei, der Geweihverarbeitung und der Töpferei wider. Lech Leciejewicz zufolge diente das Handwerk vermutlich dem lokalen Markt und der direkt im ländlichen Umland lebenden Bevölkerung. Ein Markt und Tavernen sind fürs 12. Jahrhundert bezeugt. Überdies wurden die Zollgebühren entrichtet: So setzte der Kolberger Tarif von 1159 zwei Denare pro Wagen fest.[207] Dennoch deuten weder die geringe Anzahl der Streufunde von Münzen in Budzistowo aus dem späten 11. und 12. Jahrhundert[208] noch das Fehlen von Imitationen, die sich dagegen in zwei Horten ca. 100 km weiter östlich bei Stolp häufen, auf einen nur ansatzweise monetarisierten Markt in und um Kolberg hin.

Die Suche nach dem „Heiligen Gral" der Vergeldlichung geht gut 230 km östlicher weiter. In der Region Pommerellen werden wir vielleicht fündig. Drei Indikatoren sprächen dafür: In Danzig, das im 10. und in der ersten Hälfte des 11. Jahrhunderts keine nennenswerte Rolle gespielt zu haben scheint,[209] bildete sich ab ca. 1070 ein kleiner Verdichtungsraum von Münzfunden heraus; zudem bestand am unteren Weichsellauf mit dem Siedlungskomplex von Kałdus eine kommerzialisiert-monetarisierte Enklave; schließlich begegnen in diesem Gebiet etliche Horte von Imitationen. Aber der Reihe nach.

Zunächst einmal ist zu beachten, dass in Danzig drei Schatzfunde mit den Schlussmünzen zwischen ca. 1070 und 1120 notiert werden konnten.[210] Das Depot von Gdańsk-Ujeścisko (tpq. 1068) enthielt 960 Prägungen, darunter 230 fragmentiert, sowie 89 Schmuck- und Gussklumpenstücke, meist zerteilt; der Hort von Gdańsk-Orunia, ebenso um 1068 datiert, umfasste wiederum insgesamt 556 Münzen (darunter 120 zerhackt) und einige Fragmente von Gusskuchen, Silberdrähten und Hals-, Arm- oder Ohrringen; der chronologisch jüngste Fund ist unter Gdańsk X bekannt und wird womöglich in die Zeit nach 1119 eingeordnet. Er bestand aus sieben Nachprägungen von angelsächsischen bzw. dänischen Münzen, Otto-Adelheid-Pfennigen, Kreuzdenaren und Pfennigen aus dem römisch-deutschen Reich. Hinzu kam ein Stück, das entweder eine Imitation oder ein Blankett darstellte. Gleichzeitig waren alle Exemplare Fälschungen aus Messing.

Die Anzahl der Einzelfunde aus Danzig im frühen 12. Jahrhundert beeindruckt mit zwei Dutzend Exemplaren keineswegs. Doch unter ihnen befanden sich, genauso wie in dem Hort Gdańsk X, Fälschungen aus Messing, die um 1120 in der Siedlung emittiert worden sein dürften.[211] Sie indizieren somit die kommerzielle Zirkulation von Münzen auf lokalen Märkten. Diese Erkenntnis bestätigen Ausgrabungen, die auf dem Gebiet der Danziger Siedlung aus dem

---

206 Für diese Auskunft danke ich Dr. Fred Ruchhöft, der die Grabungen auf Rügen leitet.

207 Leciejewicz, Podstawy gospodarcze (wie Anm. 120), S. 196; Guzowski, Karolińska rewolucja (wie Anm. 15, Kap. 2), S. 158.

208 FMP, Bd. 2: Pommern, Budzistowo IV-VI; FMP, Bd. 5: Addenda, womöglich Budzistowo VII.

209 Vgl. Śliwiński, Początki Gdańska (wie Anm. 121).

210 FMP, Bd. 2: Pommern, Gdańsk-Ujeścisko; Gdańsk-Orunia und Gdańsk X.

211 Ebd., Gdańsk III-IX; Münzen aus Messing unter Gdańsk XI.

12. Jahrhundert, zwischen den Straßen Tartaczna und Panieńska, durchgeführt wurden. Sie förderten etwa 500 Münzen und Rechenpfennige zutage.[212] Auf die Imitationen komme ich später noch einmal zurück.

Wenn wir uns entlang der Weichsel 140 km weiter südlich begeben, dann treffen wir auf die zumindest temporär funktionierende, kommerzialisiert-monetarisierte Zone von Kałdus, die zugleich strategische Kontrollfunktionen entlang der Weichsel erfüllte. Ich habe bereits in Unterkapitel 3.4. auf eine starke Anhäufung der Streufunde von Münzen aus dem dortigen Burgwall, der benachbarten Siedlung bzw. dem Gräberfeld hingewiesen. Gut die Hälfte der bestimmbaren Exemplare von der Gesamtzahl von mindestens etwa 140 Stück stammt aus der zweiten Hälfte des 11. Jahrhunderts. In der Nähe des Burgwalls wurden obendrein zwei Schatzfunde von 13 und neun Schmuckstücken bzw. zwölf Münzen entdeckt. Sie datieren in die Zeit nach 1065 bzw. 1090.[213] Etwa 53 km südwestlich von Kałdus, in Pawłówek, befand sich zu dieser Zeit ein weiterer Burgwall. Hier wurden – neben einem kleinen Hort von zwei Münzen und vier Ohrringen – 48 Streufunde von Münzen gemacht. Die allermeisten bestimmbaren Prägungen stammen aus der zweiten Hälfte des 11. Jahrhunderts.[214] Wesentlich bescheidene Einzelfunde von Denaren registrieren Archäologen ebenfalls in dem Burgwall von Owidz, rund 50 km südlich von Danzig. Das Bild runden zwei Schätze ab: aus Mosiny (90 km südwestlich von Owidz und knapp 80 km nordwestlich von Pawłówek), womöglich nach 1080 datiert, und aus Zakrzewek, knapp 100 km westlich von Kałdus, eingeordnet in die Zeit nach 1077. Das, was sie so interessant macht, ist die Tatsache, dass im ersteren die Hälfte und im letzteren 40 Prozent aller Münzen aus Fragmenten bestehen. In dieser Region existierten also eine Gewichtsgeldökonomie und eine Münzwirtschaft noch im ausgehenden 11. Jahrhundert parallel.

Kehren wir nun zu den Imitationen zurück. In Tabelle 25 werden sieben Horte mit überwiegenden Anteilen an Nachprägungen angeführt: Drei von ihnen, wie bereits konstatiert, stammen aus Danzig bzw. der Region um Stolp, ca. 125 km westlich von Danzig und knapp 110 km östlich von Kolberg. Die genaue Lokalisierung dreier Depots (Pommern XIII, Pommern XV und Pommern XVI) lässt sich nicht mehr feststellen. Gliszcz wiederum, wo der siebte hier infrage kommende Schatz gefunden wurde, liegt knapp 20 km nordwestlich von dem Burgwall Pawłówek entfernt. Er enthielt neben Denaren gut 350 Hacksilberstücke von Münzen, Schmuck und Rohsilber. Etwa 20 km südwestlich von Gliszcz befindet sich Nakło, wo ein gewisser Świętopełk zwischen ca. 1100 und 1120, zumindest Jacek Magiera und Mateusz Bogucki zufolge, womöglich verschiedene Münzsorten nachschlagen ließ (abgesehen davon, ob sie sich aus rötlichem Metall zusammensetzten oder nicht). Wenn wir beachten, dass ausgerechnet in das zweite Jahrzehnt des 12. Jahrhunderts die systematische Expansion Bolesław III. Schiefmunds nach Pommerellen fiel (Teil I, Unterkapitel 1.6.), könnten wir den Grund dieser Produktion in der Nachfrage des Pomoranen-Herzogs nach Zahlungsmitteln für Söldner, die diese Angriffe abwehren helfen sollten, suchen. Da die Pomoranen über keine eigenen Silbervorkommen (wie die Piasten in Dąbrowa Górnicza-Łosień) verfügten, werden wohl die zahlreichen, noch im Umlauf befindlichen Schmuck- und Rohsilberstücke den passenden Rohstoff dargestellt haben. Auf der anderen Seite legen die Einzelfunde von Messingfälschungen aus Danzig nahe, dass das Interesse bestimmter Akteure (wohl des Herzogs) an ihrer Emission nicht zuletzt in kommerziellen Kontexten begründet lag, die wohl mit der Erweiterung des lokalen Marktes

212 Ceynowa / Paszkiewicz, Sambor I (wie Anm. 641, Kap. 1, Teil I), S. 126. Hier ist jedoch zu bedenken, dass das Auftauchen von Rechenpfennigen in Europa erst ins 13. Jahrhundert datiert wird.

213 FMP, Bd. 2: Pommern, Kałdus I-VII; Schatzfunde: Kałdus VIII und IX.

214 Ebd., Pawłówek I und II.

zusammenhingen. Wir können beide Varianten durchaus kombinieren: In Danzig erzeugte die Elite in Ermangelung von Silber Fälschungen, mit denen Söldner bezahlt wurden, die dann das Geld in der Stadt ausgegeben haben.

Es ist nicht ausgeschlossen, dass die Imitationen gleichfalls dazu gedient haben, Steuern zu entrichten – so wie der Stamm der Circipanen im östlichen Mecklenburg 1114 Abgaben in *nomismata Bardenwiccensis monetae simillima vel propria*, Münzen jenen aus Bardowick ähnlich, zu zahlen hatte; Ralf Wiechmann zufolge würden sie eher an ihre Nachprägungen aus Kupfer erinnern als an die Originale.[215] Im ostseeslawischen Raum kamen an der Schwelle zum 12. Jahrhundert die Nachprägungen deutscher Denare vor, deren Emission dem Abodritenfürst Heinrich (1093-1127) zugeschrieben wird und deren Produktion vielleicht in Alt-Lübeck stattfand. Weitere Münzimitationen begegnen unter anderem in Lettland und Estland.[216] Interessanterweise waren das alles Gebiete, in denen sich keine regionenübergreifenden, langfristig stabilen Monarchien herausgebildet haben. Die Fürsten wollten oder vermochten es offenbar nicht, eigene offizielle Denare zu schlagen. Hier liegen die Parallelen zu Pommern und die Unterschiede zu den Piasten, Přemysliden, Árpáden oder den Königen von Dänemark. In diesem Sinn erscheint Pommern innerhalb Ostmitteleuropas nicht als Sonderfall, sondern als Teil einer aus „Gesellschaften ohne Staat"[217] bestehenden Gruppe.

## 4.3. Endogenisierung der Silberabschöpfung und die *renovatio monetae* im 12. Jahrhundert – ein Umbruch?

Mit dem Versiegen der Münzimporte nach Ostmitteleuropa im frühen 12. Jahrhundert haben sich die monetären Koordinaten erheblich verschoben. Während die Pomoranen vor etwa 1170 kaum eigene offizielle Denare emittiert haben dürften, konnten die Piasten mit der Einführung der *renovatio monetae*, der „Erneuerung der Münze", neue Instrumente entwickeln und einsetzen, um die Einnahmen zu stabilisieren und somit die Herrschaft zu konsolidieren. Inwieweit hat ihre Politik die Monetarisierung und Kommerzialisierung der Gesellschaft beeinflusst?

Versuchen wir jetzt, diese Prozesse in eine breite europäische Perspektive einzuordnen. Einige Historiker wollen im 12. Jahrhundert einen geschichtlichen Umbruch erkannt haben, der in die Historiographie unter dem Begriff „Renaissance des 12. Jahrhunderts" eingegangen ist.[218] Es wurde nicht nur auf die Gründung neuer Städte, die Entwicklung des Handels und des Geldwesens, die Expansion des westlichen Gesellschaftsmodells in Gestalt der Kreuzzüge und in Form des Landesausbaus, auf die Ausbreitung des romanischen Kunststiles hingewiesen, sondern ebenfalls politischer Wandel unterstellt. Thomas N. Bisson zum Beispiel registriert für die zweite Hälfte des 12. Jahrhunderts in Westeuropa einen Trend, der den Übergang weg von der Herrschaft hin zur Regierung markiert. Im anglonormannischen Reich der Plantagenets konstatiert er erste Formen von *procedural expertise*, in Frankreich unter Phillip II. August entdeckt

215 Wiechmann, Kupfer (wie Anm. 19, Kap. 2), S. 287.

216 Ebd., S. 278, 281, 285 f.

217 So der Untertitel des Buches von Christian Lübke. Vgl. Lübke, Fremde (wie Anm. 17, Kap. 1).

218 Vgl. Charles Homer Haskins, The Renaissance of the Twelfth Century, Cambridge, Massachusetts 1927. Zur Problematik der feudalen Transformation siehe auch neuere, regional ausgerichtete Studien: Charles West, Reframing the Feudal Revolution: Political and Social Transformation between Marne and Moselle, c. 800-c. 1100, Cambridge 2013; John Eldevik, Episcopal Power and Ecclesiastical Reform in the German Empire: Tithes, Lordship, and Community, 950-1150, Cambridge 2012.

er wiederum die Herausbildung von Strukturen, die als *habitually managerial, not exploitative* bezeichnet werden können. Die Rationalisierung der Herrschaft spiegelt zugleich eine neue Art der Buchhaltung wider, die darin bestanden haben soll, dass die Vertreter des Herrschers vorweisen mussten, welche Einnahmen sie von dem jeweiligen Grundbesitz eingetrieben haben.[219]

Georges Duby führt die Transformation der Produktionsverhältnisse in Nordfrankreich auf die Habgier der Adligen zurück, die zur Intensivierung der bäuerlichen Arbeit, zur Nutzbarmachung unbearbeiteter Böden und zur Perfektionierung landwirtschaftlicher Techniken – nicht zuletzt, um die Ausweitung des Haferanbaus zur Versorgung der Kavallerie zu gewährleisten – beigetragen habe. So soll dort in den ersten Jahrzehnten des 12. Jahrhunderts das ökonomische Wachstum ziemlich robust gewesen sein.[220] Die zentrale Schaltstelle der Monetarisierung lag darin, die Schwierigkeiten beim Transport von Gütern (und Abgaben) zwischen den mitunter weit entfernt liegenden Besitztümern und den Konsumzentren in Gestalt von Klöstern zu überwinden, indem man den Surplus vor Ort verkaufte und stattdessen „einen Beutel *denarii* verschickte".[221] Mit der zunehmenden Flexibilisierung des Marktes für landwirtschaftliche Produkte erschienen die Zahlungen in Münzgeld deutlich einfacher. Soziologisch trieb diesen Prozess der Zirkel von Ministerialen voran, der Geistliche und Ritter ebenso wie Kaufleute einschloss. Diese Männer, wie Duby bemerkt, „[...] besaßen eine gemeinsame Kultur, eine bestimmte Einstellung zu den irdischen Werten. Sie konnten schreiben, lesen und vor allem zählen. Für sie äußerte sich Reichtum in Zahlen und einer präzisen Bezugnahme auf die Münzeinheiten. Sie gewöhnten sich daran, die Macht ihres Herrn in *denarii* zu messen, in abstrakten Rechnungseinheiten wie *solidus* und *libra*." Und „[...] das Geld hatte sich in der zweiten Hälfte des 12. Jahrhunderts zum wirksamsten Machtinstrument entwickelt [...] Unter Verwendung von Münzgeld gelangen dem Fürsten seine ersten Versuche, die Ritterschaft seinem Haushalt zu verpflichten, sie sich dienstbar zu machen, und mit dem gleichen Mittel konnte er auch Söldner gewinnen [...]."[222]

Infolge dieser Entwicklung haben sich die Funktionen des Schatzes gewandelt, der inzwischen nicht mehr den Vorrat an Schmuck darstellte, sondern aus Münzen bestand, die investiert werden konnten.[223] Gleichzeitig verweist Duby auf Hemmfaktoren, jene Geistehaltungen und gesellschaftliche Einstellungen, die ermunterten zu zerstören, bei Festlichkeiten auszugeben, nicht zu produzieren.[224] Denn die historischen Identitätsbildungen und die kollektiven Mentalitäten des Adels waren durch „die Prahlsucht der feudalen Gaben-und Schenkungsökonomie geprägt".[225]

Ingolf Ahlers hat den Begriff „Turnier(geld)wirtschaft" vorgeschlagen, um das Gewinndenken und die Profitsucht zu beschreiben. Ihm zufolge war es der Turnierplatz gewesen, wo Lehnskrieger auf der Suche nach Ruhm und Kaufleute auf der Suche nach Gewinn zusammenkamen.[226] Folglich trug der Siegeszug des Gewinndenkens ebenso zur Transformation

219 Bisson, The Crisis (wie Anm. 642, Kap. 1, Teil I), S. 385, 413, 406.

220 Duby, Die drei Ordnungen (wie Anm. 129), S. 228, 310.

221 Ders., Krieger und Bauern (wie Anm. 5, Kap. 1), S. 280.

222 Ebd., S. 329 f.

223 Ebd., S. 330.

224 Ebd., S. 337.

225 Ingolf Ahlers, Die Kreuzzüge. Feudale Kolonialexpansion als kriegerische Pilgerschaft, in: Vom Mittelmeer zum Atlantik. Die mittelalterlichen Anfänge der europäischen Expansion, hg. von Peter Feldbauer u. a., Wien-München 2001, S. 37-60, hier S. 54.

226 Ebd., S. 52.

vom Lehnskrieger- zum Soldkriegertum wie zur Kommerzialisierung des Gefolgschaftswesens und seiner Umwandlung in ein Bezahlungssystem bei.[227]

Skeptisch ist hier Knut Görich im Hinblick auf Mitteleuropa. Er versucht am Beispiel des Konflikts Friedrich Barbarossas mit Mailand zu zeigen, dass der Kaiser von den aufmüpfigen Städtern öffentliche Demonstration des Gehorsams und der Unterwerfung unter seine Herrschaft verlangt habe und erst dann bereit gewesen sei, ihre Geschenke zu akzeptieren. Görich kommentiert:

> Geld konnte er dabei nicht immer *cum honore* annehmen – auch noch nicht unter den Bedingungen der „Konvertibilität von Geld und Macht" oder der „Monetarisierung in der Politik", die für relative Modernität von Barbarossas sogenannter „Italienpolitik" gerne in Anspruch genommen werden. Beschädigtes Ansehen mußte öffentlich wiederhergestellt werden, der Beleidigte mußte die ihm angetane Schmach durch die Demütigung des Gegners tilgen. Dieser Grundsatz war für die streng ranggeordnete Gesellschaft des Mittelalters charakteristisch und deshalb keineswegs nur im 12. Jahrhundert für Friedrich Barbarossa und seine Zeitgenossen verpflichtend.[228]

Dass Ehre keineswegs ausschließlich ein vormodernes Phänomen war, indizieren anthropologische Untersuchungen.[229] Allerdings ändern ihre Ergebnisse nichts an der Tatsache, dass Kommerzialisierungsprozesse in einigen Teilen Nordwesteuropas im 12. Jahrhundert stattgefunden haben.[230] Sie hingen nicht zuletzt von einer Intensivierung der Silberproduktion ab. Ian Blanchard unterscheidet im Hoch- und Spätmittelalter drei große Silberzyklen: den ersten von ca. 1125 bis 1208/1214; den zweiten zwischen 1250 und 1392/1412 (mit einer „großen Rezession" von 1208 bis 1214/1250) sowie den dritten von ca. 1425 bis 1525.[231] Im 12. Jahrhundert förderten allein die Silberminen von Carlisle I um 1140 ca. 3,5 Tonnen, von Carlisle II um 1170 ca. 24,2 Tonnen und schließlich von Carlisle III um 1190 ca. 5 Tonnen Silber.[232] Als Größenordnung sei erwähnt, dass für die Freilassung des englischen Königs Richard Löwenherz im Jahr 1194 Leopold von Österreich 100.000 (nach einigen Angaben 150.000) Mark Silber, also ein Äquivalent von 23 bis 34 Tonnen Silber, verlangte.[233] Viel

---

227 Ebd., S. 54.

228 Knut Görich, Geld und „honor". Friedrich Barbarossa in Italien, in: Formen und Funktionen öffentlicher Kommunikation im Mittelalter, hg. von Gerd Althoff, Stuttgart 2001, S. 177-200, hier besonders S. 186, 200.

229 Vgl. Antoni Mączak, Klientela. Nieformalne systemy władzy w Polsce i Europie XVI-XVIII w. [Die Klientel. Informelle Machtsysteme in Polen und Europa im 16.-18. Jahrhundert], Warszawa 2000, S. 24 f. (hier auch der Hinweis auf die entsprechende Arbeit von Julian A. Pitt-Rivers, The People of the Sierra, Chicago 1971.)

230 Jemandem, der Mario Puzos Roman „Der Pate" gelesen oder dessen Verfilmung gesehen hat, muss aufgefallen sein, wie die Ehre der Familie in (kriminelle) Geschäftsgeflechte eingebettet war.

231 Ian Blanchard, Mining, Metallurgy and Minting in the Middle Ages, Bd. 2: Afro-european Supremacy 1125-1225 (African Gold Production and the First European Silver Production Long-cycle), Stuttgart 2001; Ders., Mining, Metallurgy and Minting in the Middle Ages, Bd. 3: Continuing Afro-european Supremacy 1250-1450 (African Gold Production and the Second and Third European Silver Production Long-cycle), Stuttgart 2005.

232 Ian Blanchard, The Late Medieval European „Integration Crisis" 1340-1540, in: New Approaches to the History of Late Medieval and Early Modern Europe. Selected Proceedings of Two International Conferences at The Royal Danish Academy of Sciences and Letters in Copenhagen in 1997 and 1999, hg. von Troels Dahlerup / Per Insgesman, Viborg 2009, S. 301-334, hier S. 306 f.

233 Oliver Volckart, Die Münzpolitik im Ordensland und Herzogtum Preußen von 1370 bis 1550, Wiesbaden 1996, S. 67 f., 113 (Anm. 68); Régine Pernoud, Ryszard Lwie Serce [Richard Löwenherz], Warszawa 1994, S. 178, gibt 150.000 Kölner Mark, also gut 30 t Silber, an.

Gold, Silber und *große Schätze* werden auch 1168 im Zusammenhang mit der Heirat der Tochter des englischen Königs mit Heinrich dem Löwen genannt.[234] Noch imposanter erscheint die Summe, die die Kreuzfahrer 1204 in Konstantinopel erbeutet haben sollen: nämlich ca. 500.000 Silbermark – rund 115 Tonnen Silber.[235] Da waren die Verhältnisse im Norden deutlich bescheidener: Für die Freilassung des Dänenkönigs mussten 1224/1225 etwa 4,7 Tonnen Silber eingesammelt werden.[236] Diese Beispiele zeigen mit aller Deutlichkeit die fiskalisch-politische Komponente der infolge einer Kommerzialisierung zunehmenden monetären Kapazitäten diverser König- und Kaiserreiche.

Gab es eine „Renaissance des 12. Jahrhunderts" im piastischen Raum? Schauen wir uns vorerst die Struktur des lokalen Marktes anhand einer umfangreichen, die einzelnen Einkünfte und Dienste genauestens regulierenden Instruktion an, die Heinrich I. der Bärtige (1201/1231-1238) für das Kloster der Zisterzienserinnen in Trebnitz (Trzebnica) im Jahr 1204 ausgestellt und die eine Ergänzung der ein Jahr zuvor geschenkten Urkunde dargestellt hat.[237] Sie unterscheidet zwischen drei unterschiedlichen Abgabeformen, die dem Kloster zustanden: in Münzen, in Naturalien, schließlich die Arbeitspflicht.

Verschiedene Bevölkerungsgruppen entrichteten Steuern in Form von Geld. So musste jeder Töpfer, Kötter und Bäcker je 20 Denare zahlen. Ausgenommen von dieser Regelung war *Töpfer Radosz, der Sohn Poniats, der wie jeder Gast Getreide geben soll, aber kein Honig*. In der Ortschaft Węgrzynów mussten sämtliche Pächter (*narocznicy*), die vier Ochsen oder zwei Ochsen und ein Pferd besaßen, ein Gefäß Honig entrichten; wer wiederum zwei Ochsen oder ein Pferd besaß, hatte die Hälfte hiervon sowie 20 Denare und eine Einheit Hafer zu liefern. Wer hingegen eigenes oder fremdes Land mithilfe Dritter bestellte, musste zwölf Denare zahlen. Schließlich waren im Dorf Kliszów die Fuchsjäger, wenn sie vier Ochsen besaßen, zu einer Steuer von 60 Denaren verpflichtet.

Die Mehrheit der Bevölkerung der umliegenden Dörfer musste je nach materiellem Status Nahrungsmittel oder handwerkliche Erzeugnisse liefern: Weizen, Roggen, Hafer und Honig bzw. Fässer, Kannen, Gefäße und Räder. Hinzu kam eine Abgabe in Form von Hähnen, Käse und Eiern. Zudem fungierten einige Bewohner als Winzer und Schneider, während andere alte Gefäße reparierten. Insgesamt zahlten 120 Familien ihre Steuern in Naturalien, 20 in Geld und zehn in gemischter Form.[238]

Eine dritte Kategorie stellten die Arbeitsdienste dar, zu denen sämtliche in der Urkunde erwähnten Bevölkerungsgruppen, bis auf Winzer, verpflichtet wurden. Dazu gehörten Erntearbeiten, Heumähern, die Gestellung von Spannwagen (*povoz*) und verschiedene Transporthilfen (*prevod*), schließlich die Grenz- und Burgwachtpflicht (*strosa*).

Die schematische Erfassung des lokalen Marktes von Trebnitz zeigt Diagramm 2.

234 Helmold, Chronik (wie Anm. 183, Kap. 1, Teil I), II/106, S. 299.

235 John Morrissey, Die italienischen Seerepubliken, in: Vom Mittelmeer (wie Anm. 225), S. 61-82, hier S. 79.

236 Harald Witthöft, Die Kölner Mark zur Hansezeit, in: Geldumlauf, Währungssysteme und Zahlungsverkehr in Nordwesteuropa 1300-1800, hg. von Michael North, Köln-Wien 1989, S. 51-75, hier S. 71 ff.

237 Kodeks dyplomatyczny Śląska [Der diplomatische Kodex von Schlesien], hg. von Karol Maleczyński, Bd. 1, Wrocław 1951, Nr. 104, S. 260-268.

238 Guzowski, Karolińska rewolucja (wie Anm. 15, Kap. 2), S. 160.

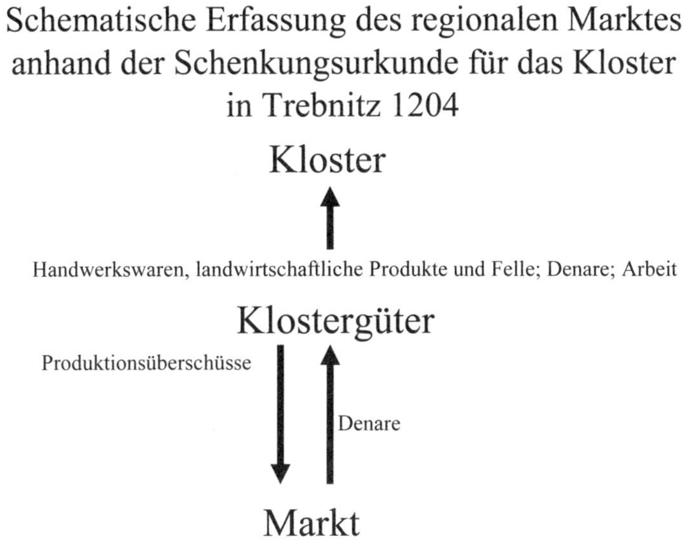


Diagramm 2

Es liegt auf der Hand, dass jene Bevölkerungsgruppen, die ihre Abgaben in Münzen zu entrichten hatten, sich mit Denaren auf dem Markt von Trebnitz (oder in dem knapp 25 km entfernten Breslau) versorgten. So tauschten sie die Überschüsse von Nahrung und handwerklichen Erzeugnissen sowie Felle gegen Edelmetalle ein. Dass die Fuchsjäger den höchsten Geldbelastungen ausgesetzt waren, wird kein Zufall gewesen sein. Denn die meisten Pelze wurden sicherlich ausgeführt und auf den Regional- und vielleicht Fernhandelsmärkten gehandelt, wo sie gute Preise erzielen konnten. Das ganze System trug folglich hybride Eigenschaften und verband kommerzielle Elemente mit Zwangsabgaben und -arbeit. Das zum einen. Zum anderen wäre zu beachten, dass die Zusammenstellung den Entwicklungszustand um das Jahr 1200 reflektiert und die Marktverhältnisse in der Umgebung einer der größten Städte des piastischen Polens zu diesem Zeitpunkt wiedergibt – also einer Enklave, in der monetarisierte Transaktionen häufiger durchgeführt wurden als in dem agrarisch geprägten Hinterland.

Funde von Edelmetallen begegnen jedoch in administrativ-kommerziellen Zentren selten.[239] Zu einigen wenigen Ausnahmen gehört der Schatz aus Glogau (Głogów), einer wichtigen Stadt

239 Der bislang wohl größte polnische Münzfund des Mittelalters stammt aus der Stadt Breslau, gefunden in der Kazimierz Wielki-Straße. Er bestand aus etwa 100.000 jagiellonischen Denaren des 15. Jahrhunderts. Vgl. Barbara Butent-Stefaniak / Elżbieta Baran, Wrocław, ul. Kazimierza Wielkiego. Skarb denarów jagiellońskich z XV w. [Wrocław, Kazimierz-Wielki-Straße. Ein Schatzfund jagiellonischer Denare aus dem 15. Jahrhundert], in: WN 47 (2003), 2, S. 217-218. Aus Brüssel wiederum ist ein Münzfund von etwa 150.000 Emissionen bekannt, dessen jüngste Exemplare in die Zeit um 1267 eingeordnet werden. Er enthielt neben mehr als 50.000 heimischen flämischen Prägungen etwa 80.000 englische, schottische und irische Denare. Vgl. Michael North, Der große Lübecker Münzschatz von 1533 als Quelle der hansischen Wirtschaftsgeschichte, in: From the North Sea to the Baltic. Essays in Commercial, Monetary and Agrarian History, 1500-1800, hg. von Dems., Aldershot 1996, Kapitel VIII, S. 31. Dieser in der Stadt Lübeck entdeckte Hort umfasste immerhin etwa 23.500 Silber- und Goldmünzen. Schließlich sei hier das Kirial-Depot von gut 80.000 englischen Sterling und deutschen Brakteaten erwähnt, das in die Zeit

der schlesischen Piasten, knapp 100 km nordwestlich von Trebnitz entfernt. Er enthielt 20.638 Münzen, mehrere Tausend Münzfragmente sowie etliche Blankette, sieben Barren und einen Silberklumpen. Sein Gewicht von etwa 6.884,74 g entsprach 34 Mark, für welche ein Dorf oder mehrere Stück Vieh erworben werden konnten.[240] Folglich wies das Depot eine beachtliche Kaufkraft auf. Anhand der Schlussmünzen wird es in die Herrschaftszeit Heinrichs des Bärtigen (1201/1231-1238) datiert. Die Frage, ob große Horte aus dem 13. Jahrhundert, die relativ häufig in Schlesien erscheinen, eine intensive Geldzirkulation widerspiegeln oder eher totes Kapital darstellen würden, das einen geringen Silberumlauf indiziert, würde eine spezielle Analyse erfordern und über das Thema der vorliegenden Studie hinausgehen.

Die Anzahl der Schatzfunde aus der Zeit nach ca. 1110 ist jedenfalls überschaubar (Tabelle 10) – zumindest im Vergleich mit jener aus dem 11. Jahrhundert. Obendrein tauchen die allermeisten Silberdepots nicht innerhalb der wichtigen Handelszentren auf. Betrachten wir allein die umfangreichsten: Die Ortschaft Urbanice, in der ein Hort von 9.000 Denaren mit einer Schlussmünze um 1146 gefunden wurde, liegt ca. 50 km südlich des alten Burgwalls von Sieradz. Der Schatz von Głębokie (tpq. ca. 1195) wiederum stammt aus der Gegend von Gnesen (rund 20 km davon entfernt) und gehört zugleich mit 2.000-3.000 Exemplaren zu den größten Funden dieser Phase. In dem Depot von Smolice (tpq. 1140) zählten Numismatiker knapp 1.900 Münzen; der Fundort befindet sich dabei 55 km südwestlich des ehemaligen Piasten-Zentrums in Oppeln (Opole). Schließlich gehört der oben erwähnte „Schatz des Hüttenwerkers" aus Dąbrowa Górnicza-Łosień (Unterkapitel 4.1.) von gut 1.100 Prägungen und 179 Silberklumpen in den Zusammenhang des Bergbaus (Tabelle 10). Folglich ist davon auszugehen, dass diese Horte Eigentum der lokalen Elite waren, die in der Umgebung der Fundorte ihre Besitztümer besaß (oder im Fall des „Schatzes des Hüttenwerkers" in die lokale Silber- und Bleiförderung involviert gewesen ist). Eventuell bildeten die Depots das Kapital der Großkaufleute, die das Edelmetall auf ihren Handelsreisen vergruben und aus welchen Gründen auch immer nicht mehr in Umlauf brachten. Zu den Einzelfunden mehr unten.

Aber wie viele solche Märkte (wie um Trebnitz) gab es im piastischen Polen des 12. Jahrhunderts? Die Angaben bezüglich ihrer Zahl schwanken erheblich: Während Tadeusz Lalik davon ausgeht, dass jeder Burgbezirk über einen Markt verfügt habe, somit in Polen etwa 100 Handelsplätze bestanden hätten, schätzt Karol Buczek ihre Anzahl sehr optimistisch auf ca. 200. Maria Miśkiewiczowa wiederum nennt nüchtern lediglich zwölf Marktorte in Masowien in derselben Zeitspanne.[241] Wie auch immer wir die Marktdichte im Polen des 12. Jahrhunderts einschätzen, dürfen wir mit dem Entwicklungsstand und der wirtschaftlichen Bedeutung der damals vorhandenen Kommunikations- und Verkehrsmittel nicht übertreiben. Wie bereits im ersten Teil (Unterkapitel 1.2.4.) notiert, bestand das piastische Reich aus einem Netz von Burgwällen und Burgbezirken, die das fiskalische Fundament der Dynastie und der Eliten bildeten – wobei die staatlich-administrativen Strukturen ziemlich rudimentär und auf das personale Beziehungsgeflecht der Burggrafen beschränkt erscheinen. Obgleich die Einnahmen aus der Besteuerung der einzelnen Marktorte sicherlich willkommen und begehrenswert waren,

nach 1365 datiert, jedoch im Gegensatz zu den oben angeführten Schätzen nicht in einer großen Stadt lokalisiert wurde. Vgl. Jørgen Steen Jensen, Monetary Circulation in Denmark from c. 1100 to c. 1500, in: Money Circulation (wie Anm. 107, Kap. 1, Teil I), S. 167-177, hier S. 172 f.

240 Krystian Książek / Borys Paszkiewicz, Skarb z Głogowa. Katalog wystawy numizmatycznej [Der Schatzfund von Głogów. Katalog einer numismatischen Ausstellung], Głogów 2012, S. 11.

241 Zusammenfassung der Diskussion bei Biniaś-Szkopek, Bolesław IV (wie Anm. 626, Kap. 1, Teil I), S. 66, 215 f.

stellten doch die Abgaben in Form von Naturalien den Löwenanteil der Einkünfte der Elite dar. Belastet wurden die einzelnen Dörfer oder Siedlungsgefilde, die *opola/osady*. Kollektive Abgaben entrichteten die Siedelgemeinschaften je einen Ochsen und oder eine Kuh. Hinzu wurden Sonderagbaben für die Nutzung des Waldes (vermutlich *naraz*) sowie für die Nutzung der Gewässer geleistet. Individuell entrichteten die Bewohner des piastischen Reiches eine Steuer in Form von Getreide, Honig oder Fellen auf das einzelne Zugtier (*powolowe*) oder den einzelnen Hof (*podvorove*). Systematische Münzabgaben kann man sich allenfalls in der Umgebung größerer Handelszentren, also innerhalb zumindest ansatzweise kommerzialisierter Enklaven wie jener des oben erwähnten Siedlungskomplexes von Trebnitz mitsamt dem benachbarten Breslau, vorstellen. Dort sind vermutlich diese hybriden Zehntformen zu finden, die Helmold um die Mitte des 12. Jahrhunderts pauschal auf das piastische Polen und Pommern (sowie die Wagrier, die Polaben, die Abodriten und die Kycinen) bezieht: von jedem Pfluge – der zu zwei Ochsen und ebensovielen Pferden gerechnet wird – drei Scheffel Weizen und zwölf Denare.[242]

Die über weite Strecken des 12. Jahrhunderts noch schwach ausgeprägte Schriftkultur hat die fiskalische Effizienz gewiss nicht erleichtert.[243]

Indes ist es schier unmöglich, die Gesamteinnahmen der piastischen Monarchie zu kalkulieren, zumal ebenfalls die Angaben bezüglich der Bevölkerungszahlen vage sind: In der Regel beziehen sie sich auf das Polen um das Jahr 1000 und werden optimistisch auf etwa 1 Mio. Einwohner geschätzt.[244] Wenn wir von dieser Größenordnung auch für das 12. Jahrhundert ausgehen und zudem beachten, dass die wichtigsten Machtzentren im Binnenland in der Regel mehrere Hundert Menschen beherbergt haben werden, vierstellige Einwohnerzahlen hingegen sich höchstens auf einige wenige Handelsplätze im Küstenbereich (wie Stettin) beziehen, dann dürfte der Anteil der in den Städten bzw. nichtagrarischen Siedlungen lebenden Bevölkerung bei drei bis fünf Prozent gelegen haben. Unter ihnen befanden sich potenziell diejenigen Gruppen, die Abgaben in Form von Münzen zu entrichten vermochten.

Geschätzte Einkünfte liegen aus Ungarn vor, die um 1180 unter Béla III. festgehalten wurden. Sie beliefen sich auf mindestens 166.000 Mark, knapp 40 Tonnen Silber, jährlich – darunter 60.000 aus dem Münzumtausch, 30.000 aus Zollgebühren und der Besteuerung der Märkte, 16.000 aus den Salzregalien sowie 25.000 aus der Kopfsteuer, die die freie Bevölkerung an den König, der den Anspruch auf den dritten Teil der jährlichen Abgaben besaß, zu zahlen hatte. Hinzu kamen Tribute in Naturalien.[245] Selbst wenn die obigen Zahlen Kontroversen hervorrufen, spiegeln sie doch wenigstens die Größenordnungen wider. Zum Vergleich: Die Gesamteinkünfte Kasimirs des Großen (1333-1370) aus Krongütern, den Zoll- und Mautgebühren, dem Münzwesen und den Bergregalien schwankten jährlich zwischen 70.000

242 Helmold, Chronik (wie Anm. 183, Kap. 1, Teil I), I/88, S. 254 f.; Mühle, Die Piasten (wie Anm. 165), S. 45, 55-58. Grundsätzlich Modzelewski, Organizacja gospodarcza (wie Anm. 277, Kap. 1, Teil I).

243 Anna Adamska, Die frühpiastische Kanzlei im „Netzwerk" der mittelalterlichen pragmatischen Schriftlichkeit, in: Fernhändler (wie Anm. 2, Kap. 1, Teil I), S. 193-216; Sébastien Rossignol, *Maiestas principum*. Herzogsurkunden als Media der Herrschaftsrepräsentation in Schlesien, Pommern und Pommerellen (1200-1325), Wiesbaden 2019.

244 Vgl. Benedykt Zientara, Społeczeństwo polskie X-XII wieku [Die polnische Gesellschaft im 10.-12. Jahrhundert], in: Społeczeństwo polskie od X do XX wieku [Die polnische Gesellschaft vom 10. bis zum 20. Jahrhundert], hg. von Ireneusz Ihnatowicz u. a., Warszawa 1996, S. 37-88, hier S. 41.

245 Marcin Pauk, Money Makes the World Go Round. Some Remarks on Ducal Power, Coinage and Society in Central Europe (1050-1200), in: Economies (wie Anm. 14, Kap. 2), S. 149-155, hier S. 152 f.

und 100.000 Mark, wobei 23.000 Mark davon aus dem Bergregal (darunter 18.000 wiederum als Pachteinnahmen aus dem Salzbergbau) stammten.[246]

In Böhmen hingegen wird in der ersten Hälfte des 12. Jahrhunderts allein die als *tributum pacis* bezeichnete Kopfsteuer auf etwa 200.000 Denare aus den Kastellaneien, die ca. 80 Prozent der Monarchie umfassten, geschätzt – ein Äquivalent von 200 kg Silber, eine Summe, die sich angesichts der oben geschilderten Verhältnisse in Ungarn bescheiden ausnimmt.[247]

Eine Mischung aus Naturalien- und Geldabgaben notieren wir in Dänemark. Noch irgendwann vor dem Jahr 1123 übertrug der König dem Erzbischof von Lund den Bornholm-Tribut von zehn Mark Silber.[248] Nach der Eroberung von Arkona durch die Dänen 1168 wurde die Abgabe an den dortigen Tempel von einer Münze auf 40 Denare vom Pflug umgewandelt. Eine Erhebung von König Waldemar II. (1202-1241) aus dem Jahr 1231 nennt in diesem Zusammenhang 200 Mark in Gestalt von Denaren.[249] Für eine 400 Mann starke Gefolgschaft sammelte derselbe für einen zweitätigen Winteraufenthalt Honig, Getreide, Malz, Fleisch, Butter, Käse, Fisch, Münzen (darunter zwei Mark, um Fisch zu kaufen) sowie Hafer für die Pferdefütterung ein. Die Tribute aus Sylt betrugen um 1231 40 Mark puren Silbers, die aus dem zu Dänemark gehörenden Teil Frieslands insgesamt 400 bis 500 Mark jährlich. Die Bewohner der Insel Fehmarn wiederum waren zu Zahlungen in Höhe von etwa 500 Mark verpflichtet.[250] Schließlich schuldeten die Vasallen ihrem König um 1325 2.000 Mark Silber, obwohl sie ihm grundsätzlich militärischen Dienst leisten mussten.[251] Bjørn Poulsen konstatiert für Dänemark ab ca. 1200 den Übergang von einer an der Einsammlung von Tributen orientierten Gesellschaft hin zu einer auf Besteuerung ausgerichteten Struktur.[252]

Die Beispiele Polen, Böhmen, Dänemark und selbst Ungarn indizieren, dass die materiellen und fiskalischen Grundlagen der Herrschaft in Ostmittel- und Nordeuropa hybride Formen bildeten, die aus der Erhebung von Abgaben sowohl in Naturalien als auch in Form von Edelmetallen bestanden. Umso wichtiger erscheinen die Versuche der Dynasten, die Emission und Zirkulation von Münzen zu kontrollieren. Demzufolge musste nach dem Zusammenbruch von Importen die Gewinnung einheimischer Rohstoffe angekurbelt werden, wodurch eine Endogenisierung der Silberabschöpfung erfolgte. Einen ersten direkten Verweis auf den piastische Bergbau enthält die Gnesener Bulle von 1136. Dort werden *rustici argentifossores* erwähnt, die für den Gnesener Erzbischof in Zwierszów bei Beuthen Edelmetalle förderten. Ryszard Kiersnowski zufolge lässt sich die Erschließung der Silberminen in der oben erwähnten Ortschaft in das 11. Jahrhundert zurückdatieren, obgleich er das Ausmaß dieser Produktion zu der Zeit für ziemlich bescheiden hielt. Außerdem zeigen die archäologischen Ausgrabungen in Dąbrowa Górnicza-Łosień, dass in Oberschlesien bereits in der zweiten Hälfte des 11. Jahrhunderts Silber abgebaut wurde.[253] Welche Dimensionen die Edelmetallförderung in dieser

---

246 Mühle, Die Piasten (wie Anm. 165), S. 114.

247 Pauk, Money (wie Anm. 245), S. 153 f.

248 Bjørn Poulsen, Tribute as Part of the Financial System of the Medieval Danish King, in: Taxes (wie Anm. 101, Kap. 1, Teil I), S. 279-292, hier S. 286.

249 Ebd., S. 286, 288.

250 Ebd., S. 282, 284 f.

251 Ebd., S. 289.

252 Ebd., S. 283.

253 Dariusz Rozmus, Elementy infrastruktury hutniczej na wczesnośredniowiecznych stanowiskach do wytopu srebra i ołowiu na pograniczu obecnego Śląska i Małopolski na przykładzie Dąbrowy Górniczej-Łośnia i Sosnowca-Zagórza [Elemente der Hütteninfrastruktur an frühmittelalterlichen Schmelzstellen von Silber und Blei im Grenzgebiet des heutigen Schlesiens und Kleinpolens am Beispiel von Dąbrowa

frühen Phase annahm, entzieht sich leider unserer Kenntnis. Kiersnowski zumindest ging von einer beachtlichen Produktion in Schlesien erst im 13. Jahrhundert aus.[254]

Wir verfügen leider über keine Angaben, die uns erlauben würden, die Dimensionen der umlaufenden Geldmenge einzuschätzen. Uns sind lediglich Hinweise auf Tribute bekannt, die die Piasten an die römisch-deutschen Kaiser und Könige im 12. Jahrhundert zu entrichten hatten. Schauen wir uns sie näher an. 300 Mark jährlich betrug der Tribut, den Heinrich V. im Jahr 1109, also ausgerechnet zum Zeitpunkt des endgültigen Silberkollapses aus Sachsen, Bolesław III. Schiefmund auferlegt haben soll. Als Alternative forderte der deutsche König ebenso viele Ritter.[255] In diesem Zusammenhang fügt Gallus hinzu: *Dadurch, dass er vorher hochmütig eine hohe Geldsumme forderte, gewann er, obwohl er zum Schluß wenig verlangte, auch nicht einen Denar.*[256]

Unverständlich erscheint, warum Gallus den Tribut von 300 Mark als hoch bezeichnet – zumal der Chronist den Wohlstand zur Zeit Bolesławs III. immer wieder durchblicken lässt, beispielsweise als er einen Schrein erwähnt, der 80 Mark an reinem Gold (mindestens 800 Mark in Silber) enthielt, wobei [...] *Perlen und Edelsteine ausgenommen werden, die nicht von geringerem Wert als das Gold zu sein scheinen.*[257]

Die Geldsumme von 300 Mark fällt im Vergleich mit den anderen Berichten aus dieser Zeit bescheiden aus. 1102 soll Skarbimir die Böhmen bestochen und ihnen 1.000 Mark Silber ausgehändigt haben.[258] Svatopluk von Böhmen verpflichtete sich 1107, dem König Heinrich V. sogar 10.000 Mark zu zahlen, konnte jedoch nur 7.000 einsammeln. Allein der Prager Bischof Herman schenkte dem Herzog 70 Mark Gold, also das Äquivalent von gut 700 Mark Silber.[259] Ebenfalls in einigen Ostseeregionen wurden deutlich größere Summen als 300 Mark Silber genannt. In den 1110er Jahren wurden die Ranen von Heinrich, dem Abodritenfürsten, zur Zahlung eines Tributes in Höhe von 4.400 Mark Silber gezwungen:[260]

> *Dann schickte er* [Heinrich, der Abodritenfürst] *Boten ins Land der Rugianer, um das Geld zu holen, welches sie gelobt hatten.* [...] *Heinrich aber ließ ihnen zum Zuwägen eine Waage mit schwerstem Gewicht hinstellen. Und als sie nun ihren öffentlichen Schatz und was sich in den Familien an Silber und Gold gefunden, erschöpft hatten, war doch kaum die Hälfte des Geldes bezahlt, ich vermute, weil sie mit der Waage hintergangen waren.*[261]

Dass die Ranen nicht einmal die Hälfte der verlangten Summe zu zahlen vermochten, ist womöglich nicht ausschließlich auf die fingierte Waage zurückzuführen, sondern ebenso auf die Tatsache, dass Heinrich die fiskalischen Kapazitäten der Ranen falsch eingeschätzt und einen viel zu hohen Betrag verlangt hätte.

Kehren wir zu den Piasten zurück. Die 300 Mark Silber, die Bolesław III. Schiefmund im Jahr 1109 zahlen sollte, erscheinen dürftig, wenn man sie mit jenen Summen vergleicht, die in der zweiten Hälfte des 12. Jahrhunderts als Tribute auferlegt worden sind. Bolesław IV. Kraushaar (1146-

Górnicza-Łosień und Sosnowiec-Zagórze], in: Argenti fossores (wie Anm. 475, Kap. 1, Teil I), S. 115-149; Kiersnowski, Pieniądz (wie Anm. 1, Kap. 2), S. 25.

254 Ebd.

255 Gallus, Chronik (wie Anm. 269, Kap. 1, Teil I), III/2, S. 172.

256 Ebd., III/15, S. 184 f.

257 Ebd., III/25, S. 206.

258 Kosmas (wie Anm. 492, Kap. 1, Teil I), III/16, S. 335.

259 Ebd., III/21, S. 345.

260 Helmold, Chronik (wie Anm. 183, Kap. 1, Teil I), I/38, S. 128.

261 Ebd., I/38, S. 128.

1173) sollte im Jahr 1157 an Friedrich Barbarossa, die Reichsfürsten, die Kaiserin und ihre Höflinge insgesamt 3.200 Mark Silber und 20 Mark Gold als Tribut, also ein Äquivalent von knapp 1,3 Tonnen Silber, entrichten. 1172 musste der Frieden mit dem Kaiser schon für 8.000 Mark, knapp 2 Tonnen, erkauft werden.[262] Wenn wir bedenken, dass zu diesem Zeitpunkt das Edelmetall nahezu ausschließlich aus den heimischen Silbervorkommen stammte, dann müssen wir die hiesige Förderung als ziemlich robust veranschlagen – selbst wenn die Summen niemals gezahlt worden sein dürften. Sodann sind Nennungen der Tributhöhen in vormodernen Gesellschaften nicht wortgetreu zu nehmen, sondern spiegeln lediglich gewisse Parameter wider. Denn diese zeichneten sich durch einen laschen Umgang mit Zahlen, eine gewisse Nonchalance gegenüber Exaktheit und häufig geringe Kenntnisse der Marktverhältnisse, somit monetärer Potenziale aus.[263]

Welche Funktionen wies demzufolge die Politik der Münzerneuerung, die *renovatio monetae*, auf? Roger Svensson unterscheidet in Anlehnung an Bernd Kluge zwischen den *long-lived* Pfennigen und den *short-lived* Münzen. Erstere galten in einem Gebiet während der gesamten Herrschaftszeit des Münzemittenten (oder länger). Letztere wiederum waren nur in bestimmten Perioden der Regierungszeit eines Herrschers gültig und wurden bisweilen durch neue Denare abgelöst. Den kompletten Münzumtausch setzte dabei die begrenzte Menge der in Zirkulation befindlichen Exemplare voraus.[264] Dieses Strukturmerkmal indiziert zudem eine geringe Arbeitsteilung, einen niedrigen Grad der Spezialisierung der Haushalte sowie nur wenig ausgeprägte Erfahrungen mit lokalen Märkten.[265] Die Grenze zwischen beiden Systemen (mit Überschneidungen) verlief zwischen 1140 und 1300 mehr oder weniger entlang der Rheinachse.[266]

Es liegt auf der Hand, dass das piastische Reich, seit 1138 in Teilfürstentümer mit einem *princeps* – Seniorherzog an der Spitze – gegliedert, der Gruppe der *short-lived* Münzen zugeordnet wird. Bolesław III Schiefmund, in dessen Herrschaftszeit (1102/1106-1138) der Zusammenbruch des Zustroms sächsischer Denare fiel, hat nicht nur Brakteaten, Prägungen aus einem dünnen Metallblech, eingeführt, sondern vermutlich – zumindest nach dem bisherigen Kenntnisstand – Denare dreimal umgetauscht. Sein Sohn, Władysław der Vertriebene (1138-1146), scheint die *renovatio monetae* intensiviert zu haben, da er während seiner achtjährigen Herrschaft ebenfalls drei Münztypen emittieren ließ. Bolesław IV. Kraushaar wiederum, der von 1146 bis 1173 *princeps* war, hat die Denare wahrscheinlich alle sechs Jahre erneuert.[267] Schließlich hat Mieszko III. der Alte (1173-1177, 1191, 1198-1199, 1201-1202) mit dem Ausstoß von Brakteaten einen guten Vorwand geliefert, diese zerbrechlichen Münzen häufig umtauschen zu müssen.[268] Allein der Gnesener Prägestätte zwischen 1173 und 1177 werden bislang mindestens zehn verschiedene Münztypen

262 Biniaś-Szkopek, Bolesław IV (wie Anm. 626, Kap. 1, Teil I), S. 242, 254.

263 Zum Zahlenverständnis in vormodernen Gesellschaften vgl. Kamil Radomski, Upieniężnienie gospodarstw kmiecych w Małopolsce w latach 1253-1370 [Die Monetarisierung der Bauernhöfe in Kleinpolen in den Jahren 1253-1370], Warszawa 2012, S. 27-29. Grundsätzlich Witold Kula, Miary i ludzie [Maßen und Menschen], Warszawa 2004.

264 Roger Svensson, Re-Coinage as a Monetary Tax: Conditions, Consequences and Comparisons with Debasement, in: IFN Working Paper No. 950 (2013), S. 1-26, hier S. 9.

265 Ebd., S. 10.

266 Ebd., Karte 1 auf S. 7.

267 Suchodolski, Numizmatyka (wie Anm. 500, Kap. 1, Teil I), S. 335-349.

268 Grundsätzlich Dobrochna Gorlińska, Żydzi w administracji skarbowej polskich władców czasu rozbicia dzielnicowego [Die Juden in der Fiskalverwaltung polnischer Herrscher in der Zeit der Teilfürstentümer], Kraków 2015.

zugeordnet.[269] Wenn wir annehmen, dass die eine Münzsorte die andere vollständig abgelöst hat, wären das zwei Auswechslungen pro Jahr. Weitere Emissionen, geschlagen zum Beispiel in Krakau, könnten hinzukommen. Eine Bulle Innozenz III. aus dem Jahr 1207 bestätigt diese Praktiken, indem sie wohl drei Erneuerungen pro Jahr, *per annum tertio*, erwähnt.[270] Ein Historiker spricht in diesem Zusammenhang von einer extensiven Münzpolitik, die im Grunde genommen auf eine mehr oder weniger direkte finanzielle Ausraubung der Bevölkerung hinauslief.[271] Lassen wir Vinzenz Kadłubek, einen gut informierten Zeitgenossen, zu Wort kommen. Ihm zufolge wurde für den Viehdiebstahl eine enorme Zahlung von 70 Mark (je ca. 200 g), also ein Äquivalent von etwa 14 kg Silber, fällig. Die Strafe konnte jedoch geringer ausfallen, wenn der Verurteilte sie in abgezählten Denaren entrichtete. Wenn wir annehmen, dass die Brakteaten Mieszko III. des Alten etwa 0,25 g wogen und eine Mark in gültigen Münzen aus 240 Exemplaren zu bestehen hatte, dann würden wir auf rund 4 kg Silber kommen, was immerhin noch eine immense Belastung darstellte:

> *Der Schatzmeister prüft* [das Geld] *genau, sein Stellvertreter betrachtet es eingehend und empört ruft er aus: „Potztausend, woher kommt uns denn so plötzlich ein solch neuer Scharlatan? Dieser durchaus lächerliche Aufschneider gibt uns der Lächerlichkeit preis und beeilt sich, uns mit Schuppen und Spreu eines äußerst minderwerigen Geldes zu täuschen." Jener zu ihnen: „Muss ich denn nicht in der gültigen Münze die Strafe bezahlen?"* [Darauf] *sagen sie ihm: „Allerdings, auf jeden Fall zahle die Münzen des Fürsten und keine Spreu."* [...] *Er antwortet: „Aber was soll ich bezahlen? Ich schulde eine abgezählte Summe,* [aber] *ihr verachtet das Abgezählte." Sie hatten aber einige Silbermünzen aus einer reineren Ader, die vor kurzem geprägt und in ihrer Kunst eben erst verfertigt worden waren. Sie behaupten, dies sei gegenwärtig die wahre und einzige Münze und fordern [diese]. „Die aber, mit der du dich ablösen zu können glaubst, ist eine aus dem Verkehr gezogene und, wie du nicht bezweifeln kannst, längst ungültige Münze."*[272]

Letztendlich wurde der Bestrafte [...] *der Gewalt der Folterknechte übergeben, in Ketten gelegt, im Zuchthaus eingeschlossen und alles, was er an Unfreien, an Gütern und Vieh besaß, dem Staatschatz zugewiesen. Dieser wurde wie ein Aas bis auf die letzte Unze ausgenommen* [...].[273]

Man kann sich des Eindrucks nicht erwehren, dass hier die extreme Form der *stationary bandits* vorliegt, jener Machthaber also, die die Erhebung von Abgaben zwar einigermaßen monopolisiert und rationalisiert haben, die aber zuweilen vor den Bereicherungsmethoden der *roving bandits*, schierer und dreister Ausbeutung, nicht zurückschreckten.[274]

---

269 Jerzy Piniński, Brakteaty gnieźnieńskie Mieszka Starego z lat 1173-1177 [Die Gnesener Brakteaten Mieszkos des Alten aus dem Zeitraum 1173-1177], in: WN 9 (1965), 2, S. 85-103.

270 Kodeks Dyplomatyczny Wielkopolski (wie Anm. 277, Kap. 1, Teil I), Bd. I, Nr 51. Kommentare unter anderem bei Stanisław Trawkowski, Obieg a renowacja monety w Polsce na przełomie XII i XIII wieku [Umlauf und die Münzerneuerung in Polen an der Wende vom 12. zum 13. Jahrhundert], in: Nummus et Historia (wie Anm. 450, Kap. 1, Teil I), S. 111-116 und Marian Plezia, W sprawie częstotliwości wymiany monety w Polsce na początku XIII w. (Uwagi na marginesie artykułu Stanisława Trawkowskiego, Obieg a renowacja monety w Polsce na przełomie XII i XIII wieku) [Über die Häufigkeit des Münzumtauschs in Polen am Anfang des 13. Jhs. (Bemerkungen zum Aufsatz von Stanisław Trawkowski, Umlauf und die Münzerneuerung in Polen an der Wende vom 12. zum 13. Jahrhundert) in: WN 29 (1985), 3-4, S. 221-223.

271 Mühle, Die Piasten (wie Anm. 165), S. 81 f.

272 Die Chronik der Polen des Magisters Vincentius, hg. von Eduard Mühle, Darmstadt 2014, IV/16-19, S. 304 f.

273 Ebd., S. IV/20-21, S. 304-307.

274 Diese Begriffe hat Mancur Olson geprägt. Vgl. Mancur Olson, Power and Prosperity. Outgrowing Communist and Capitalist Dictatorship, New York 2000.

Die Aneignung des Surpluses beim Umtausch von Denaren und Brakteaten konnte entweder durch eine Veränderung des Münzfußes erfolgen oder durch einen günstigeren Kurs erreicht werden. Dass diese Fiskalpolitik massive Unzufriedenheit unter wohlhabenderen Schichten hervorgerufen hat, liegt auf der Hand. Jedenfalls soll der Senior-Nachfolger Mieszkos III. des Alten in Krakau, Kasimir der Gerechte (1177-1191, 1191-1194), nicht nur *das Joch der Steuern zertrümmert* und *die Abgaben gelockert,* sondern ebenso *die Zölle erleichtert, die Lasten sowie Frondienste und Dienstleistungen aufgehoben* haben.[275] Der Kontrast zum Vorgänger kann nicht größer sein, muss allerdings nicht zwangsweise wortwörtlich genommen werden.

Die Regionalisierung der Münzproduktion in der Zeit der Teilfürstentümer indizieren etliche Prägestätten: Ausgegangen wird von unter anderem Krakau in Kleinpolen, Breslau in Schlesien, Kalisch und Gnesen in Großpolen sowie vielleicht Plozk in Masowien. In der Bulle für das Bistum Leslau (Włocławek) wird ein Zehnt *de moneta* genannt: Ob es sich dabei um eine Prägestätte oder eher das Recht handelt, Münzen umzutauschen, kann nicht mit letzter Sicherheit entschieden werden.[276] Zu beachten gilt es ebenfalls, dass zwischen verschiedenen Münzsorten selbst innerhalb einer Region strukturelle Unterschiede bestehen konnten: Borys Paszkiewicz hat zum Beispiel auf die Ambivalenz zwischen Brakteaten und Denaren, die in Schlesien, darunter wohl in Ratibor (Racibórz), von Mieszko dem Jungen (genannt Humpelbein, 1163-1211) und Bolesław I. dem Langen (1163-1201) emittiert wurden, hingewiesen. Demnach zeigten die Brakteaten eine lokale Symbolik, während die Denare die Ursprünge der Herrschaft der Teilfürsten und deren Rechte auf die Oberhoheit im gesamten Gebiet der polnischen Krone widerspiegelten.[277]

Kehren wir nun zu den numismatischen Quellen zurück. Bei ihrer Analyse fällt die geringe Anzahl der Schatzfunde aus dem 12. Jahrhundert auf: Von ca. 1110 bis 1138 notieren wir fünf Horte mit mindestens zehn Münzen im piastischen Binnenland. Dazu gehören zwei mit einem hohen Anteil an Kreuzdenaren: Wola Skromowska (tpq. 1138) mit 56 Prozent sowie Śląsk XII (tpq. 1138) mit 42 Prozent, wobei unter diesen etwa 14 Prozent in Schlesien geschlagen worden sind. In der Zeit nach 1138, mit dem Beginn der Teilfürstentümer, bis ca. 1200 verfügen wir über mindestens 13 Depots. Zusammen kommen wir auf 18 Horte, was einen Fund in fünf Jahren ergibt. Im Vergleich dazu beläuft sich die Zahl der Schätze mit einer Schlussmünze in der Zeitspanne von 1070 bis 1110 auf 47, die Deponierungsintensität liegt demnach bei gut einem Hort pro Jahr (Tabellen 8 und 10).

Ins Auge sticht ebenso die Armut an Einzelfunden.[278] Begegnen jüngere Kreuzdenare und Pfennige aus der ersten Hälfte des 11. Jahrhunderts innerhalb der Siedlungen und Burgwälle sowie auf Gräberfeldern zumindest in einigen Regionen recht zahlreich (Unterkapitel 4.1.), so scheint nach der Jahrhundertwende, besonders nach dem Tod Bolesław III. Schiefmunds im Jahr 1138, ein Kollaps erfolgt zu sein. Keines der piastischen Macht- und Handelszentren des 12. Jahrhunderts kann im Hinblick auf die Anzahl der Streufunde mit Giecz, Tum-Łęczyca, Kałdus

275 Die Chronik der Polen (wie Anm. 272), IV/6, S. 330 f.

276 Magdalena Biniaś-Szkopek, Jeszcze o monetach Bolesława IV Kędzierzawego [Noch einmal über die Münzen Bolesławs des Kraushaars], in: Almanach Historyczny 10 (2008), S. 105-115, hier S. 113-115.

277 Borys Paszkiewicz, Najstarsze brakteaty śląskie. Katalog brakteatów Mieszka Młodego i Bolesława Wysokiego [Die ältesten schlesischen Brakteaten. Katalog der Brakteaten Mieszkos des Jungen und Bolesławs des Langen], in: Wrocławskie Zapiski Numizmatyczne 2 (2006), 30, S. 3-9, hier S. 6.

278 Vgl. Bogucki, Główne (wie Anm. 9, Kap. 2), S. 82, Karte 4; Jakub Łyszkowski, Odzwierciedlenie obiegu pieniężnego we wczesnym średniowieczu przez znaleziska drobne [Die Geldzirkulation im frühen Mittelalter im Lichte der Kleinfunde], in: WN 50 (2006), 1, S. 3-26; FMP, Bde. 1-5. Aus den Grabungen in Gnesen und Kalisch zum Beispiel stammen lediglich je drei Münzen, die der Zeit von 1146 bis ca. 1200 zugeordnet werden konnten. Kubiak, Znaleziska (wie Anm. 641, Kap. 1, Teil I), Nr. 38 II und III; Nr. 51 I, III und IV.

oder Zgłowiączka im späten 11. Jahrhundert gleichziehen: In dem an Prägungen so reichen Giecz beläuft sie sich zwischen 1138 und 1173 bislang auf gerade zehn Exemplare. Folglich hat die Endogenisierung der Silberabschöpfung im Laufe des 12. Jahrhunderts eine Monetarisierung der Gesellschaft nicht nur nicht erweitert, sondern eher zu einem Rückschritt geführt. Die *renovatio monetae* hat der piastischen Herrschaft zwar neue bequeme Einnahmemöglichkeiten verliehen, für weite Teile der Bevölkerung jedoch weder vertikale (zwischen Machtzentren und Siedlungen) noch horizontale (zwischen den einzelnen Dörfern) Kommerzialisierung bewirkt.

Wie ist dieser Wandel weg von der teilweise monetarisierten, hybriden Burgwallökonomie hin zu einer naturalwirtschaftlichen zu erklären? Die naheliegendste Antwort könnte hier lauten: Die auf den Umtausch von Münzen abzielende Fiskalpolitik der Könige in Ostmittel- und Nordeuropa hat die Deponierung älterer Exemplare obsolet gemacht.[279] Wenn aber die Streufunde die Häufigkeit von monetarisierten Handelstransaktionen widerspiegeln und somit zufällige Verluste darstellen sollten, dann ist der Verweis auf die Ausscheidung dieser Denare aus dem Geldumlauf als Folge einer *renovatio monetae* nicht überzeugend. Viel wahrscheinlicher erscheint die Option, dass die piastische Silberförderung zu dieser Zeit bescheiden ausfiel und die Nachfrage nach Geld nicht befriedigen konnte. Dieser Sachverhalt beeinflusste maßgeblich die Entscheidung der Dynasten, die zu geltende Münzsorte mehr oder weniger systematisch zu erneuern und somit den Silberhunger zu stillen, der gleichzeitig vorwiegend aus fiskalischen und machtpolitischen Gründen überwunden werden musste.

In Ermangelung schriftlicher Quellen sind wir kaum imstande, zu ermitteln, welche Teile der Bevölkerung von der *renovatio monetae* betroffen waren, also welche von ihnen über Denare verfügten. Aussagekräftig kann hier allerdings ein diachroner Vergleich mit besser erforschten Perioden sein. Kamil Radomski hat die Formen der Zehntzahlungen in Kleinpolen im Zeitraum von 1253 bis 1370, also in der Phase des sog. Landesausbaus, die wiederum in Ostmitteleuropa als die mittelalterliche Modernisierung schlechthin gilt, untersucht. Die in meinem Zusammenhang wichtigsten Ergebnisse sind in der folgenden Tabelle festgehalten.

| Zeitraum | Gesamtzahl | In Geld | Gemischt |
|---|---|---|---|
| 1253-1304 | 18 | 2 (11 %) | 4 (22 %) |
| 1305-1339 | 26 | 11 (42 %) | |
| 1340-1370 | 75 (davon 12 keine Kron- bzw. Bistumsgüter Krakau und Leslau) | 58 (77 %) (davon 8 – 67 % keine Kron- bzw. Bistumsgüter Krakau und Leslau) | |

Tabelle 26: Zahl der Zehntnennungen in Kleinpolen, 1253-1370

Es liegt auf der Hand, dass in der zweiten Hälfte des 13. Jahrhunderts die Anzahl der Geldzahlungen noch ziemlich überschaubar war: Lediglich in elf Prozent aller Fälle konnte die Abgabe in Gestalt von Münzen geleistet werden. 22 Prozent der erwähnten Bauernhöfe wiederum waren imstande, den Zehnt in einer gemischten Form zu entrichten. Erst im Laufe des 14.

279 Jensen, Monetary (wie Anm. 239), S. 169; Jakub Łyszkowski, O sposobach powstawania pojedynczych znalezisk monet we wczesnym średniowieczu [Die Wege der Entstehung der Einzelmünzfunde im frühen Mittelalter], in: WN 49 (2005), 1, S. 1-21.

Jahrhunderts, besonders während der Herrschaftszeit Kasimirs des Großen, überschritten die Geldabgaben die 50-Prozent-Marke deutlich.

Diese Ergebnisse bestätigt die (in Tabelle 26 nicht enthaltene) *obiedne*, die Pflicht der Bauernhöfe, dreimal jährlich den Landbesitzer zu bewirten und zu beherbergen. Den zwei Erwähnungen im Zeitraum von 1253 bis 1304, beide in Geld, folgen 38 Fälle zwischen 1305 und 1339. Davon notieren wir zehn (26 Prozent) in Form von Münzen; sie alle betreffen Güter, die weder dem König noch dem Krakauer Bischof gehört haben (von insgesamt 29, also zu rund 34 Prozent). Letztendlich verfügen wir aus dem Zeitraum von 1340 bis 1370 über 71 Informationen, von denen 49 (69 Prozent) Geldzahlungen nennen; darunter beziehen sich elf von insgesamt 22 nicht auf die Krongüter bzw. die Güter des Krakauer Bischofs.[280]

Optimistischer ist hier Piotr Górecki, der davon ausgeht, dass die Nutzung von Münzen in Polen bereits nach 1250 zugenommen habe.[281]

Fassen wir zusammen: Wenn wir dem Monetarisierungs- und Kommerzialisierungsgrad die Anzahl der Schatz- und Einzelfunde aus der Zeit von ca. 1110 bis etwa 1200 im polnischen Binnenland zugrunde legen, dann müssen wir eine markante Verringerung im Vergleich mit dem späten 11. Jahrhundert konstatieren. Können wir die Abnahme der Horte noch mit dem mehr oder weniger systematischen Umtausch von Münzen erklären, so lässt sich der Rückgang der Streufunde, die innerhalb der Siedlungen oder Burgwälle als Nebenprodukte der Handelstransaktionen gelten, dadurch nicht begründen. Es spricht einiges dafür, dass der Zusammenbruch der Münzimporte kurz nach 1100 zwar eine Endogenisierung der Silberabschöpfung bewirkt und den Herrschenden mit *renovatio monetae* ein neues fiskalisches Instrument an die Hand gegeben hat. Dennoch führten diese Prozesse – in Ermangelung der Silbervorkommen und aufgrund der überschaubaren Kapazitäten der Geldemission – keineswegs zu einer wesentlichen Ausweitung der Münzverwendung. Wir dürfen lediglich von wenigen gesellschaftlichen Gruppen ausgehen, die über Edelmetalle verfügten: Sicherlich gehörten dazu der gesamte Herrschaftsapparat und Teile des Klerus sowie die Bewohner größerer Siedlungskomplexe und Vorburgen. Noch in der zweiten Hälfte des 13. Jahrhunderts waren, zumindest in Kleinpolen, ausschließlich kleine Bevölkerungsschichten in der Lage, ihre Zehntabgaben in Form von Denaren zu entrichten. Dass sich der Verbreitungsradius von Münzen ebenfalls im 12. Jahrhundert in Grenzen hielt, indiziert die Tatsache, dass ihr zwangsweiser Umtausch je nach *Princeps* erheblich schwankte und zeitweise aufgehoben wurde. So gesehen kann im Hinblick auf Monetarisierung und Kommerzialisierung von einem Umbruch keine Rede sein.

---

280 Radomski, Upieniężnienie (wie Anm. 263), S. 62, 64, 68, 85.

281 Górecki, Economy (wie Anm. 277, Kap. 1, Teil I), S. 286.

# Ergebnisse und Erkenntnisse – Kontinuitäten versus Brüche

Der zweite Teil der vorliegenden Studie diente dem Ziel, herauszufinden, ob die Nutzung von Edelmetallen der Logik eines *Homo politicus* folgte oder eher derjenigen eines *Homo oeconomicus* entsprach; um es auf den Punkt zu bringen: Macht oder Markt? Dabei kann die Kontextualisierung nicht mit einem simplen Entweder-Oder-Schema arbeiten, sondern muss die gesellschaftlichen Komplexitäten widerspiegeln, die durchaus verschiedene Mischformen zuließen. Die Monetarisierung wird als Nutzung von Silber als Zahlungsmittel definiert, jedoch nicht zwischen einer vermeintlich wenig entwickelten, noch rudimentären Hacksilber- und Gewichtsgeldökonomie und einer „progressiven" Münzwirtschaft unterschieden und nach Etappen bzw. Übergängen zwischen beiden gesucht. Denn die Edelmetalle zirkulierten, zumindest über weite Strecken des 9., 10. und 11. Jahrhunderts hinweg, offenbar in beiderlei Gestalt.

Zwischen dem frühen 9. und dem späten 11. Jahrhundert haben sich in Ostmitteleuropa verschiedene monetarisierte Enklaven, kommerzialisierte Zonen und fiskalische Währungslandschaften herausgebildet. Schauen wir uns nun ihre Konstanz nach regionalen und chronologischen Kriterien an. Der erste Monetarisierungsmoment fand in dem Emporium von Janów Pomorski/Truso statt. Einzigartig ist hier die Kombination von gut 1.000 Einzelfunden von Münzen, die wiederum zu 98 Prozent aus Bruchstücken bestanden, und 1.100 Gewichten. Hinzu kommt die Tatsache, dass etwa 96 Prozent aller Dirhems im 8. und frühen 9. Jahrhundert emittiert wurden, sodass sie diese Handels- und Handwerkssiedlung grundsätzlich in den 810er bis 850er Jahren erreicht haben. Silbermünzen bzw. Fragmente von Dirhems dienten bis etwa 830 als Tauschmittel im Regionalhandel mit dem Umland und bis ca. 860/870 als Zahlungsmittel im Transithandel zwischen Staraja Ladoga und den Seehandelsplätzen westlich von Truso ebenso wie innerhalb des Emporiums selbst. Diese temporäre Monetarisierung erfolgte anscheinend in Form einer Hacksilber- und Gewichtsgeldwirtschaft, die darin bestand, zerhackte Münzen abzuwiegen und das Edelmetall nach standarisiertem Gewicht zu werten. Wenn Dirhems in Truso abgezählt wurden, dann nur in der frühen Phase, als sie grundsätzlich noch nicht zerteilt (teilweise bis in die kleinsten Fragmente von 0,1 g oder weniger) waren. Das Fehlen von Dirhems aus der Zeit nach 870 und dem gesamten 10. Jahrhundert zeigt deutlich, dass die Nutzung von Silber in dem Emporium kaum über zwei Generationen hinausgegangen ist.

Beachtliche Mengen von Münzen bzw. Münzfragmenten und Silber in nichtmonetärer Form häuften die Bewohner des Siedlungskomplexes von Wollin, knapp 400 km westlich von Janów Pomorski, an. Hier äußert sich jedoch der Reichtum an Edelmetallen nicht in den Streufunden von Dirhems, sondern in den Schatzfunden, die auch mehrere Schmuckstücke enthielten. Genauso wie in Truso haben die Wolliner Eliten verschiedene Gemeinschaften im weiten Hinterland des Handelszentrums in den Austausch eingebunden und bezogen dort für Silbermünzen und Hack- bzw. Gewichtssilber unter anderem Waldprodukte, Rohstoffe und vermutlich Nahrung. Folglich diente das Edelmetall als Zahlungsmittel im Regionalhandel und, in Form von Schmuck, als Teil einer elitären Zirkulation von Prestigegütern. Allerdings erscheint der (bisherige) Anteil an Einzelfunden und Gewichten mit jeweils mindestens 70 (zuzüglich sieben Grabfunde) aus dem 9. bis zum ausgehenden 11. Jahrhundert bzw. gut 40

Exemplaren überschaubar. Die Verdichtung, zumindest der Chronologie der Horte aus dem Siedlungskomplex und dem Umland nach zu urteilen, umfasst dabei den Zeitraum von den 930er Jahren bis ca. 980. Aus der ersten Hälfte des 11. Jahrhunderts sind aus Wollin vereinzelt Schätze von zum Teil zerteilten Münzen, Schmuckstücken, Silberdrähten und Barren bekannt. Sie indizieren, genauso wie die Depots aus dem 10. Jahrhundert, die Existenz einer kommerzialisierten hybriden Ökonomie, die den Fern- und Regionalhandel mit elitärer Zirkulation verband und die sich über zwei, allenfalls vier Generationen erstreckte.

Knapp 90 km östlich von Wollin entstand um den Burgwall mitsamt der benachbarten Siedlung von Kołobrzeg-Budzistowo eine kleine Kommerzialisierungszone mit rudimentären monetären Elementen. Die Anzahl der Einzelfunde bzw. Gewichte ist hier mit jeweils einem guten Dutzend überschaubar. Dessen ungeachtet zeugt ein Hort aus dem Siedlungskomplex sowie mindestens vier Schätze – darunter welche mit mehreren Schmuckteilen – aus der Umgebung von einer hybriden Ökonomie, die man anhand ihrer Datierung in die Zeit von ca. 995 bis ca. 1065 einordnen kann. Im Hinblick auf die Quantität der Funde und die Menge der vorkommenden Exemplare reichte sie aber kaum an die Zone um Wollin heran. Auf der anderen Seite lassen dieselben Indikatoren dort das Ausmaß der Kommerzialisierung und Silbernutzung zu jener Zeit wesentlich stabiler erscheinen als in den benachbarten Burgsiedlungen von Bardy und Świelubie in der ersten Hälfte des 9. Jahrhunderts. In dieses Bild fügt sich die Option ein, dass zumindest etliche der sog. Łupawa-Denare Mitte des 11. Jahrhunderts in Kołobrzeg-Budzistowo geschlagen wurden.

Und schließlich ist im Küstenbereich Danzig, 230 km östlich von Kolberg, hervorzuheben. Hier notieren wir zwar lediglich zwei Schätze aus der Zeit um 1070. Dennoch legt eine Reihe von Indikatoren die Existenz einer Kommerzialisierungszone nahe. Dazu gehört die Tatsache, dass der Hort aus Danzig mit der Schlussmünze um 1119 (Gdańsk X) Nachprägungen von angelsächsischen bzw. dänischen Münzen, Otto-Adelheid-Pfennigen, Kreuzdenaren und Pfennigen aus dem römisch-deutschen Reich enthielt, die gleichzeitig Fälschungen aus Messing waren. Unter den Einzelfunden aus Danzig befinden sich weitere derartige Geldstücke, die eine monetäre Zirkulation zumindest auf lokalen Märkten indizieren. Denn die Emission von Fälschungen ergab Sinn nur an Orten, wo Silbermünzen als Geld am lokalen Markt einigermaßen etabliert waren. Da die Depots aus der Zeit um 1070 unter anderem Münzfragmente, Schmuck- und Gussklumpenstücke sowie meist zerteilte Gusskuchenstücke, Silberdrähte und Hals-, Arm- oder Ohrringe umfassten, können wir in Danzig eine Verschiebung der Logik der Silberverwendung von einer Prestigeökonomie zu einer zumindest temporär funktionierenden Münzwirtschaft konstatieren. Aus den womöglich dem 12. Jahrhundert zugeordneten Siedlungsschichten kommen in Danzig letztendlich ca. 500 Münzen und Rechenpfennige.

Demzufolge: Wenn wir die gesamte Küste Pommerns, von Janów Pomorski/Truso über Danzig und Kołobrzeg-Budzistowo bis Wollin (mit Stettin), im Zeitraum vom frühen 9. bis zur ersten Hälfte des 12. Jahrhunderts berücksichtigen, dann dürfen wir weder eine regionale Systematik noch eine chronologische Konstanz feststellen. Kontinuitäten gingen in keiner dieser Zonen über zwei, allenfalls vier Generationen hinaus. Zwei Gründe sind in diesem Zusammenhang zu erwähnen: zum einen die Tatsache, dass der Einstrom von Silber zahlreichen Fluktuationen unterlag, die in ökonomischen wie politischen Konstellationen sowohl auf der Seite der Münzlieferanten als auch jener der Abnehmer begründet waren; zum zweiten erscheint die Nachfrage selbst in Emporien nicht durchweg stabil, weil die Masse der Bevölkerung in ihrem Umland grundsätzlich noch autark wirtschaftete und die Edelmetalle als Prestigegut oder fiskalisches Mittel benutzte – nicht unbedingt als Geld, das allgemeingültige Medium, mit dem man sämtliche Transaktionen auf lokalen Märkten regeln konnte. Brüche in der Verwendung von Silber als Zahlungsmittel waren die Norm. Folglich lässt sich die Unbeständigkeit kommerzieller Logik in den Küstenenklaven mit dem Begriff „Monetarisierungsmomente" angemessen auffassen.

Bewegen wir uns nun die Weichsel aufwärts. Knapp 140 km südlich von Danzig, in der Ortschaft Kałdus, entstand im frühen Mittelalter ein Burgwall mit angrenzender Siedlung und einem Gräberfeld. Aus dem gesamten Komplex stammen mindestens 140 Münzen, darunter etwa 56 aus der Siedlung. Gut 50 Prozent der bestimmbaren Exemplare lassen sich der zweiten Hälfte des 11. Jahrhunderts zuordnen, der Rest erstreckt sich über einen Zeitraum vom späten 10. Jahrhundert bis ca. 1050. Die Einzelfunde ergänzen zwei Horte mit den Schlussmünzen um 1018 bzw. 1050. In der Nähe des Burgwalls wurden obendrein zwei kleine Depots entdeckt, die in die Zeit nach 1065 bzw. 1090 datieren. Etwa 53 km südwestlich von Kałdus, in Pawłówek, befand sich zu dieser Zeit ein weiterer Burgwall. Hier wurden – neben einem Hort von zwei Münzen und vier Ohrringen – 48 Streufunde von Münzen gemacht. Die allermeisten bestimmbaren Prägungen stammen dabei aus der zweiten Hälfte des 11. Jahrhunderts. Es liegt auf der Hand, dass wir am unteren Weichsellauf mit einer teilweise monetarisierten Zone zu tun haben, der zugleich eine strategische Rolle zukam. Denn die Enklave um den Siedlungskomplex von Kałdus kombinierte verschiedene kommerzielle Funktionen mit einer machtpolitischen und fiskalischen Kontrolle dieses Weichselabschnitts. Solch eine Anhäufung von Silberfunden im ostmitteleuropäischen Binnenland ist für die Verhältnisse des 11. Jahrhunderts – jedoch nicht im Vergleich mit Janów Pomorski/Truso – außergewöhnlich und lediglich mit Parchim-Löddigsee vergleichbar (Teil I, Unterkapitel 1.5.3.). Obwohl der erste Hort aus der Gegend von Kałdus bereits um 975 auftauchte (Tabelle 20), zeigen die späteren Schätze ebenso wie die Struktur der Einzelfunde, dass diese Kommerzialisierungszone grundsätzlich im 11. Jahrhundert existierte, um den Höhepunkt vermutlich im letzten Drittel desselben erreicht zu haben.

Abweichende Funktionen und Strukturen scheint die Siedlung in Zgłowiączka bei Leslau, ca. 100 km südlich von Kałdus, besessen zu haben. Sie fungierte im frühen Mittelalter als wichtiges Salzzentrum. Hier notieren wir mindestens 77 Pfennige, die vermutlich als Streufunde begegnen. Darunter datieren 58 Exemplare in die Zeit von ca. 1050 bis 1100/1138. Zudem wurde in Zgłowiączka ein Münzhort aus dem späten 11. Jahrhundert (tpq. 1079) entdeckt. Das Vorkommen versilberter Kupferdenare in der Siedlung – ähnlich wie in Danzig – indiziert die Zirkulation und Verwendung von Prägungen in ihrer Eigenschaft als Geld zwischen ca. 1070 und 1100.

Eine starke Verdichtung von Funden tritt in Großpolen, seit dem zweiten Viertel des 10. Jahrhunderts die Kernregion der polanisch-piastischen Herrschaft, auf. Besonders ragt hier der Burgwall von Giecz heraus. Aus dem Gräberfeld und dem benachbarten Marktplatz oder, nach einer anderen Deutung, der angrenzenden Kultstätte sind gut 50 Dirhemfragmente aus dem 10. Jahrhundert bekannt. Hinzu kommen rund 100 Emissionen, die irgendwann zwischen dem späten 10. Jahrhundert und ca. 1050 geschlagen wurden. Wir sollten dabei bedenken, dass deutsche Pfennige aus dieser Zeit ebenso gut im späten 11. Jahrhundert kursiert haben konnten. Ein deutlicher Anstieg fand dann zwischen 1060/1070 und 1105 statt. In dieser Zeitspanne überwogen sächsische Kreuzdenare bzw. deren piastische Imitationen. Das Bild runden zumindest 100 Gewichte ab. Giecz gehört somit mit rund 500 Exemplaren zu den an Einzelfunden reichsten Enklaven im Binnenland und weist folglich eine Tradition von sechs Generationen auf, wobei der absolute Höhepunkt in das letzte Drittel des 11. Jahrhunderts und die sog. Burgwallökonomie fiel.

Ein weiterer, jedoch kleinerer Verdichtungscluster hat sich in Tum-Łęczyca, knapp 150 km östlich von Giecz, herausgebildet. Innerhalb eines frühmittelalterlichen Burgwalls wurden mindestens 84 Münzen und drei fragmentierte Rohsilberstücke sowie in der benachbarten zeitgleichen Siedlung 68 Prägungen gefunden. Sie decken den Zeitraum von der ersten Hälfte des 10. bis zum frühen 12. Jahrhundert ab. Doch von den sämtlichen bestimmbaren Exemplaren werden etwa 54, also die Mehrheit, in die Jahre zwischen ca. 1060/1070 und 1110 eingeordnet. Außerdem tauchen in Tum-Łęczyca zwei Dutzend Gewichte vom Typ Kubooktaeder bzw. in Gestalt von Kugelzonen auf. Aus Ostrów Lednicki wiederum stammen etwa 80 Gewichte.

Wir sollten freilich beachten, dass die Quantität der Streufunde aus Handelsplätzen und Burgwällen als Kriterium der Monetarisierung mit Vorsicht zu betrachten ist. Sie hängt nicht zuletzt von der jeweiligen Untersuchungsstelle ab. Archäologische Grabungen in Janów Pomorski, Kałdus, Giecz oder am Kap Arkona finden zum Beispiel an Orten statt, wo frühmittelalterliche Siedlungskomplexe systematisch freigelegt werden können. Anders verhält es sich mit Städten wie Stettin, Posen oder Kalisch, in denen dichte Bebauung die Arbeiten erschwert oder nicht zulässt.

Die Burgwälle in Zentralpolen waren in erster Linie Herrschaftszentren und dienten als Orte zur Einsammlung von Tributen, Verteilung von Edelmetallen und zum Tauschen von Geschenken mit befreundeten Häuptlingen und Klienten. Der im 10. und über weite Strecken des 11. Jahrhunderts verbreitete Usus, Schmuck, Rohsilber und Münzen zu zerteilen, befriedigte ursprünglich wohl überwiegend fiskalische und politische Bedürfnisse. Die Hacksilberstücke spiegeln somit nicht die Anzahl der Markttransaktionen wider, sondern erscheinen als Produkt fiskalischer Redistribution. Ihre Logik verleitete die verschiedenen lokalen Gemeinschaften dazu, (nach Möglichkeiten) Münzen und nichtmonetäres Silber zu horten und sie dann an Machtzentren als Abgaben zu entrichten, die wiederum das Edelmetall unter die Gefolgsleute umverteilten. Dieser Redistributionsmechanismus erforderte die Notwendigkeit, das Silber zu zerteilen – zumal im 10. Jahrhundert zahlreiche Dirhems ohnehin in Form von Fragmenten nach Ostmitteleuropa eingeströmt sind. Zudem wurde durch das Teilen von Edelmetallen – in welcher Form auch immer – die Kommunikation zwischen Eliten und ihren lokalen Klienten gewährleistet und erleichtert. Die durch die Piasten in Zentralpolen etablierte politische Ökonomie lässt sich folglich als fiskalische und prestigeorientierte Währungslandschaft charakterisieren.

Die Annahme, dass Schmuckstücke, Barren oder Gusskuchen zerhackt werden mussten, weil ihre Besitzer bei Markttransaktionen kleinere Geldeinheiten benötigten, überzeugt aus zwei Gründen nicht: zum einen weil die Gewichte der Silberstücke häufig zufällig erscheinen und oft keine normierten Muster aufweisen. Es wäre merkwürdig anzunehmen, dass die Menschen von damals Halsringe, Barren oder Gusskuchen zerschnitten, um kleinere Werteinheiten zu bekommen, die sie ohnehin mit Münzen hätten erzeugen können; zum anderen ist es äußerst unwahrscheinlich, dass die damals bestehende Arbeitsteilung, besonders in Gebieten fernab von Handelszentren, den in den Horten vorhandenen Umfang und Grad der Fragmentierung und damit eine derart intensive Nutzung von Metallgeld auf lokalen Märkten rechtfertigen würde. Hier ist eher von der Existenz, wenn nicht autarker, dann vielfältiger nichtmonetärer Äquivalentformen im ländlichen Umland auszugehen.

In den oben geschilderten Konstellationen bestand der zentrale Funktionsunterschied zu Emporien wie Janów Pomorski/Truso, wo Silbermünzen wohl überwiegend aus kommerziellen Bedürfnissen heraus fragmentiert und abgewogen wurden. Die Interaktionen mit den baltischen Bevölkerungsgruppen im Hinterland des Seehandelsplatzes beruhten vermutlich auf einer Marktlogik, die das Angebot-Nachfrage-Verhältnis regelte. Dessen ungeachtet ist auch hier nicht auszuschließen, dass lokale Gemeinschaften Münzen zerteilten, um gesellschaftliche Verteilungs- und Ausgleichsmechanismen untereinander zu regulieren. Das Zerhacken von Schmuck im Umland der Handelszentren im Küstenbereich war vielleicht ein Brauch, der grundsätzlich die sozialen Kontakte zwischen verschiedenen lokalen Eliten bestimmte – in Pommern scheint er bis in das späte 11. Jahrhundert hinein fortgedauert zu haben.

In Zentral- und Südpolen (mit regionalen Abweichungen) hingegen überschreitet der Anteil von fragmentierten Münzen bereits in den Schatzfunden aus den 1020/1030er Jahren kaum die 50-Prozent-Marke; nur wenige Horte mit mehreren Schmuck- und Rohsilberbruchstücken notieren wir aus der Zeit um 1050/1060. Die Versuche der Dynasten im letzten Drittel des 11. Jahrhunderts, die Nachprägungen der Kreuzpfennige oder offizielle Denare zu etablieren, sind dabei nicht auf einen Wandel des ökonomischen bzw. die Weiterentwicklung des monetären Systems zurückzuführen, sondern spiegeln den politischen Kampf der die Monarchie organisierenden Königsherrschaft gegen die traditionelle Gesellschaftshierarchie, die sich auf lokale Strukturen stützte, wider. Das Beziehungsgeflecht aus Ad-hoc-Allianzen und Verwandtschaftsloyalitäten wurde durch eine Konstellation ersetzt, in der ein regional verankertes Machtzentrum das dominierende geopolitische und geoökonomische Element darstellte. Dieses Ziel konnte mit militärischen und ideologischen wie ökonomischen Mitteln erreicht werden. Es ging demzufolge nicht nur um den Zugriff auf die vorhandenen Märkte, sondern auch um die Kontrolle der strategisch wichtigen Silberzirkulation. Die Münzprägung diente den Dynasten seit den drei letzten Jahrzehnten des 11. Jahrhunderts dazu, die Elite für zahlreiche Dienste mit den durch den Staat garantierten Werteinheiten zu entlohnen. Die Abnahme des zerteilten Edelmetalls bezeichnete also nicht die nächste Entwicklungsetappe des Geldmarktes, sondern den Zerfall der alten Gesellschaftsstrukturen und ihrer Wertesysteme. Dem Silber sollte eine einheitliche Form gegeben werden, die die Zentralmacht mit ihrem Anspruch auf Exklusivität – verkörpert in der christlichen Ideologie und der Person des Herrschers – zum Ausdruck brachte. Die Münzprägung manifestierte somit die Verschiebung der politischen und ökonomischen Koordinaten zugunsten der neuen Monarchien.

Den piastischen Versuchen, offizielle Denare durchzusetzen, war jedoch ein mäßiger Erfolg bescheinigt. Die Streufunde von Münzen aus dem letzten Drittel des 11. Jahrhunderts begegnen zwar in verschiedenen Machtzentren Mittel- und Südpolens, ihre Anzahl überschreitet jedoch in mehreren Burgwällen, zum Beispiel in Kraków-Wawel, Wrocław-Ostrów Tumski, Milicz oder Bytom Odrzański, kaum zwei Dutzend Exemplare. Kałdus, Giecz und Tum-Łęczyca stellen diesbezüglich eine Ausnahme dar. Wichtiger noch ist die Tatsache, dass die Einzelfunde vorwiegend aus deutschen Pfennigen und jüngeren Kreuzdenaren, importiert oder vor Ort nachgeprägt, bestehen, was indiziert, dass die offiziellen Denare keinesfalls eine breite Akzeptanz genossen. Aus der Zeit nach 1110, also mit dem Kollaps der sächsischen Importe, tauchen in Siedlungen und Burgwällen sowohl des Binnenlandes als auch Pommerns (vielleicht mit Ausnahme Danzigs) kaum Münzen auf. Wenn diese Tatsache die Realitäten des 12. Jahrhunderts widerspiegeln sollte, dann lässt sich kaum ein besseres Argument gegen das lineare Verständnis von Monetarisierung und Kommerzialisierung anführen.

Eine tiefgreifende Transformation der Gesellschaft, die sich Robert Bartlett zufolge europaweit in der Einbürgerung neuer Aristokratien, der zunehmenden Urbanisierung, der Neubesiedlung des Landes mit freien Bauern, im Burgenbau, schließlich in der Entwicklung des Urkundenwesens niederschlug, setzte in Polen erst im Laufe des 13. Jahrhunderts ein.[1] Inwieweit sie die Monetarisierung vorantrieb, wäre der Gegenstand einer neuen Untersuchung.

1 Vgl. Robert Bartlett, Die Geburt Europas aus dem Geist der Gewalt. Eroberung, Kolonisierung und kultureller Wandel von 950 bis 1350, München 1996, S. 360.

# Abkürzungsverzeichnis

## Quellensammlungen

FMP Frühmittelalterliche Münzfunde aus Polen. Inventar

## Zeitschriften

WN Wiadomości Numizmatyczne

# Quellen- und Literaturverzeichnis

## Quellenverzeichnis


ADAM VON BREMEN: Gesta Hammaburgensis ecclesiae Pontificum, in: Ausgewählte Quellen zur deutschen Geschichte des Mittelalters. Freiherr vom Stein-Gedächtnisausgabe, hg. von RUDOLF BUCHNER, Bd. XI, Darmstadt 1973, S. 137-500.

Annales Regni Francorum, in: Quellen zur Karolingischen Reichsgeschichte, Teil 1, hg. von REINHOLD RAU, Darmstadt 1955, S. 9-155.

Arabische Berichte von Gesandten an germanische Fürstenhöfe aus dem 9. und 10. Jahrhundert, ins Deutsche übertragen und mit Fußnoten versehen von GEORG JACOB, Berlin-Leipzig 1927.

Bandamanna saga. Die Geschichte vom durchtriebenen Ofeig, in: Island Sagas. Erzählkunst, übertragen von HEINRICH MATTHIAS HEINRICH u. a., hg. von ULF DIEDERICHS, München ²1995, S. 303-343.

BRUNS VON QUERFURT: Passio Sancti Adalberti Episcopi et Martyris, in: Heiligenleben zur deutsch-slawischen Geschichte. Adalbert von Prag und Otto von Bamberg, bearb. von JERZY STRZELCZYK, hg. von LORENZ WEINRICH, Darmstadt 2005, S. 70-117.

The Chronicle of Novgorod 1016-1471, hg. von ROBERT MICHELL / NEVILL FORBES, London 1914.

Die Chronik der Polen des Magisters Vincentius, hg. von EDUARD MÜHLE, Darmstadt 2014.

Codex Pomeraniae diplomaticus, hg. von KARL FRIEDRICH WILHELM HASSELBACH u. a., Greifswald 1862.

CONSTANTINE PORPHYROGENITUS: De administrando Imperio, hg. von GYULA MORAVCSIK / ROMILLY J. H. JENKINS, Washington 1967.

Die Edda. Göttersagen, Heldensagen und Spruchweisheiten der Germanen, in der Übertragung von KARL SIMROCK, hg. von HARRI GÜNTHER, Wiesbaden 1987.

FMP. Inventar, Bde. 1-5, hg. von MATEUSZ BOGUCKI u. a., Warszawa 2013-2017.

FMP. Inventar, Bd. 4: Kleinpolen, hg. von BOŻENA REYMAN-WALCZAK u. a., Warszawa 2013.

FMP. Inventar, Bd. 4: Schlesien, hg. von BARBARA BUTENT-STEFANIAK u. a., Warszawa 2013.

FMP. Inventar, Bd. 3: Masowien, Podlachien und Mittelpolen, hg. von DOBROCHNA GORLIŃSKA u. a., Warszawa 2015.

FMP. Inventar, Bd. 2: Pommern, hg. von GENOWEFA HOROSZKO u. a., Warszawa 2016.

FMP. Inventar, Bd. 5: Ermland und Masuren, hg. von MATEUSZ BOGUCKI u. a., Warszawa 2016.

FMP. Inventar, Bd. 5: Funde aus Polen 2011-2013. Addenda et Corrigenda, hg. von MATEUSZ BOGUCKI u. a., Warszawa 2016.

FMP. Inventar, Bd. 1: Großpolen, hg. von TADEUSZ SZCZUREK u. a., Warszawa 2017.

Galli Anonymi Cronicae et gesta ducum sive principum Polonorum, hg. von KAROL MALECZYŃSKI, Kraków 1952.

GALLUS ANONYMUS: Chronik und Taten der Herzöge und Fürsten von Polen, übersetzt, eingeleitet und erklärt von JOSEF BUJNOCH, Graz u. a. 1978.

GOLB, NORMAN / PRITSAK, OMELJAN: Khazarian Hebrew Documents of the Tenth Century, Ithaca-London 1982.

GUPIENIEC, ANTONI u. a.: Wczesnośredniowieczne skarby srebrne z Polski Środkowej, Mazowsza i Podlasia. Materiały [Die frühmittelalterlichen Silberschätze aus Mittelpolen, Masowien und Podlasien. Materialien], Wrocław u. a. 1965.

Guta Saga. The History of the Gotlanders, hg. von Christine Peel, London 1999.

Haisig, Marian u. a.: Wczesnośredniowieczne skarby srebrne z Małopolski, Śląska, Warmii i Mazur. Materiały [Die frühmittelalterlichen Silberschätze aus Kleinpolen, Schlesien, Ermland und den Masuren. Materialien], Wrocław u. a. 1966.

Helmold: Chronik der Slaven, übersetzt von Johann Christian Moritz Laurent / Wilhelm Wattenbach, hg. von Alexander Heine, Stuttgart 1986.

Helmoldi Presbyteri Bozoviensis Cronica Slavorum, hg. von Bernhard Schmeidler, Hannover 1937.

Helmoldi Presbyteri Bozoviensis: Chronica Slavorum, hg. von Rudolf Buchner, Darmstadt 1973.

Herbords Vita Ottonis, in: Heiligenleben zur deutsch-slawischen Geschichte. Adalbert von Prag und Otto von Bamberg, bearb. von Jerzy Strzelczyk, hg. von Lorenz Weinrich, Darmstadt 2005, S. 272-493.

Jomsvikinga saga. Die Geschichte von den Seekriegern auf Jomsburg, in: Island Sagas. Historische Fahrten und Abenteuer, übertragen von Walter Baetke / Felix Niedner, hg. von Ulf Diederichs, München [2]1995, S. 7-49.

Kiersnowska, Teresa / Kiersnowski, Ryszard: Wczesnośredniowieczne skarby srebrne z Pomorza. Materiały [Die frühmittelalterlichen Silberschätze aus Pommern. Materialien], Warszawa-Wrocław 1959.

Kodeks dyplomatyczny klasztoru tynieckiego [Der diplomatische Kodex des Klosters von Tyniec], hg. von Wojciech Kętrzyński / Stanisław Smolka, Lwów 1875.

Kodeks Dyplomatyczny Śląska [Der diplomatische Kodex von Schlesien], hg. von Karol Maleczyński, Bd. 1, Wrocław 1951.

Kodeks dyplomatyczny Wielkopolski [Der diplomatische Kodex von Großpolen], hg. von Ignacy Zakrzewski, Bd. 1, Poznań 1877.

Kosmasa Kronika Czechów [Cosmas Chronik der Böhmen], hg. und kommentiert von Maria Wojciechowska, Warszawa 1968.

Kronika polska [Die Polnische Chronik], hg. von Roman Grodecki / Marian Plezia, Wrocław u. a. 1982.

Kubiak, Stanisława (in Kooperation mit Borys Paszkiewicz): Znaleziska monet z lat 1146-1500 z terenu Polski. Inwentarz [Münzfunde aus dem Zeitraum von 1146 bis 1500 in Polen. Inventar], Poznań 1998.

Laxdoela saga. Die Geschichte von den Leuten aus dem Lachswassertal, in: Island Sagas. Erzählkunst, übertragen von Heinrich Matthias Heinrich u. a., hg. von Ulf Diederichs, München [2]1995, S. 75-269.

Monumenta Germaniae Historica. Capitularia Regum Francorum, Bd. 2, Hannover 1883-1897, Neudruck 1980-1984.

Die Nestorchronik, hg. von Ludolf Müller, München 2001.

Novgorodskaja pervaja letopis starševo i mladševo isvodov [Novgoroder Chronik in älterer und jüngerer Version], Moskva-Leningrad 1950.

Ohthere's Voyages. A 9$^{th}$-Century Account of Voyages along the Coasts of Norway and Denmark and its Cultural Context, hg. von Janet Bately / Anton Englert, Roskilde 2007.

Polnoe sobranie russkich letopisej [Die vollständige Sammlung der Altrussischen Chroniken], Bde. 1, 2, 9, Moskva 1862-1926.

Povest' vremennych let [Erzählung der vergangenen Jahre], 2 Bde., hg. von Dmitrij S. Lichačev u. a., Moskva-Leningrad 1950.

Povest' vremennych let [Erzählung der vergangenen Jahre], übersetzt und kommentiert von Dmitrij S. Lichačev, hg. von Michail B. Sverdlov, Sankt Petersburg 1996.

Powieść minionych lat [Erzählung der vergangenen Jahre], in: Kroniki staroruskie [Altrussische Chroniken], übers. von Edward Goranin u. a., hg. von Franciszek Sielicki, Warszawa 1987.

Quellen zur Karolingischen Reichsgeschichte, T. 1: Annales Regni Francorum, hg. von REINHOLD RAU, Darmstadt 1955, S. 9-155.

Quellen zur Karolingischen Reichsgeschichte, T. 2: Jahrbücher von St. Bertin, hg. von REINHOLD RAU, Darmstadt 1992.

Reallexikon der Germanischen Altertumskunde, Bd. 1: A-E, hg. von JOHANNES HOOPS, Straßburg 1911-1919.

Regesten zur Geschichte der Slaven an Elbe und Oder (vom Jahr 900 an), Teil II: 900-983, hg. von CHRISTIAN LÜBKE, Berlin 1985.

Regesten zur Geschichte der Slaven an Elbe und Oder (vom Jahr 900 an), Teil III: 983-1013, hg. von CHRISTIAN LÜBKE, Berlin 1986.

Regesten zur Geschichte der Slaven an Elbe und Oder (vom Jahr 900 an), Teil IV: 1013-1057, hg. von CHRISTIAN LÜBKE, Berlin 1987.

Relacja Ibrahima Ibn Jak'uba z podróży do krajów słowiańskich w przekazie Al-Bekriego [Der Bericht Ibrahim Ibn Ja'qubs von der Reise in die slawischen Länder in der Überlieferung von Al-Bekri], hg. von TADEUSZ KOWALSKI, Kraków 1946.

RIMBERTS Vita Anskarii, in: Quellen des 9. und 11. Jahrhunderts zur Geschichte der hamburgischen Kirche und des Reiches, hg. von RUDOLF BUCHNER / WERNER TRILLMICH, Darmstadt 1973, S. 15-133.

Rossijskoe zakonodatel'stvo X-XI vekov [Russlands Gesetzbuch des 10.-11. Jahrhunderts], hg. von OLEG I. ČISTJAKOV / VALENTIN L. JANIN, Bd. 1, Moskva 1984.

SAXO GRAMMATICUS: Saxonis gesta Danorum, hg. von JØRGEN OLRIK, Kopenhagen 1908-1912.

SEELOW, HUBERT: Hálfs saga ok Hálfsrekka, in: Poetry in fornaldarsögur, hg. von MARGARET CLUNIES ROSS, Turnhout 2017, S. 303-366.

SLASKI, JACEK / TABACZYŃSKI, STANISŁAW: Wczesnośredniowieczne skarby srebrne Wielkopolski – Materiały [Die frühmittelalterlichen Silberschätze Großpolens – Materialien], Warszawa-Wrocław 1959.

SNORRE STURLASON, The History of Olav Trygvason, in: Heimskringla, or The Lives of the Norse Kings, übers. von ALBERT H. SMITH, hg. von ERLING MONSEN, New York 1990, (Neuausgabe der Edition: Cambridge 1932), S. 115-217.

SNORRI STURLUSON, Heimskringla, hg. von LEE M. HOLLANDER, Austin 1964.

THIETMAR VON MERSEBURG, Chronicon, hg. von ROBERT HOLTZMANN, München 1980.

THIETMARI Merseburgensis Episcopi, neu übertragen und erläutert von WERNER TRILLMICH, Darmstadt 1974.

TOGAN, AHMED ZEKI VALIDI: Ibn Fadlans Reisebericht, Leipzig 1939.

Vikings in Russia. Yngwar's Saga and Eymund's Saga, übersetzt, eingeleitet und hg. von HERRMAN PALSSON / PAUL EDWARDS, Edinburgh 1989.

WIDUKINDI Res Gestae Saxonicae, in: Quellen zur Geschichte der sächsischen Kaiserzeit, neu bearbeitet und hg. von ALBERT BAUER / REINHOLD RAU, Darmstadt 1977, S. 1-183.

Wulfstan's Voyage. The Baltic Sea Region in the Early Viking Age as seen from Shipboard, hg. von ANTON ENGLERT / ATHENA TRAKADAS, Roskilde 2009.

Źródła arabskie do dziejów Słowiańszczyzny [Arabische Quellen zur Geschichte der Slawen], hg. von TADEUSZ LEWICKI, Bd. 1, Wrocław 1956.

Źródła arabskie do dziejów Słowiańszczyzny [Arabische Quellen zur Geschichte der Slawen], hg. von TADEUSZ LEWICKI, Bd. 2 (1), Wrocław 1969.

Źródła arabskie do dziejów Słowiańszczyzny [Arabische Quellen zur Geschichte der Slawen], hg. von TADEUSZ LEWICKI u. a., Bd. 2 (2), Wrocław u. a. 1977.

Źródła hebrajskie do dziejów Słowian i niektórych innych ludów środkowej i wschodniej Europy [Hebräische Quellen zur Geschichte der Slawen und einiger anderer Völker in Mittel- und Osteuropa], hg. von FRANCISZEK KUPFER / TADEUSZ LEWICKI, Wrocław-Warszawa 1956.

## Literaturverzeichnis

Adamczyk, Dariusz: Orientalno-bałtycki system handlowy a proces kształtowania się Europy Wschodniej w IX i X wieku [Das orientalisch-baltische Handelssystem und die Entwicklung Osteuropas im 9. und 10. Jahrhundert], in: Średniowiecze polskie i powszechne [Polnisches und allgemeines Mittelalter] 2, hg. von Idzi Panic / Jerzy Sperka, Katowice 2002, S. 63-88.

Adamczyk, Dariusz: Silver, Markets, and States. The Impact of Islamic Trade on Eastern Europe in the Ninth through Eleventh Centuries, in: World History Bulletin 22 (Fall 2006), 2, S. 47-49.

Adamczyk, Dariusz: Od dirhemów do fenigów. Reorientacja bałtyckiego systemu handlowego na przełomie X i XI wieku [Von Dirhems zu Pfennigen. Die Umorientierung des Handelssystems im Ostseeraum an der Wende vom 10. zum 11. Jahrhundert], in: Średniowiecze polskie i powszechne [Polnisches und allgemeines Mittelalter] 4, hg. von Idzi Panic / Jerzy Sperka, Katowice 2007, S. 15-27.

Adamczyk, Dariusz: Między Kijowem a Gnieznem. Wybrane aspekty topografii i funkcji arabskiego srebra na ziemiach słowiańskich w X i na początku XI w. [Zwischen Kiev und Gnesen. Ausgesuchte Aspekte der Topografie und Funktionen arabischen Silbers in slawischen Gebieten im 10. und zu Beginn des 11. Jahrhunderts], in: Średniowiecze polskie i powszechne [Polnisches und allgemeines Mittelalter] 5(1), hg. von Idzi Panic / Jerzy Sperka, Katowice 2009, S. 66-78.

Adamczyk, Dariusz: Handel fryzyjsko-frankoński, ekspansja wikingów a kwestia napływu kruszców do strefy bałtyckiej w IX wieku [Der friesisch-fränkische Handel, die Expansion der Wikinger und die Frage des Zustroms von Edelmetallen in den Ostseeraum im 9. Jahrhundert], in: Średniowiecze polskie i powszechne [Polnisches und allgemeines Mittelalter] 2(6), hg. von Idzi Panic / Jerzy Sperka, Katowice 2010, S. 67-81.

Adamczyk, Dariusz: Krise oder Stabilisierung? Die politischen Folgen der Verschiebung der Silberströme für die Herrschaftsbildung im östlichen Europa an der Wende vom 10. zum 11. Jahrhundert, in: Przegląd Historyczny 103 (2012), 1, S. 1-26.

Adamczyk, Dariusz: Fernhandelsemporien, Herrschaftszentren, Regional- und Lokalmärkte: Die ökonomischen Funktionen von Silber, oder: Wie lässt sich der Grad der Monetarisierung in den frühmittelalterlichen Gesellschaften des Ostseeraumes „messen"?, in: Economies, Monetisation and Society in the West Slavic Lands 800-1200 AD, hg. von Mateusz Bogucki / Marian Rębkowski, Szczecin 2013, S. 115-136.

Adamczyk, Dariusz: Kruszec, moneta, tranzyt czy „hybryda", czyli częścią jakiego systemu handlowego były ziemie Polski południowej w X wieku? [Edelmetall, Münze, Transit bzw. „Hybride", oder Teil welchen Handelssystems waren die südpolnischen Gebiete im 10. Jahrhundert?], in: Argenti fossores et alii. Znaczenie gospodarcze wschodnich części Górnego Śląska i zachodnich krańców Małopolski w późnej fazie wczesnego średniowiecza (X-XII wiek) [Argenti fossores et alii. Die wirtschaftliche Bedeutung östlicher Teile Oberschlesiens und westlicher Teile Kleinpolens in der späteren Phase des frühen Mittelalters (10.-12. Jahrhundert)], hg. von Piotr Boroń, Wrocław 2013, S. 197-202.

Adamczyk, Dariusz: Wollin und sein Hinterland im kontinentalen und transkontinentalen Beziehungsgeflecht um das Jahr 1000, in: Geschichte, um zu verstehen. Traditionen, Wahrnehmungsmuster, Gestaltungsperspektiven Carl-Hans Hauptmeyer zum 65. Geburtstag, hg. von Heike Düselder u. a., Bielefeld 2013, S. 299-317.

Adamczyk, Dariusz: Silber und Macht. Fernhandel, Tribute und die piastische Herrschaftsbildung in nordosteuropäischer Perspektive (800-1100), Wiesbaden 2014.

Adamczyk, Dariusz: Trzecia fala napływu arabskiego srebra a powstanie „państwa" piastowskiego, in: WN 58 (2014), 1-2, S. 33-53.

Adamczyk, Dariusz: Von exogener Abhängigkeit zu endogener Ressourcenabschöpfung. Der letzte Silberstrom aus Sachsen, einheimische Münzprägung und der Wandel der piastischen Herrschaft im späten 11. Jahrhundert, in: Fernhändler, Dynasten, Kleriker. Die piastische Herrschaft in sozialen und kontinentalen Beziehungsgeflechten vom 10. bis zum frühen 13. Jahrhundert, hg. von Dems. / Norbert Kersken, Wiesbaden 2015, S. 67-78.

Adamczyk, Dariusz: Koniunkturalne cykle czy strukturalne załamania? Sieci redystrybucji srebra a fluktuacje w jego imporcie do Europy Środkowej i Wschodniej w IX-XI wieku [Konjunkturelle Zyklen oder strukturelle Brüche? Die Netzwerke der Silberredistribution und die Fluktuationen in seinem Import nach Mittel- und Osteuropa im 9.-11. Jahrhundert], in: Moneta czasów kryzysu, moneta czasów pomyślności, hg. von Borys Paszkiewicz, Nowa Sól 2015, S. 95-118.

Adamczyk, Dariusz: Pieniądz czy strategiczny instrument władzy? Obieg kruszcu w społeczeństwie piastowskim przełomu XI i XII wieku, załamanie w dopływie denarów z Saksonii a ekspansja Bolesława Krzywoustego na Pomorze [Geld oder strategisches Machtinstrument? Der Umlauf von Edelmetallen an der Wende vom 11. zum 12. Jahrhundert, der Zusammenbruch des Denarzuflusses aus Sachsen und die Expansion Bolesław Schiefmunds nach Pommern], in: Przegląd Zachodniopomorski 32 (2017), 2, S. 143-167.

Adamczyk, Dariusz / Kersken, Norbert: Fernhändler, Dynasten, Kleriker – ökonomische, politische und geistige Netzwerke des piastischen Polen, in: Fernhändler, Dynasten, Kleriker. Die piastische Herrschaft in sozialen und kontinentalen Beziehungsgeflechten vom 10. bis zum frühen 13. Jahrhundert, hg. von Dens., Wiesbaden 2015, S. 7-13.

Adamczyk, Jacek: Płacidła w Europie Środkowej i Wschodniej w średniowieczu [Das Ersatzgeld in Mittel- und Osteuropa im Mittelalter], Warszawa 2004.

Adamska, Anna: Die frühpiastische Kanzlei im „Netzwerk" der mittelalterlichen pragmatischen Schriftlichkeit, in: Fernhändler, Dynasten, Kleriker. Die piastische Herrschaft in kontinentalen Beziehungsgeflechten vom 10. bis zum frühen 13. Jahrhundert, hg. von Dariusz Adamczyk / Norbert Kersken, Wiesbaden 2015, S. 193-216.

Ahlers, Ingolf: Die Kreuzzüge. Feudale Kolonialexpansion als kriegerische Pilgerschaft, in: Vom Mittelmeer zum Atlantik. Die mittelalterlichen Anfänge der europäischen Expansion, hg. von Peter Feldbauer u. a., Wien-München 2001, S. 37-60.

Aksjonov, V. S.: Bogatoe katakombnoe zachoronenie s Verchne-Saltovskovo IV mogil'nika [Eine reiche Grabanlage aus Verchnyj Saltov (Begräbnisstätte 4)], in: Drevnosti, 2014-2015, S. 288-305.

Aksjonov, V. S / Laptev, A. A.: K voprosu o slavjano-saltovskich kontaktach (na primere katakomby No. 93 mogil'nika y s. Verchnyj Saltov) [Zur Frage der Kontakte zwischen den Slawen und der Saltov-Kultur anhand der Grabanlage Nr. 93 aus der Begräbnisstätte von Verchnyj Saltov], in: Drevnosti, 2009, S. 242-258.

Althoff, Gerd: Die Ottonen. Königsherrschaft ohne Staat, Stuttgart u. a. 2000.

Althoff, Gerd: Die Macht der Rituale. Symbolik und Herrschaft im Mittelalter, Darmstadt 2003.

Ambrosiani, Björn: Birka im 10. Jahrhundert unter besonderer Berücksichtigung der Ostverbindungen, in: Europa im 10. Jahrhundert. Archäologie einer Aufbruchszeit, hg. von Joachim Henning, Mainz 2008, S. 227-235.

Ambrosiani, Björn / Clarke, Howard: Birka and the Beginnings of the Viking Age, in: Studien zur Archäologie des Ostseeraumes. Von der Eisenzeit zum Mittelalter. Festschrift für Michael Müller-Wille, hg. von Anke Wesse, Neumünster 1998, S. 33-38.

Andrałojć, Małgorzata u. a.: Odkrycia skarbów wczesnośredniowiecznych z terenu Wielkopolski. Kontekst archeologiczny znalezisk [Die Entdeckungen von frühmittelalterlichen Schätzen in Großpolen. Der archäologische Kontext der Funde], Poznań 2011.

Andrén, Anders: The Early Town in Scandinavia, in: The Birth of Europe. Archaeological and Social Development in the First Millennium A. D., hg. von Klavs Randsborg, Roma 1989, S. 173-177.

Andrzejewska, Aldona: Średniowieczny zespół osadniczy w Zgłowiączce na Kujawach [Der mittelalterliche Siedlungskomplex von Zgłowiączka in Kujawien], Włocławek 1996.

Andrzejewska, Aldona / Stankiewicz, Urszula: Wczesnośredniowieczne grodzisko w Trzciance, gm. Janów, pow. Sokółka [Der frühmittelalterliche Burgwall in Trzcianka, Gemeinde Janów, Kreis Sokółka], in: Podlaskie Zeszyty Archeologiczne 5 (2009), S. 137-147.

Arbman, Holger: Birka 1: Die Gräber. Text, Stockholm 1943.

ARBMAN, HOLGER: Skandinavisches Handwerk in Russland zur Wikingerzeit, in: Meddelanden frän Lunds Universitets Historiska Museum, 1959 (1960), S. 110-135.

ARTAMONOV, MICHAIL I.: Istorija chazar [Die Geschichte der Chasaren], Leningrad 1962.

AUCH, MICHAŁ u. a.: Osadnictwo wczesnośredniowieczne na stanowisku Janów Pomorski 1 [Die frühmittelalterliche Besiedlung auf der Grabungsstelle Janów Pomorski 1], in: Janów Pomorski. Stan 1. Wyniki ratowniczych badań archeologicznych w latach 2007-2008, Bd. 1 (2): Od późnego okresu wędrówek ludów do nowożytności [Janów Pomorski. Stelle 1. Ergebnisse der Rettungsgrabungen in den Jahren 2007-2008. Von der Spätphase der Völkerwanderung zur Neuzeit], hg. von MATEUSZ BOGUCKI / BEATA JURKIEWICZ, Elbląg 2012, S. 23-232.

Augsburger Netzwerke zwischen Mittelalter und Neuzeit. Wirtschaft, Kultur und Pilgerfahrten, hg. von KLAUS HERBERS / PETER RÜCKERT, Tübingen 2009.

BÁLINT, CSANÁD: Einige Fragen des Dirhem-Verkehrs in Europa, in: Acta Archeologica 33 (1981), S. 105-131.

BÁLINT, CSANÁD: Die Archäologie der Steppe. Steppenvölker zwischen Volga und Donau vom 6. bis zum 10. Jahrhundert, Wien-Köln 1989.

BÁLINT, CSANÁD: Das Karpatenbecken von der Landnahme bis zur Staatsgründung, in: Europas Mitte um 1000, hg. von ALFRIED WIECZOREK / HANS-MARTIN HINZ, Bd. 2, Stuttgart 2000, S. 555-563.

BANASZAK, DANUTA / TABAKA, ARKADIUSZ: Kompleks osadniczy i pozostałości działalności gospodarczej wczesnośredniowiecznego centrum [Der Siedlungskomplex und die Überbleibsel wirtschaftlicher Aktivität des frühmittelalterlichen Zentrums], in: Ostrów Lednicki. Rezydencjonalno-stołeczny ośrodek pierwszych Piastów [Ostrów Lednicki. Das Machtzentrum der ersten Piasten], hg. von ZOFIA KURNATOWSKA / ANDRZEJ M. WYRWA, Warszawa 2016, S. 285-298.

BARANOWSKI, TADEUSZ: The Stronghold in Kalisz, in: Polish Lands at the Turn of the First and the Second Millennia, hg. von PRZEMYSŁAW URBAŃCZYK, Warsaw 2004, S. 285-304.

BARTCZAK, ANDRZEJ: Muntowo, gm. i pow. Mrągowo, in: WN 44 (2000), 1, S. 70.

BARTLETT, ROBERT: Die Geburt Europas aus dem Geist der Gewalt. Eroberung, Kolonisierung und kultureller Wandel von 950 bis 1350, München 1996.

BATELY, JANET: Wulfstan's Voyage and his Description of Estland. The Text and the Language of the Text, in: Wulfstan's Voyage. The Baltic Sea Region in the Early Viking Age as seen from Shipboard, hg. von ANTON ENGLERT / ATHENA TRAKADAS, Roskilde 2009, S. 1-28.

BAUER, THOMAS: Heiligenverehrung und Raum. Allgemeine Grundlagen und Entwicklung, Methoden der Erforschung am Beispiel des Raumes zwischen Schelde, Maas und Rhein, in: L'évangélisation des régions entre Meuse et Moselle et la fondation de l'abbaye d'Echternach (Ve - IXe siècle), hg. von MICHEL POLFER, Luxembourg 2000, S. 147-188.

BAYLY, CHRISTOPHER A.: „Archaische" und „moderne" Globalisierung in Eurasien und Afrika, ca. 1750-1850, in: Globalgeschichte. Theorien, Ansätze, Themen, hg. von SEBASTIAN CONRAD u. a., Frankfurt am Main 2007, S. 81-108.

BESTEMAN, JAN C.: Viking Silver Hoard from Westerklief on the Former Isle of Wieringen (Province North Holland) in the Light of the Viking Relations with Frisia, in: In Discussion with the Past. Archeological Studies presented to W. A. van Es, hg. von HERBERT SARFATIJ u. a., Zwolle 1999, S. 253-266.

BESTEMAN, JAN C.: Nieuwe Vikingvondsten van Wieringen: de zilverschat Westerklief II, in: Middeleeuwse toestanden, archeologie, geschiedenis en monumentenzorg, hg. von PHILIPPUS J. WOLTERING u. a., Hilversum 2002, S. 65-75.

BESTEMAN, JAN C.: Two Viking Hoards from the former Island of Wieringen (The Netherlands). Viking Relations with Frisia in an Archaeological perspective, in: Land, Sea and Home. Settlement in the Viking Period. Proceedings of a Conference on Viking-period Settlement at Cardiff, Juli 2001, hg. von JOHN HINES u. a., Leeds 2004, S. 93-108.

BIALEKOVÁ, DARINA: Eisenbarren, in: Europas Mitte um 1000, hg. von ALFRIED WIECZOREK / HANS-MARTIN HINZ, Bd. 1, Stuttgart 2000, S. 201-202.

Biborski, Marcin u. a.: Sword Parts from a Viking Age Emporium of Truso in Prussia, in: Waffen- und Kostümkunde. Zeitschrift für Waffen- und Kleidungsstücke 52 (2010), 1, S. 19-70.

Bieniak, Janusz: Państwo Miecława. Studium analityczne [Der Staat Mieclaws. Eine analytische Studie], Warszawa 1963.

Bieniak, Janusz: Polska elita polityczna XII wieku [Die politische Elite Polens im 12. Jahrhundert], in: Społeczeństwo Polski Średniowiecznej 10 (2004), S. 19-46 (I) und 11 (2007), S. 9-19 (II).

Biermann, Felix: Das 10. Jahrhundert in Masowien und Podlasien (Nordostpolen). Eine wirtschaftsgeschichtliche Betrachtung, in: Europa im 10. Jahrhundert. Archäologie einer Aufbruchszeit, hg. von Joachim Henning, Mainz 2008, S. 249-265.

Biermann, Felix: Functions of the Large Feldberg Type Strongholds from the 8th/9th Century in Mecklenburg and Pomerania, in: Sprawozdania Archeologiczne 63 (2011), S. 149-174.

Biermann, Felix: Neue völkerwanderungs- und slawenzeitliche Münzfunde aus Brandenburg und ihre wirtschaftsgeschichtliche Aussage, in: Economies, Monetisation and Society in the West Slavic Lands 800-1200 AD, hg. von Mateusz Bogucki / Marian Rębkowski, Szczecin 2013, S. 223-235.

Biniaś-Szkopek, Magdalena: Jeszcze o monetach Bolesława IV Kędzierzawego [Noch einmal über die Münzen Bolesławs des Kraushaars], in: Almanach Historyczny 10 (2008), S. 105-115.

Biniaś-Szkopek, Magdalena: Bolesław IV Kędzierzawy – książę Mazowsza i princeps [Bolesław IV. Kraushaar – der Herzog von Masowien und Prinzeps], Poznań 2009.

Bíró, Gyöngyvér / Langó, Péter: „Deo odibilis gens Hungarorum" oder „auxilium Domini" – Die Ungarn und die christliche Welt im 10. Jahrhundert, in: Rauben – Plündern – Morden. Nachweis von Zerstörung und kriegerischer Gewalt im archäologischen Befund, hg. von Orsolya Heinrich-Tamaska, Hamburg 2013, 265-335.

Bisson, Thomas N.: The Crisis of the Twelth Century. Power, Lordship, and the Origins of European Government, Princeton 2009.

Blackburn, Mark: The Coin-Finds, in: Means of Exchange. Dealing with Silver in the Viking Age (Kaupang Excavation Project), hg. von Dagfinn Skre, Bd. 2, Aarhus 2008, S. 29-74.

Blackburn, Mark: Coin Finds from Kaupang. A Viking Emporium on the North Sea, http://www.mcu.es/museos/docs/MC/ActasNumis/Coin_Finds_ fromKaupang.pdf, S. 1143-1149, Zugriff am 15. August 2010.

Blanchard, Ian: Mining, Metallurgy and Minting in the Middle Ages. Vol. 2: Afro-european Supremacy 1125-1225 (African Gold Production and the First European Silver Production Long-cycle), Stuttgart 2001.

Blanchard, Ian: Mining, Metallurgy and Minting in the Middle Ages. Vol. 3: Continuing Afro-european Supremacy 1250-1450 (African Gold Production and the Second and Third European Silver Production Long-cycle), Stuttgart 2005.

Blanchard, Ian: The Late Medieval European „Integration Crisis" 1340-1540, in: New Approaches to the History of Late Medieval and Early Modern Europe. Selected Proceedings of Two International Conferences at The Royal Danish Academy of Sciences and Letters in Copenhagen in 1997 and 1999, hg. von Troels Dahlerup / Per Insgesman, Viborg 2009, S. 301-334.

Blomkvist, Nils: The Discovery of the Baltic. The Reception of a Catholic World-System in the European North (AD 1075-1225), Leiden 2005.

Bodzia. A Late Viking-Age Elite Cemetery in Central Poland, hg. von Andrzej Buko, Leiden-Boston 2015.

Bogucki, Ambroży: The administrative structure of Poland in the eleventh and twelfth century, in: Acta Poloniae Historica 72 (1995), S. 5-32.

Bogucki, Mateusz: Dlaczego we wczesnym średniowieczu powstawały skarby złomu srebrnego? [Warum entstanden im frühen Mittelalter Schätze aus Silberschrott?], in: WN 48 (2004), 1, S. 49-75.

Bogucki, Mateusz: Coin Finds in the Viking-Age Emporium at Janów Pomorski (Truso) and the „Prussian Phenomenon", in: Money Circulation in Antiquity, the Middle Ages and Modern Times.

Time, Range, Intensity, hg. von Stanisław Suchodolski (unter Mitarbeit von Mateusz Bogucki), Warsaw-Cracow 2007, S. 79-108.

Bogucki, Mateusz: Some Oriental Finds from the Port of Trade at Janów Pomorski (Truso), Poland, in: Cultural Interactions between East and West. Archaeology, Artefacts and Human Contacts in Northern Europe during the Pre- and Early History, hg. von Ulf Fransson u. a., Stockholm 2007, S. 128-134.

Bogucki, Mateusz: Forged Coins in Early Medieval Poland, in: WN 52 (2008), 2, S. 209-236.

Bogucki, Mateusz: The Baltic Emporia and their Hinterland – Comments on Donat Wehners Study of Wolin and Menzlin, in: Trade and Communication Networks of the First Millennium AD in the Northern Part of Central Europe: Central Places, Beach Markets, Landing Places and Trading Centres, hg. von Babette Ludowici u. a., Hannover 2010, S. 267-272.

Bogucki, Mateusz: Między wagą a mieczem. Kupcy wikińscy w świetle źródeł pisanych i archeologicznych [Zwischen Waage und Schwert. Die Wikinger-Kaufleute im Lichte archäologischer und schriftlicher Quellen], in: Pruthenia 5 (2010), S. 17-66.

Bogucki, Mateusz: Viking Age Emporia around the Baltic Sea – a cul-de-sac of the European Urbanization?, in: Making a Medieval Town. Patterns of Early Medieval Urbanization, hg. von Andrzej Buko / Mike McCarthy, Warsaw 2010, S. 151-165.

Bogucki, Mateusz: Główne etapy upieniężnienia rynków na ziemiach polskich we wczesnym średniowieczu [Die Hauptphasen der Monetarisierung in polnischen Gebieten im frühen Mittelalter], in: Upieniężnienie. Kiedy moneta staje się pieniądzem [Monetarisierung. Wann wird Münze zum Geld?], hg. von Muzeum Miejskie w Nowej Soli, Nowa Sól 2011, S. 67-88.

Bogucki, Mateusz: The Use of Money in the Slavic Lands from the Ninth to Eleventh Century: the Archaeological/Numismatic Evidence, in: Silver Economies, Monetisation and Society in Scandinavia AD 800-1100, hg. von James Graham-Campbell u. a., Aarhus 2011, S. 133-151.

Bogucki, Mateusz: Monety wczesnośredniowieczne [Frühmittelalterliche Münzen], in: Janów Pomorski. Stan 1. Wyniki ratowniczych badań archeologicznych w latach 2007-2008, Bd. 1 (3): Od późnego okresu wędrówek ludów do nowożytności [Janów Pomorski. Stelle 1. Ergebnisse der Rettungsgrabungen in den Jahren 2007-2008. Von der Spätphase der Völkerwanderung zur Neuzeit], hg. von Dems. / Beata Jurkiewicz, Elbląg 2012, S. 27-63.

Bogucki, Mateusz: Coin Finds from Wolin and its Hinterland, in: Economies, Monetisation and Society in the West Slavic Lands 800-1200 AD, hg. von Mateusz Bogucki / Marian Rębkowski, Szczecin 2013, S. 345-358.

Bogucki, Mateusz: Czy istnieją monety Miecława, zbuntowanego cześnika Mieszka II? [Gab es die Münzen Mieclaws, des abtrünnigen Mundschenks Mieszkos II.?], in: Notae Numismaticae – Zapiski Numizmatyczne 9 (2014), S. 134-146.

Bogucki, Mateusz / Magiera, Jacek: Lund – Odense – Lund – Kołobrzeg. Danish Influences in the Zemuzil Bomeraniorum Coinage, in: Myntstudier. Festskrift till Kenneth Jonsson, hg. von Tuukka Talvio / Magnus Wijk, Stockholm 2015, 119-128.

Bogucki, Mateusz / Magiera, Jacek: New Coins of Bolesław the Brave, in: WN 59 (2015), 1-2, S. 115-128.

Bogucki, Mateusz / Miłek, Sławomir: Monety, ich pochodzenie oraz obieg w Kaliszu i jego najbliższych okolicach w X i pierwszej połowie XI wieku [Münzen, ihre Herkunft und ihr Umlauf in Kalisz und nächster Umgebung im 10. und in der ersten Hälfte des 11. Jahrhunderts], in: Od Kalisii do Kalisza. Skarby doliny Prosny, Katalog wystawy [Von Kalisia zu Kalisch. Die Schatzfunde im Prosnagebiet. Ausstellungskatalog], hg. von Stanisław Suchodolski / Michał Zawadzki, Kalisz 2010, S. 49-59.

Bogucki, Mateusz u. a.: The 10th Century Dirham Hoard from the Hillfort at Truszki Zalesie, Kolno Powiat, Podlaskie Voivodeship, in: WN 49 (2005), 2, S. 173-190.

Bolton, Jim L.: The Medieval English Economy 1150-1500, London 1980.

BOLTON, JIM L.: Money in the Medieval English Economy, 973-1489, Manchester 2012.

BRATHER, SEBASTIAN: Feldberger Keramik und frühe Slawen. Studien zur nordwestdeutschen Keramik der Karolingerzeit, Bonn 1996.

BRATHER, SEBASTIAN: Frühmittelalterliche Dirham-Schatz- und Einzelfunde im südlichen Ostseeraum. Die Anfänge der Gewichtsgeldwirtschaft bei den Westslawen, in: Archäologie als Sozialgeschichte. Studien zu Siedlung, Wirtschaft und Gesellschaft im frühgeschichtlichen Mitteleuropa. Festschrift für Heiko Steuer, hg. von DEMS. u. a., Rahden/Westf. 1999, S. 179-197.

BRATHER, SEBASTIAN: Silver, Weights and Scales around the Baltic, 8th to 11th Centuries, in: Trade and Communication Networks of the First Millennium AD in the Northern Part of Central Europe. Central Places, Beach Markets, Landing Places and Trading Centres, hg. von BABETTE LUDOWICI u. a., Hannover 2010, S. 143-164.

BRENTJES, BURCHARD: Die slavischen Militärsklaven (Sakaliba) in Spanien als Forschungsaufgabe, in: Berichte über den 2. Internationalen Kongress für Slawische Archäologie 2, hg. von JOACHIM HERRMANN u. a., Berlin 1973, S. 269-274.

BROWN, R. ALLEN: Die Normannen, München 1984.

BRZOSTOWICZ, MICHAŁ: Wczesnośredniowieczne grodzisko w Spławiu, gm. Kołaczkowo, woj. poznańskie. Wstępne podsumowanie wyników badań ratowniczych z lat 1991-1992 [Der frühmittelalterliche Burgwall in Spławie, Gemeinde Kołaczkowo, Wojewodschaft Posen. Einleitende Zusammenfassung der Ergebnisse von Bergungsforschungen der Jahre 1991-1992], in: Wielkopolskie Sprawozdania Archeologiczne 2 (1993), S. 115-132.

BRZOSTOWICZ, MICHAŁ: Bruszczewski zespół osadniczy w IX i X wieku [Der Bruszczewo-Siedlungskomplex im 9. und 10. Jahrhundert], in: Centrum i zaplecze we wczesnośredniowiecznej Europie Środkowej [Zentrum und Hinterland im frühmittelalterlichen Mitteleuropa], hg. von SŁAWOMIR MOŹDZIOCH, Wrocław 1999, S. 135-150.

BRZOSTOWICZ, MICHAŁ: Bruszczewski zespół osadniczy we wczesnym średniowieczu [Der Bruszczewo-Siedlungskomplex im frühen Mittelalter], Poznań 2002.

BRZOSTOWICZ, MICHAŁ / STEMPIN, AGNIESZKA: Tu powstała Polska. Katalog wystawy stałej w Muzeum Archeologicznym w Poznaniu [Hier entstand Polen. Katalog der Dauerausstellung im Archäologischen Museum in Posen], Poznań 2009.

BUKO, ANDRZEJ: Archeologia Polski wczesnośredniowiecznej. Odkrycia – hipotezy – interpretacje [Die Archäologie des frühmittelalterlichen Polen. Entdeckungen – Hypothesen – Interpretationen], Warszawa 2005.

BULKIN, V. A. u. a.: Archeologičeskie pamjatniki Drevnej Rusi IX-XI vekov [Archäologische Denkmäler des mittelalterlichen Russlands im 9.-11. Jh.], Leningrad 1978.

BURKHARDT, MIKE: Der hansische Bergenhandel im Spätmittelalter. Handel – Kaufleute – Netzwerke, Köln u. a. 2009.

BURSTRÖM, MATS: Silver as Bridewealth. An Interpretation of Viking Age Silver Hoards on Gotland, Sweden, in: Current Swedish Archaeology 1 (1993), S. 33-37.

BUTENT-STEFANIAK, BARBARA / BARAN, ELŻBIETA: Wrocław, ul. Kazimierza Wielkiego. Skarb denarów jagiellońskich z XV w. [Wrocław, Kazimierz-Wielki-Straße. Ein Schatzfund jagiellonischer Denare aus dem 15. Jahrhundert], in: WN 47 (2003), 2, S. 217-218.

BUTENT-STEFANIAK, BARBARA / MALARCZYK, DOROTA: Obieg pieniężny na Śląsku we wczesnym średniowieczu (od X do połowy XII wieku) [Der Geldumlauf in Schlesien im frühen Mittelalter (vom 10. bis zur Hälfte des 12. Jahrhunderts)], Wrocław 2009.

CALLMER, JOHAN: The Archaeology of Kiev to the End of the Earliest Urban Phase, in: Harvard Ukrainian Studies 11 (1987), S. 323-364.

CALLMER, JOHAN: Early Urbanism in Southern Scandinavia ca. 700-1000. Trading Places, Central Settlements and New Model Centres in Continuity and Change, in: Archeologia Polona 32 (1994), S. 73-93.

Callmer, Johan: Herrschaftsbildung und Machtausübung: Die Anfänge der ar-Rus (Rus') ca. 500-1000 n. Chr., in: Bereit zum Konflikt. Strategien und Medien der Konflikterzeugung und Konfliktbewältigung im europäischen Mittelalter, hg. von Oliver Auge u. a., Ostfildern 2008, S. 103-130.

Callmer, Johan: Machtzentren des 10. Jahrhunderts und der Zeit um 1000 in Südskandinavien, in: Europa im 10. Jahrhundert. Archäologie einer Aufbruchszeit, hg. von Joachim Henning, Mainz 2008, S. 65-79.

Callmer, Johan: The Rise of the Dominion of the ar-Rus in the Northern Parts of Eastern Europe, Seventh to Ninth Centuries A.D.: A Case of Culture Construction, in: Identity Formation and Diversity in the Early Medieval Baltic and Beyond. Communicators and Communication, hg. von Dems. u. a., Leiden-Boston 2017, S. 136-167.

Castells, Manuel: Der Aufstieg der Netzwerkgesellschaft, Opladen 2001.

Ceynowa, Beata / Paszkiewicz, Borys: Sambor I i Otto z Bambergu na wczesnych monetach gdańskich [Sambor I. und Otto von Bamberg auf den frühen Münzen aus Danzig], in: Pomorze we wczesnym średniowieczu w świetle źródeł archeologicznych. Historia, stan aktualny i potrzeby badań [Pommern im frühen Mittelalter im Lichte archäologischer Quellen. Geschichte, Forschungsstand und Untersuchungsbedarf], hg. von Henryka Paner u. a, Gdańsk 2014, S. 125-141.

Chabrzyk, Piotr: Monety średniowieczne z badań archeologicznych w Tumie [Mittelalterliche Münzen aus archäologischen Ausgrabungen in Tum], in: Początki Łęczycy [Die Anfänge von Łęczyca], Bd. 2: Archeologia o początkach Łęczycy [Die Archäologie über die Anfänge von Łęczyca], hg. von Ryszard Grygiel / Tomasz Jurek, Łódź 2014, S. 607-652.

Chabrzyk, Piotr: Echa niemieckich kryzysów na Pomorzu. Zjawisko zahamowania napływu srebra w 2. połowie XI wieku na podstawie wybranych skarbów [Der Widerhall deutscher Krisen in Pommern. Das Phänomen der Verringerung des Silberzuflusses in der zweiten Hälfte des 11. Jahrhunderts im Lichte ausgewählter Schatzfunde], in: Moneta czasów kryzysu, moneta czasów pomyślności [Die Münze der Krisenzeiten, die Münze der Prosperitätszeiten], hg. von Borys Paszkiewicz, Nowa Sól 2015, S. 119-127.

Chmielowska, Anna / Marosik, Paweł: Wczesnośredniowieczne budownictwo obronne między Prosną a Pilicą [Das frühmittelalterliche Verteidigungsbauwesen zwischen Prosna und Pilica], Warszawa 1989.

Chudziak, Wojciech: Wczesnośredniowieczne importy skandynawskie z Kałdusa pod Chełmnem na Pomorzu Wschodnim [Die frühmittelalterlichen skandinavischen Importe von Kaldus bei Chełmno in Pommerellen], in: Słowianie i ich sąsiedzi we wczesnym średniowieczu, hg. von Marek Dulinicz, Warszawa-Lublin 2003, S. 117-126.

Commercial Networks and European Cities 1400-1800, hg. von Andrea Caracausi / Christof Jeggle, London 2014.

Coupland, Simon: Trading places. Quentovic and Dorestad reassessed, in: Early Medieval Europe 11 (2002), S. 209-232.

Coupland, Simon: Carolingian Single Finds and the Economy of the Early Ninth Century, in: The Numismatic Cronicle 170 (2010), S. 287-319.

Coupland, Simon: A Checklist of Carolingian Coin Hoards 751-987, in: Numismatic Chronicle 171 (2011), S. 203-256.

Coupland, Simon: A Supplement to the Checklist of Carolingian Coin Hoards, 751-987, in: The Numismatic Chronicle 174 (2014), S. 213-222.

Curta, Florin: Southeastern Europe in the Middle Ages 500-1250, New York 2006.

Curta, Florin: Markets in Tenth-Century al-Andalus and Volga Bulgharia. Contrasting Views of Trade in Muslim Europe, in: Al-Masaq 25 (2013), 3, S. 305-330.

Czapkiewicz, Andrzej / Kmietowicz, Franciszek: Skarb monet arabskich z okolic Drohiczyna nad Bugiem [Der arabische Münzschatz aus der Umgebung von Drohiczyn am Bug], Kraków 1960.

CZAPKIEWICZ, ANDRZEJ u. a.: Skarb dirhemów arabskich z Czechowa [Der Schatz arabischer Dirhems von Czechów], Warszawa-Wrocław 1957.

CZAPKIEWICZ, MARIA u. a.: Skarb monet arabskich z Klukowicz pow. Siemiatycze [Der arabische Münzschatz von Klukowicze, Kreis Siemiatycze], Wrocław u. a. 1964.

DALEWSKI, ZBIGNIEW: Rytuał i polityka. Opowieść Galla Anonima o konflikcie Bolesława Krzywoustego ze Zbigniewem [Ritual und Politik. Die Erzählung Gallus' Anonymus vom Konflikt zwischen Bolesław Schiefmund und Zbigniew], Warszawa 2005.

DANIELEWSKI, MARCIN: Struktura grodowa w drugiej połowie XI wieku: czy lata 30. XI wieku wyznaczają przełom dla funkcjonowania organizacji grodowej w Polsce? [Die Burgwallstruktur in der zweiten Hälfte des 11. Jahrhunderts. Markierten die 30er Jahre des 11. Jahrhunderts den Wandel für das Funktionieren der Burgwallorganisation in Polen?], in: Historia Slavorum Occidentis 2 (2014), S. 130-155.

DARKEVIČ, VLADISLAV P.: Chudožestvennyj metall vostoka VIII-XIII vv. Proizvedenija vostočnoj torevtiki na territorii evropejskoj časti SSSR i Zauralja [Die östlichen Edelmetalle des 8.-13. Jahrhunderts im europäischen Teil der Sowjetunion und im Uralgebiet], Moskva 1976.

DOBROVOL'SKIJ, IGOR' G.: Kufičeskije monety klada F. V. Gorochova [Kufische Münzen des Gorochov-Schatzfundes], in: Trudy Gosudarstvennogo Ėrmitaža [Arbeiten der Staatlichen Eremitage] 94 (2018), S. 238-245.

DOBROVOL'SKIJ, IGOR' G. u. a.: Graffiti na vostočnych monetach. Drevniaja Rus' i sopredel'nye strany [Graffitis auf den östlichen Münzen. Die mittelalterliche Rus' und die benachbarten Regionen], Leningrad 1991.

DROZD, ALICJA u. a.: Wczesnośredniowieczne groby komorowe na cmentarzysku w Pniu koło Bydgoszczy (badania 2005-2007) [Die frühmittelalterlichen Kammergräber auf dem Friedhof von Pień bei Bromberg (Untersuchungen 2005-2007)], in: XVI. Sesja Pomorzoznawcza, Teil 1: Od epoki kamienia do okresu wczesnośredniowiecznego [Von der Steinzeit zum frühen Mittelalter], hg. von ANDRZEJ JANOWSKI u. a., Szczecin 2009, S. 351-366.

DRÓŻDŻ, KLAUDIA: Kazimierz Odnowiciel. Polska w okresie upadku i odbudowy [Kasimir der Erneuerer. Polen in Zeiten von Sturz und Wiederaufbau], Wodzisław Śląski 2009.

DUBY, GEORGES: Die drei Ordnungen. Das Weltbild des Feudalismus, Frankfurt am Main 1981.

DUBY, GEORGES: Krieger und Bauern. Die Entwicklung der mittelalterlichen Wirtschaft und Gesellschaft bis um 1200, Frankfurt am Main 1984.

DUCZKO, WŁADYSŁAW: Test or Magic? Pecks on the Viking-Age Silver, in: Moneta mediaevalis. Studia numizmatyczne i historyczne ofiarowane Profesorowi Stanisławowi Suchodolskiemu w 65. rocznicę urodzin [Moneta mediaevalis. Numismatische und historische Studien, präsentiert zum 65. Geburtstag von Professor Stanisław Suchodolski], hg. von RYSZARD KIERSNOWSKI u. a., Warszawa 2002, S. 193-208.

DUCZKO, WŁADYSŁAW: Viking Rus. Studies on the Presence of Scandinavians in Eastern Europe, Leiden 2004.

DUCZKO, WŁADYSŁAW: Zebrać, zdeprecjonować, schować i zapomnieć. O skarbach srebrnych Skandynawii okresu wikingów [Sammeln, entwerten, verstecken und vergessen. Über Silberschätze in Skandinavien zur Wikingerzeit], in: WN 49 (2005), 2, S. 205-217.

DUCZKO, WŁADYSŁAW: Złoty młot boga Thora? O fragmencie skandynawskiej ozdoby z Ostrowa Lednickiego [Der goldene Hammer Thors? Über ein Schmuckfragment aus Ostrów Lednicki], in: Ostrów Lednicki. Rezydencjonalno-stołeczny ośrodek pierwszych Piastów [Ostrów Lednicki. Das Machtzentrum der ersten Piasten], hg. von ZOFIA KURNATOWSKA / ANDRZEJ M. WYRWA, Warszawa 2016, S. 299-302.

DUDEK, JAROSŁAW: Chazarowie. Polityka – kultura – religia. VII – XI wiek [Die Chasaren. Politik – Kultur – Religion. 7.-11. Jahrhundert], Warszawa 2016.

DUGGAN, ANNE J.: Religious Networks in Action. The European Expansion of the Cult of St Thomas of Canterbury, in: International Religious Networks, hg. von JEREMY GREGORY / HUGH MCLEOD, Woodbridge, Suffolk u. a. 2012, S. 20-43.

DULINICZ, MAREK: Mazowsze w X wieku [Masowien im 10. Jahrhundert], in: Ziemie polskie w X wieku i ich znaczenie w kształtowaniu się nowej mapy Europy [Polnische Gebiete im 10. Jahrhundert und ihre Bedeutung im Gestaltungsprozess der neues Karte Europas], hg. von HENRYK SAMSONOWICZ, Kraków 2000, S. 199-220.

DULINICZ, MAREK: Forschungen zu den Herrschaftszentren des 10. bis 11. Jahrhunderts in Polen, in: Europa im 10. Jahrhundert. Archäologie einer Aufbruchszeit, hg. von JOACHIM HENNING, Mainz 2008, S. 147-160.

DZIEDUSZYCKA, BOŻENA / DZIEDUSZYCKI, WOJCIECH: Early Medieval Kruszwica, in: Polish Lands at the Turn of the First and the Second Millennia, hg. von PRZEMYSŁAW URBAŃCZYK, Warsaw 2004, S. 223-240.

DZIEDUSZYCKI, WOJCIECH: Kruszce w systemach wartości i wymiany społeczeństwa Polski wczesnośredniowiecznej [Die Edelmetalle in Werte- und Tauschsystemen der frühmittelalterlichen Gesellschaft Polens], Poznań 1995.

EBEL, ELSE: Der Fernhandel der Wikingerzeit bis in das 12. Jahrhundert in Nordeuropa nach altnordischen Quellen, in: Untersuchungen zu Handel und Verkehr der vor- und frühgeschichtlichen Zeit in Mittel- und Nordeuropa, hg. von KLAUS DÜWEL u. a., Göttingen 1985, S. 266-312.

ELDEVIK, JOHN: Episcopal Power and Ecclesiastical Reform in the German Empire: Tithes, Lordship, and Community, 950-1150, Cambridge 2012.

ELWERT, GEORG: Gewaltmärkte. Beobachtungen zur Zweckrationalität der Gewalt, in: Soziologie der Gewalt, hg. von TRUTZ VON TROTHA, Opladen u. a. 1997, S. 86-101.

ENGLERT, ANTON: Large Cargo in Danish Waters 1000-1250. Evidence of Specialised Merchant Seafaring prior to the Hanseatic Period, Roskilde 2015.

ENIOSOVA, NATALIA: Litejnyje formy Gnëzdova [Gussformen aus Gnezdovo], in: Istoričeskaja Archeologija. Tradicii i perspektivy. K 80-letju co dnja roždenija Daniila Antonoviča Avdusina [Historische Archäologie. Traditionen und Perspektiven. Zum 80. Geburtstag von Daniil Antonovič Avdusin], hg. von A. E. LEONT'EV u. a, Moskva 1998, S. 66-81.

ERTL, THOMAS: Netzwerke des Wissens. Die Bettelorden, ihre Mobilität und ihre Schulen, in: Aufbruch in die Gotik. Der Magdeburger Dom und die späte Stauferzeit. Landesausstellung Sachsen-Anhalt aus Anlass des 800. Domjubiläums, Bd. 1: Essays, hg. von MATTHIAS PUHLE / Kulturhistorisches Museum Magdeburg, Mainz 2009, S. 312-323.

Europas Mitte um 1000, 3 Bde., hg. von ALFRIED WIECZOREK / HANS-MARTIN HINZ, Stuttgart 2000.

EWERT, ULF CHRISTIAN / SELZER, STEPHAN: Commercial Super Trust or Virtual Organisation? An Institutional Economics Interpretation of the Late Medieval Hanse. Working Paper Prepared for the Eighth European Historical Economics Society Conference, to be held at the Graduate Institute Geneva, Switzerland, 4.-5. September 2009, http://graduateinstitute.ch/files/live/sites/iheid/files/sites/international_history_politics/users/stefano_ugolini/public/papers/Ewert.pdf, Zugriff am 2. November 2016.

EWIG, EUGEN: Die Merowinger und das Frankenreich, Stuttgart 1988.

FELCZAK, AGNIESZKA u. a.: Skarb monet i ozdób z X wieku z Obry Nowej [Der Schatz von Münzen und Schmuck des 10. Jahrhunderts aus Obra Nowa], in: WN 41 (1997), 1-2, S. 1-27.

FELDBAUER, PETER: Die islamische Welt 600-1250. Ein Frühfall von Unterentwicklung?, Wien 1995.

FEVEILE, CLAUS: Series X and Coin Circulation in Ribe, in: Studies in Early Medieval Coinage, Bd. 1: Two Decades of Discovery, hg. von TONY ABRAMSON, Woodbridge 2008, S. 53-67.

FILIPOWIAK, WŁADYSŁAW: Handel und Handelsplätze an der Ostseeküste Westpommerns, in: Oldenburg – Wolin – Staraja Ladoga – Novgorod – Kiev. Handel und Handelsverbindungen im südlichen und östlichen Ostseeraum während des frühen Mittelalters, Mainz 1988, S. 690-719.

FILIPOWIAK, WŁADYSŁAW: Wollin (Wolin) und Kammin (Kamień Pomorski) im frühen Mittelalter, in: Lübecker Kolloquium zur Stadtarchäologie im Hanseraum I: Stand, Aufgaben und Perspektiven, hg. von MANFRED GLÄSER, Lübeck 1997, S. 253-265.

FILIPOWIAK, WŁADYSŁAW: Der Goldschatz von Hiddensee. Eine Piratenbeute der Ranen?, in: Studien zur Archäologie des Ostseeraumes. Von der Eisenzeit zum Mittelalter. Festschrift für Michael Müller-Wille, hg. von ANKE WESSE, Neumünster 1998, S. 337-345.

FILIPOWIAK, WŁADYSŁAW: Wollin – ein frühmittelalterliches Zentrum an der Ostsee, in: Europas Mitte um 1000, hg. von ALFRIED WIECZOREK / HANS-MARTIN HINZ, Bd. 1, Stuttgart 2000, S. 152-155.

FOMIN, ALEKSEJ V.: Silver of the Maghreb and Gold from Ghana at the End of the VIII-IX Centuries A. D., in: Sigtuna Papers. Proceedings of the Sigtuna Symposium on Viking-Age Coinage 1.-4. June 1989, Nova Series 6, hg. von KENNETH JONSSON / BRITA MALMER, Stockholm 1990, S. 69-75.

FOMIN, ALEKSEJ V.: Überblick und überregionaler Zusammenhang des Münzschatzes von Ralswiek. Originäre Münzstätten und chasarische Nachprägungen, in: Ralswiek auf Rügen. Die slawisch-wikingischen Siedlungen und deren Hinterland IV. Der Silberschatz von 850, hg. von JOACHIM HERRMANN, Schwerin 2006, S. 77-84.

FONTAINE, LAURENCE: The Moral Economy. Poverty, Credit, and the Trust in Early Modern Europe, New York 2014.

FRANKLIN, SIMON / SHEPARD, JONATHAN: The Emergence of Rus' 750-1200, London-New York 1996.

FRIEDLAND, SARAH NELLY: Network Analysis in Slavic Archaeology: An Example from the Plön Area in Wagria (Schleswig-Holstein), in: Landscapes and Societies in Medieval Europe East of the Elbe, hg. von SUNHILD KLEINGÄRTNER u. a., Toronto 2013, S. 139-170.

„Fund auf Rügen: Silberschatz von Dänen-König Blauzahn entdeckt", 16. April 2019, https://www.focus.de/wissen/mensch/geschichte/silberschatz-von-daenen-koenig-auf-der-flucht-vergraben-blauzahn-muenzschatz-auf-ruegen-entdeckt_id_8772558.htm, Zugriff am 17. April 2018.

Gab es das „Dienstsystem" im mittelalterlichen Polen – oder was war das ius ducale?, hg. von EDUARD MÜHLE, https://perspectivia.net/content/publikationen/lelewel-gespraeche/4-2011, Zugriff am 5. Februar 2018.

GAJDUKOV, PETR G. / KALININ, VITALIJ A.: Drevneišije russkije monety [Die ältesten Münzen Russlands], in: Rus' v IX-X vekach. Archeologičeskaja panorama [Die Rus' im 9.-10. Jahrhundert. Archäologisches Panorama], hg. von NIKOLAJ A. MAKAROV, Moskva 2012, S. 402-435.

GARBACZEWSKI, WITOLD: The Cyrillic Penny of Boleslaus Chrobry, Prince of Poland – a New Source, a New Interpretation, in: WN 59 (2015), 1-2, S. 95-113.

GARNIER, CLAUDIA: Amicus amicis, inimicus inimicis. Politische Freundschaft und fürstliche Netzwerke im 13. Jahrhundert, Stuttgart 2000.

GAWLAS, SŁAWOMIR: O kształt zjednoczonego Królestwa [Um die Gestalt des Vereinigten Königreichs], Warszawa 1996.

GAWLAS, SŁAWOMIR: Komercjalizacja jako mechanizm europeizacji peryferii na przykładzie Polski [Die Kommerzialisierung als Mechanismus der Europäisierung einer Peripherie am Beispiel Polens], in: Ziemie polskie wobec Zachodu. Studia nad rozwojem średniowiecznej Europy [Polnische Gebiete und der Westen. Studien zur Entwicklung des mittelalterlichen Europa], hg. von ROMAN CZAJA u. a., Warszawa 2006, S. 25-116.

GEISS, JÜRGEN: Netzwerke spätmittelalterlicher Rechtsgelehrter im Ostseeraum. Beobachtungen zur Büchersammlung des Greifswalder Juristen Johannes Meilof, in: Baltische Studien NF 91 (2005) 61-78.

Gniezno. Wczesnośredniowieczny zespół grodowy [Gnesen. Der frühmittelalterliche Burgwallkomplex], hg. von TOMASZ SAWICKI / MAGDALENA BIS, Warszawa 2018.

GÖCKENJAN, HANSGERD: Hilfsvölker und Grenzwächter im mittelalterlichen Ungarn, Wiesbaden 1972.

GOEHRKE, CARSTEN: Russischer Alltag. Eine Geschichte in neun Zeitbildern, Bd. 1: Vormoderne, Zürich 2003.

Görich, Knut: Geld und „honor". Friedrich Barbarossa in Italien, in: Formen und Funktionen öffentlicher Kommunikation im Mittelalter, hg. von Gerd Althoff, Stuttgart 2001, S. 177-200.

Golabiewski Lannby, Monica / Rispling, Gert: Östersjö – seminarium om Spillingsskatten – världens största vikingatida silverskatt, in: Svensk Numismatisk Tidskrift 5 (September 2008), S. 106-107.

Gołembnik, Andrzej: Early Medieval Płock, in: Polish Lands at the Turn of the First and the Second Millennia, hg. von Przemysław Urbańczyk, Warsaw 2004, S. 241-270.

Gomzin, Andrew A.: Klad kufičeskich monet 2016 goda iz Novgorodskoj oblasti [Ein Schatzfund arabischer Münzen von 2016 aus der Region Novgorod], in: Pamiatniki srednevekov'oj archeologii Vostočnoj Evropy. K jubilieju M. D. Polubojarinovoj [Archeologische Funde aus dem Mittelalter in Osteuropa. Zum Jubiläum von M. D. Polubojarinova], hg. von Archäologisches Institut der Russischen Akademie der Wissenschaften, Moskva 2017, S. 95-104.

Górecki, Janusz: Gród na Ostrowie Lednickim na tle wybranych ośrodków grodowych pierwszej monarchii piastowskiej [Der Burgwall von Ostrów Lednicki auf dem Hintergrund ausgewählter Zentren der ersten Piastenmonarchie], Poznań 2001.

Górecki, Piotr: Economy, Society, and Lordship in Medieval Poland, New York-London 1992.

Gorjunova, Valentina M.: Technologietransfer im Töpferhandwerk. Westslawischer Einfluß auf die frühe Drehscheibenware in Novgorod, in: Novgorod. Das mittelalterliche Zentrum und sein Umland im Norden Russlands, hg. von Michael Müller-Wille u. a., Neumünster 2001, S. 323-347.

Gorlińska, Dobrochna: Żydzi w administracji skarbowej polskich władców czasu rozbicia dzielnicowego [Die Juden in der Fiskalverwaltung polnischer Herrscher in der Zeit der Teilfürstentümer], Kraków 2015.

Graham-Campbell, James A.: The Viking-age Silver and Gold Hoards of Scandinavian Character from Scotland, in: Proceedings of the Society of Antiquaries of Scotland 107 (1975-1976), S. 114-134.

Gramsch, Robert: Autorität im Netzwerk der Fürsten. Friedrich II. und Heinrich (VII.) im Anerkennungswettstreit (1231-1235), in: Autorität und Akzeptanz. Das Reich im Europa des 13. Jahrhunderts, hg. von Hubertus Seifert u. a., Ostfildern 2013, S. 43-64.

Gramsch, Robert: Das Reich als Netzwerk der Fürsten. Politische Strukturen unter dem Doppelkönigtum Friedrichs II. und Heinrichs (VII.) 1225-1235, Ostfildern 2013.

Gramsch-Stehfest, Robert: Der Erfurter Propst Heinrich von Gerbstedt (gest. 1451) und seine „römischen Netzwerke", in: Jahrbuch für Erfurter Geschichte 2 (2007), S. 31-62.

Gramsch-Stehfest, Robert: Pariser Studienkollegen und römische Verbindungen. Das Personen-Netzwerk um Erzbischof Albrecht II., in: Aufbruch in die Gotik. Der Magdeburger Dom und die späte Stauferzeit. Landesausstellung Sachsen-Anhalt aus Anlass des 800. Domjubiläums, Bd. 1: Essays, hg. von Matthias Puhle / Kulturhistorisches Museum Magdeburg, Mainz 2009, S. 384-391.

Greve, Anke: Brügger Hoteliers und hansische Kaufleute: Ein Netzwerk vorteilhafter Handelsbeziehungen oder programmierte Interessenkonflikte?, in: Hansekaufleute in Brügge, hg. von Werner Paravicini u. a., Bd. 4, Frankfurt am Main u. a. 2000, S. 151-161.

Grigor'ev, A. V.: Na Desne i Sejme, v verchov'jach Dona i Oki [Entlang Desna und Sejm, am oberen Don- und Okalauf], in: Rus' v IX-X vekach. Archeologičeskaja panorama [Die Rus' im 9. und 10. Jahrhundert. Archäologisches Panorama], hg. von Nikolaj A. Makarov, Moskva 2012, S. 366-379.

Gród piastowski w Gieczu. Geneza – funkcja – kontekst [Der piastische Burgwall von Giecz. Genese – Funktionen – Kontexte], hg. von Michał Kara u. a., Poznań 2016.

Grodecki, Roman u. a.: Dzieje Polski średniowiecznej [Die Geschichte des mittelalterlichen Polen], Bd. 1, Kraków 1995.

Gruszczyński, Jacek: Viking Silver, Hoards and Containers. The Archaeological and Historical Context of Viking-Age Silver Coin Deposits in the Baltic c. 800-1050, New York 2019.

Grygiel, Ryszard: Cmentarzysko wareskich drużynników w Lutomiersku [Das Gräberfeld warägerischer Gefolgsleute in Lutomiersk], in: Początki Łęczycy [Die Anfänge von Łęczyca], Bd. 2: Archeologia o początkach Łęczycy [Die Archäologie über die Anfänge von Łęczyca], Łódź 2014, S. 679-757.

GUEST, PETER u. a.: The Use and Hoarding of Solidi in the Late Fourth and Fifth Centuries, in: Roman Coins Outside the Empire. Ways and Phases, Contexts and Functions, hg. von ALEKSANDER BURSCHE u. a., Wetteren 2008, S. 295-307.

GUICHARD, PIERRE: Al-Andalus. Acht Jahrhunderte muslimischer Zivilisation in Spanien, Tübingen-Berlin 2005.

GUMILOW, LEW: Od Rusi do Rosji [Von Rus' nach Russland], Warszawa 1992.

GUMOWSKI, MARIAN: Moneta arabska w Polsce IX i X wieku [Arabische Münze im Polen des 9. und 10. Jahrhundert], in: Zapiski Historyczne 24 (1958/1959), 1, S. 7-61.

GUSTIN, INGRID: Coin Stock and Coin Circulation in Birka, in: Silver Economies, Monetisation and Society in Scandinavia, AD 800-1100, hg. von JAMES GRAHAM-CAMBELL u. a., Aarhus 2011, S. 227-244.

GUZOWSKI, PIOTR: Upieniężnienie gospodarki polskiej na przełomie średniowiecza i czasów nowożytnych [Die Monetarisierung der polnischen Wirtschaft an der Wende des Mittelalters und der Frühen Neuzeit], in: Upieniężnienie. Kiedy moneta staje się pieniądzem [Die Monetarisierung. Wann wird die Münze zum Geld?], hg. von Muzeum Miejskie w Nowej Soli, Nowa Sól 2011.

GUZOWSKI, PIOTR: Money Economy and Money Growth: The Case of Medieval and Early Modern Poland, in: Quaestiones Medii Aevi Novae 18 (2013), S. 235-256.

GUZOWSKI, PIOTR: Karolińska rewolucja gospodarcza na Wschodzie Europy (do k. XII w.) [Die karolingische Revolution im Osten Europas bis zum Ende des 12. Jahrhunderts], in: Granica wschodnia cywilizacji zachodniej w średniowieczu [Die östliche Grenze der westlichen Zivilisation im Mittelalter], hg. von ZBIGNIEW DALEWSKI, Warszawa 2014, S. 115-167.

HABERMANN, JAN: Verbündete Vasallen. Die Netzwerke von Grafen und Herren am Nordwestharz im Spannungsgefüge zwischen rivalisierenden Fürstgewalten (ca. 1250-1400), Norderstedt 2011.

HADLEY, DAWN M. / RICHARDS JULIAN DARYL: In Search of the Viking Great Army. Beyond the Winter Camps, in: Medieval Settlement Research 33 (2017), S. 1-17.

HÄGERMANN, DIETER: Heilige, Heiligenverehrung und Mobilität im Frühmittelalter zu Lande und zu Wasser, in: Deutsches Schiffahrtsarchiv 25 (2002), S. 181-195.

HAMMEL-KIESOW, ROLF: Novgorod und Lübeck. Siedlungsgefüge zweier Handelsstädte im Vergleich, in: Novgorod. Markt und Kontor der Hanse, hg. von NORBERT ANGERMANN / KLAUS FRIEDLAND, Köln u. a. 2002, S. 25-68.

HAMMEL-KIESOW, ROLF: „Herren der Hanse", ökonomische Netzwerke und Proto-Globalisierung. Das Bild von der Hanse im frühen 21. Jahrhundert, in: Dortmund und die Hanse. Fernhandel und Kulturtransfer, hg. von THOMAS SCHILP / BARBARA WELZEL, Bielefeld 2012, S. 17-32.

HANSEN, LARS IVAR / OLSEN, BJØRNAR: Hunters in Transition. An Outline of Early Sámi History, Leiden-Boston 2014.

HÅRDH, BIRGITTA: Oriental-Scandinavian Contacts on the Volga, as Manifested by Silver Rings and Weight Systems, in: Silver Economy in the Viking Age, hg. von JAMES GRAHAM-CAMPBELL / GARETH WILLIAMS, Walnut Creek 2007, S. 135-147.

HÅRDH, BIRGITTA: Hacksilver and Ingots, in: Means of Exchange. Dealing with Silver in the Viking Age (Kaupang Excavation Project), hg. von DAGFINN SKRE, Bd. 2, Aarhus 2008, S. 95-118.

HÅRDH, BIRGITTA: Silber im 10. Jahrhundert. Ökonomie, Politik und Fernbeziehungen, in: Europa im 10. Jahrhundert. Archäologie einer Aufbruchszeit, hg. von JOACHIM HENNING, Mainz 2008, S. 181-193.

HÅRDH, BIRGITTA: Viking-Age Silver from Hoards and Cultural Layers, in: Silver Economies, Monetisation and Society in Scandinavia AD 800-1100, hg. von JAMES GRAHAM-CAMPBELL u. a., Aarhus 2011, S. 281-296.

HARDT, MATTHIAS: Gold und Herrschaft. Die Schätze europäischer Könige und Fürsten im ersten Jahrtausend, Berlin 2004.

HASKINS, CHARLES HOMER: The Renaissance of the Twelfth Century, Cambridge/Mass. 1927.

HATZ, GERT: Handel und Verkehr zwischen dem Deutschen Reich und Schweden in der späten Wikingerzeit. Die deutschen Münzen des 10. und 11. Jahrhunderts in Schweden, Lund 1974.

HATZ, GERT: Zum vorhansischen Münzumlauf auf Gotland. Der Schatzfund von Burge, in: Zeitschrift des Vereins für Hamburgische Geschichte 60 (1974), S. 17-34.

HATZ, GERT: Die ersten Sachsenpfennige in Schweden, in: Nummus et Historia. Pieniądz Europy średniowiecznej, hg. von STEFAN K. KUCZYŃSKI / STANISŁAW SUCHODOLSKI, Warszawa 1985, S. 33-42.

HATZ, GERT / RISPLING, GERT: Münzfunde aus Oldenburg in Holstein (1981-1986), in: Offa 52 (1995), S. 153-162.

HATZ, GERT u. a.: Otto-Adelheid-Pfennige. Untersuchungen zu Münzen des 10./11. Jahrhunderts, Stockholm 1991.

HAUSSIG, HANS-WILHELM: Die Praxis des Warenaustausches im Warägerhandel mit den chasarischen Märkten Sarkel und Itil, in: Untersuchungen zu Handel und Verkehr der vor- und frühgeschichtlichen Zeit in Mittel- und Nordeuropa, hg. von KLAUS DÜWEL u. a., Göttingen 1985, S. 528-544.

HEDENSTIERNA-JONSON, CHARLOTTE: Traces of contacts: Magyar material culture in the Swedish Viking Age context of Birka, in: Die Archäologie der frühen Ungarn. Chronologie, Technologie und Methodik, hg. von TOBIAS BENDEGUZ u. a., Mainz 2012, S. 29-48.

HEIJNE, CECILIA VON: Särpräglat. Vikingatida och tidigmedeltida myntfynd från Danmark, Skåne, Blekinge och Halland (ca 800-1130), Stockholm 2004.

HEIJNE, CECILIA VON: Viking-Age Coin Finds from South Scandinavia, in: Silver Economies, Monetisation and Society in Scandinavia AD 800-1100, hg. von JAMES GRAHAM-CAMPBELL u. a., Aarhus 2011, S. 185-202.

HEINZER, FELIX: Klösterliche Netzwerke und kulturelle Identität – Die Hirsauer Reform des 11./12. Jahrhunderts als Vorläufer spätmittelalterlicher Ordensstrukturen, in: Kulturtopographie des deutschsprachigen Südwestens im späteren Mittelalter. Studien und Texte, hg. von BABARA FLEITH / RENÉ WETZEL, Tübingen 2009, S. 127-140.

HELLER, KLAUS: Normannen in Osteuropa, Berlin 1993.

HELLMANN, MANFRED: Die Handelsverträge des 10. Jhs. zwischen Kiev und Byzanz, in: Untersuchungen zu Handel und Verkehr der vor- und frühgeschichtlichen Zeit in Mittel- und Nordeuropa, hg. von KLAUS DÜWEL u. a., Göttingen 1987, S. 643-667.

HENNING, JOACHIM: Neue Burgen im Osten. Handlungsorte und Ereignisgeschichte der Polenzüge Heinrichs II. im archäologischen und dendrochronologischen Befund, in: Aufbruch ins zweite Jahrtausend. Innovation und Kontinuität in der Mitte des Mittelalters, hg. von ACHIM HUBEL / BERND SCHNEIDMÜLLER, Ostfildern 2004, S. 151-181.

HENSEL, WITOLD: Kultur und Kunst im frühmittelalterlichen Pommern (7.-11. Jahrhundert), in: Wikinger und Slawen. Zur Frühgeschichte der Ostseevölker, hg. von JOACHIM HERRMANN, Neumünster 1982, S. 264-290.

HERRMANN, JOACHIM: Rügenslawen, Wilzen und Obodriten, in: Wikinger und Slawen. Zur Frühgeschichte der Ostseevölker, hg. von DEMS., Neumünster 1982, S. 292-326.

HERRMANN, JOACHIM: Die Slawen in Deutschland. Geschichte und Kultur der slawischen Stämme westlich von Oder und Neiße vom 6. bis 12. Jahrhundert. Ein Handbuch. Veröffentlichungen des Zentralinstituts für Alte Geschichte und Archäologie der Akademie der Wissenschaften der DDR, Bd. 14, Berlin 1985.

Herrschaft, Netzwerke, Brüder des Deutschen Ordens in Mittelalter und Neuzeit, hg. von KLAUS MILITZER, Weimar 2012.

HESSE, PETER: Netzwerke in den Reichsbeziehungen der Stadt Köln im späten Mittelalter, in: Kommunikation und Konfliktaustragung. Verfassungskultur als Faktor politischer und gesellschaftlicher Machtverhältnisse, hg. von WERNER DAUM u. a., Berlin 2010, S. 251-264.

HILBERG, VOLKER: Silver Economies of the Ninth and Tenth Centuries AD in Hedeby, in: Silver Economies, Monetisation and Society in Scandinavia AD 800-1100, hg. von JAMES GRAHAM-CAMPBELL u. a., Aarhus 2011, S. 203-225.

HILBERG, VOLKER: Hedeby's Demise in the Late Viking Age and the Shift to Schleswig, in: New Aspects on Viking-age Urbanism c. AD 750-1100, hg. von LENA HOLMQUIST u. a., Stockholm 2016, S. 63-80.

HODGES, RICHARD: Dark Age Economics. The Origins of Town and Trade, 600-1000, London-New York 1982.

HOFFMANN, ERICH: Die schrittweise Ablösung Schleswigs durch Lübeck als wichtigstes Seehandelszentrum an der westlichen Ostsee (ca. 1150-1250), in: Seehandelszentren des nördlichen Europa. Der Strukturwandel vom 12. zum 13. Jahrhundert, hg. von GÜNTER P. FEHRING, Bonn 1983, S. 39-46.

HOLLSTEIN, WILHELM / FRIEDLAND, SARAH NELLY: Der Schatz im Acker – Ein Hacksilberbefund des 11. Jahrhunderts aus Cortnitz, Stadt Weißenberg (Lkr. Bautzen), in: Arbeits- und Forschungsberichte zur sächsischen Bodendenkmalpflege 50 (2008), S. 211-230.

HOLMQUIST, LENA: Birka's Defence Works and Harbour – Linking one recently ended and one newly begun Research Project, in: New Aspects on Viking-age Urbanism c. AD 750-1100, hg. von DERS. u. a., Stockholm 2016, S. 35-46.

HOROSZKO, GENOWEFA: Skarb monet wczesnośredniowiecznych z Widuchowej [Der frühmittelalterliche Münzschatz von Widuchowa], in: Materiały Zachodniopomorskie 30 (1984), S. 71-103.

ILISCH, LUTZ: Der Steckborner Schatzfund von 1830 und andere Funde nordafrikanischer Dirhams des Karlreiches, in: Proceedings of the Assemani Symposium on Islamic Coinage, Padua 17.-18. Mai 2003, Padova 2005, S. 67-91.

Ilisch, Lutz: Der Münzfund von Anklam – arabisches Silber auf dem Weg zur Ostsee. Referat gehalten auf der Konferenz: „Der Peeneraum im Frühmittelalter", Greifswald, 25. Juni 2011.

ILISCH, LUTZ: Ursachen der Verbreitung von Schatzfunden im Allgemeinen und von Schatzfunden arabischer Münzen im Ostseeraum im Besonderen, in: Markt, Macht oder Magie? Warum wurde im frühen Mittelalter Silber deponiert?, hg. von DARIUSZ ADAMCZYK, https://perspectivia.net/content/publikationen/lelewel-gespraeche, Zugriff am 5. Februar 2018.

IMSEN, STEINAR: From Tributes to Taxes, in: Taxes, Tributes and Tributary Lands in the Making of the Scandinavian Kingdoms in the Middle Ages, hg. von DEMS., Trondheim 2011, S. 13-29.

INGVARDSON, GITTE TARNOW: Nørremølle – the largest Viking Age Silver Hoard of Bornholm (Denmark), in: The Journal of Archaeological Numismatics 2 (2012), S. 281-346.

INGVARDSON, GITTE TARNOW: Trade and Power – Bornholm in the Late Viking Age, in: Northern World-Landscapes, Interactions and Dynamics. Research at the National Museum of Denmark Proceedings of the Northern Worlds. Conference Copenhagen 28.-30. November 2012, hg. von HANS CHRISTIAN GULLØV, Copenhagen 2014, S. 325-337.

ISITT, GUY F.: Vikings in the Persian Gulf, in: Journal of the Royal Asiatic Society 17 (2007), 4, S. 389-406.

IZMAILOV, ISKANDER L.: Balymerskij kurgannyj mogil'nik i 'rusy' na Volge. Problemi i diskussii [Das Gräberfeld von Balymery und die Volga-Rus': Probleme und Disskusionen], in: Velikij Volžskij put'. Materialy II-go etapa meždunarodnoj naučno-praktičeskoj konferencii „Velikij Volžskij put'" [Die große Volgaroute. Materialien von der zweiten Etappe der internationalen Konferenz „Die große Volgaroute"], Sankt-Petersburg, Stockholm, Sankt Petersburg, 5.-14. August 2002, hg. von V. V. CHOMENKO / ROZALINDA N. MUSINA, Kazan 2003, S. 50-70.

JAGODZIŃSKI, MAREK F.: Wczesnośredniowieczna osada rzemieślniczo-handlowa w Janowie Pomorskim nad jeziorem Drużno – poszukiwane Truso? [Die frühmittelalterliche Handwerks- und Handelssiedlung in Janów Pomorski am Drausensee – das gesuchte Truso?], Elbląg 1988.

JAGODZIŃSKI, MAREK F.: Truso w świetle nowych odkryć. Uwagi na marginesie badań wczesnośredniowiecznej osady rzemieślniczo-handlowej w Janowie Pomorskim (gmina Elbląg) [Truso im Licht neuer Entdeckungen. Einige Bemerkungen zur Erforschung der frühmittelalterlichen Handwerks-

und Handelssiedlung in Janów Pomorski (Gemeinde Elbing)], in: Archeologia Bałtyjska. Materiały z konferencji. Olsztyn, 24-25 kwietnia 1988 roku, hg. von Uniwersytet Warszawski u. a. 1988, Olsztyn 1991, S. 136-155.

JAGODZIŃSKI, MAREK F.: The Settlement of Truso, in: Wulfstan's Voyage. The Baltic Sea Region in the Early Viking Age as Seen from Shipboard, hg. von ANTON ENGLERT / ATHENA TRAKADAS, Roskilde 2009, S. 182-197.

JAGODZIŃSKI, MAREK F.: Zagadnienie obecności Skandynawów w rejonie ujścia Wisły we wczesnym średniowieczu [Die Frage der skandinavischen Anwesenheit im Weichseldelta im frühen Mittelalter], in: Pruthenia 4 (2009), S. 117-192.

JAGODZIŃSKI, MAREK F.: Truso. Między Weonodlandem a Witlandem [Zwischen Weonodland und Witland], Elbląg 2010.

JAHNKE, CARSTEN: Handelsnetze im Ostseeraum, https://suche.gmx.net/web?origin=serp_sf_atf&q=carsten+jahnke%2C+handelsnetze+im+ostseeraum%2C+in%3AS, Zugriff am 2. November 2016.

JAKIMOWICZ, ROMAN: O pochodzeniu ozdób srebrnych znajdowanych w skarbach wczesnohistorycznych [Über die Herkunft des in frühgeschichtlichen Schätzen gefundenen Silberschmuckes], in: Wiadomości Archeologiczne 12 (1933), S. 103-136.

JAKUBOWSKIJ, A. JU.: Ibn-Miskavejch o pochode rusov v Berdaa v 332 g.-943/4 g. [Ibn Miskavija über den Feldzug der Rus' nach Baarda im Jahr 943/944], in: Vizantijskij vremennik 24 (1926), S. 63-92.

JAKUBOWSKIJ, A. JU.: O russko-chazarskich i russko-kavkazskich otnosenijach v IX-X vv. [Über die rus'-chasarischen und die rus'-kaukasischen Beziehungen im 9.-10. Jahrhundert], in: Izvestija ANSSSR. Serija istorii i filozofii 3 (1946), S. 461-472.

JAMMER, VERA: Die Anfänge der Münzprägung im Herzogtum Sachsen (10. und 11. Jahrhundert), Hamburg 1952.

JANIN, VALENTIN L.: Denežno-vesovye sistemy russkovo srednevekov'ja. Domongolskij period [Die Geld- und Gewichtssysteme des russischen Mittelalters bis zur Mongolenzeit], Moskva 1956.

JANIN, VALENTIN L.: Grundfesten der Wirtschaft. Geld und Geldsysteme im mittelalterlichen Nowgorod, in: Novgorod. Das mittelalterliche Zentrum und sein Umland im Norden Russlands, hg. von MICHAEL MÜLLER-WILLE u. a., Neumünster 2001, S. 143-148.

JANKOWIAK, MAREK: Two systems of trade in the Western Slavic lands in the 10th century, in: Economies, Monetisation and Society in the West Slavic Lands 800-1200 AD, hg. von MATEUSZ BOGUCKI / MARIAN RĘBKOWSKI, Szczecin 2013, S. 137-148.

JANKOWIAK, MAREK: Wer brachte im 10. Jahrhundert die Dirhems in die polnischen Gebiete und warum, in: Fernhändler, Dynasten, Kleriker. Die piastische Herrschaft in kontinentalen Beziehungsgeflechten vom 10. bis zum frühen 13. Jahrhundert, hg. von DARIUSZ ADAMCZYK / NORBERT KERSKEN, Wiesbaden 2015, S. 41-54.

JANKUHN, HERBERT: Haithabu. Ein Handelsplatz der Wikingerzeit, Neumünster 1986.

JANOWSKI, ANDRZEJ: Harbours of Early Medieval Wolin in the Light of Recent Research, in: Economies, Monetisation and Society in the West Slavic Lands 800-1200 AD, hg. von MATEUSZ BOGUCKI / MARIAN RĘBKOWSKI, Szczecin 2013, S. 45-58.

JANSSON, INGMAR: Communication between Scandinavia and Eastern Europe in the Viking Age. The Archaeological Evidence, in: Untersuchungen zu Handel und Verkehr der vor- und frühgeschichtlichen Zeit in Mittel- und Nordeuropa, hg. von KLAUS DÜWEL u. a., Göttingen 1987, S. 773-807.

JANSSON, INGMAR: Wikingerzeitlicher orientalischer Import in Skandinavien, in: Oldenburg – Wolin – Staraja Ladoga – Novgorod – Kiev. Handel und Handelsverbindungen im südlichen und östlichen Ostseeraum während des frühen Mittelalters, Mainz 1988, S. 564-647.

JENSEN, JØRGEN STEEN: Monetary Circulation in Denmark from c. 1100 to c. 1500, in: Money Circulation in Antiquity, the Middle Ages and Modern Times. Time, Range, Intensity, hg. von STANISŁAW SUCHODOLSKI (unter Mitarbeit von MATEUSZ BOGUCKI), Warsaw-Cracow 2007, S. 167-177.

JONSSON, KENNETH: The Routes for the Importation of German and English Coins to the Northern Lands in the Viking Age, in: Fernhandel und Geldwirtschaft. Beiträge zum deutschen Münzwesen in sächsischer und salischer Zeit. Ergebnisse des Dannenberg-Kolloquiums 1990, hg. von BERND KLUGE, Sigmaringen 1993, S. 205-232.

JONSSON, KENNETH: The Numismatic Evidence for Frisian Trade in Sweden in the late Viking Age, in: Moneta mediaevalis. Studia numizmatyczne i historyczne ofiarowane Profesorowi Stanisławowi Suchodolskiemu w 65. rocznicę urodzin [Moneta mediaevalis. Numismatische und historische Studien, präsentiert zum 65. Geburtstag von Professor Stanisław Suchodolski], hg. von RYSZARD KIERSNOWSKI u. a., Warszawa 2002, S. 233-244.

JONSSON, KENNETH: Sweden in the Tenth Century: a Monetary Economy?, in: Silver Economy in the Viking Age, hg. von JAMES GRAHAM-CAMPBELL / GARETH WILLIAMS, Walnut Creek 2007, S. 245-257.

KAHL, HANS-DIETRICH: Schwerin, Svarinshaug und die Sclavorum civitas des Prudentius von Troyes – Spuren mecklenburgischer Frühgeschichte in der sog. Liedar-Edda, bei Saxo und in den Annalen von St. Bertin? Beiträge zur Nachricht des Prudentius von Troyes über Normannenkämpfe im Elbgebiet 845, in: Beiträge zur Stadt- und Regionalgeschichte Ost- und Nordeuropas. Herbert Ludat zum 60. Geburtstag, hg. von KLAUS ZERNACK, Wiesbaden 1971, S. 69-131.

KALININA, T. M. u. a.: Chasaria v kroskultural'nom prostranstve [Chasarien im transkulturellen Raum], Moskva 2014.

KAPLONY, ANDREAS: Routen, Anschlussrouten, Handelshorizonte im Brief von Hasday b. Saprut an den hazarischen König, in: Ibrahim ibn Yaqub at-Tartushi: Christianity, Islam and Judaism meet in East-Central Europe, c. 800-1300 A. D., hg. von PETR CHARVÁT / JIŘÍ PROSECKÝ, Praha 1996, S. 140-168.

KARA, MICHAŁ: Wczesnośredniowieczny grób uzbrojonego kupca z miejscowości Ciepłe na Pomorzu Gdańskim w świetle ponownej analizy chronologicznej [Das frühmittelalterliche Grab eines bewaffneten Kaufmanns aus dem Ort Ciepłe in Pommerellen im Licht der erneuten chronologischen Analyse], in: Kraje słowiańskie w wiekach średnich. Profanum i sacrum, hg. von HANNA KOČKA-KRENZ / WŁADYSŁAW ŁOSIŃSKI, Poznań 1998, S. 496-504.

KARA, MICHAŁ: Najstarsze państwo Piastów – rezultat przełomu czy kontynuacji? Studium archeologiczne [Der älteste Staat der Piasten – ein Ergebnis des Umbruchs oder der Kontinuität? Eine archäologische Studie], Poznań 2009.

Kartäusisches Denken und daraus resultierende Netzwerke vom Mittelalter bis zur Neuzeit, Bd. 1-5, hg. von META NIEDERKORN-BRUCK, Salzburg 2012.

Katalog, in: Nummus bonum fragile est. Groby z monetami wczesnośredniowiecznego cmentarzyska w Dziekanowicach [Nummus bonum fragile est. Gräber von frühmittelalterlichen Münzen aus Dziekanowice], hg. von JACEK WRZESIŃSKI, Bd. 2, Lednica 2016, S. 129-154.

KAZAKOV, EVGENIJ P.: Kul'tura rannej Volžskoj Bolgarii. Etapy etnokul'turnoj istorii [Die Kultur der frühen Volgabulgaren. Phasen der ethnisch-kulturellen Geschichte], Moskva 1992.

Kędzierski, Adam: Chronologia najmłodszych denarów krzyżowych w świetle skarbu ze Słuszkowa [Die Chronologie der jüngsten Kreuzdenare im Licht des Schatzes von Słuszków]. Referat gehalten auf der Konferenz der Numismatischen Kommission in Warschau am 25. März 2011.

KĘDZIERSKI, ADAM / WYCZÓŁKOWSKI, DARIUSZ: Skarb placków srebrnych z Kalisza-Dobrzeca. Nowe możliwości badawcze problemu [Der Schatzfund von Silberklumpen aus Kalisz-Dobrzec. Neue Forschungsmöglichkeiten des Problems], in: Nummi et Humanitas. Studia ofiarowane Profesorowi Stanisławowi Suchodolskiemu w 80 rocznicę urodzin [Festschrift für Stanisław Suchodolski], hg. von MATEUSZ BOGUCKI u. a., Warszawa 2017, S. 331-351.

KEHNE, PETER: Auskünfte antiker Schriftquellen zu Umständen und Größenordnungen des Abflusses römischer Münzen ins Barbaricum vom 1.-5. Jahrhundert n. Chr. Eine Problemskizze, in: Roman Coins Outside the Empire. Ways and Phases, Contexts and Functions, hg. von ALEKSANDER BURSCHE u. a., Wetteren 2008, S. 75-88.

KELLENBENZ, HERRMANN: Deutsche Wirtschaftsgeschichte, Bd. 1, München 1978.

Kiersnowski, Ryszard: Pieniądz kruszcowy w Polsce wczesnośredniowiecznej [Das Metallgeld im frühmittelalterlichen Polen], Warszawa 1960.

Kilger, Christoph: Pfennigmärkte und Währungslandschaften. Monetarisierungen im sächsisch-slawischen Grenzland, ca. 965-1120, Stockholm 2000.

Kilger, Christoph: Monetarität und Monetarisierung – Verschiedene Stellungnahmen zur Einführung und Ausübung einer Münzgeldwirtschaft im Deutschen Reich und im elbslawischen Raum während des 11. Jahrhunderts, in: The European Frontier. Clashes and Compromises in the Middle Ages, hg. von Jörn Steacker, Lund 2004, S. 221-232.

Kilger, Christoph: Kaupang from Afar. Aspects of the Interpretation of Dirham Finds in Northern and Eastern Europe between the Late 8th and Early 10th Centuries, in: Means of Exchange. Dealing with Silver in the Viking Age (Kaupang Excavation Project), hg. von Dagfinn Skre, Bd. 2, Aarhus 2008, S. 199-252.

Kilger, Christoph: Wholeness and Holiness. Counting, Weighing und Valuing Silver in the Early Viking Period, in: Means of Exchange. Dealing with Silver in the Viking Age (Kaupang Excavation Project), hg. von Dagfinn Skre, Bd. 2, Aarhus 2008, S. 253-325.

Kilger, Christoph: Hack-Silver, Weights and Coinage: the Anglo-Scandinavian Bullion Coinages and their Use in Late Viking-Age Society, in: Silver Economies, Monetisation and Society in Scandinavia AD 800-1100, hg. von James Graham-Campbell u. a., Aarhus 2011, S. 259-280.

Kilger, Christoph: Mitqal, Gewichte und Dirhems – Aspekte monetärer Praxis in der frühmittelalterlichen Silberökumene des Ostseeraumes, in: Fernhändler, Dynasten, Kleriker. Die piastische Herrschaft in sozialen und kontinentalen Beziehungsgeflechten vom 10. bis zum frühen 13. Jahrhundert, hg. von Dariusz Adamczyk / Norbert Kersken, Wiesbaden 2015, S. 17-40.

Kindleberger, Charles P.: Spenders and Hoarders. The World Distribution of Spanish American Silver, 1550-1750, in: Ders., Historical Economics. Art or Science?, Berkeley 1990, S. 35-85.

Kirpičnikov, Anatol N.: Staraja Ladoga und seine überregionalen Beziehungen. Anmerkungen zur Verbreitung und Verwendung von Dirhems im eurasiatischen Handel, in: Oldenburg – Wolin – Staraja Ladoga – Novgorod – Kiev. Handel und Handelsverbindungen im südlichen und östlichen Ostseeraum während des frühen Mittelalters, Mainz 1988, S. 307-337.

Kirpičnikov, Anatol N.: Kamennye kreposti Severnoi Rusi. Itogi issledovaniia i nekotorie ocenki [Steinfestungen in Nordrussland. Ergebnisse der Forschungen und einige Bewertungen], in: Drevnosti Severo-zapada Rossii (slavjano-finno-ogorskoe vzaimodeistvie, russkije goroda Baltiki) [Altertümer des Nordwestens Russlands (slawisch-finno-ugrische Wechselwirkungen, russische Städte an der Ostsee], hg. von Vadim M. Masson u. a., St. Petersburg 1993, S. 98-114.

Kirpičnikov, Anatol N.: Ladoga – gorod epochi vikingov na evropejskom put'i zapad-vastok [Ladoga – eine Stadt der Wikingerzeit auf dem europäischen West-Ost-Wege], in: Austrvegr 1995, S. 11-14.

Kleingärtner, Sunhild: Kulturtransfer und Eliten im Gebiet der südwestlichen Ostseeküste in früh- und mittelslawischer Zeit, in: Mittelalterliche Eliten und Kulturtransfer östlich der Elbe. Interdisziplinäre Beiträge zu Archäologie und Geschichte im mittelalterlichen Ostmitteleuropa, hg. von Anne Klammt / Sébastien Rossignol, Göttingen 2009, S. 11-25.

Kleingärtner, Sunhild: Die frühe Phase der Urbanisierung an der südlichen Ostseeküste im ersten nachchristlichen Jahrtausend, Neumünster 2014, S. 365-367.

Kluge, Bernd: Das angelsächsische Element in den slawischen Münzfunden des 10. bis 12. Jhs. Aspekte einer Analyse, in: Viking-Age Coinage in Northern Lands. The Sixth Oxford Symposium on Coinage and Monetary History 1, hg. von Mark A. S. Blackburn / David M. Metcalf, Oxford 1981, S. 257-329.

Kluge, Bernd: Der Hacksilberfund von Thurow (Züssow), Lkr. Vorpommern-Greifswald (1893), verborgen nach 1021, in: Myntstudier. Festskrift till Kenneth Jonsson, hg. von Tuukka Talvio / Magnus Wijk, Stockholm 2015, S. 106-115.

Kóčka-Krenz, Hanna: Biżuteria północno-zachodnio-słowiańska we wczesnym średniowieczu [Der nordwestslawische Schmuck im frühen Mittelalter], Poznań 1993.

Kóčka-Krenz, Hanna: Pracownia złotnicza na poznańskim grodzie [Die Goldschmiederei auf dem Posener Burgwall], in: Świat Słowian wczesnego średniowiecza [Die Welt der Slawen im frühen Mittelalter], hg. von Marek Dworaczek u. a., Szczecin-Wrocław 2006, S. 257-272.

Kóčka-Krenz, Hanna u. a.: The Beginnings, Development and the Character of the Early Piast Stronghold in Poznań, in: Polish Lands at the Turn of the First and the Second Millennia, hg. von Przemysław Urbańczyk, Warsaw 2004, S. 125-167.

Komar, Oleksii V.: Ivachnikovskij klad (Vremja sokrytja i kul'turnyje svjazi kompleksa) [Der Schatz von Ivachniki. Zeit der Deponierung und kulturelle Verbindungen des Fundes], in: Stratum Plus. Archaeology and Cultural Anthropology 18 (2017), 5, S. 113-131.

Kommunikationsnetze des Ritteradels im Reich um 1500, hg. von Joachim Schneider, Stuttgart 2012.

Konzen, Niklas: Hans von Rechberg und sein Netzwerk als Fehdehelfer des Heinrich von Eisenburg, ca. 1451-53. Eine prosopographische Analyse, in: Fehdeführung im spätmittelalterlichen Reich. Zwischen adeliger Handlungslogik und territorialer Verdichtung, hg. von Julia Eulenstein u. a., Affalterbach 2013, S. 221-248.

Koperkiewicz, Arkadiusz: Wczesnośredniowieczny zespół osadniczy Olsztyn – Las Miejski [Der frühmittelalterliche Siedlungskomplex von Olsztyn – Las Miejski], in: Archeologia Hereditas. Grodziska Warmii i Mazur 2. Nowe badania i interpretacje [Die Burgwälle in Ermland und Masuren 2. Neue Untersuchungen und Interpretationen], hg. von Zbigniew Kobyliński, Bd. 2, Warszawa 2016, S. 27-47.

Korpås, Ola u. a.: The recently found hoards from Spillings farm on Gotland, Sweden, in: Viking Heritage Magazine 4 (2000), S. 6-8.

Korpela, Jukka: The World of Ladoga. Society, Trade, Transformation and State Building in the Eastern Fennoscandian Boreal Forest Zone c. 1000-1555, Berlin 2008.

Kotlar, N. F.: Obrót arabskich dirhemów na terytorium Ukrainy [Der Umlauf arabischer Dirhems auf ukrainischem Territorium], in: WN 14 (1970), 1, S. 19-30.

Kovács, László: Münzen aus der ungarischen Landnahmezeit: archeologische Untersuchung der arabischen, byzantinischen, westeuropäischen und römischen Münzen aus dem Karpatenbecken des 10. Jahrhunderts, Budapest 1989.

Kovalenko, Volodomir: Černigiv und Šestovica. Kontakte zwischen Slawen und Skandinaviern im östlichen Einzugsgebiet des Dnepr am Ende des 9. und im 10. Jahrhundert, in: Europa im 10. Jahrhundert. Archäologie einer Aufbruchszeit, hg. von Joachim Henning, Mainz 2008, S. 237-248.

Kovalenko, Volodomir u. a.: Davnoruskij Zveničev i skarb arabskich dirhemiv [Das altrussische Zveničev und ein Schatzfund arabischer Dirhems], in: Archeologija (Kiew), 1992, 1, S. 67-71.

Kovalev, Roman K.: The Development and Diffusion of Glassmaking in Pre-Mongol Russia, in: The Prehistory and History of Glassmaking Technology, hg. von Patrick McCray / W. David Kingery, Westerville, Ohio 1992, S. 293-314.

Kovalev, Roman K.: The Infrastructure of the Northern Part of the Fur Road between the Middle Volga and the East during the Middle Ages, in: Archivum Eurasiae Medii Aevi 11 (2000-2001), S. 26-64.

Kovalev, Roman K.: The Infrastructure of the Novgorodian Fur Trade in the Pre-Mongol Era (ca. 900-ca. 1240), Minnesota 2002.

Kovalev, Roman K.: What does historical numismatics suggest about the monetary history of Khazaria in the ninth century? – Question revisited, in: Archivum Eurasiae Medii Aevi 13 (2004), S. 97-129.

Kovalev, Roman K.: Commerce and Caravan Routes Along the Northern Silk Road (Sixth-Ninth Centuries) – Part I: The Western Sector, in: Archivum Eurasiae Medii Aevi 14 (2005), S. 55-105.

Kovalev, Roman K.: Creating Khazar identity through coins. The special issue dirhams of 837/8, in: East Central and Eastern Europe in the Early Middle Ages, hg. von Florin Curta, Ann Arbor 2005, S. 220-253.

KOVALEV, ROMAN K.: Khazaria and Volga Bulğāria as Intermediaries in Trade Relations between the Islamic Near East and the Rus' Lands during the Tenth to Early Eleventh Centuries. The Numismatic Evidence: Part I, in: Archivum Eurasiae Medii Aevi 18 (2011), S. 43-156.

KOVALEV, ROMAN K.: Were there Direct Contacts Between Volga Bulğāria and Sweden in the Second Half of the Tenth Century? The Numismatic Evidence, in: Archivum Eurasiae Medii Aevi 20 (2013), 67-102.

KOVALEV, ROMAN K.: Circulation of Sāmānid Dirhams in Viking-Age Northern and Eastern Europe (Based on the Mints of Samarqand and al-Shāsh), in: www.academia.edu, S. 1-24, Zugriff am 21. November 2019.

KOVALEV, ROMAN K. / KAELIN, ALEXIS C.: Circulation of Arab Silver in Medieval Afro-Eurasia, in: History Compass 5 (2007), 2, S. 560-580.

KOVALEV, ROMAN K. / NOONAN, THOMAS S.: Bol'šoi klad dirchemov načala epochi vikingov naidennyi v 2000 g. v g. Kozel'ske/Kalužskoi obl. [Ein großer Schatzfund der frühen Wikingerzeit entdeckt im Jahr 2000 in Kozel'sk], in: Archeologičeskie vesti 10 (2003), S. 149-163.

KOVALEV, ROMAN K. / NOONAN, THOMAS S.: „The Furry 40s". Packaging Pelts in Medieval Northern Europe, in: States, Societies, Cultures. East and West. Essays in Honor of Jaroslaw Pelenski, hg. von JANUSZ DUZINKIEWICZ u. a., New York 2004, S. 653-682.

KOWALEWSKI, JACEK: Dlaczego, czy jak deponowano skarby we wczesnym średniowieczu? [Warum oder wie deponierte man Schätze im frühen Mittelalter?], in: WN 48 (2004), 2, S. 181-191.

KOWALSKA, ANNA B. / DWORACZEK, MAREK: Szczecin wczesnośredniowieczny. Nadodrzańskie centrum [Das frühmittelalterliche Stettin. Das Zentrum an der Oder], Warszawa 2011, S. 357-363.

KOZIOROWSKA, LONGINA: Materiały złotnicze w świetle wyników analiz składu chemicznego srebrnych przedmiotów antycznych i wczesnośredniowiecznych [Die Edelmetallmaterialien im Lichte einer Analyse der chemischen Zusammensetzung von Silbergegenständen aus der Antike und dem frühen Mittelalter], in: Archeologia Polski 47 (2002), 1-2, S. 101-204.

KOZUBOVSKIY, GEORGIY: West-European Coins and Local Ingots in Kiev in the 11th-12th Centuries, in: Moneta mediaevalis. Studia numizmatyczne i historyczne ofiarowane Profesorowi Stanisławowi Suchodolskiemu w 65. rocznicę urodzin [Moneta mediaevalis. Numismatische und historische Studien, präsentiert zum 65. Geburtstag von Professor Stanisław Suchodolski], hg. von RYSZARD KIERSNOWSKI u. a., Warszawa 2002, S. 253-259.

KRAS, PAWEŁ: Husyci w piętnastowięcznej Polsce [Die Hussiten im Polen des 15. Jahrhunderts], Lublin 1998.

KRASNODĘBSKI, DARIUSZ: Badania Instytutu Archeologii i Etnologii PAN na terenie woj. białostockiego (podlaskiego) w latach 1990-2005 [Untersuchungen des Instituts der Archäologie und Ethnologie der Polnischen Akademie der Wissenschaften auf dem Gebiet der Wojewodschaft Białystok in den Jahren 1990-2005], in: Stan badań archeologicznych na pograniczu polsko-białoruskim od wczesnego średniowiecza po czasy nowożytne [Der Stand der archäologischen Forschung im polnisch-weißrussischen Grenzgebiet vom frühen Mittelalter bis zur Neuzeit], hg. von HALINA KARWOWSKA / ALEKSANDER ANDRZEJEWSKI, Białystok 2006, S. 63-84.

KROPOTKIN, VLADISLAV V.: Bulgarskie monety X veka na territorri Drevnej Rusi i Pribaltiki [Volgabulgarische Münzen des 10. Jahrhunderts in Altrussland und dem Baltikum], in: Volžskaja Bulgarija i Rus (1986), S. 38-62.

KROPOTKIN, VLADISLAV V.: Bulgarian Tenth-Century Coins, in: Sigtuna Papers. Proceedings of the Sigtuna Symposium on Viking-Age Coinage 1.-4. June 1989, Nova Series 6, hg. von KENNETH JONSSON / BRITA MALMER, Stockholm 1990, S. 197-200.

KRÜGER, JOACHIM: Die Münzprägung der pommerschen Herzöge, in: Die Herzöge von Pommern. Zeugnisse der Herrschaft des Greifenhauses, hg. von NORBERT BUSKE u. a., Wien u. a. 2012, S. 49-106.

KRUSE, HOLGER: Der burgundische Hof als soziales Netz, in: Francia 29 (2002), 1, S. 229-255.

KRYSZTOFIAK, TERESA: Giecz – najstarszy piastowski gród centralny Wielkopolski, [Giecz – der älteste piastische Burgwall Großpolens], in: Przewodnik po miejscach obchodów Europejskich Dni Dziedzictwa Archeologicznego w Wielkopolsce [Die Europäischen Tage des Archäologischen Erbes in Großpolen. Ein Leitfaden zu den Feierorten], Poznań 2006, S. 28-31.

KRZYSZOWSKI, ANDRZEJ / SUCHODOLSKI, STANISŁAW: Monety i przybory kupieckie z wczesnośredniowiecznego cmentarzyska w miejscowości Sowinki (powiat poznański) [Münzen und Kaufmannsutensilien aus dem frühmittelalterlichen Gräberfeld von Sowinki bei Posen], in: WN 62 (2018), 1-2, S. 145-170.

KSIĄŻEK, KRYSTIAN / PASZKIEWICZ, BORYS: Skarb z Głogowa. Katalog wystawy numizmatycznej [Der Schatzfund von Głogów. Katalog einer numismatischen Ausstellung], Głogów 2012.

KUBIAK, WŁADYSŁAW: Zagadnienie „odważników handlowych“ u Ibrahima ibn Jakuba [Die Frage der „Handelsgewichte“ bei Ibrahim ibn Jaqub], in: Slavia Antiqua 5 (1956), S. 368-376.

KUBIAK, WŁADYSŁAW u. a.: Skarb dirhemów arabskich z Piwonic koło Kalisza [Der Schatz arabischer Dirhems von Piwonice bei Kalisz], Warszawa 1953.

KULA, WITOLD: Miary i ludzie [Maßen und Menschen], Warszawa 2004.

KULEŠOV, VJAČESLAV: Kompleksy monetnych nachodov na poseleni epochi vikingov Gorožane (Novosokolničeskij rajon Pskovskoj oblasti): tipologia i datirovka [Münzfunde aus der Siedlung der Wikingerzeit in Gorožane, Pskovsker Region. Typologie und Datierung], in: 64 archeologičeskij seminar im. akad. V. V. Sedova „Archeologija i istorija Pskova i Pskovskoj zemli“, Pskov 10-12 aprelja 2018 goda, S. 1-7.

Der Kult des Apostels Jakobus d.Ä. in norddeutschen Hansestädten, hg. von HEDWIG RÖCKELEIN, Tübingen 2005.

KURNATOWSKA, ZOFIA: Wielkopolska w X wieku i formowanie się państwa polskiego [Großpolen im 10. Jahrhundert und die Bildung des polnischen Staates], in: Ziemie polskie w X wieku i ich znaczenie w kształtowaniu się nowej mapy Europy [Polnische Gebiete im 10. Jahrhundert und ihre Bedeutung im Gestaltungsprozess der neues Karte Europas], hg. von HENRYK SAMSONOWICZ, Kraków 2000, S. 99-117.

KURNATOWSKA, ZOFIA: Ostrów Lednicki in the Early Middle Ages, in: Polish Lands at the Turn of the First and the Second Millennia, hg. von PRZEMYSŁAW URBAŃCZYK, Warsaw 2004, S. 167-185.

KURNATOWSKA, ZOFIA: Poznań w czasach Mieszka I [Posen zur Zeit Mieszkos I.], in: Civitas Schinesghe. Mieszko I i początki państwa polskiego [Civitas Schinesghe. Mieszko I. und die Anfänge des polnischen Staates], hg. von JAN M. PISKORSKI, Poznań-Gniezno 2004, S. 71-88.

KURNATOWSKA, ZOFIA: The Stronghold in Giecz in the Light of New and Old Research, in: Polish Lands at the Turn of the First and the Second Millennia, hg. von PRZEMYSŁAW URBAŃCZYK, Warsaw 2004, S. 207-222.

KURNATOWSKA, ZOFIA: The Stronghold in Gniezno in the Light of New and Old Research, in: Polish Lands at the Turn of the First and the Second Millennia, hg. von PRZEMYSŁAW URBAŃCZYK, Warsaw 2004, S. 185-207.

KURNATOWSKA, ZOFIA: Grzybowo pod Wrześnią – potężny gród piastowski [Grzybowo bei Września – ein großer piastischer Burgwall], in: Landform Analysis 16 (2011), S. 56-58.

KURNATOWSKA, ZOFIA / KURNATOWSKI, STANISŁAW: Piastowskie „urządzanie“ kresów północno-zachodnich państwa [Die Piastische „Einrichtung“ der nordwestlichen Grenzgebiete des Staates], in: Świat Słowian wczesnego średniowiecza, hg. von MAREK DWORACZEK u. a., Szczecin-Wrocław 2006, S. 91-99.

KURNITZKY, HORST: Der heilige Markt, Frankfurt am Main 1994.

LABUDA, GERARD: Mieszko II. Król Polski (1025-1034). Czasy przełomu w dziejach państwa polskiego [Mieszko II. König von Polen. Die Umbruchszeiten in der Geschichte des polnischen Staates], Kraków 1992.

LAMM, JAN PEDER: Two Large Silver Hoards from Ocksarve on Gotland. Evidence for Viking Period Trade and Warfare in the Baltic Region, http://mycoinpage.com/SCA/ArmRings/SilverHoardsFromGotland.pdf, Zugriff am 25. Oktober 2009.

LANE, FREDERIC C.: Profits from Power: Readings in Protection Rent and Violence-Controlling Enterprises, Albany 1979.

LANG, HEINRICH: Kriegsunternehmer und kapitalisierter Krieg: Condottieri, Kaufmannbankiers und Regierungen als Akteure auf Gewaltmärkten in Italien (1350-1550), in: Söldnerlandschaften. Frühneuzeitliche Gewaltmärkte im Vergleich, hg. von PHILIPPE ROGGER / BENJAMIN HITZ, Berlin 2014, S. 47-66.

LAPŠIN, VLADIMIR A.: Archeologičeskaja karta Leningradskoj oblasti [Archäologische Karte der Leningrader Region], Bd. 2, Sankt Peterburg 1995.

LAPTEV, A. A.: Monety v saltovskich pamiatnikach verchnego Podoncov'ia (Verchne-Saltovskij IV-ij katakombnyj i Netailovskij gruntovoj mogil'niki) [Münzen aus den Grabanlagen des oberen Dongebietes], in: Meždunarodnaja naučnaja konferencija „RASMIR". Vostočnaja numismatika, Kiev 2013, S. 114-120.

LE GOFF, JACQUE: Średniowiecze i pieniądze. Esej z antropologii historycznej [Das Mittelalter und das Geld. Ein anthropologisch-historischer Essay], Warszawa 2011.

Lebedev, Valentin P.: Dirham Circulation in the Land of Severianie in the 10th c. Referat gehalten auf der Konferenz „Oriental Numismatics Workshop: Monetary Circulation in 10th-c. Northern Europe", Wolfson College Oxford, 1.-2. August 2011.

LECIEJEWICZ, LECH: Die Stammesburgen als Ausgangspunkt der frühen Stadtentwicklung an der pommerschen Ostseeküste, in: Society and Trade in the Baltic during the Viking Age, hg. von SVEN-OLOF LINDQUIST / BIRGITTA RADHE, Visby 1985, S. 171-184.

LECIEJEWICZ, LECH: Kolberg (Kołobrzeg), in: Europas Mitte um 1000, hg. von ALFRIED WIECZOREK / HANS-MARTIN HINZ, Bd. 1, Stuttgart 2000, S. 167-169.

LECIEJEWICZ, LECH: Kim byli właściciele skarbów ukrytych w okolicy Kołobrzegu w XI wieku? [Wer waren die Besitzer der in der Umgebung von Kołobrzeg versteckten Schätze im 11. Jahrhundert?], in: Moneta mediaevalis. Studia numizmatyczne i historyczne ofiarowane Profesorowi Stanisławowi Suchodolskiemu w 65. rocznicę urodzin [Moneta mediaevalis. Numismatische und historische Studien, präsentiert zum 65. Geburtstag von Professor Stanisław Suchodolski], hg. von RYSZARD KIERSNOWSKI u. a., Warszawa 2002, S. 103-112.

LECIEJEWICZ, LECH: Podstawy gospodarcze w świetle wykopalisk [Die ökonomischen Grundlagen im Lichte der Ausgrabungen], in: Kołobrzeg, Wczesne miasto nad Bałtykiem [Kolberg. Die frühe Stadt an der Ostsee], hg. von DEMS. / MARIAN RĘBKOWSKI, Warszawa 2007, S. 187-198.

LECIEJEWICZ, LECH: Umocnienia i zabudowa wczesnośredniowiecznego Kołobrzegu [Die Befestigung und die Bebauung des frühmittelalterlichen Kolberg], in: Kołobrzeg. Wczesne miasto nad Bałtykiem [Kolberg. Die frühe Stadt an der Ostsee], hg. von DEMS. / MARIAN RĘBKOWSKI, Warszawa 2007, S. 179-186.

LEHNER, SANDRA: Das Patriziat im Wandel. Identitätsbildung, Abgrenzung und Netzwerke im frühen 14. Jahrhundert am Beispiel der Regensburger Familien Auer und Gumprecht, Regensburg 2009.

LEIMUS, IVAR: Estländische Biberfunde, in: Die 13. Allrussische numismatische Konferenz. Tezisy dokladov i soobščenij, Moskva 2005, S. 61-63 (Annotation in Hansische Geschichtsblätter 126, 2008, S. 330).

LEONT'EV, A. E.: Skandinavskije vešči v kollektcii sarskogo gorodišča [Skandinavische Artefakte aus Sarskoe], in: Skandinavskij zbornik 26 (1981), S. 144-148.

LEYSER, KARL: Communications and Power in Medieval Europe. The Carolingians and Ottonian Centuries, London-Rio Grande 1994.

LIEBER, ALFRED: Did a „silver crisis" in Central Asia affect the Flow of Islamic Coins into Scandinavia and Eastern Europe?, in: Sigtuna Papers. Proceedings of the Sigtuna Symposium on Viking-Age Coinage 1.-4. June 1989, Nova Series 6, hg. von KENNETH JONSSON / BRITA MALMER, Stockholm 1990, S. 207-212.

LIS, HANNA / LIS, PAWEŁ: Kuchnia Słowian. O żywności, potrawach i nie tylko ... [Slawische Küche. Über Lebensmittel, Gerichte und nicht nur das ...], Kraków 2009.

LIWOCH, RADOSŁAW: Skarby zachodnioruskie doby przedmongolskiej [Westrus'ische Schatzfunde der vormongolischen Periode], in: Materiały Archeologiczne 39 (2013), S. 7-31.

LJAPUŠKIN, IVAN I.: Slavjane Vostočnoi Evropy nakanune drevnerusskogo gosudarstva (VIII-ija pol. IX v.) [Die Slawen Osteuropas vor der Entstehung des altrussischen Staates. 8.-erste Hälfte des 9. Jahrhunderts], Leningrad 1968.

LOGAN, DONALD: Die Wikinger in der Geschichte, Stuttgart 1987.

LOMBARD, MAURICE: Blütezeit des Islam. Eine Wirtschafts- und Kulturgeschichte 8.-11. Jahrhundert, Frankfurt am Main 1992, S. 218-234.

ŁOSIŃSKI, WŁADYSŁAW: Początki wczesnośredniowiecznego osadnictwa grodowego w dorzeczu dolnej Parsęty (VII-X/XI w.) [Der Beginn der frühmittelalterlichen Burgwallsiedlung im Einzugsgebiet der unteren Parsęta (7.-10./11. Jahrhundert)], Wrocław u. a. 1972.

ŁOSIŃSKI, WŁADYSŁAW: Die Kontakte zwischen Pommern und Skandinavien im frühen Mittelalter im Lichte der Forschungen im unteren Parsęta-Flußgebiet, in: Rapports du IIIe Congrès International d'Archéologie Slave 1, hg. von BOHUSLAV CHROPOVSKÝ, Bratislava 1979, S. 513-518.

ŁOSIŃSKI, WŁADYSŁAW: Chronologia napływu najstarszej monety arabskiej na terytorium Europy [Die Chronologie des Zustroms ältester arabischer Münze nach Europa], in: Slavia Antiqua 31 (1988), S. 93-176.

ŁOSIŃSKI, WŁADYSŁAW: W sprawie rozwoju gospodarki towarowo-pieniężnej na ziemiach polskich we wczesnym średniowieczu w kontekście dziejów obrotu pieniężnego w strefie [Zur Entwicklung der Geld- und Warenwirtschaft in polnischen Gebieten im Kontext des Geldumlaufs im Ostseeraum], Teil I, in: Archeologia Polski 35 (1990), 1, S. 287-309.

ŁOSIŃSKI, WŁADYSŁAW: W sprawie rozwoju gospodarki towarowo-pieniężnej na ziemiach polskich we wczesnym średniowieczu w kontekście dziejów obrotu pieniężnego w strefie nadbałtyckiej [Zur Entwicklung der Geld- und Warenwirtschaft in polnischen Gebieten im frühen Mittelalter im Kontext des Geldumlaufs im Ostseeraum], Teil II, in: Archeologia Polski 36 (1991), 1-2, S. 235-264.

ŁOSIŃSKI, WŁADYSŁAW: Funkcja tezauryzacji kruszcu srebrnego w gospodarce wczesnośredniowiecznej [Die Thesaurierungsfunktion von Silber in der Wirtschaft des frühen Mittelalters], in: WN 36 (1992), 1-2, S. 27-36.

ŁOSIŃSKI, WŁADYSŁAW: Chronologia, skala i drogi napływu monet arabskich do krajów europejskich u schyłku IX i w X w. [Chronologie, Umfang und die Zustromwege arabischer Münzen nach Europa im ausgehenden 9. und 10. Jahrhundert], in: Slavia Antiqua 34 (1993), S. 1-41.

ŁOSIŃSKI, WŁADYSŁAW: Miejsce Pomorza i Wielkopolski w kształtowaniu się gospodarki towarowo-pieniężnej w Polsce wczesnofeudalnej [Die Stellung Pommerns und Großpolens in der Entwicklung der Geld- und Warenwirtschaft im frühfeudalen Polen], in: Slavia Antiqua 37 (1996), S. 163-180.

ŁOSIŃSKI, WŁADYSŁAW: Pomorze – bardziej słowiańskie czy bardziej „bałtyckie"? [Pommern – mehr slawisch oder mehr „baltisch"], in: Ziemie polskie w X wieku i ich znaczenie w kształtowaniu się nowej mapy Europy [Polnische Gebiete im 10. Jahrhundert und ihre Bedeutung im Gestaltungsprozess der neues Karte Europas], hg. von HENRYK SAMSONOWICZ, Kraków 2000, S. 119-141.

ŁOSIŃSKI, WŁADYSŁAW: Stettin, in: Europas Mitte um 1000, hg. von ALFRIED WIECZOREK / HANS-MARTIN HINZ, Bd. 1, Stuttgart 2000, S. 156-162.

LÜBKE, CHRISTIAN: Fremde im östlichen Europa. Von Gesellschaften ohne Staat zu verstaatlichten Gesellschaften (9.-11. Jahrhundert), Köln u. a. 2001.

LUDWIG, DIETER: Struktur und Gesellschaft des Chazaren-Reiches im Licht der schriftlichen Quellen, Münster 1982.

LUNDSTRÖM, PER: Paviken bei Västergarn, in: Society and Trade in the Baltic during the Viking Age, hg. von SVEN-OLOF LINDQUIST / BIRGITTA RADHE, Visby 1985, S. 265-269.

Łyszkowski, Jakub: O sposobach powstawania pojedynczych znalezisk monet we wczesnym średniowieczu [Die Wege der Entstehung der Einzelmünzfunde im frühen Mittelalter], in: WN 49 (2005), 1, S. 1-21.

Łyszkowski, Jakub: Odzwierciedlenie obiegu pieniężnego we wczesnym średniowieczu przez znaleziska drobne [Die Geldzirkulation im frühen Mittelalter im Lichte der Kleinfunde], in: WN 50 (2006), 1, S. 3-26.

Mączak, Antoni: Klientela. Nieformalne systemy władze w Polsce i Europie XVI-XVIII w. [Die Klientel. Informelle Machtsysteme in Polen und Europa im 16.-18. Jahrhundert], Warszawa 2000.

Madsen, Per Kristian: Ribe und der Westen. Archäologische Zeugnisse des 8.-11. Jahrhunderts, in: Die Niederlande und der europäische Nordosten. Ein Jahrtausend weiträumiger Beziehungen (700-1700), hg. von Hubertus Menke, Neumünster 1992, S. 73-90.

Mägi, Marika: Viking Age and Early Medieval Eastern Baltic between the West and the East, in: Taxes, Tributes and Tributary Lands in the Making of the Scandinavian Kingdoms in the Middle Ages, hg. von Steinar Imsen, Trondheim 2011, S. 189-235.

Majackoe gorodišče [Das Fort von Majackoe], hg. von Svetlana A. Pletnjova, Moskva 1984.

Makarov, Nikolaj A.: Novgorodskaja i rostovo-suzdalskaja kolonizacija v bassejnach ozer Beloe i Lac'a po archeologičeskim dannym [Die Novgoroder und die Rostov-Suzdaler Besiedlung des Weißensee- und Lac'gebietes nach archäologischen Funden], in: Sovetskaja archeologija, 1989, 4, S. 86-102.

Makarov, Nikolaj A.: Rural Settlement and Landscape Transformation in Northern Russia, A. D. 900-1300, in: Land, Sea and Home. Settlement in the Viking Period. Proceedings of a Conference on Viking-period Settlement at Cardiff, Juli 2001, hg. von John Hines u. a., Leeds 2004, S. 55-73.

Makarov, Nikolaj A.: Traders in the Forest. The Northern Periphery of Rus' in the Medieval Trade Network, in: Pre-modern Russia and its world: essays in honor of Thomas S. Noonan, hg. von Kathryn Louise Reyerson, Wiesbaden 2006, 115-134.

Mäkeler, Hendrik: Wikingerzeitlicher Geldumlauf im Ostseeraum – Neue Perspektiven, in: Quaestiones Medii Aevi Novae 10 (2005), S. 121-149.

Małachowska, Sylwia: Srebrne ozdoby z wczesnośredniowiecznego skarbu z Góry Strękowej, gm. Zawady, woj. łomżyńskie [Silberschmuck aus dem frühmittelalterlichen Schatzfund von Góra Strękowa, Gemeinde Zawady, Wojewodschaft Łomża], in: Wiadomości Archeologiczne 53 (1995), 1, S. 35-45.

Malinowski, Bronisław: Argonauts of the Western Pacific. An Account of Native Enterprise and Adventure in the Archipelagoes of Melanesian New Guinea, London 1922.

Malmer, Brita: Some Remarks on Monetary Circulation in Viking-Age Scandinavia, in: Money Circulation in Antiquity, the Middle Ages and Modern Times. Time, Range, Intensity, hg. von Stanisław Suchodolski (unter Mitarbeit von Mateusz Bogucki), Warsaw-Cracow 2007, S. 35-49.

Malmer, Brita: South Scandinavian Coinage in the Ninth Century, in: Silver Economy in the Viking Age, hg. von James Graham-Campbell / Gareth Williams, Walnut Creek 2007, S. 13-27.

Martin, Janet: Medieval Russia, 980-1054, Cambridge 2003.

Martinez, Arsenio P.: Gardizis Two Chapters on the Turks, in: Archivum Euarasiae Medii Aevi 2 (1982), S. 109-217.

Märtl, Claudia: Frühhumanisten in Regensburg. Das Netzwerk des Eneas Silvius Piccolomini, in: Kleine Regensburger Literaturgeschichte, hg. von Rainer Barbey / Erwin Petzi, Regensburg 2014, S. 122-128.

Mauss, Marcel: Die Gabe. Form und Funktion des Austauschs in archaischen Gesellschaften, Frankfurt am Main 1990.

McCormick, Michael: Origins of the European Economy. Communications and Commerce A.D. 300-900, Cambridge-New York 2001.

Mecking, Oliver: Oberflächenbehandlungen und Legierungszusammensetzungen der Münzen aus Usadel, Parchim und Flessenow, in: Economies, Monetisation and Society in the West Slavic Lands 800-1200 AD, hg. von Mateusz Bogucki / Marian Rębkowski, Szczecin 2013, S. 313-321.

MEL'NIKOVA, ELENA A.: Saga ob Ejmunde o slušbe skandinavov v drušine Jaroslava Mudrogo [Die Eymund-Saga über den Dienst der Skandinavier in der Gefolgschaft Jaroslavs des Weisen], in: Vostočnaja Evropa v drevnosti i srednevekové, Moskva 1978, S. 289-295.

MERKEL, STEPHEN WILLIAM: Silver and the Silver Economy at Hedeby, Bochum 2016.

METCALF, DAVID M.: Some further Reflections on the Volume of the German Coinage in the Salian Period (1024-1125), in: Fernhandel und Geldwirtschaft. Beiträge zum deutschen Münzwesen in sächsischer und salischer Zeit. Ergebnisse des Dannenberg-Kolloquiums 1990, hg. von BERND KLUGE, Sigmaringen 1993, S. 55-72.

METCALF, DAVID M.: Regions around the North Sea with a Monetised Economy in the Pre-Viking and Viking Ages, in: Silver Economy in the Viking Age, hg. von JAMES GRAHAM-CAMPBELL / GARETH WILLIAMS, Walnut Creek 2007, S. 1-12.

MICHAŁOWSKI, ROMAN: Die Heiligenkulte sowie die staatlichen und ethnischen Grenzen: Polen und die Nachbarländer vom 10. bis zum 14. Jahrhundert, in: Grenzräume und Grenzüberschreitungen im Vergleich. Der Osten und der Westen des mittelalterlichen Lateineuropa, hg. von KLAUS HERBERS / NIKOLAS JASPERT, Berlin 2007, S. 339-360.

MICHEEV, V. K.: Podonie v sostave Chazarskogo Kaganata [Das Dongebiet im chasarischen Khaganat], Charkov 1985.

Międzyrzecz. Gród i zamek w wiekach IX-XIV [Międzyrzecz. Burgwall und Burg im 9.-14. Jahrhundert], hg. von STANISŁAW KURNATOWSKI, Warszawa 2015.

MINORSKI, VLADIMIR: A History of Sharvan and Darband in the 10th-11th Centuries, Cambridge 1958.

MIŠIN, DMITRIJ J.: Saqlabi servants in Islamic Spain and North Africa in the Early Middle Ages, Budapest 1999.

MODZELEWSKI, KAROL: Organizacja gospodarcza państwa piastowskiego X-XIII wiek [Die wirtschaftliche Organisation des piastischen Staates im 10.-13. Jahrhundert], Wrocław 1975.

MOESGAARD, JENS CHRISTIAN: The Grisebjerggård Hoard and the Beginning of Pecking in Scandinavia, in: Silver Economies, Monetisation and Society in Scandinavia AD 800-1100, hg. von JAMES GRAHAM-CAMPBELL u. a., Aarhus 2011, S. 297-308.

MOLVOGIN, ARKADIJ: Die letzte Welle des westeuropäischen Münzsilbers der späten Wikingerzeit in Estland (1100-1158), in: Fernhandel und Geldwirtschaft. Beiträge zum deutschen Münzwesen in sächsischer und salischer Zeit. Ergebnisse des Dannenberg-Kolloquiums 1990, hg. von BERND KLUGE, Sigmaringen 1993, S. 287-293.

Monety ze stanowiska nr 4 w Gieczu. Katalog [Münzen von der Stelle 4 in Giecz. Katalog], hg. von TERESA KRYSZTOFIAK / ANDRZEJ M. WYRWA, Lednica 2015.

MORAWIEC, JAKUB: Wolin w średniowiecznej tradycji skandynawskiej [Wollin in der mittelalterlichen Tradition Skandinaviens], Katowice 2007.

MORAWIEC, JAKUB: Kontakty Olafa Tryggvasona z Jomsborgiem – pomiędzy legendą a historyczną rzeczywistością [Die Kontakte Olaf Tryggvasons mit Jomsborg – zwischen Legende und historischer Realität], in: Średniowiecze polskie i powszechne 5(1), hg. von IDZI PANIC / JERZY SPERKA, Katowice 2009, S. 19-42.

MORAWIEC, JAKUB: Knut Wielki. Król Anglii, Danii i Norwegii (ok. 995-1035) [Knut der Große. König von England, Dänemark und Norwegen (ca. 995-1035)], Kraków 2013.

MORRISSEY, JOHN: Die italienischen Seerepubliken, in: Vom Mittelmeer zum Atlantik. Die mittelalterlichen Anfänge der europäischen Expansion, hg. von PETER FELDBAUER u. a., Wien-München 2001, S. 61-82.

MÜHLE, EDUARD: Die Anfänge Kievs (bis ca. 980) in archäologischer Sicht, in: Jahrbücher für Geschichte Osteuropas 35 (1987), S. 80-101.

MÜHLE, EDUARD: Gnezdovo – das alte Smolensk? Zur Deutung eines Siedlungskomplexes des ausgehenden 9. bis beginnenden 11. Jhs., in: Oldenburg – Wolin – Staraja Ladoga – Novgorod – Kiev. Handel und Handelsverbindungen im südlichen und östlichen Ostseeraum während des frühen Mittelalters, Mainz 1988, S. 358-410.

MÜHLE, EDUARD: Die städtischen Handelszentren der nordwestlichen Rus'. Anfänge und frühe Entwicklung altrussischer Städte bis gegen Ende des 12. Jhs., Stuttgart 1991.

MÜHLE, EDUARD: Die Piasten. Polen im Mittelalter, München 2011.

MÜLLER-WILLE, MICHAEL: Archäologischer Import im Umkreis von Haithabu, in: Die Niederlande und der europäische Nordosten. Ein Jahrtausend weiträumiger Beziehungen (700-1700), hg. von HUBERTUS MENKE, Neumünster 1992, S. 29-50.

MÜLLER-WILLE, MICHAEL: Zwei Grabfunde des 10 Jhs. in europäischer Perspektive: Rösta (Grab IV) im nördlichen Schweden und Gnezdowo (Grab Dn-4) im westlichen Russland, in: Zwischen Christianisierung und Europäisierung. Beiträge zur Geschichte Osteuropas in Mittelalter und Früher Neuzeit. Festschrift für Peter Nitsche zum 65. Geburtstag, hg. von ECKHARD HÜBNER u. a., Stuttgart 1998, S. 51-68.

MÜLLER-WILLE, MICHAEL (unter Mitarbeit von LEIF HANSEN / ASTRID TUMMUSCHEIT): Frühstädtische Zentren der Wikingerzeit und ihr Hinterland. Die Beispiele Ribe, Hedeby und Reric, Stuttgart 2002.

MÜLLER-WILLE, MICHAEL: Wikingerzeitliche Münzfunde des südschwedischen Zentralplatzes von Uppåkra, in: Archäologisches Korrespondenzblatt 41 (2011), 4, S. 587-600.

NADOLSKI, ANDRZEJ: Cmentarzysko z XI wieku w Lutomiersku pod Łodzią [Das Gräberfeld des 11. Jahrhunderts in Lutomiersk bei Lodz], Łódź 1959.

NAISMITH, RORY: Islamic Coins from Early Medieval England, in: The Numismatic Chronicle 165 (2005), S. 193-222.

NAISMITH, RORY: The English Monetary Economy, c. 973-1100: The Contribution of Single-Finds, in: The Economic History Review 66 (2013), 1, S. 198-225.

NAKIELSKI, WITOLD: Propozycja nowej atrybucji monet śląskich przełomu XI i XII w. w świetle depozytu z miejscowości Kopacz, gm. Złotoryja [Ein Vorschlag neuer Zuordnung schlesischer Münzen an der Wende vom 11. zum 12. Jahrhundert im Lichte des Schatzfundes aus Kopacz, Gemeinde Złotoryja], in: Pieniądz i banki na Śląsku [Geld und Banken in Schlesien], hg. von WITOLD GARBACZEWSKI / ROMAN MACYRA, Poznań 2012, S. 147-184.

NAKIELSKI, WITOLD: Polskie emisje denarów krzyżowych – reakcją na przemiany gospodarcze i kryzys polityczny Cesarstwa 2. połowy XI wieku. Polskie krzyżówki w świetle skarbu ze Środy Wielkopolskiej [Polnische Emissionen von Kreuzdenaren als Reaktion auf ökonomische Veränderungen und die politische Krise des römisch-deutschen Reiches in der zweiten Hälfte des 11. Jahrhunderts. Polnische Kreuzdenare im Lichte des Schatzes von Środa Wielkopolska], in: Moneta czasów kryzysu, moneta czasów pomyślności [Die Münze der Krisenzeiten, die Münze der Prosperitätszeiten], hg. von BORYS PASZKIEWICZ, Nowa Sól 2015, S. 129-152.

NAZMI, AHMAD: Commercial Relations between Arabs and Slavs (9th-11th Centuries), Warszawa 1998.

Netzwerke im europäischen Handel des Mittelalters, hg. von GERHARD FOUQUET / HANS-JÖRGMIN GILOMEN, Ostfildern 2010.

NEUGEBAUER, WERNER: Truso und Elbing, ein Beitrag zur Frühgeschichte des Weichselmündungsgebietes, in: Studien zur europäischen Vor- und Frühgeschichte, hg. von MARTIN CLAUS u. a., Neumünster 1968, S. 222-233.

NIELSEN, SVEND: Urban Economy in Southern Scandinavia in the Second Half of the First Millennium AD, in: The Scandinavians from the Vendel Period to the Tenth Century. An Ethnographic Perspective, hg. von JUDITH JESCH, Woodbridge-Rochester 2002, S. 177-198.

NJÅSTAD, MAGNED: How to tax a Skattland – the Case of Jemtland, in: Taxes, Tributes and Tributary Lands in the Making of the Scandinavian Kingdoms in the Middle Ages, hg. von STEINAR IMSEN, Trondheim 2011, S. 345-354.

NOONAN, THOMAS S.: When and how dirhams first reached Russia, in: Cahiers du monde 21 (1980), S. 401-469.

Noonan, Thomas S.: Ninth Century Dirham Hoards from European Russia. A Preliminary Analysis, in: Viking-Age Coinage in Northern Lands. The Sixth Oxford Symposium on Coinage and Monetary History 1, hg. von Mark A. S. Blackburn / David M. Metcalf, Oxford 1981, S. 47-117.

Noonan, Thomas S.: Ninth Century Dirham Hoards from the South-West Baltic, in: Journal of Baltic Studies 13 (1982), S. 220-244.

Noonan, Thomas S.: Russias Eastern Trade, 1150-1350: The Archeological Evidence, in: Archivum Eurasiae Medii Aevi 3 (1983), S. 201-264.

Noonan, Thomas S.: Why Dirhams First Reached Russia. The Role of Arab-Khazar Relations in the Development of the Earliest Islamic Trade with Eastern Europe, in: Archivum Eurasiae Medii Aevi 4 (1984), S. 151-282.

Noonan, Thomas S.: The First Major Silver Crisis in Russia and the Baltic, c. 875-c. 900, in: Hikuin 11 (1985), S. 41-50.

Noonan, Thomas S.: Why the Vikings First Came to Russia, in: Jahrbücher für Osteuropäische Geschichte 34 (1986), S. 321-348.

Noonan, Thomas S.: The Monetary History of Kiev in the Pre-Mongol Period, in: Harvard Ukrainian Studies 11 (1987), S. 384-443.

Noonan, Thomas S.: The Impact of Silver Crisis in Islam upon Novgorods Trade with the Baltic, in: Oldenburg – Wolin – Staraja Ladoga – Novgorod – Kiev. Handel und Handelsverbindungen im südlichen und östlichen Ostseeraum während des frühen Mittelalters, Mainz 1988, S. 411-447.

Noonan, Thomas S.: Dirham Hoards from Medieval Lithuania, in: Journal of Baltic Studies 23 (1992), S. 395-414.

Noonan, Thomas S.: The Khazar Economy, in: Archivum Eurasiae Medii Aevi 9 (1995-1997), S. 253-318.

Noonan, Thomas S.: Volga Bulgharia's Tenth-Century Trade with Samanid Central Asia, in: Archivum Eurasiae Medii Aevi 11 (2000-2001), S. 140-218.

North, Douglas: Institutions, Transaction Costs, and the Rise of Merchant Empires, in: The Political Economy of Merchants Empires, hg. von James D. Tracy, Cambridge 1991, S. 22-40.

North, Michael: Geldumlauf und Wirtschaftskonjunkturen im südlichen Ostseeraum 1440-1570, Sigmaringen 1990.

North, Michael: Der große Lübecker Münzschatz von 1533 als Quelle der hansischen Wirtschaftsgeschichte, in: From the North Sea to the Baltic. Essays in Commercial, Monetary and Agrarian History, 1500-1800, hg. von Dems., Aldershot 1996.

Nosov, Evgenij N.: Ein Herrschaftsgebiet entsteht. Die Vorgeschichte der nördlichen Rus und Nowgorods, in: Novgorod. Das mittelalterliche Zentrum und sein Umland im Norden Russlands, hg. von Michael Müller Wille u. a., Neumünster 2001, S. 13-75.

Nosov, Evgenij N. u. a.: The Arkhangelsk Hoard, in: Fennoscandia archaeologica 9 (1992), S. 3-21.

Novák, Vlastimil: The Kelč Hoard Revised: Fragments of Islamic Silver Coins (with excursus by Milena Bravermanová), Prague 2010.

Novikova, G. L.: Ščitoobraznyje podveski iz severnoi i vostočnoi Evropy [Schildförmige Anhänger aus Nord- und Osteuropa], in: Istoričeskaja Archeologija. Tradicii i perspektivy. K 80-letju co dnja roždenija Daniila Antonoviča Avdusina [Historische Archäologie. Traditionen und Perspektiven. Zum 80. Geburtstag von Daniil Antonovič Avdusin], hg. von A. E. Leont'ev u. a, Moskva 1998, S. 165-174.

Novosel'cev, Anatolij P.: Chazarskoe gosudarstvo i ego rol' v istorii Vostočnoj Evropy i Kavkaza [Das chasarische Reich und seine Rolle in der Geschichte Osteuropas und des Kaukasus], Moskva 1990.

Nummus bonum fragile est. Groby z monetami wczesnośredniowiecznego cmentarzyska w Dziekanowicach [Nummus bonum fragile est. Gräber von frühmittelalterlichen Münzen aus Dziekanowice], 2 Bde., hg. von Jacek Wrzesiński, Lednica 2016.

NYLEN, ERIK: Handel und Seefahrt zwischen Skandinavien und Ostbaltikum um 1000, in: Die Verbindungen zwischen Skandinavien und Ostbaltikum aufgrund der archäologischen Quellenmaterialien, hg. von ALEXANDER LOIT / JÜRI SELIRAND, Stockholm 1985, S. 84-96.

OBERSTE, JÖRG: Macht und Memoria. Religiöses Leben und soziale Netzwerke des Regensburger Patriziates im späten Mittelalter, in: Regensburg im Spätmittelalter, hg. von PETER SCHMID, Regensburg 2007, S. 25-48.

OLSON, MANCUR: Power and Prosperity. Outgrowing Communist and Capitalist Dictatorship, New York 2000.

ORLOWSKA, ANNA PAULINA: Handel in einem Kaufmannsnetz. Der Danziger Johann Pyre, in: Vertraute Ferne. Kommunikation und Mobilität im Hanseraum, hg. von JOACHIM MÄHNERT / STEPHAN SELZER, Husum 2012, S. 32-39.

ORMROD, W. M. / BARTA, János: The Feudal Structure and the Beginnings of State Finance, in: Economic Systems and State Finance, hg. von RICHARD BONNEY, Oxford u. a. 1995, S. 53-80.

Ostrów Lednicki. Rezydencjonalno-stołeczny ośrodek pierwszych Piastów [Ostrów Lednicki. Das Machtzentrum der ersten Piasten], hg. von ZOFIA KURNATOWSKA / ANDRZEJ M. WYRWA, Warszawa 2016.

PACHOMOV, EVGENIJ A.: Monetny klady Azerbajdžana i Zakawkaz'ja [Münzfunde Aserbaidschans und des Südkaukasus], 9 Bde., Baku 1926-1966.

PADDENBERG, DIETLIND: Ein jungslawischer Handelsplatz im Feuchtboden des ehemaligen Löddigsees bei Parchim, in: Nachrichtenblatt Arbeitskreis Unterwasserarchäologie 9 (2002), S. 89-94.

PASTUSZKA, WOJCIECH: Wędkarze znaleźli skarb arabskich monet, 31. Juli 2015, http://archeowiesci.pl/2015/07/31/wedkarze-znalezli-skarb-arabskich-monet/, Zugriff am 31. Januar 2020.

PASZKIEWICZ, BORYS: Najstarsze brakteaty śląskie. Katalog brakteatów Mieszka Młodego i Bolesława Wysokiego [Die ältesten schlesischen Brakteaten. Katalog der Brakteaten Mieszko des Jungen und Bolesław des Langen], in: Wrocławskie Zapiski Numizmatyczne 2 (2006), 30, S. 3-9.

PASZKIEWICZ, HENRYK: Początki Rusi [Die Anfänge der Rus'], Kraków 1996.

PAUK, MARCIN: Money Makes the World Go Round. Some Remarks on Ducal Power, Coinage and Society in Central Europe (1050-1200), in: Economies, Monetisation and Society in the West Slavic Lands 800-1200 AD, hg. von MATEUSZ BOGUCKI / MARIAN RĘBKOWSKI, Szczecin 2013, S. 149-155.

PEDERSEN, ANNE: Prachtgräber des 10. Jahrhunderts in Südskandinavien – Tradition und Erneuerung, in: Europa im 10. Jahrhundert. Archäologie einer Aufbruchszeit, hg. von JOACHIM HENNING, Mainz 2008, S. 81-94.

PERNOUD, RÉGINE: Ryszard Lwie Serce [Richard Löwenherz], Warszawa 1994.

PERSOV, N. E.: Otnositel'naja chronologija žilišč gorodišča Novotroickogo [Die ungefähre Chronologie der Haushalte der Burgsiedlung von Novotroickoe], in: Vestnik Moskovskogo Gosudarstennogo Universiteta 4 (1991), S. 77-87.

PESCHEL, EMILY M. u. a.: Who resided in Ridanäs? A Study of Mobility on a Viking Age Trading Port in Gotland, Sweden, in: Journal of Archaeological Science: Reports 13 (2017), S. 175-184.

PETRUCHIN, VLADIMIR JA.: Khazaria and Rus'. An Examination of their Historical Relations, in: The World of the Khazars. New Perspectives; Selected Papers from the Jerusalem 1999 International Khazar Colloquium, hg. von PETER B. GOLDEN u. a., Leiden-Boston 2007, S. 245-268.

PETRY, KLAUS: Weiller 42 – ein unbekanntes Bindeglied der Münzstätte Trier und der Fernhandelsdenarszone zur spätottonisch-frühsalischen Zeit? in: Fernhandel und Geldwirtschaft. Beiträge zum deutschen Münzwesen in sächsischer und salischer Zeit. Ergebnisse des Dannenberg-Kolloquiums 1990, hg. von BERND KLUGE, Sigmaringen 1993, S. 135-140.

PIES, INGO: Theoretische Grundlagen demokratischer Wirtschafts- und Gesellschaftspolitik – Der Ansatz von Douglass North, in: Douglass Norths ökonomische Theorie der Geschichte, hg. von DEMS. / MARTIN LESCHKE, Tübingen 2009, S. 1-32.

PINIŃSKI, JERZY: Brakteaty gnieźnieńskie Mieszka Starego z lat 1173-1177 [Die Gnesener Brakteaten Mieszkos des Alten aus dem Zeitraum 1173-1177], in: WN 9 (1965), 2, S. 85-103.

PIOTROWSKI, MARCIN / WOŁOSZYN, MARCIN: Skarby biżuterii z Czermna – konteksty [Schmuckschätze aus Czermno], in: Zamojski Kwartalnik Kulturalny, 2012, 1 (110), S. 1-5.

PITT-RIVERS, JULIAN A.: The People of the Sierra, Chicago 1971.

PLATONOVA, NADEŽDA I.: Oleg i Helgu Kembrižsogo dokumenta. Prodolženie diskussii [Oleg und Helgu im Cambridge-Dokument], in: Ladoga i epocha vikingov. Staroladožkij istoriko-architekturnyi i archeologičeskij muzei-zapovednik [Ladoga und die Wikingerepoche. Das Historisch-Architektonische und Archäologische Museum in Staraja Ladoga], hg. von DMITRIJ A. MAČINSKIJ, St. Petersburg 1998, S. 43-46.

PLATONOVA, NADEŽDA I.: Dogovory Rusi i Vizantii i socialnye verchi russkogo obščestva X vieka [Die Verträge zwischen Rus' und Byzanz und die sozialen Eliten der Rus'-Gesellschaft im 10. Jahrhundert], in: Stratum Plus. Archaeology and Cultural Anthropology 1 (1999), 5, S. 164-168.

PLESZCZYŃSKI, ANDRZEJ: Niemcy wobec pierwszej monarchii piastowskiej (963-1034). Narodziny stereotypu. Postrzeganie i cywilizacyjna klasyfikacja władców Polski i ich kraju [Deutschland gegenüber der ersten Piastenmonarchie. Die Geburt eines Stereotyps. Wahrnehmung und die zivilisatorische Einordnung der Herrscher Polens und ihres Landes], Lublin 2008.

PLETNJOVA, SVETLANA A.: Ot kočevij k gorodam. Saltovo-Majackaja kul'tura [Von den Nomaden zu den Städten. Die Kultur von Saltov-Majaki], Moskva 1967.

PLETNJOVA, SVETLANA A.: Die Chasaren, Wien 1979.

PLETNJOVA, SVETLANA A.: Na slavjano-chazarskom pograniče. Dmitrievskij archeologičeskij kompleks [Im chasarisch-slawischen Grenzland. Der archäologische Komplex von Dmitrievskoe], Moskva 1989.

PLETNJOVA, SVETLANA A.: Sarkel i „šelkovyi put'" [Sarkel und die Seidenstraße], Voronež 1996.

PLEZIA, MARIAN: W sprawie częstotliwości wymiany monety w Polsce na początku XIII w. (Uwagi na marginesie artykułu Stanisława Trawkowskiego, Obieg a renowacja monety w Polsce na przełomie XII i XIII wieku) [Über die Häufigkeit des Münzumtauschs in Polen am Anfang des 13. Jahrhunderts. Bemerkungen zum Aufsatz von Stanisław Trawkowski, Umlauf und die Münzerneuerung in Polen an der Wende vom 12. zum 13. Jahrhundert], in: WN 29 (1985), 3-4, S. 221-223.

Początki Łęczycy [Die Anfänge von Łęczyca], Bd. 2: Archeologia o początkach Łęczycy [Die Archäologie über die Anfänge von Łęczyca], hg. von RYSZARD GRYGIEL / TOMASZ JUREK, Łódź 2014.

POLANYI, KARL: The Great Transformation. Politische und ökonomische Ursprünge von Gesellschaften und Wirtschaftssystemen, Wien 1977.

POLEK, KRZYSZTOF: Podstawy gospodarcze państwa Wielkomorawskiego [Die ökonomischen Grundlagen des großmährischen Staates], Kraków 1994.

POTIN, VSEVOLOD: Über einen neuen Schatzfund, in: Fernhandel und Geldwirtschaft. Beiträge zum deutschen Münzwesen in sächsischer und salischer Zeit. Ergebnisse des Dannenberg-Kolloquiums 1990, hg. von BERND KLUGE, Sigmaringen 1993, S. 277-286.

POTIN, VSEVOLOD: Der zweite Münzfund von Naginščina. Bestand und Forschungsergebnisse, in: XII. Internationaler Numismatischer Kongress Berlin 1997, hg. von BERND KLUGE / BERNHARD WEISSER, Berlin 2000, S. 962-965.

POULSEN, BJØRN: Tribute as Part of the Financial System of the Medieval Danish King, in: Taxes, Tributes and Tributary Lands in the Making of the Scandinavian Kingdoms in the Middle Ages, hg. von STEINAR IMSEN, Trondheim 2011, S. 279-292.

POUVIET, YANNICK: Montaillou. Netzwerke der Katharer im beginnenden Spätmittelalter, in: Gesellschaftliche Umbrüche und religiöse Netzwerke. Analysen von der Antike bis zur Gegenwart, hg. von DANIEL BAUERFELD / LUKAS CLEMENS, Bielefeld 2014, S. 155-172.

PRINCOVÁ, JARMILA: Libice, in: Europas Mitte um 1000, hg. von ALFRIED WIECZOREK / HANS-MARTIN HINZ, Bd. 1, Stuttgart 2000, S. 382-384.

PRITSAK, OMELJAN: The Origins of the Old Rus Weights and Monetary Systems. Two Studies in Western Eurasia Metrology and Numismatics in the Seventh to Eleventh Centuries, Cambridge, Massachusetts 1998.

Przedmioty z poroża i kości z Janowa Pomorskiego [Gegenstände aus Geweih und Knochen aus Janów Pomorski], hg. von MATEUSZ BOGUCKI / EUGENIUSZ CNOTLIWY, Elbląg 2013.

PUŠKINA, TAMARA A.: Scandinavian Finds from Old Russia. A Survey of their Topography and Chronology, in: The Rural Viking in Russia and Sweden. Conference 19-20 October 1996 in the Manor of Karlslund, Örebro, Sweden, hg. von PÄR HANSSON, Örebro 1997, S. 83-91.

RABTSEVICH, V. N. u. a.: Bryleŭski skarb [Der Schatzfund von Bryli], Minsk 2011.

RADOMSKI, KAMIL: Upieniężnienie gospodarstw kmiecych w Małopolsce w latach 1253-1370 [Die Monetarisierung der Bauernhöfe in Kleinpolen in den Jahren 1253-1370], Warszawa 2012.

RADTKE, CHRISTIAN: Haithabu. Perspektiven einer Stadtentwicklung in drei Stationen – 800, 900, 1000, in: Zeitschrift für Archäologie des Mittelalters 37 (2009), S. 135-162.

Ralswiek auf Rügen. Die slawisch-wikingischen Siedlungen und deren Hinterland IV. Der Silberschatz von 850, hg. von JOACHIM HERRMANN, Schwerin 2006.

RANDSBORG, KLAVS: The Viking Age in Denmark. The Formation of a State, London 1980.

Raumbildung durch Netzwerke? Der Ostseeraum zwischen Wikingerzeit und Spätmittelalter aus archäologischer und geschichtswissenschaftlicher Perspektive, hg. von SUNHILD KLEINGÄRTNER / GABRIEL ZEILINGER, Bonn 2012.

RĘBKOWSKI, MARIAN: The Pomeranian Towns and the State of the First Piasts. The Case of Szczecin and Kołobrzeg, in: Acta Praehistorica et Archaeologica 42 (2010), S. 9-17.

RICHTER-BERNBURG, LUTZ: Der frühmittelalterliche Handel Nord- und Osteuropas nach islamischen Quellen, in: Untersuchungen zu Handel und Verkehr der vor- und frühgeschichtlichen Zeit in Mittel- und Nordeuropa, hg. von KLAUS DÜWEL u. a., Göttingen 1987, S. 667-685.

RISPLING, GERT: Coins with Crosses and Bird Heads – Christian Imitations of Islamic Coins?, in: Fornvännen 82 (1987), S. 75-86.

RISPLING, GERT: Islamiska mynt, särskilt volga-bulgariska [Islamische Münzen, besonders volgabulgarische], in: Myntstudier 4 (2005), S. 3-11.

RISPLING, GERT: Osteuropäische Nachahmungen islamischer Münzen, in: Sylloge der Münzen des Kaukasus und Osteuropas im Orientalischen Münzkabinett Jena 1, hg. von STEFAN HEIDEMANN / NORBERT NEBES, Wiesbaden 2005, S. 172-225.

RISPLING, GERT: Monetary Circulation in the Ninth and Tenth Centuries. A Short Survey in the Light of Die Studies, in: Money Circulation in Antiquity, the Middle Ages and Modern Times. Time, Range, Intensity, hg. von STANISŁAW SUCHODOLSKI (unter Mitarbeit von MATEUSZ BOGUCKI), Warsaw-Cracow 2007, S. 51-64.

RISPLING, GERT: Ninth-century dirham hoards in Russia and the Baltic region: A report on progress, in: Magister Monetae. Studies in Honour of Jørgen Steen Jensen, hg. von MICHAEL ANDERSEN u. a., Copenhagen 2007, S. 101-109.

RISPLING, GERT / JONAS RUNDBERG: Sebou – ny myntort i Spillingsskatten, in: Svensk Numismatisk Tidskrift 5 (September 2008), S. 104-105.

RISVAAG, JON ANDERS / CHRISTOPHERSEN, AXEL: Early Medieval Coinage and Urban Development: A Norwegian Experience, in: Land, Sea and Home. Settlement in the Viking Period. Proceedings of a Conference on Viking-period Settlement at Cardiff, Juli 2001, hg. von JOHN HINES u. a., Leeds 2004, S. 75-91.

ROBINSON, IAN STUART: The friendship network of Gregory VII, in: History. The Journal of the Historical Association 63 (1978), S. 1-22.

RÖCKELEIN, HEDWIG: Reliquientranslationen nach Sachsen im 9. Jahrhundert. Über Kommunikation, Mobilität und Öffentlichkeit im Frühmittelalter, Stuttgart 2002.

ROESDAHL, ELSE: Historia Wikingów [Die Geschichte der Wikinger], Gdańsk 1996.

ROESDAHL, ELSE: Denmark – a Thousand Years Ago, in: Europe around the Year 1000, hg. von PRZEMYSŁAW URBAŃCZYK, Warszawa 2001, S. 351-366.

ROESDAHL, ELSE: Harald Blauzahn – ein dänischer Wikingerkönig, in: Europa im 10. Jahrhundert. Archäologie einer Aufbruchszeit, hg. von JOACHIM HENNING, Mainz 2008, S. 95-108.

ROLLE, RENATE: Archäologische Bemerkungen zum Warägerhandel, in: Oldenburg – Wolin – Staraja Ladoga – Novgorod – Kiev. Handel und Handelsverbindungen im südlichen und östlichen Ostseeraum während des frühen Mittelalters, Mainz 1988, S. 472-529.

ROSIK, STANISŁAW: Bolesław Krzywousty [Bolesław III. Schiefmund], Wrocław 2013.

ROSLUND, MATS: The strife for power. Inter-regional contacts and trade in Sigtuna c. 970-1200, in: Exchange and Trade, hg. von HELEN CLARKE u. a., York 1992, S. 145-151.

ROSLUND, MATS: Bridging Two Worlds. Tracing Merchants from the Holy Roman Empire in High Medieval Sigtuna, in: Zwischen Fjorden und Steppe. Festschrift für Johan Callmer zu seinem 65. Geburtstag, hg. von CLAUDIA THEUNE u. a., Rahden/Westf. 2010, S. 239-250.

ROSSIGNOL, SÉBASTIEN: *Maiestas principum*. Herzogsurkunden als Media der Herrschaftsrepräsentation in Schlesien, Pommern und Pommerellen (1200-1325), Wiesbaden 2019.

ROSTKOWSKI, GRZEGORZ: Międzynarodowe i wewnętrzne położenie kaganatu chazarskiego w pierwszej połowie X wieku [Die internationale und innere Lage des chasarischen Khaganats in der ersten Hälfte des 10. Jahrhunderts], in: Mazowieckie Studia Humanistyczne 6 (1) (2000), 2, S. 5-24.

ROZMUS, DARIUSZ: Elementy infrastruktury hutniczej na wczesnośredniowiecznych stanowiskach do wytopu srebra i ołowiu na pograniczu obecnego Śląska i Małopolski na przykładzie Dąbrowy Górniczej-Łośnia i Sosnowca-Zagórza [Elemente der Hütteninfrastruktur an frühmittelalterlichen Schmelzstellen von Silber und Blei im Grenzgebiet des heutigen Schlesiens und Kleinpolens am Beispiel von Dąbrowa Górnicza-Łosień und Sosnowiec-Zagórze], in: Argenti fossores et alii. Znaczenie gospodarcze wschodnich części Górnego śląska i zachodnich krańców Małopolski w późnej fazie wczesnego średniowiecza (X-XII wiek) [Argenti fossores et alii. Die wirtschaftliche Bedeutung östlicher Teile Oberschlesiens und westlicher Teile Kleinpolens in der späteren Phase des frühen Mittelalters (10.-12. Jahrhundert)], hg. von PIOTR BOROŃ, Wrocław 2013, S. 115-149.

ROZMUS, DARIUSZ u. a.: Wczesnośredniowieczny „skarb hutnika" z Dąbrowy Górniczej-Łośnia [Der frühmittelalterliche „Schatz des Hüttenwerkers" von Dąbrowa Górnicza-Łosień], Dąbrowa Górnicza 2014.

ROZWAŁKA, ANDRZEJ u. a.: The Medieval Urban Centre in Lublin, in: Polish Lands at the Turn of the First and the Second Millennia, hg. von PRZEMYSŁAW URBAŃCZYK, Warsaw 2004, S. 357-382.

Ruchhöft, Fred: Der Burgwall von Schwerinsburg – Ergebnisse systematischer Geländearbeiten. Referat gehalten auf der Konferenz: „Der Peeneraum im Frühmittelalter", Greifswald, 25. Juni 2011.

RUPRECHT, ARNDT: Die ausgehende Wikingerzeit im Lichte der Runeninschriften, Göttingen 1958.

SAMSON, ROSS: Fighting with Silver: Rethinking Traiding, Raiding and Hoarding, in: Social Approaches to Viking Studies, hg. von DEMS., Glasgow 1991, S. 123-133.

SAMSONOWICZ, AGNIESZKA: Łowiectwo w Polsce Piastów i Jagiellonów [Das Jagdwesen im Polen der Piasten und Jagiellonen], Wrocław u. a. 1991.

SAWYER, BIRGIT / SAWYER, PETER: Medieval Scandinavia. From Conversation to Reformation, circa 800-1500, London 1993.

SAWYER, PETER: Kings and Vikings. Scandinavia and Europe AD 700-110, London 1982.

SCHILLING, HEINZ: Lolland – das Tor nach Skandinavien, in: Die Macht des Silbers. Karolingische Schätze im Norden. Katalog zur Ausstellung, hg. von EGON WAMERS / MICHAEL BRAND, Regensburg 2005, S. 143-148.

Schirren, Michael: Neue Kleinfunde aus dem Raum Anklam – Einsichten in die Zentrum-Umland-Beziehungen Menzlins. Referat gehalten auf der Konferenz: „Der Peeneraum im Frühmittelalter", Greifswald, 25. Juni 2011.

Schneeweiss, Jens: Münz- und Gewichtsgeldwirtschaft an der westlichen Peripherie der slawischen Welt, in: Economies, Monetisation and Society in the West Slavic Lands 800-1200 AD, hg. von Mateusz Bogucki / Marian Rębkowski, Szczecin 2013, S. 237-265.

Schoknecht, Ulrich: Menzlin. Ein frühgeschichtlicher Handelsplatz an der Peene, Berlin 1977.

Schramm, Gottfried: Altrusslands Anfang. Historische Schlüsse aus Namen, Wörtern und Texten zum 9. und 10. Jahrhundert, Freiburg i. Br. 2002.

Ścibior, Jolanta M.: Zespół monet arabskich – dirhemów znalezionych w Trzciance, pow. Sokółka [Die arabischen Münzen gefunden in Trzcianka, Kreis Sokółka], in: Podlaskie Zeszyty Archeologiczne 4 (2008), S. 210-222.

Sheehan, John: Early Viking Age Silver Hoards from Ireland and their Scandinavian Elements, in: Ireland and Scandinavia in the Early Viking Age, hg. von Howard B. Clarke u. a., Dublin 1998, S. 166-202.

Sheehan, John: Irelands Viking-Age Hoards: Sources and Contacts, in: The Vikings in Ireland, hg. von Anne-Christine Larsen, Roskilde 2001, S. 51-59.

„Silberschatz in Brandenburg entdeckt – mehr als 2100 Münzen“, http://gmx.net/magazine/wissen/silberschatz-brandenburg-entdeckt-2100-muenzen-31262812, Zugriff am 5. Februar 2018.

Šimunek, Robert: Soziale Netzwerke geistlicher Institutionen im Spätmittelalter. Das Beispiel der Minoriten- und Franziskanerklöster in Böhmen, in: Ecclesia als Kommunikationsraum in Mitteleuropa (13. bis 16. Jahrhundert), hg. von Eva Doležalová / Robert Šimunek, München 2011, S. 147-184.

Sindbæk, Søren M.: Networks and nodal points: the emergence of towns in early Viking Age Scandinavia, in: Antiquity 81 (2007), S. 119-132.

Sindbæk, Søren M.: Close Ties and Long-range Relations. The Emporia Network in Early Viking-Age Exchange, in: The Viking Age. Ireland and the West. Proceedings of the XVth Viking Congress, Cork, 18.-27. August 2005, hg. von John Sheehan / Donnchádh ó Corráin, Dublin 2010, S. 430-440.

Sindbæk, Søren M.: A Site of Intersection: Staraya Ladoga, Eastern Silver, and Long-Distance Communication Networks in Early Medieval Europe, in: Identity Formation and Diversity in the Early Medieval Baltic and Beyond. Communicators and Communication, hg. von Johan Callmer u. a., Leiden-Boston 2017, S. 76-90.

Skarby wczesnośredniowieczne z obszaru Polski. Atlas [Die frühmittelalterlichen Schätze in Polen. Atlas], hg. von Leszek Gajewski u. a., Wrocław u. a. 1982.

Skre, Dagfinn: Commodity Money, Silver and Coinage in Viking-Age Scandinavia, in: Silver Economies, Monetisation and Society in Scandinavia AD 800-1100, hg. von James Graham-Campbell u. a., Aarhus 2011, S. 67-91.

Śliwiński, Błażej: Początki Gdańska. Dzieje ziem nad zachodnim brzegiem Zatoki Gdańskiej w I połowie X wieku [Die Anfänge Danzigs. Geschichte der Gebiete am westlichen Ufer der Dazniger Bucht in der ersten Hälfte des 10. Jahrhunderts], Gdańsk 2009.

Słowiańszczyzna starożytna i średniowieczna. Antologia tekstów źródłowych [Die antiken und mittelalterlichen Slawen. Anthologie von Quellentexten], hg. von Gerard Labuda, Poznań 1999.

Słupecki, Leszek P.: Temple Fiscality of Pagan Slavs and Scandinavians, in: Economies, Monetisation and Society in the West Slavic Lands 800-1200 AD, hg. von Mateusz Bogucki / Marian Rębkowski, Szczecin 2013, S. 109-113.

Śnieżko, Grzegorz: Znaleziska monet Bolesława Krzywoustego na tle porównawczym [Die Münzfunde Bolesławs Schiefmund in komparativer Perspektive], in: Pieniądz i banki w Małopolsce [Geld und Banken in Kleinpolen], hg. von Witold Garbaczewski / Roman Macyra, Poznań 2018, S. 81-112.

Spiess, Karl-Heinz: Familie und Verwandtschaft im deutschen Hochadel des Spätmittelalters. 13. bis Anfang des 16. Jahrhunderts, Stuttgart 1993.

The Spillings Hoard – Gotlands Role in Viking Age World Trade, hg. von Ann-Marie Pettersson, Lund 2009.

Sprenger, Bernd: Das Geld der Deutschen. Geldgeschichte Deutschlands von den Anfängen bis zur Gegenwart, München u. a. 1995.

Staecker, Jörn: Brutal Vikings and Gentle Traders, in: Lund Archaeological Review 43 (1997), S. 89-103.

Stalsberg, Anne: The Scandinavian Viking Age finds in Rus. Overview and Analysis, in: Oldenburg – Wolin – Staraja Ladoga – Novgorod – Kiev. Handel und Handelsverbindungen im südlichen und östlichen Ostseeraum während des frühen Mittelalters, Mainz 1988, S. 448-471.

Stanisławski, Błażej M.: Jómswikingowie z Wolina-Jómsborga – studium przenikania kultury skandynawskiej na ziemie polskie [Die Jomswikinger von Wollin-Jomsburg – eine Studie zur Durchdringung skandinavischer Kultur in die polnischen Gebiete], Wrocław 2013, S. 231-240.

Stanisławski, Błażej M.: Obecność skandynawska w Wolinie w świetle źródeł archeologicznych [Die skandinavische Anwesenheit in Wollin im Lichte archäologischer Quellen], in: Wolin wczesnośredniowieczny, hg. von Dems. / Władysław Filipowiak, 2. Bde., Warszawa 2013-2014, Bd. 2, S. 325-349.

Stasiak, Waldemar / Trojan, Marek: Gród łęczycki w okresie przedpiastowskim (faza I, koniec VIII – koniec X wieku) [Der Burgwall von Łęczyca in der vorpiastischen Periode (Phase I, Ende des 8. – Ende des 10. Jahrhunderts)], in: Początki Łęczycy [Die Anfänge von Łęczyca], Bd. 2: Archeologia o początkach Łęczycy [Die Archäologie über die Anfänge von Łęczyca], hg. von Ryszard Grygiel / Tomasz Jurek, Łódź 2014, S. 65-93.

Stasiak, Waldemar / Trojan, Marek: Okres początków państwa Piastów (faza II, koniec X – początek XII wieku) [Die Zeit der Anfänge der piastischen Herrschaft (Phase II, Ende des 10. – Anfang des 12. Jahrhunderts)], in: Początki Łęczycy [Die Anfänge von Łęczyca], Bd. 2: Archeologia o początkach Łęczycy [Die Archäologie über die Anfänge von Łęczyca], hg. von Ryszard Grygiel / Tomasz Jurek, Łódź 2014, S. 95-267.

Stattler, Ewa: Kontakty handlowe ludności wczesnopolskiej z krajami arabskimi we wczesnym średniowieczu (IX-X w.) [Die Handelskontakte der frühpolnischen Bevölkerungsgruppen mit den arabischen Ländern im frühen Mittelalter (9.-10. Jh.)], in: Slavia Antiqua 13 (1966), S. 199-269.

Stenberger, Mårten: Die Schatzfunde Gotlands der Wikingerzeit, Bd. 1: Text, Stockholm 1958.

Steuer, Heiko: Geldgeschäfte und Hoheitsrechte zwischen Ostseeländern und islamischer Welt, in: Zeitschrift für Archäologie 12 (1978), S. 255-260.

Steuer, Heiko: Gewichtsgeldwirtschaft im frühgeschichtlichen Europa – Feinwaagen und Gewichte als Quelle zur Währungsgeschichte, in: Untersuchungen zu Handel und Verkehr der vor- und frühgeschichtlichen Zeit in Mittel- und Nordeuropa, hg. von Klaus Düwel u. a., Göttingen 1987, S. 405-527.

Steuer, Heiko: Der Handel der Wikingerzeit zwischen Nord- und Westeuropa aufgrund archäologischer Zeugnisse, in: Untersuchungen zu Handel und Verkehr der vor- und frühgeschichtlichen Zeit in Mittel- und Nordeuropa, hg. von Klaus Düwel u. a., Göttingen 1987, S. 113-197.

Steuer, Heiko: Münzprägung, Silberströme und Bergbau um das Jahr 1000 in Europa – wirtschaftlicher Aufbruch und technische Innovation, in: Aufbruch ins zweite Jahrtausend. Innovation und Kontinuität in der Mitte des Mittelalters, hg. von Achim Hubel / Bernd Schneidmüller, Ostfildern 2004, S. 117-149.

Steuer, Heiko: Die Ostsee als Kernraum des 10. Jahrhunderts und ihre Peripherien, in: Siedlungsforschung 22 (2004), S. 59-88.

Steuer, Heiko u. a.: Der Wechsel von Münzgeld- zur Gewichtsgeldwirtschaft in Haithabu um 900 und die Herkunft des Münzsilbers im 9. und 10. Jahrhundert, in: Haithabu und die frühe Stadtentwicklung im nördlichen Europa, hg. von Klaus Brandt u. a., Neumünster 2002, S. 133-167.

Strzelczyk, Jerzy: Mieszko Pierwszy [Mieszko der Erste], Poznań 1992.

Stuth, Steffen: Rostock. Eine Stadt im Netzwerk der Hanse, in: Mittelalterliche astronomische Großuhren, hg. von Manfred Schukowski u. a., Leipzig 2014, S. 27-38.

Suchodolski, Stanisław: Mennictwo polskie w XI i XII wieku [Die polnische Münzprägung im 11. und 12. Jahrhundert], Wrocław 1973.

Suchodolski, Stanisław: Moneta możnowładcza i kościelna w Polsce średniowiecznej [Die Magnaten- und Kirchenmünze im mittelalterlichen Polen], Wrocław u. a. 1987.

SUCHODOLSKI, STANISŁAW: Jeszcze o początkach gospodarki towarowo-pieniężnej na ziemiach polskich [Noch einmal über den Beginn der Geld- und Warenwirtschaft in polnischen Gebieten], in: WN 39 (1995), 1-2, S. 67-71.

SUCHODOLSKI, STANISŁAW: Zasoby pieniężne „szarego człowieka" w Polsce wczesnośredniowiecznej [Die Geldressourcen des „einfachen Menschen" im mittelalterlichen Polen], in: Człowiek w społeczeństwie średniowiecznym [Mensch in der mittelalterlichen Gesellschaft], hg. von Muzeum Miejskie w Nowej Soli, Warszawa 1997, S. 151-158.

SUCHODOLSKI, STANISŁAW: Change of Transcontinental Contacts as Indicated by Coins in the Baltic Zone around 1000, in: Europe around the Year 1000, hg. von PRZEMYSŁAW URBAŃCZYK, Warszawa 2001, S. 85-100.

SUCHODOLSKI, STANISŁAW: Kultowa czy ekonomiczna geneza skarbów epoki wikingów? [Die kultische oder die ökonomische Genese der Schätze in der Wikingerzeit?], in: Biuletyn Numizmatyczny 3 (2003), 331, S. 185-196.

SUCHODOLSKI, STANISŁAW (unter Mitarbeit von DOROTA MALARCZYK): Die Zustromwege der Dirhams nach Polen, in: Magister Monetae. Studies in Honour of Jørgen Steen Jensen, hg. von MICHAEL ANDERSEN u. a., Copenhagen 2007, S. 93-100.

Suchodolski, Stanisław: Monety księcia Władysława Hermana i wojewody Sieciecha [Die Münzen des Herzogs Władysław Herman und des Wojwoden Sieciech], Vortrag gehalten vor der Polnischen Numismatischen Gesellschaft in Warschau am 5. Dezember 2011.

SUCHODOLSKI, STANISŁAW: Numizmatyka średniowieczna, Moneta źródłem archeologicznym, historycznym i ikonograficznym [Mittelalterliche Numismatik. Die Münze als archäologische, historische und ikonografische Quelle], Warszawa 2011.

SUCHODOLSKI, STANISŁAW: The Beginnings of Polish Coinage in the Light of Recent Research, in: WN 59 (2015), 1-2, S. 67-94.

SUCHODOLSKI, STANISŁAW: Obol zmarłych (monety i pieniądz kruszcowy) na cmentarzysku w Dziekanowicach, stan. 22 [Obolus der Toten (Münzen und Edelmetall) auf dem Gräberfeld von Dziekanowice, Stelle 22], in: Nummus bonum fragile est. Groby z monetami wczesnośredniowiecznego cmentarzyska w Dziekanowicach [Nummus bonum fragile est. Gräber von frühmittelalterlichen Münzen aus Dziekanowice], hg. von JACEK WRZESIŃSKI, Bd. 1, Lednica 2016, S. 157-195.

SVENSSON, ROGER: Re-Coinage as a Monetary Tax: Conditions, Consequences and Comparisons with Debasement, in: IFN Working Paper No. 950 (2013), S. 1-26.

SVENSSON, ROGER: Coinage Policies in Medieval Sweden, in: WN 59 (2015), 1-2, S. 129-187.

„Sylt: Großer Silberschatz aus der Wikingerzeit gefunden", in: Spiegel.de, 25.09.2017, https://spiegel.de/wissenschaft/mensch/grosser-silberschatz-auf-sylt-entdeckt-a-1169731.html, Zugriff am 26. September 2019.

TABACZYŃSKI, STANISŁAW: Rozwój stosunków towarowo-pieniężnych w Polsce wczesnośredniowiecznej [Die Entwicklung der Geld- und Warenwirtschaft im frühmittelalterlichen Polen], Warszawa-Wrocław 1957.

TABACZYŃSKI, STANISŁAW: Z badań nad wczesnośredniowiecznymi skarbami srebrnymi Wielkopolski [Forschungen über die frühmittelalterlichen Silberschätze Großpolens], Warszawa-Wrocław 1958.

TABACZYŃSKI, STANISŁAW: Archeologia średniowieczna. Problemy, źródła, metody, cele badawcze [Mittelalterliche Archäologie. Probleme, Quellen, Methoden, Forschungsziele], Wrocław 1987.

TALVIO, TUUKKA: The Frisian Element in the Coin Hoards of the Late Viking Age in Scandinavia, Russia and the East Baltic Lands, in: Society and Trade in the Baltic during the Viking Age, hg. von SVEN-OLOF LINDQUIST / BIRGITTA RADHE, Visby 1985, S. 195-200.

TALVIO, TUUKKA: Deutsche und andere Münzen in finnischen Funden des 11. Jahrhunderts, in: Fernhandel und Geldwirtschaft. Beiträge zum deutschen Münzwesen in sächsischer und salischer Zeit. Ergebnisse des Dannenberg-Kolloquiums 1990, hg. von BERND KLUGE, Sigmaringen 1993, S. 269-275.

TAMM, MAREK: Communicating crusade. Livonian mission and the Cistercian network in the thirteenth century, in: Ajalooline Ajakiri 3/4 (2009), S. 341-372.

Tarvel, Enn: Die dänische Ostseepolitik im 11.-13. Jahrhundert, in: Studien zur Archäologie des Ostseeraumes. Von der Eisenzeit zum Mittelalter. Festschrift für Michael Müller-Wille, hg. von Anke Wesse, Neumünster 1998, S. 53-59.

Thomasberger, Claus / Voy, Klaus: Geldtheorie und Geldgeschichte. Überlegungen zum Zusammenhang beider, angeregt durch Simmels Versuch, der Ausgrenzung der Geschichte aus der theoretischen Geldforschung entgegenzutreten, in: Georg Simmels Philosophie des Geldes. Einhundert Jahre danach, hg. von Jürgen G. Backhaus / Hans-Joachim Stadermann, Marburg 2000, S. 217-270.

Thunmark-Nylen, Lena: Gotland – Neighbour between the West and the East, in: Die Kontakte zwischen Ostbaltikum und Skandinavien im frühen Mittelalter. Internationale Konferenz 23.-25. Oktober 1990 Riga, hg. von Andris Caune u. a., Stockholm 1992, S. 155-162.

Thurston, Tina: Lanscapes of Power, Landscapes of Conflict. State Formation in the South Scandinavian Iron Age, New York 2001.

Toločko, Petr: Die Rolle der Handels- und Handwerkszentren des 9. Jhs. bis zum Anfang des 11. Jhs. bei der Entstehung der altrussischen Städte, in: Studien zur Archäologie des Ostseeraumes. Von der Eisenzeit zum Mittelalter. Festschrift für Michael Müller-Wille, hg. von Anke Wesse, Neumünster 1998, S. 213-217.

Tolochko, Oleksiy P.: The Primary Chronicle's 'Ethnography' Revisited. Slavs and Varangians in the Middle Dnieper Region and the Origin of the Rus' State, in: Franks, Northmen, and Slavs. Identities and State Formation in Early Medieval Europe, hg. von Ildar Garipzanov u. a., Turnhout 2008, S. 169-188.

Trawkowski, Stanisław: Obieg a renowacja monety w Polsce na przełomie XII i XIII wieku [Umlauf und die Münzerneuerung in Polen an der Wende vom 12. zum 13. Jahrhundert], in: Nummus et Historia. Pieniądz Europy średniowiecznej [Nummus et Historia. Das Geld im mittelalterlichen Europa], hg. von Stefan K. Kuczyński / Stanisław Suchodolski, Warszawa 1985, S. 111-116.

Trawkowski, Stanisław: Charakter denarów palatyna Sieciecha [Der Charakter der Denare des Wojwoden Sieciech], in: Moneta mediaevalis. Studia numizmatyczne i historyczne ofiarowane Profesorowi Stanisławowi Suchodolskiemu w 65. rocznicę urodzin [Moneta mediaevalis. Numismatische und historische Studien, präsentiert zum 65. Geburtstag von Professor Stanisław Suchodolski], hg. von Ryszard Kiersnowski u. a., Warszawa 2002, S. 283-290.

Trawkowski, Stanisław: Opuscula medievistica. Studia nad historią społeczną Polski wczesnopiastowskiej [Opuscula medievistica. Studien zur Gesellschaftsgeschichte des frühpiastischen Polen], Warszawa 2005.

Treadgold, Warren: A History of Byzantine State and Society, Stanford 1997.

Třeštík, Dušan: Bohemia's Iron Year, in: Europe around the Year 1000, hg. von Przemysław Urbańczyk, Warszawa 2001, S. 427-450.

Trojan, Marek: Grodzisko w Czerchowie na tle lokalnej sytuacji osadniczo-kulturowej we wczesnym średniowieczu [Der Burgwall von Czerchów auf dem Hintergrund der lokalen siedlungskulturellen Entwicklung im frühen Mittelalter], in: Początki Łęczycy [Die Anfänge von Łęczyca], Bd. 2: Archeologia o początkach Łęczycy [Die Archäologie über die Anfänge von Łęczyca], Łódź 2014, S. 653-677.

Türk, Attila: Zu den osteuropäischen und byzantinischen Beziehungen der Funde des 10.-11. Jahrhunderts im Karpatenbecken, in: Die Archäologie der frühen Ungarn. Chronologie, Technologie und Methodik, hg. von Bendeguz Tobias, Mainz 2012, S. 3-28.

Tymieniecki, Kazimierz: Kształtowanie się społeczeństwa średniowiecznego [Die Entwicklung der frühmittelalterlichen Gesellschaft], hg. von Dems., Bd. 2, Poznań 1996.

Tyszkiewicz, Jan: Tatarzy na Litwie i w Polsce [Tataren in Litauen und Polen], Warszawa 1989.

Urbańczyk, Przemysław: Wczesnośredniowieczne skarby złomu srebrnego [Die frühmittelalterlichen Silberschrottschätze], in: Moneta mediaevalis. Studia numizmatyczne i historyczne ofiarowane Profesorowi Stanisławowi Suchodolskiemu w 65. rocznicę urodzin [Moneta mediaevalis.

Numismatische und historische Studien, präsentiert zum 65. Geburtstag von Professor Stanisław Suchodolski], hg. von Ryszard Kiersnowski u. a., Warszawa 2002, S. 209-224.

Urbańczyk, Przemysław: Kto deponował skarby zdeprecjonowanego srebra i dlaczego? [Wer deponierte Schätze mit entwertetem Silber und warum?], in: WN 48 (2004), 2, S. 167-179.

Urbańczyk, Przemysław: Rok 995 – Bolesław Chrobry wśród chrześcijan i „barbarzyńców" [Das Jahr 995 – Bolesław Chrobry inmitten von Christen und „Barbaren"], in: Europa barbarica, Europa christiana. Studia mediaevalia Carolo Modzelewski dedicata, hg. von Roman Michałowski, Warszawa 2008, S. 293-306.

Urbańczyk, Przemysław: Trudne początki Polski [Die schwierigen Anfänge Polens], Wrocław 2008.

Słownik Staropolski [Altpolnisches Wörterbuch], Bd. 10, hg. von Stanisław Urbańczyk, Wrocław u. a. 1990, Heft 3 (63).

Vasiliev, Alexander A.: The Russian Attack on Constantinople in 860, Cambridge 1946.

Videman, Jan / Macháček, Jiří: Nové mincovni nálezy z dolního Podyjí v kontextu raně středověké Moravy [Neue Münzfunde aus dem unteren Thayagebiet im Kontext des frühmittelalterlichen Mähren], in: Archeologické rozhledy 65 (2013), S. 851-871.

Vierck, Hajo: Ein Schmiederplatz aus Alt-Ladoga und der präurbane Handel zur Ostsee vor der Wikingerzeit. Zur frühmittelalterlichen Betriebseinheit von Produktion und Absatz im Metallhandwerk, in: Münstersche Beiträge zur Antiken Handelsgeschichte 2 (1983), 2, S. 3-64.

Volckart, Oliver: Die Münzpolitik im Ordensland und Herzogtum Preußen von 1370 bis 1550, Wiesbaden 1996.

Wachowski, Krzysztof: Arabski a karoliński system wagowo-pieniężny na ziemiach polskich [Das arabische und das karolingische Gewichtsgeldsystem auf polnischem Territorium], in: Moneta mediaevalis. Studia numizmatyczne i historyczne ofiarowane Profesorowi Stanisławowi Suchodolskiemu w 65. rocznicę urodzin [Moneta mediaevalis. Numismatische und historische Studien, präsentiert zum 65. Geburtstag von Professor Stanisław Suchodolski], hg. von Ryszard Kiersnowski u. a., Warszawa 2002, S. 261-267.

Wadyl, Sławomir u. a.: Wczesnoabbasydzkie dirhamy z nowoodkrytego grodziska w Bornitach koło Pieniężna [Frühmittelalterliche Dirhems aus dem neulich entdeckten Burgwall von Bornity bei Pieniężno], in: WN 62 (2018), 1-2, S. 129-143.

Walsh, Christine L.: The Cult of St Katherine of Alexandria in Early Medieval Europe, Aldershot u. a. 2007.

Walsh, Christine L.: Medieval Saints' Cults as International Networks. The Example of the Cult of St Katherine of Alexandria, in: International religious networks, hg. von Jeremy Gregory / Hugh McLeod, Woodbridge, Suffolk u. a. 2012, S. 1-8.

Wamers, Egon: The Duesminde Hoard, in: Silver Economies, Monetisation and Society in Scandinavia AD 800-1100, hg. von James Graham-Campbell u. a., Aarhus 2011, S. 309-320.

Wapińska, Anna: Materiały do wczesnośredniowiecznego bursztyniarstwa gdańskiego [Materialien zur frühmittelalterlichen Bernsteingewinnung in Danzig], in: Gdańsk wczesnośredniowieczny, hg. von Jerzy Kmieciński, Bd. 6, Gdańsk 1967, S. 83-100.

Warnke, Charlotte: Die Anfänge des Fernhandels in Polen 900-1025, Würzburg 1964.

Warnke, Charlotte: Der Wachshandel zwischen Ost- und Westeuropa im frühen und hohen Mittelalter, in: Untersuchungen zu Handel und Verkehr der vor- und frühgeschichtlichen Zeit in Mittel- und Nordeuropa, hg. von Klaus Düwel u. a., Göttingen 1987, S. 542-570.

Wassner, Manfred: „Min lieb vetter" und der Fürstendienst: das verwandtschaftliche Netzwerk der Familie Speth am württembergischen Hof im 15. Jahrhundert, in: Gelungene Anpassung? Adelige Antworten auf gesellschaftliche Wandlungsvorgänge vom 14. bis zum 16. Jahrhundert, hg. von Horst Carl / Sönke Lorenz, Ostfildern 2005, S. 201-216.

Watt, William Montgomery: Der Einfluss des Islam auf das europäische Mittelalter, Berlin 1992.

Wehner, Donat: Grundzüge der Herrschaftsentwicklung am Fernhandelsplatz Wollin vom 8. bis 12. nachchristlichen Jahrhundert, in: Potestas et communitas. Interdisziplinäre Beiträge zu Wesen und Darstellung von Herrschaftsverhältnissen im Mittelalter östlich der Elbe, hg. von ALEKSANDER PAROŃ u. a., Wrocław-Warszawa 2010, S. 345-356.

WELLER, TOBIAS: Die Heiratspolitik des deutschen Hochadels im 12. Jahrhundert, Köln 2004.

WEST, CHARLES: Reframing the Feudal Revolution. Political and Social Transformation between Marne and Moselle, c. 800-c. 1100, Cambridge 2013.

WIECHMANN, RALF: Edelmetalldepots der Wikingerzeit in Schleswig-Holstein. Vom „Ringbrecher" zur Münzwirtschaft, Neumünster 1996.

WIECHMANN, RALF: Haithabu und sein Hinterland – ein lokaler numismatischer Raum? Münzen und Münzfunde aus Haithabu (bis zum Jahr 2002), in: Das archäologische Fundmaterial VIII. Berichte über die Ausgrabungen in Haithabu 36, Neumünster 2007, S. 182-278.

WIECHMANN, RALF: Hedeby and its Hinterland. A Local Numismatic Region, in: Silver Economy in the Viking Age, hg. von JAMES GRAHAM-CAMPBELL / GARETH WILLIAMS, Walnut Creek 2007, S. 29-48.

WIECHMANN, RALF: Kupfer und Messing statt Silber. Münzimitationen des 11. und 12. Jahrhunderts aus Nordostdeutschland, in: Economies, Monetisation and Society in the West Slavic Lands 800-1200 AD, hg. von MATEUSZ BOGUCKI / MARIAN RĘBKOWSKI, Szczecin 2013, S. 267-312.

WILLIAMS, GARETH: Silver Economies, Monetisation and Society. An Overview, in: Silver Economies, Monetisation and Society in Scandinavia AD 800-1100, hg. von JAMES GRAHAM-CAMPBELL u. a., Aarhus 2011, S. 337-372.

WITTHÖFT, HARALD: Spuren islamischen Einflusses in der Entwicklung des fränkischen Münzwesens des 8. Jahrhundets, in: Orientalische Kultur und Europäisches Mittelalter, hg. von ALBERT ZIMMERMANN / INGRID CRAEMER-RUEGENBERG, Berlin-New York 1985, S. 400-420.

WITTHÖFT, HARALD: Die Kölner Mark zur Hansezeit, in: Geldumlauf, Währungssysteme und Zahlungsverkehr in Nordwesteuropa 1300-1800, hg. von MICHAEL NORTH, Köln-Wien 1989, S. 51-75.

WOJTASIK, JERZY: Bursztyniarstwo wczesnośredniowiecznego Wolina [Die Bernsteinverarbeitung im frühmittelalterlichen Wollin], in: Wolin wczesnośredniowieczny [Das frühmittellalterliche Wollin], hg. von BŁAŻEJ M. STANISŁAWSKI / WŁADYSŁAW FILIPOWIAK, Bd. 1, Warszawa 2013, S. 235-249.

Wolin wczesnośredniowieczny [Das frühmittellalterliche Wollin], hg. von BŁAŻEJ M. STANISŁAWSKI / WŁADYSŁAW FILIPOWIAK, 2. Bde., Warszawa 2013-2014.

WOLTERS, REINHARD: Geldwesen und Wirtschaftsstrukturen in der Römischen Kaiserzeit, in: Forschungen zur Monetarisierung und ökonomischen Funktionalisierung von Geld in den nordwestlichen Provinzen des Imperium Romanum. Die Entstehung eines europäischen Wirtschaftsraumes, hg. von KARL STROBEL, Trier 2004, S. 181-195.

WRÓBLEWSKI, WOJCIECH. U źródeł kasztelanii liwskiej. Wczesnośredniowieczne struktury osadnicze w dorzeczu Liwca [Die Ursprünge der Liwiec Kastellanei. Die frühmittelalterlichen Siedlungsstrukturen im Liwiecgebiet], in: Najstarsze dzieje Podlasia w świetle źródeł archeologicznych [Die älteste Geschichte Podlasiens im Lichte archäologischer Quellen ], hg. von BOŻENA BRYŃCZAK / PRZEMYSŁAW URBAŃCZYK, Siedlce 2001, S. 205-228.

WRÓBLEWSKI, WOJCIECH / NOWAKIEWICZ, TOMASZ: Ceramika „pruska" i „słowiańska" we wczesnośredniowiecznej Galindii [Die „pruzzische" und „slawische" Keramik im frühmittelalterlichen Galindien], in: Słowianie i ich sąsiedzi we wczesnym średniowieczu [Die Slawen und ihre Nachbarn im frühen Mittelalter], hg. von MAREK DULINICZ, Lublin-Warszawa 2003, S. 165-181.

WRÓBLEWSKI, WOJCIECH u. a.: Terra desolata. Wczesnośredniowieczna Galindia w świetle badań mikroregionu Jeziora Salęt [Terra desolata. Das frühmittelalterliche Galindien im Lichte der Untersuchung der Mikroregion des Salęt-Sees], in: Studia Galindzkie, hg. von DEMS., Bd. 1, Warszawa 2003, S. 157-180.

WRZESIŃSKA, ANNA / WRZESIŃSKI, JACEK: Odważniki z wczesnośredniowiecznego stanowiska w Dziekanowicach [Gewichte von der frühmittelalterlichen Ausgrabung in Dziekanowice], in: Świat Słowian wczesnego średniowiecza [Die Welt der Slawen im frühen Mittelalter], hg. von MAREK DWORACZEK u. a., Szczecin-Wrocław 2006, S. 341-358.

ZABORSKI, ANDRZEJ: Bilans i przyszłość badań nad tekstem Ibrahima Ibn Jakuba [Die Bilanz und die Zukunft der Forschung über den Text von Ibrahim ibn Jaqub], in: Ibrahim Ibn Jakub i Tadeusz Kowalski w sześćdziesiątą rocznicę edycji [Ibrahim Ibn Jakub und Tadeusz Kowalski zum 60en Jahrestag der Ausgabe], hg. von DEMS., Kraków 2008, S. 25-73.

ŻAK, JAN: Die Handelsbeziehungen der protopolnischen und frühpolnischen Stammesgruppen auf dem Hintergrund des Handels und der Westslawen, in: Untersuchungen zu Handel und Verkehr der vor- und frühgeschichtlichen Zeit in Mittel- und Nordeuropa, hg. von KLAUS DÜWEL u. a., Göttingen 1985, S. 431-510.

ŻAK, JAN: Das Problem der skandinavischen „Importe" im Oder-Weichsel-Raum während des 9.-11. Jahrhunderts, in: Oldenburg – Wolin – Staraja Ladoga – Novgorod – Kiev. Handel und Handelsverbindungen im südlichen und östlichen Ostseeraum während des frühen Mittelalters, Mainz 1988, S. 675-689.

Zawichost we wczesnym średniowieczu [Zawichost im frühen Mittelalter], hg. von DOROTA CYNGOT u. a., Warszawa 2018.

ZBIERSKI, ANDRZEJ: Rzemiosło w Gdańsku wczesnośredniowiecznym [Das Handwerk im frühmittelalterlichen Danzig], in: Gdańsk: Jego dzieje i kultura, hg. von TYTUS BIENIECKI, Warszawa 1969, S. 363-376.

Zeno.ru. Oriental Coins Database, https://.zeno.ru/showgallery.php?cat=8706, Zugriff am 3. Juni 2019.

Zentrum und Netzwerk. Kirchliche Kommunikationen und Raumstrukturen im Mittelalter, hg. von GISELA DROSSBACH / HANS-JOACHIM SCHMIDT, Berlin u. a. 2008.

ZHIVKOV, BORIS: Khazaria in the Ninth and Tenth Centuries, Leiden 2015.

ZIEGLER, ROLF: The Kula Ring of Bronislaw Malinowski. A Simulation Model of the Co-Evolution of an Economic and Ceremonial Exchange System, München 2007.

ZIENTARA, BENEDYKT: Społeczeństwo polskie X-XII wieku [Die polnische Gesellschaft im 10.-12. Jahrhundert], in: Społeczeństwo polskie od X do XX wieku [Die polnische Gesellschaft vom 10. bis zum 20. Jahrhundert], hg. von IRENEUSZ IHNATOWICZ u. a., Warszawa 1996, S. 37-88.

ZINN, KARL-GEORG: Kanonen und Pest. Über die Ursprünge der Neuzeit im 14. und 15. Jahrhundert, Opladen 1989, S. 148-149.

ZOLL-ADAMIKOWA, HELENA u. a.: The Early Medieval Hoard from Zawada Lanckorońska, Warszawa 1999.

ZUCKERMAN, CONSTANTINE: Deux étapes de la formation de l'ancien état russe, in: Les centres proto-urbains russes entre Scandinavie, Byzance et Orient, hg. von MICHEL KAZANSKI u. a., Paris 2000, S. 95-120.

ZWICK, DANIEL: Dynamics for Cultural Change in the Baltic Sea Region in the Age of the Northern Crusades: A Maritime Perspective, in: Landscapes and Societies in Medieval Europe East of the Elbe, hg. von SUNHILD KLEINGÄRTNER u. a., Toronto 2013, S. 329-376.

*

http://www.muzeum.szczecinek.pl/niezwykle-znalezisko.html, Zugriff am 31. Juli 2015.

„Poszedł na grzyby i odkrył skarb ze srebra", https://www.fakt.pl/wydarzenia/polska/strzelinko-grzybiarz-odnalazl-wyjatkowy-skarb-toarabskiemonety, Zugriff am 15. Oktober 2019.

http://www.phil.uni-greifswald.de/bereich2/histin/ls/ufg/projekte/silberschatz-anklam.html, Zugriff am 15. Januar 2011.

# Personenregister

# Ortsregister

---

1 Aufbewahrt in Kórnik, aber der Fundort in Großpolen bleibt unbekannt.

# Deutsches Historisches Institut Warschau
# Quellen und Studien

34: Almut Bues (Ed.)

## Frictions and Failures

Cultural Encounters in Crisis

*2017. VI, 229 pages, 14 ill., clothbound*
*170x240 mm*
*ISBN 978-3-447-10736-5*
*⊙E-Book: ISBN 978-3-447-19584-3 each € 54,– (D)*

The conference volume *Frictions and Failures – Cultural Encounters in Crisis* focuses on those dynastic marriages which ran into difficulties of various kinds, and examines a wide range of cases in order to determine what caused these problems. Conflict situations could easily arise from the queen consort's presence at her new court. These conflicts might be religious (consorts were often of a different faith from that of their husband and new country), personal (rivalries with mistresses or favorites), diplomatic, or political.

The case studies elucidate what these frictions tell us a) about the specific context in which they occurred, and b) about the problems, limitations and challenges of cultural transfer in general. The volume also considers (in a broader sense) whether "success" and "failure" are adequate and helpful terms in assessing the impact of the queen's consort.

The geographical range of the territories discussed covers not only West and Central Europe but extends to Hungary, Lithuania, Muscovy, and Russia. This is particularly valuable as it helps to take orthodox consorts into consideration, as well as the elective monarchy of Poland, in which the role of the consort is, by definition, different from that of a consort in a system of dynastic succession.

35: Martin Faber

## Sarmatismus

Die politische Ideologie des polnischen Adels im 16. und 17. Jahrhundert

*2018. 526 Seiten, gb*
*170x240 mm*
*ISBN 978-3-447-10956-7*
*⊙E-Book: ISBN 978-3-447-19713-7 je € 88,– (D)*

Die Adligen in der polnisch-litauischen Republik der frühen Neuzeit waren davon überzeugt, im besten Staat der Welt zu leben. Sie gingen davon aus, dass fast alle anderen Länder von Tyrannen beherrscht wurden und dass nur sie selbst die einzigartige „polnische Freiheit" besaßen. Um ihre Privilegien zu bewahren, entwickelten sie eine Mentalität, die die polnischen Aufklärer am Ende des 18. Jahrhunderts als „Sarmatismus" bezeichneten, benannt nach dem antiken Volk der Sarmaten, das der polnische Adel als seine Vorfahren betrachtete. Nach der sarmatischen Ideologie galt jede Veränderung im Staat als schädlich, und mit dem „Liberum Veto", dem Einstimmigkeitsprinzip im Reichstag, wurde ein politisches Instrument entwickelt, das Reformen der Verfassung und der Gesellschaft tatsächlich so gut wie unmöglich machte. Das Gemeinwesen wurde dadurch immer mehr gelähmt und geschwächt, viele sahen die künftigen Teilungen Polens bereits voraus, doch die Mehrheit der Adligen hielt weiter an dieser Ideologie fest.

Martin Faber bietet mit seiner Studie erstmals einen umfassenden Einblick in den Sarmatismus, in seine Entstehung und Entwicklung, gesellschaftlichen Voraussetzungen und Inhalte und seine historischen Wirkungen. Es werden neue Einblicke in die Rolle Polens in der Zeit vor den Teilungen und in Europa präsentiert, die das Verständnis für die Geschichte Polens um einen entscheidenden Aspekt erweitern.